Programación y uso de Librerías en R

Herramientas de Análisis y Visualización de Datos

Programación y uso de Librerías en R

Herramientas de Análisis y Visualización de Datos

Juan Luis Peñaloza Figueroa

Milagros Dones Tacero

Carmen Gladys Vargas Pérez

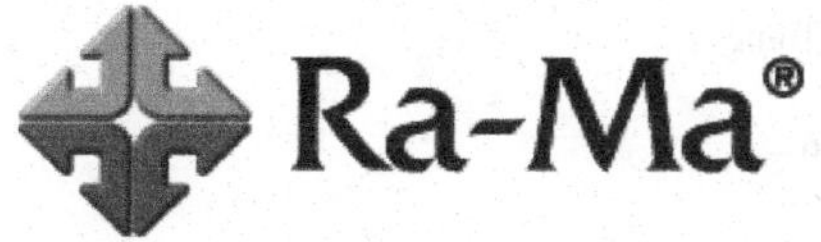

Programación y uso de Librerías en R. Herramientas de Análisis y Visualización de Datos
Código THEMA: UFM Software de matemáticas y estadística
Código BISAC: COM077000 COMPUTERS / Mathematical & Statistical Software

Editado por:
RA-MA Editorial
Calle Jarama, 33, Polígono Industrial Igarsa
28860 PARACUELLOS DE JARAMA, Madrid
Teléfono: 91 658 42 80
Fax: 91 662 81 39
Correo electrónico: *info@grupoeditorialrama.com*
Internet: *www.ra-ma.es* y *www.ra-ma.com*
ISBN impreso: 979-13-8805-924-7
ISBN ePub: 979-13-8805-925-4
El e-book de esta obra es accesible y cumple con la norma WCAG 2.2 nivel AAA.
Depósito legal: M-27658-2025
Maquetación: Antonio García Tomé
Diseño de portada: Antonio García Tomé
Filmación e impresión: Safekat
Impreso en España en enero de 2026

ÍNDICE

ACERCA DE LOS AUTORES

JUAN LUIS PEÑALOZA FIGUEROA

Doctor Cum Laude en Economía por la Universidad Autónoma de Madrid, Master en Estadística Aplicada y en Investigación Operativa. Experto en Estadística Multivariante Avanzada, Estadística no Paramétrica, Analítica de Bases de datos, Ecosistemas de BIG-DATA y Programación en R. Es Profesor de estadística multivariante y Softare R en la Universidad Complutense de Madrid. Su dilatada experiencia investigadora abarca la Modelización Estadística Multivariante de procesos económicos y sociales con R. Además, ha sido investigador en proyectos de investigación competitivos de organismos publicos y fundaciones sin fines de lucro. Por otra parte, su labor docente e investigadora fue compatibilizado con practices de transferencias de conocimientos y tecnológica a la actividad productiva.

CARMEN G. VARGAS PÉREZ

Doctora Cum Laude en Economia por la Universidad Carlos III de Madrid y Profesora de la Universidad Complutense de Madrid. Es especialista en inmersión de la lógica del BIG-DATA y de aplicaciones no paramétricas en diversas áreas de conocimiento. Es autora de una amplia variedad de publicaciones cientificas y conferencias, y ha sido consultura para diversos organismos nacionales e internacionales, incluyendo el Banco Mundial, Naciones Unidas y el Consejo Genral del Poder Judicial.

MILAGROS DONES TACERO

Doctora Cum Laude en Economía por la Universidad Autónoma de Madrid, Experta en Modelización Económica Aplicada, Directora del Instituto Lawrence R. Klein, Secretaria General del Instituto Lawrence R. Kelin y Directora del Área de mdelización sectorial. Es Profesora de Econometría I, Econometría II e Introducción a la Econometría y tres seminarios del Programa de Doctorado en Modelización Económica Aplicada, Fundamentos de econometría y Seminarios de Investigación I y II. Y también fue Coordinadora del Programa de Doctorado en Modelización Económica Aplicada desde su creación en 1990 hasta su futura extinción, en el curso 2010/2011. En la docencia no reglada ha participado en diversos cursos de formación específicos en técnicas de predicción en colaboración con la Fundación Julián Besteiro. Su actividad académica fue compatibilizado con practices de transferencia de conocimientos al sistema productivo local y nacional, y el mantenimiento y actualización del modelo sectorial de la economía española, que sirve de base para la mayoría de los informes de predicción elaborados por CEPREDE desde la perspectiva sectorial-regional.

PRÓLOGO

El uso de R hoy en día en los ámbitos académicos y de investigación científica es una herramienta con gran potencial para extraer información y visualización. Es una herramienta aplicable tanto en las ciencias exactas como en las ciencias sociales básicas y aplicadas.

Como herramienta analítica permite la automatización de los cálculos estadísticos complejos, así como del proceso de modelización de los sucesos de interés, además de operar con grandes cantidades de datos (Big-Data). Como herramienta de visualización, R ofrece una amplia flexibilidad en la representación de los datos mediante gráficas básicas o interactivas complejas, ofrece una amplia gama de opciones personalizadas.

Nuestro objetivo es el desarrollo de competencias relacionadas con la programación en R y el uso de librerías empaquetadas que proporcionan un conjunto completo de funciones integradas y una amplia gama de paquetes para llevar a cabo análisis de datos, representación de datos y visualizaciones personalizadas.

Desde una perspectiva metodológica esta investigación es descriptiva, constructiva y adaptativa, enfocada a un aprendizaje profundo haciendo uso de algoritmos, automatismos y herramientas tecnológicas, encaminadas a desarrollar una enseñanza estructurada mediante simulaciones y técnicas de modelización, lo que implica conocimientos, valores, procesos de autorregulación que llevan a una formación con pensamiento crítico y creativo en las ciencias sociales.

Forman parte de esta metodología de aprendizaje las herramientas de Business Intelligence (BI) y Data Warehouse (DW), en especial, para la presentación de informes para toma de decisiones fiables y fundamentadas. Las experiencias realizadas con estudiantes del tercer curso en el uso de R como herramienta analítica y de visualización de técnicas multivariantes de datos han sido positivas, tanto como herramienta de modelización como en la resolución operativa de los problemas estadísticos derivados del uso del software R.

Así, por ejemplo, en el caso de tener que modelar un fenómeno real se requiere conocer los objetos (agentes) que lo componen, la relación entre ellos y su entorno, y las mediciones empíricas para validarlo. Los ciclos de modelación consideran principalmente un proceso de abstracción de las variables representativas, establecer la relación entre ellas, y proponer un modelo matemático o computacional.

INTRODUCCIÓN

R es un lenguaje de programación de código abierto y gratuito, basado en librerías de computación y de fácil acceso. Es un lenguaje líder en el análisis estadístico y visualización de datos, que ha evolucionado del lenguaje S y es de uso en los ámbitos académicos y empresariales.

Una característica clave de R son las funciones. Las funciones son módulos de código autónomos que realizan una tarea específica. Si bien la función principal de R es el análisis estadístico y los gráficos, su uso se extiende más allá de estos y abarca la inteligencia artificial, el aprendizaje automático, el análisis financiero, etc.

R permite hacer investigación reproducible que es una característica del conocimiento científico. R permite documentar los resultados obtenidos paso a paso, mostrando el flujo completo del procesamiento de datos haciendo uso de scripts e informes que cualquier investigador puede contrastar.

RSTUDIO es una multiplaforma en un entorno de desarrollo integrado, proporciona un mecanismo para ejecutar funciones de R de forma interactiva desde el IDE a través del menú "Complementos". RStudio ha tenido y tiene una gran influencia en el incremento de la popularidad de R. Se utiliza en el análisis de datos para importar, acceder, transformar, explorar, trazar y modelar datos, y en el aprendizaje automático para hacer predicciones sobre los datos.

RSTUDIO es un IDE (entorno de desarrollo integrado) de código abierto flexible y multifuncional que se utiliza ampliamente como front-end gráfico para trabajar con R. Este IDE ofrece herramientas avanzadas y de fácil aprendizaje para principiantes. También se adapta a muchos otros lenguajes de programación, como Python o SQL, y facilita la sintaxis del código de programación y mejora la eficiencia del proceso de aprendizaje computacional amigable y práctico.

La idea general de que hay cierta universalidad en la programación, exige el desarrollo de un curso dinámico en programación estadística con R y no la elaboración de un manual rígido en sentido estricto. R cuenta con una gran variedad de paquetes o librerías tales como: dplyr, ggplot2 y tidyverse. En el caso de dplyr simplifica la transformación y el resumen de datos con funciones intuitivas y eficientes. Facilita operaciones de filtrado, agrupación y resumen de datos con una sintaxis clara y amigable.

¿Qué clase de programación realiza uno cuando lleva a cabo un análisis estadístico? Recordemos que la estadística descriptiva e inferencial involucra una amplia variedad de tareas de aprendizaje y computacionales. Un ejemplo, de programación estadística se observa cuando los estadísticos supervisan la entrada de datos de encuestas y ponen en marcha programas de ayuda para detectar los errores en la entrada de datos.

La programación estadística involucra actividades computacionales como:

- Resúmenes y gráficas de datos.
- Ajuste de los datos a los modelos estadísticos y matemáticos.
- Representación analítica y visual de los resultados.

Si bien existen diferentes aplicaciones computacionales para realizar las tareas de programación estadística, R destaca por ser amigable y tener una sintaxis similar a la forma de expresión cotidiana.

El objetivo de este texto es proporcionar los fundamentos de la programación estadística y matemática con R para entender cómo esas aplicaciones computacionales trabajan: los cálculos que ellos ejecutan y cómo podríamos hacerlo nosotros.

En el entorno de la programación estadística con R, los gráficos juegan un rol importante en el análisis estadístico, tales gráficos de datos pueden ser de uno, dos o más dimensiones y también de alta dimensión, datos con un gran número de variables, que plantean retos como la "maldición de la dimensionalidad". También incluye el álgebra computacional que es una disciplina a medio camino entre las matemáticas y la informática. Y, como su propio nombre indica, se dedica a la manipulación y resolución de problemas algebraicos mediante algoritmos y ordenadores. Su origen, anclado en los primeros días de la computación, ha evolucionado de manera significativa con el avance tecnológico. Transformándose en una herramienta imprescindible en numerosas áreas del conocimiento.

Esta especialidad no solo resuelve ecuaciones o simplifica expresiones algebraicas, su alcance va mucho más allá. Se utiliza para modelar situaciones complejas en ingeniería social o económica, para desentrañar patrones ocultos en grandes volúmenes de datos y para impulsar investigaciones en diversas ramas científicas. En definitiva, el álgebra computacional nos permite abordar y resolver problemas que, hasta hace poco, eran considerados inaccesibles.

En este contexto, la programación estadística es en gran parte un proceso de simulación estocástica. En este tipo de simulación se programa el ordenador para que actúe como si estuviera produciendo un resultado aleatorio, incluso si el resultado fuese predecible.

La programación estadística con R involucra la automatización de los procesos numéricos, la optimización, la aproximación de funciones matemáticas, el álgebra lineal y la modelización estadística e inferencial multivariable. Existen principalmente tres tipos de funciones en la programación R: funciones primitivas, funciones infijas y funciones de reemplazo.

La idea de la programación básica es cómo decirle al ordenador que haga lo que le pedimos haciendo uso de las librerías de R. Por ejemplo, si necesitamos representar un conjunto de datos, aprendemos a construir graficas o a realizar cálculos estadísticos. La ejecución de estas tareas hace posible el aprendizaje estructurado y profundo basado en los datos y la elección de las formas de representación de estos.

R fue diseñado para mostrar los resultados del análisis estadístico, y su módulo de gráficos facilita la creación de diagramas básicos y complejos. La librería ggplot2 también permite crear gráficos más avanzados, como diagramas de dispersión complejos con líneas de regresión o multivariantes.

La programación requiere la aplicación de la lógica básica y hacemos referencia al álgebra booleano entendido como la manera formal de manipular datos. Las funciones son módulos de código autónomos que realizan una tarea específica. Suelen tomar algún tipo de estructura de datos (valor, vector, dataframe, etc.), procesarla y devolver un resultado. Es más, para tareas de alto rendimiento computacional, se puede vincular y ejecutar los códigos de C, C++ y Fortran en tiempo de ejecución. Los usuarios avanzados pueden escribir código C para manipular objetos R directamente.

Para escenarios relacionados con la inteligencia artificial, R cuenta con varios paquetes y bibliotecas para facilitar el desarrollo de la inteligencia artificial. Debido a su sólida capacidad analítica de datos, esta función resulta útil para desarrollar modelos de aprendizaje automático. Así, su utilidad se extiende al estudio de las correlaciones, el ajuste de modelos, la creación de gráficos 3D de altísima calidad, la aplicación de árboles de decisión, la ejecución de análisis clúster, análisis de componentes principales y factorial y la creación de redes neuronales de predicción, entre otros muchos. Por ejemplo, el paquete gptr de R facilita enormemente la comunicación del ChatGPT con R y otros algoritmos de inteligencia artificial.

En resumen, R es un lenguaje de programación popular que permite gestionar con destreza grandes cantidades de datos, generar visualizaciones de calidad y realizar diversas tareas de computación estadística y analítica. Utilizado en campos como la ciencia de datos, las finanzas, el mundo académico, entre otros. R es el lenguaje de programación y el entorno de software del aprendizaje, potente, flexible y extensible, mientras que RStudio es un entorno de desarrollo integrado (IDE) que proporciona una interfaz amigable para trabajar con R, y complementa los flujos de trabajo que requieren el uso de otros softwares.

El objetivo de este texto es familiarizar a los investigadores y estudiantes con el lenguaje de R y la interfaz de RSTUDIO, desarrollar las competencias analíticas de datos y creación de gráficas, e iniciar a los lectores en el mundo de Ciencia de los Datos.

1

ENTORNO R Y RSTUDIO

1.1 INSTALACIÓN DE R Y RSTUDIO

Cómo `instalar R`. El proceso de instalación de R en su sistema consiste en seguir los siguientes pasos:

- **Paso 1**: ir al enlace- https://cran.r-project.org/
- **Paso 2**: descargue e instale R 4.3.3 en su sistema.

La siguiente captura de pantalla muestra los pasos para lograr una mejor comprensión.

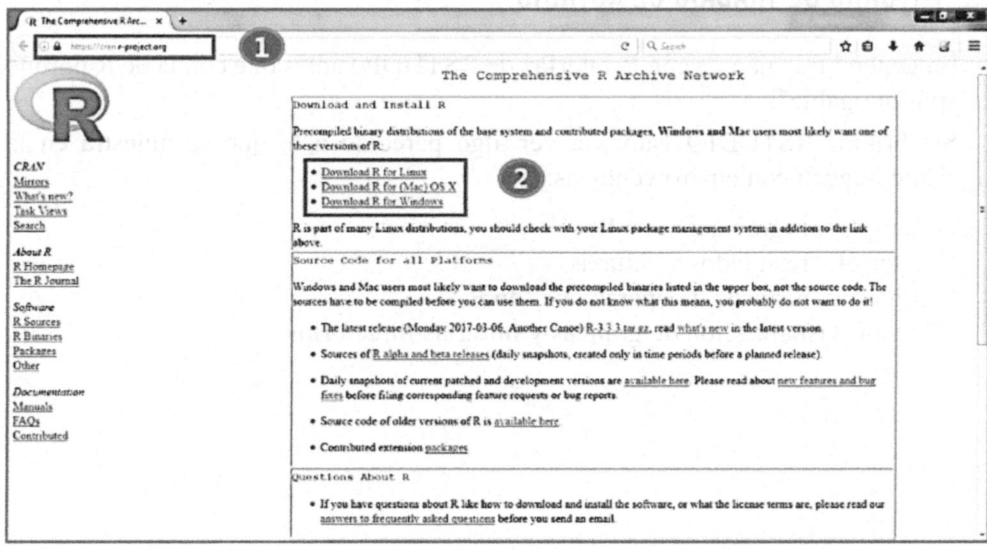

Cómo **instalar RSTUDIO**. Los siguientes pasos a seguir, una vez terminada la instalación de R, consisten en codificar en R descargando RStudio IDE. Para descargarlo se sigue los siguientes pasos:

- **Paso 1**: ir al enlace- https://www.rstudio.com/
- **Paso 2:** descargue e instale RSTUDIO en su sistema.

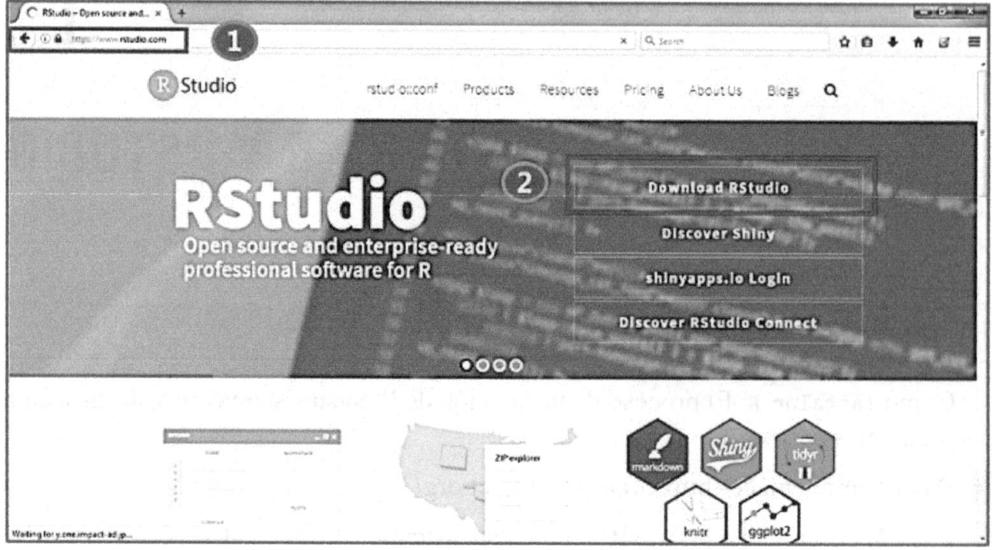

1.2 ENTORNO DE TRABAJO DE RSTUDIO

En general trabajamos con la interfaz de RSTUDIO antes que con la de R porque es "más amigable".

Si abrimos RSTUDIO vamos a ver algo parecido a lo que se muestra en la siguiente imagen con cuatro ventanas:

- Scripts: programación en R.
- Consola: resultados y sintaxis.
- Entorno: historial de operaciones en R.
- Visor: visualización de gráficas y librerías-directorios.

Una vez estamos en RStudio, podemos escribir y ejecutar las órdenes de varias formas:

- Directamente en la consola.
- A través de un script (.R).
- Con ficheros Rmarkdown (.Rmd).

RSTUDIO está (normalmente) dividido en 4 paneles o ventanas:

SCRIPTS

Trabajar en la consola es muy limitado ya que las instrucciones se han de introducir una a una. Lo habitual es trabajar con scripts o ficheros de instrucciones. Estos ficheros tienen extensión **.R**.

Se puede crear una script con cualquier editor de texto (uno de los más populares es Tinn-R), pero nosotros lo haremos desde RStudio. Para ello, seleccionamos la siguiente ruta de menús: `File → New File → R script`.

C:/Users/perezp/Desktop/primer_proyecto - RStudio

File Edit Code View Plots Session Build Debug Profile Tools Help

File		New File	
New File	▸	R Script	Ctrl+Shift+N
New Project...		R Notebook	
Open File...	Ctrl+O	R Markdown...	
Reopen with Encoding...		Shiny Web App...	
Recent Files	▸	Text File	
Open Project...		C++ File	
Open Project in New Session...		R Sweave	
Recent Projects	▸	R HTML	
Import Dataset	▸	R Presentation	
Save	Ctrl+S	R Documentation	
Save As...			
Save with Encoding...			
Save All	Ctrl+Alt+S		
Knit Document	Ctrl+Shift+K		
Compile Report...			
Print...			
Close	Ctrl+W		
Close All	Ctrl+Shift+W		
Close All Except Current	Ctrl+Alt+Shift+W		
Close Project			
Quit Session...	Ctrl+Q		

Addins ▾ Tema01_R.R* × My_curso_R.R

El panel del script se sitúa en la parte superior-izquierda de RSTUDIO. Ahora podemos escribir las instrucciones línea por línea. Las instrucciones las podemos ejecutar una a una o las podemos seleccionar y ejecutar en bloque. Para ejecutar las instrucciones tenemos varias alternativas:

- Hacemos clic en el botón: Run (botón situado en la parte derecha de las opciones del panel de script).
- Pulsamos Ctrl+r.
- También se puede ejecutar el código desde las opciones del menú **Code**.

Podemos escribir un primer script sencillo:

Para guardar el **script:**

- Comando `File` → `Save as`.. y seleccionar la ruta donde se quiere guardar el fichero.
- Hacer clic en el botón Guardar que se encuentra en la parte izquierda de la cinta de opciones del script.

CONSOLA

Por defecto, la consola se encuentra en el panel inferior-izquierdo. Vemos la pestaña que pone "Console". Inmediatamente debajo aparece un texto informativo y, finalmente, el símbolo ">". Aquí es donde R espera que le demos instrucciones. Para ejecutarlas y obtener el resultado pulsamos Enter. Por ejemplo:

```
> 2+2
 [1] 4
> 5*(3-1)^2
 [1] 20
> sqrt(4)
 [1] 2
```

En el ejemplo anterior se ha introducido y ejecutado las instrucciones una a una. También es posible ejecutar desde la consola más de una instrucción. Para ello, las instrucciones deben separarse por un ";".

```
> 2+2 ; 5*(3-1)^2 ; sqrt(4)
  [1] 4
  [1] 20
  [1] 2
```

ENTORNO

El panel de entorno está compuesto de dos pestañas: Environment y History.

- En el Environment se irán registrando los objetos que vayamos creando en la sesión de trabajo. También tenemos la opción de cargar y guardar una sesión de trabajo, importar datos y limpiar los objetos de la sesión. Estas opciones están accesibles a través de la cinta de opciones de la pestaña.

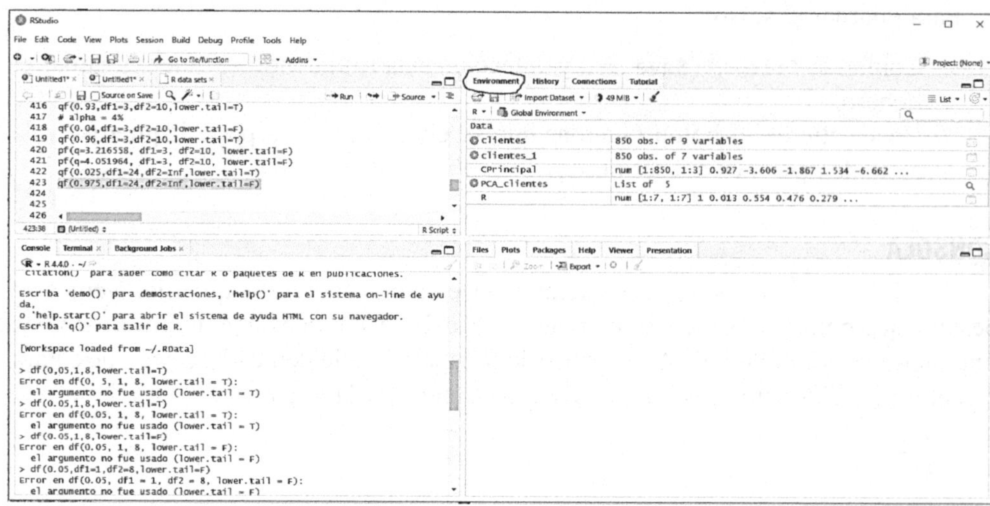

- En la pestaña History se registran las instrucciones ejecutadas. Como opciones, podemos cargar y guardar el historial de la sesión, seleccionar una o más instrucciones y enviarlas bien a la consola bien al script, y limpiar el historial.

1.3 ARCHIVOS, GRÁFICAS, PAQUETES, AYUDA, VISOR

El panel Miscelánea se encuentra en la parte inferior-derecha del escritorio de RSTUDIO.

En este panel cabe destacar las siguientes pestañas, cada una con diferentes opciones:

- Files: es una especie de explotador de ficheros.
- Plots: donde se visualizan los gráficos que creamos. Entre las opciones disponibles se encuentran:
- Zoom: para agrandar el gráfico y verlo en otra ventana.
- Export: para exportar/guardar el gráfico. Se puede guardar el gráfico como imagen, pdf o copiarlo al portapapeles.
- Packages: proporciona un listado de los paquetes instalados en R y los que han sido cargados en la sesión. A través de las opciones de esta pestaña podemos instalar nuevos paquetes o actualizar los existentes.
- Help: para obtener ayuda sobre una determinada función.

1.4 PRIMEROS PASOS EN RSTUDIO

Configuración del directorio de trabajo

Antes de comenzar a trabajar debemos fijar el directorio donde queremos guardar nuestros ficheros. Básicamente existen dos alternativas.

- **Opción 1. Fijar directorio.**

  Opción 1. Indicamos a R la ruta donde queremos trabajar y la fijamos con la función setwd().

  ```
  > setwd("C:/ruta del directorio de trabajo")
  ```

  Para comprobar el directorio de trabajo activo utilizamos la función `getwd()`:

  ```
  > getwd()
  ```

  Para obtener un listado de los ficheros que contiene la ruta establecida se usa la función `dir()`.

  ```
  > dir()
  ```

- **Opción 2. Proyecto de R.**

  Al crear un proyecto todos los ficheros quedan vinculados directamente al proyecto. Para crear un proyecto seleccionar `File → New project...` Se abrirá la siguiente ventana:

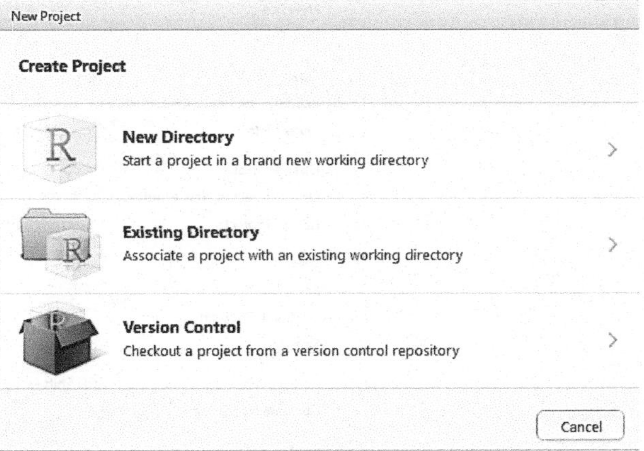

Para crear un proyecto en un nuevo directorio, hacemos clic en el botón New Directory. Seguidamente, seleccionamos el tipo de proyecto, en nuestro caso Empty Project. Ahora, asignamos un nombre al directorio (carpeta) que se va a crear y que al mismo tiempo será el nombre del proyecto de R. Para terminar, hacemos clic en el botón Create Project. Al seguir este proceso se habrá creado una carpeta en Documentos y un fichero nombre_carpeta.Rproj.

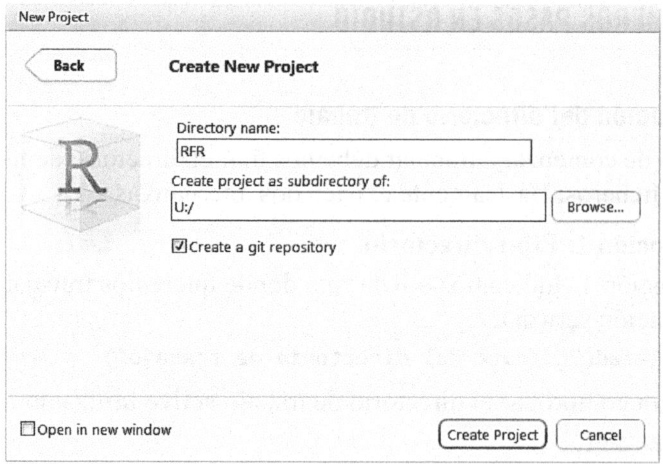

Para crear un proyecto en una carpeta que ya existe, hacemos click en el botón Existing Directory y después seleccionamos la carpeta ayudándonos del Browse., si fuera necesario. Una vez elegida la carpeta hacemos click en Create Project.

Para abrir un proyecto hacemos doble clic sobre el archivo con extensión '.Rproj' o lo abrimos desde el menú de RStudio: File → Open Project…

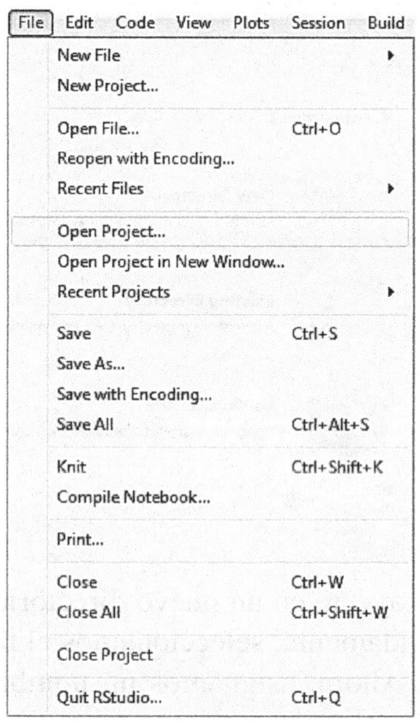

Ventaja de los proyectos: cualquier fichero que creemos (script de R, documento de Rmarkdown, etc.) y guardemos se guardará en la carpeta del proyecto.

- **Organizar los archivos del proyecto en carpetas**

  Si el proyecto desarrollado en R es pequeño, es conveniente mantener todos los archivos generados en la única carpeta del proyecto creada por RStudio.

  Si el proyecto en R es grande y con múltiples documentos, scripts, figuras, etc., entonces será adecuado el uso de subcarpetas para organizar el trabajo para facilitar su manejo e identificación.

  Algunas sugerencias para organizar las carpetas dentro de un proyecto son las siguientes:

  - Crear una subcarpeta para los datos originales.
  - Utilizar una subcarpeta para los datos depurados.
  - Utilizar una subcarpeta para los guiones.
  - Utilizar una carpeta para cada documento.
  - Utilizar una carpeta si es necesario para guardar cifras.
  - Utilizar rutas relativas para referirse a los archivos.

  Ejemplos de rutas relativas son ..\cProc\DataSet.R para leer un archivo de datos desde un script de R o ..\code\Analysis.R para referenciar un script desde un archivo R Markdown en su propia carpeta.

Instalar y cargar paquetes

R está compuesto por un sistema base, pero para extender su funcionalidad es necesario instalar paquetes adicionales.

Podemos instalar paquetes de varias formas:

- A través del menú: Tools → Install packages…

  En el escritorio de RSTUDIO: Packages/Install. Vemos los paquetes que tenemos actualmente instalados y aquellos que se encuentran cargados.

Files | Plots | Packages | Help | Viewer

Install | Update | Packrat

	Name	Description	Version
User Library			
☐	acepack	ace() and avas() for selecting regression transformations	1.3-3.3
☐	AER	Applied Econometrics with R	1.2-4
☐	assertthat	Easy pre and post assertions.	0.1
☐	base64enc	Tools for base64 encoding	0.1-3
☐	bdsmatrix	Routines for Block Diagonal Symmetric matrices	1.3-2
☐	betareg	Beta Regression	3.1-0
☐	BH	Boost C++ Header Files	1.60.0-2
☐	bitops	Bitwise Operations	1.0-6
☐	car	Companion to Applied Regression	2.1-3
☐	caTools	Tools: moving window statistics, GIF,	1.17.1

Utilizando la función install.packages(). El nombre del paquete que queremos instalar debe ir entre comillas.

- `> install.packages("dplyr")` # dplyr es un paquete que se utiliza para manipular/gestionar datos.
  En ocasiones, para nuestra sesión de trabajo necesitamos instalar varios paquetes.
- `> install.packages(c("dplyr","ggplot2","xlsx"))`
  Es habitual iniciar la sesión de trabajo en R con un "pequeño programa" en el que se indica que la sesión requiere de una serie de paquetes y que si no están instalados los instale. La versión más sencilla para instalar librerías es la siguiente:
- `> if(!require(dplyr)) {install.packages("dplyr")}`
  Una vez instalado un paquete o librería se debe cargar en R para poder utilizarlo mediante la función `library()`. El nombre del paquete que se tiene que cargar no tiene por qué ir entre comillas.
- `> library(dplyr)`

- **Ayuda en R.**

  En lo referido a la ayuda, en muchas situaciones es necesario recurrir a la ayuda para saber y entender cómo funciona una determinada función, cuáles son sus argumentos, etc. El lenguaje R ofrece varios niveles de ayuda y éstas pueden activarse a través de la línea de comandos o a través del menú Help. A través de la línea de comandos pueden utilizarse las instrucciones:

  - help("tema"), para obtener ayuda acerca del tópico específico, el inconveniente de esta instrucción es que hay que colocar exactamente el nombre del tema.
  - help.search("tema"), es más flexible porque realiza una búsqueda del tema en todos los paquetes instalados.

  Por ejemplo, si queremos saber cómo opera la función `mean()`.

```
> help(mean)
> ?mean
> mean    # y pulsamos la tecla F1
```

Aclaraciones específicas sobre R

- Un aspecto que debe considerarse cuando se trabaja en R es que el lenguaje diferencia entre las mayúsculas y las minúsculas, por lo que cada comando u objeto debe ser escrito de manera exacta.
- Si se desea incluir un comentario dentro de un código de R, el mismo debe iniciarse con el símbolo numeral (#). Todo lo que aparece en la línea de comando a la derecha de dicho símbolo es tomado como un comentario y, por lo tanto, no interfiere en la programación.

1.5 ¿QUIÉNES USAN R?

- La Oficina de Protección Financiera del Consumidor utiliza R para el análisis de datos.
- Los estadísticos de John Deere utilizan R para el modelado de series temporales y el análisis geoespacial de forma fiable y reproducible.
- Bank of America utiliza R para la elaboración de informes.
- R forma parte de la pila tecnológica del famoso motor de recomendaciones de Foursquare.
- ANZ, el cuarto mayor banco de Australia, utiliza R para el análisis del riesgo crediticio.
- Google utiliza R para predecir la actividad económica.
- Mozilla, la fundación responsable del navegador web Firefox, utiliza R para visualizar la actividad-web.

2

PROCEDIMIENTOS Y MANEJO DE LIBRERIAS Y FUNCIONES EN R

2.1 PAQUETES O LIBRERÍAS DE R

Los paquetes o librerías de R son el combustible que impulsa el crecimiento y la popularidad de R. Los paquetes de R son librerías de códigos, datos, documentación y pruebas que son fáciles de compartir con otros. Antes de poder utilizar un paquete, hay que instalarlo. Algunos paquetes, como el paquete base, se instalan automáticamente cuando se instala R. Otros paquetes, como por ejemplo el paquete `ggplot2`, no vienen con la instalación de R, sino que hay que instalarlo.

Muchos, pero no todos, los paquetes de R están organizados y disponibles en CRAN, una red de servidores en todo el mundo que almacenan versiones idénticas y actualizadas de códigos y documentación de R. La instalación de estos paquetes es fácil desde dentro de R, utilizando la función `install.packages`. CRAN también mantiene un conjunto de vistas de tareas que identifican todos los paquetes asociados a una tarea particular, como por ejemplo `TimeSeries`.

Junto a CRAN también está bioconductor que tiene paquetes para el análisis de datos genómicos de alto rendimiento, por ejemplo, los repositorios **github y bitbucket** de los desarrolladores de paquetes R. Puedes instalar fácilmente los paquetes de estos repositorios utilizando el paquete `devtools`.

Encontrar un paquete puede ser difícil, pero por suerte puedes buscar fácilmente paquetes de CRAN, **github y bioconductor** usando `Rdocumentation, inside-R`, o puedes echar un vistazo a esta lista rápida de paquetes útiles de R.

Para terminar, una vez que uno empieza a trabajar con R, descubre rápidamente que la dependencia de los paquetes de R puede causar muchos dolores de cabeza.

Una vez que uno se enfrenta a este problema, podemos consultar **packrat** (vídeo tutorial) o **checkpoint**. Cuando uno necesita actualizar R (Windows) se puede usar la función `updateR()` del paquete instalador.

Muchas funciones útiles de R vienen en paquetes o librerías, bibliotecas gratuitas de código escritas por la activa comunidad de usuarios de R. Para instalar un paquete de R, abra una sesión de R y escriba en la línea de comandos.

```
> install.packages("nombre del paquete") #Entre comillas"
```

R descargará el paquete desde CRAN, por lo que tendrá que estar conectado a Internet. Una vez que tenga un paquete instalado, puede hacer que su contenido esté disponible para su uso en la sesión actual de R ejecutando.

```
> library(nombre del paquete)
```

Es más, haciendo uso del comando library() obtenemos la lista de los paquetes que ya están instalados. Hay miles de paquetes o librerías de R para su uso inmediato, pero navegar por todos ellos puede ser un reto.

Las librerías de R se encuentran organizadas en grupos (CRAN = Comprehensive R Archive Network) en función de las distintas áreas de aplicación, como sigue:

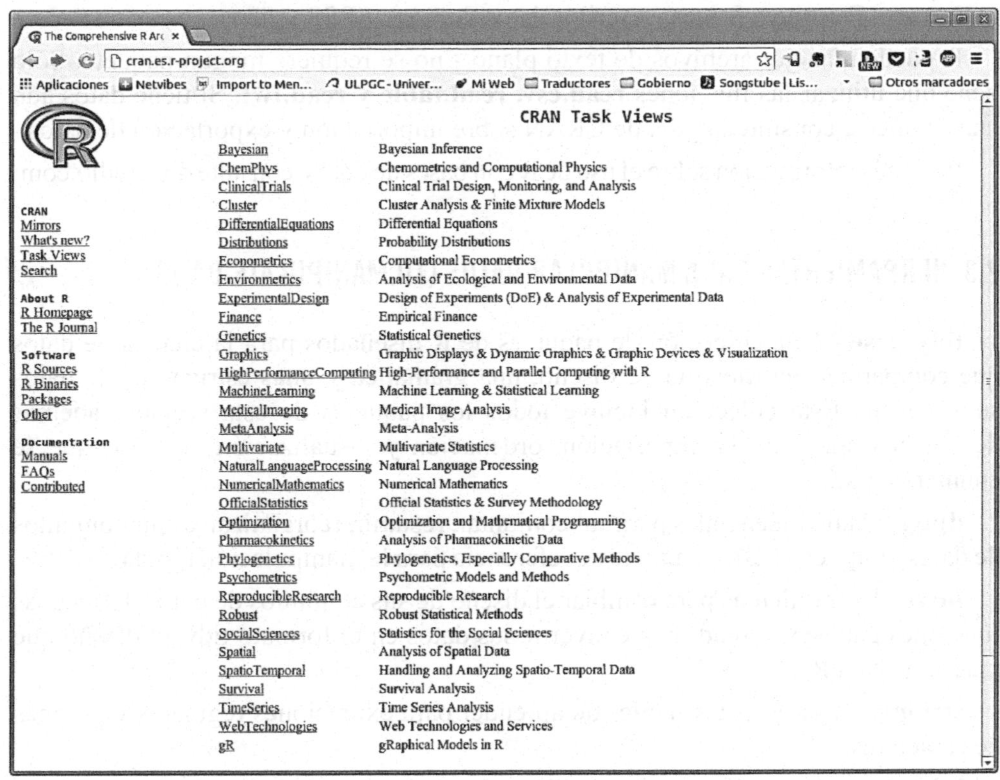

2.2 HERRAMIENTAS PARA CARGAR DATOS (TO LOAD DATA)

DBI - El estándar para la comunicación entre R y los sistemas de gestión de bases de datos relacionales. Los paquetes que conectan R a las bases de datos dependen del paquete DBI.

odbc - Utilice cualquier controlador ODBC con el paquete odbc para conectar R a su base de datos. Nota: los productos profesionales de RStudio vienen con controladores profesionales para algunas de las bases de datos más populares.

RMySQL, RPostgresSQL, RSQLite - Si desea leer datos de una base de datos, estos paquetes son un buen punto de partida. Elige el paquete que se adapte a tu tipo de base de datos.

XLConnect, xlsx - Estos paquetes le ayudan a leer y escribir archivos de Microsoft Excel desde R. También puede simplemente exportar sus hojas de cálculo desde Excel como .csv's.

foreign - ¿Quiere leer un conjunto de datos de SAS en R? ¿O un conjunto de datos de SPSS? Foreign proporciona funciones que le ayudan a cargar archivos de datos de otros programas en R.

haven - Permite a R leer y escribir datos de SAS, SPSS y Stata.

R puede manejar archivos de texto plano - no se requiere ningún paquete. Sólo tiene que utilizar las funciones **read.csv, read.table y read.fwf**. Si tiene datos aún más exóticos, consulte la guía de CRAN sobre importación y exportación de datos.

Para más información sobre el uso de R con bases de datos, consulte db.rstudio.com.

2.3 HERRAMIENTAS PARA MANIPULAR DATOS (TO MANIPULATE DATA)

tidyverse - Una colección de paquetes de R diseñados para la ciencia de datos que comparten una filosofía de diseño, una gramática y unas estructuras de datos subyacentes. Esta colección incluye todos los paquetes de esta sección, además de muchos más para la importación, ordenación y visualización de datos que se enumeran aquí.

dplyr - Atajos esenciales para subconjuntar, resumir, reorganizar y unir conjuntos de datos. dplyr es nuestro paquete de referencia para la manipulación rápida de datos.

tidyr - Herramientas para cambiar el diseño de sus conjuntos de datos. Utilice las funciones gather y spread para convertir sus datos en el formato tidy, el diseño que más le gusta a R.

stringr - Herramientas fáciles de aprender para expresiones regulares y cadenas de caracteres.

lubridate - Herramientas que facilitan el trabajo con fechas y horas.

2.4 HERRAMIENTAS PARA VISUALIZAR DATOS (TO VISUALIZE DATA)

ggplot2 - El famoso paquete de R para hacer bellos gráficos. ggplot2 le permite utilizar la gramática de los gráficos para construir gráficos en capas y personalizables.

ggvis - Gráficos interactivos basados en la web construidos con la gramática de los gráficos.

rgl - Visualizaciones 3D interactivas con R.

htmlwidgets - Una forma rápida de construir visualizaciones interactivas (basadas en JavaScript) con R. Los paquetes que implementan `htmlwidgets` incluyen:

- leaflet (mapas).
- dygraphs (series temporales).
- DT (tablas).
- diagrammeR (diagramas).
- network3D (gráficos de red).
- threeJS (gráficos de dispersión y globos 3D).

googleVis - Permite utilizar las herramientas de Google Chart para visualizar datos en R. Las herramientas de Google Chart solían llamarse Gapminder, el software de gráficos que Hans Rosling hizo famoso en su charla TED.

2.5 HERRAMIENTAS PARA MODELAR DATOS (TO MODEL DATA)

tidymodels - Una colección de paquetes para el modelado y el aprendizaje automático utilizando los principios de tidyverse. Esta colección incluye rsample, parsnip, recipes, broom, y muchos otros paquetes generales y especializados listados aquí.

- car - La función Anova de car es popular para hacer tablas Anova tipo II y tipo III.
- mgcv - Modelos aditivos generalizados.
- lme4/nlme - Modelos de efectos mixtos lineales y no lineales.
- randomForest - Métodos de bosque aleatorio de aprendizaje automático.
- multcomp - Herramientas para pruebas de comparación múltiple.
- vcd - Herramientas de visualización y pruebas para datos categóricos.
- glmnet - Métodos de regresión Lasso y elastic-net con validación cruzada.
- survival - Herramientas para el análisis de supervivencia.
- caret - Herramientas para el entrenamiento de modelos de regresión y clasificación.

2.6 HERRAMIENTAS PARA INFORMAR RESULTADOS (TO REPORT RESULTS)

shiny - Crea fácilmente aplicaciones web interactivas con R. Una forma perfecta de explorar los datos y compartir los resultados con personas que no son programadoras.

R Markdown - El flujo de trabajo perfecto para la elaboración de informes reproducibles. Escriba código R en sus informes Markdown. Cuando ejecute el render, R Markdown reemplazará el código con sus resultados y luego exportará su informe como un documento HTML, pdf o MS Word, o una presentación de diapositivas HTML o pdf. ¿El resultado? Informes automatizados. R Markdown está integrado directamente en RStudio.

xtable - La función xtable toma un objeto de R (como un data-frame) y devuelve el código latex o HTML que necesita para pegar una versión bonita del objeto en sus documentos. Copiar y pegar, o emparejar con R Markdown.

2.7 HERRAMIENTAS PARA ANALIZAR DATOS ESPACIALES (FOR SPATIAL DATA)

sp, maptools - Herramientas para cargar y utilizar datos espaciales, incluyendo shapefiles.

maps - Polígonos de mapas fáciles de usar para los trazados.

ggmap - Descargue mapas de calles directamente desde Google maps y utilícelos como fondo en sus ggplots.

2.8 HERRAMIENTAS PARA SERIES TEMPORALES Y DATOS FINANCIEROS (FOR TIME SERIES AND FINANCIAL DATA)

zoo - Proporciona el formato más popular para guardar objetos de series temporales en R.

xts - Herramientas muy flexibles para manipular conjuntos de datos de series temporales.

quantmod - Herramientas para descargar datos financieros, trazar gráficos comunes y realizar análisis técnicos.

2.9 HERRAMIENTAS PARA ESCRIBIR CÓDIGOS R DE ALTO RENDIMIENTO (TO WRITE HIGH PERFORMANCE R CODE)

Rcpp - Escriba funciones de R que llamen a código C++ para obtener una velocidad de vértigo.

data.table - Una forma alternativa de organizar conjuntos de datos para realizar operaciones muy, muy rápidas. Útil para big data.

parallel - Utiliza el procesamiento en paralelo en R para acelerar tu código o para procesar grandes conjuntos de datos.

2.10 HERRAMIENTAS PARA TRABAJAR CON PÁGINAS WEBS (TO WORK WITH THE WEB)

XML - Lee y crea documentos XML con R.

jsonlite - Lee y crea tablas de datos JSON con R.

httr - Un conjunto de herramientas útiles para trabajar con conexiones http.

2.11 HERRAMIENTAS PARA ESCRIBIR PAQUETES DE R (TO WRITE YOUR OWN R PACKAGES)

devtools - Un conjunto esencial de herramientas para convertir su código en un paquete de R.

testthat – testthat - Proporciona una manera fácil de escribir pruebas unitarias para sus proyectos de código.

roxygen2 - Una forma rápida de documentar sus paquetes de R. roxygen2 convierte los comentarios del código en línea en páginas de documentación y construye un espacio de nombres del paquete.

REFERENCIAS

- R Packages de Hadley Wickham (para leer sobre todo el proceso de desarrollo de paquetes en línea).
- Quick-R: métodos estadísticos con R.
- R Graphical Manual: graficas.
- R Graph Gallery.
- R-Tutorial Dpto. Mathematics Clarkson Univ.
- R-Tutor.
- Using R.
- ggplot tutorial.
- Programming in R.

3

PROGRAMACIÓN BÁSICA

3.1 OPERADORES EN R

3.1.1 Operadores de asignación

Los operadores de asignación en R son símbolos que se usan para dar valores a variables. Se usan para crear variables para clasificar y analizar estadísticamente datos. Son una parte fundamental de cualquier lenguaje de programación.

- **Operador** `"<-"` este es el operador de asignación a izquierda, es el más usado y recomendado.
- **Operador** `"->"` este es el operador de asignación a derecha, no es frecuente su uso.
- **Operador** `"="` el símbolo igual sirve para hacer asignaciones pero **NO** se recomienda usarlo.
- **Operador** `"<<-"` este es un operador de asignación global y sólo debe ser usado por usuarios avanzados.

```
# Assignment Operator "<-"
# Syntax:variable name <- value
> x<- 15
> x
Output: [1] 15

# Assignment Operator "->"
# Syntax :value -> variable name
>25 -> x
> x
Output: [1] 25
```

```
# Assignment Operator "="
# Syntax: variable name = value
> x=5
> x
Output: [1] 5

# Assignment Operator "<<-"
# Syntax: variable name <<- value
>x <<- 2
>x
Output: [1] 2
```

Una vez aplicada la operación de asignación, podemos usar el nombre de la variable para realizar operaciones con ella, como si fuera el dato en sí. Si asignamos un valor a una variable a la que ya habíamos asignado datos, nuestra variable conserva el valor más reciente.

Además, esta operación nos permite "guardar" el resultado de las operaciones, de modo que podamos recuperarlos sin necesidad de volver a ejecutar la operación. Basta con llamar el nombre de la variable en la consola o en scripts.

3.1.2 Operadores relacionales

Los operadores relacionales o de comparación son usados para hacer comparaciones entre objetos y siempre devuelven como resultado TRUE o FALSE. Un operador relacional se define como una relación entre dos entidades. Por ejemplo:

```
"<, >, <=, ! =, etc."
> x<-3
> x!=2
Output: [1] TRUE
```

A continuación, presentamos los operadores relacionales más utilizados.

Relacional	Descripción
<	Menor que
>	Mayor que
==	Igual
<=	Menor o igual que
>=	Mayor o igual que
!=	Diferente de
%in%	Pertenece al conjunto
is.na	Es NA
!is.na	No es NA

Al usar los operadores `>`, `>=`, `<` y `<=` con cadenas de texto, estos tienen un comportamiento especial. Se hace una comparación por orden alfabético, es decir, es mayor la palabra cuya letra inicial está después que la letra inicial de la otra palabra a comparar. Por ejemplo:

```
> "Olmedo de Riobamba" > "Macará de Ambato"
[1] TRUE

> "Ana" > "Ariana" #Aquí como ambas empiezan con A se comparan las 2das
letras
[1] FALSE
```

3.1.3 Operadores lógicos (Logical Operators)

Los operadores lógicos son usados para operaciones de álgebra Booleana, es decir, para describir relaciones lógicas, expresadas como TRUE o FALSE. Estos operadores lógicos siempre devuelven TRUE o FALSE. Comparan dos entidades y son típicamente usados con valores booleanos o lógicos como: `& = AND`, `| = OR`, `! = NO`, que siguen las siguientes reglas:

- | devuelve TRUE si alguno de los datos es TRUE.
- | solo devuelve FALSE si ambos datos son FALSE.
- & solo devuelve TRUE si ambos datos es TRUE.
- & devuelve FALSE si alguno de los datos es FALSE.

Entre los operadores lógicos tenemos:

- \ # Boleano o.
- !x # Negación de x.
- x & y # Conjunción entre x e y.
- x && y
- x | y # Disyunción entre x o y.
- x || y # Indica que cualquiera de los operandos es verdadero.
- xor(x, y) # or inclusivo.
- any # Cualquiera es TRUE.
- all # Todo verdaderos.

Ilustración

```
>x<-2
>2&3
Output: [1] TRUE
```

 # Si

```
> a = 5
```

entonces

```
> a < 2  # (devuelve FALSO).
> a > 2  # (devuelve VERDADERO).
```

 # ¿Cómo verificar dos condiciones a la vez en R?

Utilizamos el símbolo &, que sería el equivalente al «AND» de otros programas.

```
> a <- 5
```

'a' es menor que 10 y 'a' es menor que 2.

```
> (a < 10) & (a < 2) # (devuelve FALSO).
```

'a' es menor que 10 y 'a' es menor que 6.

```
> (a<10) & (a<6)      # (devuelve VERDADERO).
```

Conjunción vectorial.

```
> a<-5
> a<10 && a<2
[1] FALSE
```

 # ¿Cómo verificar en R si se cumple una condición u otra condición?

Utilizamos el símbolo |, que sería equivalente al «OR» de otros programas.

```
> a<-5
```

('a' es menor que 10 o 'a' es menor que 2 - devuelve VERDADERO).

```
> (a < 10) | (a < 2)
 [1] TRUE
```

('a' es menor que 10 o 'a' es menor que 6 - devuelve VERDADERO).

```
> (a < 10) | (a < 6)
 [1] TRUE
```

 # Negación en R

```
> a <- 5            # Damos un valor al objeto 'a'.
> !a < 10           # ('a' NO es menor que 10 - devuelve FALSO).
>  a < 10           # ('a' es menor que 10 - devuelve VERDADERO).
```

 # Utilizar varios operadores lógicos al mismo tiempo

- 5 NO es MAYOR que 6, y 5 NO es MAYOR que 10.
  `> !(5 > 6) & !(5 > 10)` # VERDADERO.
- 5 NO es MAYOR que 6, y 5 NO es MENOR que 10.
  `> !(5 > 6) & !(5 < 10)` # FALSO.

 # Utilización simultanea de operadores lógicos y comparativos en R

Definimos el objeto 'a'.
`> a=3`
`> ((a+a) == a*2) & !(a < 5)` # FALSO.
(3+3 es IGUAL que 3x2, y a NO es MENOR que 5).

Usando & (AND), deben cumplirse las 2 condiciones.
Si no se cumplen las dos condiciones, devuelve FALSO.

Definimos la variable 'a'.
`> a = 3`
`> ((a+a) == a*2) | !(a<5)` # VERDADERO
(Hemos utilizado | (OR). Es VERDADERA porque cumple una de las condiciones).

3.1.4 Operador de igualdad y desigualdad

Símbolo de igualdad en R.
`> 3 == 3` # (devuelve VERDADERO).
`> 3.01 == 3` # (devuelve FALSO).

Símbolo de desigualdad en R.
`> 2 != 1` # (devuelve VERDADERO).
`> 2 != 2` # (devuelve FALSO).

Símbolos de comparación en R.
`> 5 > 10` # 5 es mayor que 10 (devuelve FALSO).
`> 5 > 5` # 5 es mayor que 5 (devuelve FALSO).
`> 5 >= 5` # 5 es mayor o igual que 5 (devuelve VERDADERO).

`> 5 < 10` # 5 es menor que 10 (devuelve VERDADERO).
`> 5 < 5` # 5 es menor que 5 (devuelve FALSO).
`> 5 <= 5` # 5 es menor o igual que 5 (devuelve VERDADERO).

3.1.5 Operador de secuencias

Este tipo de operadores son usados con propósitos específicos y no para llevar a cabo cálculos lógicos. Por ejemplo:

Crear **series de números** en secuencia para un vector.

```
> x<-2:8
> x
Output: [1] 2 3 4 5 6 7 8
```

3.1.6 La función de concatenación

`c()`. La letra 'c' significa "**concatenar**", y de hecho es un acrónimo para dicha palabra. Ilustración:

```
> x<-c(1,3,5)
> y<-c(2,4,6)
> c(x,y)
[1] 1 3 5 2 4 6
```

El operador de asignación se escribe '`<-`', o también '_' (guion bajo). La primera orden crea un vector formado por números impares: 1,3,5 y lo asigna a la variable 'x'. La segunda orden crea otro vector formado por los números pares 2, 4 y 6, y lo asigna a la variable 'y'.

3.1.7 Operador de corchetes simple

Para recuperar los datos de una celda, introduciríamos sus coordenadas de fila y columna en el operador de corchetes simples "[ ]". Las dos coordenadas están separadas por una coma. En otras palabras, las coordenadas comienzan con la posición de la fila, siguen con una coma y terminan con la posición de la columna, donde el orden es importante.

3.1.8 Operador pipe (%>%) o pipeline (se pronuncia paip)

Este operador es útil para concatenar múltiples `dplyr` (operaciones). Obsérvese en el siguiente ejemplo, que cada vez que queremos aplicar más de una función, la instrucción es una secuencia de llamadas a funciones de forma anidada y que resulta ilegible. Para encadenar funciones podemos utilizar el operador `%>%` del paquete `magrittr()`.

```
> third(second(first(x)))
```

Este anidamiento no es una forma natural de expresar una secuencia de operaciones. El operador %>% nos permite escribir una secuencia de operaciones de izquierda a derecha:

```
> first(x) %>% second(x) %>% third(x)
```

ILUSTRACIÓN 1: COMBINAR OPERADORES Y FUNCIONES EN R

GRAMÁTICA DE dplyr → select() y filter().

```
install.packages("dplyr")
library(dplyr)
```

Principales funciones del paquete dplyr:

- select: devuelve un conjunto de columnas.
- filter: devuelve un conjunto de filas según una o varias condiciones lógicas.
- arrange: reordena filas de un data frame.
- rename: renombra variables en una data frame.
- mutate: añade nuevas variables/columnas o transforma variables existentes.
- summarise/summarize: genera resúmenes estadísticos de diferentes variables en el data frame, posiblemente con strata.
- %>%: el operador "pipe" es usado para conectar múltiples acciones en una única "pipeline" (tubería).

Por ejemplo, consideremos el siguiente conjunto de datos.

`Tormentas`

tormenta	viento	presión	fecha
Alberta	110	1007	12-08-2000
Alex	45	1009	30-07-1998
Allison	65	1005	04-06-1995
Ana	40	1013	01-07-1997
Arlene	50	1010	13-06-1999
Arthur	45	1010	21-06-1995

Creamos un vector por cada variable.

```
> dstorms<-c("Alberta","Alex","Allison","Ana","Arlene", "Arthur")
> viento<-c(110,45,65,40,50,45)
> presion<-c(1007,1009,1005,1013,1010,1010)
> fecha<-c("12-08-2000","30-07-1998","04-06-1995","01-07-1997", "13-06-1999", "21-06-1995")
```

Agrupamos los vectores en una única matriz de datos (tabla).

```
> dstorms<-cbind(tormenta,viento,presion,fecha)
> dstorms
```

```
     tormenta  viento presion   fecha
[1,] "Alberta" "110"  "1007" "12-08-2000"
[2,] "Alex"    "45"   "1009" "30-07-1998"
[3,] "Allison" "65"   "1005" "04-06-1995"
[4,] "Ana"     "40"   "1013" "01-07-1997"
[5,] "Arlene"  "50"   "1010" "13-06-1999"
[6,] "Arthur"  "45"   "1010" "21-06-1995"

# Aplicamos un data frame para separar filas y columnas.
> dstorms<-data.frame(cbind(tormenta,viento,presion,fecha))
> dstorms
  tormenta viento presión      fecha
1  Alberta    110  1007      12-08-2000
2     Alex     45  1009      30-07-1998
3  Allison     65  1005      04-06-1995
4      Ana     40  1013      01-07-1997
5   Arlene     50  1010      13-06-1999
6   Arthur     45  1010      21-06-1995
```

Aplicamos la función "select()" para seleccionar algunas variables de la matriz de datos.
La sintaxis incluye los argumentos datos, variable1, variable 2, etc.

```
> select(dstorms, tormenta, presion)
```

Análogamente podemos escribir la sintaxis como sigue:

```
> dstorms %>% select(tormenta, presion) # Equivalente a la función "select()"
# Source: local data frame [6 x 2]
    tormenta presión
    (chr)      (int)
1 Alberto       1007
2    Alex       1009
3 Allison       1005
4     Ana       1013
5  Arlene       1010
6  Arthur       1010
```

Uso de la función `filter()`para aplicar múltiples condiciones en R de la librería **dplyr.**

La función `filter()` puede ser aplicado a datos agrupados y no agrupados y se utiliza para subdividir un data-frame de datos, reteniendo todas las filas que satisfacen las condiciones establecidas. Para ser conservada, la fila debe generar el valor lógico TRUE para todas las condiciones. Se debe tener en cuenta que cuando una condición se evalúa como NA, la fila es eliminada por completo.

La función incluye operadores de comparación (`==, >, >=`), operadores lógicos (`&, |, !, xor()`), operadores de rango (`between(), near()`), como también chequea el valor NA mediante (`is.na()`).

- **Método 1: uso directo de la función filter()**

  # Sintaxis: `filter(df, condición).`
  # class(dstorms) or str(dstorms).
  # Convertir datos de caracteres en datos numéricos.
  # dstorms$viento<-as.numeric(dstorms$viento).

```
> filter(dstorms, wind >= 50)
```

  # Análogamente, se puede escribir de forma equivalente a la aplicación directa de la función "filter()" como sigue:

```
> dstorms %>% filter(viento >= 50)
# Source: local data frame [3 x 4]
   tormenta  viento presion fecha
     (chr)   (int)  (int)     (date)
1   Alberto   110    1007   2000-08-03
2   Allison    65    1005   1995-06-03
3   Arlene     50    1010   1999-06-11
```

  # Hay paquetes que facilitan nuestro trabajo como la librería `magrittr()`. En este apartado vamos a trata de profundizar en la explicación de cómo utilizar el operador %>% y cómo esto nos ayuda a que nuestro código sea más legible.

```
> df<-data.frame(x=c(12,31,4,66,78),y=c(22.1,44.5,6.1,43.1,99),z=c
(TRUE,TRUE, FALSE,TRUE,TRUE))
> filter(df,x<50 & z==TRUE)
   x    y    z
1 12 22.1 TRUE
2 31 44.5 TRUE
```

- **Método 2: usando el operador `%>%` con la función filter()**

  # Sintaxis: df %>% filter (condición).

```
> df<-data.frame(x=c(12,31,4,66,78),y=c(22.1,44.5,6.1,43.1,99),
z=c(TRUE,TRUE, FALSE,TRUE,TRUE))
> df %>% filter(y < 45 & z!=FALSE)
   x    y    z
1 12 22.1 TRUE
2 31 44.5 TRUE
3 66 43.1 TRUE
```

- **Método 3: usando NA con la función filter()**

  # La función `is.na()` acepta un valor y devuelve TRUE si el valor es NA y devuelve FALSE si el valor no es NA.

Sintaxis: df %>% filter(!is.na(x)).

```
> df=data.frame(x=c(12,31,NA,NA,NA),
+               y=c(22.1,44.5,6.1,10,99),
+               z=c(TRUE,TRUE,FALSE,TRUE,TRUE))
> df %>% filter(!is.na(x))
   x    y    z
1 12 22.1 TRUE
2 31 44.5 TRUE
```

- **Método 4: usando el operador %in% con la función filter()**

Sintaxis: filter(column %>% c("data1", "data2", …., "datan").

```
> df=data.frame(x=c(12,31,10,2,99),
+               y=c(22.1,44.5,6.1,10,99),
+         z=c("Manzana","Guayaba", "Mango", "Manzana","Mango"))
> filter(df, z %in% c("Manzana", "Mango"))
   x    y       z
1 12 22.1 Manzana
2 10  6.1   Mango
3  2 10.0 Manzana
4 99 99.0   Mango
```

ILUSTRACIÓN 2: BASE DE DATOS: 'IRIS'

Instalar el paquete `magrittr()`.

```
> install.packges("magrittr")
> library(magrittr)
> diris<-data("iris")
```

Encadenar funciones utilizando el operador `%>%` del paquete `magrittr()`.
Supongamos que queremos ver los nombres de una tabla de datos.

```
> tolower(names(iris))
[1] "sepal.length" "sepal.width"
[3] "petal.length" "petal.width"
[5] "species"
```

Sin embargo, hacerlo de esta manera tiene el problema de que hay que anidar funciones, haciendo que la lectura del código sea más difícil. Para evitar esto, podemos encadenar funciones utilizando el operador `%>%` del paquete `magrittr()` de la siguiente manera.

```
> iris %>% names() %>% tolower()
[1] "sepal.length" "sepal.width"
[3] "petal.length" "petal.width"
[5] "species"
```

La lectura del código "`iris %>% names() %>% tolower()`" es la siguiente: Tomamos la tabla de datos iris, luego obtenemos los nombres, y finalmente lo imprimimos en minúsculas.

Visualizamos los datos de iris con el operador %>% mediante la siguiente sintaxis:

```
> iris %>% head()
  Sepal.Length Sepal.Width Petal.Length Petal.Width Species
1          5.1         3.5          1.4         0.2  setosa
2          4.9         3.0          1.4         0.2  setosa
3          4.7         3.2          1.3         0.2  setosa
4          4.6         3.1          1.5         0.2  setosa
5          5.0         3.6          1.4         0.2  setosa
6          5.4         3.9          1.7         0.4  setosa
```

La sintaxis "`iris %>% head()`" es equivalente a `head(iris)`.

Si a la sintaxis anterior le añadimos "`%>% summary()`", obtenemos los descriptivo de los datos de iris para cada una de la variables incluidas en los datos.

```
> iris %>% head() %>% summary()
  Sepal.Length    Sepal.Width     Petal.Length    Petal.Width
 Min.   :4.600   Min.   :3.000   Min.   :1.300   Min.   :0.2000
 1st Qu.:4.750   1st Qu.:3.125   1st Qu.:1.400   1st Qu.:0.2000
 Median :4.950   Median :3.350   Median :1.400   Median :0.2000
 Mean   :4.950   Mean   :3.383   Mean   :1.450   Mean   :0.2333
 3rd Qu.:5.075   3rd Qu.:3.575   3rd Qu.:1.475   3rd Qu.:0.2000
 Max.   :5.400   Max.   :3.900   Max.   :1.700   Max.   :0.4000

       Species
 setosa    :6
 versicolor:0
 virginica :0
```

La sintaxis "`iris %>% head() %>% summary()`" es equivalente a la sintaxis `summary(head(iris))`.

En síntesis, el operador pipeline (`%>%`) consiste en tomar el valor a su izquierda e introducirlo en el primer argumento de la función a su derecha. De esta manera, `x %>% f(y)` es equivalente a `f(x, y)`.

ILUSTRACIÓN 3: OPERADOR %>%

Para realizar varias operaciones de forma secuencial sin recurrir a paréntesis anidados o a sobrescribir múltiples bases de datos hacemos uso del operador pipe %>%.

Generamos un vector de número pares y anidamos las funciones mean, sqrt y log.

```
> x <- c(1, 4, 6, 8)
> y <- round(mean(sqrt(log(x))), 2)
> y
 [1] 0.99
```

Utilizamos pipeline para una presentación legible del código.

```
> y <- x %>% log() %>% sqrt() %>% mean() %>% round(2)
> y
[1] 0.99
```

El código pipeline se lee de izquierda a derecha y no de adentro hacia afuera.

3.1.9 Operador %in% en R

Este operador puede ser usado para identificar si un elemento (p.e. un número) pertenece a un vector o data-frame. Por ejemplo, puede ser usado para ver si el número '1' está en la secuencia de número del 1 al 10.

El operador %in% es usado para emparejar valores y "devuelve un vector de las posiciones de las (primeras) coincidencias de su primer argumento en su segundo". Utilizando el operador %in% se pueden comparar vectores de diferentes longitudes para ver si los elementos de un vector coinciden al menos con un elemento del otro vector. La longitud de la salida será igual a la longitud del vector que se esté comparando (el primero). También se puede utilizar el operador para seleccionar determinadas columnas en el data-frame de datos o para subdividir el data-frame. Los posibles usos del operador %in% son:

1. Uso de **%in% para comparar dos secuencias de números** (vectores). Por ejemplo, podemos utilizar %in% para comprobar si dos vectores contienen números que se solapan. Específicamente, veremos cómo podemos obtener un valor lógico para elementos más específicos.
   # sequence of numbers 1:
   ```
   > a <- seq(1, 5)
   ```
   # sequence of numbers 2:
   ```
   > b <- seq(3, 12)
   ```
   # Utilizamos el operador %in% para comprobar los valores coincidentes en los vectores a y b.
   ```
   > a %in% b
   [1] FALSE  FALSE  TRUE  TRUE  TRUE
   ```

Este código arroja un output tan grande como el vector más grande (en este caso b), aunque limitado al número de elemento del vector pequeño.

%in%. Este operador se utiliza para identificar si un elemento pertenece a un vector o no. Por ejemplo:

```
> x <- 2:8
> y <-5
> y %in% x   #'y' está incluido en el vector 'x'
Output: [1] TRUE
```

Si queremos comprobar qué elementos de un vector grande están en un vector corto hacemos lo siguiente:

 # shorter vector:

```
> a <- seq(12, 19)
```

 # longer vector:

```
> b <- seq(1, 16)
```

Testeamos qué elementos del vector grande están en el vector pequeño.

```
> b%in%a
[1] FALSE FALSE FALSE FALSE FALSE FALSE FALSE FALSE FALSE FALSE
FALSE TRUE TRUE TRUE TRUE TRUE TRUE
```

2. **Utilizando el operador %in% junto con la función which().**

   La función which() resulta útil porque permite seleccionar observaciones que cumplen una determinada condición. La función which() nos da los números de orden en el objeto en los que se cumple una condición (El operador "%in%" es un operador lógico que permite saber si un valor está dentro de una lista de valores).

```
> which(seq(1:10) %in% seq(4:12))
 [1] 1 2 3 4 5 6 7 8 9

> z <- c(4, 6, 2, 8, 10, 2, 6)
> which(z == 6)
  [1] 2 7
```

¿Qué elementos del vector iris$Sepal.Length tienen un valor igual a 6.2?

```
> which(iris$Sepal.Length==6.2)
  [1]  69  98 127 149
```

El resultado nos da las posiciones en las que se cumple esa condición, en este caso son los elementos **69, 98, 127 y 149** los que cumplen esa condición de tener un valor igual a 6.2.

```
# Para comprobarlo puedes escribir:
> iris$Sepal.Length[69]
  [1] 6.2
  ......
> iris$Sepal.Length[149]
  [1] 6.2

# ¿Cuál es el número de elementos con un valor mayor o igual a 4.5?
> which(iris$Sepal.Length >= 4.5)
  [1]   1   2   3   4   5   6   7   8  10  11  12
 [12]  13  15  16  17  18  19  20  21  22  23  24
 [23]  25  26  27  28  29  30  31  32  33  34  35
 [34]  36  37  38  40  41  42  44  45  46  47  48
 [45]  49  50  51  52  53  54  55  56  57  58  59
 [56]  60  61  62  63  64  65  66  67  68  69  70
 [67]  71  72  73  74  75  76  77  78  79  80  81
 [78]  82  83  84  85  86  87  88  89  90  91  92
 [89]  93  94  95  96  97  98  99 100 101 102 103
[100] 104 105 106 107 108 109 110 111 112 113 114
[111] 115 116 117 118 119 120 121 122 123 124 125
[122] 126 127 128 129 130 131 132 133 134 135 136
[133] 137 138 139 140 141 142 143 144 145 146 147
[144] 148 149 150

# Podemos usar el comando lenght para contarlos.
> length(which(iris$Sepal.Length >= 4.5))
  [1] 146
```

Cómo podemos usar `which()` para seleccionar filas de un data frame que cumplan una condición para una columna.

```
# Mostraremos que este data.frame para las filas que cumplen la condición.
> iris$Species == "setosa".

# Cuando el valor de la igualdad es de tipo «letra» (cadena de caracteres) debemos usar comillas (" ").
# Nuestro índice (index) que tendrá el número de filas que cumplen la característica "setosa" para la variable Species.
> index<-which(iris$Species=="setosa")
```

Una vez que tenemos un índice, lo aplicamos al data.frame de iris.

```
> iris[index, ] # Se aplica a todas las columnas
   Sepal.Length Sepal.Width Petal.Length Petal.Width Species
1           5.1         3.5          1.4         0.2  setosa
2           4.9         3.0          1.4         0.2  setosa
3           4.7         3.2          1.3         0.2  setosa
4           4.6         3.1          1.5         0.2  setosa
5           5.0         3.6          1.4         0.2  setosa
6           5.4         3.9          1.7         0.4  setosa
7           4.6         3.4          1.4         0.3  setosa
8           5.0         3.4          1.5         0.2  setosa
9           4.4         2.9          1.4         0.2  setosa
10          4.9         3.1          1.5         0.1  setosa
11          5.4         3.7          1.5         0.2  setosa
12          4.8         3.4          1.6         0.2  setosa
13          4.8         3.0          1.4         0.1  setosa
14          4.3         3.0          1.1         0.1  setosa
15          5.8         4.0          1.2         0.2  setosa
16          5.7         4.4          1.5         0.4  setosa
17          5.4         3.9          1.3         0.4  setosa
18          5.1         3.5          1.4         0.3  setosa
19          5.7         3.8          1.7         0.3  setosa
20          5.1         3.8          1.5         0.3  setosa
```

Utilizando %in% para comparar dos vectores que contienen letras y/o factores.

Sequences of Letters:

```
> a <- LETTERS[1:10]
```

Second seq of letters.

```
> b <- LETTERS[4:10]
```

Grande en el pequeño (longer in shorter).

```
> a %in% b
```

De nuevo podemos comprobar qué letras de un vector largo están en un vector corto. Podemos utilizar la función which() para obtener índices.

Generamos los vectores g y h.

```
> g <- c("C", "D", "E")
> h <- c("A", "E", "B", "C", "D", "E", "A", "B", "C", "D", "E")
```

Longer in shorter.

```
> which(h %in% g)  # Usamos la función which() para obtener índices.
[1] 4 5 6 9 10 11
```

Asigna un índice en función de la posición de la letra en el vector en el que se anida el vector de interés.

3. **Usar el operador %in% para añadir una nueva columna en el data-frame**
Creando un data-frame:

```
>datf1<-data.frame(Type=c("Fruta","Fruta","Fruta","Fruta", "Fruta","
Vegetal","Vegetal","Vegetal","Vegetal","Fruta"),Name=c("ManzanaR
oja","Fresas","Naranja","Sandia","Papaya","Zanahoria","Tomate","Chil
i","Pepino", "ManzanaVerde"),Color = c(NA, "Red", "Orange", "Red",
"Green","Orange", "Red", "Red", "Green", "Green"))
> head(datf1)
     Type         Name  Color
1   Fruta ManzanaRoja   <NA>
2   Fruta       Fresas    Red
3   Fruta      Naranja Orange
4   Fruta       Sandía    Red
5   Fruta       Papaya  Green
6 Vegetal    Zanahoria Orange
```

#La función `within` (función interior()).

La función within() de R calcula el resultado de la expresión dentro de sí misma, pero con una ligera diferencia. Nos permite crear una copia del marco de datos y añadir una columna que finalmente almacenaría el resultado de R. En otras palabras, realiza algunas operaciones en las columnas y devuelve el resultado en una nueva columna dentro del marco de datos.

Syntax:

```
> within(data frame, new-column <- R expression)
> Num<-c(100,100,100,100,100)
> Cost<-c(1200,1300,1400,1500,1600)
> d1<-data.frame(Num,Cost,stringsAsFactors = F)
> d1
  Num Cost
1 100 1200
2 100 1300
3 100 1400
4 100 1500
5 100 1600

> within(d1,Product<-Num*Cost)
  Num Cost Product
1 100 1200  120000
2 100 1300  130000
3 100 1400  140000
4 100 1500  150000
5 100 1600  160000
```

```
> within(d1,Q <-Cost/Num)
  Num Cost  Q
1 100 1200 12
2 100 1300 13
3 100 1400 14
4 100 1500 15
5 100 1600 16
```

Añadir una nueva columna, borrar una columna.
Uso del operador pipe %in%.

```
> Type<-c("Fruta","Fruta","Fruta","Fruta","Fruta","Vegetal","Vegetal",
"Vegetal","Vegetal","Fruta")
> Name<- c("ManzanaRoja","Fresas","Naranja", "Sandia","Papaya","Zanahor
ia","Tomate","Chili","Pepino", "ManzanaVerde")
> Color<-c(NA,"Rojo","Naranja","Rojo","Verde","Naranaja","Rojo","Rojo",
"Verde","Verde")
> dat1<-cbind(Type,Name,Color)
> dat1
      Type      Name           Color
 [1,] "Fruta"   "ManzanaRoja"  NA
 [2,] "Fruta"   "Fresas"       "Rojo"
 [3,] "Fruta"   "Naranja"      "Naranja"
 [4,] "Fruta"   "Sandia"       "Rojo"
 [5,] "Fruta"   "Papaya"       "Verde"
 [6,] "Vegetal" "Zanahoria"    "Naranja"
 [7,] "Vegetal" "Tomate"       "Rojo"
 [8,] "Vegetal" "Chili"        "Rojo"
 [9,] "Vegetal" "Pepino"       "Verde"
[10,] "Fruta"   "ManzanaVerde" "Verde"

> dat2<-data.frame(dat1)
> dat2
      Type         Name   Color
1    Fruta  ManzanaRoja    <NA>
2    Fruta       Fresas    Rojo
3    Fruta      Naranja Naranja
4    Fruta       Sandía    Rojo
5    Fruta       Papaya   Verde
6  Vegetal    Zanahoria Naranja
7  Vegetal       Tomate    Rojo
8  Vegetal        Chili    Rojo
9  Vegetal       Pepino   Verde
10   Fruta ManzanaVerde   Verde
```

Añadiendo una columna en la matriz de datos con la función `within()` y el operador `%in%`.

```
> dat3<-within(dat2,{Fruta_Roja = "No"
    Fruta_Roja[Type %in% c("Fruta")]="No"
    Fruta_Roja[Type %in% "Vegetal"] = "No"
    Fruta_Roja[Name %in% c("ManzanaRoja","Fresas","Sandía","Chili","T
omate")]="Yes"})
> dat3
      Type        Name   Color Fruta_Roja
1    Fruta ManzanaRoja    <NA>        Yes
2    Fruta      Fresas    Rojo        Yes
3    Fruta     Naranja Naranja         No
4    Fruta      Sandia    Rojo         No
5    Fruta      Papaya   Verde         No
6  Vegetal   Zanahoria Naranja         No
7  Vegetal      Tomate    Rojo        Yes
8  Vegetal       Chili    Rojo        Yes
9  Vegetal      Pepino   Verde         No
10   Fruta ManzanaVerde  Verde         No
```

4. **Usar el operador %in% para eliminar una columna del data-frame**
   # Drop columns using %in% operator in R.
   # Sintaxis en R.

```
> data1[, !(colnames(data1) %in% c("xxx", "yyy", "zzz"))]
```

Aplicación del operador %in% para borrar columnas.

```
> dat3[,!(colnames(dat3) %in% c("Color","Fruta_Roja"))]
      Type        Name
1    Fruta ManzanaRoja
2    Fruta      Fresas
3    Fruta     Naranja
4    Fruta      Sandia
5    Fruta      Papaya
6  Vegetal   Zanahoria
7  Vegetal      Tomate
8  Vegetal       Chili
9  Vegetal      Pepino
10   Fruta ManzanaVerde
```

5. **Usar el operador %in% para añadir una nueva columna al Data-frame**
   # Adding a New Column:

```
> dat4<-within(dat3,{Fruta_Verde = "No"
Fruta_Verde[Type %in% c("Fruta")]="No"
Fruta_Verde[Type %in% "Vegetal"] = "No"
```

```
Fruta_Verde[Name %in% c("Papaya","Pepino","ManzanaVerde")]="Yes"})
> dat4
      Type         Name   Color Fruta_Roja Fruta_Verde
1    Fruta  ManzanaRoja    <NA>        Yes          No
2    Fruta       Fresas    Rojo        Yes          No
3    Fruta      Naranja Naranja         No          No
4    Fruta       Sandia    Rojo         No          No
5    Fruta       Papaya   Verde         No         Yes
6  Vegetal    Zanahoria Naranja         No          No
7  Vegetal       Tomate    Rojo        Yes          No
8  Vegetal        Chili    Rojo        Yes          No
9  Vegetal       Pepino   Verde         No         Yes
10   Fruta ManzanaVerde   Verde         No         Yes
```

6. **El operador %in%** también se utiliza para saber si un valor específico se encuentra dentro de un conjunto de valores. Si está dentro la salida será TRUE, de lo contrario la salida será FALSE.

Veamos si el número 4 y el número 12 se encuentran en nuestro vector d.

```
> d<-c(1:7)
> d
[1] 1 2 3 4 5 6 7

> 4%in%d
[1] TRUE

> 12%in%d
[1] FALSE
```

Construimos una matriz de datos.

```
> library(dplyr)
> df1=data.frame(x=c(12,31,10,2,99),
                 y=c(22.1,44.5,6.1,10,99),
                 z=c("Apple","Guayava", "Mango", "Apple","Mango"))
```

Alternativamente se puede escribir la sintaxis como:

```
> df2<-data.frame(x=c(12,31,10,2,99),y=c(22.1,44.5,6.1,10,99),z=c
("Manzana","Guayaba","Mango","Manzana","Mango"))
> df2
   x    y       z
1 12 22.1 Manzana
2 31 44.5 Guayaba
3 10  6.1   Mango
4  2 10.0 Manzana
5 99 99.0   Mango
```

Combinando el operador **%>%** de la librería **dplyr** con la función **filter.**
Selección: Manzanas y Mangos.

```
> library(dplyr)
> df2 %>% filter(z %in% c("Manzana", "Mango"))
   x    y       z
1 12 22.1 Manzana
2 10  6.1   Mango
3  2 10.0 Manzana
99 99.0   Mango
```

7. **Uso de la función within() para** comparar columnas o filas.

```
# Aplicación 1
```

`Sumar`, restar, multiplicar y dividir las columnas de la matriz que incluye apples, papaya y mangos, luego almacenar el resultado en una columna de salida u output.

Creamos un dataframe "market" con 3 filas y 3 columnas.

```
> market<-data.frame(apples=c(34,45,45),papayas=c(100,98,98),mang
os=c(100,67,89))
> market
  apples papayas mangos
1     34     100    100
2     45      98     67
3     45      98     89
```

print(«suma de manzanas y papaya»).
sumar columnas: manzanas y papaya with within().

```
> print(within(market, output_s<-(apples+papaya)))
  apples papayas mangos output_s
1     34     100    100      134
2     45      98     67      143
3     45      98     89      143
```

print("diferencia de manzanas y papaya").
restar columnas: manzanas de papayas with within().

```
> print(within(market, output_r<-(apples-papaya)))
  apples papayas mangos output_r
1     34     100    100      -66
2     45      98     67      -53
3     45      98     89      -53
```

print("multiplicación de manzanas y papayas").
multiplicar columnas: manzanas con papayas with within().

```
> print(within(market, output_m<-(apples*papayas)))
  apples papaya mangos output_m
1     34    100    100     3400
2     45     98     67     4410
3     45     98     89     4410
```

print("Dividir manzanas y papayas").
Dividir columnas: manzanas y papayas with within().

```
> print(within(market, output_d<-(apples/papaya)))
  apples papaya mangos     output_d
1     34    100    100 0.3400000
2     45     98     67 0.4591837
3     45     98     89 0.4591837
```

 # Aplicación 2

En este ejemplo, usamos diferentes operadores de comparación de las columnas de la matriz de datos que incluyen manzanas y papayas, luego, almacenamos el resultado en la columna de salida.

Creamos un objeto de dataframe con 3 filas y 3 columnas.

```
>market = data.frame(manzanas=c(34,45,45),papayas=c(100,98,98),
mangos=c(100,67,89))
> market
  apples papayas mangos
1     34     100    100
2     45      98     67
3     45      98     89
```

Preguntas:

- print(¿Son las manzanas más grandes que las papayas?).
- print(¿Son las manzanas más pequeñas que las papayas?).

Verificamos si cada valor de la columna "apples" es mayor o mayor igual que los valores de la columna "papayas", luego, almacenamos el resultado en la columna de salida.

```
> print(within(market, output<-(apples > papaya)))
  apples papaya mangos output
1     34    100    100  FALSE
2     45     98     67  FALSE
3     45     98     89  FALSE
```

```
> print(within(market, output<-(apples >= papaya)))
  apples papaya mangos output
1     34    100    100  FALSE
2     45     98     67  FALSE
3     45     98     89  FALSE
```

Verificamos si cada valor de la columna "apples" es menor o menor igual que los valores de la columna "papayas, luego, almacenamos el resultado en la columna de salida.
Sintaxis: print(within(market, output<- manzanas > papaya).

```
> print(within(market, output<-(apples < papaya)))
  apples papaya mangos output
1     34    100    100   TRUE
2     45     98     67   TRUE
3     45     98     89   TRUE

> print(within(market, output<-(apples <= papaya)))
  apples papaya mangos output
1     34    100    100   TRUE
2     45     98     67   TRUE
3     45     98     89   TRUE
```

 # Notación científica

En R, la notación científica se identifica con la letra 'e' seguido del exponente, que representa una potencia de 10. Por ejemplo, 1.3e6 se interpreta como 1.3 multiplicado por 10 elevado a la potencia de 6 (1.3 x 10^6). R utiliza esta notación por defecto para mostrar números muy grandes o pequeños de forma compacta.

La notación científica en R se escribe de la siguiente manera:

```
> 300000
[1] 3e+05
```

En vez de escribir $1.3x10^6$, escribimos $1.3e^6$. Es decir, se reemplaza "x10" por "e".

Preguntemos a R si es lo mismo:

```
> 1.3e6 ==1300000
[1] TRUE
> 4e-5 == 0.00004
[1] TRUE
```

Ilustración práctica de la notación científica en R

```
> 1.3e6: se leerá como 1.3 x 10^6 o 1.300.000.
> 1.2e-4: se leerá como 1.2 x 10^-4 o 0.00012
```

Podemos usar la función class() para verificar la clase de un número. Si es numérico, pero se presenta en notación científica en el resultado, significa que R lo está manejando como un número.

Otras opciones para eliminar la notación científica.
Eliminar la notación científica.

```
> options(scipen = 999)
```

Redondear al número de decimales especificado.
Número de decimales.

```
> options(digits = 3)
> round(1.6666, 2)
[1] 1.67
```

 # Data.frame

Estructura tabular, similar a una hoja de Excel, con columnas de diferentes tipos, claramente definidas. Esto es, es una estructura de datos básica compuesta por columnas y filas con datos de distintos tipos (numérico, carácter, lógico, etc.).

Sintaxis: df<-data.frame(argumento1, argumento2, …., argumento k).
Ejemplo.

```
> nombre=c("Ana","José","Elena")
> edad=c(28,36,24)
> estudiante=c(T,T,F)
> dat<-cbind(nombre,edad,estudiante)
> dat
     nombre  edad estudiante
[1,] "Ana"   "28" "TRUE"
[2,] "José"  "36" "TRUE"
[3,] "Elena" "24" "FALSE"

> df<-data.frame(nombre=c("Ana","José","Elena"), edad=c(28, 36,24),
estudiante=c(T,T,F))
```

Alternativamente.

```
> df<-data.frame(dat)
> df
  nombre edad estudiante
1    Ana   28       TRUE
2   José   36       TRUE
3  Elena   24      FALSE
```

3.2 OPERACIONES MATEMÁTICAS BÁSICAS EN R

Operaciones matemáticas básicas como: adición, sustracción, producto, división, división para calcular el cociente, división para calcular el residuo y la potencia.

Los primeros pasos para poder dominar R es comprender su uso como calculadora. R realiza operaciones matemáticas y lógicas muy avanzadas.

Los principales Operadores aritméticos son:

Operador aritmético en R	Descripción
+	Suma
-	Resta
*	Multiplicación
/	División
^	Exponencial
**	Exponencial
%%	Módulo
%/%	División entera
%*%	Multiplicación matricial
%o%	Producto exterior
%x%	Producto Kronecker

Nota

Modulo %% es una división para calcular el residuo.

A continuación, se muestran algunos ejemplos:

 # Adición

```
> 6 + 4
 [1] 10
```

 # Sustracción

```
> 7 - 9
 [1] -2
```

 # Producto
```
> 2*7
 [1] 14
```

 # División
```
> 8/4
 [1] 2
```

 # División entera para encontrar el valor entero de un cociente
```
> 12%/%5
 [1] 2
```

 # Módulo consiste en una división para encontrar el residuo de un cociente
```
> 12%%5
 [1] 2
```

 # Potencia
```
> 5^3
 [1] 125
```

 # Matrices y Escalares
```
> z <- matrix (c(1,2,3,4), nrow=2, ncol=2, byrow=T, dimnames = list(c("X1",
"X2"), c("Y1", "Y2")))
> z
[1]  Y1  Y2
  X1  1   2
  X2  3   4
```

En otras ocasiones interesa crear una matriz directamente a partir de un vector (o vectores). Esto lo podemos hacer al añadir un atributo de dimensión.

3.3 OPERACIONES SOBRE FILAS Y COLUMNAS

 # Creamos un vector 'w' a partir de una secuencia que va del 1 al 10 (1:10)
```
> w <- 1:10
> w
  [1]  1  2  3  4  5  6  7  8  9 10
```

Al dimensionar el vector w lo convertimos en una matriz.
```
> dim(w) <- c(2,5)
> w
      [,1] [,2] [,3] [,4] [,5]
 [1,]    1    3    5    7    9
 [2,]    2    4    6    8   10
```

Para **añadir o modificar el nombre de filas y columnas de una matriz** se hace uso de las funciones colnames() y rownames(). También se puede utilizar la función dinmanes(), como en el ejemplo anterior y asignar nombres a través de una lista.

```
> m <- matrix (1:10, nrow=5)
> m
     [,1] [,2]
[1,]    1    6
[2,]    2    7
[3,]    3    8
[4,]    4    9
[5,]    5   10
```

 # Añadir nombres a las filas y las columnas

```
> colnames(m) <- c("Variable 1", "Variable 2")
> rownames(m) <- c("obs1","obs2","obs3","obs4","obs5")
     Variable 1 Variable 2
obs1          1          6
obs2          2          7
obs3          3          8
obs4          4          9
obs5          5         10
```

 # Añadir filas/columnas

Dos funciones muy útiles, se utilizan muchísimo, cuando se trabaja con matrices (o vectores o dataframe) son `rbind` y `cbind`. La función **rbind permite añadir filas**, la función **cbind permite añadir columnas**.

```
x <- matrix(c(1,2,3,4),2,2)
x
     [,1] [,2]
[1,]    1    3
[2,]    2    4

> y <- c(5,6)
> y
 [1] 5 6
```

Ahora queremos añadir, por filas, los datos contenidos en el objeto 'y' en el objeto x. Lo hacemos usando la función `rbind()`.

```
z <- rbind(x,y)
z
  [,1] [,2]
     1    3
     2    4
y    5    6
```

Por el contrario, si queremos añadir, por columnas, los datos de 'y' a los de 'x':
```
z <- cbind(x,y)
z
            y
 [1,] 1 3 5
 [2,] 2 4 6
```

3.4 OPERACIONES BÁSICAS Y AVANZADAS CON MATRICES

Operaciones Básicas con matrices

Crear una matriz de 3 x 3 con números del 1 al 9.
```
> M1<-matrix(1:9, nrow=3, ncol=3)
> M1
     [,1] [,2] [,3]
[1,]    1    4    7
[2,]    2    5    8
[3,]    3    6    9
```

Crear una matriz 2x4 con los números pares del 2 al 16.
```
> M2<-matrix(seq(2,16,2),nrow=2,byrow=T)
> M2
     [,1] [,2] [,3] [,4]
[1,]    2    4    6    8
[2,]   10   12   14   16
```

Acceder a un elemento de la fila 2 y la columna 3.
```
> M2[2,3]
[1] 14
```

Obtener la segunda fila o columna completas.
```
> M2[2,]    # Obtener la fila 2.
[1] 10 12 14 16
> M2[,3]    # Obtener la columna 3.
[1]  6 14
```

Operaciones de nivel intermedio con matrices

 # Sumar dos matrices de igual dimensión
```
> H1<-matrix(1:9,nrow=3)
> H1
     [,1] [,2] [,3]
[1,]    1    4    7
[2,]    2    5    8
[3,]    3    6    9
```

```
> H2<-matrix(9:1,nrow=3)
> H2
     [,1] [,2] [,3]
[1,]    9    6    3
[2,]    8    5    2
[3,]    7    4    1

> H<-H1+H2
> H
     [,1] [,2] [,3]
[1,]   10   10   10
[2,]   10   10   10
[3,]   10   10   10
```

Trasponer una matriz

```
> t(H1)
     [,1] [,2] [,3]
[1,]    1    2    3
[2,]    4    5    6
[3,]    7    8    9
```

Multiplicación por un escalar

```
> x<-matrix(1:16, nrow=4, ncol=4,byrow=F)
> x
     [,1] [,2] [,3] [,4]
[1,]    1    5    9   13
[2,]    2    6   10   14
[3,]    3    7   11   15
[4,]    4    8   12   16

> 3*x
     [,1] [,2] [,3] [,4]
[1,]    3   15   27   39
[2,]    6   18   30   42
[3,]    9   21   33   45
[4,]   12   24   36   48
```

Multiplicación matricial de x e y

```
> x<-matrix(1:16, nrow=4, ncol=4,byrow=F)
> x
     [,1] [,2] [,3] [,4]
[1,]    1    5    9   13
[2,]    2    6   10   14
[3,]    3    7   11   15
[4,]    4    8   12   16
```

```
> y <-matrix(11:26, nrow=4, ncol=4,byrow=F)
> y
     [,1] [,2] [,3] [,4]
[1,]   11   15   19   23
[2,]   12   16   20   24
[3,]   13   17   21   25
[4,]   14   18   22   26

> x%*%y
     [,1] [,2] [,3] [,4]
[1,]  370  482  594  706
[2,]  420  548  676  804
[3,]  470  614  758  902
[4,]  520  680  840 1000
```

ⓘ Nota

Comprobar que las dimensiones de las matrices son compatibles. El número de columnas de la primera matriz debe ser igual al número de filas de la segunda.

Operaciones de nivel Avanzado con matrices

 # Producto cruzado

Es el producto matricial de una matriz y la traspuesta de otra. En R es más eficiente y rápido usar las funciones `crossprod()` y `tcrossprod()`, respectivamente.

```
# Considerando las matrices anteriores de x e y.
# Sintaxis: crossprod() = t(x)%*%y y tcrossprod = x%*%t(y).
> crossprod(x,y)          # t(x)%*%y = producto de t(x) por y
     [,1] [,2] [,3] [,4]
[1,]  130  170  210  250
[2,]  330  434  538  642
[3,]  530  698  866 1034
[4,]  730  962 1194 1426

> tcrossprod(x,y)         # Producto de x por la t(y)
     [,1] [,2] [,3] [,4]
[1,]  556  584  612  640
[2,]  624  656  688  720
[3,]  692  728  764  800
[4,]  760  800  840  880
```

 # Producto exterior (%o%)

En matemáticas, el producto exterior de vectores o producto de cuña, por el símbolo ∧ utilizado para denotarlo, es una construcción algebraica utilizada en geometría para estudiar áreas y volúmenes n-dimensionales. El producto exterior de dos vectores **u** y **v**, denotado por **u** ∧ **v**, se llama bivector y pertenece al espacio llamado cuadrado exterior, un espacio vectorial que es distinto del espacio original de los vectores.

El producto externo de vectores es un caso especial del Producto de Kronecker de matrices. Si los dos vectores **u** y **v** tienen dimensiones **n** y **m**, a continuación, su producto externo es una matriz **n** × **m**, obtenida al multiplicar cada elemento de **u** por cada elemento de **v**. *Sus aplicaciones se encuentran en la teoría cuántica, el procesamiento de señales y la compresión de imágenes.* El producto externo es anti conmutativo. El producto externo de los tensores, también conocido como producto tensorial, puede utilizarse para definir el álgebra tensorial. (ver: Steeb, Willi-Hans; Hardy, Yorick (2011). Cálculo matricial y producto Kronecker: un enfoque práctico del álgebra lineal y multilineal (Capítulo 3) (2 ed.). World Scientific).

El Rango del producto externo es 1. Así, sí **u** y **v** son distintas de cero, la matriz producto externo $\mathbf{uv}^T$ siempre tiene rango 1. De hecho, las columnas del producto externo son todas proporcionales a **u**. Por lo tanto, todas dependen linealmente de esa columna; por consiguiente, la matriz es de rango uno.

Formalmente, el producto exterior es como sigue:

$$\mathbf{u} \otimes \mathbf{v} = \mathbf{uv}^{\mathsf{T}} = \begin{bmatrix} u_1 \\ u_2 \\ u_3 \\ u_4 \end{bmatrix} \begin{bmatrix} v_1 & v_2 & v_3 \end{bmatrix} = \begin{bmatrix} u_1v_1 & u_1v_2 & u_1v_3 \\ u_2v_1 & u_2v_2 & u_2v_3 \\ u_3v_1 & u_3v_2 & u_3v_3 \\ u_4v_1 & u_4v_2 & u_4v_3 \end{bmatrix}$$

En R, el producto exterior de dos vectores o matrices se calcula con la función `outer(A,B)`. El operador %o% es un atajo para la función `outer`, con sus argumentos por defecto.

Sintaxis: `outer(x, y, FUN = "*")` y también `x%o%y`.

```
> x%o%y
, , 1, 1

     [,1] [,2] [,3] [,4]
[1,]   11   55   99  143
[2,]   22   66  110  154
[3,]   33   77  121  165
[4,]   44   88  132  176

, , 2, 1

     [,1] [,2] [,3] [,4]
[1,]   12   60  108  156
[2,]   24   72  120  168
[3,]   36   84  132  180
[4,]   48   96  144  192
```

```
, , 3, 1

     [,1] [,2] [,3] [,4]
[1,]   13   65  117  169
[2,]   26   78  130  182
[3,]   39   91  143  195
[4,]   52  104  156  208

, , 4, 1

     [,1] [,2] [,3] [,4]
[1,]   14   70  126  182
[2,]   28   84  140  196
[3,]   42   98  154  210
[4,]   56  112  168  224

, , 1, 2

     [,1] [,2] [,3] [,4]
[1,]   15   75  135  195
[2,]   30   90  150  210
[3,]   45  105  165  225
[4,]   60  120  180  240

, , 2, 2

     [,1] [,2] [,3] [,4]
[1,]   16   80  144  208
[2,]   32   96  160  224
[3,]   48  112  176  240
[4,]   64  128  192  256

, , 3, 2

     [,1] [,2] [,3] [,4]
[1,]   17   85  153  221
[2,]   34  102  170  238
[3,]   51  119  187  255
[4,]   68  136  204  272

, , 4, 2

     [,1] [,2] [,3] [,4]
[1,]   18   90  162  234
[2,]   36  108  180  252
[3,]   54  126  198  270
[4,]   72  144  216  288

, , 1, 3

     [,1] [,2] [,3] [,4]
[1,]   19   95  171  247
[2,]   38  114  190  266
[3,]   57  133  209  285
[4,]   76  152  228  304
```

```
, , 2, 3

     [,1] [,2] [,3] [,4]
[1,]   20  100  180  260
[2,]   40  120  200  280
[3,]   60  140  220  300
[4,]   80  160  240  320

, , 3, 3

     [,1] [,2] [,3] [,4]
[1,]   21  105  189  273
[2,]   42  126  210  294
[3,]   63  147  231  315
[4,]   84  168  252  336

, , 4, 3

     [,1] [,2] [,3] [,4]
[1,]   22  110  198  286
[2,]   44  132  220  308
[3,]   66  154  242  330
[4,]   88  176  264  352

, , 1, 4

     [,1] [,2] [,3] [,4]
[1,]   23  115  207  299
[2,]   46  138  230  322
[3,]   69  161  253  345
[4,]   92  184  276  368

, , 2, 4

     [,1] [,2] [,3] [,4]
[1,]   24  120  216  312
[2,]   48  144  240  336
[3,]   72  168  264  360
[4,]   96  192  288  384

, , 3, 4

     [,1] [,2] [,3] [,4]
[1,]   25  125  225  325
[2,]   50  150  250  350
[3,]   75  175  275  375
[4,]  100  200  300  400

, , 4, 4

     [,1] [,2] [,3] [,4]
[1,]   26  130  234  338
[2,]   52  156  260  364
[3,]   78  182  286  390
[4,]  104  208  312  416
```

Producto kronecker con matrices

En matemáticas, se llama producto de Kronecker, denotado por ⊗, a una operación sobre dos matrices de tamaño arbitrario que da como resultado una matriz bloque. Suele ser muy útil cuando se resuelve u optimiza una función cuya incógnita es una matriz.

Combina dos matrices para crear una matriz más grande. La matriz resultante tiene dimensiones iguales al producto de las dimensiones de las matrices de entrada.

El producto Kronecker se utiliza en el estudio de la distribución de los estadísticos de prueba en el ANOVA y el diseño de experimentos. Se utiliza también en la teoría de la distribución de Wishart. Suele ser muy útil cuando se resuelve u optimiza una función cuya incógnita es una matriz.

En el estudio de las formas cuadráticas hemos obtenido fórmulas para el cálculo de covarianzas. Un estudio sistemático de los productos llamados Kronecker serán de gran ayuda para estos cálculos. El producto de Kronecker puede ser asimétrico y antisimétrico y tiene aplicaciones en álgebra lineal y computación.

Un caso representativo de producto tensorial es el producto de Kronecker de dos matrices cualesquiera, por ejemplo:

$$\begin{bmatrix} a_1 \\ a_2 \\ a_3 \end{bmatrix} \otimes \begin{bmatrix} b_1 & b_2 & b_3 & b_4 \end{bmatrix} = \begin{bmatrix} a_1b_1 & a_1b_2 & a_1b_3 & a_1b_4 \\ a_2b_1 & a_2b_2 & a_2b_3 & a_2b_4 \\ a_3b_1 & a_3b_2 & a_3b_3 & a_3b_4 \end{bmatrix}$$

En R, el cálculo del producto kronecker generalizado de dos matrices, X e Y (`kronecker(X, Y)`) devuelve una matriz **A** con dimensiones `dim(X)*dim(Y)`.

```
> kronecker(X, Y, FUN = "*", make.dimnames = FALSE, ...)
> X %x% Y
> x<-matrix(1:9,3,3)
> x
     [,1] [,2] [,3]
[1,]    1    4    7
[2,]    2    5    8
[3,]    3    6    9

> kronecker(2,x)
     [,1] [,2] [,3]
[1,]    2    8   14
[2,]    4   10   16
[3,]    6   12   18
```

Producto kronecker (%x%).

Considerando las matrices x e y determinar el producto kronecker.

```
> x
     [,1] [,2] [,3] [,4]
[1,]    1    5    9   13
[2,]    2    6   10   14
[3,]    3    7   11   15
[4,]    4    8   12   16

> y
     [,1] [,2] [,3] [,4]
[1,]   11   15   19   23
[2,]   12   16   20   24
[3,]   13   17   21   25
[4,]   14   18   22   26

> x%x%y
      [,1] [,2] [,3] [,4] [,5] [,6] [,7] [,8] [,9] [,10] [,11] [,12] [,13] [,14] [,15] [,16]
 [1,]   11   15   19   23   55   75   95  115   99   135   171   207   143   195   247   299
 [2,]   12   16   20   24   60   80  100  120  108   144   180   216   156   208   260   312
 [3,]   13   17   21   25   65   85  105  125  117   153   189   225   169   221   273   325
 [4,]   14   18   22   26   70   90  110  130  126   162   198   234   182   234   286   338
 [5,]   22   30   38   46   66   90  114  138  110   150   190   230   154   210   266   322
 [6,]   24   32   40   48   72   96  120  144  120   160   200   240   168   224   280   336
 [7,]   26   34   42   50   78  102  126  150  130   170   210   250   182   238   294   350
 [8,]   28   36   44   52   84  108  132  156  140   180   220   260   196   252   308   364
 [9,]   33   45   57   69   77  105  133  161  121   165   209   253   165   225   285   345
[10,]   36   48   60   72   84  112  140  168  132   176   220   264   180   240   300   360
[11,]   39   51   63   75   91  119  147  175  143   187   231   275   195   255   315   375
[12,]   42   54   66   78   98  126  154  182  154   198   242   286   210   270   330   390
[13,]   44   60   76   92   88  120  152  184  132   180   228   276   176   240   304   368
[14,]   48   64   80   96   96  128  160  192  144   192   240   288   192   256   320   384
[15,]   52   68   84  100  104  136  168  200  156   204   252   300   208   272   336   400
[16,]   56   72   88  104  112  144  176  208  168   216   264   312   224   288   352   416

> A%x%B
```

$$
\begin{bmatrix} 1 & -4 & 7 \\ -2 & 3 & 3 \end{bmatrix} \otimes \begin{bmatrix} 8 & -9 & -6 & 5 \\ 1 & -3 & -4 & 7 \\ 2 & 8 & -8 & -3 \\ 1 & 2 & -5 & -1 \end{bmatrix} = \begin{bmatrix} 8 & -9 & -6 & 5 & -32 & 36 & 24 & -20 & 56 & -63 & -42 & 35 \\ 1 & -3 & -4 & 7 & -4 & 12 & 16 & -28 & 7 & -21 & -28 & 49 \\ 2 & 8 & -8 & -3 & -8 & -32 & 32 & 12 & 14 & 56 & -56 & -21 \\ 1 & 2 & -5 & -1 & -4 & -8 & 20 & 4 & 7 & 14 & -35 & -7 \\ -16 & 18 & 12 & -10 & 24 & -27 & -18 & 15 & 24 & -27 & -18 & 15 \\ -2 & 6 & 8 & -14 & 3 & -9 & -12 & 21 & 3 & -9 & -12 & 21 \\ -4 & -16 & 16 & 6 & 6 & 24 & -24 & -9 & 6 & 24 & -24 & -9 \\ -2 & -4 & 10 & 2 & 3 & 6 & -15 & -3 & 3 & 6 & -15 & -3 \end{bmatrix}
$$

Potencia de una matriz en R

No existe una función en R base para calcular la potencia de una matriz, por lo que propondremos dos alternativas diferentes. Por una parte, podemos hacer uso del operador `%^%` del paquete `expm`.

```
# Sintaxis: x%^%k, donde k es un escalar.
> install.packages("expm")
> library(expm)
> library(Matrix)

# Consideremos los datos de la matriz x.
> x
     [,1] [,2] [,3] [,4]
[1,]    1    5    9   13
[2,]    2    6   10   14
[3,]    3    7   11   15
[4,]    4    8   12   16

# Calcular el cuadrado de la matriz x.
> x%^%2
     [,1] [,2] [,3] [,4]
[1,]   90  202  314  426
[2,]  100  228  356  484
[3,]  110  254  398  542
[4,]  120  280  440  600

# También podemos hacer uso del paquete matrixcalc que proporciona la función matrix.power.
# Sintaxis: matrix.power(x, 2).
> install.packages("matrixcalc")
> library(matrixcalc)
> matrix.power(x,2)
     [,1] [,2] [,3] [,4]
[1,]   90  202  314  426
[2,]  100  228  356  484
[3,]  110  254  398  542
[4,]  120  280  440  600
```

Determinantes de una matrix en R

El determinante de una matriz A, denotado habitualmente como |A|, es un escalar que alberga ciertas propiedades de una matriz. En R puedes hacer uso de la función `det` para calcularlo.

Sintaxis: `det(A)`.

```
> A<-matrix(c(10, 8, 5, 12), ncol = 2, byrow = TRUE)
> A
     [,1] [,2]
[1,]   10    8
[2,]    5   12

> det(A)
[1] 80
```

Inversa de una matriz en R

La matriz inversa se utiliza para resolver sistemas de ecuaciones lineales (AX = B, donde A es la matriz de coeficientes, X la matriz de incógnitas y B la matriz de constantes), ya que permite despejar la incógnita multiplicándola por la inversa de la matriz de coeficientes. Esta matriz requiere que la matriz sea cuadrada con un determinante distinto de cero y es única.

Para calcular la inversa de una matriz en R podemos hacer uso de la función `solve`.

Sintaxis: `solve(A)`.

```
> solve(A)
        [,1]   [,2]
[1,]  0.1500 -0.100
[2,] -0.0625  0.125
```

Verificamos que el producto de una matriz por su inversa es la matriz identidad.
Sintaxis: A%*%M.   # M es la matriz inversa.

```
> M<-solve(A)
> M
        [,1]   [,2]
[1,]  0.1500 -0.100
[2,] -0.0625  0.125

> A%*%M
     [,1] [,2]
[1,]    1    0
[2,]    0    1
```

Por otro lado, el uso principal de la función `solve` es resolver un sistema de ecuaciones.

```
# Sintaxis: solve(A, B) para calcular la solución de A%*% X=BX
> B <- matrix(c(5, 3, 15, 6), ncol = 2, byrow = TRUE)
> B
     [,1] [,2]
[1,]    5    3
[2,]   15    6

> solve(A,B)
        [,1]    [,2]
[1,] -0.7500 -0.1500
[2,]  1.5625  0.5625
```

Rango de una matriz en R

El rango de una matriz es el mayor número de columnas (filas) que son linealmente independientes. En R no existe una función base para calcular el rango de una matriz, pero podemos hacer uso de la función `qr` que además de calcular la descomposición `QR` devuelve el rango de la matriz de entrada. Una alternativa es usar la función `rankMatrix` del paquete **Matrix**.

```
> A<-matrix(c(10, 8, 5, 12), ncol = 2, byrow = TRUE)
> A
     [,1] [,2]
[1,]   10    8
[2,]    5   12

> qr(A)$rank
[1] 2

> x<-matrix(1:9,3,3)
> x
     [,1] [,2] [,3]
[1,]    1    4    7
[2,]    2    5    8
[3,]    3    6    9

> qr(x)$rank
[1] 2
```

Análogamente podemos hacer uso de la librería Matrix y la función rankMatrix().

```
> rankMatrix(A)
[1] 2

> rankMatrix(x)[1]
[1] 2
```

Matriz diagonal

Con la función `diag` también podemos crear una matriz diagonal.

Sintaxis: diag(c(7, 9, 2).

```
> diag(c(7,9,2))
     [,1] [,2] [,3]
[1,]    7    0    0
[2,]    0    9    0
[3,]    0    0    2
```

Matriz identidad en R

Además, la función `diag` también permite crear matrices identidad, especificando la dimensión de la matriz deseada.

Sintaxis: diag(3).

```
> diag(3)
     [,1] [,2] [,3]
[1,]    1    0    0
[2,]    0    1    0
[3,]    0    0    1
```

Traza de un matriz en R

Podemos calcular la traza (suma de la diagonal.

Sintaxis: trace<-function(data) or sum(diag(data)).

```
> x
     [,1] [,2] [,3]
[1,]  172  180   71
[2,]  168   62   69
[3,]  167   64  172
[4,]  175   51  168

> traza<-sum(diag(x))
> traza
[1] 406
```

3.5 OTRAS OPERACIONES CON MATRICES

Función outer()

En el cálculo estadístico es útil la función **outer()**. Es usado para realizar las operaciones de todos los pares de elementos de dos vectores.

Ejemplo. Calcular todos los pares de elementos de una secuencia de 1 a 5.

```
> x2<-seq(1,5)  # Outer(x2, x2), function(x,y) (x/y).
> x2
[1] 1 2 3 4 5

> outer(x2,x2,"/")
     [,1] [,2]      [,3] [,4] [,5]
[1,]    1  0.5 0.3333333 0.25  0.2
[2,]    2  1.0 0.6666667 0.50  0.4
[3,]    3  1.5 1.0000000 0.75  0.6
[4,]    4  2.0 1.3333333 1.00  0.8
[5,]    5  2.5  1.6666667 1.25  1.0

> outer(x2,x2,"-")
     [,1] [,2] [,3] [,4] [,5]
[1,]    0   -1   -2   -3   -4
[2,]    1    0   -1   -2   -3
[3,]    2    1    0   -1   -2
[4,]    3    2    1    0   -1
[5,]    4    3    2    1    0

> y<-seq(5,10)
> outer(x2,y,"+")
     [,1] [,2] [,3] [,4] [,5] [,6]
[1,]    6    7    8    9   10   11
[2,]    7    8    9   10   11   12
[3,]    8    9   10   11   12   13
[4,]    9   10   11   12   13   14
[5,]   10   11   12   13   14   15
```

Función apply()

En las aplicaciones estadísticas muchas veces es necesario aplicar la misma función para cada fila o cada columna de una matriz. El uso de la función **apply()** es más eficiente que otras funciones.

La función `apply()` tiene tres argumentos. El primero especifica la matriz, la segunda especifica si la operación se aplica a una fila (1) o columna (2). El tercer argumento específica la función que podría aplicarse, por ejemplo, sum, var, sd, etc.

Generamos la matriz de datos df (data frame).

```
> df <- data.frame(x = 10:13, y = 15:18, z = 20:23)
> df
   x  y  z
1 10 15 20
2 11 16 21
3 12 17 22
4 13 18 23
```

Calculamos la suma por filas de la matriz df.

```
> sumaf<-apply(df,1,sum)
> sumaf
[1] 45 48 51 54
```

Calculamos la suma por columnas de la matriz df.

```
> sumac<-apply(df,2,sum)
> sumac
 x  y  z
46 66 86
```

Función lapply()

La función `lapply()` en R está construida para realizar operaciones a una lista, aunque también admite otro tipo de objetos. La diferencia con la función apply() es que la función devuelve una lista.

Por defecto aplica la función por columnas.

```
> lapply(df,sum)
```

Obtener la media de las columnas y z.

```
> lapply(df[,c(2,3)], mean)
$y
[1] 16.5

$z
[1] 21.5
```

Función sapply()

La función `sapply()` en R está construida para realizar operaciones a una lista, pero igual admite otro tipo de objetos. La diferencia con la función apply() es que la función devuelve un vector.

Obtener la media de las columnas de la matriz df.

```
> sapply(df,mean)
   x    y    z
 11.5 16.5 21.5
```

Función tapply()

La función `tapply()` en R, aplica una función a los datos agrupados.

Generamos una matriz de datos agrupados.

```
dat=data.frame("NOMBRES"=c("Antonia","Javier","Eugenio","Julian",
"Mario", "Margarita"),
"LUGAR"=c("Lugar1","Lugar2","Lugar1","Lugar2","Lugar1", "Lugar1"),
                "DASISTIDOS" = c(8,7,10,5,6,10),
                "TOTALD" = c(10,10,10,10,10,10))
> dat
    NOMBRES  LUGAR DASISTIDOS TOTALD
1   Antonia Lugar1          8     10
2    Javier Lugar2          7     10
3   Eugenio Lugar1         10     10
4    Julian Lugar2          5     10
5     Mario Lugar1          6     10
6 Margarita Lugar1         10     10
```

Aplicamos la función `tapply()` cuya sintaxis es: `tapply(vector, index, function)`.
Si queremos saber cuál es el promedio de días de asistencia por lugar.

```
> tapply(dat$DASISTIDOS,dat$LUGAR, mean)
Lugar1 Lugar2
   8.5    6.0

> tapply(dat$DASISTIDOS,dat$LUGAR, sd)
  Lugar1   Lugar2
1.914854 1.414214
```

Función mapply()

La función mapply() en R, realiza operaciones entre matrices y devuelve una lista o un vector. Su sintaxis es la siguiente: **mapply(FUN, arg1, arg2)**.

Aplicamos esta función, si queremos saber la proporción de dias_asistidos sobre dias_totales por persona.

Generamos la función f como sigue:

```
> f <- function(a,b) a/b
> mapply(f,dat$DASISTIDOS,dat$TOTALD)
[1] 0.8 0.7 1.0 0.5 0.6 1.0
```

3.6 OPERACIONES MATEMÁTICAS COMPLEJAS EN R

Mostraremos cómo usar algunas operaciones matemáticas más complejas en el entorno R. Las operaciones son: autovalores, autovectores, descomposición singular (QR y Cholesky), factorial, combinatorio, raíz cuadrada, número de euler o exponencial, logaritmo natural y valor absoluto.

OPERACIÓN	SINTAXIS
Factorial	**factorial()**
Combinatorio	**choose()**
Raíz Cuadrada	**sqrt()**
Número de Euler-Exponencial	**exp()**
Logaritmo Natural	**log()**
Valor Absoluto	**abs()**

A continuación, mostramos la aplicación de estas operaciones en el entorno R.

3.6.1 INTRODUCCIÓN A LAS DERIVADAS E INTEGRALES EN R

 # Derivadas (usando el paquete: Deriv)

```
> install.packages("Deriv") or
> library(Deriv)
```

Instalar y cargar el paquete numDeriv si no está instalado.

```
> install.packages("numDeriv")
> library(numDeriv)
```

Sintaxis para el cálculo de la derivada.

```
> D <- function(x) x^2 + 3*x + 2
> derivada <- Deriv(D)
> print(derivada)
```

Ilustración: supongamos que queremos calcular la derivada de la función (f(x) = x^2 + 3x + 2) en el punto (x = 2).

Definimos la función.

```
D <- function(x) { return(x^2 + 3*x + 2)
}
```

Calculamos la derivada en x = 2.

```
> x<-2
> derivada<-grad(D,x)
> derivada
[1] 7
```

Explicación: la derivada de f(x) = x^2 + 3x + 2 es f'(x) = 2x + 3, que evaluado en (x = 2) obtenemos (f'(2) = 7).

Integrales (usando el paquete pracma)

```
> install.packages("pracma")  # Instalar el paquete si no está instalado
> library(pracma)
```

Sintaxis cálculo de la integral.

```
> integral <- integral(fun = function(x) x^2, xmin = 0, xmax = 1)
> print(integral)
```

Ilustración del cálculo de la integral en R.
La integral definida de la función g(x) = x^3 + 2x en el intervalo [0, 1].
Definimos la función.

```
g <- function(x) {  return(x^3 + 2*x)}
```

Calcular la integral definida entre 0 a 1.

```
> integral<-integrate(g, lower = 0, upper = 1)
> integral
1.25 with absolute error < 1.4e-14
```

Explicación: la integral de (g(x) = x^3 + 2x) es (int (x^3 + 2x) , dx = \frac{x^4}/{4} + x^2 + C). Evaluando en el intervalo ([0, 1]), obtenemos (\frac{1}/{4} + 1 = 1.25).

Esto significa que la integral de (x^3 + 2*x) entre 0 a 1 es (\frac{x^4}/{4} + x^2 + C), y el error de estimación es muy pequeño.

3.6.2 PROGRAMACIÓN LINEAL EN R

```
> install.packages("lpSolve")
> library(lpSolve)
```

Ilustración: TOYSARAS es una empresa de juguetes que monta tres juguetes: trenes, camiones y coches, con tres operaciones. Los límites diarios de tiempo disponible para las tres operaciones son 430, 460 y 420 minutos, respectivamente, y las utilidades por tren, camión y coche de juguete son $3, $2 y $5, respectivamente. Los tiempos de montaje por tren, en las tres operaciones son 1, 3 y 1 minutos, respectivamente. Los tiempos respectivos por camión y por coche son (2, 0, 4) y (1, 2, 0) minutos (un tiempo de cero indica que no se usa la operación).

P1. Planteamiento del problema lineal

Función objetivo: max TS = 3x1 + 2x2 + 5x3

Sujeto a restricciones:

$$x1 + 2x2 + x3 \leq 430$$

$$3x1 + 2x3 \leq 460$$

$$x1 + 4x2 \leq 420$$

$$x1, x2 \geq 0$$

Definimos la función objetivo.

```
> Obj_fun<-c(3, 2, 5)         # función de 3 variables
```

Incorporamos las 3 restricciones, todas del tipo <= (se pueden combinar las desigualdades).

```
> Restricciones <- matrix(c(1, 2, 1,
        3, 0, 2,
        1, 4, 0),
            nrow = 3, byrow = TRUE)

> dirección <- c("<=", "<=, "<="
> rhs<- c(430, 460, 420)
> end
```

P2. Resolver el modelo

```
> obj.fun<-c(3,2,5)
```

Definimos las restricciones en una matriz donde el argumento byrow =T, implica que organiza los coeficientes de restricción por filas.

```
> restricciones<-matrix(c(1,2,1,3,0,2,1,4,0), nrow=3, byrow = T)
> restricciones
     [,1] [,2] [,3]
[1,]    1    2    1
[2,]    3    0    2
[3,]    1    4    0
```

A continuación definimos los signos de las restricciones mediante un vector de caracteres.

```
> direccion<-c("<=","<=","<=")
> direccion
[1] "<=" "<=" "<="
```

Por último, definimos los términos independientes.

```
> rhs<-c(430,460,420)
> rhs
[1] 430 460 420
```

Solución.
Maximizamos la función objetivo.
```
> soluc<-lp("max", obj.fun, restricciones, direccion, rhs, compute.sens = T)
> soluc
Success: the objective function is 1350
> soluc$status
[1] 0
```
Interpretación: Status: 0 = Éxito y 2 = Solución no factible.

Accedemos a los atributos "sens.coef.from" y "sens.coef.from" para ver la sensibilidad de los coeficientes de la función objetivo.
```
> soluc_1$sens.coef.from
[1] -1.000000e+30  0.000000e+00  2.333333e+00
> soluc_1$sens.coef.to
[1] 7e+00 1e+01 1e+30
```

El argumento "compute.sens=TRUE" nos permite hacer análisis de dualidad.
```
> soluc_1$duals
[1]  1  2  0 -4  0  0
```

Donde sí tengo "n" variables y "m" restricciones, los primeros m valores corresponden a los valores duales de las restricciones y los siguientes n valores a los duales de las actuales variables de decisión.

También podemos visualizar la sensibilidad de los duales.
```
> soluc_1$duals.from
[1]  2.3e+02  4.4e+02 -1.0e+30 -4.0e+02 -1.0e+30 -1.0e+30
> soluc_1$duals.to
[1] 4.4e+02 8.6e+02 1.0e+30 1.0e+01 1.0e+30 1.0e+30
```

P3. Resumen de la solución al problema de programación

```
> soluc$objval
[1] 1350
> soluc$solution
[1]   0 100 230
> optimo <-soluc$solution
> names(optimo)<-c("x1","x2","x3")
> optimo
 x1  x2  x3
  0 100 230
```

Explicitación de las ganancias.
```
> print(paste("Ganancia total",soluc$objval, sep = " "))
[1] "Ganancia total 1350"
> soluc$constraints
               [,1] [,2] [,3]
                  1    3    1
                  2    0    4
                  1    2    0
const.dir.num     1    1    1
const.rhs       430  460  420
> soluc$duals
[1]  1  2  0 -4  0  0
```

Holguras: esta función no devuelve las holguras, pero las podemos calcular a mano. Para ello, recuperamos la matriz de restricciones.
```
soluc_1$constraints
               [,1] [,2] [,3]
                  1    3    1
                  2    0    4
                  1    2    0
const.dir.num     1    1    1
const.rhs       430  460  420
```

Estos resultados nos muestran la matriz de restricciones transpuesta (lpSolve trabaja así internamente). La primera columna es la primera restricción, la segunda es la segunda restricción y la tercera es la tercera restricción. La última fila representa los términos independientes, la penúltima hacen referencia al sentido de las restricciones (2 es $\geq$, 1 es $\leq$ y 3 =), en nuestro ejemplo es 1, y los primeros valores de los coeficientes de las restricciones.

Alternativamente podemos resolver un problema de programación lineal usando el paquete lpSolveAPI

```
> install.packages("lpSolveAPI)
> library(lpSolveAPI)
```
Consideramos 2 variables de decisión y 4 restricciones:

Sujeto a restricciones:

$$x1 + 2x2 + x3 \leq 430$$

$$3x1 + 2x3 \leq 460$$

$$x1 + 4x2 \leq 420$$

$$x1, x2 \geq 0$$

```
> lprec<-make.lp(nrow=3,ncol=3)
```

```
# Problema a resolver (tipo).
> lp.control(lprec, sense="max")
$anti.degen
[1] "fixedvars" "stalling"

$basis.crash
[1] "none"

$bb.depthlimit
[1] -50

$bb.floorfirst
[1] "automatic"

$bb.rule
[1] "pseudononint" "greedy"       "dynamic"      "rcostfixing"

$break.at.first
[1] FALSE

$break.at.value
[1] 1e+30

$epsilon
      epsb       epsd       epsel      epsint epsperturb   epspivot
     1e-10      1e-09      1e-12      1e-07      1e-05      2e-07

$improve
[1] "dualfeas" "thetagap"

$infinite
[1] 1e+30

$maxpivot
[1] 250

$mip.gap
absolute relative
   1e-11    1e-11

$negrange
[1] -1e+06

$obj.in.basis
[1] TRUE

$pivoting
[1] "devex"    "adaptive"

$presolve
[1] "none"
```

```
$scalelimit
[1] 5

$scaling
[1] "geometric"   "equilibrate" "integers"

$sense
[1] "maximize"

$simplextype
[1] "dual"   "primal"
$timeout
[1] 0

$verbose
[1] "neutral"
```

```
# Definiendo el tipo de variables de decisión.
# integer, binary, real.
> set.type(lprec,1:3, type=c("real"))

# Definición de los coeficientes de la función objetivo.
> set.objfn(lprec, obj.fun)

# Añadimos las restricciones.
> add.constraint(lprec,restricciones[1, ],"<=",rhs[1])
> add.constraint(lprec,restricciones[2, ],"<=",rhs[2])
> add.constraint(lprec,restricciones[3, ],"<=",rhs[3])

# Visualización de la matriz del modelo.
> lprec
Model name:
            C1    C2    C3
Maximize     3     2     5
R1           0     0     0  free    0
R2           0     0     0  free    0
R3           0     0     0  free    0
R4           1     2     1    <=  430
R5           3     0     2    <=  460
R6           1     4     0    <=  420
Kind       Std   Std   Std
Type      Real  Real  Real
Upper      Inf   Inf   Inf
Lower        0     0     0

# Solución del problema.
> solve(lprec)
[1] 0
```

Valores de las variables de decisión.
```
> get.variables(lprec)
[1] 0    100    230
```

Valores de la función objetivo.
```
> get.objective(lprec)
[1] 1350
```

Limites predeterminados de las variables de decisión.
```
> get.bounds(lprec)
$lower
[1] 0 0 0

$upper
[1] Inf Inf Inf
```

3.6.3 PROGRAMACIÓN CANÓNICA Y ENTERA EN R

 # Programación Canónica

Ilustración:

Un pastelero dispone de 150 kg de harina, 22 kg de azúcar y 27.5 kg de mantequilla para elaborar dos tipos de pasteles (A y B). Cada caja de pasteles de tipo A requiere 3 kg de harina, 1 kg de azúcar y 1 kg de mantequilla y su venta le reporta un beneficio de 20 euros. Cada caja de pasteles de tipo B requiere 6 kg de harina, 0.5 kg de azúcar y 1 kg de mantequilla y su venta le reporta un beneficio de 30 euros. ¿Cuántas cajas de cada tipo debe elaborar el pastelero de manera que se maximicen sus ganancias? (Se supone en principio que también puede elaborar cajas incompletas, es decir, que no se trata de un problema de programación entera).

La forma canónica de un problema de optimización lineal es max $c^T x$ s.a. $Ax \leq b$, $x \geq 0$. La forma canónica del problema que vamos a resolver es el siguiente:

$$
\begin{aligned}
& \max\ 20x1 + 30x2 \\
\text{s.a.}\quad & 3x1 + 6x2 \leq 150 \\
& x1 + 0.5x2 \leq 22 \\
& x1 + x2 \leq 27.5 \\
& x1 \geq 0,\ x2 \geq 0
\end{aligned}
$$

Para resolverlo basta llamar a la función lp y pasarle como argumentos de forma ordenada los parámetros que definen el problema. El orden de los parámetros es el siguiente:

1. 'min' o 'max' en función de si el problema es de minimización o maximización.
2. El vector de coeficientes de la función objetivo. En el ejemplo c = (20, 30).

3. La matriz de coeficientes de las variables en las ecuaciones que definen las restricciones.

$$A = \begin{pmatrix} 3 & 6 \\ 1 & 0.5 \\ 1 & 1 \end{pmatrix}$$

4. Un vector que determina la dirección de las restricciones: <=, >= o =. En el ejemplo las tres desigualdades son del tipo <= 1.
5. El vector con los términos independientes de las restricciones. En el ejemplo b = (150, 22, 22.5).

Por defecto se supone que las variables de decisión no pueden ser negativas.

El siguiente código define todos los parámetros del problema y se los pasa como argumentos a la función lp en el orden que hemos indicado:

```
> library(lpSolve)
```

Parámetros del problema

```
> coef <- c(20, 30)
> A <- matrix(c(3, 1, 1, 6, 0.5, 1), ncol=2)
> b <- c(150, 22, 27.5)
> dir <- rep('<=', 3)
# Solución
> solucion <- lp('max', coef, A, dir, b)
```

El objeto solución que hemos generado al ejecutar la última línea es una lista con diversos elementos entre los cuáles los más importantes son objval, el valor objetivo óptimo, y solution, las coordenadas de la solución factible óptima del problema:

```
> solucion$objval
 [1] 775
> solucion$solution
 [1] 5.0 22.5
```

Esto significa que la producción óptima del pastelero es de 5 cajas de A y 22.5 cajas de B, con lo que tendrá el máximo beneficio posible de 775 euros.

Programación entera

Supongamos ahora que el pastelero solo puede fabricar un número entero de cajas de cada tipo, es decir, que las variables x1 y x2 solo pueden tomar valores enteros. La forma de indicar esta restricción adicional es añadiendo en la función lp el argumento all.int=TRUE (también existe la posibilidad de restringir únicamente un subconjunto de las variables):

```
> solucion <- lp('max', coef, A, dir, b, all.int=TRUE)
> solucion$objval
  [1] 770
> solucion$solution
  [1] 4 23
```

En este caso, la producción óptima del pastelero es de 4 cajas de A y 23 cajas de B, y el beneficio de 770 euros.

 # Problema de asignación

Para resolver el problema de asignación el paquete lpSolve incluye la función lp.assign. Como ejemplo, vamos a resolver el problema de asignación definido por la matriz:

```
     T1    T2     T3
L1   15    10      9
L2    9    15     10
L3   10    12      8
```

Las filas corresponden a los trabajadores y las columnas a las tareas. Cada elemento de la matriz representa el coste de asignar la tarea i al trabajador j.

A continuación definimos la matriz de costes, que es el único argumento de lp.assign:

```
> cost <- matrix(c(15, 9, 10, 10, 15, 12, 9, 10, 8), nrow=3)
> lp.assign(cost)
     Success: the objective function is 27
> lp.assign(cost)$solution
 [,1] [,2] [,3]
 [1,] 0 1 0
 [2,] 1 0 0
 [3,] 0 0 1
```

La solución óptima es asignar la tarea 1 al trabajador 2, la tarea 2 al trabajador 1 y la tarea 3 al trabajador.

```
> El coste de esta solución es 27.
```

3.6.4 OPTIMIZACIÓN MATEMÁTICA EN R

En la investigación operativa, las técnicas de optimización están enfocadas a determinar la política a seguir para maximizar o minimizar la respuesta de un sistema. Dicha respuesta, en general, es un indicador del tipo "Coste", "Producción", "Ganancia", "Beneficios", etc., la cual es una función de la política seleccionada; es decir, es un conjunto de valores que toman los factores que podemos controlar a fin de regular el rendimiento del sistema. En otras palabras, son las variables independientes de la función respuesta del sistema, y tal respuesta se denomina objetivo, y la función asociada se llama función objetivo.

Esta función objetivo está sujeta a limitaciones, llamadas "restricciones", las cuales reducen la cantidad de alternativas posibles, definiendo un espacio acotado de soluciones factibles, complicando así la resolución del problema.

Por lo general, un problema de optimización está compuesto por:

- Una función objetivo, que vincula las soluciones factibles con la performance del sistema.
- Un conjunto de restricciones.
- Un conjunto de soluciones factibles, el cual contiene todas las posibles combinaciones de valores de variables independientes que satisfacen las restricciones anteriores.

Los métodos de resolución de problemas de optimización se pueden clasificar en tres tipos diferentes:

1. Resolución mediante cálculo (recurre al cálculo de derivadas para determinar para qué valores del dominio la función presenta un máximo o un mínimo).
2. Resolución mediante técnicas de búsquedas (son técnicas exactas, como la "Programación Lineal" que se limita a conjuntos de solución convexo y funciones objetivo con restricciones lineales, incluyendo técnicas metaheurísticas de solución aproximada como la "Búsqueda Tabú".
3. Resolución mediante técnicas de convergencia de soluciones, esto es, busca resultados que van a ser aproximadamente óptimos. Estos métodos se basan en generar una gran cantidad de soluciones, determinar cuáles son las "mejores" y, a partir de ellas, generar un nuevo conjunto de soluciones a analizar, repitiendo el proceso hasta que las soluciones generadas converjan en una (realiza iteraciones en la cual todas las soluciones generadas tengan un valor de la función objetivo muy parecidos, como los algoritmos genéticos).

Los paquetes en R, relacionados con la optimización son lpSolve y lpSolveAPI.

```
> install.packages(optimize)
> library(optimize)
> install.packages("lpSolve")
> library(lpSolve)
> install.packages("lpSolveAPI)
> library(lpSolveAPI)
```

CASO 1: MINIMIZACIÓN DE FUNCIONES

Sintaxis minimización de funciones.

```
> G <- function(x) (x - 3)^2
> minimo <- optimize(G, interval = c(0, 5))
```

```
> minimo              # también: print(minimo)
$minimum
[1] 3

$objective
[1] 0
```

Ilustración de Optimización de una función cuadrática

Supongamos que queremos encontrar el mínimo de la función cuadrática (f(x) = x^2 - 4x + 3).
Definimos la función cuadrática.
```
> funcion_cuadratica <- function(x) {  return(x^2 - 4*x + 3)}
```
Usamos la función optimize para encontrar el mínimo.
```
> resultado <- optimize(funcion_cuadratica, interval = c(0, 4))
```
Mostramos el resultado.
print(resultado).

En este caso, la función optimize nos devolverá el valor de (x) que minimiza la función, cuyo valor es (x = 2).

Optimización con restricciones usando la función optim de R

Supongamos que queremos minimizar la función f(x, y) = (x - 3)^2 + (y - 4)^2) sujeto a la restricción (x + y = 5).
Definimos la función objetivo.
```
> funcion_objetivo <- function(params) {
  x <- params[1]
  y <- params[2]
  return((x - 3)^2 + (y - 4)^2)
}
```
Definimos las restricciones.
```
> restriccion <- function(params) {
  x <- params[1]
  y <- params[2]
  return(x + y - 5)
}
```
Usamos la función optim con restricciones.
```
> resultado <- optim(par = c(0, 0), fn = funcion_objetivo,
                     method = "L-BFGS-B",
                     lower = c(-Inf, -Inf), upper = c(Inf, Inf),
                     control = list(fnscale = -1),
                     hessian = FALSE,
                     constraints = list(ineq = restriccion))
```
Mostramos el resultado.
```
> print(resultado$par)
```

En este caso, optim nos devolverá los valores de (x) e (y) que minimizan la función bajo la restricción dada.

Minimización de una función cuadrática con restricciones lineales

Explicación de la sintaxis o código R.

- Función objetivo: fun_objetivo (define la función que queremos minimizar).
- Restricciones: las restricciones se definen en forma de matriz como A y el vector b, donde A%*% params<- b.
- Punto inicial: es un punto dentro de la región factible desde donde comienza la optimización.
- Optimización: función constrOptim (realiza la optimización con las restricciones especificadas).

Aplicación concreta.

Supongamos que queremos minimizar la función cuadrática:

f(x, y) = (x - 3)^2 + (y - 4)^2

Sujeta a las siguientes restricciones lineales:

(x + y \leq 10)
(x \geq 0)
(y \geq 0)
Procedimiento en R:
Definimos la función objetivo.

```
> fun_objetivo <- function(params) {
  x <- params[1]
  y <- params[2]
  return((x - 3)^2 + (y - 4)^2)
}
```

Definimos las restricciones lineales en forma de matriz y vector.
A %*% params <= b.

```
A <- matrix(c(1, 1, -1, 0, 0, -1), nrow = 3, byrow = TRUE)
b <- c(10, 0, 0)
```

Punto inicial (dentro de la región factible).

```
> punto_inicial <- c(0, 0)
```

Realizar la optimización con restricciones.

```
> result <- constrOptim(punto_inicial, funcion_objetivo, NULL, ui = A,
ci = b)
```

Mostrar el resultado.

```
> print(resultado$par)
```

Resultado esperado debería ser un vector con los valores de (x) e (y) que minimizan la función objetivo dentro de las restricciones dadas. En este caso, el mínimo debería estar cerca de ((3, 4)), pero ajustado por las restricciones.

3.6.5 ECUACIONES DIFERENCIALES ORDINARIAS EN R

Sintaxis resolución de ecuaciones diferenciales (usando el paquete deSolve):

```
> install.packages("deSolve") # Instalar el paquete si no está instalado
> library(deSolve)
> R-package
> library(deSolve)            #PVI,ESD,EDP y EDO
> library(ReacTran)           #EDP
> library(bvpSolve)           #PVI
> library(rootSolve)          #EDO
> library(PBSddesolve)        #DDE
```

Procedimiento de construcción del modelo.

```
> modelo <- function(t, y, parms) {
  list(-0.1 * y)
}
> solucion <- ode(y = 100, times = seq(0, 100, by = 1), func = modelo,
parms = NULL)
> plot(solucion)
```

Ecuaciones Diferenciales Ordinarias (EDO)

Las ecuaciones diferenciales ordinarias describen el cambio de una variable de estado y como una función f de una independiente variable t (por ejemplo, tiempo o espacio), de sí mismo y, opcionalmente, un conjunto de otras variables p, a menudo llamadas parámetros:

$$y' = \frac{dy}{dx} = f(t, y, p)$$

En ocasiones para dar solución a una EDO se necesitan valores extras, por lo general son condiciones iniciales y/o los llamados valores en la frontera que se describen más adelante.

Problemas de Valor Inicial (PVI)

Si en la ecuación diferencial hay una condición extra se les llama problemas de valor inicial por las condiciones iniciales corresponden a información de la función en un punto.(ejemplo: y(x = 0) = 0).

Existen dos algoritmos numéricos para estos problemas, el llamado Runge-Kutta y el multipaso lineal. Finalmente contamos dos importantes familias, La Adams familia y las fórmula de diferenciación hacia atrás (BDF:backward diffentiation formulae).

En R, los problemas de valor inicial se resuelven con la función del paquete desolve, cual implementación nos permite resolver muchas EDO del código vode,las ecuaciones diferenciales algebraicas se resuelven con daspk, todas estas funciones pertenecen a los métodos multipasos y comprenden las métodos Adams de diferenciación hacia atrás. Los primeros métodos son explícitos, los últimos implícitos. Además, este paquete contiene una implementación de-novo de un solucionador de Runge-Kutta bastante general. Finalmente, el método implícito de Runge Kutta radau ha sido añadido recientemente.

 # Ejemplo: una EDO de valor inicial

Considere la famosa ecuación de van der Pol, que describe un oscilador no conservativo con amortiguamiento no lineal y que fue desarrollado originalmente para circuitos eléctricos que emplean tubos de vacío. La oscilación se describe mediante una EDO de segundo orden:

$$z'' - \mu(1 - z^2)z' + z = 0$$

Tal sistema se puede reescribir rutinariamente como un sistema de dos EDO de 1er orden, si sustituimos **y1= z**.

$$y_1 = z \xrightarrow{Derivando} y_1' = z' = y_2 \xrightarrow{Derivando} z'' = y_2'$$

Escribimos nuestro sistema de EDO.

$$\begin{aligned} y_1' &= y_2 \\ y_2' &= \mu(1 - y_1^2)y_2 - y_1 \end{aligned}$$

Hay un parámetro, μ, y dos diferenciales variables, y1 e y2 con valores iniciales (en t=0):

$$\begin{aligned} y1_{(t=0)} &= 2 \\ y2_{(t=0)} &= 0 \end{aligned}$$

La ecuación de van der Pol se usa a menudo como prueba-problema para los solucionadores de ODE, ya que, para μ grandes, su dinámica consiste en partes donde la solución cambia muy lentamente, alternando con regiones de muy agudos cambios. Esta "rigidez" hace que la ecuación sea bastante desafiante de resolver.

En R, este modelo se implementa como una función de van der Pol(vdpol) cuyas entradas son el tiempo actual (t), los valores de las variables de estado (y) y los parámetros (mu); la función devuelve una lista con como primer elemento el derivados, concatenados.

```
> vdpol <- function(t,y,mu){list(c(y[2],mu*(1-y[1]^2)*y[2]-y[1]))}
#Escritura del sistema
```

Después de definir la condición inicial del estado variables (c_inicial), el modelo se resuelve y la salida escrita en puntos de tiempo (tiempos) seleccionados, usando la función de integración ode de Solve. La rutina predeterminada lsoda, que ode invoca automáticamente cambia entre métodos rígidos y no rígidos, dependiendo del problema. Ejecutamos el modelo para una rigidez típica (mu = 1000) y no rígido (mu = 1) situación:

```
> library(deSolve)
> c_inicial <- c(y1 = 2, y2 = 0)    #Valores iniciales
> rigido <- ode(y = c_inicial, func = vdpol,times = 0:3000, parms = 1000)
> no_rigido <- ode(y = c_inicial, func = vdpol,times = seq(0, 30, by =
0.01),parms = 1)
```

El modelo devuelve una matriz, de clase deSolve, con en su primera columna los valores de tiempo, seguido de los valores de las variables de estado:

```
> head(rigido, n = 3)Copy Code
      time       y1           y2
[1,]   0     2.000000  0.0000000000
[2,]   1     1.999333 -0.0006670373
[3,]   2     1.998666 -0.0006674088
> head(no_rigido, n = 3)
     time       y1          y2
[1,] 0.00 2.000000  0.00000000
[2,] 0.01 1.999901 -0.01970323

[3,] 0.02 1.999608 -0.03882242
```

Las cifras se generan utilizando el método de trazado S3 para objetos de la clase deSolve:

```
> plot(rigido, type = "l", which = "y1",lwd = 2,col='blue', ylab =
"y",main = "PVI EDO, Rigido")
```

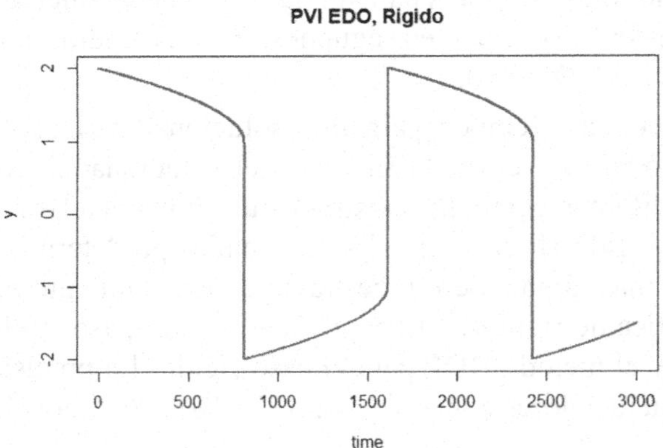


```
> plot(no_rigido, type = "l", which = "y1",lwd = 2,col='blue', ylab =
"y",main = "PVI EDO,No Rigido")
```

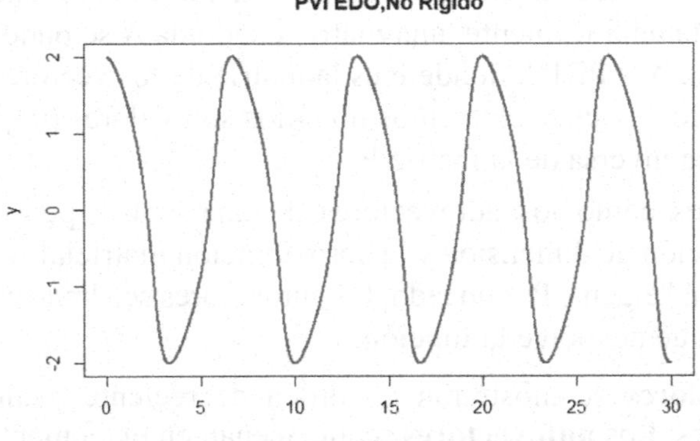

Solución de la ecuación de van der Pol, una ecuación diferencial ordinaria de valor inicial, no rígida caso, $\mu=1$

Solver	No Rigido	Rigido
deSolve	0.37	271.19
lsoda	0.26	0.23
adams	0.13	616.13
bdf	0.15	0.22
radau	0.53	0.72

Comparación de solucionadores para un rígido y una parametrización no rígida de la ecuación de van der Pol (tiempo en segundos, valores medios de diez simulaciones en una CPU AMD AM2 X2 3000).

Una comparación de tiempos para dos solucionadores explícitos, el método de Runge-Kutta (oda23) y el de Adams, con el solucionador multipaso implícito (bdf,fórmula de diferenciación hacia atrás) muestra una clara ventaja para este último en el caso rígido (Figura 1). El solucionador predeterminado (lsoda) no es necesariamente el más rápido, pero muestra un comportamiento robusto debido a la detección automática de rigidez. Utiliza el Adams multipaso explícito método para el caso no rígido y el método BDF para el caso rígido. La precisión es comparable para todos los solucionadores con atol =``rtol```= 10^{−6} , el valor por defecto.

3.6.6 AUTOVALORES Y AUTOVECTORES EN R

La descomposición de valores propios es un método de factorización de matrices en el que una matriz cuadrada se factoriza o descompone en tres matrices multiplicativas. Matemáticamente, una matriz cuadrada A se pude factorizar en tres matrices, tal como: $A = PDP^{-1}$, donde P es la matriz de los vectores propios de A, D es una matriz diagonal cuyos elementos no nulos son valores propios ordenados de la matriz y P^{-1} es la inversa de la matriz P.

Los autovalores como los autovectores de una matriz permiten entender los métodos de reducción de dimensión y la aproximación matricial, y se puede calcular en R con la función "eigen". Por un lado, los autovalores se almacenan en el elemento values de la lista que devuelve la función.

Los **autovalores** se mostrarán en orden decreciente y almacenados en el elemento values. Los **autovectores** se almacenan en el elemento vectors.

```
> A<-matrix(c(10, 8, 5, 12), ncol = 2, byrow = TRUE)
> A
     [,1] [,2]
[1,]   10    8
[2,]    5   12
```

Sintaxis: eigen(A)$values.

```
> eigen(A)$value
[1] 17.403124  4.596876
```

Sintaxis: eigen(A)$vectors.

```
> eigen(A)$vectors
           [,1]       [,2]
[1,] -0.7339565 -0.8286986
[2,] -0.6791964  0.5596952
```

```
> B <- matrix(c(5, 3, 15, 6), ncol = 2, byrow = TRUE)
> B
     [,1] [,2]
[1,]    5    3
[2,]   15    6

> eigen(B)$value
[1] 12.226812 -1.226812
```

Sintaxis: eigen(B)$vectors.

```
> eigen(B)$vectors
           [,1]       [,2]
[1,] -0.3833985 -0.4340394
[2,] -0.9235830  0.9008939
```

3.6.7 DESCOMPOSICIÓN SINGULAR, QR Y DE CHOLESKY EN R

Descomposición en valor singular de una matriz

El cálculo de valores y vectores propios se efectúa sobre matrices cuadradas. Sin embargo, es posible también hacer un cálculo similar sobre una matriz de datos X que no es cuadrada mediante la descomposición en valores singulares (DVS, por su sigla en inglés).

$$\mathbf{X} = \mathbf{U\Sigma V}^T$$

Donde **U** es una matriz unitaria n×n, **Σ** es una matriz diagonal rectangular n×p con valores no negativos, y $\mathbf{V}^T$ es la transpuesta de **V**, una matriz unitaria p×p. Los elementos de la diagonal de **Σ** son los valores singulares de **X**, las n columnas de **U** son los vectores singulares izquierdos de **X** y las **p** columnas de **V** son los vectores singulares derechos de **X**.

Hay una relación más que estrecha entre los valores y vectores propios y los resultados de una DVS. Considerando siempre nuestra matriz de datos X y su matriz asociada S, se tiene que:

- Los vectores singulares izquierdos de **X** son los vectores propios de $\mathbf{XX}^T$.
- Los vectores singulares derechos de **X** son los vectores propios de **S=XTX**.
- Los valores singulares de **X** son las raíces cuadradas de los valores propios de **S**.

En R una DVS es una factorización de cualquier matriz real o compleja. Para una matriz real de datos X de orden n×p, la DVS se puede obtener con la función `svd()`, cuya sintaxis es: `svd(X)`.

Para ilustrar la DVS consideramos una Matriz de Hilbert de 3x3, a cual se estudia en algebra lineal numérica por sus propiedades.

```
> MH<-matrix(c(1,1/2,1/3,1/2,1/3,1/4,1/3,1/4,1/5), nrow=3)
> MH
          [,1]      [,2]      [,3]
[1,] 1.0000000 0.5000000 0.3333333
[2,] 0.5000000 0.3333333 0.2500000
[3,] 0.3333333 0.2500000 0.2000000
```

Análogamente, podemos construir la matriz haciendo uso de la función cbind y rbind.

```
> MH1<-1/cbind(seq(1,3),seq(2,4),seq(3,5))
> MH1
          [,1]      [,2]      [,3]
[1,] 1.0000000 0.5000000 0.3333333
[2,] 0.5000000 0.3333333 0.2500000
[3,] 0.3333333 0.2500000 0.2000000
```

Descomposición en valor singular.
Sintaxis: MH_svd<- **svd(MH)**.

```
> MH_svd<-svd(MH)
> MH_svd
$d
[1] 1.40831893 0.12232707 0.00268734

$u
           [,1]       [,2]       [,3]
[1,] -0.8270449  0.5474484  0.1276593
[2,] -0.4598639 -0.5282902 -0.7137469
[3,] -0.3232984 -0.6490067  0.6886715

$v
           [,1]       [,2]       [,3]
[1,] -0.8270449  0.5474484  0.1276593
[2,] -0.4598639 -0.5282902 -0.7137469
[3,] -0.3232984 -0.6490067  0.6886715
```

Podemos verificar que al multiplicar adecuadamente la descomposición obtenemos la matriz original.
Sintaxis: `MH_svd$u %*% diag(MH_svd$d) %*% t(MH_svd$v)`

```
> MH_svd$u %*% diag(MH_svd$d) %*% t(MH_svd$v)
          [,1]      [,2]      [,3]
[1,] 1.0000000 0.5000000 0.3333333
[2,] 0.5000000 0.3333333 0.2500000
[3,] 0.3333333 0.2500000 0.2000000
```

La descomposición singular proporciona una forma simple de calcular la inversa de una matriz: $\mathbf{H}^{-1} = \mathbf{V}\mathbf{D}^{-1}\mathbf{U}^{T}$.

Sintaxis: H_svd$v %*% diag(1/H_svd$d) %*% t(H_svd$u).

Inversa de la matriz HH.

```
> Inver_H<-MH_svd$v %*% diag(1/MH_svd$d) %*% t(MH_svd$u)
     [,1] [,2] [,3]
[1,]    9  -36   30
[2,]  -36  192 -180
[3,]   30 -180  180
```

La función devolverá una lista, donde el primer elemento, **d**, es un vector que contiene los valores singulares ordenados en orden decreciente, y **u** y **v** son matrices que contienen los vectores singulares derechos e izquierdos de la matriz original, respectivamente.

Descomposición QR de una matriz

Otra manera de descomponer la matriz HH es la descomposición QR. A = QR, donde Q es una matriz ortogonal, y R es una matriz triangular superior. Esta descomposición puede ser aplicada incluso si A no es cuadrada. Es más, esta descomposición puede ser usada para obtener una solución exacta para sistema de ecuaciones lineales.

Por ejemplo, supongamos que queremos resolver Ax = b, para x, dado que A es una matriz nxn y b un vector de tamaño n. Calculamos primero la descomposición QR para A: QRx = b. Si multiplicamos por la izquierda por Q^T, obtenemos: $Rx = Q^Tb$ (un sistema fácil de resolver).

Usamos la función `qr` para calcular la descomposición QR.

El primer elemento de la salida devolverá una matriz de las mismas dimensiones que la matriz original, donde la matriz triangular superior contiene la R de la descomposición y la inferior la Q.

```
> MH_qr<-qr(MH)
> MH_qr
$qr
           [,1]       [,2]         [,3]
[1,] -1.1666667 -0.6428571 -0.450000000
[2,]  0.4285714 -0.1017143 -0.105337032
[3,]  0.2857143  0.7292564  0.003901372

$rank
[1] 3
```

```
$qraux
[1] 1.857142857 1.684240553 0.003901372

$pivot
[1] 1 2 3

attr(,"class")
[1] "qr"
```

Este resultado es un objeto de clase qr.
La función qr.Q() y qr.R() permite obtener las matrices Q y R.

```
> Q<-qr.Q(MH_qr)
> Q
           [,1]       [,2]       [,3]
[1,] -0.8571429  0.5016049  0.1170411
[2,] -0.4285714 -0.5684856 -0.7022469
[3,] -0.2857143 -0.6520864  0.7022469

> R<-qr.R(MH_qr)  # Matriz triangular superior.
> R
          [,1]       [,2]         [,3]
[1,] -1.166667 -0.6428571 -0.450000000
[2,]  0.000000 -0.1017143 -0.105337032
[3,]  0.000000  0.0000000  0.003901372
```

Luego, podemos recuperar HH multiplicando Q por R.

```
> MH <- Q %*% R
> MH
          [,1]      [,2]      [,3]
[1,] 1.0000000 0.5000000 0.3333333
[2,] 0.5000000 0.3333333 0.2500000
[3,] 0.3333333 0.2500000 0.2000000
```

Podemos calcular la inversa de **MH** mediante **Q** y **R:** $\mathbf{R^{-1}Q^{T}}$.
Sintaxis: `qr.solve(R) %*% t(Q)`

```
> Inver_MH<-qr.solve(R) %*% t(Q)
> Inver_MH
     [,1] [,2] [,3]
[1,]    9  -36   30
[2,]  -36  192 -180
[3,]   30 -180  180
```

Descomposición de Cholesky de una matriz definida positiva

La factorización de Cholesky de una matriz cuadrada real definida positiva se lleva a cabo con la función `chol`, y posee una matriz cuadrada ($B^2 = A$). La descomposición de Cholesky parte de la idea de encontrar la matriz triangular superior **U**, tal que $\mathbf{U}^T\mathbf{U} = \mathbf{A}$.

Sintaxis: `chol()`.
Descomposición de cholesky para una matriz de Hilbert de 3x3.

```
> MH_chol<-chol(MH)  #Esta es la matriz U, la matriz triangular superior
> MH_chol
     [,1]      [,2]      [,3]
[1,]    1 0.5000000 0.3333333
[2,]    0 0.2886751 0.2886751
[3,]    0 0.0000000 0.0745356
```

El producto cruzado para recuperar **MH** multiplicando **t(U) %*% U**.

```
> crossprod(MH_chol,MH_chol)
          [,1]      [,2]      [,3]
[1,] 1.0000000 0.5000000 0.3333333
[2,] 0.5000000 0.3333333 0.2500000
[3,] 0.3333333 0.2500000 0.2000000
```

Seguidamente, calculamos la inversa de **MH**. La función es: `chol2inv()`.

```
> Inver_MH1<-chol2inv(MH_chol)
> Inver_MH1
     [,1] [,2] [,3]
[1,]    9  -36   30
[2,]  -36  192 -180
[3,]   30 -180  180
```

La función `chol` no comprueba la simetría. Sin embargo, podemos hacer uso de la función `isSymmetric` para comprobarla.
Con la descomposición de Cholesky podemos computar la solución del sistema lineal de la forma: $\mathbf{Ax} = \mathbf{b}$.

Para el problema MHx = b, donde b = $[1, 2, 3]^T$.

```
> b<-seq(1,3)
> y<-forwardsolve(t(MH_chol),b)
> backsolve(MH_chol,y)
[1]   27 -192  210
```

3.7 OPERACIONES MATEMÁTICAS AVANZADAS EN R

 # Factorial

```
> factorial(4)                    # 4! = 4 * 3 * 2 * 1
 [1] 24
```

 # Combinatoria

```
> choose(6, 4) #6!/(4!*2!) = (6 * 5 * 4!)/4! * 2! = 30/2 = 15
 [1] 15
```

 # Raíz cuadrada

```
> sqrt(144)
 [1] 12
```

 # Exponencial

```
> exp(3)                         # e^3
 [1] 20.08554
```

 # Número de Euler

```
> exp(1)                         # e^1
 [1] 2.7182818
```

 # Logaritmos

Sean b y x dos números tal que si b, para obtener x debemos encontrar el número (z) al que hay que elevar la base (b).

 # Logaritmo base b # $\log_2 8 = 3 \leftrightarrow 2^3 = 8$

```
> log(x, base=b)
 [1] z
```

Por ejemplo, si b=2 y x=8, cuál será el logaritmo en base b de x o el número al que se debe elevar b (la base) para obtener x.

```
> log(x = 8, base=2)
 [1] 3
```

 # Logaritmo base 10

```
> log(x=3, base=10)
 [1] 0.4771
```

 # Logaritmo natural o neperiano

```
> log(3)
 [1] 1.098612
```

Propiedades de los logaritmos

Se trata de entender cómo funcionan los logaritmos.

Propiedad 1

$$\log_b (x \cdot y) = \log_b x + \log_b y; \; con \; x, y \in \mathbf{R}^+ \; y \; b \in \mathbf{R}^+$$

Ejemplo.

```
> log(x=8*64, base=2)
  [1] 9
```

Análogamente.

```
> log(x=8, base=2) + log(x=64,base=2)
[1] 9
```

$$\log_2 (8 \cdot 64) = \log_2 8 + \log_2 64 = 3 + 6 = 9$$

Propiedad 2

$$\log_b \left(\frac{x}{y} \right) = \log_b x - \log_b y; \; con \; x, y \in \mathbf{R}^+ \; y \; b \in \mathbf{R}^+$$

Ejemplo.

```
> log(x=64/8, base=2)
 [1] 3
```

Análogamente.

```
> log(x=64,base=2) - log(x=8,base=2)
[1] 3
```

$$\log_2 \left(\frac{64}{8} \right) = \log_2 64 - \log_2 8 = 6 - 3 = 3$$

Propiedad 3

$$\log_b (x^z) = z \log_b x; \; con \; x \in \mathbf{R}^+, \; z \in \mathbf{R} \; y \; b \in \mathbf{R}^+$$

Ejemplo.

```
> log(x=64**8, base=2)
 [48]
```

```
# Análogamente.
> 8*log(x=64,base=2)
[48]
```

$$\log_2\left(64^8\right) = 8\log_2 64 = 8 \cdot 6 = 48$$

Propiedad 4

```
> library(kader)
```

$$\log_b \sqrt[z]{x} = \log_b\left(x^{\frac{1}{z}}\right) = \frac{1}{z}\log_b x;\ con\ x \in \mathbf{R}^+,\ z \in \mathbf{R}\setminus\{0\}\ y\, b \in \mathbf{R}^+$$

```
Ejemplo.
> log(x=64**(1/3), base=2)
> log(x=64^(1/3),base=2)
[1] 2

# Análogamente.
> (1/3)*log(x=64,base=2)
[1] 2
```

$$\log_2\left(\sqrt[3]{64}\right) = \log_2\left(64^{\frac{1}{3}}\right) = \frac{1}{3}\log_2 64 = \frac{1}{3}\cdot 6 = \frac{6}{3} = 2$$

Propiedad 5

$$\frac{\log_c(x)}{\log_c(b)} = \log_b(x);\ con\ x \in \mathbf{R}^+,\ z \in \mathbf{R}\ y\, b, c \in \mathbf{R}^+$$

```
Ejemplo.
> log(x=64,base=2)/log(x=8,base=2)
[1] 2

# Análogamente.
> log(x=64,base=8)
[1] 2
```

$$\frac{\log_2(64)}{\log_2(8)} = \log_8(64) = 2$$

```
# Valor absoluto
> abs(-7)
[1] 7
```

 # Ilustración 1.

Índice intercuartílico.
```
> dat2<- rnorm(100)
> iqr(dat2, na.rm =TRUE)
  [1] 1.503438
```

Sintaxis en R.
```
> IQR(dat2, na.rm = TRUE)
  [1] 1.503438
```

Nota

Observamos que no hay diferencia entre la función que ha sido escrita por el desarrollador de R y la función creada por el usuario.

 # Ilustración 2.

Calcular el rango intercuartílico de los beneficios para cada una de las categorías de negocios, usando la función iqr dentro de la sentencia tapply.
Extrae las categorías con la variabilidad más pequeña y grande.
```
>iqr_profits<tapply(Forbes2000$profits,Forbes2000$category,iqr,na.rm = TRUE)
```

Variabilidad de los beneficios de Forbes 2000.
```
> iqr(Forbes2000$profits, na.rm = TRUE)
  [1] 0.36
```

 # Ilustración 3.

Cálculo del error típico de la media para un vector de datos observados (muestra).
```
> sdm<-function(x) {sd(x) / sqrt(length(x))}
> sdm(store.df$store.visits)
  [1]8.42615
```

 # Ilustración 4.

Cálculo del intervalo de confianza de la media.
```
> mean(store.df$store.visits) + 1.96 *(store.df$store.visits)
 [1] 65.51525
```

3.8 OPERACIONES TRIGONOMÉTRICAS EN R.

Cómo realizar operaciones trigonométricas en R. Aprenderemos a calcular las razones trigonométricas: seno, coseno, tangente, cotangente, secante y cosecante.

RAZÓN TRIGONOMÉTRICA	SINTAXIS
seno	**sin()**
coseno	**cos()**
tangente	**tan()**
cotangente	**1/sin()**
secante	**1/cos()**
cosecante	**1/tan()**

Para el caso de la cosecante, secante y cotangente no se tiene un comando ya que éstas son las inversas del seno, coseno y tangente, respectivamente. Por tanto, será suficiente recordar la función de los tres primeros.

Para el cálculo de las razones trigonométricas se tiene que considerar el ángulo en pi radianes. Ilustramos con un ejemplo el cálculo del coseno de un ángulo de 120 grados como éste:

```
> cos (120)
[1] 0.814181
```

Este código no nos da el resultado correcto, porque R siempre trabaja con ángulos en radianes y no en grados. Debemos prestar atención a este hecho para evitar errores en la aplicación de las funciones trigonométricas. En su lugar de los grados utilizamos una variable especial llamada pi (3.141592653589).

Para convertir grados en radianes podemos usar el factor de conversión: 180° = π radianes. De forma que:

```
# Convertir 90 grados a radianes
> 90*pi/180
```

Grados	0°	30°	45°	60°	90°	180°	270°	360°
Radianes	0	π/6	π/4	π/3	π/2	π	3π/2	2π

Por lo tanto, la forma correcta de calcular el coseno de un ángulo de 120 grados es:

```
> cos (120 * pi / 180)
[1] -0,5
```

 # Seno de 30 grados sexagesimales

```
> sin(pi/6)
 [1] 0.5
```

 # Coseno de 45 grados sexagesimales

```
> cos(pi/4)
 [1] 0.7071068
```

 # Tangente de 45 grados sexagesimales

```
> tan(pi/4)
 [1] 1
```

 # Cotangente de 45 grados sexagesimales

```
> 1/tan(pi/4)
 [1] 1
```

 # Secante de 45 grados sexagesimales

```
> 1/cos(pi/4)
 [1] 1.414214
```

 # Cosecante de 30 grados sexagesimales

```
> 1/sin(pi/6)
 [1] 2
```

Si se desea trabajar omitiendo los radianes, se tendría que usar las funciones: sinpi, cospi, tanpi. A continuación, mostramos algunos ejemplos.

 # Seno de 30 grados sexagesimales

```
> sinpi(1/6)
 [1] 0.5
```

 # Coseno de 45 grados sexagesimales

```
> cospi(1/4)
 [1] 0.7071068
```

 # Tangente de 45 grados sexagesimales

```
> tanpi(1/4)
 [1] 1
```

 # Funciones trigonométricas con variables

```
> x = 0.5    # Guardamos el valor en x.

# ¿Cómo obtener el valor de x para encontrar el seno, coseno y tangente?
# Para ello utilizamos las funciones: asin, acos y atan.
# Por ejemplo, queremos encontrar el valor de x tal que seno(x) = 1
> asin(1)
[1] 1.570796

# Guardamos en la variable a el resultado de asin.
> a=asin(1)
> sin(a)                    # comprobamos que es igual a 1
 [1] 1
> sin(asin(1))
[1] 1

# Encontrar el valor de x tal que cos(x) = -1
> b<-acos(-1)
> b
[1] 3.141593
> cos(3.141593)
> cos(b)
[1] -1

# Encontrar el valor de x tal que tan(x) = 0.5
> c<-atan(0.5)
> c
[1] 0.4636476

> tan(0.4636476)
> tan(c)
[1] 0.5

# Medidas trigonométricas de vectores.
> angulos <- c(0, pi/2, pi)
> sin(angulos)
[1] 0.000000e+00 1.000000e+00 1.224606e-16

> tan(angulos)
[1]  0.000000e+00  1.633124e+16 -1.224647e-16
```

3.9 OPERACIONES CON CONJUNTOS EN R

```
# Creamos los vectores A y B en R.
> A<-c(1,8,3,4,5)
> B<-c(9,8,7,5,6)

# Unión de conjuntos con la función 'union()'
> union(A,B)
  [1] 1 8 3 4 5 9 7 6

# Intersección de conjuntos con la función 'intersect()'
> intersect(A,B)
  [1] 8 5

# Diferencia de conjuntos con la función 'setdiff()'
> setdiff(A,B)
   [1] 1 3 4

# También podemos calcular la diferencia entre los vectores B, A (elementos que
aparecen en B y no aparecen en A, con la función setdiff.
> setdiff(B,A)
   [1] 9 7 6

# Simulación: negación de una unión de conjuntos.
```

$$\overline{A \cup B}$$

```
> E<-c(1,2,3,4,5,6,7,8,9,10)
> A<-c(1,2,3)
> B<-c(7,8,9,10)
> setdiff(E,union(A,B))
[1] 4 5 6

# Simulación: operación unión, intersección y negación.
```

$$A \cup (\overline{B \cap C})$$

```
> E<-c(1,2,3,4,5,6,7,8,9,10)
> A<-c(1,2,3)
> B<-c(7,8,9,10)
> C<-c(1,3,5,7,9)
> union(A,setdiff(E,intersect(B,C)))
[1]  1  2  3  4  5  6  8 10
```

3.9.1 LEYES DE CONJUNTOS

```
# Conjunto universal, denotado por 'u'.
> u<-1:15
> u
  [1] 1 2 3 4 5 6 7 8 9 10 11 12 13 14 15

# Conjunto vacío
> v<-c()
> v
  [1] NULL

# Ley de Identidad
# Unión de un conjunto x con el conjunto vacío (vc).
> a<-c(1,8,3,4,5)
> aUv <- unión(a, v)
> aUv
  [1] 1 8 3 4 5

# Verificar la propiedad de Identidad con la función "setequal".
> Ident1<- setequal(aUv, a)
> Ident1
  [1] TRUE

# Ley de Idempotencia
# La unión de un conjunto consigo mismo, es el mismo conjunto.
> aUa <- unión(a,a)
> aUa
  [1] 1 8 3 4 5

# Comprobando la propiedad de idempotencia con la función setequal().
> Idempotente1<-setequal(aUa, a)
> Idempotente1
  [1] TRUE

# La intersección de un conjunto cualquiera consigo mismo, es el mismo conjunto.
> a<-c(1,8,3,4,5)
> aIa <-intersect(a,a)
> aIa
  [1] 1 8 3 4 5

# Comprobando la propiedad de idempotencia con la función setequal().
> a<-c(1,8,3,4,5)
> Idempotente2<-setequal(aIa,a)
> Idempotente2
  [1] TRUE
```

 # Ley de Complementariedad
La negación de la negación de un conjunto cualquiera, es el mismo conjunto.
Creando el complemento del vector 'a', denotado por 'ac' (primera negación).

```
> u<-1:15
> a<-c(1,8,3,4,5)
> ac<-setdiff(u, a)
> ac
  [1] 2 6 7 9 10 11 12 13 14 15
```

Creando el complemento del vector "a", denotado por "ac" (segunda negación).

```
> acc<-setdiff(u,ac)
> acc
  [1] 1 8 3 4 5
```

Verificación de la propiedad de complementariedad con la función '`setequal()`'

```
> complementariedad<- setequal(acc,a)
> complementariedad
  [1] TRUE
```

Ilustración de teoría de conjuntos

Consideremos una población de 34 nombres que se asignan aleatoriamente como participantes de alguna disciplina deportiva. No obstante, puede ocurrir que los nombres participen en más de una disciplina.
Se realizan operaciones de conjuntos: union, intersección y diferencia.
Se generan los nombres que usaremos para esta prueba.

```
> nombres <- c("Juan", "Paco", "Eugenio", "Nemo", "Pachi", "Laura",
"Oscar", "Luis", "Ernesto", "Lupita", "Carmen", "Eduardo", "Ana", "Luisa",
"Maria", "Rosario", "Margarita", "Margarito", "Sandra", "Sandro",
"Rubén", "Gabino", "Patricia", "Salvador", "Ronaldo", "Saul", "Raul",
"Gerardo", "Antonio", "Yuri", "Aracely", "Jeorgina", "Javier", "Lucy")
```

Ordenamos los datos.

```
> nombres <- sort(nombres)
> nombres
[1] "Ana"         "Antonio"   "Aracely"   "Carmen"    "Eduardo"   "Ernesto"
[7] "Gabino"      "Gerardo"   "Javier"    "Jeorgina"  "Juan"      "Eugenio"
[13] "Laura"      "Lucy"      "Luis"      "Luisa"     "Lupita"    "Margarita"
[19] "Margarito"  "Maria"     "Nemo"      "Oscar"     "Paco"      "Patricia"
[25] "Pachi"      "Raul"      "Ronaldo"   "Rosario"   "Rubén"     "Salvador"
[31] "Sandra"     "Sandro"    "Saul"      "Yuri"
```

Número total de nombres.

```
> n <- length(nombres)
> n
 [1] 34
```

Establecemos la semilla de aleatoriedad en 100 para generar las mismas muestras.

```
> set.seed(100)
```

A continuación generamos conjuntos o equipos: 10 futbol, 8 baloncesto, 11 voleybol, 7 atletismo y 10 en ajedrez.

```
> futbol <- sort(sample(nombres, 10))
> baloncesto <- sort(sample(nombres,8))
> voleybol <- sort(sample(nombres, 11))
> atletismo <- sort(sample(nombres, 7))
> ajedrez <- sort(sample(nombres, 10))
```

Veamos como quedaron los equipos.

```
> futbol
  [1] "Carmen" "Ernesto" "Jeorgina" "Eugenio" "Lucy" "Oscar"
  [7] "Paco" "Pachi" "Raul" "Rubén"

> baloncesto
  [1] "Ernesto" "Gabino" "Juan" "Eugenio" "Margarita" "Paco"
  [7] "Patricia" "Saul"

> voleybol
  [1] "Antonio" "Carmen" "Gabino" "Gerardo" "Luisa" "Margarita"
  [7] "Margarito" "Maria" "Memo" "Pachi" "Rubén"

> atletismo
  [1] "Antonio" "Ernesto" "Juan" "Laura" "Luisa" "Maria" "Rubén"

> ajedrez
  [1] "Ana" "Javier" "Oscar" "Paco" "Ronaldo" "Rosario"
  [7] "Rubén" "Salvador" "Sandro" "Yuri"
```

Unión de conjuntos. Los elementos de un conjunto agregando los del otro.

```
> union(ajedrez, futbol)
  [1] "Ana" "Javier" "Oscar" "Paco" "Ronaldo" "Rosario"
  [7] "Rubén" "Salvador" "Sandro" "Yuri" "Carmen" "Ernesto"
  [13] "Jeorgina" "Eugenio" "Lucy" "Pachi" "Raul"

> union(ajedrez, baloncesto)
  [1] "Ana" "Javier" "Oscar" "Paco" "Ronaldo" "Rosario"
  [7] "Rubén" "Salvador" "Sandro" "Yuri" "Ernesto" "Gabino"
  [13] "Juan" "Eugenio" "Margarita" "Patricia" "Saul"
```

```
> union(ajedrez, voleybol)
 [1] "Ana" "Javier" "Oscar" "Paco" "Ronaldo" "Rosario"
 [7] "Rubén" "Salvador" "Sandro" "Yuri" "Antonio" "Carmen"
[13] "Gabino" "Gerardo" "Luisa" "Margarita" "Margarito" "Maria"
[19] "Nemo" "Pachi"

> union(ajedrez, atletismo)
 [1] "Ana" "Javier" "Oscar" "Paco" "Ronaldo" "Rosario"
 [7] "Rubén" "Salvador" "Sandro" "Yuri" "Antonio" "Ernesto"
 [13] "Juan" "Laura" "Luisa" "Maria"

> union(ajedrez, ajedrez)
 [1] "Ana" "Javier" "Oscar" "Paco" "Ronaldo" "Rosario"
 [7] "Rubén" "Salvador" "Sandro" "Yuri"
```

\# Otros ejemplos de unión de conjuntos.

```
> union(futbol, baloncesto)
[1] "Carmen" "Ernesto" "Jeorgina" "Eugenio" "Lucy" "Oscar"
[7] "Paco" "Pachi" "Raul" "Rubén" "Gabino" "Juan"
[13] "Margarita" "Patricia" "Saul"

> union(voleybol, atletismo)
 [1] "Antonio" "Carmen" "Gabino" "Gerardo" "Luisa" "Margarita"
 [7] "Margarito" "Maria" "Nemo" "Pachi" "Rubén" "Ernesto"
 [13] "Juan" "Laura"

> union(baloncesto, futbol)
[1] "Ernesto" "Gabino" "Juan" "Eugenio" "Margarita" "Paco"
[7] "Patricia" "Saul" "Carmen" "Jeorgina" "Lucy" "Oscar"
[13] "Pachi" "Raul" "Rubén"
```

\# Veamos qué pasa si unimos todos los elementos.

```
> jueganFB <- union(futbol, baloncesto)
> jueganFBV <- union(jueganFB, voleybol)
> jueganFBVA <- union(jueganFBV, atletismo)
> jueganFBVAJ <- union(jueganFBVA, ajedrez)
```

\# Veamos los resultados.

```
> jueganFBVAJ
  [1] "Carmen" "Ernesto" "Jeorgina" "Eugenio" "Lucy" "Oscar"
  [7] "Paco" "Pachi" "Raul" "Rubén" "Gabino" "Juan"
 [13] "Margarita" "Patricia" "Saul" "Antonio" "Gerardo" "Luisa"
 [19] "Margarito" "Maria" "Nemo" "Laura" "Ana" "Javier"
 [25] "Romualdo" "Rosario" "Salvador" "Sandro" "Yuri"
```

```
# Luego, ordenamos los datos.
> sort(jueganFBVAJ)
 [1] "Ana" "Antonio" "Carmen" "Ernesto" "Gabino" "Gerardo"
 [7] "Javier" "Jeorgina" "Juan" "Eugenio" "Laura" "Lucy"
[13] "Luisa" "Margarita" "Margarito" "Maria" "Nemo" "Oscar"
[19] "Paco" "Patricia" "Pachi" "Raul" "Romualdo" "Rosario"
[25] "Rubén" "Salvador" "Sandro" "Saul" "Yuri"
```

 # Intersección de conjuntos. Se trata de ver quienes están en ambos equipos

```
> intersect(ajedrez, futbol)
  [1] "Oscar" "Paco" "Rubén"

> intersect(ajedrez, baloncesto)
  [1] "Paco"

> intersect(ajedrez, voleybol)
  [1] "Rubén"

> intersect(ajedrez, atletismo)
  [1] "Rubén"

> intersect(ajedrez, ajedrez)
  [1] "Ana" "Javier" "Oscar" "Paco" "Ronaldo" "Rosario"
  [7] "Rubén" "Salvador" "Sandro" "Yuri"

> intersect(futbol, baloncesto)
 [1] "Ernesto" "Eugenio" "Paco"

> intersect(voleybol, atletismo)
 [1] "Antonio" "Luisa" "Maria" "Rubén"

> intersect(baloncesto, futbol)
 [1] "Ernesto" "Eugenio" "Paco"
```

 # Diferencia de conjuntos: quienes juegan un deporte y no juegan otro

```
> setdiff(ajedrez, futbol)
  [1] "Ana" "Javier" "Ronaldo" "Rosario" "Salvador" "Sandro" "Yuri"

> setdiff(ajedrez, baloncesto)
 [1] "Ana" "Javier" "Oscar" "Ronaldo" "Rosario" "Rubén"
 [7] "Salvador", "Sandro" "Yuri"
```

```
> setdiff(ajedrez, voleybol)
 [1] "Ana" "Javier" "Oscar" "Paco" "Ronaldo" "Rosario"
 [7] "Salvador" "Sandro" "Yuri"

> setdiff(ajedrez, atletismo)
 [1] "Ana" "Javier" "Oscar" "Paco" "Ronaldo" "Rosario"
 [8] "Salvador"  "Sandro" "Yuri"

> setdiff(ajedrez, ajedrez)
  [1] character(0)

> setdiff(futbol, baloncesto)
  [1] "Carmen" "Jeorgina" "Lucy" "Oscar" "Pachi" "Raul" "Rubén"

> setdiff(voleybol, atletismo)
  [1] "Carmen" "Gabino" "Gerardo" "Margarita" "Margarito" "Nemo"
  [7] "Pachi"

> setdiff(baloncesto, futbol)
[1] "Gabino" "Juan" "Margarita" "Patricia" "Saul"
```

Ahora veremos quienes NO JUEGAN a nada.
Para ello usaremos la variable anterior que son los que si juegan y la asignamos a una nueva variable.

```
> jueganFBVAJ
 [1] "Carmen" "Ernesto" "Jeorgina" "Eugenio" "Lucy" "Oscar"
 [7] "Paco" "Pachi" "Raul" "Rubén" "Gabino" "Juan"
 [13] "Margarita" "Patricia" "Saul" "Antonio" "Gerardo" "Luisa"
 [19] "Margarito" "Maria" "Nemo" "Laura" "Ana" "Javier"
 [25] "Ronaldo" "Rosario" "Salvador" "Sandro" "Yuri"

> sijuegan <- jueganFBVAJ
```

Los que no juegan nada.

```
> nojuegannada <- sort(setdiff(nombres, sijuegan))
> nojuegannada
[1] "Aracely" "Eduardo" "Luis" "Lupita" "Sandra"
```

Cuantos si juegan algún deporte.

```
> length(sijuegan)
  [1] 29
```

Cuantos no juegan algún deporte.

```
> length(nojuegannada)
 [1] 5
```

4

VARIABLES, MANEJO Y LIMPIEZA DE DATOS Y BASES DE DATOS

4.1 VARIABLES

Las ***variables*** son componentes fundamentales de la investigación que permiten medir y analizar datos. Pueden definirse como características o propiedades que pueden adoptar distintos valores. En el diseño de una investigación, comprender los tipos de variables y sus funciones es crucial para elaborar hipótesis, diseño de métodos e interpretación de resultados.

Una variable en R puede almacenar valores numéricos, valores complejos, palabras, matrices e incluso una tabla.

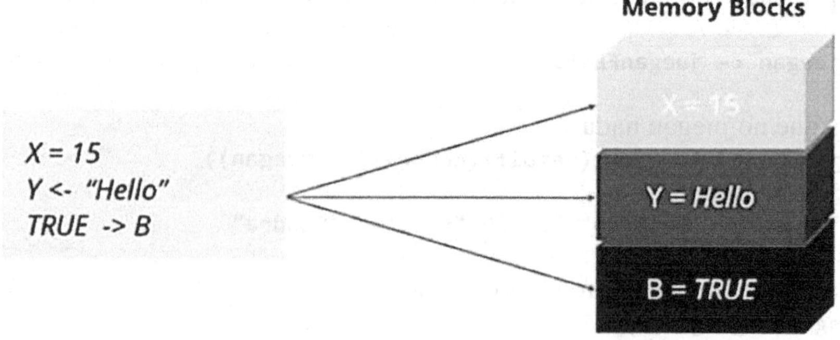

La imagen muestra cómo crear variables y cómo almacenarlas en diferentes bloques de memoria. En R, no tenemos que declarar una variable antes de usarla, a diferencia de otros lenguajes de programación como Java, C, C++, etc.

4.2 TIPOS DE DATOS EN R

Los ***tipos de datos*** se utilizan para almacenar información. En R, no necesitamos declarar una variable como un tipo de datos. Las variables se asignan con R-Objects y el tipo de datos del R-object se convierte en el tipo de datos de la variable. Hay principalmente seis tipos de datos presentes en R:

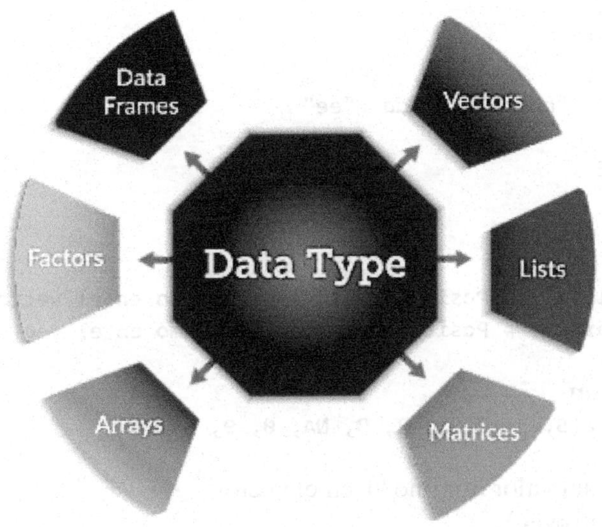

- **Vector**: un vector es una secuencia de elementos de datos del mismo tipo básico.

  ```
  > V1 =(1,3,5,7,9)    o    V1 <-(1,3,5,7,9)
  ```

  Hay 5 clases de vectores:

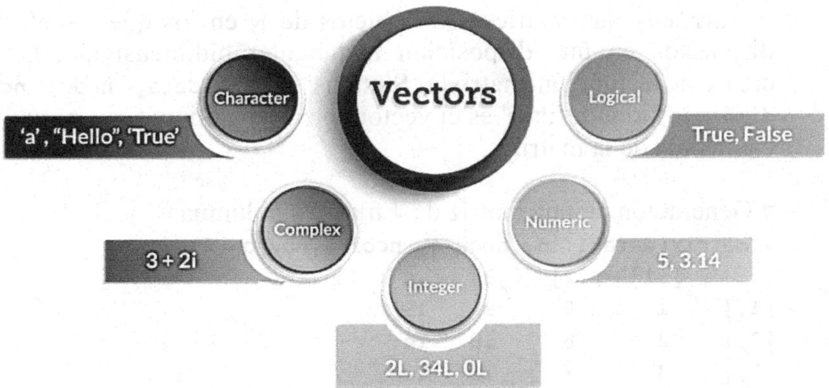

- **List:** las listas son objetos de R que contienen elementos de diferentes tipos como números, cadenas, vectores y otra lista dentro de ella.

```
> n = c(2, 3, 5)
> s = c("aa", "bb", "cc", "dd", "ee")
> x = list(n, s, TRUE)
> x
# Output
  [[1]]
  [1] 2 3 5
  [[2]]
  [1] "aa"  "bb"  "cc" "dd" "ee"
  [[3]]
  [1] TRUE

# Función which()

> which.min(x)  # Posición del valor mínimo en el vector
> which.max(x)  # Posición del valor máximo en el vector
```

 # Ilustración

```
> mvec <- c(5, 3, 2, 1, 2, 0, NA, 0, 9, 6)
```

Posición del valor mínimo '0' en el vector.

```
> which.min(mvec)
[1] 6
```

Posición del valor máximo '9' en el vector.

```
> which.max(mvec)
[1] 9
```

`# Matrices`: las matrices son objetos de R en los que los elementos están dispuestos en una disposición rectangular bidimensional. Una matriz se crea con la función matrix(). Sintaxis: `matrix(data, nrow, ncol, byrow, dimnames)`, donde 'data' es el vector de entrada o input que se convierte en los elementos de la matriz.

Generación de una matriz de 4 filas y 4 columnas.

```
> matrix(data=1:16, nrow=4, ncol=4, byrow=F)
      [,1] [,2] [,3] [,4]
[1,]    1    5    9   13
[2,]    2    6   10   14
[3,]    3    7   11   15
[4,]    4    8   12   16
```

`# Arrays o matriz multidimensional:` los arrays son objetos de R que pueden almacenar datos en más de dos dimensiones. Toma vectores como entrada o inputs y utiliza los valores del argumento **`dim`** para crear un array.

Generación de una matriz multidimensional.

```
> vector1 <- c(5,9,3)
> vector2 <- c(10,11,12,13,14,15)
> result <- array(c(vector1,vector2),dim = c(3,3,2))
# Output
, , 1
     [,1] [,2] [,3]
[1,]    5   10   13
[2,]    9   11   14
[3,]    3   12   15

, , 2
     [,1] [,2] [,3]
[1,]    5   10   13
[2,]    9   11   14
[3,]    3   12   15
```

Factores

Los factores son objetos de R que se utilizan para categorizar los datos y almacenarlos como niveles. Pueden almacenar tanto cadenas como enteros. Son útiles en el análisis de datos y en la modelización estadística.

El término factor se refiere a un tipo de variable, categórica o cualitativa, que almacenan datos estadísticos por niveles. Por definición, las variables categóricas cuentan con un número limitado de categorías. Un factor es una variable categórica con un número finito de niveles. En R los factores se utilizan habitualmente para realizar clasificaciones de los datos, estableciendo su pertenencia a los grupos o categorías determinados por los niveles del factor.

Los niveles de un factor pueden estar codificados como valores numéricos o como caracteres. Independientemente de que el factor sea numérico o carácter, sus valores son siempre almacenados internamente por R como números enteros, con lo que se consigue economizar memoria.

Por ejemplo, la variable sexo solo tendría dos factores o niveles: hombre o mujer. Pero estos factores o categorías también pueden ser numéricos, como el número de cilindros del motor de un vehículo. Incluso, se podrían codificar los dos factores de sexo como 0 y 1.

Los factores, que pueden ser ordenados o no ordenados, se utilizan para representar variables de naturaleza categórica.

Ordenar los factores por orden alfabético.

```
> factor_nominal <- factor(rep(c("Ford","Seat","Renault"),10))
levels(factor_nominal)
 [1] "Ford"    "Renault" "Seat"
```

Reordenación de factores.

```
> nuevo_factor_nominal <- factor(factor_nominal, levels=c("Seat","Renau
lt","Ford"))
> levels(nuevo_factor_nominal)
 [1] "Seat"    "Renault" "Ford"
```

Ilustración

Vamos a cargar la base de datos *iris*, que se encuentra en el paquete *datasets()*. Iris contiene información sobre longitud y anchura de pétalos y sépalos y especies de un total de 150 lirios.

```
data("iris")
str(iris)
'data.frame':    150 obs. of  5 variables:
 $ Sepal.Length: num  5.1 4.9 4.7 4.6 5 5.4 4.6 5 4.4 4.9 ...
 $ Sepal.Width: num  3.5 3 3.2 3.1 3.6 3.9 3.4 3.4 2.9 3.1 ...
 $ Petal.Length: num  1.4 1.4 1.3 1.5 1.4 1.7 1.4 1.5 1.4 1.5 ...
 $ Petal.Width: num  0.2 0.2 0.2 0.2 0.2 0.4 0.3 0.2 0.2 0.1 ...
 $ Species: Factor w/ 3 levels "setosa","versicolor",..: 1 1 1 1 1 1 1
1 1 1 ...
```

Como podemos ver, la columna especies (*Species*) es una variable categórica (o factor) que tiene tres niveles (*levels*): setosa, versicolor, virginica. Vamos a ver la distribución del tipo de especie con una tabla.

Visualización de los niveles.

```
>iris1<-factor(iris$Species
> head(iris1)
[1] setosa setosa setosa setosa setosa setosa
Levels: setosa versicolor virginica

> levels(iris$Species)
 [1] "setosa"     "versicolor" "virginica"

> table(iris$Species)
     setosa versicolor  virginica
         50         50         50
```

En ocasiones, cuando cargamos variables que son carácter se crean como factores. Por ejemplo, si vamos a realizar un análisis de regresión es conveniente guardar las variables categóricas como factores (R codificará internamente los distintos niveles del factor como enteros). Además, puede que sea de nuestro interés cambiar el orden de los niveles.

4.3 TIPOS DE VARIABLES CATEGÓRICAS O FACTORIALES EN R

Podemos distinguir 2 tipos de variables factoriales en R:

1. Variables categóricas ***nominales***. No implica ningún orden. Por ejemplo, el sexo.
2. Variables categóricas ***ordinales***. Implica orden o gradación. Por ejemplo, la altura de una persona podría categorizarse, en este orden: Bajo, Medio, Alto.
3. En el contexto de R, los datos nominales se tipifican como carácter y las ordinales se tipifican como factor.

En R las variables de tipo Factor son las ideales a la hora de trabajar con variables de tipo nominal u ordinal. Esto se debe a dos motivos: en primer lugar, su compatibilidad con librerías como `sjPlot`, `sjmisc` o `ggplot2`, que nos permiten presentar de manera cómoda estos datos; así como su compatibilidad con funciones dedicadas a la generación de distintos modelos estadísticos, como modelos de análisis de clases latentes o de regresión. En segundo término, porque cabe la posibilidad de establecer un orden (distinto al alfabético) entre las categorías de la variable, lo cual es fundamental si trabajamos con variables ordinales, como el nivel educacional de las/os informantes.

Variables categóricas nominales

La escala nominal es el nivel más elemental de medición y consiste en clasificar los objetos de estudio según las categorías de una variable. El alcance de definición y medición de variables de esta escala es el conteo, que permite la aplicación de técnicas estadísticas como la distribución de frecuencia y la moda. Para la elaboración de esta escala se determinan las categorías de la variable donde el valor numérico a las categorías de una variable se le denomina codificar con el objetivo de categorizar e identificar.

Consideremos el siguiente ejemplo de variable nominal. La variable sexo.

```
> sexo <- c("M","V","M","M","M","V","M","M","V","V")
> sexo

 [1] "M" "V" "M" "M" "M" "V" "M" "M" "V" "V"
```

La variable sexo puede ser considerada un factor porque cada sujeto pertenece a una de las dos categorías definidas por la variable: "Varón "o "Mujer".

Para que R reconozca la variable sexo como factor, una vez introducidos los datos, utilizamos la función:

```
> factor_sexo <- factor(sexo)
> factor_sexo
Output
[1] M V M M M V M M V V
Levels: V M
```

Hemos convertido la variable 'sexo' en un factor con dos niveles M y V.

En muchas situaciones, los niveles del factor son poco ilustrativos en términos de su significado. La siguiente sintaxis especifica explícitamente los niveles del factor (levels) y asigna etiquetas (labels) a cada uno de ellos:

```
> sexo <- factor(sexo, levels=c("V","M"), labels=c("Varón", "Mujer"))
> sexo
 Output
 [1] Mujer Varón Mujer Mujer Mujer Varón Mujer Mujer Varón Varón
  Levels: Hombre Mujer
```

Existen algunas funciones en R que requieren que la variable de entrada sea necesariamente un factor (aun cuando la variable esté codificada numéricamente). Para ello basta recodificar la variable original como factor. Por ejemplo, supongamos que se ha registrado la producción de tres máquinas (identificadas como 27, 32 y 55) durante cinco días sucesivos, dando como resultado los siguientes datos:

```
> produccion=c(120,100,132,112,95,164,172,183,155,176,110,
115,122,108,120)
> maquina=c(27,27,27,27,27,32,32,32,32,32,55,55,55,55,55)
> dia=c(1,2,3,4,5,1,2,3,4,5,1,2,3,4,5)
> cbind(maquina,dia,produccion)
Output
        Maquina dia  produccion
  [1,]       27   1         120
  [2,]       27   2         100
  [3,]       27   3         132
  [4,]       27   4         112
  [5,]       27   5          95
  [6,]       32   1         164
  [7,]       32   2         172
  [8,]       32   3         183
  [9,]       32   4         155
 [10,]       32   5         176
 [11,]       55   1         110
 [12,]       55   2         115
 [13,]       55   3         122
 [14,]       55   4         108
 [15,]       55   5         120
```

Si se pretende evaluar la producción de estas tres máquinas a lo largo de estos días, es evidente que sus números de identificación (27, 32 y 55) son simples

etiquetas sin que su valor intrínseco tenga ningún sentido en el problema. En este caso resulta razonable (y, como veremos, en el ajuste de modelos de análisis de la varianza es además necesario) convertir esta variable en factor. Para ello simplemente ejecutamos:

```
> maquina=factor(maquina)
> maquina
  [1] 27 27 27 27 27 32 32 32 32 32 55 55 55 55 55
  Levels: 27 32 55
```

Para identificar a qué clase pertenece la variable 'maquina' escribimos:

```
> class(maquina)
  [1] "factor"
```

Variables categóricas ordinales

En la escala ordinal se establecen categorías con dos o más niveles que implican un orden inherente entre sí. Este tipo de escala se utiliza para clasificar los objetos, hechos o fenómenos en forma jerárquica, según el grado que posea una característica determinada, sin proporcionar información sobre la magnitud de las diferencias entre los casos así clasificados. Por ejemplo: excelente, bueno, malo. La escala de medición ordinal es cuantitativa porque permite ordenar a los eventos en función de la mayor o menor posesión de un atributo o característica. Por ejemplo, si tomamos la variable peso y utilizamos las categorías de obeso, gordo, normal, bajo peso, sabremos que los obesos pesan más que todos, seguidos por los gordos y así sucesivamente. Sin embargo, no sabremos cuánto más pesan los obesos que los gordos, o los normales que los de bajo peso.

En el contexto de R añadimos dos argumentos dentro de la función factor() que indiquen que hay un orden en los factores y cuál es ese orden.

 # Ordenación de los niveles de un factor

Ejemplo 1. Supongamos que leemos la siguiente variable, que corresponde al nivel de cierto contaminante en 10 muestras de agua:

```
> pct <- c("alto","bajo","bajo","medio","alto","medio","bajo",
"alto","alto","alto")
```

Si la convertimos en factor, obtenemos una tabla de frecuencias de sus valores:

```
> fpct=factor(pct)
> table(fpct)
  fpct
  alto bajo medio
    5    3     2
```

Ejemplo 2. Categorización ordinal del peso de un conjunto de niños.

```
> peso <- c("Alto", "Bajo", "Bajo", "Medio", "Bajo", "Medio", "Alto")
```

Lo convertimos en una variable categórica añadiendo en la función `factor` que hay un orden.

```
> factor_peso <- factor(peso, ordered = TRUE, levels = c("Bajo", "Medio",
"Alto"))
```

Observamos que en el objeto "factor_peso" las categorías ya están ordenadas con el símbolo "<".

```
> factor_peso
[1] Alto  Bajo  Bajo  Medio Bajo  Medio Alto
Levels: Bajo < Medio < Alto
```

Ejemplo 3. Categorización ordinal de las tallas de camisetas.

```
> tallas <- c('m', 'g', 'S', 'S','m', 'M')
> tallas_factor<-factor(tallas)
> tallas_factor
[1] m g S S m M
Levels: g m M S
```

Visualización gráfica de las tallas.

```
> plot(tallas_factor)
Error in plot.new() : figure margins too large
```

Una solución posible a esta incidencia es hacer uso de la función `par()`, que determina los márgenes del plot con el argumento `mar`.

```
> par(mar=c(2,2,2,2))
> plot(tallas_factor)
```

Por defecto: Bottom margin: 5.1, Left margin: 4.1,Top margin: 4.1,Right margin: 2.1

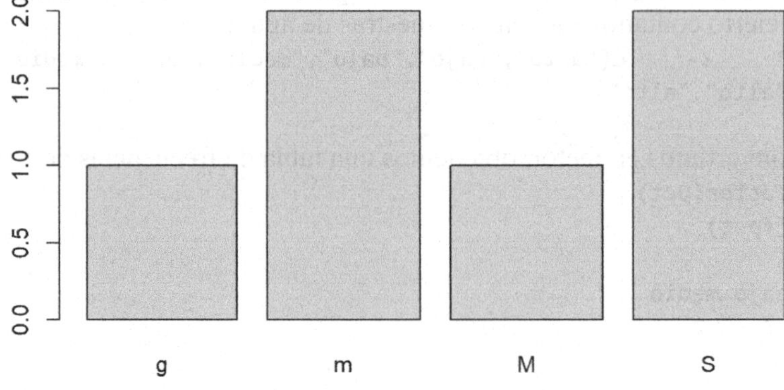

 # Data-frame: un Data-frame de datos es una tabla o una estructura bidimensional similar a una matriz en la que cada columna es independiente de otra y contiene valores de una variable y cada fila contiene un conjunto de valores de cada columna.

```
> std_id = c (1:5)
> std_name = c("Rick","Dan","Michelle","Ryan","Gary")
> marks = c(623.3,515.2,611.0,729.0,843.25)
> std.data <- data.frame(std_id, std_name, marks)
> std.data
Output:
   std_id  std_name    marks
1   1      Rick        623.30
2   2      Dan         515.20
3   3      Michelle    611.00
4   4      Ryan        729.00
5   5      Gary        843.25
```

> ⓘ **Nota**
>
> ***Codificación de caracteres en un archivo (fileEncoding)***: las funciones de lectura o carga de datos incluyen como argumento la opción fileEncoding="UTF-8" para que R interprete correctamente los caracteres típicos del español: la ñ, las tíldes, diéresis, etc. Ello es debido a que el archivo de las tortugas se codificó originalmente en un sistema operativo Linux, que usa esa codificación específica de caracteres; si no se especifica "UTF8" y el archivo se lee en un sistema Windows, los caracteres citados no serían legibles. Si la lectura se hiciera en un Mac no habría problemas, ya que Mac utiliza también codificación UTF8. Si un usuario de un Mac quisiera leer archivos que contienen caracteres codificados en Windows, debería usar la opción fileEncoding="latin1".

4.4 TIPOS DE VARIABLES CUANTITATIVAS EN R

Las variables cuantitativas pueden ser de dos tipos: ***Variables cuantitativas continuas***, si admiten tomar cualquier valor dentro de un rango numérico determinado (edad, peso, talla). ***Variables cuantitativas discretas***, si no admiten todos los valores intermedios en un rango.

En R. los datos con la etiqueta de "numeric" nos indica que se trata de variables cuantitativas o nivel de medición cuantitativo. Por ejemplo, calcular la media de ingresos por sueldos y salarios.

Variables de Escala de Intervalo

La medición de intervalo posee las características de las mediciones nominal y ordinal. Establece la distancia entre una medida y otra, siendo igual a la distancia entre dos puntos o valores de un continuo. La escala de intervalo se aplica a variables continuas, pero carece de un punto cero absoluto. Sin embargo el punto cero es arbitrario y convencional, por lo que no se pueden establecer razones o proporciones, ni comparar dos escalas sin definir el mismo punto de partida. Las variables inteligencia, rendimiento académico y temperatura, son ejemplos que utilizan escalas de intervalo, debido a que el punto cero es arbitrario. Tomando la temperatura como ejemplo, se puede decir que el cero no representa la ausencia de calor, sin embargo, la distancia entre dos puntos de la escala es igual, o sea, que el cambio de temperatura entre 36°C y 37°C es igual al cambio entre 40°C y 41°C. Al medir temperatura, no se puede decir que 20°C es el doble de 10°C. Esto es debido a que cuando el termómetro marca 0 grados, en realidad la temperatura es de 273 grados. Por esto, solo podemos decir que una temperatura de 20ºC es 10 grados más que una de 10ºC.

Variables de Escala de Razón

Una escala de medición de razón incluye las características de los tres anteriores niveles de medición anteriores (nominal, ordinal e intervalo). Este tipo de escala constituye el nivel más alto de medición para las variables cuantitativas. Contiene las características de una escala de intervalo con la ventaja adicional de poseer el cero absoluto, lo cual permite determinar la proporción conocida de valores de la escala. Determina la distancia exacta entre los intervalos de una categoría. El peso, talla y número de alumnos son ejemplos de variables de razón o proporción, en las que el cero representa la nulidad o ausencia de lo que se estudia. Por esta propiedad de la escala se puede establecer razones tales como se dan en la variable peso, en la cual se dice que un peso de 50 kg es el doble que uno de 25 kg, o que uno de 100 kg es 4 veces mayor que uno de 25 kg. Con este nivel de medición también se puede decir que 100 kg es mayor que 25, o que 100 kg es 75 kg más que 25 kg. También se pueden hacer estas aseveraciones a la inversa.

El nivel de medición con que se define una variable es lo que determina posteriormente el alcance del análisis de los datos, razón por la cual, en términos generales se recomienda medir las variables al mayor nivel posible. Por ejemplo, una variable como edad, la cual es del nivel de razón o proporción, debe ser medida con una escala de este nivel. No debe bajarse a nivel ordinal agrupando los datos en clases (0<5; 5< 10; 10El nivel de medición de razón se aplica tanto a variables continuas como discretas.

En R las variables cuantitativas continuas se tipifican como numeric o doublé, mientras que las discretas se tipifican como integer.

4.5 GENERACIÓN DE DATOS, MUESTRAS Y MUESTREO

En este apartado nuestro objetivo principal es introducir al usuario en el muestreo simple y complejo en un entorno de programación en R. Los temas tratados son los siguientes:

1. La selección del tamaño de muestra simple (base y dplyr).
2. Selección sistemática (SamplinUtil).
3. Cálculo de tamaños de muestra (SamplinUtil).
4. Cálculo de intervalos de confianza (DescTools).
5. Selección de muestras con PPT (pps).
6. Muestreo complejo con el paquete survey.

Es posible realizar una comparación de los resultados arrojados en R con la información oficial de la Encuesta de Hogares del INEC.

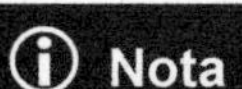

Hacemos uso de las funciones **head()** para mostrar las primeras 6 filas, **tail()** para mostrar las ultimas 6 filas, **str()** para mostrar la estructura de la base de datos.

Generación de datos

 # Función secuencia – seq()

```
> seq(from=1, to=1, by, length.out)
```

Los argumentos de esta función son:

- from: valor de inicio de la secuencia.
- to: valor de fin de la secuencia, no siempre se alcanza.
- by: incremento de la secuencia.
- length.out: longitud deseada de la secuencia.

 # Ilustración

```
> seq(from=0, to=1, length.out = 11)
[1] 0.0 0.1 0.2 0.3 0.4 0.5 0.6 0.7 0.8 0.9 1.0

> seq(from=1, to=9, by=2)  # matches 'end'
[1] 1 3 5 7 9
```

 # Función repetir – rep()

Crear repeticiones usando la función `rep`, la sintaxis de esta función es.

```
> rep(x, times=1, length.out=NA, each=1)
```

Los argumentos de esta función son:

- x: vector con los elementos a repetir.
- times: número de veces que el vector x se debe repetir.
- length.out: longitud deseada para el vector resultante.
- each: número de veces que cada elemento de x se debe repetir.

 # Ilustración

```
> rep(x=1:4, times=2)
[1] 1 2 3 4 1 2 3 4

> rep(x=1:4, times=c(2,2,2,2))
[1] 1 1 2 2 3 3 4 4

> rep(x=1:4, each=2)
[1] 1 1 2 2 3 3 4 4

> rep(x=1:4, each=2, len=10)  # 8 integers plus two recycled 1's.
[1] 1 1 2 2 3 3 4 4 1 1

> rep(x=1:4, each=2, times=3)  # length 24, 3 complete replications.
[1] 1 1 2 2 3 3 4 4 1 1 2 2 3 3 4 4 1 1 2 2 3 3 4 4
```

 # Función sort()

```
> sort(x, decreasing = FALSE)
> sort(x, decreasing=TRUE)
```

Ejemplo.

```
x <- c(2, 3, 6, 4, 9, 5)
sort(x)   # Por defecto asume que decreasing es FALSE.
[1] 2 3 4 5 6 9
```

Muestreo Aleatorio Simple

La función `sample` se utiliza para obtener una muestra aleatoria de tamaño **n** de una población, y se encuentra alojada dentro del paquete base de R. El muestreo puede ser con reemplazo y sin reemplazo. Es importante resaltar que, cada vez que llamamos a la función `sample()`, se generan muestras aleatorias diferentes. Pero, si antes fijamos una semilla de R (con `set.seed`), con un número específico como argumento, obtendremos los mismos resultados cada vez que se ejecute el comando.

 # Función `Sample()` de R para Generar Números Enteros

Vamos a comenzar primero generando números enteros aleatoriamente, esto es, números que no contienen decimales.

```
> sample(1:30, n=10, replace=F)
[1] 5 3 19 10 28 4 11 23 16 22
```

Los atributos de la estructura: `sample(1:30, n=10, replace=F)`.

- **1:30:** significa que el intervalo de datos va a estar comprendido entre ambos números (1 y 30 inclusive).
- **n = 10**: significa el número de números aleatorios que se quiere extraer del intervalo anterior.
- **replace=F/T** = si se quiere repetir los números aleatorios (sin repetición o con repetición). Para obtener, por ejemplo, dos veces el 3, dejamos el valor T (TRUE). Si no queremos repetición, ponemos el valor F (FALSE).

 # Función runif() de R para generar números racionales

Ahora generamos números racionales o números con decimales. Esto se puede conseguir con la función `runif()` de R, que está incluida dentro del paquete de R llamado `stats`.

```
> runif(5,3,4)
> runif(5, min=3, max=4)
[1] 3.537344 3.629892 3.362016 3.860888 3.930647
```

La estructura `runif(5, min=3, max=4)` se compone de tres atributos.

- 5 = es el número de números racionales (números con decimales) que queremos generar aleatoriamente. En este caso queremos que nos devuelva 5 números aleatoriamente seleccionados.
- min=3 y max=4 representan el intervalo de donde se van a extraer los números aleatorios en R.

En nuestro ejemplo, nuestros números aleatorios estarán comprendidos entre el 3 y el 4. Es importante mencionar que no es obligatorio poner min= y max= en esta función. Si los omitiéramos como se ve a continuación seguirían extrayéndose los números aleatorios del intervalo marcado.

La función `sample_n` es útil para extraer muestras de bases de datos y requiere instalar el paquete `dplyr`.

```
> install.packages("dplyr")
> library(dplyr)
# dplyr::simple_n
> sample_n(mtcars, 5)
                     mpg cyl  disp  hp drat    wt  qsec vs am gear carb
Mazda RX4 Wag       21.0   6 160.0 110 3.90 2.875 17.02  0  1    4    4
Lincoln Continental 10.4   8 460.0 215 3.00 5.424 17.82  0  0    3    4
Ford Pantera L      15.8   8 351.0 264 4.22 3.170 14.50  0  1    5    4
Merc 280C           17.8   6 167.6 123 3.92 3.440 18.90  1  0    4    4
Porsche 914-2       26.0   4 120.3  91 4.43 2.140 16.70  0  1    5    2
```

Análogamente, extraemos una muestra de la base de datos "crime".

```
> muestra3<-crime %>% sample_n(size=n,replace=F)
> head(muestra3)
  Var1   Var2 Freq
1 10.7  152.4    4
2 11.4 160.02   29
3 10.1 175.26    0
4 10.9 144.78    0
5 13.5 142.24    0
6 10.2 157.48    0
```

Ejemplo 1. Muestra aleatoria simple (MAS) de la dataset "Estudiantes".

```
> install.packages("repmis")
> library(repmis)
> url.dat<- "http://bit.ly/Database-Estudiantes"
> datos_estudiantes <- read.delim(url.dat)
> head(datos_estudiantes)
  Observacion              ID      Sexo ..................
1           1 SB11201910010435  Femenino ..............
2           2 SB11201910004475 Masculino ................
3           3 SB11201910011427 Masculino
4           4 SB11201910041975 Masculino
5           5 SB11201910013623  Femenino
6           6 SB11201910038122  Femenino .....................


> names(datos_estudiantes)
 [1] "Observacion"  "ID"           "Sexo"
 [4] "SexoNum"      "Edad"         "Fuma"
 [7] "Estatura"     "Colegio"      "Estrato"
[10] "Financiacion" "Acumulado"    "P1"
[13] "P2"           "P3"           "Final"
[16] "Definitiva"  "Gastos"       "Ingreso"
[19] "Gas"          "Clases"       "Ley"
[22] "PandemiaCat"  "PandemiaNum"  "Likert1"
[25] "Likert2"      "Likert3"      "Likert4"
[28] "Likert5"      "AGPEQ1"       "AGPEQ2"
[31] "AGPEQ3"       "SATS1"        "SATS2"
[34] "SATS3"        "SATS4"        "IDARE1.1"
[37] "IDARE1.2"     "IDARE1.3"     "IDARE1.4"
[40] "IDARE1.5"     "IDARE2.6"     "IDARE2.7"
[43] "IDARE2.8"     "IDARE2.9"     "IDARE2.10"
[46] "Puntaje"
 "AGPEQ2"
[31] "AGPEQ3"       "SATS1"        "SATS2"
```

```
[34] "SATS3"        "SATS4"        "IDARE1.1"
[37] "IDARE1.2"     "IDARE1.3"     "IDARE1.4"
[40] "IDARE1.5"     "IDARE2.6"     "IDARE2.7"
[43] "IDARE2.8"     "IDARE2.9"     "IDARE2.10"
[46] "Puntaje"
```

 # Nombres de las variables

SexoNum, Edad, Fuma, Estatura, Colegio, Estrato, Financiacion, Acumulado, P1, P2, P3, Final, Definitiva, Gastos, Ingreso, Gas, Clases, Ley, PandemiaCat, PandemiaNum, Likert1, Likert2, Likert3, Likert4, Likert5, AGPEQ1, AGPEQ2, AGPEQ3, SATS1, SATS2, SATS3, SATS4, IDARE1.1, IDARE1.2, IDARE1.3, IDARE1.4, IDARE1.5, IDARE2.6, IDARE2.7, IDARE2.8, IDARE2.9, IDARE2.10, Puntaje.

Supongamos que necesitamos un data-frame que contenga solo las observaciones de 1 a 6, con las columnas 2 a 7. Para ello, utilizamos los corchetes [] y los dos puntos ':'.

```
> muestra1<-datos_estudiantes[1:6,2:7]
> muestra1
                 ID      Sexo SexoNum  Edad Fuma Estatura
1 SB11201910010435  Femenino       0 21.36   No     Alta
2 SB11201910004475 Masculino       1 21.07   Si     Baja
3 SB11201910011427 Masculino       1 20.92   Si     Alta
4 SB11201910041975 Masculino       1 18.41   Si     Alta
5 SB11201910013623  Femenino       0 16.64   Si     Alta
6 SB11201910038122  Femenino       0 16.02   No     Baja
```

Supongamos que se desea tomar una muestra aleatoria (sin reemplazo) de tamaño n=3 del data-frame muestra1.

```
> f<-nrow(muestra1)            # Tamaño del data-frame de referencia = 6.
> n<-3                         # Tamaño de la nueva muestra aleatoria = 3.
> i<-sample(1:f,n,replace=F) # Posiciones de las observaciones aleatorias.
> muestra2<-muestra1[i,]      # Extraer la nueva muestra aleatoria.
> muestra2                     # Muestra la muestra.
                 ID      Sexo SexoNum  Edad Fuma Estatura
1 SB11201910010435  Femenino       0 21.36   No     Alta
4 SB11201910041975 Masculino       1 18.41   Si     Alta
3 SB11201910011427 Masculino       1 20.92   Si     Alta
```

Supongamos que se desea tomar una muestra aleatoria (sin reemplazo) de tamaño n=2 del data-frame "muestra1", pero solo con las 3 últimas variables (Edad, Fuma y Estatura).

```
set.seed(1)                           # Fijando la semilla.
f <- nrow(muestra1)                   # Tamaño del data frame de referencia = 6.
n <- 2                                # Tamaño de la nueva muestra aleatoria = 2.
i <-sample(1:f,n,replace=FALSE)# Posiciones de las observaciones aleatorias = 1 4.
muestra3  <- muestra1[i,4:6]          # Extraer la nueva muestra aleatoria.
muestra3                              # Mostrando esa muestra.
   Edad Fuma Estatura
1 21.36   No     Alta
2 21.07   Si     Baja
```

Ejemplo2. Dataset crime y MAS

```
> data("crimtab")
> crime<-data.frame(crimtab)
> dim(crime)
[1] 924   3
> head(crime,3)
  Var1   Var2 Freq
1  9.4 142.24    0
2  9.5 142.24    0
3  9.6 142.24    0
```

Seleccionamos una muestra de 30 casos sin reemplazo.
Sintaxis de la selección de la muestra y tamaño de la muestra.

```
> n<-30
> muestra1<- sample(1:nrow(crime), size=n, replace=FALSE)
> muestra1          # Nos muestra las posiciones seleccionadas.
 [1] 657 323  51 780 749 160  53
 [8] 825 423 726 908 898 372 470
[15] 425 387 834 697  37 694 488
[22] 887 559 484 492 337 687 167
[29] 753 347
```

Asignamos los elementos de la muestra al data-frame de datos.

```
> crime1<-crime[muestra1,]
> head(crime1)
    Var1   Var2 Freq
657   12 180.34    2
323 12.2 160.02    2
51  10.2 144.78    0
780 11.7 187.96    0
749 12.8 185.42    1
160 12.7 149.86    0
```

 # Selección de una MAS con la liberaría dplyr

Una forma más sencilla de obtener una muestra es con el paquete `dplyr`. Este paquete es sumamente útil para el tratamiento de datos, adicionalmente contiene una función para obtener muestras simples de un data-frame.

```
> library(dplyr)
```

Extracción de una muestra sin reemplazo.

```
> crime2<-crime %>% sample_n(size=n, replace= F)
> head(crime2)
  Var1   Var2 Freq
1 12.6 162.56    0
2 12.1 154.94    0
3 13.2 182.88    0
4 12.4  152.4    0
5 10.8  165.1    7
6 11.4 193.04    0
```

Obtención de muestras con pesos o ponderaciones.

```
> n<-30
> crime3<-crime %>%sample_n(size=n,weight=Freq)
> head(crime3)
  Var1   Var2 Freq
1 11.8 172.72   29
2 11.5 167.64   38
3 11.7 172.72   24
4   11 170.18   10
5 11.3 162.56   26
6 10.9 160.02   24
```

Obtención de muestras con una proporción definida de casos.

```
> crime4<-crime %>%sample_frac(0.05)
> head(crime4);dim(crime4)
  Var1   Var2 Freq
1 11.1 185.42    0
2  9.5  165.1    0
3 13.5 172.72    0
4 12.2  190.5    0
5   13 144.78    0
6 11.2 193.04    0
[1] 46  3
```

 # Otros procedimientos de muestreo

```
> library(magrittr)
> library(dplyr)
> install.packages("devtools")
> library(devtools)
```

Consideraremos el conjunto de datos iris —de dimensión 150 x 5— y extraeremos 60 filas con distintos procedimientos.

 # Muestreo Aleatorio Simple sin Repetición

```
> data(iris)
> indice<-sample(1:nrow(iris), 60)
> iris.muestra1<-iris[indice,]
> head(iris.muestra1, 4)
    Sepal.Length Sepal.Width Petal.Length Petal.Width Species
131      7.4         2.8           6.1          1.9     virginica
94       5.0         2.3           3.3          1.0     versicolor
17       5.4         3.9           1.3          0.4     setosa
99       5.1         2.5           3.0          1.1     versicolor
```

 # Muestreo Aleatorio Simple con Repetición

```
> indice1 <- sample( 1:nrow( iris ), 60, replace = TRUE )
> iris.muestra2<-iris[indice1,]
> head(iris.muestra2,4)
    Sepal.Length Sepal.Width Petal.Length Petal.Width   Species
40           5.1         3.4          1.5         0.2    setosa
131          7.4         2.8          6.1         1.9 virginica
111          6.5         3.2          5.1         2.0 virginica
24           5.1         3.3          1.7         0.5    setosa
```

Muestreo Estratificado con o sin Reemplazo

La manera más sencilla de obtenerlos consiste en usar el paquete sampling.

```
> install.packages("sampling")
> library(sampling)
```

Consideraremos el conjunto de datos iris —de dimensión 150 x 5— y extraeremos 60 filas.

Muestreo sin reemplazamiento y estratificado respecto a iris$Species —que es un factor con tres niveles de 50 elementos cada uno.

```
> library(sampling)
> stratos<-strata(iris, stratanames=c("Species"), size= c(20,20,20), method="srswor")
> iris.muestra3<-getdata(iris,stratos)
> head(iris.muestra3)
   Sepal.Length Sepal.Width Petal.Length Petal.Width Species ID_unit Prob Stratum
6     5.4          3.9         1.7          0.4     setosa    6    0.4    1
7     4.6          3.4         1.4          0.3     setosa    7    0.4    1
9     4.4          2.9         1.4          0.2     setosa    9    0.4    1
15    5.8          4.0         1.2          0.2     setosa   15    0.4    1
16    5.7          4.4         1.5          0.4     setosa   16    0.4    1
19    5.7          3.8         1.7          0.3     setosa   19    0.4    1
```

 # Muestreo con reemplazamiento y estratificado respecto a iris$Species.

```
> stratos1<-strata(iris, stratanames=c("Species"),size= c(20,20,20),
method="srswr")
> iris.muestra4<-getdata(iris, stratos1)
> head(iris.muestra4)
      Sepal.Length Sepal.Width Petal.Length Petal.Width Species ID_unit     Prob Stratum
4              4.6         3.1          1.5         0.2  setosa       4 0.332392       1
4.1            4.6         3.1          1.5         0.2  setosa       4 0.332392       1
5              5.0         3.6          1.4         0.2  setosa       5 0.332392       1
10             4.9         3.1          1.5         0.1  setosa      10 0.332392       1
10.1           4.9         3.1          1.5         0.1  setosa      10 0.332392       1
17             5.4         3.9          1.3         0.4  setosa      17 0.332392       1

> summary(iris.muestreado3)
 Sepal.Length   Sepal.Width    Petal.Length   Petal.Width         Species
 Min.   :4.60  Min.   :2.200  Min.   :1.000  Min.   :0.100  setosa    :20
 1st Qu.:5.10  1st Qu.:2.975  1st Qu.:1.575  1st Qu.:0.300  versicolor:20
 Median :5.75  Median :3.100  Median :4.500  Median :1.500  virginica
:20
 Mean   :5.89  Mean   :3.097  Mean   :3.792  Mean   :1.235
 3rd Qu.:6.50  3rd Qu.:3.325  3rd Qu.:5.100  3rd Qu.:1.800
 Max.   :7.90  Max.   :4.200  Max.   :6.600  Max.   :2.500
    ID_unit           Prob           Stratum
 Min.   :  4.00  Min.   :0.3324  Min.   :1
 1st Qu.: 38.50  1st Qu.:0.3324  1st Qu.:1
 Median : 72.00  Median :0.3324  Median :2
 Mean   : 74.37  Mean   :0.3324  Mean   :2
 3rd Qu.:107.75  3rd Qu.:0.3324  3rd Qu.:3
 Max.   :147.00  Max.   :0.3324  Max.   :3
```

 # Observación

```
iris.df <- data.frame(iris)
```

Extracción del 75% de las observaciones de la base de datos iris.

```
sample.index <- sample(1:nrow(iris.df), nrow(iris) * 0.75, replace =
FALSE)
head(iris[sample.index, ])
```

Probemos ahora el muestreo estratificado haciendo uso del paquete `splitstackshape` y la función `stratified()`.

```
library('MASS')
```

```
library(splitstackshape)
> dfiris<-data.frame(iris)
```

Muestreo estratificado centrado en los estratos de Sepal.Length. Luego, el código solicita una muestra del 70%.

```
> summary(stratified(dfiris,"Sepal.Length",0.7))
  Sepal.Length    Sepal.Width     Petal.Length    Petal.Width          Species
 Min.   :4.300   Min.   :2.00   Min.   :1.000   Min.   :0.100   setosa    :37
 1st Qu.:5.100  1st Qu.:2.80  1st Qu.:1.600  1st Qu.:0.300  versicolor:35
 Median :5.800   Median :3.00   Median :4.300   Median :1.300   virginica
:36
 Mean   :5.867   Mean   :3.07   Mean   :3.762   Mean   :1.194
 3rd Qu.:6.425   3rd Qu.:3.40   3rd Qu.:5.125   3rd Qu.:1.825
 Max.   :7.900   Max.   :4.40   Max.   :6.900   Max.   :2.500
```

Muestreo Sistemático

Para el ejemplo del muestreo sistemático utilizaremos la función `sys.sample` del paquete `SamplingUtil()`. Para instalar este paquete, se debe inicialmente instalar el paquete `devtools()` ya que no se encuentra en CRAN. La sintaxis es la siguiente:

Instalar devtools: `install.packages("devtools")`

Cargar librería: `library(devtools)`

Instalar SamplingUtils: `install_github("DFJL/SamplingUtil")`

El ***muestreo sistemático*** se puede escribir como una función simple que seleccione cada k-ésima fila secuencialmente dado un número de inicialización aleatorio:

```
> sys.sample = function(N, n) {
k = ceiling(N/n)
r = sample(1:k, 1)
sys.samp = seq(r, r + k * (n - 1), k)
}
> systematic.index <- sys.sample(nrow(iris), nrow(iris) * 0.75)
> summary(iris[systematic.index, ])
```

El código define la función de muestreo sistemático y luego la ejecuta sobre los datos de iris.

```
> sys.sample<-function(N,n){
+ k=ceiling(N/n)
+ r=sample(1:k,1)
+ sys.samp=seq(r,r+k*(n-1),k)
+ }
```

```
> systematic.index<-sys.sample(nrow(iris),nrow(iris)*0.75)
> summary(iris[systematic.index,])
  Sepal.Length   Sepal.Width    Petal.Length   Petal.Width       Species
 Min.   :4.40   Min.   :2.000  Min.   :1.000  Min.   :0.100  setosa    :25
 1st Qu.:5.15   1st Qu.:2.800  1st Qu.:1.600  1st Qu.:0.250  versicolor:25
 Median :5.80   Median :3.000  Median :4.500  Median :1.300  virginica
:25
 Mean   :5.84   Mean   :3.064  Mean   :3.776  Mean   :1.219  NA's      :37
 3rd Qu.:6.45   3rd Qu.:3.400  3rd Qu.:5.100  3rd Qu.:1.850
 Max.   :7.70   Max.   :4.100  Max.   :6.900  Max.   :2.500
 NA's   :37     NA's   :37     NA's   :37     NA's   :37

> library(SamplingUtil)
> msistematic<-sys.sample(N=nrow(crime),n=30)
> msistematic
 [1]   5  35  65  95 125 155 185 215 245 275 305
[12] 335 365 395 425 455 485 515 545 575 605 635
[23] 665 695 725 755 785 815 845 875
```

Asignar los elementos de la muestra al data.frame.

```
> crimsis<-crime[msistematica,]
> head(crimsis)
    Var1   Var2 Freq
5    9.8 142.24    0
35  12.8 142.24    0
65  11.6 144.78    0
95  10.4 147.32    1
125 13.4 147.32    0
155 12.2 149.86    0
```

 # Selección de una submuestra de datos (Subsetting)

Vamos a aprovechar que hemos cargado los datos de *airquality* para recordar algunas ideas sobre la selección de datos (observaciones y/o variables) en un data frame e introducir algunas otras.

Cargamos la base de datos y visualizamos su estructura.

```
> dairq<-airquality
> str(dairq)
Observations: 153 , Variables: 6
$ Ozone   <int> 41, 36, 12, 18, NA, 28, 23, 19, 8, NA, 7, 16, 11, 14, ...
$ Solar.R <int> 190, 118, 149, 313, NA, NA, 299, 99, 19, 194, NA, 256,...
$ Wind    <dbl> 7.4, 8.0, 12.6, 11.5, 14.3, 14.9, 8.6, 13.8, 20.1, 8.6...
$ Temp    <int> 67, 72, 74, 62, 56, 66, 65, 59, 61, 69, 74, 69, 66, 68...
$ Month   <int> 5, 5, 5, 5, 5, 5, 5, 5, 5, 5, 5, 5, 5, 5, 5, 5, 5, 5, ...
$ Day     <int> 1, 2, 3, 4, 5, 6, 7, 8, 9, 10, 11, 12, 13, 14, 15, 16,...
```

Nota

num = **dbl** = variable numérica con decimal, **int** = variable numerica, **entero** = variable lógica (Booleano)

Medición diaria de la calidad del aire en New York de mayo a septiembre de 1973

 # Variables:

A data frame with 153 observations on 6 variables.

- Ozone : numeric Ozone (ppb)
- Solar.R : numeric Solar R (lang)
- Wind : numeric Wind (mph)
- Temp : numeric Temperature (degrees F)
- Month : numeric Month (1–12)
- Day : numeric Day of month (1–31)

 # Detalles

- Ozone: ozono medio en partes por mil millones entre las 13:00 y las 15:00 horas en Roosevelt Island.
- Solar.R: radiación solar en Langleys en la banda de frecuencia 4000-7700 Angstroms de 08:00 a 12:00 horas en Central Park.
- Wind: velocidad media del viento en millas por hora a las 07:00 y a las 10:00 horas en el Aeropuerto LaGuardia.
- Temp: temperatura máxima diaria en grados Fahrenheit en el Aeropuerto La Guardia.

Fuente

Chambers, J. M., Cleveland, W. S., Kleiner, B. and Tukey, P. A. (1983) Graphical Methods for Data Analysis. Belmont, CA: Wadsworth.

En primer lugar, seleccionamos las variables de interés: *Ozone*, *Solar.R* y *Wind*.

```
> datos1 <- dairq[,1:3]
```

Análogamente, es posible seleccionar del objeto dairq las variables: *Ozone, Temp* y Month, con la siguiente sintaxis:

```
> datos2 <- dairq[,c(1,4,5)]
```

Si en lugar de seleccionar variables (columnas) estamos interesados en seleccionar individuos/observaciones (filas):

```
> datos3 <- dairq[1:6,]
```

¿Qué observaciones son las seleccionadas?
```
> datos4 <- dairq[seq(1,nrow(dairq),5),]
```

Visualización de los datos.
```
> datos4
   Ozone Solar.R Wind Temp Month Day
1     41     190  7.4   67     5   1
6     28      NA 14.9   66     5   6
11     7      NA  6.9   74     5  11
16    14     334 11.5   64     5  16
21     1       8  9.7   59     5  21
26    NA     266 14.9   58     5  26
31    37     279  7.4   76     5  31
36    NA     220  8.6   85     6   5
41    39     323 11.5   87     6  10
```

Extraemos las observaciones en intervalos de 5 posiciones. Por ejemplo, extraemos la observación 1 y luego la observación 6 (1 +5 = 6) y a continuación la 11 (6+5 = 11), y así sucesivamente.

Para seleccionar tanto observaciones como variables no tenemos más que combinar las estrategias anteriores:
```
> datos5 <- dairq[seq(1,nrow(dairq),5), c(1,2,4)]
```

En ocasiones estamos interesados en seleccionar los casos para los que cierta variable toma determinado valor. Por ejemplo, si queremos seleccionar los valores de las variables Ozone y Temp para todas las observaciones en las que la variable Wind satisfaga un valor específico:
```
> datos6 <- dairq[dairq$Wind<=4, c(1,2)]
> datos7 <- dairq[dairq$Wind>=2 & datos$Wind<=5.1, c(1,2)]
> datos8 <- dairq[dairq$Wind==4 , c(1,2)]

> datos8
  Ozone Solar.R
99  122     255
```

Para seleccionar subconjuntos de datos en un data frame también podemos utilizar la función **subset()**.
```
>datos9<-subset(dairq,Month==5&Day<=15,select=c(Ozone,Solar.R, Temp))
> head(datos9)
  Ozone Solar.R Temp
1    41     190   67
2    36     118   72
3    12     149   74
4    18     313   62
5    NA      NA   56
6    28      NA   66
```

```
> datos10 <- subset(dairq, Month !=5 & Day <=15)
> head(datos10)
   Ozone Solar.R Wind Temp Month Day
32    NA     286  8.6   78     6   1
33    NA     287  9.7   74     6   2
34    NA     242 16.1   67     6   3
35    NA     186  9.2   84     6   4
36    NA     220  8.6   85     6   5
  NA     264 14.3   79     6   6
```

Muestreo de bola de nieve

El muestreo bola de nieve es una técnica no probabilística donde los participantes iniciales, seleccionados por cumplir criterios específicos, recomiendan a otros miembros de la población, expandiendo la muestra de forma gradual, como una "bola de nieve" rodando cuesta abajo.

Se aplica en poblaciones difíciles de encontrar o de acceso limitado, como grupos ocultos o especializados, debido a que se basa en las redes de contactos de los participantes. Aunque, permite acceder a este tipo de poblaciones, presenta limitación de subjetividad (la selección de participantes no es aleatoria, lo que significa que la muestra no es representativa de toda la población) y de posibles sesgos (al depender de las redes sociales y de la voluntad de los participantes, el muestreo bola de nieve puede introducir sesgos).

Este método es común en estudios cualitativos y exploratorios, ya que permite llegar a individuos específicos en situaciones donde es difícil construir un marco muestral (No tiene fórmula).

 # Tipos de muestreo de bola de nieve

1. Muestreo de Bola de Nieve Lineal. Los participantes identifican a un solo individuo adicional por etapa.

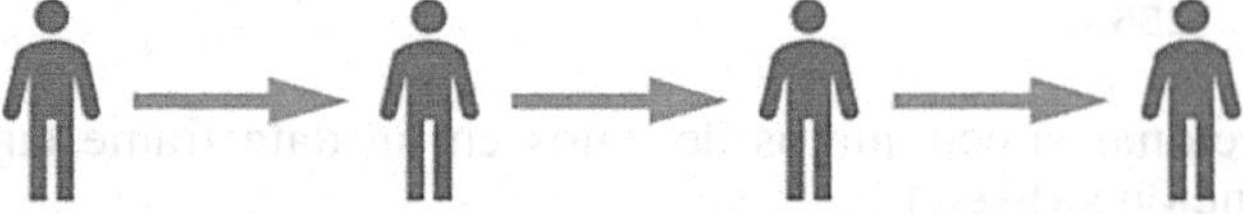

2. Muestreo de Bola de Nieve Exponencial. Los participantes identifican a más de una persona adicional, lo que permite un crecimiento más rápido de la muestra.

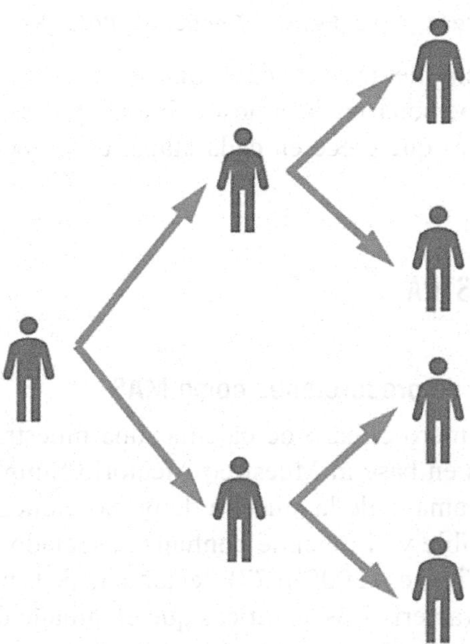

3. Muestreo de Bola de Nieve Controlado. Los investigadores limitan el número de referencias por persona o el número de etapas, para controlar el tamaño de la muestra.

 # Lista inicial de individuos para el muestreo

```
> personas_iniciales <- c("Persona1", "Persona2")
```

 # Función para expandir la muestra mediante referencias

```
> bola_de_nieve <- function(personas, num_iteraciones) {
  muestra <- personas
  for (i in 1:num_iteraciones) {
   nuevos_participantes <- sapply(muestra, function(x) paste(x, "_Ref",
                                     i, sep = ""))
  muestra <- unique(c(muestra, nuevos_participantes))
  }
  return(muestra)
  }
```

Ejemplo de uso.

```
> muestra <- bola_de_nieve(personas_iniciales, 3)
> print(muestra)
  [1] "Persona1"                  "Persona2"
  [5] "Persona1_Ref2"             "Persona2_Ref2"
  [7] "Persona1_Ref1_Ref2"        "Persona2_Ref1_Ref2"
  [9] "Persona1_Ref3"             "Persona2_Ref3"
  [11] "Persona1_Ref1_Ref3"       "Persona2_Ref1_Ref3"
  [13] "Persona1_Ref2_Ref3"       "Persona2_Ref2_Ref3"
```

```
[15] "Persona1_Ref1_Ref2_Ref3" "Persona2_Ref1_Ref2_Ref3"
```

En este ejemplo, `num_iteraciones` determina cuántas "etapas" tiene el muestreo, simulando cómo una persona en la muestra inicial podría identificar a otros. El resultado es una muestra que crece en cada etapa, como ocurre en el muestreo de bola de nieve.

4.6 TAMAÑOS DE MUESTRA

Tamaño de muestra 'n' de proporciones como MAS

Consideremos primero el caso de calcular una muestra de tamaño 'n' de una población de N sujetos en base al Muestreo Aleatorio Simple (MAS), para lo cual se usa la ecuación del tamaño de la muestra de proporciones que se obtiene fijando el error máximo admisible y el nivel de confianza asociado a la estimación. Según algunos autores como Vivanco (2005, p.77), "el tamaño de la muestra de proporciones presenta las mismas características analíticas que el tamaño de muestra de medias".

$$n = \frac{Z_{\alpha/2}^2 Npq}{e^2(N-1) + Z_{\alpha/2}^2 pq}$$

Donde:

- N es la población o universo.
- $Z\alpha/2$ es el valor tabulado del coeficiente de confianza, el coeficiente de confianza es la probabilidad que los resultados de nuestro estudio sean ciertos. El valor $Z\alpha/2$ es una constante que depende del coeficiente de confianza elegido, la Tabla 1 muestra los valores de $Z\alpha/2$ asociados a los niveles de confianza.
- pq es la varianza de las proporciones.
- p es la proporción que presenta el atributo de interés.
- q = (1 – p) es el complemento de p. Dado que p es la proporción de individuos que poseen en la población la característica bajo estudio, q es la proporción de individuos que no poseen en la población las características bajo estudio.
- e2 es el error máximo admisible, en tanto por ciento, cuando se desconoce su valor, entonces el investigador fija un criterio que puede variar entre el 1% (0.01) y 9% (0.09).

Normalmente el valor de la varianza (producto pq) es desconocido y, por lo general, se le asigna el valor p=q=0.5 que garantiza la varianza máxima y por ende maximiza el valor de n.

Valores $Z_{\alpha/2}$ por nivel de confianza

$Z_{\alpha/2}$	1.595	1.645	1.755	1.885	1.960	2.170	2.325	2.575
Nivel de confianza	89%	90%	92%	94%	95%	97%	98%	99%

Tabla de valores de $Z\alpha/2$

Ilustración en R: calcular el tamaño n de una muestra aleatoria simple de una población N=10,000 habitantes de una comunidad, fijando un error máximo admisible del 4%, un nivel de confianza del 90% y varianza máxima de pq=0.25.

```
Z=1.645; p=0.5; q=1-p; N=10000; e=0.04
> n=(Z^2*N*p*q)/(e^2*(N-1)+Z^2*p*q)
> n
[1] 405.7032
```

Redondeando a cero decimales.

```
round(n,0)
[1] 406
```

Selección del tamaño de muestra simple (base y dplyr)

1. **Muestreo irrestricto Aleatorio (MIA)**

R Base contiene la función simple() con la que se puede obtener muestras aleatorias con o sin reemplazo de manera sencilla.

Para ilustrar vamos a cargar un dataset y cuantificar sus dimensiones.
Cargamos la dataset "crimtab" del paquete base.

```
> dcrim<-data.frame(crimtab)
> dim(dcrim)
[1] 924   3
```

La dataset "dcrim" tiene 924 observaciones y variables.

Seleccionamos una muestra de n = 30.
Tamaño de la muestra.

```
> n<-30
> mmia<- sample(1:nrow(crime),size=n,replace=FALSE)
> mmia
 R output
[1]  64 658 551 887 546 509 639 654 328 659 453 258 279 550 876 676 121
[18] 170 695 610  55 824 138  96   3 266 256 776 445 638
```

Asignar los elementos de la muestra al data frame de datos.

```
> mcrimmia<- dcrim[mmia,]
> head(mcrimmia)
 R output
```

```
    Var1  Var2   Freq
64   11.5 144.78    0
658 12.1 180.34    4
551  9.8 175.26    0
887  9.8 195.58    0
546 13.5 172.72    0
.8 172.72     0
```

2. **Selección de muestras simples con dplyr**

```
> library(dplyr)
```
Muestra sin reemplazo.
```
> mcrimmia2<- dcrim %>% sample_n(size=n,replace=FALSE)
> head(mcrimmia2)
    Var1  Var2   Freq
252 13.5 154.94    0
537 12.6 172.72    5
203 12.8  152.4    0
119 12.8 147.32    0
702 12.3 182.88    0
649 11.2 180.34    0
```

Muestra ponderadas con la frecuencia.
```
> mcrimmia3<- dcrim %>% sample_n(size=n,weight=Freq)
> head(mcrimmia3)
    Var1  Var2   Freq
314 11.3 160.02   24
402 11.7  165.1   37
177 10.2  152.4    2
616 12.1  177.8   10
486 11.7 170.18   45
```

Muestra con una proporción de casos.
```
> mcrimmia4<- dcrim %>% sample_frac(0.05)
> head(mcrimmia4)
     Var1   Var2 Freq
260 10.1 157.48    0
409 12.4  165.1    2
137 10.4 149.86    1
473 10.4 170.18    0
259   10 157.48    2
279   12 157.48    1

> dim(mcrimmia4)
[1] 46  3
```

Selección sistemática de una muestra (SamplinUtil)

Para el muestreo sistemático utilizaremos la función `sys.sample()` del paquete `SamplingUtil`. Para instalar este paquete, se debe inicialmente instalar el paquete `devtools` ya que no se encuentra en CRAN. Las instrucciones son las siguientes:

Instalar las librerías devtools y SamplingUtil.

```
> install.packages("devtools")
> library(devtools)
```

Instalar SamplingUtils.

```
install_github("DFJL/SamplingUtil")
library(SamplingUtil)
```

Extracción de una muestra por el método de muestreo sistemático haciendo uso de la dataset "dcrim". Comenzamos identificando las posiciones de los datos extraídos.

```
> msistematico<- sys.sample(N=nrow(dcrim),n=30)
> msistematico
[1]  12  42  72 102 132 162 192 222 252 282 312 342 372 402 432
[16] 462 492 522 552 582 612 642 672 702 732 762 792 822 852 882
```

Asignar los elementos de la muestra al data frame de datos.

```
> msistcrime<- dcrim[msistematico, ]
> head(msistcrime)
    Var1   Var2 Freq
12  10.5 142.24    0
42  13.5 142.24    0
72  12.3 144.78    0
102 11.1 147.32    0
132  9.9 149.86    0
.9 149.86    0
```

4.7 CÁLCULO DEL TAMAÑO DE MUESTRA SIMPLE (SAMPLINUTIL)

En este apartado veremos tres variantes para cálculo de tamaño muestral asumiendo muestreo irrestricto aleatorio (MIA). Para ello, utilizaremos la data de la ENAHO 2013 y la función `nsize()` incluída en el paquete `SamplingUtil`.

Como variable continua se utilizará la "Cantidad de personas del hogar" (TamHog), para el ejemplo de proporciones, se creará la variable "Proporción de Hogares Unipersonales".

Error relativo para variables continuas

Supongamos que estamos interesados en conocer el tamaño de muestra para que el error relativo no supere el 5%, con un alpha de 5%.

```
# Generando df de ENAHO2013 a nivel de hogar.
df<-ENAHO2013 %>% # Define nuevo data frame.
mutate(TamHog=as.numeric(TamHog), # Convierte TamHog a numérica.
phu=ifelse(TamHog>1,0,1)) %>% # Crea variable de prop Hog.Unipersonales.
select(FACTOR:ZONA,TamHog,phu,-REGION) %>% # Selecciona variables de interés.
group_by(SEGMENTO,CUESTIONARIO,HOGAR,ZONA) %>% # Genera esquema de agrupación.
summarise(TamHog=mean(TamHog), # Cálculo de variables sumarizadas
phu=mean(phu))%>%mutate(id=paste0(SEGMENTO,CUESTIONARIO,HOGAR,ZONA))
# Genera id único para uso posterior.

# Cálculo del tamaño de la muestra con error relativo.
# Error relativo.
> r<-0.05
> nsizeR<- nsize(x=df$TamHog,r=r,alpha=0.05)
> nsizeR
 $n0
 [1] 782

 $n_adjust
 [1] 731
```

Cálculo del tamaño de la muestra con error absoluto

```
# Error absoluto para variables continuas.
# Igualar el error absoluto con el error relativo.
> abs<-mean(df$TamHog)*r
> nsizeA<- nsize(x=df$TamHog,abs=abs,alpha=0.05)
> nsizeA
  $n0
  [1] 782

  $n_adjust
  [1] 731
```

Cálculo del tamaño de la muestra para la proporción

```
# Error relativo para variables dicotómicas.
> nsizeP<- nsize(x=df$phu,abs=0.02,alpha=0.05)
> nsizeP
  $n0
  [1] 924

  $n_adjust
  [1] 854
```

4.8 CÁLCULO DEL TAMAÑO DE MUESTRAS ESTRATIFICADAS

Asignación proporcional

Cálculo de las proporciones por estrato.

```
> Estratos<-df%>%select(ZONA,TamHog)%>%group_by(ZONA)%>% summarise(n=n(),
s=sd(TamHog)) %>% mutate(p=n/sum(n))
> Estratos
```

Output

```
  Source: local data frame [2 x 4]
    ZONA     n        s          p
1 Urbana 4790 3.149710 0.4269543
2 Rural  6429 1.945832 0.5730457
```

Asignación de la muestra proporcional a los estratos.

```
>nsizeProp<-nstrata(n=nsizeR[[2]],wh=Estratos[,4],method="proportional")
> nsizeProp
Output
     p
 1  313
 2  419
```

Asignación óptima de la muestra a los estratos

Coste de las entrevistas por estrato.

```
> ch<-c(5,10)
>nsizeOpt<-nstrata(n=nsizeR[[2]],wh=Estratos[,4],sh=Estratos[,3],ch,
method="optimal")
> nsizeOpt
Output
     p
 1  461
 2  271
```

Asignación de Neyman de la muestra óptima a los estratos(asume costes iguales)

```
>nsizeNeyman<-nstrata(n=nsizeR[[2]],wh=Estratos[,4],sh=Estratos[,3],
method="neyman")
> nsizeNeyman
Output
     p
 1  400
 2  332
```

4.9 CÁLCULO DE INTERVALOS DE CONFIANZA (DESCTOOLS)

En R existen múltiples posibilidades de calcular los intervalos de confianza. Se utilizará el paquete **DescTools** para este propósito. Este paquete contiene muchas funciones relacionadas con tareas estadísticas típicas.

Calculamos el intervalo de confianza para la media del tamaño del hogar, con el tamaño de muestra obtenida en el ejercicio anterior y posteriormente se comparará el error obtenido (suponiendo que el valor verdadero es el del total de la encuesta).

Instalamos y cargamos el paquete DescTools.

```
> install.packages("DescTools)
> library(DescTools)
```

Intervalos de confianza al 95% de confianza.

```
> ICTamHog<- MeanCI(x=muestra$TamHog, trim = 0,conf.level = 0.95, na.rm
= FALSE)
> ICTamHog
Output
     mean   lwr.ci   upr.ci
 3.393981 3.277623 3.510339
```

Media del total de la encuesta.

```
> mean(df$TamHog)
   [1] 3.547134
```

Diferencia relativa.

```
>difR<-paste0(abs(round((ICTamHog[1]-mean(df$TamHog))/mean
(df$TamHog),3))*100,"%")
>difR
```

[1] 4,3

La comprobación de que el valor estimado cumple con los requisitos del error relativo deseado en el cálculo del tamaño muestral, nos dice que la diferencia fue de 4.3% inferior al 5 % deseado.

4.10 SELECCIÓN DE MUESTRAS CON EL PAQUETE PPT (PPS)

A continuación abarcamos diseños de muestreo más complejos. Existen diversos paquetes para selecciones de muestras complejas en R, como el **sampling** o el **samplingbook**. En particular, utilizaremos el paquete **pps** que se concentra en el muestreo mediante **ppt** y permite la selección sistemática estratificada.

Para ilustrar elegimos una muestra relativa a la "Pobreza1" en Costa Rica utilizando como tamaño "la cantidad de hogares" y estratificada por zonas. También usaremos como base el tamaño de muestra ya calculado para la variable "Tamaño de hogar". Se trata de obtener una muestra proporcional para cada estrato y seleccionar en cada conglomerado una submuestra de 5 hogares.

 # Generar el dataframe de "Pobreza1" y su respectivo tamaño

```
> Pobreza1<- df %>% mutate(TamHog=as.numeric(TamHog)) %>%
  select(SEGMENTO,ZONA,TamHog) %>% group_by(ZONA,SEGMENTO) %>%
  summarise(Mta=n()) %>% arrange(desc(ZONA),SEGMENTO)

> head(Pobreza1)
Source: local data frame [6 x 3]
Groups: ZONA
    ZONA SEGMENTO Mta
 1 Urbana        2   7
 2 Urbana        4   9
 3 Urbana        5   9
 4 Urbana        8  13
 5 Urbana        9  10
```

Asignación proporcional de la muestra a cada estrato.

Recordemos la distribución proporcional de los estratos:

```
> nsizeProp
    p
 1 313
 2 419
```

Cálculo del número de UPMs por estrato.

```
> b<-5
> durbano<- ceiling(nsizeProp[1,1]/b)
> drural<- ceiling(nsizeProp[2,1]/b)
```

Unir en un solo objeto para facilitar la aplicación de la función.

```
> msizeppt<-rbind(durbano,drural)
> msizeppt
        [,1]
 durbano   63
 drural    84
```

Selección de la muestra con la librería PPT(sistemática).

```
> library(pps)
>muestrappt<-ppssstrat(sizes=Pobreza1$Mta,stratum=Pobreza1$ZONA,
n=asizeppt[,1])
> muestraPobreza1<-Pobreza1[muestrappt,]
```

Visualización de la muestra seleccionada.

```
> head(muestraProbreza1)
Source: local data frame [6 x 3]
Groups: ZONA
     ZONA SEGMENTO Mta
 1 Urbana       10   9
 2 Urbana       25   8
 3 Urbana       44   9
 4 Urbana       58  13
 5 Urbana       82  11

> tail(muestraPobreza1)
Source: local data frame [6 x 3]
Groups: ZONA
    ZONA SEGMENTO Mta
 1 Rural     1083  10
 2 Rural     1101  10
 3 Rural     1114  14
 4 Rural     1125  10
 5 Rural     1135  11
 6 Rural     1146  11
```

Verificación de la muestra seleccionada por estratos.

```
> Freq(muestraPobreza1$ZONA)
    level freq  perc cumfreq cumperc
 1 Urbana   63 0.429      63   0.429
 2  Rural   84 0.571     147   1.000
```

Procedimiento para seleccionar submuestras en cada cluster de tamaño fijo.
Listado de segmentos seleccionados.

```
> segs<- unique(muestraPobreza1$SEGMENTO)
sample<- list()
```

Identificar el número de columna del id (se requiere para el ciclo).

```
> idcolnum<-which( colnames(df)=="id" )
```

Ciclo para seleccionar las muestras en cada segmento.

```
> for(i in 1:length(segs)){
  subsample<-data.frame(df[which(df$SEGMENTO==segs[i]),])
  sample[[i]]<-sys.sample(nrow(subsample),b)
  }
```

Prevenir los números que se pasan del total del segmento.

```
> if(sample[[i]][b]>nrow(subsample)){
    sample[[i]][b]<-1   }
```

Asignar cada elemento seleccionado en cada una de las submuestras.

```
> sample[[i]]<-subsample[unlist(sample[[i]]),idcolnum]
 }
```

Generar el data frame de los ids seleccionados (que están en una lista).

```
> sampledf<-data.frame(id=unlist(sample))
```

Unir el data frame de datos con la muestra seleccionada mediante la llave creada.

```
> muestrappt<-inner_join(unique(sampledf),unique(df,by = "id")
```

Verificar el procedimiento.

```
> head(muestrappt)
         id       SEGMENTO CUESTIONARIO HOGAR  ZONA  TamHog phu
 1  3111Rural        3           11      1    Rural      6   0
 2 1011Urbana       10            1      1   Urbana      2   0
 3 1021Urbana       10            2      1   Urbana      6   0
 4 1031Urbana       10            3      1   Urbana      2   0
 5 1041Urbana       10            4      1   Urbana      5   0
 6 1051Urbana       10            5      1   Urbana      3   0

> Freq(muestrappt$ZONA)
   level freq  perc cumfreq cumperc
1 Urbana  317 0.428     317   0.428
Rural  424 0.572     741   1.000
```

4.11 DISEÑO DE MUESTREOS COMPLEJOS CON EL PAQUETE SURVEY

La especificación de un diseño muestral complejo requiere el uso del paquete **survey()**. Un paquete robusto para el cálculo correcto de estadísticos en diseños complejos es el **survey()**. A continuación se ilustra el uso de la función **svydesign**, la cual estima los diferentes parámetros para poder calcular los errores muestrales adecuadamente. Inicialmente utilizaremos la muestra con la ppt seleccionada en el ejercicio anterior.

 # Generar probabilidades

Recordemos las medidas de tamaño para la pobreza1:

```
> Pobreza1
Source: local data frame [1,119 x 3]
Groups: ZONA
```

```
     ZONA SEGMENTO Mta
1  Urbana        2   7
2  Urbana        4   9
3  Urbana        5   9
4  Urbana        8  13
5  Urbana        9  10
6  Urbana       10   9
7  Urbana       11  12
8  Urbana       12   9
9  Urbana       16   6
..    ...      ... ...
```

Cálculo de la probabilidad en la primera etapa.
Estrato Urbano.

```
> Pobrezau<- Pobreza1 %>%
  filter(ZONA=="Urbana") %>%
  group_by(ZONA) %>%
  mutate(fa=Mta/(sum(Mta)/aurbano),
         fb=b/Mta)
```

Estrato Rural.

```
> Pobrezar <- Pobreza1 %>%
  filter(ZONA=="Rural") %>%
  group_by(ZONA) %>%
  mutate(fa=Mta/(sum(Mta)/arural),
         fb=b/Mta)
```

Unir ambos estratos.

```
> Pobreza1 <- rbind(Pobrezau,Pobrezar)
```

Incluir probabilidades en la data frame de la muestra.

```
> muestrappt2<- left_join(muestrappt,Pobreza1, by=c("SEGMENTO", "ZONA"))
```

Instalar y cargar el paquete de muestreo complejo.

```
> install.packages("survey")
> library(survey)
```

Establecer el diseño muestral.

```
> design1<-svydesign(data=muestrappt2, id=~SEGMENTO+id,
          strata=~ZONA, pps="brewer", prob=~fa+fb)
```

Resumen del diseño.

```
> summary(design1)
```

Output

```
Stratified 2 - level Cluster Sampling design (with replacement)
With (151, 741) clusters.

# svydesign(data = muestrappt2, id = ~SEGMENTO + id, strata = ~ZONA, pps
= "brewer", prob = ~fa + fb)

# Probabilities:
    Min. 1st Qu.  Median    Mean 3rd Qu.    Max.
 0.06533 0.06533 0.06533 0.06551 0.06576 0.06576

# First-level Stratum Sizes:
           Rural Urbana
obs          424    317
design.PSU    88     63
actual.PSU    88     63
```

Data variables:

```
  [1] "SEGMENTO"    "ZONA"       "id"   "CUESTIONARIO"
  [5] "HOGAR"       "TamHog"     "phu"  "Mta"
  [9] "fa"          "fb"
```

Estadísticos en Diseños Muestrales Complejos

Calculando estadísticos de TamHog.

```
> TamHogmc<- svymean(~TamHog,design=design1,deff=TRUE)
```

Media del tamaño del hogar.

```
> TamHogmc
          mean       SE   DEff
 TamHog 3.45115 0.10447 1.1018
```

Efecto del diseño.

```
> deff(TamHogmc)
  TamHog
 1.101787
```

Intervalo de confianza.

```
> confint(TamHogmc)
          2.5 %   97.5 %
 TamHog 3.246387 3.655921
```

Coeficiente de variación.

```
> cv(TamHogmc)
> TamHog
 TamHog 0.03027248
```

```
# Diferencia relativa.
>difRc<-paste0(abs(round((TamHogmc[1]-mean(df$TamHog)) /
mean(df$TamHog),3))*100,"%")
>difRc
[1] 2.7
```

La comprobación de que el valor estimado cumple con los requisitos del error relativo deseado en el cálculo del tamaño muestral, nos dice que la diferencia fue de 2.7% inferior al 5 % deseado.

Ejemplo de Diseño Complejo con Datos Reales

Comparación de los resultados arrojados en R con información oficial de la Encuesta de Hogares del INEC. Para ello, haremos uso de la ENAHO 2012.

Tabla 1: Estimación de la pobreza en Costa Rica

Región	Zona	% Pobreza	SE	DEFF
Central	Urbana	15.80	0.96	1.80
Chorotega	Urbana	31.03	2.43	1.66
Pacífico Central	Urbana	27.58	3.20	2.26
Brunca	Urbana	27.95	4.03	3.21
Huetar Atlántica	Urbana	22.27	3.34	1.92
Huetar Norte	Urbana	18.05	2.15	1.81
Central	Rural	18.34	0.95	1.44
Chorotega	Rural	36.56	2.62	1.86
Pacífico Central	Rural	25.54	2.62	2.61
Brunca	Rural	37.56	1.97	2.02
Huetar Atlántica	Rural	28.35	1.68	1.31
Huetar Norte	Rural	26.00	2.34	1.95

Fuente: ENAHO2012, INEC.

Diseño muestral: diseño probabilístico, estratificado y bietápico.

- En la primera etapa se seleccionaron segmentos censales o unidades primarias de muestreo (Pobreza1) con probabilidad proporcional al tamaño (PPT).
- En la segunda etapa se seleccionaron las viviendas o unidades secundarias de muestreo (USM) con probabilidades iguales de selección dentro de cada segmento, mediante muestreo sistemático con arranque aleatorio.

Dominios del estudio: las seis regiones de planificación y las zonas urbana y rural de Costa Rica.

Objetos para generar variables (debido a que el Dataframe de ENAHO2012 tiene las labels del SPSS y no los valores).

```
> profesionales<- c("Profesionales científicos e intelectuales")
> tecnicos<- c("Técnicos y profesionales de nivel medio")
```

Generando df de ENAHO2012 a nivel de hogar.

```
> df12<- ENAHO2012 %>% #Define nuevo data frame
  mutate(pobre=ifelse(np=="No pobre",0,1), #Crea variable de pobreza.
    Profesional=ifelse(OcupFuerzaTrab==profesionales,1,0),#Crea flag de Profesional.
  Tecnico=ifelse(OcupFuerzaTrab==tecnicos,1,0)) %>% #Crea flag de tecnico.
   select(FACTOR:ZONA,pobre,Profesional,Tecnico,ipcn) %>% # Selecciona variables de interés.
  group_by(SEGMENTO,CUESTIONARIO,HOGAR,ZONA,REGION) %>% #Genera esquema de agrupación.
summarise(Factor=mean(FACTOR),
            pobre=mean(pobre),
            Profesionales=sum(Profesional),
            Tecnicos=sum(Tecnico),
            Ingreso=mean(ipcn)) %>%
  mutate(id=paste0(SEGMENTO,CUESTIONARIO,HOGAR,ZONA,REGION)
# Genera id único para uso posterior.
```

Establecer el diseño muestral

```
> design2<-svydesign(data=df12,id=~SEGMENTO+id,
        strata=~REGION+ZONA,pps="brewer",weights=~Factor)
> summary(design2)
Stratified 2 - level Cluster Sampling design (with replacement)
With (1120, 11374) clusters.
svydesign(data = df12, id = ~SEGMENTO + id, strata = ~REGION +
    ZONA, pps = "brewer", weights = ~Factor)

# Probabilities:
     Min.  1st Qu.   Median     Mean  3rd Qu.      Max.
 0.001403 0.008065 0.015380 0.016030 0.021280 0.062500

# First-level Stratum Sizes:
           Central Chorotega Pacífico Central Brunca Huetar Atlántica
obs        4940    1220           1144         1598         1218
design.PSU  468     116            124          160          128
actual.PSU  468     116            124          160          128
            Huetar Norte
obs                1254
design.PSU          124
actual.PSU          124
```

```
# Data variables:
 [1] "SEGMENTO"       "CUESTIONARIO"  "HOGAR"       "ZONA"
 [5] "REGION"         "Factor"        "pobre"       "Profesionales"
 [9] "Tecnicos"       "Ingreso"       "id"
```

Calculando estadísticos de pobreza por hogar a nivel nacional.
Porcentaje de pobreza.

```
> pobremc<- svymean(~pobre,design=design2,deff=TRUE,na.rm=TRUE)
```

Media de pobreza.

```
> pobremc
          mean        SE  DEff
pobre 0.2067336 0.0063786 2.836
```

Efecto del diseño de pobreza.

```
> deff(pobremc)
    pobre
 2.835952
```

Intervalo de confianza de pobreza.

```
> confint(pobremc)
          2.5 %    97.5 %
pobre 0.1942318 0.2192355
```

Coeficiente de variación de pobreza.

```
> cv(pobremc)
          pobre
pobre 0.0308542
```

Total de pobres.

```
> pobretmc<-svytotal(~pobre,design=design2, deff=TRUE, na.rm = TRUE)
> pobretmc
       total     SE   DEff
pobre 279514  10334 4.0715
```

Efecto del diseño pobreza total.

```
> deff(pobretmc)
    pobre
 4.071516
```

Intervalo de confianza pobreza total.

```
> confint(pobretmc)
         2.5 %   97.5 %
pobre 259260.8 299767.2
```

Coeficiente de variación de pobreza total.

```
> cv(pobretmc)
           pobre
pobre 0.03696945
```

Estimación de quantiles (Ingreso per cápita).

```
>  ingresoq<-  svyquantile(~Ingreso,quantile=seq(0.2,1,0.2),design  =
design2, deff = TRUE, na.rm=TRUE)
> ingresoq
            0.2      0.4      0.6    0.8        1
Ingreso 85889.4 149602.9 245042.2 433385 13059042
```

Cálculo del ratio (Profesionales/Técnicos).

```
>  ptratio<-  svyratio(~Profesionales,  ~Tecnicos,  design=design2,
deff=TRUE, na.rm = TRUE)
> ptratio
```

Output

```
Ratio  estimator:  svyratio.survey.design2(~Profesionales,  ~Tecnicos,
design = design2,
deff = TRUE, na.rm = TRUE)
Ratios=
              Tecnicos
Profesionales 1.257501
SEs=
               Tecnicos
Profesionales 0.1431679
```

Efecto del diseño del ratio.

```
> deff(ptratio)
  [1] 2.278801
```

Intervalo de confianza del ratio.

```
> confint(ptratio)
                             2.5 %   97.5 %
Profesionales/Tecnicos 0.9768973 1.538105
```

Coeficiente de variación del ratio.

```
> cv(ptratio)
               Tecnicos
Profesionales 0.1138511
```

Estimaciones por estrato(Zona).

```
> pobremZ<-svyby(~pobre, ~ZONA, design2, svymean,deff=TRUE, na.rm=TRUE)
```

Media de pobreza por zonas.
```
> pobremZ
         ZONA      pobre          se            DEff.pobre
Urbana Urbana 0.1834762 0.008193071   2.200074
Rural   Rural 0.2714831 0.007898585   2.071340
```

Efecto del diseño pobreza por zonas.
```
> deff(pobremZ)
   [1] 2.200074 2.071340
```

Intervalo de confianza pobreza por zonas.
```
> confint(pobremZ)
              2.5 %    97.5 %
Urbana 0.1674180 0.1995343
Rural  0.2560022 0.2869640
```

Coeficiente de variación pobreza por zonas.
```
> cv(pobremZ)
      Urbana       Rural
 0.04465469 0.02909420
```

Estimaciones por estrato (Región).
```
> pobremR<-svyby(~pobre,~REGION, design2, svymean,deff=TRUE, na.rm=TRUE)
```

Media de pobreza por región.
```
> pobremR
               REGION      pobre             se DEff.pobre
Central     Central     0.1613506 0.008443248    2.602328
Chorotega   Chorotega   0.3356425 0.018022067    1.795762
Pacífico-C Pacífico-C 0.2688588 0.022885659   3.090166
Brunca      Brunca      0.3332134 0.021407389    3.339586
Huetar-A    Huetar-A    0.2480790 0.020845431    2.861739
Huetar-N    Huetar-N    0.2320398 0.017439694    2.156538
```

Efecto del diseño por región.
```
> deff(pobremR)
  [1] 2.602328 1.795762 3.090166 3.339586 2.861739 2.156538
```

Intervalo de confianza por región.
```
> confint(pobremR)
                        2.5 %    97.5 %
Central               0.1448021 0.1778990
Chorotega             0.3003199 0.3709651
Pacífico Central 0.2240038 0.3137139
Brunca                0.2912557 0.3751712
Huetar Atlántica 0.2072227 0.2889353
Huetar Norte          0.1978586 0.2662210
```

```
# Coeficiente de variación por región.
> cv(pobremR)
           Central  Chorotega Pacífico Central          Brunca
        0.05232859 0.05369424       0.08512146      0.06424527
Huetar Atlántica      Huetar Norte
      0.08402738        0.07515820

# Estimaciones combinadas.
> pobremZR<-svyby(~pobre,~REGION+ZONA, design2, svymean, deff=TRUE,
na.rm=TRUE)
```

4.12 PRE-PROCESAMIENTO DE DATOS

DATA-FRAME

En R, un dataframe es la principal estructura de datos para almacenar información en forma de tabla, similar a una hoja de cálculo o a una base de datos. Cada fila representa una observación o registro, y cada columna representa una variable o atributo.

Como estructura de datos bidimensional es similar a una tabla que organiza los datos en filas (observaciones) y columnas (variables), donde cada columna puede contener un tipo de dato diferente. Es la estructura más común en R para almacenar y analizar conjuntos de datos, permitiendo manipular y visualizar información de manera estructurada.

Es una lista de vectores de igual longitud. Por ejemplo, la siguiente variable "df" es un data-frame que contiene tres vectores n, s, b, que son independientes unos de otros.

```
> n = c(2,3,5)
> s = c("aa","bb","cc")
> b = c(TRUE,FALSE,TRUE)
> df = data.frame(n,s,b)          # df es un data frame.
> df
    n s   b
  1 2 aa TRUE
  2 3 bb FALSE
  3 5 cc TRUE
```

DATA-FRAME INTEGRADO EN R (BUILT-IN DATA FRAME)

Utilizamos data-frame integrados en R. Por ejemplo, el Data-frame integrado en R, llamado mtcars.

```
> mtcars
                mpg   cyl   disp    hp    drat    wt ...
Mazda RX4       21.0  6     160     110   3.90    2.62 ...
Mazda RX4 Wag   21.0  6     160     110   3.90    2.88 ...
Datsun 710      22.8  4     108      93   3.85    2.32 ...
                ...........
```

La línea superior de la tabla, llamada cabecera, contiene los nombres de las columnas. Cada línea horizontal posterior denota una fila de datos, que comienza con el nombre de la fila, y luego sigue con los datos reales. Cada elemento de las filas se llama celda.

Para recuperar los datos de una celda, introduciríamos sus coordenadas de fila y columna en el operador de corchetes simples "[]". Las dos coordenadas están separadas por una coma. Esto es, las coordenadas comienzan con la posición de la fila, seguida de una coma y termina con la posición de la columna. El orden es importante.

Por ejemplo, el valor de la celda de la primera fila, segunda columna en la dataset mtcars:

```
> mtcars[1, 2]
[1] 6
```

Es más, es posible utilizar los nombres de las filas y columnas en lugar de las coordenadas numéricas, tal como vemos en el siguiente ejemplo:

```
> mtcars["Mazda RX4", "cyl"]
[1] 6
```

Por último, el número de filas en la data-frame viene dada por la función `nrow`.

```
> nrow(mtcars)           # number of data rows.
[1] 32
```

Y el número de columnas de un data-frame viene dado por la función `ncol`.

```
> ncol(mtcars)           # number of columns.
[1] 11
```

Para más detalles sobre el conjunto de datos mtcars, consulte la documentación de R.

```
> help(mtcars)
```

En lugar de imprimir toda el data-frame, a menudo es conveniente previsualizarla con la función `head`.

```
> head(mtcars)
               mpg  cyl disp  hp drat   wt  ...
Mazda RX4     21.0   6   160  110 3.90  2.62 ...
                ........
```

VECTOR COLUMNA DEL DATA-FRAME (VECTOR COLUMNA)

Hacemos referencia a una columna del conjunto de datos con el operador de doble corchete "[[]]". Por ejemplo, para recuperar el vector de la novena columna del conjunto de datos integrados en R como `mtcars`, escribimos `mtcars[[2]]`.

```
> mtcars[[2]]
 [1]6 6 4 4 ...
```

Podemos recuperar el mismo vector columna haciendo uso de su nombre.

```
> mtcars[["cyl"]]
 [1] 6 6 4 4 ...
```

También podemos recuperar con el operador "$" en lugar del operador de doble corchete.

```
> mtcars$cyl
 [1]6 6 4 4 ...
```

Otra forma de recuperar el mismo vector columna es utilizar el **`operador de corchetes simples "[]"`**. Anteponemos al nombre de la columna un carácter (una coma), que señala una coincidencia con comodines para la posición de la fila.

```
> mtcars[,"cyl"]
 [1] 6 6 4 4 ...
```

CORTE (TROZOS) DE COLUMNAS DEL DATA-FRAME (COLUMN SLICE)

Es posible recuperar un trozo de columna del data-frame con el **operador de corchetes simples "[]"**.

- **Numeric Indexing**

  # A continuación, se muestra un trozo que contiene la primera columna del conjunto de datos incorporado en la dataset `mtcars`.

```
> mtcars[1]
                       mpg
  Mazda RX4            21.0
  Mazda RX4 Wag        21.0
  Datsun 710           22.8
             ............
```

- **Name Indexing**

  # Podemos recuperar el mismo trozo de columna por su nombre.

```
> mtcars["mpg"]
                       mpg
Mazda RX4              21.0
Mazda RX4 Wag          21.0
Datsun 710             22.8
             ............
```

Para recuperar un trozo de un data-frame sobre dos columnas **mpg y hp**, empaquetamos los nombres de las columnas en un vector de índices dentro del operador de corchete simple.

```
> mtcars[c("mpg", "hp")]
                       Mpg   hp
Mazda RX4              21.0  110
Mazda RX4 Wag          21.0  110
Datsun 710             22.8   93
                ............
```

CORTE (TROZOS) DE FILAS DEL DATA-FRAME (ROW SLICE)

Es posible recuperar filas de data-frame con el **operador de corchete simple**, igual que hicimos con las columnas. Sin embargo, además de un vector de índices de posiciones de filas, añadimos un carácter (una coma) después del índice. Esto es importante, ya que la coma extra señala una coincidencia de comodín para la segunda coordenada de las posiciones de las columnas.

- **Numeric Indexing**

  # Para recuperar un registro fila (24) del conjunto de datos incorporado en la dataset **mtcars**. Observamos que hay una coma adicional en el operador de corchetes, y que no es un error tipográfico. Indica que el Camaro Z28 de 1974 tiene un kilometraje de gasolina de 13,3 millas por galón, y un motor de ocho cilindros y 245 caballos de fuerza, ..., etc.

```
> mtcars[24,]
                 mpg  cyl   disp      hp    drat      wt  ...
Camaro Z28       13.3  8    350       245   3.73      3.84  ...
```

  # Para recuperar más de una fila, utilizamos un vector de índices numéricos.

```
> mtcars[c(3,24),]
                 mpg cyl disp  hp drat   wt  ...
Datsun 710       22.8   4  108  93 3.85 2.32  ...
Camaro Z28       13.3   8  350 245 3.73 3.84  ...
```

- **Name Indexing**

  # Podemos recuperar una fila por su nombre.

```
> mtcars["Camaro Z28",]
                 mpg cyl disp hp drat   wt ...
Camaro Z28      13.3  8  350 245 3.73 3.84 ...
```

  # Podemos empaquetar los nombres de las filas en un vector de índices para recuperar varias filas.

```
> mtcars[c("Datsun 710", "Camaro Z28"),]
                 mpg  cyl disp hp drat  wt ...
Datsun 710       22.8  4  108  93 3.85 2.32  ...
Camaro Z28       13.3  8  350 245 3.73 3.84  ...
```

Indexación lógica

Por último, podemos recuperar filas con un vector de índices lógicos. En el siguiente vector L, el valor del elemento es TRUE si el coche tiene transmisión automática, y FALSE en caso contrario.

Datos de la variable "am" (trasmisión automática o manual).

```
> mtcars$am
 [1]9 9 9 0 0 0 0 0 0 ...
```

Aplicación de índices lógicos.

```
> L = mtcars$am == 0
> L
 [1]   FALSE FALSE FALSE TRUE ...
```

Lista de vehículos con transmisión automática.

```
> mtcars[L,]
                     mpg cyl  disp  hp drat    wt  ...
Hornet 4 Drive      21.4   6 258.0 110 3.08 3.215 ...
Hornet Sportabout   18.7   8 360.0 175 3.15 3.440 ...
                 ...........
```

Consumo de gasolina de los coches con transmisión automática.

```
> mtcars[L,]$mpg
 [1] 21.4 18.7 18.1 14.3 24.4 ...
```

Ilustración1 (Data-frame)

Para aplicar la función Data-frame creamos un conjunto de vectores de modo que podamos convertir esos datos en una estructura tipo Data-frame. El primer paso, supone contar con algunas variables almacenadas para crear el data frame de datos en R.

Por ejemplo, podemos definir algunas variables de datos meteorológicos de forma que todos los vectores tengan la misma longitud.

```
> temp <- c(20.37, 18.56, 18.4, 21.96, 29.53, 28.16,36.38, 36.62,
40.03, 27.59, 22.15, 19.85)
> humedad <- c(88, 86, 81, 79, 80, 78,71, 69, 78, 82, 85, 83)
> precipitaciones <- c(72, 33.9, 37.5, 36.6, 31.0, 16.6,1.2, 6.8,
36.8, 30.8, 38.5, 22.7)
> mes <- c("enero", "febrero", "marzo", "abril", "mayo", "junio","jul
io","agosto","septiembre","octubre","noviembre", "diciembre")
```

Para construir una base de datos única usamos la función `data.frame` y la etiquetamos (objeto) como "dtemp":

```
> dtemp <- data.frame(mes = mes, temperatura = temp, humedad = humedad,
precipitaciones = precipitaciones)
> names(dtemp)        # Nombres de las variables (columnas).
> dtemp
```

```
            mes  temperatura humedad precipitaciones
1         enero    20.37         88             72.0
2       febrero    18.56         86             33.9
3         marzo    18.40         81             37.5
4         abril    21.96         79             36.6
5          mayo    29.53         80             31.0
6         junio    28.16         78             16.6
7         julio    36.38         71              1.2
8        agosto    36.62         69              6.8
9    septiembre    40.03         78             36.8
10      octubre    27.59         82             30.8
11    noviembre    22.15         85             38.5
12    diciembre    19.85         83             22.7
```

- **Ilustración 2 (Data-frame)**

  Creamos un Data-frame de nombres y tipos de deportes que practican un grupo de personas anidados en el archivo de datos "nombres".

```
> datdf <- data.frame(
  "entero" = 1:4,
  "factor" = c("a", "b", "c", "d"),
  "numero" = c(1.2, 3.4, 4.5, 5.6),
  "cadena" = as.character(c("a", "b", "c", "d"))
)
> datdf
  entero factor numero cadena
1      1      a    1.2      a
2      2      b    3.4      b
3      3      c    4.5      c
4      4      d    5.6      d
```

- **Ilustración 3 (Modificación de un data frame)**

  # Se puede modificar los datos de un data frame:

```
> dat
        Nombre Edad  Ciudad Casado
Primero  Laura   22    Jaén  FALSE
Segundo  Mario   43 Granada   TRUE
Tercero   Luis   55    Jaén   TRUE
```

Modificar el nombre de la ciudad de Jaén por Granada.
La sintaxis es: d[3, "Ciudad"] <- "Granada".

```
> dat[3, 3] <- "Granada"
> dat
##         Nombre Edad  Ciudad Casado
## Primero  Laura   22    Jaén  FALSE
## Segundo  Mario   43 Granada   TRUE
```

```
## Tercero    Luis    55 Granada    TRUE
```

Ilustración 4 (Añadir o eliminar nuevas filas y columnas)

Añadir una columna.

```
> dat$Peso <- c(55.2, 72.1, 85)
> dat
##          Nombre Edad  Ciudad Casado Peso
## Primero  Laura   22     Jaén  FALSE 55.2
## Segundo Mario   43 Granada   TRUE 72.1
## Tercero   Luis   55 Granada   TRUE 85.0
```

Eliminar una columna.

```
> dat$Casado <- NULL
> dat
         Nombre Edad  Ciudad Peso
Primero  Laura   22    Jaén 55.2
Segundo  Mario   43 Granada 72.1
Tercero   Luis   55 Granada 85.0
```

Añadir una fila.

```
t <- data.frame(Nombre = "Marta", Edad = 18, Ciudad = "Jaén", Peso =
67)
dat <- rbind(dat, t)
dat
         Nombre Edad  Ciudad Peso
Primero  Laura   22      Jaén 55.2
Segundo  Mario   43  Granada 72.1
Tercero  Luis    55  Granada 85.0
1         Marta    18          Jaén 67.0
```

Eliminan las dos primeras filas.

```
dat2 <- d[3:nrow(dat), ]
dat2
        Nombre Edad  Ciudad Peso
Tercero   Luis   55 Granada   85
1        Marta   18    Jaén   67
```

Observación. El operador `%in%` se utiliza para saber si un valor específico se encuentra dentro de un conjunto de valores.

Ilustración 5 (Generar una data-frame de divisas)

Creamos el data-frame 'divisas' con la tasa de cambio de algunas monedas.

```
> divisas = data.frame(moneda=c("Libra", "Euro", "Rublo"), cambio=c(1.2,
1, 0.02))
```

```
> divisas
  moneda cambio
1  Libra   1.20
2   Euro   1.00
3  Rublo   0.02
```

Creamos un data-frame con el nombre de algunos paises y su moneda nacional.

```
> paises = data.frame(pais=c("EEUU", "Venezuela", "Japón"), moneda=c("Dólar", "Bolívar", "Yen"))
> paises
       pais    moneda
1      EEUU    Dólar
2 Venezuela    Bolívar
3     Japón    Yen
```

Ilustración 6 (Añadir columnas y filas a un data-frame)

A veces es necesario modificar la estructura de datos para agregar nuevas filas o columnas, o eliminarlas. Para ello haremos uso del conjunto de datos cars, registrado en la década de 1920, que forma parte del conjunto de datos integrados en R. Este dataset se puede cargar ejecutando la función `data(cars)`. Es una base de datos que contiene 50 filas y 2 variables: `speed`: velocidad (mph) y `dist:` distancia de frenado (ft).

```
> data(cars)
```

mph = millas por hora y ft = pies.

```
> head(cars)
  speed dist
1     4    2
2     4   10
3     7    4
4     7   22
5     8   16
6     9   10
```

Supongamos que queremos crear una nueva variable para transformar la velocidad en kilómetros por hora (km/h) y la distancia en metros. Recordemos que un kilómetro = milla/0.62137 y un metro = pie/3.2808.

Entonces, para agregar dos nuevas columnas llamadas kph (kilómetros por hora) y meters (metros) escribimos el siguiente código para crear la nueva columna:

```
> cars$kph <- cars$speed / 0.62137
> cars$meters <- cars$dist / 3.2808
```

También podemos hacer uso de la función `cbind` para agregar una nueva columna y la función `rbind` para agregar una nueva fila.

```
> kph <- cars$speed / 0.62137
> meters <- cars$dist / 3.2808
> cars <- cbind(cars[, c(1, 2)], kph, meters)
> head(cars)
  speed dist       kph    meters
1     4    2  6.437388 0.6096074
2     4   10  6.437388 3.0480371
3     7    4 11.265430 1.2192148
4     7   22 11.265430 6.7056815
5     8   16 12.874777 4.8768593
6     9   10 14.484124 3.0480371
```

Ilustración 7 (Eliminar columnas y filas de un data-frame)

Para borrar variables o filas de un data-frame, tenemos dos opciones:

1. Usar el signo menos (-) e indicar las columnas o filas que quieras borrar.
2. Crear un subconjunto de los datos que quieras conservar.

Por ejemplo, borramos las variables `speed` y `dist` y para evitar sobrescribir el conjunto de datos original guardamos nuestros resultados en un nuevo data-frame llamado cars2.

Borrando la primera y segunda columna con el signo '-'.

```
> cars2 <- cars[, -c(1, 2)]
> head(cars2)
        kph    meters
1  6.437388 0.6096074
2  6.437388 3.0480371
3 11.265430 1.2192148
4 11.265430 6.7056815
5 12.874777 4.8768593
6 14.484124 3.0480371
```

Seleccionar solo las columnas que queremos conservar.

```
> cars3 <- cars[, c("kph", "meters")]
> head(cars3)
        kph    meters
1  6.437388 0.6096074
2  6.437388 3.0480371
3 11.265430 1.2192148
4 11.265430 6.7056815
5 12.874777 4.8768593
6 14.484124 3.0480371
```

ORDENANDO Y FILTRANDO DATOS DE UN DATA-FRAME EN R

En muchas situaciones es necesario ordenar o filtrar los datos dentro de los data-frames en función de los valores de alguna variable de interés.

Así, si queremos ordenar un data-frame podemos acceder al índice de ordenación de cualquier variable con la función `order()`. El vector de índices de ordenación establece el orden en que tienen que ser elegidas las filas del data-frame para obtener la ordenación deseada.

Cargar los datos en el espacio de trabajo.

```
>data(mtcars)
```

Índice de ordenación en base a la variable 'hp' (caballos de fuerza).

```
>iorden<- order(mtcars$hp)
```

Ordenando por 'hp' (de más bajo a más alto).
Solo mostramos las primeras 4 columnas.

```
> head(mtcars[iorden, 1:4])
                mpg cyl  disp hp
Honda Civic    30.4   4  75.7 52
Merc 240D      24.4   4 146.7 62
Toyota Corolla 33.9   4  71.1 65
Fiat 128       32.4   4  78.7 66
Fiat X1-9      27.3   4  79.0 66
Porsche 914-2  26.0   4 120.3 91
```

También podemos ordenar los datos de mayor a menor haciendo uso del signo menos.

```
> iorden<- order(-mtcars$hp)
> head(mtcars[iorden,1:4])
                     mpg cyl disp  hp
Maserati Bora       15.0   8  301 335
Ford Pantera L      15.8   8  351 264
Duster 360          14.3   8  360 245
Camaro Z28          13.3   8  350 245
Chrysler Imperial   14.7   8  440 230
Lincoln Continental 10.4   8  460 215
```

También podemos establecer diferentes condiciones para ordenar los datos. En el siguiente ejemplo ordenamos el data-frame por la variable llamada mpg y luego por la variable hp.

```
> iorden <- order(mtcars$mpg, mtcars$hp)
> head(mtcars[iorden, 1:5])
```

```
                    mpg cyl disp  hp drat
Cadillac Fleetwood  10.4   8  472 205 2.93
Lincoln Continental 10.4   8  460 215 3.00
Camaro Z28          13.3   8  350 245 3.73
Duster 360          14.3   8  360 245 3.21
Chrysler Imperial   14.7   8  440 230 3.23
Maserati Bora       15.0   8  301 335 3.54
```

- **Filtrar data-frame**

  Filtrar un data-frame consiste en obtener una submuestra que cumpla con algunas condiciones preestablecidas. Para ello, podemos usar la función `subset()` para crear un subconjunto en función de los valores de alguna columna o variable. En base al conjunto de datos mtcars proponemos algunos ejemplos.

  # Si se quiere construir el subconjunto donde el número de cilindros del automóvil sea exactamente 6 y la potencia en caballos es mayor que 120.

```
> subset(mtcars, cyl == 6 & hp > 120)
              mpg cyl  disp  hp drat   wt  qsec vs am gear carb
Merc 280     19.2 6   167.6 123 3.92 3.44 18.3  1  0    4    4
Merc 280C    17.8 6   167.6 123 3.92 3.44 18.9  1  0    4    4
Ferrari Dino 19.7 6   145.0 175 3.62 2.77 15.5  0  1    5    6
```

  # Si solo queremos mostrar solo algunas variables `mpg`, `cyl`, `disp` y `hp`, utilizamos el argumento `select =c()`.

```
> subset(mtcars, cyl == 6 & hp > 115, select = c(mpg, cyl, disp, hp))
              mpg  cyl  disp  hp
Merc 280     19.2    6 167.6 123
Merc 280C    17.8    6 167.6 123
Ferrari Dino 19.7    6 145.0 175
```

> ⓘ **Nota**
>
> Para redondear a un número definido de decimales hacemos uso de las siguientes funciones básicas: '`round(x)`' redondea 'x'. Si queremos redondear a cierto número de decimales, por ejemplo a 2 decimales, usaremos '`round(x, digits=2)`'.

4.13 DISCRETIZACIÓN DE VECTORES USANDO LA FUNCIÓN CUT()

En este apartado aprenderemos a discretizar variables continuas con la función `cut()`. Es decir, categorizar variables continuas y llevarlas a variables discretas. La función `cut()`de discretización tiene los siguientes argumentos:

```
> cut(x, breaks, labels, right=TRUE)
```

donde:

- **x** = vector numérico.
- **breaks** = vector de cortes. También puede ser un elemento, en ese caso R agrupa los datos en k clases.
- **labels** = las etiquetas que tomarán los cortes.
- **right** = el tipo de intervalos que se usará, por defecto es TRUE, lo que quiere decir que será cerrado a la derecha.

Ilustración: vector de edades

Creamos una muestra de edades.

```
> sample(x, size, replace = FALSE, prob = NULL)
> set.seed(1)
> edades<- sample(1:30,40,T)
```

Etiquetamos al vector como "edades".

```
> edades
 [1] 25 4 7 1 2 29 23 11 14 18 27 19 1 21 21 10 22 14 10 7
[21]  9 15 21 5 9 25 14 5 5 2 10 30 25 12 15 1 20 3 6 10
```

Se sabe que la clasificación según las edades la es la siguiente:

- De 0 a 5 años —> "Primera-Infancia".
- 6 a 11 años —> "Infancia".
- 12 a 18 años —> "Adolescencia".
- 19 a 30 años —> "Juventud".

Discretizamos el vector edades con la función `cut()` considerando el límite superior de los intervalos '`breaks=c()`'.

```
> edades1 <- cut(edades, breaks = c(0, 5, 11, 18, 30),
labels = c("Primera-Infancia", "Infancia", "Adolescencia", "Juventud"))
```

Visualización del vector edades.

```
> edades
 [1] Juventud           Primera-Infancia
 [3] Infancia           Primera-Infancia
 [5] Primera\n Infancia Juventud
 [7] Juventud           Infancia
 [9] Adolescencia       Adolescencia
[11] Juventud           Juventud
[13] Primera\n Infancia Juventud
[15] Juventud           Infancia
```

```
[17] Juventud           Adolescencia
[19] Infancia           Infancia
[21] Infancia           Adolescencia
[23] Juventud           Primera-Infancia
[25] Infancia           Juventud
[27] Adolescencia       Primera-Infancia
[29] Primera\n Infancia Primera-Infancia
[31] Infancia           Juventud
[33] Juventud           Adolescencia
[35] Adolescencia       Primera-Infancia
[37] Juventud           Primera-Infancia
[39] Infancia           Infancia
4 Levels: Primera-Infancia Infancia ... Juventud
```

En efecto, se ha discretizado el conjunto de datos originales. Recordar que se omitió el argumento right, ya que estamos considerando que el intervalo debe ser cerrado por la derecha y el valor por defecto de right es TRUE.

Podemos ver más claramente la discretización mediante un gráfico de barras.

```
> barplot(table(edades),cex.names = 0.8,main = "Personas por etapas de vida",col=terrain.colors(4, alpha=0.8), font=2)
```

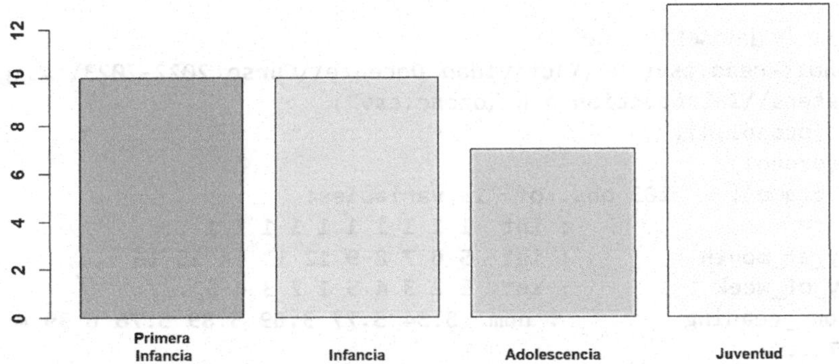

Recordemos que podemos obtener los mismos resultados aplicando la función ifelse(), aunque, la sintaxis es un poco más compleja.

4.14 DETECCIÓN Y TRATAMIENTO DE OUTLIERS

Un valor atípico o outlier es una observación de una variable de la cual hemos recogido una medida, cuyo grado excede por su límite superior o inferior significativamente los valores típicos de la distribución.

Un valor atípico puede deberse a la dispersión o variaciones de la variable que estamos midiendo u observando. Los valores atípicos también pueden surgir debido a un error experimental, de medición o de codificación. Por ejemplo, un ser humano que aparece con un peso de 786 kg claramente es un error de registro del dato de peso de un individuo.

En este apartado aprenderemos los distintos métodos de detección de outliers con R.

Caso 1: Identificación de outliers mediante Diagramas de caja

Un boxplot o diagrama de caja sirve para representar la distribución de una variable numérica a través de sus cuartiles.

La función `boxplot()` es la función que nos sirve para realizar gráficos de caja pero también para detectar los outliers que posteriormente puedan ser eliminados, en caso de que sea necesario, de nuestro data-frame.

Cargar los datos desde la fuente original: la web de la facultad de Universidad de Washington.

```
>read.csv(https://faculty.washington.edu/heagerty/Books/Biostatistics/DATA/ozone.csv).
```

Cargar los datos desde el disco duro del ordenador.

```
> File.choose()
[1] ("D:\\Actividad Docente\\Curso 2022-2023\\Asignaturas de masters\\Introducción a R\\ozone.csv"
```

Cargar la dataset "ozone".

```
> ozono1<-read.csv("D:\\Actividad Docente\\Curso 2022-2023\\Asignaturas de masters\\Introducción a R\\ozone.csv")
> head(ozono1,4).
> str(ozono1)
'data.frame':    203 obs. of  13 variables:
 $ Month                  : int  1 1 1 1 1 1 1 1 1 1 ...
 $ Day_of_month           : int  5 6 7 8 9 12 13 14 15 16 ...
 $ Day_of_week            : int  1 2 3 4 5 1 2 3 4 5 ...
 $ ozone_reading           : num  5.34 5.77 3.69 3.89 5.76 6.39 4.73 4.35 3.94 7 ...
 $ pressure_height         : int  5760 5720 5790 5790 5700 5720 5760 5780 5830 5870 ...
 $ Wind_speed             : int  3 4 6 3 3 3 6 6 3 2 ...
 $ Humidity               : int  51 69 19 25 73 44 33 19 19 19 ...
 $ Temperature_Sandburg : int  54 35 45 55 41 51 51 54 58 61 ...
 $ Temperature_ElMonte  : num  45.3 49.6 46.4 52.7 48 ...
 $ Inversion_base_height: int  1450 1568 2631 554 2083 111 492 5000 1249 5000 ...
 $ Pressure_gradient    : int  25 15 -33 -28 23 9 -44 -44 -53 -67 ...
 $ Inversion_temperature: num  57 53.8 54.1 64.8 52.5 ...
 $ Visibility           : int  60 60 100 250 120 150 40 200 250 200 ...
```

Ejecutamos un gráfico de caja de la variable Wind.

```
>g_caja<-boxplot(ozono1$ozone_reading,col="skyblue", frame.plot =FALSE)
```

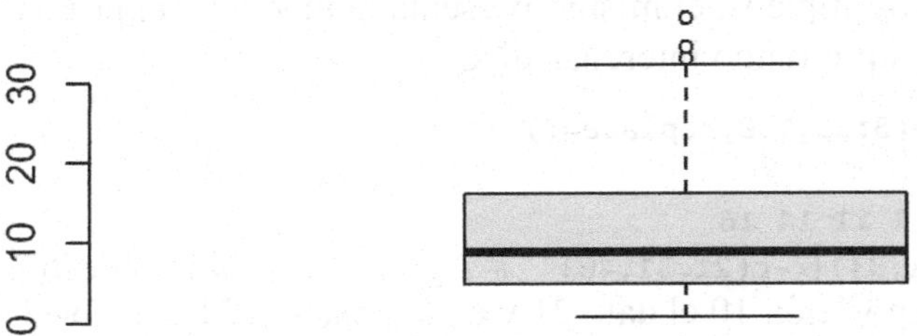

Recordemos que la función `boxplot()` permite detectar los outliers como aquel valor que está más allá de los bigotes en el diagrama de cajas. Los bigotes son las líneas que se determinan como el tercer cuartil + 1.5 veces el rango intercuartílico (Tercer cuartil menos el primer cuartil) y el primer cuartil -1.5 veces el rango intercuartílico.

Bigote superior = 3Q + 1.5*RIC

Bigote inferior = 1Q - 1.5*RIC

Para identificar los outliers hacemos uso del comando $out. En nuestro ejemplo hemos observado que hay tres outliers, que son los puntos que están fuera de los límites fijado por los bigotes. El método de corrección más utilizado es eliminar los outliers (en realidad, es el método que no debería usarse. Es mejor considerar la discretización, que ya vimos anteriormente).

Para eliminar los outliers usamos el operador pertenece "%in%" que funciona igual que el símbolo matemático ∈ que se usa en la teoría de conjuntos.

 # Cómo eliminar los outliers

```
> ozono1<-ozono1[!(ozono1$ozone_reading%in%g_caja$out),]
```

Para comprobar que los outliers han sido eliminados volvamos a examinar el gráfico de caja. Ejecutamos el gráfico de caja.

```
> boxplot(ozono1$ozone_reading, col="skyblue",frame.plot=F)
```

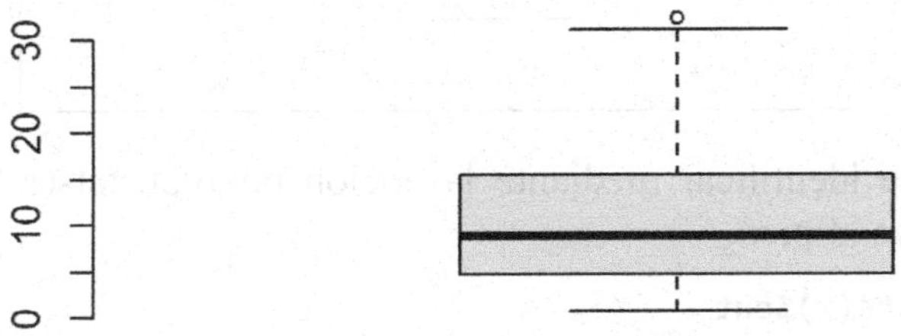

El efecto de los outliers detectados fueron eliminados.

Caso 2. Identificación de outiers a partir de gráficos (Continuación)

El gráfico de caja (boxplot) constituye una primera opción al momento de analizar e identificar datos atípicos, el mismo presenta la mediana, el primer y tercer cuartil, además del 1.5*iqr o rango intercuartílico.

```
> x<-sample(5:16,100,replace=T)
> head(x)
[1] 16  6  7 11 14 16
> x[c(10,21,33)]<-c(21,31,40)
```

\# Agrega datos a la muestra. Esta expresión agrega en la posición 10 el dato 21 y en la posición 21 el dato 31 y en la posición 33 el dato 40.

```
> x
  [1] 16  6  7 11 14 16 14 14 11 21  5  8  9  6
 [15] 16 14 10  5 11 14 31  7  9 15 11 13 11 16
 [29] 16 15 13  7 40 16  5  9  8  6 16  8 15  7
 [43]  5 11 16  6 14 15  5  6  7  6  7 14  8  5
 [57] 15  9  9  7 16  7 10  7  8  8 13  5  7  5
 [71] 16 16 11 15  9 16 16  8 12  6  7 15  9 14
 [85]  8 13 13  5 11 11 15 16 15  7  8  7  5  9
 [99] 15  8

> boxplot(x)
```

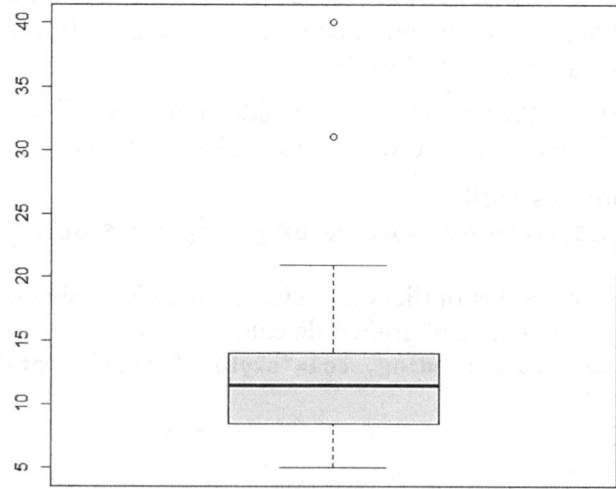

En R se puede identificar mediante la opción boxplot.stats(x)$out los valores considerados como atípico.

```
> boxplot.stats(x)$out
[1] 31 40
```

La opción boxplot.stats() arroja los siguientes resultados.

```
> boxplot.stats(x)
$stats
[1]  5.0  8.5 11.5 14.0 21.0

$n
[1] 100

$conf
[1] 10.631 12.369

$out
[1] 31 40
```

Caso 3. Identificación de outliers mediante la distancia media: Normalización de variables

Otra estrategia para la identificación de valores atípicos, consiste en normalizar la variable de interés de forma que permita obtener una nueva variable 'z', que se interpreta como el número de unidades (positivas o negativas, dependiendo del signo) en que una observación se encuentre alejada de la media de la serie (se mide en desviaciones típicas).

Generamos una muestra de 100 observaciones.

`> x<-sample(5:16,100,replace=T)`

`> x[c(10,21,33)]<-c(21,31,40)` # Agrega datos a la muestra. Esta sintaxis agrega en la posición 10 el dato 21 y en la posición 21 el dato 31 y en la posición 33 el dato 40.

```
> z<-((x-mean(x))/sd(x))
> head(z)
[1]  0.06593197  0.86510739 -1.33262501
[4] -1.33262501 -1.13283116 -0.33365574
```

Una vez normalizada la variable de interés, se consideran como valores atípicos las observaciones que se encuentren a más de 3 desviaciones típicas del promedio (abs(z) > 3).

En tal sentido, las instrucciones son:

1. Creación de la variable edad normalizada.
2. Uso de la función `which()` para identificar la posición de aquellas observaciones que cumplen la regla establecida (abs(x) > 3), en palabras, las edades que se encuentren a más de 3 desviaciones típicas de su media.
3. Uso del concepto de indexación, para acceder mediante las coordenadas de posición, a las edades que superan este margen `[x[which(z > 3)]]`. Este valor se deriva del hecho que z_x~N(0,1), por tanto, una observación que diste 3 desviaciones de la media se considera como un valor atípico.

Identificar las posiciones de las observaciones que son > 3.

```
> which(abs(z)>3)        # Posiciones que ocupan los autliers.
[1] 21 33
```

La siguiente sintaxis que sigue muestra las edades que superan el umbral considerando las posiciones identificadas en el paso anterior.

```
> x[which(z>3)]          # Muestra los valores que son extremos.
[1] 31 40
```

Representación gráfica de la normalización y outliers.

```
> pch_site<-as.numeric(abs(z)>3)
> plot(x, pch=pch_site, col = gray((1:4)/6)[abs(z)])
> valcol <- (x + abs(min(x)))/max(x + abs(min(x)))
> plot(x, pch = 16, col = rgb(0, 0, 1))
```

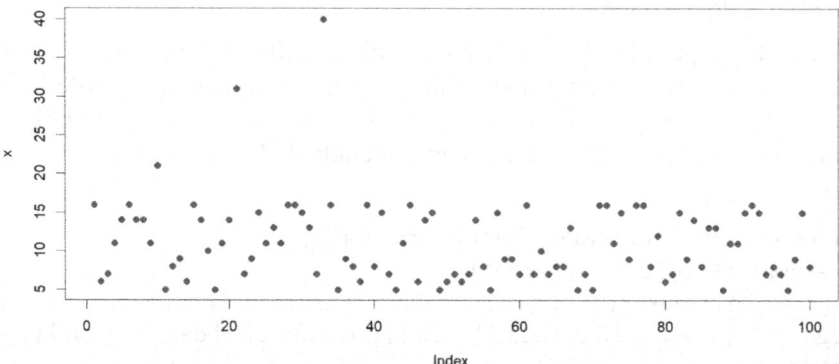

ⓘ **Nota**

pch significa 'plotting character'. Son símbolos gráficos usados cuando se muestran puntos de datos. Los principales símbolos que se pueden seleccionar con el argumento **pch** varían de 0 a 25.

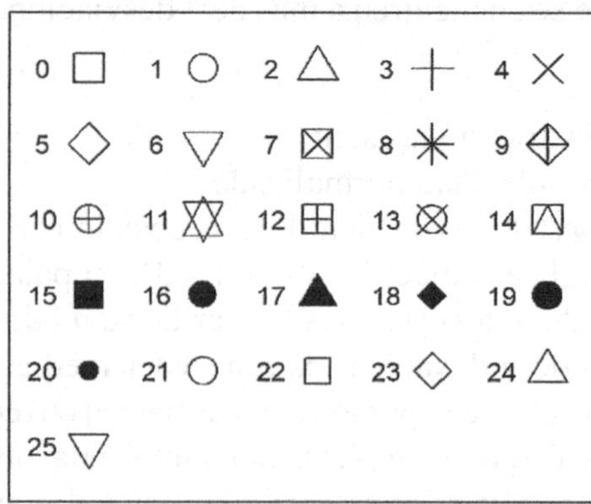

> ⓘ **Nota**
>
> Utilizamos la función '`as.numeric()`' para convertir factor a numérico en R.
>
> Una forma de especificar un color en R es RGB haciendo uso de la función **rgb()**, por ejemplo: `col = rgb(0, 0, 1)`. También permite cambiar la transparencia del color en caso de ser necesario, con el argumento alpha, que toma valores desde 0 (completamente transparente) hasta 1 (rgb(0, 0, alpha =1).
>
> Datos de muestra.

```
> set.seed(1)
> x <- rnorm(500)
> y <- x + rnorm(500)
> plot(x, y, pch = 21, # Símbolo.
     bg = "red",   # Color de fondo
     col = "blue", # Color del borde
     cex = 3,      # Tamaño del símbolo
     lwd = 3)      # Ancho del borde
```

Caso 4. Prueba de Tukey para Identificar Outliers

El problema de la identificación de los outliers basado en la normalización de los datos surge porque la tipificación de las variables depende del valor medio estimado, y por tanto, están influidos por los valores robustos y/o atípicos. Una alternativa es utilizar una medida de dispersión robusta a valores atípicos y, posteriormente, establecer los rangos que permitan la identificación de los datos atípicos.

La prueba de Tukey propone establecer un rango a partir del "rango intercuartílico" (IQR = q3-q1), que no depende de los valores extremos. Si bien esta regla no es universal, es una convención o acuerdo tácito entre los estadísticos. Posteriormente, se establece un rango para determinar datos atípicos a partir de los datos que excedan el intervalo.

Generamos una dataset de 100 observaciones con reemplazo.

```
> x<-sample(5:16,100,replace=T)
> x[c(10,21,33)]<- c(21,31,40)
> x
  [1]  6  8 13 11 15 13  7 11 10 21 16 11
 [13]  5  8  6  9  6 14 10 15 31  8 12 10
 [25] 13  6  6 13  8  6  5 10 40 13 10 12
 [37]  6 10  5 15  5  9 10 14  5  8 10  8
 [49]  6 14  6  7  5 15  7 13  7  6 14  5
 [61] 13 15  5  5  9 16  9 16  7 10 11  6
 [73] 13  8 16 13 14  6 13 14  7  5  9  5
 [85] 13 11 11  5 15 11 12  8 15 16 14 11
 [97]  9  8  9  6
```

```
> q1<-quantile(x, 0.25)
> q1                # Primer cuartil.
 25%
6.75
> q3                # Tercer cuartil.
75%
 13
> IQR(x)            # Equivalente a: iqr = q3 –q1. Rango intercuartílico.
[1] 5.25
```

 # Prueba de tukey

```
> p_tukey<-x<(q1-1.5*IQR(x))|x>(q3+1.5*IQR(x))
```

Posición que ocupan los outliers.

```
> which(p_tukey)
[1] integer(0)
```

Valores atípicos asociados a las posiciones identificadas.

```
> x[p_tukey]
[1] numeric(0)
> p_tukey
  [1] FALSE FALSE FALSE FALSE FALSE FALSE
  [7] FALSE FALSE FALSE FALSE FALSE FALSE
 [13] FALSE FALSE FALSE FALSE FALSE FALSE
 [19] FALSE FALSE FALSE FALSE FALSE FALSE
 [25] FALSE FALSE FALSE FALSE FALSE FALSE
 [31] FALSE FALSE FALSE FALSE FALSE FALSE
 [37] FALSE FALSE FALSE FALSE FALSE FALSE
 [43] FALSE FALSE FALSE FALSE FALSE FALSE
 [49] FALSE FALSE FALSE FALSE FALSE FALSE
 [55] FALSE FALSE FALSE FALSE FALSE FALSE
 [61] FALSE FALSE FALSE FALSE FALSE FALSE
 [67] FALSE FALSE FALSE FALSE FALSE FALSE
 [73] FALSE FALSE FALSE FALSE FALSE FALSE
 .......
 [97] FALSE FALSE FALSE FALSE
```

Caso 5. Distancia de Cooks e Identificación de Outliers

A partir del enfoque de regresión se puede utilizar el concepto de distancia de Cooks. Esta realiza la estimación del cambio de cada valor ajustado, con `yhat` sin la i-ésima observación. Esto es, `yhat(j)` es el valor de la respuesta ajustada 'j', cuando se incluyen todas las observaciones y mide la influencia de cada observación. La `yhat(ji)` es el valor de la observación j cuando **no** se incluye la observación i, **P** es el número de coeficientes en el modelo de regresión; por último, **MSE** es el error cuadrático medio del modelo con todas las observaciones.

$$D_i = \frac{\sum_{j=1}^{n}\left(\hat{Y}_j - \hat{Y}_{j(i)}\right)^2}{P \times MSE}$$

Consideremos el siguiente ejemplo, donde solo se regresiona la variable de interés en función de una constante (lm(x ~ 1)), por lo que, el ajuste condicionado del modelo corresponde al promedio.

 # Distancia de cooks

La función lm (linear model) de R se usa para ajustar un modelo de regresión lineal simple. En nuestro caso un modelo base (sólo intercepto).

```
> mod1<-lm(x~1)
> mod1
Call:
lm(formula = x ~ 1)
Coefficients:
(Intercept)  10.47
> dcooks<-cooks.distance(mod1)
> plot(dcooks, pch=8, cex=1) # tipo y tamaño del símbolo: estrella y 1.
> abline(h=4*mean(dcooks,na.rm=T),col="red")
>         text(x=1:length(dcooks)+1,y=dcooks,labels=ifelse(dcooks>4*mean
(dcooks, na.rm=T), names(dcooks),""),col="red")
```

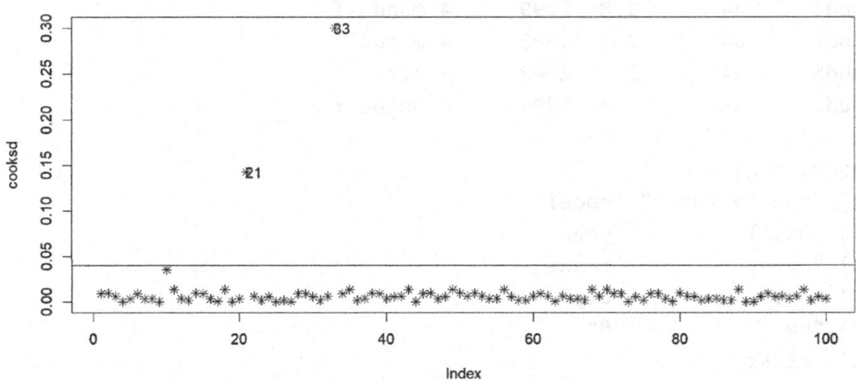

Caso 6. Tests Estadísticos para Detectar Valores Atípicos

El tratamiento formal de la detección de outliers requiere de técnicas estadísticas de contraste de hipótesis, las cuales garantizan una detección con base y fundamento. A continuación presentamos 3 tipos de contraste de hipótesis para la detección de outliers:

1. Prueba de Grubbs
2. Prueba de Dixon
3. Prueba de Rosner

Estas 3 pruebas estadísticas son parte de las técnicas de detección de valores atípicos formales, ya que todas implican el cálculo de una inferencia estadística para compararla con los valores críticos (que se basan en el tamaño de la muestra y el nivel de confianza deseado).

Tener en cuenta que las 3 pruebas son apropiadas solo cuando los datos (sin valores atípicos) tienen una distribución aproximadamente normal. Por lo tanto, el supuesto de normalidad debe verificarse antes de aplicar estas pruebas para valores atípicos (Kolmogorov-Smirnov (> 50) o Shapiro-Wilk (< 50)).

Elegimos la base de datos para las aplicaciones de los tests.
Hacemos uso del archivo mpg del paquete ggplot2, en particular, la variable referida al gasto en combustible (hwy).

Instalamos la Liberia ggplot2 y lo cargamos en memoria.

```
> install.packages("ggplot2")
> library(ggplot2)
> data(mpg)
> head(mpg)
# A tibble: 6 × 11
  manufa…¹ model displ  year   cyl trans drv
  <chr>    <chr> <dbl> <int> <int> <chr> <chr>
1 audi     a4      1.8  1999     4 auto… f
2 audi     a4      1.8  1999     4 manu… f
3 audi     a4      2    2008     4 manu… f
4 audi     a4      2    2008     4 auto… f
5 audi     a4      2.8  1999     6 auto… f

> names(mpg)
 [1] "manufacturer" "model"
 [3] "displ"        "year"
 [5] "cyl"          "trans"
 [7] "drv"          "cty"
 [9] "hwy"          "fl"
[11] "class"
```

1. **Prueba de Grubbs para el valor más alto o bajo**

   La prueba de Grubbs permite detectar si el valor más alto o bajo en un conjunto de datos es un valor atípico. Se detecta un valor atípico a la vez (valor más alto o bajo), por lo que las hipótesis nula y alternativa pueden formularse teniendo en cuenta si se trata de un valor alto o bajo.

   # El estadístico de Grubbs se define como sigue:

$$G = \frac{\max |x_i - \bar{x}|}{s}$$

Así, si queremos probar el valor más alto, entonces las hipótesis son:

- H0: el valor más alto NO es un valor atípico.
- H1: el valor más alto ES un valor atípico.

Y, si queremos probar el valor más bajo, entonces las hipótesis son:

- H0: el valor más bajo NO es un valor atípico.
- H1: el valor más bajo ES un valor atípico.

Valor crítico asociado al test de grubbs es:

$$G > \frac{n-1}{\sqrt{n}} \sqrt{\frac{k^2}{n-2+k^2}}$$

Como en cualquier otra prueba estadística, si el p-valor es menor que el umbral de significancia elegido (generalmente $\alpha = 0.05$), entonces se rechaza la hipótesis nula y concluiremos que el valor más bajo / más alto es un valor atípico. Por el contrario, si el p-valor es mayor o igual que el nivel de significación, la hipótesis nula no se rechaza y concluiremos que, con base en los datos, no rechazamos la hipótesis de que el valor más bajo / más alto no es un valor atípico. Debeos tener en cuenta que la prueba de Grubbs no es apropiada para un tamaño de muestra de 6 o menos ($n \leq 6$). Para realizar la prueba de Grubbs en R, usamos la función **grubbs.test** del paquete outliers.

Instalar la librería "`outliers`" y, luego, cargarlo en memoria con `library()`.

```
> Install.packages("outliers")
> library(outliers)
```

Test de Grubbs para el valor más alto (por defecto).

```
> test <- grubbs.test(mpg$hwy)
> test
    Grubbs test for one outlier

data:  mpg$hwy
G = 3.45274, U = 0.94862, p-value = 0.05555
alternative hypothesis: highest value 44 is an outlier
```

El p-valor es 0.056. para un nivel de significación del 5%, no rechazamos la hipótesis nula (H0) y concluimos que el valor más alto (44) no es un valor atípico.

Nótese que por defecto, la prueba se realiza en el valor más alto (como se muestra en la salida R: hipótesis alternativa: el valor más alto 44 es un

valor atípico). Si se desea hacer la prueba para el valor más bajo, simplemente agregue el argumento opposite = TRUE en la función grubbs.test.

Tests de Grubbs para el valor más bajo (opposite = T).

```
> test <- grubbs.test(mpg$hwy, opposite = TRUE)
> test

    Grubbs test for one outlier

data:  mpg$hwy
G = 1.92122, U = 0.98409, p-value = 1
alternative hypothesis: lowest value 12 is an outlier
```

El p-valor es 1 y para un nivel de significación del 5%, no rechazamos la hipótesis de que el valor más bajo 12 no es un valor atípico. Por lo tanto, para esta prueba no hay outliers en el banco de datos.

2. **Prueba de Dixon**

La prueba de Dixon es una prueba basada en Cercanías y se usa para probar si un valor alto o bajo es un valor atípico de manera similar a la prueba de Grubbs. Así, si se sospecha que hay más de un valor atípico, la prueba debe realizarse en esos valores atípicos sospechosos de forma individual. Para realizar la prueba de Dixon en R, usamos la función **`dixon.test`** del paquete **outliers**. A diferencia de la prueba de Grubbs, la prueba de Dixon es más útil para muestras de pequeño tamaño (normalmente $n \leq 25$), por lo que restringimos nuestro conjunto de datos a las 20 primeras observaciones (creamos subdat), ya que la prueba de Dixon es eficiente para muestras pequeñas, produciendo error si la muestra es más grande.

Al igual que antes, para probar que el valor más alto es un outlier o no, simplemente agregamos el argumento opposite = TRUE a la función dixon.test.

Instalar la librería "**`outliers`**" y, luego, cargarla en memoria con **`library()`**.

```
> Install.packages("outliers")
> library(outliers)
```

Generamos un subconjunto de datos con las 20 primeras observaciones.

```
> subdat <- mpg[1:20, ]
```

Las hipótesis para probar que el valor más bajo es un oulier son:

- H0: el valor más bajo NO es un valor atípico.
- H1: el valor más bajo ES un valor atípico.

Test de Dixon para el valor más bajo del subconjunto de datos "subdat".

```
> test <- dixon.test(subdat$hwy)
> test
    Dixon test for outliers

data:  subdat$hwy
Q = 0.57143, p-value = 0.006508
alternative hypothesis: lowest value 15 is an outlier
```

Observamos que el p-valor asociado es de 0,007 < 0,05 = α, por lo que hay evidencia suficiente para rechazar H0 y concluir que el valor más bajo de la submuestra (15) es un valor atípico.

Si queremos probar el valor más alto, entonces las hipótesis son:

- H0: el valor más alto NO es un valor atípico.
- H1: el valor más alto ES un valor atípico.

Test de Dixon para el valor más alto del conjunto de datos.

```
> test <- dixon.test(subdat$hwy, opposite = TRUE)
> test

    Dixon test for outliers

data:  subdat$hwy
Q = 0.25, p-value = 0.8582
alternative hypothesis: highest value 31 is an outlier
```

Los resultados muestran que el valor más más alto 31 **no** es un valor atípico, dado que el su p-valor asociado es de 0.858 > 0,05 = α. Esto es, no hay evidencia suficiente para rechazar la hipótesis H0.

Encontrar y excluir el valor más bajo.

```
> remove_ind <- which.min(subdat$hwy)
> subsubdat <- subdat[-remove_ind, ]
```

Dixon test on dataset without the minimum.

```
> test <- dixon.test(subsubdat$hwy)
> test
    Dixon test for outliers

data:  subsubdat$hwy
Q = 0.44444, p-value = 0.1297
alternative hypothesis: lowest value 20 is an outlier
```

3. **Prueba de Rosner**

La prueba de Rosner llamada también mutioutliers permite detectar hasta diez outliers en un grupo de datos. Y tiene la ventaja de que:

- Se utiliza para detectar conjuntos de valores atípicos (a diferencia de la prueba de Grubbs y Dixon, que muestran valores individuales).
- Está diseñado para evitar el problema del enmascaramiento, donde un valor atípico que tiene un valor cercano a otro valor atípico puede pasar desapercibido.
- Es más apropiada cuando el tamaño de la muestra es grande ($n \geq 20$).

Para realizar la prueba de Rosner usamos la función `rosnerTest` del paquete `EnvStats`. Esta función requiere al menos 2 argumentos: los datos y el número de valores atípicos sospechosos k (con k = 3 como el número predeterminado de valores atípicos sospechosos). En nuestro caso usamos que el número de valores atípicos sospechosos sea igual a 3, como sugiere el número de outliers potenciales descritos en el diagrama de caja inicial.

Los resultados interesantes se proporcionan en la tabla final:

```
> install.packages("EnvStats)
> library(EnvStats)
> testr <- rosnerTest(mpg$hwy,k = 3) # k es el número de valores atípicos sospechosos.
> testr
Results of Outlier Test
Test Method:                     Rosner's Test for Outliers

Hypothesized Distribution:       Normal

Data:                            mpg$hwy

Sample Size:                     234

Test Statistics:                 R.1 = 3.452739
                                 R.2 = 3.552586
                                 R.3 = 3.131909

Test Statistic Parameter:        k = 3

Alternative Hypothesis:          Up to 3 observations are not
                                 from the same Distribution.

Type I Error (alpha):            5%

Number of Outliers Detected:     0
```

```
  i  Mean.i      SD.i Value Obs.Num
1 0 23.44017 5.954643    44     213
2 1 23.35193 5.812124    44     222
3 2 23.26293 5.663340    41     223
     R.i+1 lambda.i+1 Outlier
1 3.452739   3.652091   FALSE
2 3.552586   3.650836   FALSE
3 3.131909   3.649575   FALSE
```

Observamos que según el test de Rosner el número de outliers es igual a cero en el conjunto de datos mpg$hwy.

4.15 DETECCIÓN DE VALORES PERDIDOS (MISSING VALUES)

El símbolo de los valores perdidos es NA. Los valores perdidos a menudo aparecen en las bases de datos reales y son los responsables de los sesgos en la estimación o la falta de robustez de las estimaciones.

Generamos un vector que incluya NAs.
Comenzamos creando un vector sin elementos.

```
> evens<-NULL
```

Generar datos a partir del 2 hasta 20, espaciados en 2.

```
> evens[seq(2,20,2)]<-seq(2,20,2)
> evens
 [1] NA  2 NA  4 NA  6 NA  8 NA 10 NA 12 NA 14 NA 16 NA 18 NA 20
```

Para identificar los valores perdidos hacemos uso de la función is.na().

```
> is.na(evens)
 [1]  TRUE FALSE  TRUE FALSE  TRUE FALSE  TRUE FALSE  TRUE FALSE  TRUE
FALSE  TRUE FALSE TRUE FALSE  TRUE FALSE  TRUE FALSE
```

Constatamos que todos los TRUE identifican la posición de los NAs.

Para localizar la posición de los valores no perdidos hacemos uso de: !is.na().

```
> !is.na(evens)
 [1] FALSE  TRUE FALSE  TRUE FALSE  TRUE FALSE  TRUE FALSE  TRUE FALSE
TRUE FALSE  TRUE FALSE  TRUE FALSE  TRUE FALSE  TRUE
```

Constatamos que todos los TRUE identifican las posiciones de los valores no perdidos.

Identificamos los valores válidos.

```
> evens[!is.na(evens)] # Aquí hemos usado la indexación lógica.
 [1]  2  4  6  8 10 12 14 16 18 20
```

Vector lógico con T==NA.

```
is.na(x)
[1] FALSE FALSE FALSE FALSE FALSE  TRUE FALSE  TRUE
```

TRUE = hay al menos un valor NA.

```
> any(is.na(x))
[1] TRUE
```

Alternativa a lo anterior.

```
> anyNA(x)
[1] TRUE
```

Indica las coordenadas donde están los NA.

```
> which(is.na(x))
[1] 6 8
```

Porcentaje de valores NA.

```
> mean(is.na(x))
[1] 0.25
```

Cantidad de valores perdidos en el vector.

```
> sum(is.na(x))
[1] 2
```

Adicionalmente, podemos omitir valores NA de un vector mediante indexación lógica:

```
>  x[!is.na(x)]
[1] 24 14 17 25 12 11

> all(na.omit(x) == x[!is.na(x)])
[1] TRUE
```

Eliminar los NAs

En R los valores perdidos se denotan por NA (Not Available). Cuando trabajamos con datos, ya sean numérico o caracteres, la tarea más importante a realizar es limpiar la base de datos y prepararla para los posteriores análisis (lo veremos más adelante).

Vamos a hacer una breve introducción a cómo eliminar los valores NA a través del siguiente ejemplo.

```
> x <- c(1,2,NA,NA,5)
> x
 [1]  1  2 NA NA  5
```

`> missing <- is.na(x)` # Identificamos los NA. La función is.na() es una función lógica.

```
> missing
 [1] FALSE FALSE  TRUE  TRUE FALSE
```

`> x[!missing]` # El símbolo ! equivale a "lo contrario". Por tanto, en esta línea estamos diciendo "de x, selecciona lo contrario de atípicos".

```
 [1] 1 2 5
```

Ahora supongamos que tenemos dos objetos (dos vectores), que tienen NAs, y nos queremos quedar únicamente con los casos completos. Esta situación se ilustra en el siguiente ejemplo:

```
> x <- c(1,2,NA,4,NA,6)
> y <- c("a","b",NA,"d",NA,"f" )
> completos <- complete.cases(x,y) # complete.cases() es una función lógica.
> completos
 [1]  TRUE  TRUE FALSE  TRUE FALSE  TRUE
> x[completos]
 [1] 1 2 4 6
> y[completos]
 [1] "a" "b" "d" "f"
```

 # Aplicación de los NA a un caso práctico

Por último, vamos a ver lo anterior aplicado a un caso más práctico. Cargamos los datos **airquality** que se encuentran en el paquete **datasets** y vamos a seleccionar únicamente los casos que están completos.

```
> data("airquality")
> head(airquality)
  Ozone Solar.R Wind Temp Month Day
1    41     190  7.4   67     5   1
2    36     118  8.0   72     5   2
3    12     149 12.6   74     5   3
4    18     313 11.5   62     5   4
5    NA      NA 14.3   56     5   5
6    28      NA 14.9   66     5   6
```

`> length(airquality)` # Nos dará el número de variables.

```
 [1] 6
```

`> dim(airquality)` # Indicará el número de observaciones (filas) y de variables (columnas).

```
 [1] 153   6
```

`> completos <- complete.cases(airquality)` # Nos dirá si tenemos datos de todas las variables para cada individuo.

```
> head(completos)
[1]  TRUE  TRUE  TRUE  TRUE FALSE FALSE
```

`> datos <- airquality[completos,]` # Airquality, selecciona todas las columnas de los casos completos.

```
> head(datos)
  Ozone Solar.R Wind Temp Month Day
1    41     190  7.4   67     5   1
2    36     118  8.0   72     5   2
3    12     149 12.6   74     5   3
4    18     313 11.5   62     5   4
7    23     299  8.6   65     5   7
8    19      99 13.8   59     5   8
```

`> dim(datos)` # Observamos que han sido eliminados 42 casos.

```
[1] 111   6
```

Técnicas avanzadas para tratar valores perdidos

```
> df_with_na <- data.frame(col1 = c(1, NA, 3, 6), col2 = c(4, 5, NA, 7)
```

Utilizar is.na() para identificar valores perdidos

is.na() se puede aplicar directamente sobre un vector o data frame para identificar los datos que faltan. Devuelve un TRUE correspondiente a cada valor perdido.

Generamos un vector que contiene NA.

```
> vector_with_na<-c(4, 5, NA, 7)
```

Identificamos los valores NA el vector de datos.

```
> is.na(vector_with_na)
[1] FALSE FALSE  TRUE FALSE
```

Identificamos los NA en la matriz de datos.

```
> is.na(df_with_na)
      col1  col2
[1,] FALSE FALSE
[2,]  TRUE FALSE
[3,] FALSE  TRUE
[4,] FALSE FALSE
```

TIPOS DE VALORES FALTANTES

Los valores faltantes son causados y pueden ser el resultado de sucesos al azar o de errores de registro o recogida de datos. La mayoría de los métodos de imputación de datos exigen que la ocurrencia de valores perdidos pueda ser explicada por el azar o debido a valores observados en otras variables o falta de información, proporcionando información acerca de los datos faltantes y la aleatoriedad de dichos datos (schafer Y Graham,2002).

Por lo que los tipos de valores faltantes pueden ser:

1. **Datos faltantes completamente al azar** (MCAR): la existencia de valores perdidos es independiente de los datos, por ejemplo, cuando se toma una muestra aleatoria de una población donde cada individuo tiene la misma probabilidad de pertenecer a la muestra, los datos faltantes de los miembros de la muestra pueden ser aleatoria.
2. **Datos faltantes al azar** (MAR): la probabilidad de ser un dato faltante es la misma dentro de los grupos definidos por los datos observados, por ejemplo, cuando al extraer la muestra de la población se considera, la probabilidad de ser incluida depende de alguna propiedad conocida. Este tipo de datos faltantes es el más común y usado.
3. **Datos faltantes no aleatorios**: la probabilidad de ser un dato faltante se debe a razones desconocidas. Tomando como caso de la opinión pública donde las personas con argumentos débiles responden con una menor frecuencia creando espacios en blanco o dejando respuestas vacías.

APLICACIÓN DE MÉTODOS DE IMPUTACIÓN

En R, los métodos de imputación para valores faltantes incluyen **técnicas simples** como la imputación por media, mediana o moda, **y métodos más avanzados** como la imputación múltiple usando el paquete `mice` o algoritmos de aprendizaje automático como missForest, que emplea Random Forests. Otros métodos son la **imputación por regresión**, la imputación por **k-vecinos más cercanos** (KNN), y la imputación Last Observation Carried Forward (LOCF) para datos longitudinales.

En R los paquetes más utilizados son los siguientes:

- `mice`: para la imputación múltiple con un enfoque de ecuaciones encadenadas.
- `missForest:` para la imputación múltiple basada en Random Forests.
- `Hmisc:` contiene la función impute para imputar valores utilizando métodos estadísticos definidos por el usuario como la media, mediana o aleatorio.

En general, la imputación implica la sustitución de los valores faltantes por valores estimados. Los procedimientos más utilizados son los siguientes:

- **Imputación por medio de los estadísticos Media, Mediana o Moda**: consiste en el reemplazo de los valores faltantes por los valores de la media (para datos continuos), mediana (para datos continuos sesgados u ordinales) o moda (para datos categóricos). En general, es el de uso más común por su facilidad de implementación, aunque, no es recomendable porque reduce la variabilidad de los datos debido a que se introduce la misma cantidad para una gran cantidad de observaciones. Nunca debe ser usada con datos MNAR.

Ilustración: contamos con los datos del archivo "iris" que forma parte de los datos disponibles en R.

```
> data(iris)
> dNa<-iris
```

Instalamos el paquete missForest para generar NAs.

```
> install.packages("missForest")
> library(missForest)
```

Generamos datos perdidos en la base de datos "dNa".

```
> dfA<-prodNA(dNA,noNA=0.1)
> summary(dfA)
  Sepal.Length    Sepal.Width     Petal.Length    Petal.Width
 Min.   :4.300   Min.   :2.000   Min.   :1.100   Min.   :0.100
 1st Qu.:5.100   1st Qu.:2.800   1st Qu.:1.600   1st Qu.:0.300
 Median :5.800   Median :3.000   Median :4.400   Median :1.300
 Mean   :5.811   Mean   :3.058   Mean   :3.757   Mean   :1.206
 3rd Qu.:6.400   3rd Qu.:3.300   3rd Qu.:5.100   3rd Qu.:1.800
 Max.   :7.900   Max.   :4.400   Max.   :6.900   Max.   :2.500
 NA's   :18      NA's   :16      NA's   :11      NA's   :14
       Species
 setosa    :45
 versicolor:44
 virginica :45
 NA's      :16
```

Seleccionamos sólo datos numéricos en el archivo dfA y lo denominamos dfA2.

```
> dfA2<-dfA %>% select(-Species)
> head(dfA2)
  Sepal.Length Sepal.Width Petal.Length Petal.Width
1          5.1         3.5          1.4         0.2
2          4.9         3.0          1.4         0.2
3          4.7         3.2          1.3         0.2
4          4.6         3.1          1.5         0.2
5           NA         3.6          1.4         0.2
6          5.4         3.9          1.7         0.4
```

A continuación realizamos la imputación de la media y la mediana.

```
>    dfA2$Sepal.Length[is.na(dfA2$Sepal.Length)]<-mean(dfA2$Sepal.Len
gth,na.rm=T)
>     dfA2$Sepal.Width[is.na(dfA2$Sepal.Width)]<-median(dfA2$Sepal.Wi
dth,na.rm=T)
> dfA2$Petal.Length[is.na(dfA2$Petal.Length)]<-median(dfA2$Petal.Len
gth,na.rm=T)
>  dfA2$Petal.Width[is.na(dfA2$Petal.Width)]<-mean(dfA2$Petal.Width,
na.rm=T)
> summary(dfA2)
  Sepal.Length    Sepal.Width     Petal.Length    Petal.Width
 Min.   :4.300   Min.   :2.000   Min.   :1.100   Min.   :0.100
 1st Qu.:5.100   1st Qu.:2.800   1st Qu.:1.600   1st Qu.:0.400
 Median :5.811   Median :3.000   Median :4.400   Median :1.300
 Mean   :5.811   Mean   :3.052   Mean   :3.804   Mean   :1.206
 3rd Qu.:6.300   3rd Qu.:3.275   3rd Qu.:5.100   3rd Qu.:1.800
 Max.   :7.900   Max.   :4.400   Max.   :6.900   Max.   :2.500
```

Observamos que los NA observados en el summary(dfA) han sido sustituidos por la media y la mediana, respectivamente.

- **Imputación por Regresión**: es un método que consiste en completar los valores faltantes en un conjunto de datos, estimando la relación lineal entre la variable con valores perdidos y otras variables predictoras disponibles. Esto es, genera un modelo de regresión con las variables disponibles y usa la ecuación de regresión para predecir y reemplazar los valores faltantes.

- **Imputación LOCF** (Last Observation Carried Forward): es un método específico para datos longitudinales, reemplaza un valor faltante con el último valor observado válido o anterior.

Cargamos la base de datos "AirPassengers" en R y la renombramos como "serie".

```
> data("AirPassengers")
> serie=AirPassengers
> serie[c(6,9,60)]<-NA
> serie
     Jan Feb Mar Apr May Jun Jul Aug Sep Oct Nov Dec
1949 112 118 132 129 121  NA 148 148  NA 119 104 118
1950 115 126 141 135 125 149 170 170 158 133 114 140
1951 145 150 178 163 172 178 199 199 184 162 146 166
1952 171 180 193 181 183 218 230 242 209 191 172 194
1953 196 196 236 235 229 243 264 272 237 211 180  NA
1954 204 188 235 227 234 264 302 293 259 229 203 229
1955 242 233 267 269 270 315 364 347 312 274 237 278
1956 284 277 317 313 318 374 413 405 355 306 271 306
```

```
1957 315 301 356 348 355 422 465 467 404 347 305 336
1958 340 318 362 348 363 435 491 505 404 359 310 337
1959 360 342 406 396 420 472 548 559 463 407 362 405
1960 417 391 419 461 472 535 622 606 508 461 390 432
```

Instalamos los paquete zoo y hacemos uso de la función "na.locf()", donde el argumento "fronLast" si es igual a T reemplaza el NA con el valor posterior y si es F con el valor anterior.
También instalamos el paquete "imputeTS" cuya función es "na.locf()", donde el argumento "option" si toma el valor locf entonces reemplaza el NA con el dato anterior y si toma el valor nocb lo reemplaza con el dato posterior.

```
> install.packages("zoo")
> library(zoo)
```

La sintaxis en R es la siguiente:
Imputación con el paquete "imputeTS".

```
> na_locf(serie temporal, option)
```

ⓘ Nota

Option: **locf** para reemplazar con la anterior, **nocb** para reemplazar con la posterior.

Imputación con el paquete "zoo".

```
> na.locf(serie temporal, fromLast)
```

Nota. fromLast: valor a true para reemplazar con la posterior, en caso contrario con la anterior.

Aplicamos la función na.locf del paquete zoo.
Reemplazamos los NA ubicados en 6, 9 y 60).

```
> na.locf(serie, fromLast=T)
     Jan Feb Mar Apr May Jun Jul Aug Sep Oct Nov Dec
1949 112 118 132 129 121 148 148 148 119 119 104 118
1950 115 126 141 135 125 149 170 170 158 133 114 140
1951 145 150 178 163 172 178 199 199 184 162 146 166
1952 171 180 193 181 183 218 230 242 209 191 172 194
1953 196 196 236 235 229 243 264 272 237 211 180 204
1954 204 188 235 227 234 264 302 293 259 229 203 229
1955 242 233 267 269 270 315 364 347 312 274 237 278
1956 284 277 317 313 318 374 413 405 355 306 271 306
1957 315 301 356 348 355 422 465 467 404 347 305 336
1958 340 318 362 348 363 435 491 505 404 359 310 337
1959 360 342 406 396 420 472 548 559 463 407 362 405
1960 417 391 419 461 472 535 622 606 508 461 390 432
```

REFERENCIAS

- Hawkins, D. M. (1980). Identification of outliers (Vol. 11). London: Chapman and Hall.
- Aldás Manzano, J., & Uriel Jiménez, E. (2017). Análisis multivariante aplicado con R. Ediciones Paraninfo, SA.

4.16 TABLAS DE FRECUENCIA Y CONTINGENCIA

Las tablas de frecuencia son muy utilizadas en estadística y R permite crear tablas de una forma sencilla. En este capítulo se explican las principales funciones para la elaboración de tablas.

Tabla de contingencia con table()

La función table sirve para construir tablas de frecuencia de una vía, a continuación, la estructura de la función.

```
table(..., exclude, useNA)
```

Los parámetros de la función son:

- ... espacio para ubicar los nombres de los objetos (variables o vectores) para los cuales se quiere construir la tabla.
- exclude: vector con los niveles a remover de la tabla. Si `exclude=NULL` implica que se desean ver los NA, lo que equivale a `useNA = 'always'`.
- useNA: instrucción de lo que se desea con los NA. Hay tres posibles valores para este parámetro: 'no' si no se desean usar, `'ifany'` y `'always'` si se desean incluir.

Tabla de frecuencia de una vía

Considere el vector `fuma` mostrado a continuación y construya una tabla de frecuencias absolutas para los niveles de la variable frecuencia de fumar.

Generación del vector fuma.

```
fuma <- c('Frecuente', 'Nunca', 'A veces', 'A veces', 'A veces', 'Nunca',
'Frecuente', NA, 'Frecuente', NA, 'Hola', 'Nunca', 'Hola', 'Frecuente',
'Nunca')
```

A continuación se muestra el código para crear la tabla de frecuencias para la variable fuma.

```
> dfu <- table(fuma)
> dfu
dfuma
  A veces Frecuente      Hola     Nunca
        3         4         2         4
```

De la tabla anterior vemos que NO aparece el conteo de los NA, para obtenerlo usamos lo siguiente.

```
> table(fuma, useNA="always")
fuma
  A veces Frecuente      Hola     Nunca      <NA>
        3         4         2         4         2
```

Por último, construyamos la tabla sin los NA, a esta última tabla la llamaremos tabla 1 para luego poder usarla. Las instrucciones para hacer esto son las siguientes.

```
> tabla1 <- table(fuma, exclude=c(NA))
> tabla1
fuma
  A veces Frecuente      Hola     Nunca
        3         4         2         4
```

Tabla de frecuencia de dos vías

Al crear una tabla con la instrucción table (var1, var2), la variable 1 quedará por filas mientras que la variable 2 estará en las columnas.

Considere otro vector sexo mostrado a continuación y construya una tabla de frecuencias absolutas para ver cómo se relaciona el sexo con fumar del ejemplo anterior.

Generamos el vector sexo.

```
sexo <- c('Hombre', 'Hombre', 'Hombre', NA, 'Mujer', NA, 'Mujer', 'Mujer',
'Mujer', 'Hombre', 'Mujer', 'Hombre', NA, 'Mujer', 'Mujer')
```

Generamos un tabla de frecuencias.

```
> table(sexo, useNA="always")

sexo
Hombre  Mujer   <NA>
     5      7      3
```

Por último, construyamos la tabla sin los NA, a esta última tabla la llamaremos tabla2.

```
> tabla2<-table(sexo, exclude = c(NA))
> tabla2
sexo
Hombre  Mujer
     5      7
```

Construimos la tabla frecuencia de dos vías usando el código.

```
> tabla3<-table(sexo,fuma)
> tabla3
        fuma
sexo     A veces Frecuente Hola Nunca
  Hombre       1         1    0     2
  Mujer        1         3    1     1
```

Función prop.table (Frecuencias relativas)

La función `prop.table` se utiliza para crear tablas de frecuencia relativa a partir de tablas de frecuencia absoluta.

```
# La sintaxis de la estructura de la función se muestra a continuación.
> prop.table(x, margin=NULL)
```

donde:

- x: tabla de frecuencia.
- margin: valor de 1 si se desean proporciones por filas, 2 si se desean por columnas, NULL si se desean frecuencias globales.

 # Tabla de frecuencia relativa de una vía

```
# Obtener la tabla de frecuencia relativa para la tabla1. La sintaxis es:
> prop.table(tabla1)
fuma
  A veces Frecuente      Hola     Nunca
0.2307692 0.3076923 0.1538462 0.3076923
```

 # Tabla de frecuencia relativa de dos vías

```
# Obtener la tabla de frecuencias relativas global. El resultado se almacena en el objeto tabla4.
> tabla4<-prop.table(tabla3)
> tabla4
      fuma
sexo     A veces Frecuente Hola Nunca
  Hombre     0.1       0.1  0.0   0.2
  Mujer      0.1       0.3  0.1   0.1
```

```
# Obtener la tabla de frecuencias relativas marginal por columnas.
> tabla5<-prop.table(tabla3,margin=2)
> tabla5
      fuma
sexo       A veces Frecuente      Hola     Nunca
  Hombre 0.5000000 0.2500000 0.0000000 0.6666667
  Mujer  0.5000000 0.7500000 1.0000000 0.3333333
```

```
# Obtener la tabla de frecuencias relativas marginal por filas.
> tabla6<-prop.table(tabla3, margin=1)
> tabla6
      fuma
sexo       A veces Frecuente      Hola     Nunca
  Hombre 0.2500000 0.2500000 0.0000000 0.5000000
  Mujer  0.1666667 0.5000000 0.1666667 0.1666667
```

Función addmargins

Esta función se puede utilizar para agregar los totales por filas o por columnas a una tabla de frecuencia absoluta o relativa. La estructura de la función es la siguiente: `addmargins(y, margin)`.

donde:

- y: tabla de frecuencia.
- margin: valor de 1 si se desean proporciones por columnas, 2 si se desean por filas, NULL si se desean frecuencias globales.

Obtener la suma de las tablas: tablas4, tabla5 y Tabla6, con los totales márgenes global por columnas y por filas, respectivamente.
Obtener la suma de las marginales global.

```
> addmargins(tabla4)
        fuma
sexo     A veces Frecuente Hola Nunca Sum
  Hombre     0.1       0.1  0.0   0.2 0.4
  Mujer      0.1       0.3  0.1   0.1 0.6
  Sum        0.2       0.4  0.1   0.3 1.0
```

Obtener la suma por columnas (fijamos la columna y sumamos las filas).

```
> addmargins(tabla4,margin=1)
        fuma
sexo     A veces Frecuente Hola Nunca
  Hombre     0.1       0.1  0.0   0.2
  Mujer      0.1       0.3  0.1   0.1
  Sum        0.2       0.4  0.1   0.3
```

Obtener la suma por filas (fijamos las filas y sumamos las columnas).

```
> addmargins(tabla4,margin=2)
        fuma
sexo     A veces Frecuente Hola Nunca Sum
  Hombre     0.1       0.1  0.0   0.2 0.4
  Mujer      0.1       0.3  0.1   0.1 0.6
```

Note que los valores de 1 y 2 asociados al argumento "margin" de las funciones prop.table y addmargin significan lo contrario.

5

CARACTERÍSTICAS DE LAS BASES DE DATOS (FORMATOS Y EXTENSIONES)

Un formato de base de datos se define como un conjunto de datos organizados que almacenan información. Este formato determina la estructura de los archivos, desde tablas separadas hasta un único archivo grande. Los formatos de nuestro interés son los archivos abiertos que permiten la interoperabilidad entre diferentes sistemas y herramientas, como XML, CSV o JSON, etc.

En términos generales, los sistemas estadísticos como R no son particularmente los mejores para manipular datos a gran escala. Si bien otros sistemas pueden ofrecer herramientas más adecuadas para la manipulación de datos que R, ello no supone dejar de lado la tarea de seguir elaborando paquetes que integren estos otros desarrollos, de modo que el proyecto CRAN mantenga su autonomía e independencia de los desarrollos comerciales. Los sistemas de manipulación de bases de datos son a menudo adecuados para manipular y extraer datos (importar y exportar) haciendo uso de varios paquetes que permiten interactuar con bases de datos o sistemas de gestión de bases de datos.

Hay datos de muchos tipos y en muchos formatos: imágenes, texto, números, … , pero nosotros nos centraremos en conjuntos de datos que pueden almacenarse en formatos de hojas de cálculo, o texto, ya que estas son las formas más habituales de trabajar con datos en las ciencias sociales.

RStudio permite cargar datos a través de menús (File → Import → Dataset). Por menús se pueden cargar datos con extensiones CSV, EXCEL, SPSS, SAS y STATA. Es recomendable también hacer uso de los sripts, además del menú.

Al usar los menús de RStudio para importar datos en realidad estamos llamando a ciertas funciones que son las que importan realmente los datos. Es más, para importar datos a través de los menús, RStudio no usa las funciones de R-base sino las funciones de dos packages más amigables: `readr y haven`. En este libro seguiremos este enfoque y usaremos `readr y haven`, además de algún otro paquete, para importar y exportar datos, y hacer todo el análisis (incluso la generación de informes) en el entorno R.

Dado que para importar/exportar datos es necesario hacer uso de las funciones de varios packages, tenemos que saber cómo acceder a la documentación que explica su uso y funcionamiento.

Para acceder a la documentación de los "packages" vamos al repositorio oficial de package en el link: https://cran.r-project.org/web/packages/readr/index.html. Todos los packages en CRAN tienen un "Manual de referencia" (Reference Manual) que es un pdf con una extensa información de cada una de las funciones de los packages. Habitualmente los packages también tienen unos documentos llamados vignettes que explican de forma más genérica para qué sirve y cómo se usa el package.

En RStudio se puede acceder a la documentación oficial de los packages mediante la siguiente sintaxis:

```
> help(package = readr)
```

La librería `readr` que vamos a utilizar tiene más de 80 funciones. Algunas de tales funciones son:

- `read_csv,read_csv2,read_delim,read_table,read_rds….`
- `write_csv ….`

Si se quiere visualizar la documentación de la función `read_csv` del package `readr`, hacemos uso de la función `help()`.

```
> help(read_csv, package = "readr")
```

5.1 BASES DE DATOS TIDY Y NO TIDY

De forma sencilla, `tidy data` son simplemente datos organizados de una determinada manera y, posiblemente estemos familiarizados con este tipo de estructura de datos.

La gran mayoría de datos utilizados se ajustan a la categoría de datos tabulares; es decir, están organizados en filas y columnas. En R este tipo de datos se almacenan en estructuras de data.frames (o en tibbles). En esencia, un data.frame será tidy si cada columna es una variable y cada fila es una unidad de análisis (persona, país, región etc…); esto es, cada celda contiene el valor de una variable para una unidad de análisis concreta.

Ejemplo de datos **No tidy.**

```
> iris1<-head(iris)
> iris2<-data.frame(t(iris1))
> iris2
Sepal.Length    5.1    4.9    4.7    4.6    5.0    5.4
Sepal.Width     3.5    3.0    3.2    3.1    3.6    3.9
Petal.Length    1.4    1.4    1.3    1.5    1.4    1.7
Petal.Width     0.2    0.2    0.2    0.2    0.2    0.4
Species      setosa setosa setosa setosa setosa setosa
```

Ejemplo de datos **tidy pero wide.**

```
> data(iris)
> head(iris)
  Sepal.Length Sepal.Width Petal.Length Petal.Width Species
1          5.1         3.5          1.4         0.2  setosa
2          4.9         3.0          1.4         0.2  setosa
3          4.7         3.2          1.3         0.2  setosa
4          4.6         3.1          1.5         0.2  setosa
5          5.0         3.6          1.4         0.2  setosa
6          5.4         3.9          1.7         0.4  setosa
```

REFERENCIAS

- Albert, J. y Rizzo, M. (2012). R by Example. Concepts to Code. Springer.
- Emmanuel Paradis. R para principiantes. Université Montpellier II.

5.2 BASES DE DATOS PRECARGADOS EN R

R-base viene con muchos datos precargados, concretamente, en la librería de R-base llamado datasets. Además, muchas librerías, como ggplot2, contienen también conjuntos de datos.

En R, los paquete de datos se encuentra disponible en CRAN y pueden ser instalados ejecutando el siguiente código:

```
> install.packages("datos")
> Library(datos)
```

Para ver los dataset precargados en R utilizamos la función `data()`:
Se abre una ventana con el listado de datos disponibles.

```
> data()
Data sets in package 'datasets':

AirPassengers         Monthly Airline Passenger Numbers 1949-1960
BJsales               Sales Data with Leading Indicator
BOD                   Biochemical Oxygen Demand
CO2                   Carbon Dioxide Uptake in Grass Plants
ChickWeight         Weight versus age of chicks on different diets
.........
```

Si queremos guardar el listado de datos, por ejemplo, de 'ggplot2' como un data-frame, la sintaxis es (Llamaremos "aa" a los datos del data-frame):

```
> aa <- as.data.frame(data()[[3]])
> head(aa)
 Package                                          LibPath
1   datos C:/Users/juanl/AppData/Local/R/win-library/4.4
2   datos C:/Users/juanl/AppData/Local/R/win-library/4.4
3   datos C:/Users/juanl/AppData/Local/R/win-library/4.4
4   datos C:/Users/juanl/AppData/Local/R/win-library/4.4
5   datos C:/Users/juanl/AppData/Local/R/win-library/4.4
6   datos C:/Users/juanl/AppData/Local/R/win-library/4.4
               Item                          Title
1  aerolineas (data)         Nombres de aerolíneas
2 aeropuertos (data)          Datos de aeropuertos
3   atmosfera (data)            Datos atmosféricos
4     aviones (data)              Datos de aviones
5  bateadores (data) Tabla de estadísticas de bateo
6       clima (data)                Datos de clima
```

Si queremos ver los datos que hay en una librería concreta utilizamos la sintaxis:

```
> data(package = "pkg_name")
```

Podemos ver en una ventana el listado de datos disponibles de la librería ggplot2.

```
> data(package = "ggplot2")
```

También podemos guardar el listado de datos del pkg ggplot2 en el df "aa".

```
> aa <- as.data.frame(data(package = "ggplot2")[[3]])%>% select(-2)
```

Análogamente, podemos guardar el listado de datos del pkg ggplot2 en formato tibble.

```
> aa <- as_tibble(data(package = "ggplot2")[[3]])%>% select(-2)
```

El paquete **ggplot2** tiene los siguientes conjuntos de datos:

Item	Title
diamonds	Prices of 50000 round cut diamonds
economics	US economic time series
economics_long	US economic time series
faithfuld	2d density estimate of Old Faithfuld data
luv_colours	colors()'in Luv space
midwest	Midwest demographics
mpg	Fuel economy data from 1900 and 2008 for 38popular models of car
msleep	An updated and expanded versión of he mammals sleep dataset
presidental	Terms of 11 presidents from Eisenhower to Obama
seals	Vector field of seal movements
txhousing	Housing sales in TX

 # Otros paquetes que tienen conjuntos de datos

- **Package dplyr:**
  - **mtcars**
  - **iris**
- **Package tidyr:**
  - **diamonds**
  - **long_data**
  - **wide_data**
  - **players**
- **Packages readr:**
  - **mtcars**
- **Packages tibble:**
  - **mtcars**

> ⓘ **Nota y comentario**
>
> El operador pipe o pipeline %>% es útil para concatenar múltiples operaciones del paquete dplyr.

Para ver todos los datasets que hay en las librerías, tenemos en ir a la librería de packages de nuestro ordenador, con la siguiente sintaxis:

```
> data(package =.packages(all.available = TRUE))
```

Se abre una ventana donde se ve el listado de todos los datasets que contienen los paquetes de R.

5.3 VISUALIZACIÓN DE LAS VARIABLES DE UN DATA-FRAME

Supongamos que ya hemos cargado un conjunto de datos y que está almacenado en un data-frame llamado 'xxxx'. Por ejemplo, podemos tratar de ver los nombres de las variables (columnas) del dataset iris (que está integrado en R).

La función `head()` muestra las n-primeras filas del data-frame iris.

```
> head(iris, n = 4)
  Sepal.Length Sepal.Width Petal.Length  Petal.Width  Species
1      5.1          3.5            1.4          0,2      setosa
2      4.9          3.0            1.4          0,2      setosa
3      4.7          3.2            1.3          0,2      setosa
4      4.6          3.1            1.5          0,2      setosa
```

La función `tail()` muestra las n-últimas filas del data-frame iris.

```
> tail(iris, n=4)
    Sepal.Length Sepal.Width Petal.Length Petal.Width   Species
147          6.3         2.5          5.0         1.9 virginica
148          6.5         3.0          5.2         2.0 virginica
149          6.2         3.4          5.4         2.3 virginica
150          5.9         3.0          5.1         1.8 virginica
```

`names()` muestra los nombres de las variables de un dataframe.

```
> names(iris)
 [1]"Sepal.Length""Sepal.Width""Petal.Length" "Petal.Width"
 [5] "Species
```

La función `summary()` nos hace un resumen del data-frame.

```
> summary(iris)
Sepal.Length      Sepal.Width       Petal.Length      Petal.Width          Species
Min.   : 4.300   Min.   : 2.000   Min.   : 1.000   Min.   : 0.100   setosa    :50
1st Qu.: 5.100   1st Qu.: 2.800   1st Qu.: 1.600   1st Qu.: 0.300   versicolor:50
Median : 5.800   Median : 3.000   Median : 4.350   Median : 1.300   virginica :50
Mean   : 5.843   Mean   : 3.057   Mean   : 3.758   Mean   : 1.199
3rd Qu.: 6.400   3rd Qu.: 3.300   3rd Qu.: 5.100   3rd Qu.: 1.800
Max.   : 7.900   Max.   : 4.400   Max.   : 6.900   Max.   : 2.500
```

Se observa que la variable "Species" no tiene media, ni minimo, ni max. ... y es porque se trata de una variable factor.

Si se desea verificar de qué clases son las variables que contiene el data-frame, estudiamos la estructura del data-frame para visualizar los nombres y el tipo de variables de la dataset. Para ello, utilizamos la función `str()`.

```
> str(iris)
   'data.frame':    150 obs. of  5 variables:
  $ Sepal.Length: num  5.1 4.9 4.7 4.6 5 5.4 4.6 5 4.4 4.9 ...
  $ Sepal.Width : num  3.5 3 3.2 3.1 3.6 3.9 3.4 3.4 2.9 3.1 ...
  $ Petal.Length: num  1.4 1.4 1.3 1.5 1.4 1.7 1.4 1.5 1.4 1.5 ...
  $ Petal.Width : num  0.2 0.2 0.2 0.2 0.2 0.4 0.3 0.2 0.2 0.1 ...
  $ Species: Factor w/ 3 levels "setosa","versicolor",..: 1 1 1 1 1 1
1 1 1 ...
```

5.4 DOCUMENTACIÓN DE LAS FUNCIONES EN R

Si se quiere acceder a la documentación de una función concreta; por ejemplo de la función `read_csv()`, utilizamos la función `help()` o el operador `"?"`.

Para visualizar la documentación de la función `read_csv()` del package `readr`, la sintaxis es la siguiente:

```
> help(read_csv, package = "readr")
```

En el caso de que el paquete ya estuviera cargado en menoria (library), es posible acceder a la documentación de las funciones de R con la sintaxis:

```
> help(mean)
```

También es posible acceder a la documentación con el operador `'?'`.

```
> ?mean
```

Principales paquetes anidados en el paquete tidyverse

Los principales packages del tidyverse son:

- readr: para importar datos.
- tidyr: para convertir los datos a tidy data.
- dplyr: para manipular datos.
- ggplot2: para hacer gráficos.
- purrr: para la programación de funciones.

Todos estas librerías se han agrupado en un solo package, denominado "tidyverse". Esto significa que basta con instalar el paquete tidyverse para disponer del conjunto de paquetes incluidos en él.

6

IMPORTACIÓN Y EXPORTACIÓN DE BASES DE DATOS

Por lo general, estamos acostumbrados a visualizar datos en formato tabular; es decir, como una tabla donde las columnas son variables y las filas son observaciones o casos de esas variables para diferentes unidades de análisis ("individuos", "casos", "observaciones", "n"). Las columnas se separan con un carácter (generalmente una coma) y las filas con un salto de línea.

6.1 FORMATOS DE BASES DATOS Y FUNCIONES EN R

A continuación, estudiamos distintos formatos de datos y las funciones de R para importar tales bases de datos.

1. Datos en formato texto (o tabulares)
   - ¡CSV: datos separados por comas.
   - TEXT: datos en formato texto (ASCCI) o tabulares.
2. ¡Formatos de otros programas (software propietario)
   - ¡EXCEL: .xls y .xlsx
   - SPSS: .sav y .por
   - STATA: .dta
   - SAS: .sas
3. Formatos propios de R
   - R objects: .RData o .rda
   - Serialized R objects: .rds
4. Otros Formatos
   - JSON.
   - XML.

5. Además aprenderemos como bajar datos a través de APIs:
   - Eurostat.
   - INE.
   - Banco Mundial (World Bank).
   - FMI.
   - BCE.
   - Banco de España.
   - BID.

6.2 HERRAMIENTAS DE IMPORTACIÓN DE BASES DE DATOS

Los datos que se quieren importar a R pueden provenir de distintos formatos: archivos planos, archivos de software estadístico, bases de datos y datos web.

La importación de diferentes tipos de datos en R suele requerir enfoques diferentes, según cual sea la extensión en la que están archivados los datos.

Los **archivos planos** suelen ser simples archivos de texto que contienen datos de tablas. R proporciona las funciones para importar estos archivos planos como un data-frame, tales como `read.table()` y `read.csv()` del paquete `utils`. Los paquetes específicos de R para importar datos de archivos planos son `readr`, un paquete rápido y muy fácil de usar que es menos verboso que `utils` y varias veces más rápido (más información), además de la función `fread()` de `data.table` para importar y cargar datos en R.

En el caso de los **archivos Excel** que se quiere importar a R, es una buena idea echar un vistazo al paquete `readxl`. Alternativamente, existe el paquete `gdata` que tiene una función que soporta la importación de datos de Excel, y el paquete `XLConnect`. Este último actúa como un verdadero puente entre Excel y R, lo que significa que podremos hacer cualquier acción que podríamos hacer en Excel pero lo hacemos desde R.

Los paquetes de **software como SAS, STATA y SPSS** utilizan y producen sus **propios archivos**. El paquete `haven`, de Hadley Wickham, se encarga de importar archivos de datos de SAS, STATA y SPSS a R y es muy fácil de usar. También existe el paquete `foreign`, que es capaz de importar no sólo archivos SAS, STATA y SPSS, sino también formatos más exóticos como **Systat y Weka**. También es capaz de exportar los datos de nuevo a varios formatos.

Los paquetes utilizados para conectarse a una **base de datos relacional** e importarla depende del tipo de base de datos a la que se quiera conectar. Supongamos que uno quiere conectarse a una **base de datos MySQL**, para ello, necesitaremos el paquete `RMySQL`. Otros ejemplos son el paquete `RpostgreSQL` y `ROracle`.

Las funciones de R que podemos utilizar para acceder y manipular bases de datos se especifican en otro paquete de R llamado `DBI`.

Si queremos recolectar **`datos de la web`** usando R, necesitaremos conectar R a los recursos en línea usando **`API's`** o a través de **`scraping`** con paquetes como **`rvest`**. Esta librería ayuda a recolectar (o cosechar) datos de páginas web. Está diseñado para trabajar con **`magrittr`** para facilitar la expresión de las tareas comunes de raspado web (o desguese), inspirado en bibliotecas como **`beautiful soup`** y **`RoboBrowser`**.

Si estás desguesando múltiples páginas Webs, es recomendable hacer uso de la librería **`rvest`** junto con **`polite`**. El paquete **`polite`** garantiza que se respete el archivo **`robots.txt`** y que no se machaque el sitio con demasiadas consultas o peticiones. Para empezar la andadura en este entorno, el recurso recomendable y gratuito es el blog de Rolf Fredheim.

Resumiendo, la importación de datos requiere de herramientas de lectura y carga que tenga en cuenta la extensión en la que viene escrito el archivado o el fichero de datos. Entre las herramienta de R más utilizadas tenemos:

- **`read.csv()`** lee archivos delimitados por **comas**, y separa los decimales con **puntos**.
- **`read.csv2()`** lee archivos separados por **puntos y comas** y separa los decimales con **comas** (común en países donde ',' es utilizada para separar decimales).
- **`read.tsv()`** lee archivos delimitados por **tabulaciones.**
- **`read.delim()`** archivos con **cualquier delimitador** definido como **("\t")** y con separador de decimales un **punto**.
- **`Read.delim2()`** archivos con **cualquier delimitador** definido como **("\t")** y con separados de decimales una **coma**.
- **`Read.fwf()`** lee archivos de **ancho fijo**. Se puede especificar los campos ya sea por su ancho con **`fwf_widths()`**o por su **ubicación** con **`fwf_positions()`**.
- **`Read.table()`** lee una **variante** común de los archivos de **ancho fijo** en los que las columnas o datos se encuentran **separadas por espacios**.
- **`Read.log()`** lee archivos de registro **estilo Apache**. Se recomienda revisar también **`webreadr`**, que está construido sobre **`read.log()`** y proporciona muchas otras herramientas útiles.

El procedimiento práctico para leer y cargar archivos de datos en R consiste en hacer uso de las siguientes dos opciones:

a) Trabajar con el paquete **`'readr'`** cuando tienes muchos datos.
b) Trabajar con la sentencia **`read.table`**.

OPCIÓN A: utiliza el paquete readr().

Instalar el paquete 'readr'. La sintaxis es:

```
> install.packages("readr")
```

Cargar el paquete en el espacio de trabajo o memoria de R.

```
> library(readr)
```

Una vez cargado el paquete `readr` en el espacio de trabajo, podemos trabajar con él.
Tenemos cuatro funciones posibles:

- `read.csv()`: para leer archivos con coma (",") como separador.
- `read.csv2()`: para leer archivos con punto y coma (";") como separador.
- `read.tsv()`: para leer archivos con tabulador ("\t") como separador.
- `read.delim(,sep ='|')`: para leer archivos con un separador distinto, como el símbolo '|'.

OPCIÓN B: utiliza la función `read.table()`.

Esta opción es recomendable cuando no se tienen muchos datos.
Es muy útil cuando tienes encabezados en las primeras filas que no quieres leer. La sintaxis es la siguiente:

```
> read.table(file.choose(), skip = 2, header =TRUE, sep =';')
```

Esta sentencia NO lee las dos primeras filas y nos dice que la tercera fila contine los nombres de las columnas (o variables), y que el separador es un punto y coma (`';'`).

Para un uso eficiente de la función `read.csv()` existen algunas opciones que son necesarias a considerar, dado que muchas veces los datos presentan ciertos problemas que hay que corregir; por lo que conviene conocer en detalle los argumentos de la función `read.csv()`:

- `col_names`: `read.csv()` asume por defecto que la primera fila contiene los nombres de las variables. Esto puede cambiarse con el argumento **col_names = FALSE**. Pero también podemos asignar nombres a las variables (o columnas) con el argumento **col_names = c("X1", "X2").**
- `skip`: `read.csv()` por defecto importa todas las filas del archivo, pero puedes hacer que comience a importar en la fila que quieras con skip = k-ésima fila.
- `na`: en algunos ficheros con datos tabulares los NAs se especifican con algún carácter. Este tipo de problema podemos tratarlo al leer los datos con el argumento `na = "xxx"`. Por ejemplo:

  ```
  > mis_datos <- read.csv("my_fichero.csv", skip = 5, na = c("-44", "$"),
  col_names = c("X1", "X2", "YY", "X4", "ZZ"))
  ```

Observamos que comienza a importar datos desde la sexta columna (skip=5), trata los valores -44 y $ como NAs (na=c("-44", "$") y provee un vector con los nombres que queremos para las variables o columnas (col_names= c("X1", "X2", "YY", "X4", "ZZ").

6.3 TIPOS DE ALMACENAMIENTO DE DATOS

En términos generales, los datos se pueden registrar y almacenar de tres formas: almacenamiento de archivos, almacenamiento por bloques y almacenamiento por objetos.

El **almacenamiento en archivos** organiza los datos como archivos jerárquicos que los usuarios pueden abrir y explorar en su totalidad. Dado que los archivos se almacenan de la misma forma en los backends y los frontends, los usuarios pueden solicitarlos con identificadores únicos como el nombre, la ubicación o la URL. Se trata de un formato de almacenamiento de fácil uso y acceso.

En el **almacenamiento por bloques**, los volúmenes de almacenamiento se dividen en instancias individuales conocidas como bloques. Cada uno de ellos es independiente, por lo que los usuarios tienen la autonomía total sobre la configuración. Dado que los bloques no tienen los mismos requisitos de identificador único que los archivos, constituyen un sistema de almacenamiento más rápido, lo cual los convierte en el formato ideal para las bases de datos de contenido multimedia.

El **almacenamiento por objetos** es una estructura plana en la que los archivos se dividen en piezas y se reparten entre el hardware. Los datos se dividen en distintas unidades denominadas objetos y se alojan en un solo repositorio, en lugar de conservarse como archivos en carpetas o como bloques en servidores.

6.3.1 ALMACENAMIENTO DE INFOMACIÓN EN ARCHIVOS

Las formas de almacenamiento en archivos son las predominantes en el tratamiento y análisis de datos en el mundo real.

- **Almacenamiento de información en Excel**

  En Excel, la información se almacena principalmente en celdas, que forman parte de una hoja de cálculo. Las hojas de cálculo se organizan en libros, que pueden ser guardados en diversos formatos de archivo (xls y xlsx). Excel también ofrece opciones para almacenar datos en formato de texto y otros.

  Para almacenar un conjunto de datos en Excel abrimos un archivo nuevo donde colocamos los datos desde el inicio de la parte superior izquierda, no se deben dejar filas o columnas vacías, no se deben colocar bordes e ingresar la información tal cual. Por último, se guarda el archivo en la carpeta deseada y al momento de nombrar el archivo se debe modificar la opción tipo de archivo a csv (delimitado por comas) o xls o xlsx.

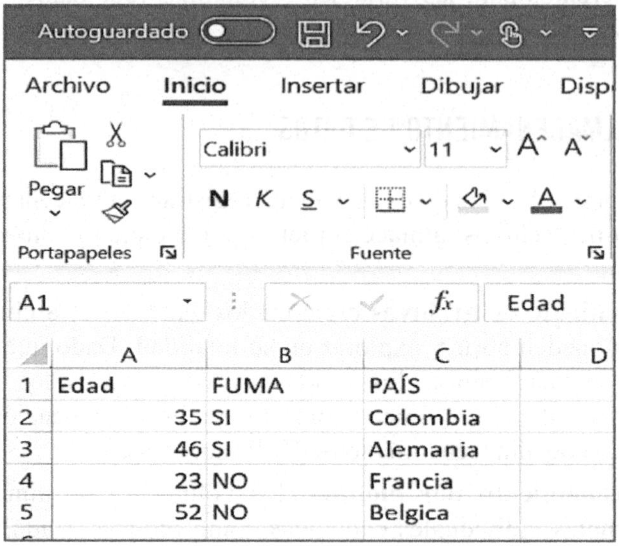

	A	B	C	D
1	Edad	FUMA	PAÍS	
2	35	SI	Colombia	
3	46	SI	Alemania	
4	23	NO	Francia	
5	52	NO	Belgica	

- **Almacenamiento de información en block de notas**

  Para almacenar un conjunto de datos en un bloc de notas abrimos un archivo nuevo copiamos la información tal como se muestra en la figura de abajo. Se copian los nombres de las variables o los datos separados por un espacio obtenido con el tabulador, cada línea se finaliza con un Enter. Para guardar el archivo se recomienda que el cursor quede al inicio de la última línea que esté vacía.

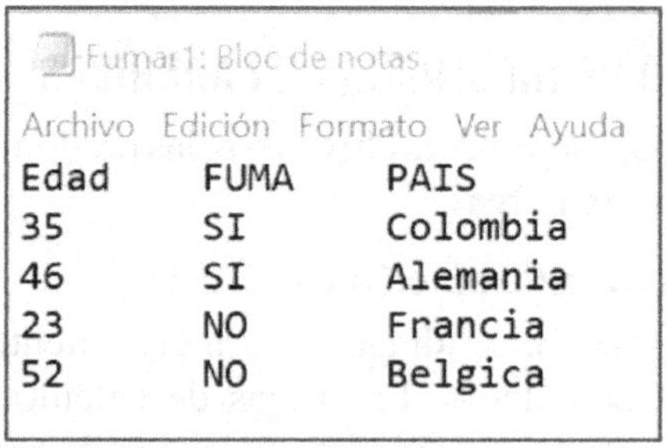

```
Edad    FUMA    PAIS
35      SI      Colombia
46      SI      Alemania
23      NO      Francia
52      NO      Belgica
```

- **Archivo Apache Parquet en Windows**

  Un archivo Apache Parquet en Windows es un archivo de datos formato columna, comprimido y binario, diseñado para almacenar y recuperar grandes conjuntos de datos de forma eficiente (Big-data). Los datos dentro de un archivo Parquet son similares a una tabla de estilo RDBMS donde hay columnas y filas, pero, en lugar de acceder a los datos de una fila a la vez, normalmente se accede a ellos desde una columna a la vez. No es un archivo de texto plano y requiere herramientas especiales para visualizar o leer sus datos.

Apache Parquet es uno de los formatos modernos de almacenamiento de big data. Tiene varias ventajas, algunas de las cuales son:

- Columnar: los datos se almacenan por columnas, lo que mejora la eficiencia en la lectura y consulta de datos específicos.
- Comprimido: utiliza esquemas de compresión eficientes para reducir el espacio de almacenamiento.
- Binario: no es un archivo de texto plano, por lo que no se puede abrir con un simple editor de texto.
- Autodescriptivo: incluye el esquema de los datos dentro del propio archivo, lo que facilita la lectura y el procesamiento.
- Eficiente: diseñado para mejorar el rendimiento en la lectura de datos, especialmente cuando se trabaja con grandes conjuntos de datos.
- Los metadatos están al final del archivo.: permite generar archivos Parquet a partir de un flujo de datos (común en escenarios de big data).
- Compatible con todos los productos de Big-data de Apache.
- Convertir a otros formatos: si se necesita visualizar los datos en Excel o Hojas de Cálculo de Google, se puede convertir el archivo Parquet a formato CSV, que puede ser abierto por estas aplicaciones.

Los archivos 'parquet' son como cualquier otro archivo en el que tiene un nombre y una extensión "`.parquet`". Sin embargo, lo que suele suceder en entornos de Big-data es que el conjunto de datos se divide (o particiona) en varios archivos de '`parquet`' para una mayor eficiencia.

Sin lugar a duda el reino de los parquets son los Data Lakes. Los Data Lakes son espacios de almacenamiento de ficheros distribuidos muy usados hoy en día para crear grandes repositorios de datos corporativos heterogéneos en la nube. A diferencia de un Data Warehouse, un Data Lake no tiene un motor de base de datos subyacente ni existe un modelo relacional de los datos. Pero veamos, un ejemplo práctico comparativo de las ventajas de usar Parquet frente a CSV y GZIP.

Supongamos que tenemos un conjunto de datos en formato de tabla (4 columnas) que representa las ventas históricas de una empresa durante los últimos 10 años. Si almacenamos esta tabla en formato CSV en Amazon Web Services S3 veremos que el tamaño que ocupa son 4TB. Si comprimimos este fichero con GZIP veremos que su tamaño se reduce a la cuarta parte (1TB). Cuando esa misma tabla la almacenamos en el mismo servicio (S3) en formato Parquet, vemos que ocupa lo mismo que el CSV comprimido.

Dataset	Columns	Size on Amazon S3	Data Scanned	Cost
Data stored as CSV file	4	4TB	4TB	**$20** (4TB x $5/TB)
Data stored as GZIP CSV file	4	1TB	1TB	**$5** (1TB x $5/TB)
Data stored as Parquet file	4	1TB	.25TB	**$1.25** (.25TB x $5/TB)

Fuente: Post original de Thomas Spicer en Medium.com

Es más, cuando se quiere acceder a una parte de los datos - pongamos 1 sola columna - en el caso del fichero CSV (como hemos comentado anteriormente) tenemos que leer toda la tabla, puesto que es un almacenamiento por filas. Sin embargo, como el formato Parquet es un almacenamiento orientado a columnas, podemos leer una sola columna de forma independiente, accediendo solo a un cuarto de la información de la tabla, con el ahorro en tiempo y el coste que esto supone.

6.4 IMPORTACIÓN DE BASES DE DATOS EN R

6.4.1 IMPORTAR DE BASES DE DATOS TABULARES O DE TEXTO

Importar bases de datos con R implica cargar, subir o leer los datos al espacio de trabajo y también supone convertir los datos de texto en un data-frame.

Las siglas del archivo CSV son las siglas de 'Comma Separated Values' y, son archivos de texto simple separados por caracteres y solo tienen letras y números. Si bien, en general, un archivo CSV alberga un sin número de "registros", tal que cada "registro" permanece en una fila (línea) del archivo, y cada registro posee uno o más "campos" (columnas), separados por un delimitador, siendo los más comunes la coma (","), o el punto y coma (";") o el carácter "invisible" que surge al presionar la tecla "tab".

En este tipo de archivos todos los datos se organizan de forma tubular y se presentan en forma de tabla tal que cada fila del archivo es un registro de casos, y cada uno de ellos tiene uno o más campos (columna) en texto plano separados por 'comas', 'puntos y comas' y 'tabulador'. Todas estas formas tabulares tienen una estructura similar: variables en columnas y las observaciones por filas separadas por una marca o carácter. El formato tabular más extendido es aquel en el que las observaciones están separadas por comas.

Los datos tabulares pueden ser de dos tipos:

- Delimitados por caracteres (coma y punto y coma).
- De ancho fijo (tabulador).

Los archivos delimitados por caracteres tales como por comas, puntos y coma, son usados para almacenar data tabular (números y textos) en un formato de texto plano o simple y funcionan con la mayoría de las aplicaciones informáticas que trabajan con datos estructurados. Un texto plano significa que el archivo es una cadena de caracteres pura, sin ninguna información oculta que el ordenador deba procesar.

Los archivos separados por una 'coma' o 'punto y coma' reciben normalmente la extensión "CSV"; y los archivos separados por "tab", la extensión "TSV". Existen también bases de datos en dichos formatos que reciben la extensión "TXT".

Haciendo una comparación de las filas y columnas de una hoja de cálculo, los "registros" de un archivo CSV son las filas, y los "campos" son las columnas. Los valores de los "campos" del primer "registro", es decir, de la primera línea, normalmente son los títulos de las columnas. A pesar de que no existe un estándar internacional para el CSV, sus variaciones son lo suficientemente simples como para que las aplicaciones compatibles puedan interpretar las diferencias con facilidad.

Para leer o cargas ficheros con datos tabulares recurrimos el package `readr` cuyas funciones son las siguientes:

- Para **acceder a las librerías y funciones de importar/exportar** para cargar archivos planos en R con `readr`, el paquete principal a instalar es `tidyverse`.

  ```
  > install.packages(tidyverse)
  > library(tidyverse)
  ```

- **Librerías y funciones para importar/exportar archivos CSV de datos tabulares (`readr o readxl`).** Si los datos están delimitados por caracteres (un espacio, un tabulador, una coma o un punto y coma, etc.) se utiliza:

  `read.delim()`... # Si los datos están delimitados por 'espacios'.
  `read.csv()`... # Si los datos están separados por 'comas'.
  `read.csv2()` # Si los datos están separados por 'puntos y comas'.
  `read.tsv()` ...# Si los datos están separados por 'tab'.

- **Librerías y funciones para importar archivos CSV de datos de ancho fijo (`readr`).** Si los datos son de ancho fijo:

  `read.fwf()` # Si los datos están delimitados por "ancho fijo".
  `read.table()` # Si los datos están delimitados por "espacios".

Algunas de las ventajas de utilizar `read.csv()`son:

- No convierten, automáticamente, las columnas con cadenas de caracteres a factores, como sí lo hacen, por defecto, las funciones antiguas [`read_table()` o `read_csv()`].
- Reconoce ocho clases diferentes de datos (integer, logical, etc.), dejando el resto como cadenas de caracteres.

Este tipo de archivos pueden contener grandes cantidades de datos con un tamaño de archivo relativamente pequeño. Además, los archivos CSV, así como los archivos de hoja de cálculo, deben seguir las reglas de contenido para filas y columnas y deben estar codificados en UTF-8.

Reglas de contenido de CSV y hoja de cálculo

Para poder importar correctamente un archivo CSV o una hoja de cálculo, el contenido debe cumplir las siguientes reglas:

- Filas. Cada fila del archivo debe contener el mismo número de celdas. Esta regla también se aplica a la fila de la cabecera.
- Fila de encabezado. La primera fila debe contener las cabeceras de columna. Estas cabeceras no pueden contener caracteres sueltos ni apóstrofes o tíldes.
- Columnas de la primera fila. La tabla siguiente contiene los requisitos para las columnas de la primera fila. Puede tener tantas columnas como sea necesario para que se correspondan con los campos de un tipo de artefacto. El tipo de artefacto con él se correlacionan las columnas viene determinado por la entrada en la columna Tipo de cada fila de contenido.

Por lo general, los ficheros de extensión '`.csv`' vienen separados por 'comas' o por 'puntos y comas'. Para importar este tipo de ficheros en R utilizamos la función **read.csv()**. Para acceder a su documentación, en primer lugar, cargamos la librería **readr** (o la instalamos si aún no lo hemos hecho). La sintaxis es la siguiente:

```
> if(!require(readr)) {install.packages("readr")}
> Loading required package: readr
> library(readr)          # Carga la librería readr en R.
>?read_csv o read.csv     # Información y documentación de read en R.
```

O bien la instalamos directamente como sigue:

```
> install.packages("readr")
```

Cargar paquete **readr**

```
> library(readr)
```

Una vez cargado el paquete `readr` en el área de trabajo con `library()`, necesitamos conocer la ruta del fichero CSV (o path en inglés) a importar. Es decir, la dirección exacta donde está el archivo en el ordenador, disco duro o página web.

Una cuestión importante en este punto es **cómo encontrar la ruta del archivo externo para cargarlo en R.** Para ello, hacemos uso de la función `file.choose()`. Esta función abre una ventana de Windows en el que tenemos la opción "nombre" para buscar el fichero de interés y devuelve una variable tipo carácter con la ruta del archivo. Tal como se ilustra a continuación:

```
> file.choose()
```

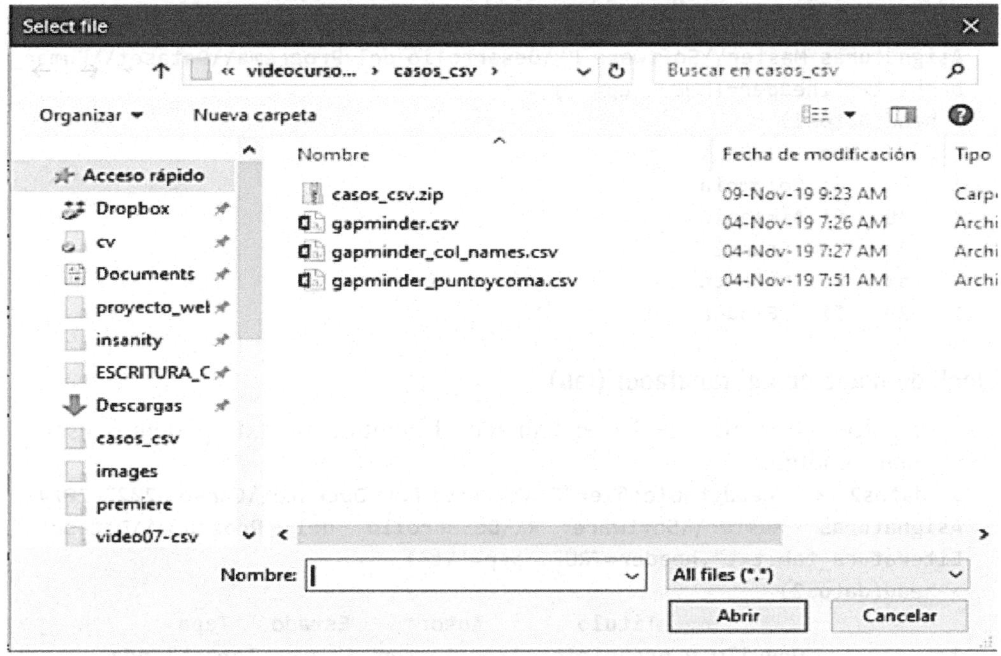

La salida resultante es la ubicación exacta del archivo de interés.

```
> file.choose()
"E:\\Actividad Docente\\Curso 2023-2024\\Asignaturas Master\\Software R\\Desarrollo del Programa\\Dataset\\Fumar_barra.txt"
```

Resumiendo, estamos acostumbrados a visualizar los datos en formato tabular; es decir, como una tabla, donde las columnas son variables y las filas son observaciones de esas variables para diferentes unidades de análisis ("individuos"). Las columnas se separan con un carácter (generalmente la coma) y las filas con un salto de linea.

Podemos pensar que dependiendo de cómo se separen las observaciones tenemos distintos tipos de datos tabulares, pero en realidad su estructura es similar: variables en columnas y las observaciones de un individuo separadas por una marca o carácter. Este carácter puede ser un espacio, un tabulador, una coma, punto y coma etc… El formato tabular más extendido es el CSV, donde las observaciones están separadas por comas.

Block de notas con barra espaciadora

Para leer un archivo de Excel llamado "Fumar_barra.txt" podemos usar el siguiente código.

```
> library(readr)
> file.choose()
```

```
[1] "E:\\Actividad Docente\\Curso 2023-2024\\Asignaturas Master\\Software R\\Desarrollo del Programa\\Dataset\\Fumar_barra.txt"
> datos1 <- read.table(file="E:\\Actividad Docente\\Curso 2023-2024\\Asignaturas Master\\Software R\\Desarrollo del Programa\\Dataset\\Fumar_barra.txt",header=TRUE, sep='')
> head(datos1)
  Edad Fuma     Pais
1   35   Si Colombia
2   46   Si Alemania
3   23   No  Francia
4   52   No  Belgica
5   20   Si   España
```

Block de notas con el tabulador (tab)

Para leer el archivo de Excel llamado "Literatura_tab.txt" podemos usar el siguiente código:

```
> datos2 <- read.table(file="E:\\Actividad Docente\\Curso 2023-2024\\Asignaturas Master\\Software R\\Desarrollo del Programa\\Dataset\\Literatura_tab.txt",header=TRUE, sep='\t')
> head(datos2)
                       Titulo       Autor    Estado   Tapa
1           Orgullo y prejuicio Jane Austen  Usado  Tapa blanda
2  Aventuras de Huckleberry finn Mark Twain   Nuevo  Tapa dura
3           El Arte de la guerra Sun Tzu      Usado  Tapa dura
```

csv y txt separados por 'comas'

Para encontrar la ruta del archivo externo "`ozono.csv`", separado por '`comas`' y alojado en un pendrive o el disco duro de un ordenador, aplicamos la función: `read.csv`

Hacemos uso de la función `file.choose()` para identificar la ruta donde se encuentra en archivo de interés.

```
> file.choose()
[1] "E:\\Actividad Docente\\Curso 2023-2024\\Asignaturas Master\\Software R\\Desarrollo del Programa\\Dataset\\ozone_csv.csv"
```

Una vez identificado la ruta la aplicamos sobre la función read.csv como sigue:

```
> ozono1<-read.csv("E:\\Actividad Docente\\Curso 2023-2024\\Asignaturas Master\\Software R\\Desarrollo del Programa\\Dataset\\ozone_csv.csv")
> head(ozono1)
  Month Day_of_month Day_of_week ozone_reading pressure_height Wind_speed
1     1            5           1          5.34            5760          3
2     1            6           2          5.77            5720          4
3     1            7           3          3.69            5790          6
```

```
4   1         8        4         3.89         5790        3
5   1         9        5         5.76         5700        3
6   1        12        1         6.39         5720        3

  Humidity Temperature_Sandburg Temperature_ElMonte Inversion_base_height
1       51                   54               45.32                  1450
2       69                   35               49.64                  1568
3       19                   45               46.40                  2631
4       25                   55               52.70                   554
5       73                   41               48.02                  2083
6       44                   51               54.32                   111
  Pressure_gradient Inversion_temperature Visibility
1                25                 57.02         60
2                15                 53.78         60
3               -33                 54.14        100
4               -28                 64.76        250
5                23                 52.52        120
6                 9                 63.14        150
```

Otro ejemplo de la aplicación de la extensión (.csv) separado por comas es el archivo pm(comas).

```
> pm1<-read.csv("E:\\Actividad Docente\\Curso 2023-2024\\Asignaturas
Master\\Software R\\Desarrollo del Programa\\Dataset\\pm(comas).csv")
> head(pm1)
   date mo yr dow       pm1 temp stagno admyng gasyng
1 10000  5 87   3  5.549287   52    7.0      2      0
2 10001  5 87   4 10.279454   55    7.5      1      1
3 10002  5 87   5  7.933675   59   10.5      1      1
4 10003  5 87   6 11.167396   55    8.0      6      1
5 10004  5 87   7  8.795093   58    7.5      4      2
6 10005  5 87   1  8.308596   58   11.0      3      1

> str(pm1)
'data.frame':   2922 obs. of  9 variables:
 $ date  : int  10000 10001 10002 10003 10004 10005 10006 10007 10008
10009 ...
 $ mo    : int  5 5 5 5 5 5 5 5 5 5 ...
 $ yr    : int  87 87 87 87 87 87 87 87 87 87 ...
 $ dow   : int  3 4 5 6 7 1 2 3 4 5 ...
 $ pm1   : num  5.55 10.28 7.93 11.17 8.8 ...
 $ temp  : int  52 55 59 55 58 58 53 55 55 55 ...
 $ stagno: num  7 7.5 10.5 8 7.5 11 2.5 1 0 3 ...
 $ admyng: int  2 1 1 6 4 3 6 3 9 1 ...
 $ gasyng: int  0 1 1 1 2 1 1 0 1 0 ...
```

La función `sapply(pm1,class)`se aplica cuando se quiere conocer la clase a la que pertenece cada variable.

```
> sapply(pm1,class)
     date        mo        yr       dow       pm1      temp    stagno
"integer" "integer" "integer" "integer" "numeric" "integer" "numeric"
   admyng    gasyng
"integer" "integer"
```

csv y txt separados por 'puntos y comas'

Los archivos planos son los ficheros en formato CSV o TXT que es un archivo de texto que guarda datos en columnas separadas por puntos y comas, CSV significa "comma point separated values", donde los decimales pueden ser identificados por puntos o comas.

En otros casos las fuentes de datos vienen separadas por 'puntos y comas', y los decimales solo por una coma. En este caso hacemos uso de la función `read.csv2`.

En un fichero de datos de extensión '**.csv**' separados por 'punto y coma' los datos se verían de forma similar al caso anterior pero con separadores de puntos y comas y los decimales representados por comas en lugar de puntos.

Tal como se observa en la tabla que sigue, ilustramos la importación de este tipo de datos bajo el nombre de "**`demografia_puntocoma.txt`**", separado por 'puntos y comas' y alojado en un pendrive o el disco duro de un ordenador.

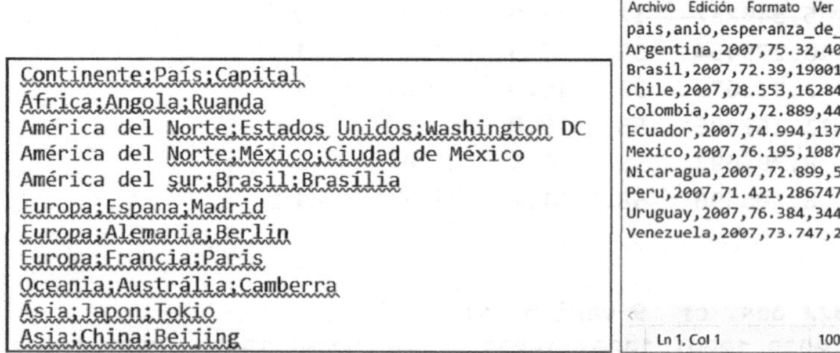

```
Continente;País;Capital
África;Angola;Ruanda
América del Norte;Estados Unidos;Washington DC
América del Norte;México;Ciudad de México
América del sur;Brasil;Brasília
Europa;Espana;Madrid
Europa;Alemania;Berlin
Europa;Francia;Paris
Oceania;Austrália;Camberra
Ásia;Japon;Tokio
Asia;China;Beijing
```



```
pais,anio,esperanza_de_vida,poblacion
Argentina,2007,75.32,40301927
Brasil,2007,72.39,190010647
Chile,2007,78.553,16284741
Colombia,2007,72.889,44227550
Ecuador,2007,74.994,13755680
Mexico,2007,76.195,108700891
Nicaragua,2007,72.899,5675356
Peru,2007,71.421,28674757
Uruguay,2007,76.384,3447496
Venezuela,2007,73.747,26084662
```

Para leer o cargar datos csv separados por un 'punto y coma' seguimos la siguiente sintaxis:

```
> file.choose()
[1] "D:\\Actividad Docente\\Curso 2022-2023\\Asignaturas de masters\\
Introducción a R\\Dataset-Libro\\Importación bdatos\\demografiaAL.txt"
```

Una vez identificada la ruta la aplicamos la función `read.csv2()` , dado que los datos están separados por 'puntos y comas'.

```
> demog1<-read.csv("E:\\Actividad Docente\\Curso 2023-2024\\Asignaturas
Master\\Software R\\Desarrollo del Programa\\Dataset\\demografia_
puntocoma.txt", header = T, sep=";")
> head(demog1)
        pais anio esperanza_de_vida poblacion
1 Argentina 2007             75,32  40301927
2    Brasil 2007             72,39 190010647
3     Chile 2007             78,55  16284741
4  Colombia 2007             72,88  44227550
5   Ecuador 2007             74,99  13755680
```

csv separado por 'tabulador'

El texto delimitado por tabuladores, también conocido como valores separados por tabulaciones (TSV), es un formato que se puede crear o visualizar en la mayor parte de los programas de hojas de cálculos y editores de texto. El formato TSV sigue las siguientes reglas:

- Cada entrada del archivo contiene una única línea.
- La primera línea del archivo es el encabezado y etiqueta cada campo.
- Un campo contiene datos, como un número o texto.
- Los campos están separados por tabulaciones.
- Cada línea contiene el mismo número de campo

Los archivos separados por "tab" normalmente se identifican con la extensión "**.tsv**". Existen también bases de datos en dichos formatos que reciben la extensión "**.txt**".

Un fichero de texto delimitado por tabuladores en un editor de texto tendrá, probablemente, el siguiente aspecto:

Título	Autor	Estado Tapa
Orgullo y prejuicio	Jane Austen	usado tapa blanda
Las aventuras de Huckleberry Finn	Mark Twain	nuevo tapa dura
El arte de la guerra	Sun Tzu	usado tapa dura

Aunque, será mucho más sencillo visualizarlo por columnas como sigue:

Título	<tabulación> Autor	<tabulación> Estado	<tabulación> Tapa
Orgullo y prejuicio	<tabulación> Jane Austen	<tabulación> usado	<tabulación> tapa blanda
Las aventuras de Huckleberry Finn	<tabulación> Mark Twain	<tabulación> nuevo	<tabulación> tapa dura
El arte de la guerra	<tabulación> Sun Tzu	<tabulación> usado	<tabulación> tapa dura

En resumen, las hojas de cálculo ayudan a crear archivos de texto delimitados por tabuladores, en donde cada línea de información contiene una fila y cada campo ocupa una columna.

```
> install.packages("readr")
> library(readr)
> read.tsv() …   # Si los datos están separados por 'tab'.

# Ejemplo.
> file.choose()
[1] "E:\\Actividad Docente\\Curso 2022-2023\\Asignaturas de masters\\Introducción a R\\Clases sept-oct2022\\BD_Importación_CVirtual\\Estudiantes.xlsx - Base de datos.tsv"

# La dirección file='C:/Users/mi_usuario/Desktop/xxx.csv' le indica a R en qué lugar del ordenador debe buscar el archivo, note que se debe usar el símbolo / o \\ para que sea un dirección válida.
> estud1<-read_tsv("E:\\Actividad Docente\\Curso 2022-2023\\Asignaturas de masters\\Introducción a R\\Clases sept-oct2022\\BD_Importación_CVirtual\\Estudiantes.xlsx - Base de datos.tsv")
> head(estud1)
# A tibble: 6 x 46
  Observacion ID          Sexo   SexoNum  Edad Fuma
        <dbl> <chr>       <chr>    <dbl> <dbl> <chr>
1           1 SB11201910~ Femen~       0  21.4 No
2           2 SB11201910~ Mascu~       1  21.1 Si
3           3 SB11201910~ Mascu~       1  20.9 Si
4           4 SB11201910~ Mascu~       1  18.4 Si
5           5 SB11201910~ Femen~       0  16.6 Si
6           6 SB11201910~ Femen~       0  16.0 No
# ... with 40 more variables: Estatura <chr>,
#   Colegio <chr>, Estrato <dbl>,
#   Financiacion <chr>, Acumulado <dbl>, P1 <dbl>,
#   P2 <dbl>, P3 <dbl>, Final <dbl>,
#   Definitiva <dbl>, Gastos <dbl>, Ingreso <dbl>,
#   Gas <dbl>, Clases <chr>, Ley <chr>,
#   PandemiaCat <chr>, PandemiaNum <dbl>, ...

# Generamos una data-frame.
> estud1<-data.frame(estud1)
> head(estud1)
  Observacion               ID      Sexo SexoNum  Edad Fuma Estatura
1           1 SB11201910010435  Femenino       0 21.36   No     Alta
2           2 SB11201910004475 Masculino       1 21.07   Si     Baja
3           3 SB11201910011427 Masculino       1 20.92   Si     Alta
4           4 SB11201910041975 Masculino       1 18.41   Si     Alta
5           5 SB11201910013623  Femenino       0 16.64   Si     Alta
6           6 SB11201910038122  Femenino       0 16.02   No     Baja
```

```
  Colegio Estrato Financiacion Acumulado  P1  P2  P3  Final Definitiva
1 Privado       1         Beca      3.92 1.5 5.0 5.0    4.5       4.00
2 Privado       2         Beca      3.96 2.3 4.9 3.7    3.3       3.55
3 Privado       2         Beca      3.85 3.4 3.6 2.0    1.9       2.73
4 Privado       2         Beca      3.69 2.5 4.2 5.0    2.5       3.55
5 Privado       1         Beca      4.01 3.1 3.5 5.0    3.0       3.65
6 Privado       2         Beca      3.80 3.8 4.4 4.2    5.0       4.35
  Gastos Ingreso   Gas     Clases           Ley
1   48.9    1.61 27.45    Virtual En desacuerdo
2   72.1    2.07 24.17 Presencial En desacuerdo
3   85.2    2.84 22.27    Virtual En desacuerdo
4   56.6    1.55 23.08    Virtual En desacuerdo
..............................
```

csv separado por 'ancho fijo'

Podemos leer un fichero de ancho fijo haciendo uso de la función fwf – Fixed Width Format. La sintaxis a seguir es la siguiente:

```
> read.fwf(file, widths, header = FALSE, sep = "\t",
         skip = 0, row.names, col.names, n = -1,
         buffersize = 2000, fileEncoding = "", ...)
```

Argumentos

- file : el nombre del archivo del que se van a leer los datos. Alternativamente, el file puede ser una conexión , que se abrirá si es necesario y, si es así, se cerrará al final de la llamada a la función.
- widths: vector de enteros, que da los anchos de los campos de ancho fijo (de una línea), o lista de vectores de enteros que dan los anchos para los registros multilínea.
- header: un valor lógico que indica si el archivo contiene los nombres de las variables como su primera línea. Si está presente, los nombres deben estar delimitados por sep.
- sep: carácter; el separador utilizado internamente; debe ser un carácter que no aparezca en el archivo (excepto en la cabecera).
- skip: número de líneas iniciales para omitir; ver read.table.
- row.names : see read.table.
- col.names: see read.table.
- n: el número máximo de registros (líneas) a leer, por defecto sin límite.
- buffersize: número máximo de líneas a leer de una vez.
- fileEncoding: cadena de caracteres: si no está vacía, declara la codificación utilizada en un archivo (no una conexión) para que los datos de los caracteres se puedan volver a codificar. Consulte la sección 'Codificación' de la ayuda para file, el manual 'Importación/exportación de datos R' y 'Nota'.
- ... : más argumentos que se pasarán a read.table. as.is argumentos útiles incluyen as.is , na.strings , colClasses y strip.white.

Detalles e ilustración de una base de datos de ancho fijo.

```
Weekly SST data starts week centered on 3Jan1990

                Nino1+2      Nino3        Nino34        Nino4
Week            SST SSTA     SST SSTA     SST SSTA     SST SSTA
03JAN1990       23.4-0.4     25.1-0.3     26.6 0.0     28.6 0.3
10JAN1990       23.4-0.8     25.2-0.3     26.6 0.1     28.6 0.3
17JAN1990       24.2-0.3     25.3-0.3     26.5-0.1     28.6 0.3
24JAN1990       24.4-0.5     25.5-0.4     26.5-0.1     28.4 0.2
31JAN1990       25.1-0.2     25.8-0.2     26.7 0.1     28.4 0.2
```

Observamos claramente que la información está dispuesta en 5 columnas, también vemos que las 4 primeras filas no aportan información por lo que podríamos excluirlas.

Para leer este tipo de ficheros hacemos uso de la función `read.fwf()` (ficheros de tipo Fixed Width Format), e indicar la longitud de las columnas. Esto es:

```
>library(readr)
> read.fwf()        # Si los datos están delimitados por "ancho fijo".
# La base de datos tiene 5 columnas.
# Las 4 primeras filas no aportan datos por lo que podemos excluirlas.
# Añadimos los nombres de las columnas.
```

```
> data1<-read.fwf("https://www.cpc.ncep.noaa.gov/data/indices/wksst811
0.for",widths=c(15,13,13,13,8),skip=4,col.names=c("Week","Nino1+2","
Nino3","Nino34", "Nino4"))
> head(data1,3)
        Week        Nino1.2        Nino3        Nino34      Nino4
1  03JAN1990        23.4-0.4       25.1-0.3     26.6-0.0    28.6 0.3
2  10JAN1990        23.4-0.8       25.2-0.3     26.6 0.1    28.6 0.3
3  17JAN1990      24.2-0.3     25.3-0.3     26.5-0.1 28.6 0.3
```

Observamos que los valores de las columnas tienen espacios a izquierda y derecha. Además la función los ha cargado como factores en lugar de strings.

```
# Los valores contienen espacios a la derecha e izquierda.
# Con el símbolo menos, indicamos el ancho pero no las columnas.
# Indicamos que los string no son factores.
> data2<-read.fwf("https://www.cpc.ncep.noaa.gov/data/indices/wksst81
10.for", widths=c(-1, 9, -5, 8, -5, 8, -5, 8, -5, 8), skip=4, col.
names=c("Week", "Nino1+2", "Nino3", "Nino34", "Nino4"),stringsAsFactors=F)
> head(data2,4)
       Week  Nino1.2     Nino3   Nino34    Nino4
1 03JAN1990 23.4-0.4 25.1-0.3 26.6-0.0 28.6 0.3
2 10JAN1990 23.4-0.8 25.2-0.3 26.6 0.1 28.6 0.3
3 17JAN1990 24.2-0.3 25.3-0.3 26.5-0.1 28.6 0.3
4 24JAN1990 24.4-0.5 25.5-0.4 26.5-0.1 28.4 0.2
```

Importar archivos ASCII (txt o csv)

Los datos planos o ASCII en general trabajan con caracteres que tienen dos peculiaridades:

- El header o encabezamiento.
- La separación de caracteres que indican la separación de columnas: pueden estar separadas por comas, puntos y comas, tabulación, etc…

En general, los tres tipos de archivos con los que normalmente no vamos a encontrar en la práctica profesional o académica son los siguientes:

TIPO 1: solo datos. NO tiene header

ejemplo-datos: Bloc de notas

Archivo Edición Formato Ver Ayuda

```
0.2593466,0,33.25119781,1105.642156,11.25,1,0,16,8.68,1,0,16,0,1.333,0,0
.,-1,54.05338809,2921.768764,.,1,0,9,7.85,1,0,10,1,8,1,0
0.721318058,7,43.57015743,1898.358618,18,1,0,19,8.75,1,0,12,4,3,-1,0
0.011581964,0,30.96783025,959.0065106,16.5,1,1,12,16.31,1,1,12,0,-2,0,1
-0.560984677,0,34.63381246,1199.500965,9.6154,1,1,14,16.85,1,1,14,1,2.917,0,-1
.,2,71.60301164,5126.991275,.,1,0,16,.,1,0,14,-2,24,1,0
1.523260216,-2,34.97878166,1223.515166,35,1,0,13,7.63,1,0,15,-2,3,1,0
.,-1,61.45106092,3776.232888,35,1,0,13,.,1,0,14,-2,25.5,0,0
-0.223143551,-2,29.33880904,860.7657156,12,1,1,12,15,1,1,14,1,1,-1,0
-0.470003629,0,47.60574949,2266.307384,6.25,1,0,12,10,1,0,12,0,-5,0,0
0.051751065,-1,51.90143737,2693.759201,17.25,1,1,12,16.38,1,1,13,-2,9,0,0
0.287682073,0,36.07665982,1301.525384,16,1,1,12,12,1,1,12,0,5,0,0
.,4,32.08213552,1029.26342,.,1,0,16,31.25,1,0,12,4,-9.5,0,0
-0.470003629,-2,48.12046544,2315.579194,15.625,1,0,17,25,1,0,19,-3,-7,0,0
0.305601229,2,33.95482546,1152.930172,9.76,1,0,14,7.19,1,0,12,2,.,0,-1
.,4,36.04106776,1298.958565,.,1,0,18,.,1,0,14,4,.,-1,0
-0.336472237,0,27.17590691,738.5299166,1.785714286,1,0,16,2.5,1,0,16,0,0.417,0,0
.,1,24.54483231,602.448793,5.25,1,1,13,.,1,1,12,0,.,1,0
0.628608659,2,39.34017796,1547.649602,15,1,1,14,8,1,1,12,-2,15,1,1
0.321583624,1,38.53251198,1484.754479,15,1,1,13,10.875,1,1,12,-1,0,0,0
```

TIPO 2: la primera línea contiene header. A partir de la 2da línea datos

ejemplo-datos-header: Bloc de notas

Archivo Edición Formato Ver Ayuda

```
DLHRWAGE,DEDUC1,AGE,AGESQ,HRWAGEH,WHITEH,MALEH,EDUCH,HRWAGEL,WHITEL,MALEL,EDUCL,DEDUC2,DTEN,DMARRIED,DUNCOV
0.2593466,0,33.25119781,1105.642156,11.25,1,0,16,8.68,1,0,16,0,1.333,0,0
.,-1,54.05338809,2921.768764,.,1,0,9,7.85,1,0,10,1,8,1,0
0.721318058,7,43.57015743,1898.358618,18,1,0,19,8.75,1,0,12,4,3,-1,0
0.011581964,0,30.96783025,959.0065106,16.5,1,1,12,16.31,1,1,12,0,-2,0,1
-0.560984677,0,34.63381246,1199.500965,9.6154,1,1,14,16.85,1,1,14,1,2.917,0,-1
.,2,71.60301164,5126.991275,.,1,0,16,.,1,0,14,-2,24,1,0
1.523260216,-2,34.97878166,1223.515166,35,1,0,13,7.63,1,0,15,-2,3,1,0
.,-1,61.45106092,3776.232888,35,1,0,13,.,1,0,14,-2,25.5,0,0
-0.223143551,-2,29.33880904,860.7657156,12,1,1,12,15,1,1,14,1,1,-1,0
-0.470003629,0,47.60574949,2266.307384,6.25,1,0,12,10,1,0,12,0,-5,0,0
0.051751065,-1,51.90143737,2693.759201,17.25,1,1,12,16.38,1,1,13,-2,9,0,0
0.287682073,0,36.07665982,1301.525384,16,1,1,12,12,1,1,12,0,5,0,0
.,4,32.08213552,1029.26342,.,1,0,16,31.25,1,0,12,4,-9.5,0,0
-0.470003629,-2,48.12046544,2315.579194,15.625,1,0,17,25,1,0,19,-3,-7,0,0
0.305601229,2,33.95482546,1152.930172,9.76,1,0,14,7.19,1,0,12,2,.,0,-1
```

TIPO 3: las primeras líneas contienen headers engañosos. Los datos se registran a partir de la novena línea o fila

ejemplo-datos-header-skip: Bloc de notas

Archivo Edición Formato Ver Ayuda

```
==================================================
KEYWORDS FOR DATASET: Income, Education Level, Twins
==================================================


============================================================
ACCOMPANYING DATA PROVIDED BY: Guido Imbens, PhD
                               UCLA, Department of Economics
============================================================
DLHRWAGE,DEDUC1,AGE,AGESQ,HRWAGEH,WHITEH,MALEH,EDUCH,HRWAGEL,WHITEL,MALEL,EDUCL,DEDUC2,DTEN,DMARRIED,DUNCOV
0.2593466,0,33.25119781,1105.642156,11.25,1,0,16,8.68,1,0,16,0,1.333,0,0
.,-1,54.05338809,2921.768764,.,1,0,9,7.85,1,0,10,1,8,1,0
0.721318058,7,43.57015743,1898.358618,18,1,0,19,8.75,1,0,12,4,3,-1,0
0.011581964,0,30.96783025,959.0065106,16.5,1,1,12,16.31,1,1,12,0,-2,0,1
-0.560984677,0,34.63381246,1199.500965,9.6154,1,1,14,16.85,1,1,14,1,2.917,0,-1
.,2,71.60301164,5126.991275,.,1,0,16,.,1,0,14,-2,24,1,0
1.523260216,-2,34.97878166,1223.515166,35,1,0,13,7.63,1,0,15,-2,3,1,0
.,-1,61.45106092,3776.232888,35,1,0,13,.,1,0,14,-2,25.5,0,0
-0.223143551,-2,29.33880904,860.7657156,12,1,1,12,15,1,1,14,1,1,-1,0
-0.470003629,0,47.60574949,2266.307384,6.25,1,0,12,10,1,0,12,0,-5,0,0
0.051751065,-1,51.90143737,2693.759201,17.25,1,1,12,16.38,1,1,13,-2,9,0,0
```

Para leerlos y cargarlos en R hacemos uso del paquete `readr()`.
Leer archivos desde un PC identificando la ruta del archivo. Para leer de forma adecuada los archivos debemos proporcionar la ruta del archivo con el nombre exacto.

```
> Datos1 <- read.csv("la_ruta_del_archivo")
```

Para definir la ruta del archivo volvemos hacer uso de la función `file.choose()` para decirle a R el lugar en el que se encuentra el archivo de interés (PC, pendrive, web, etc).

```
> file.choose()
[1] "D:\\Actividad Docente\\Curso 2022-2023\\Asignaturas de masters\\
Introducción a R\\Dataset-Libro\\Importación bdatos\\Fumar1.csv"
```

Lectura de archivos elegidos que presentan características particulares.

- Solo datos-NO tienes header.
- Primera línea-header. A partir de la 2, datos.
- Header engañoso-Varios headers.

TIPO 1: solo datos, sin encabezados

```
> solodatos<-read.table(file, skip = 0, header = FALSE, sep=',')
```
skip: número de líneas a saltar desde el principio.

```
> file.choose()
[1] "D:\\Actividad Docente\\Curso 2022-2023\\Asignaturas de masters\\
Introducción a R\\Dataset-Libro\\Importación bdatos\\ejemplo-datos-sin-
header.txt"
```

```
> solodatos <- read.table("D:\\Actividad Docente\\Curso 2022-2023\\
Asignaturas de masters\\Introducción a R\\Dataset-Libro\\Importación
bdatos\\ejemplo-datos-sin-header.txt", skip = 0, header = FALSE, sep
=',')
> head(solodatos)
           V1 V2       V3        V4     V5 V6 V7 V8
1   0.2593466  0 33.25120 1105.6422  11.25  1  0 16
2           . -1 54.05339 2921.7688      .  1  0  9
3 0.721318058  7 43.57016 1898.3586     18  1  0 19
4 0.011581964  0 30.96783  959.0065   16.5  1  1 12
5 -0.560984677 0 34.63381 1199.5010 9.6154  1  1 14
6           .  2 71.60301 5126.9913      .  1  0 16
     V9 V10 V11 V12 V13   V14 V15 V16
1  8.68   1   0  16   0 1.333   0   0
2  7.85   1   0  10   1     8   1   0
3  8.75   1   0  12   4     3  -1   0
4 16.31   1   1  12   0    -2   0   1
5 16.85   1   1  14   1 2.917   0  -1
6     .   1   0  14  -2    24   1   0
```

TIPO 2: encabezado una linea + datos

```
> headerdatos <- read.table(file, skip = 0, header = TRUE, sep =',')
> file.choose()
[1] "D:\\Actividad Docente\\Curso 2022-2023\\Asignaturas de masters\\
Introducción a R\\Dataset-Libro\\Importación bdatos\\ejemplo-datos-
header.txt"
> headerdatos <- read.table("D:\\Actividad Docente\\Curso 2022-2023\\
Asignaturas de masters\\Introducción a R\\Dataset-Libro\\Importación
bdatos\\ejemplo-datos-header.txt", skip = 0, header = TRUE, sep =',')
> head(headerdatos,4)
     DLHRWAGE DEDUC1      AGE     AGESQ HRWAGEH WHITEH
1   0.2593466      0 33.25120 1105.6422   11.25      1
2           .     -1 54.05339 2921.7688       .      1
3 0.721318058      7 43.57016 1898.3586      18      1
4 0.011581964      0 30.96783  959.0065    16.5      1
  MALEH EDUCH HRWAGEL WHITEL MALEL EDUCL DEDUC2  DTEN
1     0    16    8.68      1     0    16      0 1.333
2     0     9    7.85      1     0    10      1     8
3     0    19    8.75      1     0    12      4     3
4     1    12   16.31      1     1    12      0    -2
  DMARRIED DUNCOV
1        0      0
2        1      0
3       -1      0
4        0      1
```

TIPO 3: encabezado raro + datos

> rarodatos <- read.table(file, skip = 8, header = TRUE, sep =',') # Empieza a cargar desde la novena línea. Esto es, se salta las 8 líneas previas.

```
> file.choose()
[1] "D:\\Actividad Docente\\Curso 2022-2023\\Asignaturas de masters\\
Introducción a R\\Dataset-Libro\\Importación bdatos\\ejemplo-datos-
header-raro.txt"

> rarodatos <- read.table("D:\\Actividad Docente\\Curso 2022-2023\\
Asignaturas de masters\\Introducción a R\\Dataset-Libro\\Importación
bdatos\\ejemplo-datos-header-raro.txt", skip = 8, header = TRUE, sep
=',')
> head(rarodatos,4)
     DLHRWAGE DEDUC1      AGE     AGESQ HRWAGEH WHITEH
1   0.2593466      0 33.25120 1105.6422   11.25      1
2           .     -1 54.05339 2921.7688       .      1
3 0.721318058      7 43.57016 1898.3586      18      1
4 0.011581964      0 30.96783  959.0065    16.5      1
  MALEH EDUCH HRWAGEL WHITEL MALEL EDUCL DEDUC2  DTEN
1     0    16    8.68      1     0    16      0 1.333
2     0     9    7.85      1     0    10      1     8
3     0    19    8.75      1     0    12      4     3
4     1    12   16.31      1     1    12      0    -2
  DMARRIED DUNCOV
1        0      0
2        1      0
3       -1      0
4        0      1
```

Importar datos ".txt" desde una web

La función "**read.table**" también permite importar datos ".txt" desde una web, tarea muy útil si uno no quiere descargar los datos y almacenarlos en el disco duro (es recomendable descargarlos ya que los administradores de las webs podrían eliminar los datos y se perderían). Las instrucciones para importar archivos ".txt" desde una web son sencillas, basta escribir la instrucción: read.table('dirección web') y listo.

Leer la base de datos sobre apartamentos usados en la ciudad de Medellín que está disponible en la página web cuya url es:

https://raw.githubusercontent.com/fhernanb/datos/master/aptos2

El código R para acceder a la base de datos "aptos2" anidado en la Web es:

```
>web1<-'https://raw.githubusercontent.com/fhernanb/datos/      master/
aptos2015'
> datos_1 <- read.table(file=web1, header=TRUE)
```

El código R para acceder a los datos del fichero "bio260-heights.csv" anidado en la Web es:

```
>web2<-"https://raw.githubusercontent.com/datasciencelabs/ data/master/
bio260-heights.csv"
> datos_2 <- read.csv(web2)
```

La sintaxis en R para acceder a los datos del fichero "Diseaseoutbreak.txt" anidado en la Web es:

```
>Web3<-"http://people.cst.cmich.edu/lee1c/spss/V16_materials/ DataSets_
v16/ Diseaseoutbreak.txt"
> datos_3 <- read.table(Web3)
```

Para echar un vistazo a los datos.

```
> head(datos_3)
  V1 V2 V3 V4 V5 V6
1  1 33  1  1  0  1
2  2 35  1  1  0  1
3  3  6  1  1  0  0
4  4 60  1  1  0  1
5  5 18  3  1  1  0
6  6 26  3  1  0  0
```

Constatamos al importar el fichero "datos_3" que no tienen encabezados (las columnas no tienen nombres) con lo cual se ha omitido el argumento `header`, al ser omitido éste toma el valor FALSE que es su valor por defecto. Como las columnas no tienen nombres, entonces R ha creado nombres: V1, V2, ..., V6, para cambiar los nombres que han sido asignados por defecto puede usarse la función `colnames()` o se pueden asignar directamente cuando se importan usando el argumento `col.names` en la función `read.table`.

La sintaxis sería la siguiente:

```
>Web3<-"http://people.cst.cmich.edu/lee1c/spss/V16_materials/ DataSets_
v16/Diseaseoutbreak.txt"
> nombres<-c("ID","edad","hijos","coches","yates","motos")
> datos_3 <- read.table(Web, col.names = nombres)

> head(datos_3) # Un vistazo para ver cómo resulta.
  ID edad hijos coches yates motos
1  1   33     1      1     0     1
2  2   35     1      1     0     1
3  3    6     1      1     0     0
4  4   60     1      1     0     1
5  5   18     3      1     1     0
6  6   26     3      1     0     0
```

Hay muchas bases de datos en internet para descargar y es posible descargarlos usando R o RStudio. Desde RStudio podemos descargar los datos con las mismas funciones que utilizamos para cargarlos en el entorno de trabajo o en nuestro PC. La única diferencia consiste en que, en lugar de proporcionar la ruta al fichero, tendremos que proporcionar la ruta de internet.

Muchas veces se requiere hacer una copia de la base de datos a nuestro ordenador. En ese caso, el procedimiento consiste en cargar los datos en entorno de trabajo y luego exportarlos como "**.rds**"; pero también podemos hacerlo directamente con la función `download.file()`.

Por ejemplo, si queremos descargar y almacenar los datos en nuestro PC el fichero "bio260-heights.csv", procedemos de la siguiente manera:

```
> url <- "https://raw.githubusercontent.com/datasciencelabs /data/master/bio260-heights.csv"
> destino <- "./datos/pruebas/bio260-heights.csv"
```

Alternativamente, se puede escribir la sentencia como sigue:

```
> Destino<-"D:\\Actividad Docente\\Curso 2022-2023\\ Asignaturas de masters\\Introducción a R\\Dataset-Libro\\Importación bdatos\\"
> download.file(url, destino)
> dat <- read.csv(destino)
```

Muchas veces, la función de R-base `download.file()` puede presentar problemas si el protocolo es **https**. En esos casos, la función `download()` del pkg `dowloader` puede solucionarlo:

```
> install.packages("downloader")
> library(downloader)
> url <- "https://raw.githubusercontent.com/datasciencelabs /data/master/bio260-heights.csv"
> filename <- basename(url)
> download(url, destino)
> dat <- read.csv(destino)
```

6.4.2 IMPORTACIÓN DE DATOS DE DISTINTOS FORMATOS

Paquetes para importar otros tipos de archivos:

- **haven** → Archivos SPSS, SAS y STATA
- **readxl** → Archivos Excel (.xls, .xlsx)
- **DBI** → bases de datos
- **Jsonlite** → json
- **xml2** → XML
- **httr** → Web APIs
- **rvest** → HTML (Web Scraping)

6.4.2.1 IMPORTACIÓN HOJAS DE CÁLCULO DE EXCEL

Un formato usado con mucha frecuencia para almacenar archivos son las hojas de cálculo, en particular las generadas por el paquete Microsoft Excel.

R-base no tiene una función para importar archivos almacenados en archivos con extensión '`.xls`' y '`.xslx`', creados con Excel. Para importar datos desde este tipo de archivos, necesitamos instalar el paquete `readxl`, que contiene funciones específicas para realizar esta tarea.

```
> install.packages("readxl")
```

Cargar el paquete `readxl()` a la sesión de trabajo.

```
> library(readxl)
```

Usaremos, principalmente dos funciones de este paquete.

- `read.excel()`: para importar archivos `.xls` y `.xlsx`.
- `excel_sheets()`: para obtener los nombres de las pestañas en una hoja de cálculo de Excel.

Utilice `read.xls()` y `read.xlsx()` directamente si lo sabe que la extensión de los ficheros es ".xls" o ".xlsx", respectivamente.

Lectura de datos con extensión ".xls"

```
> read.xls(path, sheet = NULL, range = NULL, col_names = TRUE, col_
types = NULL, na = "", trim_ws = TRUE, skip = 0, n_max = Inf, guess_
max = min(1000, n_max), progress = readxl_progress(), .name_repair =
"unique")
```

Lectura de ficheros de extensión ".xlsx"

```
> read.xlsx(path, sheet = NULL, range = NULL, col_names = TRUE, col_
types = NULL, na = "", trim_ws = TRUE, skip = 0, n_max = Inf, guess_
max = min(1000, n_max), progress = readxl_progress(), .name_repair =
"unique")
```

La función `read.excel()` tiene los siguientes argumentos:

- **path**: la ruta del archivo a importar xls/xlsx. Si no especificamos una ruta completa, será buscado en nuestro directorio de trabajo.
- **sheet**: el nombre de la pestaña a importar y puede ser una cadena o nombre de la hoja, o un entero (la posición de la hoja). Si se ignora este argumento, por defecto read_excel() leerá la primera pestaña de la hoja de cálculo.
- **range**: cadena de texto con el rango de celdas a importar, escrito con el formato usado en Excel. Por ejemplo, "A1:B10". El rango obliga a incluir filas o columnas vacías al principio o al final. Tiene prioridad sobre skip, n_max y sheet.

- **col_names**: TRUE para utilizar la primera fila como nombres de las columnas. Con este argumento indicamos si la pestaña que vamos a importar tiene encabezados para usar como nombres de columna. Por defecto su valor es TRUE. Si no tenemos encabezados, podemos dar un vector con nombres para asignar a las columnas.
- **col_types** = NULL. El contenido de una celda de una columna omitida nunca se lee y esa columna no aparece en la salida en el data-frame.
- **na:** vector de caracteres de cadenas para interpretar como valores perdidos. Por defecto, readxl trata las celdas en blanco como datos perdidos.
- `trim_ws`: ¿Deben recortarse los espacios en blanco iniciales y finales? TRUE or FALSE.
- `skip`: número mínimo de filas a saltar antes de leer los datos de interés, ya sean nombres de columnas o datos. Las filas vacías iniciales se omiten automáticamente, por lo que se trata de un límite inferior. Se ignora si se da un rango.
- `n_max`: número máximo de filas de datos a leer. Las filas vacías finales se omiten automáticamente, por lo que se trata de un límite superior en el número de filas en el tibble devuelto. Se ignora si se da el rango.
- `guess_máx`: número máximo de filas de datos a utilizar para leer los tipos de columna.
- `Progress`: ¿Mostrar un spinner de progreso? Por defecto, el spinner sólo aparece en una sesión interactiva, fuera del contexto de la elaboración de un documento, y cuando la llamada es probable que se ejecute durante varios segundos o más.
- `name_repair`: tratamiento de los nombres de las columnas. Pasado a tibble::as_tibble(). El valor por defecto de readxl es '.name_repair = "unique", que asegura que los nombres de las columnas no están vacíos y son únicos.

Ilustración del uso de la función `read_excel()` para leer archivos xls y xlsx.

```
> install.packages("readxl")
> library(readxl)
```

Caso 1: Archivos Excel con extensión '.xls'

Datos: temperatura.

```
> library(readxl
> file.choose()
[1] "E:\\Actividad Docente\\Curso 2022-2023\\Asignaturas de masters\\
Introducción a R\\Clases sept-oct2022\\ BD_Importación_CVirtual\\
Temperaturas.xls"
```

```
> tempxls<-read_excel("E:\\Actividad Docente\\Curso 2022-2023\\
Asignaturas de masters\\Introducción a R\\Clases sept-oct2022\\BD_
Importación_CVirtual\\ Temperaturas.xls")
> head(tempxls)
# A tibble: 6 x 18
  City    January February March April
  <chr>     <dbl>    <dbl> <dbl> <dbl>
1 Amster~     2.9      2.5   5.7   8.2
2 Athens      9.1      9.7  11.7  15.4
3 Berlin     -0.2      0.1   4.4   8.2
4 Brusse~     3.3      3.3   6.7   8.9
5 Budape~    -1.1      0.8   5.5  11.6
6 Copenh~    -0.4     -0.4   1.3   5.8
# ... with 13 more variables:
#   May <dbl>, June <dbl>,
#   July <dbl>, August <dbl>,
#   September <dbl>, October <dbl>,
#   November <dbl>, December <dbl>,
#   Annual <dbl>, Amplitude <dbl>,
#   Latitude <dbl>, ...
```

Caso 2: Archivos Excel con extensión '.xlsx'

Datos: peso de los pollos de 10 días.

```
> library(readxl
> file.choose()
[1] "E:\\Actividad Docente\\Curso 2022-2023\\Asignaturas de masters\\
Introducción a R\\Clases sept-oct2022\\ BD_Importación_CVirtual\\
PesosPollitos10dias.xlsx"

> pollitosxlsx<-read_excel("E:\\Actividad Docente\\Curso 2022-2023\\
Asignaturas de masters\\Introducción a R\\Clases sept-oct2022\\BD_
Importación_CVirtual\\ PesosPollitos10dias.xlsx")
> head(pollitosxlsx)
# A tibble: 6 x 2
  Pesogr TipoDieta
   <dbl> <chr>
1     93 1
2    103 1
3     99 1
4     87 1
5    106 1

> install.packages("readxl")
```

```
> library(readxl)
> hijos <- read_excel(file.choose(), sheet='Hijos')
> as.data.frame(hijos)  # Para ver el contenido.
  Edad Grado    ComicFav
1    8     2    Superman
2    6     1      Batman
3    9     3      Batman
4   10     5 Bob Esponja
5    8     4      Batman
```

Luego generamos el código para crear la base de datos padres contenida en el archivo BD_Excel.xlsx.

```
> padres <- read_excel('BD_Excel.xlsx', sheet='Padres')
> as.data.frame(padres)  # Para ver el contenido.
  Edad   EstCivil NumHijos
1   45    Soltero        1
2   50     Casado        0
3   35     Casado        3
4   65 Divorciado        1
```

El paquete readxl de RSTUDIO además de permitir leer ficheros .xls y .xlsx, también incluye argumentos para especificar la hoja de cálculo que se quiera abrir (sheet) o (skip) para establecer a partir de qué linea se debe leer o importar un archivo de datos.

Para ello especificamos el libro que queremos abrir, el nombre de la hoja de cálculo de interés (o su posición en el fichero), además de la opción skip = x (x = 4), linea a partir de la cual importa los datos (cuarta fila).

```
> library(readxl)
> iris_imp_xlsx <- read_excel("I:/iris.xlsx", sheet = 2)
> iris_imp_xlsx <- read_excel("I:/iris.xlsx", sheet = "IRIS_2")
> iris_imp_xlsx <- read_excel("I:/iris.xlsx", sheet = "IRIS_2", skip = 4)
```

Si queremos importar todos los libros (o sheets) de un archivo Excel, podemos hacerlo como sigue:

```
> library(readxl)
> IRIS_list <- lapply(excel_sheets("I:/iris.xlsx"), read_excel, path =
"I:/iris.xlsx")
```

Hemos guardado los 2 sheets del archivo "I:/iris.xlsx" en un objeto R llamado IRIS_list. Este objeto es una lista con 2 elementos. cada elemento contiene los datos de cada uno de los 2 sheets. Podemos verlo con str():

```
> str(IRIS_list)
List of 2
 $ :Classes 'tbl_df', 'tbl' and 'data.frame':   150 obs. of  5 variables:
  ..$ Sepal.Length: num [1:150] 5.1 4.9 4.7 4.6 5 5.4 4.6 5 4.4 4.9 ...
  ..$ Sepal.Width : num [1:150] 3.5 3 3.2 3.1 3.6 3.9 3.4 3.4 2.9 3.1 ...
  ..$ Petal.Length: num [1:150] 1.4 1.4 1.3 1.5 1.4 1.7 1.4 1.5 1.4 1.5 ...
  ..$ Petal.Width : num [1:150] 0.2 0.2 0.2 0.2 0.2 0.4 0.3 0.2 0.2 0.1 ...
  ..$ Species     : chr [1:150] "setosa" "setosa" "setosa" "setosa" ...
 $ :Classes 'tbl_df', 'tbl' and 'data.frame':   150 obs. of  6 variables:
  ..$ NA          : chr [1:150] "1" "2" "3" "4" ...
  ..$ Sepal.Length: num [1:150] 5.1 4.9 4.7 4.6 5 5.4 4.6 5 4.4 4.9 ...
  ..$ Sepal.Width : num [1:150] 3.5 3 3.2 3.1 3.6 3.9 3.4 3.4 2.9 3.1 ...
  ..$ Petal.Length: num [1:150] 1.4 1.4 1.3 1.5 1.4 1.7 1.4 1.5 1.4 1.5 ...
  ..$ Petal.Width : num [1:150] 0.2 0.2 0.2 0.2 0.2 0.4 0.3 0.2 0.2 0.1 ...
  ..$ Species     : chr [1:150] "setosa" "setosa" "setosa" "setosa" ...
```

Si se quiere recuperar los datos en el formato en el que estamos habituados (dataframes) lo haríamos así:

```
> primer_iris  <- IRIS_list[[1]]
> segundo_iris <- IRIS_list[[2]]
```

6.4.2.2 IMPORTACIÓN DE FICHEROS CON EXTENSIONES SAS, SAV, DTA

Caso 3: Importación de ficheros sas (.sas)

```
> install.packages("haven")
> library(haven)
```

Ilustración de lectura de bases de datos de extensión sas.

```
> mtcars_imp_sas <- read_sas("./datos/pruebas/mtcars.sas")
```

Ilustración: encuesta de inserción laboral de titulados universitarios (eilu_2014).

```
> file.choose()
[1] "E:\\Actividad Docente\\Curso 2022-2023\\Asignaturas de masters\\
Introducción a R\\Clases sept-oct2022\\ BD_Importación_CVirtual\\
eilu_2014.sas7bdat"

> seta_sas<-read_sas("E:\\Actividad Docente\\Curso 2022-2023\\Asignaturas
de masters\\Introducción a R\\Clases sept-oct2022\\BD_Importación_
CVirtual\\eilu_2014.sas7bdat")
> head(seta_sas)
# A tibble: 6 x 180
```

```
  IDENT SEXO  EDAD  NACIO TITU  RAMA
  <dbl> <chr> <chr> <chr> <chr> <chr>
1     1 1     1     1     001   4
2     2 1     1     1     001   4
3     3 1     1     1     001   4
4     4 6     1     1     001   4
5     5 6     1     1     001   4
6     6 6     1     1     001   4
# ... with 174 more variables:
#   AMBITO <chr>, T_UNIV <chr>,
#   DISCA <chr>, PROXY <chr>,
#   EST_B1 <chr>, EST_B21 <chr>,
#   EST_B22 <chr>, EST_B23 <chr>,
#   EST_B24 <chr>, EST_B25 <chr>,
#   EST_M1 <chr>, EST_M2 <chr>, ...
```

Caso 4: Importacion de ficheros spss (.sav o .por)

```
> install.packages("haven")
> library(haven)
```

Lectura de ficheros de extensión ·.sav".

```
> iris_imp_spss <- read_spss("./datos/pruebas/iris.sav")
```

Ilustración: aire y polución.

```
> file.choose()
[1] "E:\\Actividad Docente\\Curso 2022-2023\\Asignaturas de masters\\
Introducción a R\\Clases sept-oct2022\\ BD_Importación_CVirtual\\
airepolu.sav"
```

Lectura de bases de datos generadas en SPSS.

```
> polucion<-read_spss("E:\\Actividad Docente\\Curso 2022-2023\\
Asignaturas de masters\\Introducción a R\\Clases sept-oct2022\\BD_
Importación_CVirtual\\airepolu.sav")
> head(polucion)
# A tibble: 6 x 10
  ciudad  lluvia educa densidad pormin
  <chr>    <dbl> <dbl>    <dbl>  <dbl>
1 akronOH     36  11.4     3243    8.8
2 albany~     35  11       4281    3.5
3 allenPA     44   9.8     4260    0.8
4 atlant~     47  11.1     3125   27.1
5 baltim~     43   9.6     6441   24.4
6 birmhm~     53  10.2     3325   38.5
# ... with 5 more variables:
#   nox <dbl>, so2 <dbl>,
#   tasamor <dbl>, lnso2 <dbl>,
#   lnox <dbl>
```

Caso 5: Importacion de ficheros stata (.dta)

```
> install.packages("haven")
> library(haven)
```

Lectura de datos generados en STATA.

```
> iris_imp_stata <- read_stata("./datos/pruebas/iris.dta")
```

Datos: encuesta de inserción laboral de titulados universitarios (eilu_2014).

```
> file.choose()
[1] "E:\\Actividad Docente\\Curso 2022-2023\\Asignaturas de masters\\
Introducción a R\\Clases sept-oct2022\\ BD_Importación_CVirtual\\
EILU_2014.dta"
```

Lectura y carga del archivo "EILU_2014.dta".

```
> eilu_stata<-read_stata("E:\\Actividad Docente\\Curso 2022-2023\\
Asignaturas de masters\\Introducción a R\\Clases sept-oct2022\\BD_
Importación_CVirtual\\EILU_2014.dta")
> head(eilu_stata)
# A tibble: 6 x 180
  ident sexo  edad  nacio titu  rama
  <dbl> <chr> <chr> <chr> <chr> <chr>
1     1 1     1     1     001   4
2     2 1     1     1     001   4
3     3 1     1     1     001   4
4     4 6     1     1     001   4
5     5 6     1     1     001   4
6     6 6     1     1     001   4
# ... with 174 more variables:
#   ambito <chr>, t_univ <chr>,
#   disca <chr>, proxy <chr>,
#   est_b1 <chr>, est_b21 <chr>,
#   est_b22 <chr>, est_b23 <chr>,
#   est_b24 <chr>, est_b25 <chr>,
#   est_m1 <chr>, est_m2 <chr>, ...
```

6.4.2.3 IMPORTACIÓN DE ARCHIVOS CREADOS CON R (.RDATA Y .RDS)

Ahora nos centraremos en los archivos creados con R, que tienen una extensión "`.Rdata`" ("`.rda`" también es válido) o "`.rds`". Estos formatos de archivo nos permiten almacenar cualquier objeto en R, ya sea un vector, un dataframe, una matriz, una lista, etc. Después de leer el archivo, R cargará el objeto tal y como fue guardado.

Así, los archivos en este formato destacan por:

a) Su flexibilidad a la hora de almacenarlos, sin limitarse a su base de datos, y
b) Por su perfecta compatibilidad con R: por ejemplo, puedes estar seguro de que cada variable de una base de datos .rds se cargará en el formato correcto (vectores numéricos como numéricos, factores como factores, etc.).

La diferencia entre un archivo `.Rdata` (o .rda) y un archivo `.rds` es simple, pero importante, mientras que el primero puede contener cualquier número de objetos, el segundo se limita a un solo objeto.

Caso 6: Importar archivos con extensión .Rdata de R (múltiples objetos)

Los archivos "`.Rdata`" pueden contener más de un objeto. Aunque esto suena conveniente, incluye una limitación: al cargar los objetos, estos adoptarán automáticamente el nombre con el que fueron creados. Por ejemplo, el archivo "desiguales.Rdata" guarda dos objetos: 1) un data-frame llamado `df_desiguales_rdata` y un vector numérico para las edades de los encuestados llamado `age_vector`.

```
# Para cargar el archivo hacemos uso de la función load().
> install.packages("tidyverse")
> library(tidyverse)
> file.choose()
[1] "E:\\Actividad Docente\\Curso 2022-2023\\Asignaturas de masters\\Introducción a R\\Dataset-Libro\\Miscelaneos\\desiguales.Rdata"

# Lectura y carga del archivo "desigualdes.Rdata".
> desig1<-load("E:\\Actividad Docente\\Curso 2022-2023\\Asignaturas de masters\\Introducción a R\\Dataset-Libro\\Miscelaneos\\desiguales.Rdata")

# Mostrar los objetos guardados o almacenados.
> ls()
 [1] "df_desiguales_rdata"
 [2] "age_vector"
> head(desig1,4)
[1] "df_desiguales_rdata" "age_vector"
```

Caso 7: Importar archivos con extensión .rds de R (sólo un objeto)

Los archivos .rds se limitan a almacenar un solo objeto. Aunque suena menos atractivo que la flexibilidad del .Rdta, este formato se destaca por su modularidad, que ayuda a mantener sus archivos en orden. Otro rasgo positivo del .rds es que la sintaxis utilizada para cargar estos archivos es familiar, muy similar a la utilizada para cargar los archivos .csv. Ahora puedes ponerle un nombre al objeto cuando lo creas. El comando es el siguiente, usando la función `read_rds()` (que hemos cargado antes con el tidyverse):

```
> library(tidyverse)
> file.choose()
[1] "E:\\Actividad Docente\\Curso 2022-2023\\Asignaturas de masters\\
Introducción a R\\Dataset-Libro\\Miscelaneos\\desiguales.rds"
```

Lectura y carga del archivo "desigualdes.rds".

```
> desig2<-read_rds("E:\\Actividad Docente\\Curso 2022-2023\\Asignaturas
de masters\\Introducción a R\\Dataset-Libro\\Miscelaneos\\desiguales.
rds")
: 4 x > head(desig2,4)
# A tibble 20
     id  sexo  zona macro~1 region  edad p1_anyo p1_mes    p2    p3    p4
  <dbl> <dbl> <dbl>   <dbl>  <dbl> <dbl>   <dbl>  <dbl> <dbl> <dbl> <dbl>
1    34     1     2       4     13    63    1952      8     1     2     1
2    36     1     2       4     13    52    1963      7     1     3    NA
3    70     1     2       2      7    73    1943      2     4     2     1
4    75     2     2       2      7    78    1938      2     7     3    NA
# ... with 9 more variables: p5 <dbl>, p6 <dbl>, p7 <dbl>, p8 <dbl>,
#   p9_1 <dbl>, p9_2 <dbl>, p9_3 <dbl>, p9_4 <dbl>, p9_5 <dbl>, and
#   abbreviated variable name 1: macrozona
# i Use `colnames()` to see all variable names
```

Transformación del archivo "desig2" en un data-frame.

```
> desig2<-data.frame(desig2)
> head(desig2,4)
  id sexo zona macrozona region edad p1_anyo p1_mes p2 p3 p4 p5 p6 p7 p8
1 34    1    2         4     13   63    1952      8  1  2  1 NA  5 10 10
2 36    1    2         4     13   52    1963      7  1  3 NA NA  5  5 10
3 70    1    2         2      7   73    1943      2  4  2  1 NA  5  5  9
4 75    2    2         2      7   78    1938      2  7  3 NA NA  6  6  7

  p9_1 p9_2 p9_3 p9_4 p9_5
1   10    7    9    5    8
2    8   10   10    8    8
3   10    9    7    8    9
4    7    7    6    6    7
```

6.4.2.4 IMPORTACIÓN DE FICHEROS CON EXTENSIÓN XML, HTML, JSON Y WEBS

Caso 8: Importación de ficheros xml

XML, extensible (Markup Language) es un «Lenguaje de Marcado Extensible», esto es un metalenguaje que permite definir lenguajes de marcado desarrollado por el World Wide Web Consortium (W3C) utilizado para almacenar datos en forma legible.

Un lenguaje de marcado se puede utilizar para describir no sólo el contenido, sino también la estructura de un conjunto de datos de forma que un archivo se autodescriba, de modo que no sea necesario proporcionar esos detalles al software que los lee.

XML (Extensible Markup Language) puede utilizarse para proporcionar una estructura, no sólo para conjuntos de datos estándar, sino también para estructuras de datos más complejas. Es un formato estándar para el marcado e intercambio de datos en general. Es utilizado por diferentes comunidades para describir datos geográficos como mapas, visualizaciones gráficas, matemáticas, etc.

La librería xml2 en R es utilizada para leer fichero XML que están disponibles en CRAN (The Comprehensive R Archive Network) que es el repositorio oficial de librerías de R.

> # A continuación presentamos un código escrito en R (script) que lee un fichero XML e importa su contenido a un data frame. Descarga un fichero XML desde una URL de W3Schools que contiene un catálogo de CDs a modo de ejemplo utilizando la función `curl_download()` de la librería `curl`.

```
# Instalar el packages curl.
install.packages("XML")
install.packages("curl")

# Load packages (cargar los paquetes en el entorno de trabajo).
library(XML)
library(curl)

# Download XML file from URL.
url <- "https://www.w3schools.com/xml/cd_catalog.xml"
tmp <- tempfile()
curl_download(url, tmp)

# Read XML file (leer el fichero XML).
xml.content <- xmlTreeParse(tmp)

# Get only Root content.
xml.content <- xmlRoot(xml.content)
```

Get content from Root.
```
xml.content <- xmlSApply(xml.content, function(x) xmlSApply(x, xmlValue))
```

Transform content to data frame.
```
xml.content <- data.frame(t(xml.content), row.names = NULL)
```

Una vez ejecutado el código anterior, podemos ejecutar el comando **View(xml.content)** para ver el contenido del fichero **xml.content**, y el resultado deberá ser el siguiente.

Ver el contenido del fichero.
```
> View(xml.content)
```

	TITLE	ARTIST	COUNTRY	COMPANY	PRICE	YEAR
1	Empire Burlesque	Bob Dylan	USA	Columbia	10.90	1985
2	Hide your heart	Bonnie Tyler	UK	CBS Records	9.90	1988
3	Greatest Hits	Dolly Parton	USA	RCA	9.90	1982
4	Still got the blues	Gary Moore	UK	Virgin records	10.20	1990
5	Eros	Eros Ramazzotti	EU	BMG	9.90	1997
6	One night only	Bee Gees	UK	Polydor	10.90	1998
7	Sylvias Mother	Dr.Hook	UK	CBS	8.10	1973
8	Maggie May	Rod Stewart	UK	Pickwick	8.50	1990
9	Romanza	Andrea Bocelli	EU	Polydor	10.80	1996
10	When a man loves a woman	Percy Sledge	USA	Atlantic	8.70	1987
11	Black angel	Savage Rose	EU	Mega	10.90	1995
12	1999 Grammy Nominees	Many	USA	Grammy	10.20	1999
13	For the good times	Kenny Rogers	UK	Mucik Master	8.70	1995
14	Big Willie style	Will Smith	USA	Columbia	9.90	1997
15	Tupelo Honey	Van Morrison	UK	Polydor	8.20	1971
16	Soulsville	Jorn Hoel	Norway	WEA	7.90	1996
17	The very best of	Cat Stevens	UK	Island	8.90	1990
18	Stop	Sam Brown	UK	A and M	8.90	1988
19	Bridge of Spies	T'Pau	UK	Siren	7.90	1987
20	Private Dancer	Tina Turner	UK	Capitol	8.90	1983
21	Midt om natten	Kim Larsen	EU	Medley	7.80	1983
22	Pavarotti Gala Concert	Luciano Pavarotti	UK	DECCA	9.90	1991
23	The dock of the bay	Otis Redding	USA	Stax Records	7.90	1968

Análogamente, XML también permite especificar la codificación del archivo, aunque no lo requiere, mediante el uso del siguiente comando:
```
> ?xml version="1.0" encoding="UTF-8"?
```

El paquete XML proporciona facilidades generales para leer y escribir documentos XML dentro de R. El paquete **StatDataML** en CRAN es un ejemplo que se basa en XML. El paquete **xml2** proporciona otra interfaz para la biblioteca **C libxml2**. La librería **yaml** es otro sistema para estructurar datos de texto, con énfasis en la legibilidad humana.

La sintaxis es la siguiente:

```
> install.packages("XML")
> library(XML)
> download_xml(
  url,
  file = basename(url),
  quiet = TRUE,
  mode = "wb",
  handle = curl::new_handle()
)

> download_html(
  url,
  file = basename(url),
  quiet = TRUE,
  mode = "wb",
  handle = curl::new_handle()
)
```

Argumentos:

- url → Una cadena de caracteres que nombra la URL de un recurso que se va a descargar.
- file (archivo) → Una cadena de caracteres con el nombre donde se guarda el archivo descargado.
- quiet → Si es TRUE, suprime los mensajes de estado (si los hay) y la barra de progreso.
- mode (modo) → Cadena de caracteres que especifica el modo con el que se escribe el archivo. Los valores útiles son "w", "wb" (binario), "a" (append) y "ab".
- handle → Manejar un objeto.

Análogamente, podemos leer y cargar ficheros XML haciendo uso del paquete **xml2**.
Podemos instalar xml2desde CRAN.
Instalación de `xml2` desde CRAN.

```
> install.packages("xml2")
> library(xml2)
```

Importamos los datos XML.

```
> archivo_xml <- read_xml("data/empleados.xml")
> archivo_xml
{xml_document}
<PLANTILLA>
[1] <EMPLEADO>\n  <ID>1</ID>\n  <NOMBRE>Ruben</NOMBRE>\n  <SALARIO>623.3 ...
[2] <EMPLEADO>\n  <ID>2</ID>\n  <NOMBRE>Ramon</NOMBRE>\n  <SALARIO>515.2 ...
[3] <EMPLEADO>\n  <ID>3</ID>\n  <NOMBRE>Tomas</NOMBRE>\n  <SALARIO>611</ ...
[4] <EMPLEADO>\n  <ID>4</ID>\n  <NOMBRE>Marga</NOMBRE>\n  <SALARIO>729</ ...
[5] <EMPLEADO>\n  <ID>5</ID>\n  <NOMBRE>Miguel</NOMBRE>\n  <SALARIO>843. ...
[6] <EMPLEADO>\n  <ID>6</ID>\n  <NOMBRE>Nuria</NOMBRE>\n  <SALARIO>578</ ...
[7] <EMPLEADO>\n  <ID>7</ID>\n  <NOMBRE>Jaime</NOMBRE>\n  <SALARIO>632.8 ...
[8] <EMPLEADO>\n  <ID>8</ID>\n  <NOMBRE>Dani</NOMBRE>\n  <SALARIO>722.5< ...
```

Podemos acceder a un nodo con la ayuda de la función `xml_child()` como se muestra en el siguiente fragmento de código:

Accedemos al primer nodo.

```
> xml_child(archivo_xml, 1)
{xml_node}
<EMPLEADO>
[1] <ID>1</ID>
[2] <NOMBRE>Ruben</NOMBRE>
[3] <SALARIO>623.3</SALARIO>
[4] <ALTA>1/1/2012</ALTA>
[5] <DEPT>IT</DEPT>
```

Para conocer todos los valores de un nodo que coinciden con una expresión xpath podemos hacerlo como se muestra a continuación:

Conocer todos los valores que coinciden con un elemento.

```
> nombre <- xml_find_all(archivo_xml, ".//NOMBRE")
> nombre
{xml_nodeset (8)}
[1] <NOMBRE>Ruben</NOMBRE>
[2] <NOMBRE>Ramon</NOMBRE>
[3] <NOMBRE>Tomas</NOMBRE>
[4] <NOMBRE>Marga</NOMBRE>
[5] <NOMBRE>Miguel</NOMBRE>
[6] <NOMBRE>Nuria</NOMBRE>
[7] <NOMBRE>Jaime</NOMBRE>
[8] <NOMBRE>Dani</NOMBRE>
```

Con la ayuda de la función `xml_text()`, `xml_double` y `xml_integer` obtendremos un vector de caracteres, reales o enteros respectivamente del documento, nodo o conjunto de nodos:

Convertir un documento, nodo o conjunto de nodo a vectores.

```
> nombres <- xml_text(nombre)
> nombres
[1] "Ruben"  "Ramon"  "Tomas"  "Marga"  "Miguel" "Nuria"  "Jaime"  "Dani"
```

Creamos un dataframe a partir de los vectores.

```
> plantilla <- data.frame(id, nombre, salario, alta, dept)
> plantilla
  id nombre salario       alta       dept
1  1  Ruben  623.30   1/1/2012         IT
2  2  Ramon  515.20  9/23/2013 Produccion
3  3  Tomas  611.00 11/15/2014         IT
4  4  Marga  729.00  5/11/2014         HR
5  5 Miguel  843.25  3/27/2015   Finanzas
6  6  Nuria  578.00  5/21/2013   Limpieza
7  7  Jaime  632.80  7/30/2013        I+D
8  8   Dani  722.50  6/17/2014 Produccion
```

Caso 9: Importar tablas html a R o RSTUDIO

Para importar **tablas HTML** necesitaremos del paquete `rvest`.

Instalación de `rvest`desde CRAN.

```
> install.packages("rvest")
```

Para descargar la versión en desarrollo desde su repositorio en GitHub:

install.packages('devtools').

```
> devtools::install_github("hadley/rvest")
```

Cargamos la librería `rvest`.

```
> library(rvest)
```

Para el ejemplo, además haremos uso del paquete xml2 para descargar una tabla de la siguiente página con los nombres de niño y niña más comunes en 2017:

Cargamos la librería `xml2`.

```
> library(xml2)
```

Descargamos la página mediante xml2::read_html() y con la ayuda de xml2::xml_find_first() encontramos el nodo que coincide con xpath = "//table":

```
# Descargamos la página.
> html <- read_html("http://www.enterat.com/servicios/nombres-nino-nina.php")

# Encontramos el elemento que coincide con la clase `table`.
> tabla <- xml_find_first(html, xpath = "//table")
```

Por último, mediante rvest::html_table analizamos sintácticamente la tabla html y la transformamos en un dataframe:

```
# Pasamos la tabla HTML a un dataframe.
> df <- html_table(tabla)

> head(df)
        X1                X2               X3
1 Posicion Nombres de niño Nombres de niña
2        1              HUGO            LUCIA
3        2            DANIEL          MARTINA
4        3            MARTIN            MARIA
5        4             PABLO            SOFIA
6        5         ALEJANDRO            PAULA
```

Caso 10: Importar base de datos con extensión json

Los formatos JSON (JavaScript Object Notation) son cada vez más frecuentes. El paquete recomendado para este formato es el paquete `jsonlite`.

```
> install.packages("jsonlite")
> library(jsonlite)
> datos <- fromJSON("https://api.github.com/users/rsanchezs/repos")
> names(datos)
 [1] "id"                        "node_id"
 [3] "name"                      "full_name"
 [5] "private"                   "owner"
 [7] "html_url"                  "description"
 [9] "fork"                      "url"
[11] "forks_url"                 "keys_url"
[13] "collaborators_url"         "teams_url"
[15] "hooks_url"                 "issue_events_url"
[17] "events_url"                "assignees_url"
[19] "branches_url"              "tags_url"
[21] "blobs_url"                 "git_tags_url"
[23] "git_refs_url"              "trees_url"
[25] "statuses_url"              "languages_url"
[27] "stargazers_url"            "contributors_url"
[29] "subscribers_url"           "subscription_url"
[31] "commits_url"               "git_commits_url"
```

```
[33] "comments_url"                     "issue_comment_url"
[35] "contents_url"                     "compare_url"
[37] "merges_url"                       "archive_url"
[39] "downloads_url"                    "issues_url"
[41] "pulls_url"                        "milestones_url"
[43] "notifications_url"               "labels_url"
[45] "releases_url"                     "deployments_url"
[47] "created_at"                       "updated_at"
[49] "pushed_at"                        "git_url"
[51] "ssh_url"                          "clone_url"
[53] "svn_url"                          "homepage"
[55] "size"                             "stargazers_count"
[57] "watchers_count"                   "language"
[59] "has_issues"                       "has_projects"
[61] "has_downloads"                    "has_wiki"
[63] "has_pages"                        "forks_count"
[65] "mirror_url"                       "archived"
[67] "disabled"                         "open_issues_count"
[69] "license"                          "allow_forking"
[71] "is_template"                      "web_commit_signoff_required"
[73] "topics"                           "visibility"
[75] "forks"                            "open_issues"
[77] "watchers"                         "default_branch"
```

Visualizaión de los datos con head().

```
head(datos,2)
         id                        node_id
1  57395256 MDEwOlJlcG9zaXRvcnk1NzM5NTI1Ng==
2 117114397 MDEwOlJlcG9zaXRvcnkxMTcxMTQzOTc=
                                  name
1                       appliedStatsR
2 ciencia-datos-con-r-casos-estudio
                                             full_name private owner.login
1                       rsanchezs/appliedStatsR   FALSE   rsanchezs
2 rsanchezs/ciencia-datos-con-r-casos-estudio   FALSE   rsanchezs
  owner.id        owner.node_id
1  4392137 MDQ6VXNlcjQzOTIxMzc=
2  4392137 MDQ6VXNlcjQzOTIxMzc=

…………………………….

# Por otro lado podemos hacer uso de la librería curl.
> install.packages("curl")
> library(curl)
```

```
# Las funciones que nos ofrece este paquete para recuperar datos de una URL son las siguientes:
```

- **curl_fetch_memory()** # Guarda la respuesta en la memoria.
- **curl_download() or curl_fetch_disk()** # Escribe la respuesta en un disco o pendrive.
- **curl() or curl_fetch_stream()** # Datos de streams.
- **curl_fetch_multi() (Advanced)** # Procesa la respuesta vía las funciones 'callback'.

Ilustración: cargar en la memoria.

```
> req <- curl_fetch_memory("https://eu.httpbin.org/get?foo =123")
> str(req)
List of 7
 $ url        : chr "https://eu.httpbin.org/get?foo=123"
 $ status_code: int 200
 $ type       : chr "application/json"
 $ headers    : raw [1:230] 48 54 54 50 ...
 $ modified   : POSIXct[1:1], format:  ...
 $ times      : Named num [1:6] 0 0.0439 0.1246 0.3098 0.3923 ...
  ..- attr(*, "names")= chr [1:6] "redirect" "namelookup" "connect" "pretransfer" ...
 $ content    : raw [1:396] 7b 0a 20 20 ...
```

La interfaz **curl_fetch_memory** es la más sencilla y potente para construir clientes API. Sin embargo, no es adecuada para descargar archivos realmente grandes porque carga todos los datos en la memoria, que por lo general tiene una capacidad limitada. Si esperas 100G de datos, probablemente se necesite una de las otras interfaces.

Caso 11: Importar archivos de información desde un sitio web

Si se tiene la url de la base de datos de interés, cualquiera de los comandos antes señalados dependiendo del tipo de archivo. Pero en la parte en donde se colocaba la dirección (ubicación en el disco) argumento file, ahora se colocará la dirección web, entre comillas (" ").

Veamos un ejemplo, se quiere importar la base de datos llamada "binary.dta" que está alojado en los servidores del UCLA (Universidad de California). La sintaxis sería la siguiente:

```
>datos10<-read_dta("http://stats.idre.ucla.edu/stat/stata/dae/ binary.dta")
```

Visualizar el resultado.

```
> view(datos10)
```

Caso 12: Datos de streaming

La interfaz más flexible es la función **curl**, que ha sido diseñada como un sustituto de la url base. Creará el llamado objeto de conexión, que permite la lectura incremental (asíncrona) de la respuesta.

La sintaxis correspondiente sería:
```
> con <- curl("https://eu.httpbin.org/get")
> open(con)
```

Mostrar las 3 primeras líneas (get 3 lines).
```
> out<-readLines(con,n=3)
> cat(out, sep="\n")
{  "args": {},
  "headers": {
```

Mostrar 3 líneas más.
```
> out<-readLines(con,n=3)
> cat(out, sep="\n")
    "Accept": "*/*",
    "Accept-Encoding": "deflate, gzip",
    "Host": "eu.httpbin.org",
```

Mostrar el resto de líneas.
```
> out<-readLines(con)
> close(con)
> cat(out,sep="\n")
    "User-Agent": "RStudio Desktop (2022.2.0.443); R (4.1.2 x86_64-w64-
mingw32 x86_64 mingw32)",
    "X-Amzn-Trace-Id": "Root=1-631b6578-20fa2ed969d93bdf342c40a9"},
  "origin": "150.244.199.218",
  "url": "https://eu.httpbin.org/get"
}
```

También existe el paquete `foreign`, que es capaz de importar no sólo archivos **SAS, STATA y SPSS**, sino también formatos más exóticos como `Systat y Weka`. También es capaz de exportar los datos de nuevo a varios formatos.

6.4.2.5 IMPORTACIÓN DE DATOS Y MICRODATOS DE INSTITUCIONES OFICIALES

Caso 13: Importar datos, microdatos y tablas de eurostat

Para importar y exportar datos de Eurostat en R, puedes usar el paquete `eurostat`. El paquete `eurostat` permite descargar datos directamente desde la página de Eurostat. El paquete eurostat, es una herramienta muy útil para acceder a los datos de Eurostat directamente desde R.

Eursotat tiene una API que permite hacer peticiones de datos. Obviamente, para poder hacer peticiones de datos a través de su API has de conocer su sintaxis. Podemos acceder a Eurostat a través del package **eurostat**. Para descargar datos de Eurostat es conveniente usar esta vignette y la **cheat sheet**. Veamos un ejemplo:

Paso 1: Instalar y cargar el paquete eurostat

Primero, necesitamos instalar y cargar el paquete eurostat.

Instalar el paquete `eurostar` para importar datos de Eurostat.

```
> install.packages("eurostat")
> library("eurostat")
```
Cargar el paquete en la memoria de R.

Paso 2: Buscar los datos de interés en Eurostat

Podemos buscar datos disponibles en Eurostat utilizando la función "search_eurostat()".

# P.e. buscar datos relacionados con el PIB.
datos_pib <- search_eurostat("GDP", type = "table")
print(datos_pib)

Paso 3: Importar una tabla de Eurostat

Una vez que hayamos identificado la tabla que nos interesa, podemos importarla utilizando la función "get_eurostat()".

Importar la tabla del PIB (código de ejemplo: nama_10_gdp).

```
> pib_data <- get_eurostat("nama_10_gdp")
> head(pib_data)
```
Mostrar las primeras filas de los datos.

La función `get_eurostat()` es suficiente para bajar una tabla de Eurostat. Por ejemplo, el porcentaje de empleos en el sector cultura.

Ilustración 1: descargamos los datos de la tabla "cult_emp_sex": empleo cultural por género".

```
> df <- get_eurostat("cult_emp_sex", time_format = 'raw', keepFlags = T)
```

Ilustración 2: obtener los datos de paro (desempleo) de Eurostat.

```
> dparo <- get_eurostat(code = "une_lf_m")
```

Explorar los datos desde una ventana interactiva.

```
> View(dparo)
```

Ejemplo: descargar los datos de la tabla `hlth_silc_17` que contiene datos relativos a la "esperanza de vida saludable" para diferentes años en los países de la UE.

```
> install.packages("eurostat")
> library("eurostat")
```

Podemos buscar diferentes "temas" con la función `search_eurostat()`. Por ejemplo, las tablas de empleo.

```
> aa <- search_eurostat("employment", type = "all")
```

Selección de la tabla de Eurostat de interés (Esperanza de vida saludable).
Elegimos la tabla "`hlth_silc_17`": "Healthy life expectancy based on self-perceived health".

```
> my_table <- "hlth_silc_17"
```

La siguiente sintaxis da informacion sobre la Base de datos que estamos buscando.

```
> label_eurostat_tables(my_table)
```

Para descargar los datos hacemos uso de la función `get_eurostat()`.

```
> df <- get_eurostat(my_table, time_format = 'raw', keepFlags = T )
```

Labels: Spain en lugar de su código (más legible, aunque menos fácil de programar).

```
> df_l <- label_eurostat(df)
```

Paso 4: Importar microdatos

Para importar microdatos, podemos utilizar la función "get_eurostat()" anterior, pero debemos asegurarnos de que el código de la tabla corresponda a microdatos.

Importar microdatos de empleo (código de ejemplo: lfsa_ewhun2).

```
> empleo_data <- get_eurostat("lfsa_ewhun2")
```

Mostrar las primeras filas de los microdatos.

```
> head(empleo_data)
```

Paso 5: Explorar y manipular los datos

Una vez que hayas importado los datos, puedes explorarlos y manipularlos según tus necesidades.

Resumen de los datos del PIB.

```
> summary(pib_data)
```

Filtrar datos para un país específico (por ejemplo, España).

```
> pib_espana <- subset(pib_data, geo == "ES")
> head(pib_espana)
```

Paso 6: Visualizar los datos

Puedes utilizar paquetes como "ggplot2" para visualizar los datos.

```
> library(ggplot2)
```

Gráfico de línea del PIB de España.

```
> ggplot(pib_espana, aes(x = time, y = values)) +
  geom_line() +
  labs(title = "PIB de España", x = "Año", y = "PIB (Millones de EUR)")
```

Paso 7: Guardar los datos

Si deseas guardar los datos en tu computadora, puedes hacerlo utilizando funciones como"write.csv()".

Guardar los datos del PIB en un archivo CSV.

```
> write.csv(pib_data, "pib_data.csv", row.names = FALSE)
```

Finalmente, procedemos a realizar los arreglos de presentación y formato.

```
> install.packges("tidyverse")
> library(tidyverse)
> library(personal.pjp)
> aa <- val_unicos_df_pjp(df)     # Ver los valores únicos de cada columna.
> aa <- val_unicos_df_pjp(df_l)   # Ver los valores únicos de cada columna.
> df <- label_eurostat(df, code = c("geo", "unit", "indic_he"))
```

También podríamos fusionar estos datos con los datos de los límites espaciales de cada país, para finalmente hacer un gráfico espacial.

Caso 14: Importar datos y microdatos y tablas del INE

Para importar datos del Instituto Nacional de Estadística de España (INE) utilizando R, el INE nos ofrece datos en varios formatos, como CSV, Excel, y acceso a través de APIs, etc.

Paso 1: Identificar la fuente de datos

Visitamos el sitio web del INE: *https://www.ine.es/*, y navegamos hasta el conjunto de datos que nos interesa. Por ejemplo, podemos buscar datos de población, empleo, etc. Esto es:

1. Visitar el sitio web del INE: https://www.ine.es/.
2. Navegar hasta el conjunto de datos que te interesa. Por ejemplo, puedes buscar datos de población, empleo, etc.
3. Descargar el archivo en formato CSV o Excel, o anota el código de la operación estadística si planeas usar la API.

Paso 2: Instalar y cargar paquetes necesarios

Si vas a trabajar con archivos CSV o Excel, necesitarás los paquetes readr y readxl. Si usas la API, necesitarás httr y jsonlite. Instalamos estos paquetes y luego los cargamos a la memoria de R:

```
> install.packages("readr")   # Para leer archivos CSV
> install.packages("readxl")  # Para leer archivos Excel
> install.packages("httr")    # Para hacer solicitudes HTTP
> install.packages("jsonlite")# Para manejar respuestas JSON
> library(readr)
> library(readxl)
> library(httr)
> library(jsonlite)
```

También podemos bajar los datos directamente del INE mediante la siguiente sintaxis:

```
> Install.packages("pxR")       # Instalar paquetes varios.
> Install.packages("tidyverse")
> Install.packages("personal.pjp")
```

Paso 3: Importar datos desde un archivo CSV

Si descargaste un archivo CSV, usa "read_csv()" del paquete readr.

Reemplaza "ruta/al/archivo.csv" con la ruta de tu archivo.

```
> datos <- read_csv("ruta/al/archivo.csv")
```

Muestra las primeras filas para verificar.

```
> head(datos)
```

Paso 4: Importar datos desde un archivo Excel o csv

Si descargamos un archivo Excel o csv, hacemos uso "read_excel()" o "read-csv()" del paquete readxl y/o readr.

Reemplaza "ruta/al/archivo.xlsx" o "ruta/al/archivo.csv" con la ruta de archivo de interés.

```
> datos <- read_excel("ruta/al/archivo.xlsx")
> datos <- read.csv("ruta/al/archivo.csv")
```

Muestra las primeras filas para verificar.

```
> head(datos)
```

Paso 5: Importar datos usando la API del INE

El INE ofrece una API para acceder a datos o tablas directamente. Para descargar archivos en formato CSV o Excel haciendo uso de la API necesitamos anotar el código de la operación estadística que nos interesa (PC-Axis).

Para obtener el código de operación, por ejemplo, el código para "Población por municipios" es 3075.
Una vez identificado el código debemos hacer una solicitud HTTP:
Definimos la URL de la API con el código de la operación.

```
>url<-https://servicios.ine.es/wstempus/js/es/DATOS_TABLA/3075?nult=5"
```

Realiza la solicitud GET.

```
> respuesta <- GET(url)
```

Convierte la respuesta a formato JSON.

```
> datos_json <- content(respuesta, "text")
> datos <- fromJSON(datos_json)
```

Muestra los datos.

```
> print(datos)
```

Alternatgivamente, para trabajar con datos PC-Axis.

```
> library(pxR)
> library(tidyverse)
> library(personal.pjp)
> file_name <- "http://www.ine.es/jaxiT3/files/t/es/px/ 4189.px?nocab=1"
> df <- read.px(file_name) %>% as.data.frame() %>% as.tbl() # No funciona en 3.5 x $
> aa <- val_unicos_df_pjp(df) # Ver los valores únicos de cada columna.
```

Paso 6: Limpiar y preparar los datos

Una vez importados los datos, es posible que sea necesario limpiarlos o transformarlos.

Usamos funciones como "dplyr" o "tidyr" para manipular los datos.

```
> library(dplyr)
> library(tidyr)
```

Ejemplo: filtrar y seleccionar columnas.

Caso 15: Importar datos y tablas del BANCO MUNDIAL

Para acceder a la API del Banco Mundial hay, actualmente, 2 paquetes de R: `WDI y wbstats`. Podemos bajar datos del Banco Mundial con el paquete WDI como sigue:

```
> install.packages("WDI")
> library(WDI)
```

Buscamos datos relacionados con GDP.

```
> aa <- WDIsearch('gdp')
> aa <- WDIsearch('gdp.*capita.*constant')
```

Descargamos "NY.GDP.PCAP.KD": GDP per capita (constant 2010 US$).

```
> df <- WDI(indicator = "NY.GDP.PCAP.KD")
```

Podemos filtrar la querry (las consultas).

```
> df <- WDI(indicator = "NY.GDP.PCAP.KD", country = c('MX','CA','US'), start = 1960, end = 2017)
```

También podemos descargar datos del Banco Mundial con el paquete `wbstats`. Para ello, instalamos el paquete en cuestión.

```
> install.packages("wbstats")
> library(wbstats)
```

A continuación obtenemos la lista de indicadores disponibles.

```
> aa <- wb_cachelist
```

Buscamos datos relacionados con GDP.

```
> aa <- wbsearch(pattern = "gdp")
> aa <- wbsearch('gdp.*capita.*constant')
```

Descargamos los indicadores "NY.GDP.PCAP.KD": GDP per-cápita (constant 2010 US$).

```
> df <- wb(indicator = "NY.GDP.PCAP.KD")
```

Por último, filtramos la querry.

```
> df <- wb(indicator = "NY.GDP.PCAP.KD", country = c('MX','CA','US'),
startdate = 2000, enddate = 2017)
```

Aquí tenemos un post en el que se usa el pkg wbstats para obtener datos y luego graficarlos.

Caso 16: Cómo importar datos del Banco de España con R

El Banco de España ofrece datos económicos y financieros en formatos como CSV, Excel o a través de APIs. Vamos a cubrir un ejemplo básico para descargar y cargar datos en R.

Paso 1: Identificar la base de datos

Primero, visitamos el portal de datos del Banco de España y selecciona la base de datos que necesitamos. Nos aseguramos descargar el archivo en un formato compatible con R, como CSV o Excel.

Paso 2: Descargar el archivo

Si el archivo está disponible para descarga directa, guárdalo en tu directorio de trabajo en R. Por ejemplo, si descargas un archivo CSV, guárdalo como datos_bde.csv.

Paso 3: Configurar el directorio de trabajo en R

Abrimos RStudio y establecemos el directorio de trabajo donde guardar el archivo:

setwd("ruta/a/tu/directorio").

Paso 4: Importar el archivo CSV

Si el archivo es un CSV, usamos la función "read.csv()" para cargarlo:

```
> datos <- read.csv("datos_bde.csv", header = TRUE, sep = ";", dec = ",")
```

Tal que:

- header = TRUE, indica que la primera fila contiene los nombres de las columnas.

- sep = ";", especifica que el separador de campos es un punto y coma (común en archivos europeos).
- dec = ",", indica que el separador decimal es una coma.

Paso 5: Importar un archivo Excel

Si el archivo está en formato Excel, usa el paquete readxl.

```
# Instalar el paquete "readxl".
> install.packages("readxl")
# Luego, cargamos el archivo:
> library(readxl)
# A continuación cargamos los datos en Rstudio.
> datos <- read_excel("datos_bde.xlsx", sheet = 1)
```

Donde

- sheet = 1, especifica la hoja que se desea importar (podemos cambiar el número o usar el nombre de la hoja).

Paso 6: Verificar los datos

Una vez cargados los datos, revisamos la estructura de los datos para asegurarnos de que todo esté correcto:

```
> str(datos)
> head(datos)
```

Paso 7: Trabajar con los datos

Ahora podemos manipular y analizar los datos según nuestras necesidades. Por ejemplo, podemos hacer gráficos, calcular estadísticas o filtrar información.

Paso 8: (Opcional) Usar la API del Banco de España

Es posible acceder a los datos directamente desde la API del Banco de España, podemos usar paquetes como "httrojsonlite" para hacer solicitudes HTTP y procesar los datos en formato JSON.

```
# Ejemplo básico conhttr:
> install.packages("httr")
> library(httr)
# Identificamos la url.
> url <- "URL_de_la_API_del_Banco_de_España"
> response <- GET(url)
> datos <- content(response, "parsed")
```

Reemplaza URL_de_la_API_del_Banco_de_España con la URL específica de la API que deseas consultar.

Caso 17: Grandes volúmenes de datos en R (librería sqldf)

En R aparece un problema cuando tenemos que leer o cargar un fichero de datos (en formato csv) relativamente grande (p.e. 15.5 Mb aprox.). De hecho, una de las ventajas que a menudo se citan, cuando se compara con el SAS, es su capacidad para trabajar con grandes ficheros de datos. Y, de hecho, el primer intento de cargar el fichero en R no funcionó correctamente.

El fichero csv de gran tamaño es una base de datos sobre cráteres (¡más de trescientos mil!) en la superficie del planeta Marte, procedente de la tesis doctoral (University of Colorado) de Stuart Robbins (aunque no es relevante para lo que aquí nos ocupa, el fichero se describe con más detalle en el siguiente fichero: "codebooks_ mars-crater-codebook" ubicado en el siguiente link:

https://fernandosansegundo.files.wordpress.com/2013/03/codebooks_mars-crater-codebook.pdf.

Los pasos que seguiremos serán los siguientes: descargamos el fichero en un Drive o el escritorio de nuestro ordenador e iniciamos R para ejecutar el código, que crea un data frame (llamado mars) de R a partir del fichero csv. A continuación, comprobamos el número de filas de ese data frame para verificar que hemos leído tantos datos como esperábamos.

A continuación, se muestran los comandos:

```
> setwd("C:/Users/Fernando/Desktop")
> mars=read.table(file="marscrater_pds.csv",sep=",",header= TRUE)
> nrow(mars)

[1] 169587
```

El output que arroja este código no envía ningún mensaje de advertencia, pero es evidente que algo ha ido mal, porque como hemos dicho que el fichero contiene datos de más de trescientos mil cráteres. Mi primera impresión, al ver el resultado, fue que el fichero se había truncado en el proceso de lectura.

Analizando el problema constatamos que el problema se debe a que se está haciendo un uso incorrecto de la función `read.table`. La buena noticia es que existe una librería de R que permite trabajar con ficheros verdaderamente grandes. Y en este caso no me refiero a unos pocos megas, sino a un fichero csv de ¡cerca de un gigabyte de datos!, es la librería **sqldf**.

Antes de ejecutar este código debemos asegurarnos de que contamos con el espacio suficiente para alojar un fichero de aprox. un gigabyte:

```
> bigdf = data.frame(dim=sample(letters, replace=T, 2e7), fact1=rnorm(2e7),
fact2=rnorm(2e7, 20, 50))
> write.csv(bigdf, 'bigdf.csv', quote = F)
```

El output es un enorme fichero csv de 20 millones de líneas. Ahora ha llegado el momento de leer este fichero desde R. Porque una cosa es escribirlo, y otra bien

distinta es cargarlo en memoria y poder hacer operaciones con él. La clave, como explicaban en StackOverflow, es instalar la librería sqldf de R.

```
> packages.install("sqldf")
> library(sqldf)
```

Para cargar el fichero en R ejecutamos el siguiente código:

```
> setwd("C:/Users/Desktop")
> library(sqldf)
> f =file("bigdf.csv")
> bigdf = sqldf("select * from f", dbname = tempfile(), file.format
=list(header = T, row.names = F))
> nrow(bigdf)
```

Como se esperaba hay 20000000 filas escritas como data-frame con veinte millones de filas. Por ejemplo, el histograma resultante resultará ser como se esperaba (forma de campana de Gaus).

Volviendo a nuestro problema inicial relacionado con el uso de la función `read.table`, naturalmente, cuando se usa la librería `sqldf`, el fichero de datos de los cráteres de Marte se carga sin problemas. Pero en dicha situación presuntamente la lectura se truncó con read.table, dado que no había habido ningún mensaje de advertencia. Así que un poco más de búsqueda por la red nos permitió descubrir que, en realidad, lo que sucedía es que estábamos usando mal la función `read.table`, que es muy capaz por sí misma, de leer ficheros bastante grandes, de varios cientos de miles de filas. La clave está en el uso de un separador como `sep=","`, que requiere incluir la opción `quote=»»` en la función `read.table`.

De modo que hacemos un segundo intento de usar `read.table` (se muestra la salida):

```
</pre>
> rm(list=ls())
<span style="line-height: 1.5;">> setwd("C:/Users/Fernando/Desktop")</span>
<span style="line-height: 1.5;">> mars=read.table(file="marscrater_pds.c
sv",sep=",",header=TRUE,quote="")</span>
<span style="line-height: 1.5;">> nrow(mars)</span>
[1] 384343
<span style="line-height: 1.5;">
```

Y, como puede verse, ahora las cosas funcionan correctamente. La razón por la que es necesario usar quote=»» tiene que ver con la presencia de un número muy reducido de comillas simples (es decir, el carácter ') en el fichero csv de cráteres de Marte. Esas comillas afectan a la forma en que R lee el fichero y le confunden sobre dónde empiezan y terminan las líneas. Así que, desde el punto de vista de R, la primera lectura del fichero había sido un éxito. Y eso explica la ausencia del mensaje de error.

Fuente de grandes volúmenes de datos: *https://ieee-dataport.org/datasets*

7

EXPORTACIÓN DE BASES DE DATOS DESDE R / RSTUDIO

En R, la exportación de bases de datos (o dataframes) a archivos de diferentes formatos se realiza principalmente utilizando funciones como `write.csv()`, `write.table()`, `saveRDS()`, `save()` y paquetes como foreign. Estas funciones permiten guardar los datos en formatos como **CSV**, texto delimitado por tabuladores, archivos binarios de R (**RDS, RData**), y formatos compatibles con otros programas estadísticos como **SPSS, SAS y Stata**.

Funciones clave para la exportación de bases de datos desde R o RSTUDIO.

```
> write.csv(df, file = "nombre.csv")
```

Exportar un dataframe (df) a un archivo **CSV**.

```
> write.table(df, file = "nombre.txt", sep = "\t")
```

Exportar un dataframe (df) a un archivo de texto, con la opción de especificar el separador (por defecto es la tabulación).

```
> saveRDS(df, file = "nombre.rds")
```

Exportar un dataframe (df) a un archivo binario **RDS**, preservando los tipos de datos de R.

```
> save(df, file = "nombre.RData")
```

Exporta un dataframe df (o múltiples objetos) a un archivo **RData**, que puede ser cargado posteriormente con `load()`.

Paquete foreign, permite exportar a formatos compatibles con otros programas como SPSS, SAS y Stata.

En general, para exportar bases de datos desde R o RSTUDIO a diferentes formatos hacemos uso de las funciones **`write.table(), write.csv(), saveRDS()`** **`o save()`**.

Así, por ejemplo, la función **`write.table()`** nos permite exportar matrices o data frames, como archivos de texto con distintas extensiones. La sintaxis de la función write.table es:

```
> write.table(x, file ="",sep="",row.names=T/F,col.names=T/F)
```

Donde los argumentos son:

- **x:** el nombre del data frame o matriz a exportar.
- **file:** el nombre, extensión y ruta del archivo creado con esta función. Si sólo escribimos el nombre del archivo, este será creado en nuestro directorio de trabajo.
- **sep:** el caracter que se usará como separador de columnas.
- **row.names:** si deseamos incluir el nombre de los renglones en nuestro objeto al exportarlo, establecemos este argumento como TRUE. En general, es recomendable fijarlo como FALSE, para conservar una estructura tabular más fácil de leer.
- **col.names:** si deseamos que el archivo incluya los nombres de las columnas en nuestro objeto, establecemos este argumento como TRUE. Es recomendable fijarlo como TRUE para evitar la necesidad de almacenar los nombres de columna en documentos distintos.

Ilustración con las dataset "mtcars" e "iris". Para exportar "mtcars" e "iris" a un fichero en formato .RData utilizaremos la función **`save()`**: solo hay que decirle el objeto que queremos exportar (en este caso un df/tibble llamado "mtcars" o bien "iris") y el nombre (junto con la ruta) del archivo donde queremos guardarlo.

El formato .RData tiene la ventaja de que puedes guardar varios objetos a la vez

```
> data("mtcars")
> head(mtcars)
> data(iris)
> head(iris)
```

Exportar las dataset "mtcars" e "iris" en formato ".RData" al disco duro de un ordenador.

```
> save(mtcars, file="I:/mtcars.Rdata")
> save(iris, file="I:/iris.Rdata")
> save(mtcars,iris,file="I:/mtcars_and_iris.Rdata")
```

Exportar las dataset "mtcars" e "iris" en formato ".rds" al disco duro de un ordenador.

```
> saveRDS(mtcars,"I:/mtcars.rds")
> write_rds(iris,"I:/iris.rds")          #En desuso
> saveRDS(iris,"I:/iris.rds")
```

Para cargarlos en R o RSTUDIO hacemos uso de la función load().

```
> load("I:/mtcars.Rdata ")
> load("I:/iris.Rdata ")

> load("./datos/my_work_space.RData")
```

7.1 EXPORTACIÓN DE DATOS DE HOJAS DE CÁLCULO Y TEXTO

Caso 1. Exportar un data-frame al formato CSV

Generamos una matriz de datos de 4 filas y 2 columnas.

```
> df1 <- data.frame(a = c(2,4,6,8), b = c("w", "x", "y","z"))
> df1
  a b
1 2 w
2 4 x
3 6 y
4 8 z

> write.csv(df1, file = "I:/df1matriz.csv")
```

Exportar las dataset iris y mtcars al formato CSV, donde "I;/..." indica el lugar donde se va a almacenar el archivo CSV. En este caso, sólo especificamos que no deseamos guardar los nombres de los renglones con row.names = FALSE.

```
> write.csv(iris,file="I:/iris.csv")
> write.csv(mtcars,file="I:/mtcars.csv")
> write.csv(x = iris, file = "iris.csv", row.names = FALSE)
```

Caso 2. Exportar datos al formato "txt" delimitado por tabuladores

Exportar el objeto **df1** como texto denominado "**df1matriz.txt**" al directorio de trabajo, usando como separador el tabulador.

```
write.table(df1, file = "df1matriz.txt", sep = "\t")
```

Exportar el objeto **iris** como texto llamado "**iris.txt**" a una unidad externa, usando como separador la coma, con nombres de columnas y sin nombre de renglones o filas.

```
write.table(x = mtcars, file = "I:/mtcars.txt", sep = ",",
            row.names = FALSE, col.names = TRUE)
```

Caso 3. Exportar archivos de datos al formato Excel (xls o xlsx)

El package **rio** es la navaja suiza de la importación o exportación de datos en R. La lista de los formatos que puede exportar con una sola función export().

Para exportar datos de R a Excel (formato .xls o .xlsx), también se puede utilizar el paquete **xlsx** o **openxlsx**. El paquete **xlsx** permite **escribir datos de R** en archivos Excel, mientras que **openxlsx** ofrece funcionalidades adicionales, como la **creación de hojas de cálculo**. Ambos paquetes requieren ser instalados y cargados en R antes de su uso.

Caso 3.1: Exportar archivos con extensión .xlsx de EXCEL

Hay varios packages que permiten exportar archivos de datos en formato .xlsx de EXCEL. Entre estos, el más sencillo de usar es el package `xlsx`.

Instalar y cargar en la memoria de trabajo.

```
> install.packages("xlsx")
> library(xlsx)
```

Sintaxis para exportar archivos de datos al formato ".xlsx".

```
> write.xlsx(iris, "I:/iris.xlsx")
```

La función `write.xlsx()` no sólo permite especificar el nombre del libro de Excel, también incluye argumentos tales como: "**sheetName**", "**rownames**", para especificar el nombre de la hoja de cálculo de interés e identificar o no los nombres de las filas.

```
> library(xlsx)
> write.xlsx(iris, "I:/iris.xlsx", sheetName = "IRIS", row.names = FALSE)
```

La función `write.xlsx()` permite añadir datos a un archivo `.xlsx` preexistente; para ello se usa la opción `append = TRUE`.

```
> library(xlsx)
> write.xlsx(iris, "I:/iris.xlsx", sheetName = "IRIS_2", append = TRUE)
```

Caso 3.2: Exportar archivos con extensión .xls de EXCEL

Hay varios packages que permiten exportar archivos de datos en formato .xls de EXCEL. Entre estos, el más sencillo de usar es el package xls.

7.2 EXPORTACIÓN DE ARCHIVOS CREADOS CON R (.RDATA Y .RDS)

Caso 4. Exportar archivos de datos al formato R.Data de R

RData (o Rda) es un formato específico de R, y tiene dos ventajas: es bastante eficiente y permite guardar varios objetos en un único archivo.

Para exportar un archivo de datos a un fichero en formato `.RData` utilizaremos la función `save()`. Esta función incluye como argumentos el objeto que queremos exportar (df/tibble llamado "iris") y la ruta (dispositivo de almacenamiento) y el nombre del archivo donde queremos guardarlo.

```
# Exportar varios objetos a la vez.
> save(mtcars, iris,  file = "I:/mtcars_and_iris.RData")

# Exportar el archivo de datos "iris" a un fichero en formato .RData.
> save(iris,  file = "I:/iris.RData")

# Exportar una lista a un fichero en formato .RData.
> save(list = ls(all = TRUE), file= "./datos/all_objects.RData")

# Exportar todo el espacio de trabajo:
> save.image(file = "./datos/my_work_space.RData")

# Para importar o cargarlos en R.
> load("./datos/all_objects.RData")
> load("./datos/my_work_space.RData")
```

Ventajas del formato ".RData"

- Preserva la naturaleza de los objetos: este formato guarda los objetos de R en su formato nativo, sin convertir datos complejos a tablas de filas y columnas, como otros formatos.
- Importación sencilla: los archivos .RData se pueden cargar en R fácilmente usando la función load().
- Universal para R: es el formato nativo de R, ideal si solo tú o tu equipo trabajáis con este lenguaje.

Caso 5. Exportar archivos de datos al formato RDS de R

La manera más sencilla de exportar listas es guardarlas en archivos RDS. Este es un tipo de archivo nativo de R que puede almacenar cualquier objeto a un archivo en nuestro disco duro o dispositivo externo. Además, RDS comprime los datos que almacena, por lo que ocupa menos espacio en el disco duro que otros tipos de archivos, aunque contengan la misma información.

Para exportar un objeto a un archivo RDS, usamos la función `saveRDS()` que nos pide completar dos argumentos:

- object: el nombre del objeto a exportar.
- file: el nombre y ruta del archivo que crearemos. Los archivos tendrán la extensión .rds. Si no se especifica una ruta completa, el archivo será creado en nuestro directorio de trabajo.

- Por ejemplo: saveRDS(mi_work, "mi_work.rds"). Si no especificas una ruta, el archivo se creará en tu directorio de trabajo actual.

```
# Creamos una lista que contiene dos vectores y dos matrices.
> dlista<-list("a" = c(TRUE, FALSE, TRUE),
+              "b" = c("a", "b", "c"),
+              "c" = matrix(1:4, ncol = 2),
+              "d" = matrix(1:6, ncol = 3))

> dlista
$a
[1]  TRUE FALSE  TRUE

$b
[1] "a" "b" "c"

$c
     [,1] [,2]
[1,]    1    3
[2,]    2    4

$d
     [,1] [,2] [,3]
[1,]    1    3    5
[2,]    2    4    6
```

Si utilizamos la función `write.table()` para exportar una lista, por lo general, obtendremos un error como resultado. Veamos que pasa si tratamos de exportar la lista anterior como un archivo .txt.

```
> write.table(x = dlista, file = "dlista.txt")
```

El resultado es un mensaje de error: "*Error in (function (..., row.names = NULL, check.rows = FALSE, check.names = TRUE, : arguments imply differing number of rows: 3,* 2".

En el caso de listas es mejor utilizar la función `saveRDS()` para exportarlos.

```
> saveRDS(object = dlista, file = "I;/dlista.rds")
```

Otro ejemplo, supongamos que contamos con un data frame llamado "`datos_1`" y queremos guardarlo como "`dato_1.rds`" en tu carpeta de trabajo.

```
# Creamos un data frame de datos.
> datos_1 <- data.frame(
  ID = 1:5,
  Valor = c(20, 30, 25, 35, 40))
# Exportar el data frame a formato RDS.
> saveRDS(datos_1, "datos_1.rds")
```

Después de ejecutar el código, encontraremos el archivo "**datos_1.rds**" en nuestro directorio de trabajo actual, listo para ser cargado más tarde usando la función readRDS() en R.

7.3 EXPORTACIÓN DE FICHEROS CON EXTENSIONES SAS, SAV, DTA, JSON

Caso 6. Exportar archivos de datos al formato de SAS (.sas)

El paquete **haven** permite exportar datos al formato ".sas" de SAS; dado que los nombres de las variables no pueden contener puntos para exportar al SAS, usamos el fichero de datos mtcars.

Recordemos que **mtcars** es un dataset del pkg **ggplot2**, así que **ggplot2** debe estar cargado en el área de trabajo.

Cargar el fichero en el espacio de trabajo.

```
> data(mtcars)
> head(mtcars,2)
              mpg cyl disp  hp drat    wt  qsec vs am gear carb
Mazda RX4      21   6  160 110  3.9 2.620 16.46  0  1 4    4
Mazda RX4 Wag  21   6  160 110  3.9 2.875 17.02  0  1 4    4
```

Exportar el archivo mtcars al formato ".sas" de SAS.

```
> library(ggplot2)
> library(haven)
> write_sas(mtcars, "I:/mtcars.sas")
```

Caso 7. Exportar archivos de datos al formato SPSS (.sav)

Exportar archivos de datos al formato **".sav"** de **SPSS** haciendo uso del paquete **haven** a través de la función **write_sav()**.

```
> library(haven)
> write_sav(iris, "I:/iris.sav")
```

Análogamente, el package **rio**, que es la navaja suiza de la importación o exportación de datos en R, permite la exportación del formato **(.sav)** de **SPSS** con la función **export()**.

```
> library(rio)
> export(mtcars, "I:/mtcars.sav")     # SPSS
```

Caso 8. Exportar archivos de datos al formato ".dta" de STATA

Si bien es posible realizar la exportación de datos a STATA haciendo uso del paquete **haven**, es recomendable hacerlo con el paquete **foreign** y la función **write.dta()**.

```
> install.package("foreign")
> library(foreign)
> write.dta(iris, "I:/iris.dta")
```

Caso 9. Exportar archivos de datos al formato JSON (.json)

El package rio es la navaja suiza de la importación o exportación de datos en R. Este paquete permite la exportación del formato JSON (**.json**) con la función export().

```
> export(mtcars, "./datos/mtcars.json") #JSON
```

7.4 EXPORTACIÓN DE DATOS Y MICRODATOS DE INSTITUCIONES OFICIALES

Caso 10. Exportar archivos de datos desde Eurostat

Obtener datos de paro (desempleo) de la página web de Eurostat.
Exportar datos y guardar el archivo en "RData".

```
> save(dparo, file = "nombre_del_archivo.RData")
```

Exportar datos de Eurostat y guardar el archivo en "CSV".

```
> write.csv(dparo, file = "nombre_del_archivo.csv")
```

Exportar datos de Eurostat y guarda en formato Excel.
Requiere el paquete `writexl`.
Instala el paquete y cargas en el espacio de trabajo.

```
> install.packages("writexl")
> library(writexl)
> writexl::write_xlsx(d1, "nombre_del_archivo.xlsx")
```

Alternativas:

- Paquete haven: si trabajas con datos de SPSS o Stata, puedes usar el paquete haven de tidyverse.
- Paquete readr: para importar datos de archivos de texto.

Observación: el paquete rio permite exportar y comprimir los datos directamente:

```
> library(rio)
> export(mtcars, "I:/mtcars.tsv.zip")     #TSV & Zip
```

Caso 11. Exportar datos o archivos de datos desde el INE

¿El INE tiene API? Pues sí, aquí puedes "verla".

Uso de datos del INE y, en lugar de usar la API, nos bajamos los datos así:

```
library("pxR")              #- para trabajar con datos PC-Axis
library("tidyverse")
library("personal.pjp")

file_name<-"http://www.ine.es/jaxiT3/files/t/es/px/4189.px?nocab=1"
df <- read.px(file_name) %>% as.data.frame %>% as.tbl
aa <- val_unicos_df_pjp(df)   #- ver los valores únicos de cada columna.
```

Caso 12. Exportar datos o archivos de datos desde Banco Mundial

Para acceder a los datos del Banco Mundial a través de su API hay, actualmente, 2 paquetes de R: `WDI y wbstats`.

Caso 12.1. Descargar datos del Banco Mundial con el paquete WDI así

```
> install.packages("WDI")
> library("WDI")

# Buscamos datos relacionados con GDP.
> aa <- WDIsearch('gdp')
> aa <- WDIsearch('gdp.*capita.*constant')

# Descargamos "NY.GDP.PCAP.KD":  GDP per capita (constant 2010 US$).
df <- WDI(indicator = "NY.GDP.PCAP.KD")

# Podemos filtrar la querry.
>df<-WDI(indicator="NY.GDP.PCAP.KD",country = c('MX','CA','US'), start =
1960, end = 2017)

# También podemos bajar datos del Banco Mundial con el paquete wbstats así:
> install.packages("wbstats")
> library("wbstats")

# Lista de indicadores disponibles.
aa <- wb_cachelist

# Buscamos datos relacionados con GDP.
> aa <- wbsearch(pattern = "gdp")
> aa <- wbsearch('gdp.*capita.*constant')

# Descargamos "NY.GDP.PCAP.KD":  GDP per capita (constant 2010 US$).
> df <- wb(indicator = "NY.GDP.PCAP.KD")

# Podemos filtrar la querry.
>df<-wb(indicator="NY.GDP.PCAP.KD",    country    =    c('MX','CA','US'),
startdate = 2000, enddate = 2017)
```

8

SCRAPING AND EXTRACTING DATA

Web scraping o rascado web es una técnica de extracción de datos a través de la navegación por las webs. La tarea que nos propone es aprender a extraer datos textuales publicados en una página web. El raspado web (Web scraping) es posible porque la mayoría de las páginas que contienen datos, generalmente tienen una estructura consistente.

La aplicación del procedimiento e implementación de la Web-scraping requiere del manejo de un conjunto de conceptos relevantes tales como: html, elemento, clase, estructura del sitio web, bloque de textos, tipos de etiquetas, etc. Además, de los aspectos éticos involucrados en el uso del scraping.

Requisitos necesarios para aplicar el raspado de webs

- Al menos la versión 4.1 de R, ya que utilizaremos el operador pipe de R base (|>) que está disponible desde mayo de 2021. Ejecutar R version para saber la versión instalada en tu ordenador (o fijarse en el mensaje que se imprime en la consola cuando inicias R). De todos modos, deberías obtener los mismos resultados si utilizas el pipe del paquete magrittr (%>%).
- Los paquetes: rvest, stringr y readr.

Web scraping es una técnica que permite extraer datos publicados en un sitio web. A través de ella "rascamos" el código html de una página para obtener aquellas secciones que nos interesan, por ejemplo, tablas, párrafos con texto, enlaces, imágenes, etc.

Comenzamos analizando los aspectos básicos acerca de cómo está construida una página web (elemento html, una clase o un id), con el objetivo de "rascar" el código html de una página para obtener aquellas secciones que nos interesan, por ejemplo, tablas, párrafos con texto, enlaces, imágenes, etc.

Página web = archivo de texto etiquetado

Una página web es un archivo de texto plano que utiliza la extensión **.html**. Al contenido de ese archivo se le agregan ciertas etiquetas para indicar a qué corresponde cada uno de sus elementos, lo que permite darle la estructura necesaria para que se visualice correctamente en un navegador. En otras palabras, HTML tiene una estructura jerárquica formada por elementos que consisten en una etiqueta de inicio (p. ej., <tag>), atributos opcionales (id='first'), una etiqueta de fin (como </tag>) y contenido (todo lo que se encuentra entre las etiquetas de inicio y final).

Para ilustrar esta idea, revisemos el siguiente ejemplo de código html:

```
<h1>Este es el título más grande</h1>
<p>Este es un párrafo que dice cosas muy muy interesantes. Es un poco
breve, pero sirve para ilustrar que todas estas palabras conforman un
párrafo.</p>
<h2>Este es un título un poco más pequeño</h2>
<ol>
    <li>Un primer elemento</li>
    <li>Un segundo elemento</li>
    <li>Un tercer elemento</li>
</ol>
<h2>Este título es del mismo tamaño que el anterior</h2>
<p>Este es el inicio de otro párrafo que podría ser muy interesante
también.</p>
```

En este ejemplo, el contenido está delimitado por distintos tipos de etiquetas. Por ejemplo, en la primera línea el texto "Este es el título más grande" está rodeado de etiquetas que indican el inicio (<h1>) y el término (</h1>) de un encabezado (header) de nivel 1 (el más grande posible). Tenemos también otras etiquetas:

- <h2> ... </h2> para títulos de nivel 2 (que son un poco más pequeños que los de nivel 1).
- <p> ... </p> para párrafos.
- <ol> ... </ol> para una lista ordenada en que cada uno de sus elementos está a su vez etiquetado con <li> ... </li>.

Este conjunto de etiquetas permite que al abrir el documento en un navegador, este interprete el contenido de lo que está entre las etiquetas como un elemento con ciertas características, tal como se observa en la siguiente imagen. Si quieres probar cómo funciona, puedes guardar el bloque de código en un archivo de texto, cambiarle la extensión por .html y luego abrirlo en tu navegador.

Este es el título más grande

Este es un párrafo que dice cosas muy muy interesantes. Es un poco breve, pero sirve para ilustrar que todas estas palabras conforman un párrafo.

Este es un título un poco más pequeño

1. Un primer elemento
2. Un segundo elemento
3. Un tercer elemento

Este título es del mismo tamaño que el anterior

Este es el inicio de otro párrafo que podría ser muy interesante también.

Visualización del documento html en el navegador

Las etiquetas que hemos agregado permiten, por ejemplo, que lo que está etiquetado como h1 se vea más grande que lo que está etiquetado como h2 y que nuestra lista esté numerada. Todas estas etiquetas nos permiten definir la estructura del contenido de nuestro documento html. Pero ¿qué pasa con el estilo? ¿cómo se indica, por ejemplo, que lo que está etiquetado como h1 debe tener una determinada fuente tipográfica o un tamaño y color particular? Todo eso podemos indicarlo con las hojas de estilo en cascada, conocidas como CSS por sus siglas en inglés (Cascading Style Sheets). A través de ellas definimos las reglas de estilo que hay que aplicar a cada elemento de nuestro documento html.

También es importante comprender la diferencia entre un "elemento" del documento html y una "clase", porque nos permite precisar mejor cuál es el contenido exacto que queremos de una página.

En el contexto del web scraping, **"elements" (elementos)** se refiere a las diferentes etiquetas y estructuras que componen el código HTML de una página web. Estos elementos son las unidades básicas que define el contenido y la estructura de la página, permitiendo a los web scrapers extraer información específica.

Existen aproximadamente 100 elementos HTML. Entre los más importantes tenemos:

- Cada página HTML debe estar en un elemento <html> y tener dos elementos secundarios: <head>, que contiene metadatos del documento, como el título de la página, y <body>, que contiene el contenido que se ve en el navegador.
- Las etiquetas de bloque (Block tag) como <h1> (encabezado 1), <section> (sección), <p> (párrafo) y <ol> (lista ordenada) conforman la estructura general de la página.
- Las etiquetas (tags) en línea como <b> (negrita), <i> (cursiva) y <a> (enlace) dan formato al texto dentro de las etiquetas de bloque.

- Si encuentra una etiqueta que no ha visto antes, puede averiguar su función buscando un poco en Google. Otro buen punto de partida son los documentos web de MDN, que describen prácticamente todos los aspectos de la programación web.

La mayoría de los elementos pueden tener contenido entre sus etiquetas de inicio y final. Este contenido puede ser texto o más elementos. Es más, dentro del código HTML, los elementos se representan como etiquetas, por ejemplo, <p> para párrafos, <h1> para encabezados, <img> para imágenes, etc. Para ilustrar presentamos el siguiente HTML que contiene un párrafo de texto con una palabra en negrita..

```
<p>
  Hi! My <b>name</b> is Eugenio.
</p>
```

Los elementos secundarios son los elementos que contiene, por lo que el elemento <p> anterior tiene un elemento secundario, el elemento <b>. Este elemento no tiene elementos secundarios, pero sí tiene contenido (el texto "nombre").

Mientras que la clase consiste en seleccionar elementos HTML en función del atributo de clase que tengan asignado a través de los selectores CSS. El atributo class permite aplicar un nombre de clase específico a uno o más elementos. Además en los estilos CSS o JavaScript, se puede aplicar a todos los elementos con esa clase. Ejemplos de nombres de "clase" son botones, elementos de formulario, menús de navegación, diseños de cuadrícula, etc.

Por ejemplo, el siguiente selector CSS: 'highlight' seleccionará todos los elementos cuyo atributo de clase sea "highlight".

```
CSS (Styles)
/* Apply styles to elements with class attribute set to "highlight" */
.highlight {
  background-color: #FFFF00; /* Yellow */
  font-weight: bold;
```

Los **selectores CSS** son patrones utilizados para seleccionar y orientar los elementos HTML de una página web. Son útiles para el web scraping (y el styling), ya que proporcionan una forma más eficiente y específica de obtener datos de documentos HTML. Los selectores CSS ofrecen varias ventajas que los convierten en la opción preferida para el web scraping.

La etiquetas (tag) pueden tener **atributos** con nombre, como name1='value1' name2='value2'. Dos de los atributos más importantes son **id y class**, que se utilizan junto con CSS (Hojas de Estilo en Cascada) para controlar la apariencia visual de la página. Suelen ser útiles al extraer datos de una página. Los atributos también se utilizan para registrar el destino de los enlaces (el atributo **href** de los elementos <a>) y la fuente de las imágenes (el atributo **src** del elemento <img>).

Una vez que hemos identificado los conceptos requeridos para la implementación de la Web-scraping, retornamos a nuestro ejemplo anterior. En él tenemos dos encabezados de nivel 2 (<h2>). Si queremos que ambos se vean igual, bastaría con indicar en nuestro archivo CSS las características que deben tener todos los encabezados h2. ¿Pero qué pasa si no queremos que sean todos iguales? Por ejemplo, como el primero es el encabezado de una lista, podríamos querer que algo en su formato sea distinto. Para distinguir ambos encabezados h2 lo que podemos hacer es asignarle una clase distinta a cada uno y luego definir las características de cada clase en nuestra hoja de estilo. Eso nos permitiría, por ejemplo, hacer que los encabezados de una lista tengan una fuente tipográfica distinta a los que encabezan un párrafo. Para asignar la clase de un determinado elemento, lo que hacemos es agregar class="nombre-de-la-clase" dentro de la etiqueta de inicio, tal como se muestra en esta versión actualizada de nuestro ejemplo:

```
<h1>Este es el título más grande</h1>
<p>Este es un párrafo que dice cosas muy muy interesantes. Es un poco
breve, pero sirve para ilustrar que todas estas palabras conforman un
párrafo.</p>
<h2 class="encabezado-lista">Este es un título un poco más pequeño</h2>
<ol>
    <li>Un primer elemento</li>
    <li>Un segundo elemento</li>
    <li>Un tercer elemento</li>
</ol>
<h2 class="encabezado-parrafo">Este título es del mismo tamaño que el
anterior</h2>
<p>Este es el inicio de otro párrafo que podría ser muy interesante
también.</p>
```

Ahora, cada uno de los encabezados de nivel 2 corresponde a una clase diferente, lo que nos permite distinguirlos. A diferencia de las etiquetas html, que son una lista cerrada, el nombre de la clase es algo que define quién crea el sitio web.

¿Por qué es relevante entender qué son los elementos y las clases? Porque al ejecutar una web scraping lo que hacemos es importar el código html de un sitio web a nuestro computador (usando R, por ejemplo) y extraer aquellas partes específicas que nos interesan. Como el contenido de un archivo html se encuentra etiquetado, podemos utilizar esas mismas etiquetas para especificar cuáles son las partes de la página que nos interesa extraer. Por esa razón, entender la diferencia entre un "elemento" del documento html y una "clase" nos va a permitir precisar mejor cuál es el contenido exacto que queremos de una página.

Si en nuestro ejemplo anterior quisiéramos extraer todos los encabezados de nivel 2, bastaría con indicar que queremos todo el contenido etiquetado como <h2>. Pero si solo nos interesan los encabezados <h2> de las secciones que corresponden a una lista, entonces saber que su clase es "encabezado-lista" nos permitirá seleccionar solo esa parte del contenido y no los h2 de la clase "encabezado-parrafo". Es decir, podemos hacer una búsqueda y extracción más precisa.

Además de los elementos y las clases, existen los id, que son la forma que tenemos de identificar de manera única un elemento dentro de un documento html. A diferencia de las clases, que se pueden aplicar a más de una instancia de un mismo elemento (por ejemplo, todos los encabezados **<h2>),** un **id** puede ser utilizado una sola vez por documento.

Hay varias razones por las que se utilizan. Por ejemplo, cumplen una función importante cuando el sitio web utiliza JavaScript (un tema que excede los objetivos de esta lección). Pero quizás una de las más conocidas es que nos permiten crear marcadores (bookmarks) que sirven para que quien lea la página pueda saltar a una parte específica de la misma.

8.1 WEB SCRAPPING CON R

Introducción y recomendaciones

A continuación, ilustramos el uso de Web Scraping del programa R, para mostrar de manera breve y sencilla la extracción de información de un sitio web para realizar, en este caso una sencilla nube de palabras.

El sitio web del cual se extraerá la información será Google News y puede ser replicado para cualquier país cambiando la URL que corresponda al país del cual desea obtener información.

Los elementos importantes para realizar web scraping son: html con los cuales se crean las páginas web y accedemos a los códigos. Estos elementos permiten recopilar eficientemente datos estructurados de la página web, listos para su posterior análisis o almacenamiento.

Se puede validar el nivel de web scraping que se puede hacer sobre una página web a través de paquetes que hay disponibles en R (polite). Algunos paquetes para hacer web scraping con R y Python son: rvest y scrapy, respectivamente. Así, por ejemplo, uno de los paquetes para hacer web scraping en Twitter con R es `rtweet``.

Cada página web, define la información que desea compartir o dejar libre para que se pueda hacer web scrapping. Por ejemplo, en las webs de las redes sociales se puede aplicar web scraping. Aunque, muchas veces surgen problemas de autenticación en redes sociales, lo que hace más complejo el web scraping de estos sitios.

Factores a tener en cuenta

El estándar de exclusión de robots, también conocido como el protocolo de la exclusión de robots o protocolo de robots.txt, es un método para evitar que ciertos bots que analizan los sitios web u otros robots que investigan todo o una parte del acceso de un sitio Web, público o privado, agreguen información innecesaria a los resultados de búsqueda. Los robots son de uso frecuente por los motores de búsqueda para categorizar archivos de los sitios Webs, o por los web-masters para corregir o filtrar el código fuente.

Cada página web tiene un protocolo **robots.txt**, al cual se puede acceder a través desde la URL principal del sitio web seguido del protocolo **robots.txt**.

Para el caso particular de Google News, podemos validar la información a la cual podemos acceder digitando en el navegador la URL principal del sitio web seguido del protocolo robots.txt, de esta manera obtenemos la información que se nos permite extraer de manera libre.

https://news.google.com/robots.txt

```
User-agent: *
Disallow: /
Allow: /$
Allow: /?
Allow: /home$
Allow: /home?
Allow: /home/
Allow: /nwshp$
Allow: /topics/
Allow: /publications/
Allow: /stories/
Allow: /swg/
Allow: /about$
Allow: /about?
Allow: /about/

User-agent: Googlebot
Disallow: /
Allow: /$
Allow: /?
Allow: /home$
Allow: /home?
Allow: /home/
```

ⓘ Atención

Leer detenidamente la información contenida en el archivo robots.txt que esté habilitada para realizar la extracción sin tener inconvenientes.

¿Qué es el Web Scraping?

Web scraping o raspado web, es una técnica utilizada mediante programas de software para extraer información de sitios web. Usualmente, estos programas simulan la navegación de un humano en la World Wide Web ya sea utilizando el protocolo HTTP manualmente, o incrustando un navegador en una aplicación.

El web scraping está muy relacionado con la indexación de la web, la cual indexa la información de la web utilizando un robot y es una técnica universal adoptada por la mayoría de los motores de búsqueda. Sin embargo, el web scraping se enfoca más en la transformación de datos sin estructura en la web (como el formato HTML) en datos estructurados que pueden ser almacenados y analizados en una base de datos central, en una hoja de cálculo o en alguna otra fuente de almacenamiento. Alguno de los usos del web scraping son la comparación de precios en tiendas, la monitorización de datos relacionados con el clima de cierta región, la detección de cambios en sitios webs y la integración de datos en sitios webs. También es utilizado para obtener información relevante de un sitio a través de los rich snippets.

Bibliotecas a instalar y cargar

```
library(tidyverse)     # Para manipular datos
library(rvest)         # Permite realizar web scraping
library(polite)        # Verificación de robots.txt para web scraping
library(lubridate)     # Trabajar con datos tipo fecha
library(wordcloud)     # Crear nubes de palabras
library(tidytext)      # Manejo de datos tipo texto
library(tm)            # Manejo de texto StopWords
library(jcolors)       # Configuración de colores
```

8.2 HERRAMIENTAS DE R Y LA LIBRERÍA RVEST PARA SCRAPING

R es una biblioteca rica y fácil de usar para el análisis estadístico y la visualización de datos que proporciona herramientas útiles para la manipulación de datos y la tipografía dinámica.

rvest—de "harvest "— es el más popular o uno de los paquetes de R más populares, ofrece funciones de raspado web, también gracias a su interfaz extremadamente fácil de usar. Vanilla rvest permite extraer datos de una sola página web, lo que es perfecto para una exploración inicial. Posteriormente, se puede ampliar con la biblioteca polite para extraer datos de varias páginas.

El paquete **rvest**, puede automatizar el proceso de web scraping para varias necesidades de datos estructurados, asegurando salidas limpias y procesables.

Configuración del entorno de desarrollo de rvest

El paquete rvest proporciona la función read_html(), que recupera el contenido HTML de una página web cuando se le proporciona su URL.

Instalar el paquete rvest:

```
> install.packages("rvest")
> library(rvest)
```

Aquí te mostramos cómo puedes usar rvest para obtener el HTML de un sitio web concreto (acceder y comprender una página web).

```
library(rvest)
url <- "https://scrapingclub.com/exercise/detail_basic/"
webpage <- rvest::read_html(url)
print(webpage)
```

La función read_html() permite leer HTML y extras y muestra toda la estructura HTML de la página web de interés en la Consola de RSTUDIO. Da una visión clara de la estructura de la página web. Esta es la base para extraer elementos específicos como los detalles de un producto.

Análogamente, y como parte de la colección **tidyverse**, se recomienda ampliar las funcionalidades incorporadas en **rvest** con otros paquetes de la colección como **magrittr** para la legibilidad del código o **xml2** para trabajar con HTML y XML. Puede hacerlo instalando directamente **tidyverse**:

```
> install.packages("tidyverse")
> library(tidyverse)
```

O bien instalar los paquetes por separado.

```
> install.packages("magrittr")
> library(magrittr)
> install.packages("xml2")
> library(xml2)
```

A continuación analizar los datos

Para extraer datos específicos de una página web, primero necesitamos comprender su estructura. Usando las herramientas de desarrollador de tu navegador, puedes inspeccionar los elementos e identificar dónde se encuentran los datos deseados.

Desglose de los principales elementos de la siguiente página web

```
library(rvest)
# URL de la página web objetivo
> url <- "https://scrapingclub.com/exercise/detail_basic/"
webpage <- rvest::read_html(url)
```

Extraer datos
```
>img_src <- webpage %>% html_nodes("img.card-img-top") %>% html_attr("src")
# Fuente de la imagen
>title <- webpage %>% html_nodes("h3") %>% html_text()
# Título del producto
>price <- webpage %>% html_nodes("h4") %>% html_text()
# Precio del producto
>description <- webpage %>% html_nodes("p.card-description") %>% html_text()
# Descripción del producto
```

Mostrar los datos extraídos
```
>print(img_src)
>print(title)
>print(price)
>print(description)
```

 # Estracción de datos

- Imagen del producto: encontrada en la etiqueta **img** con la clase **card-img-top**.
- Título del producto: ubicado dentro del elemento **<h3>**.
- Precio del producto: contiene en el elemento **<h4>.**
- Descripción del producto: encontrada en la etiqueta **<p>** con la clase **card-description**.

El paquete rvest en R proporciona herramientas robustas para analizar y extraer contenido de documentos HTML. Especificamos algunas de las funciones utilizadas para el scraping:

- **html_nodes():** selecciona todos los nodos (etiquetas HTML) del documento que coinciden con el selector CSS especificado. Te permite filtrar contenido de manera efectiva usando una sintaxis similar a CSS.
- **html_attr():** extrae el valor de un atributo específico de los nodos HTML seleccionados. Por ejemplo, puedes recuperar el atributo src para imágenes o href para enlaces.
- **html_text():** extrae el contenido de texto sin formato dentro de los nodos HTML seleccionados, ignorando las etiquetas HTML.

Dicho de otro modo, para **extraer datos** usamos los selectores CSS con la función **html_nodes()**. Esta función es útil para acceder a elementos específicos como imágenes, títulos y descripciones. Por otro lado, para **recuperar atributos/texto** hacemos uso de la función **html_attr()** que extrae valores de atributos como el **src** para imágenes, mientras que la función **html_text()** recupera el contenido en formato de texto que está dentro de la etiqueta.

Los resultados de la ejecución de la web scraping aparecerán en la consola de RSTUIDIO como sigue:

- URL de la imagen: la ruta a la imagen del producto, como **/images/ejemplo.jpg**.
- Título: el nombre del producto, como "Producto en exposición".
- Precio: la información del precio, como "€30.58".
- Descripción: la descripción del producto, p. ej., "La calidad del artículo está garantizada".

 # Comprensión de una página web

El raspado web es una técnica para recuperar datos de páginas web dentro de los procesos automatizados que están en completa conformidad con las normas. De esta definición se desprenden tres consideraciones importantes:

- Los datos se presentan en varios formatos.
- Los sitios web presentan la información de maneras muy diferentes.
- Es necesario que se tenga acceso legal a los datos raspados.

Para entender cómo raspar una URL, primero hay que entender cómo se muestra el contenido de la página web a través del lenguaje de marcado HTML y el lenguaje de estilo de hoja CSS.

HTML proporciona el contenido y la estructura de la página web, que se carga en el navegador para crear un Modelo de Objetos del Documento (DOM) en forma de árbol, organizando el contenido con "tags.".

- **tags** son las etiquetas y tienen una estructura jerárquica, y cada una de ellas tiene una funcionalidad específica que se aplica a todo el contenido incluido en sus declaraciones de apertura () y cierre ():

```
<!DOCTYPE html>
<html lang="en-gb" class="a-ws a-js a-audio a-video a-canvas a-svg a-drag-drop a-geolocation a-history a-webworker a-autofocus a-input-placeholder a-textarea-placeholder a-local-storage a-gradients a-transform3d -scrolling a-text-shadow a-text-stroke a-box-shadow a-border-radius a-border-image a-opacity a-transform a-transition a-ember" data-19ax5a9jf="dingo" data-aui-build-date="3.22.2-2022-12-01">
<head>..</head>
<body class="a-aui_72554-c a-aui_accordion_a11y_role_354025-c a-aui_killswitch_csa_logger_372963-c a-aui_launch_2021_ally_fixes_392482-t1 a-aui_pci_risk_banner_210084-c a-aui_preload_261698-c a-aui_rel_noreferrer_noopener_309527-c a-aui_template_weblab_cache_333406-c a-aui_tnr_v2_180836-c a-meter-animate" style="padding-bottom: 0px;">..</body>
</html>
```

La **etiqueta** es el componente mínimo de cualquier página web, con las etiquetas **<head>** y **<body>** anidadas en su interior. **<head>** y **<body>** son a su vez "padres" de otras etiquetas dentro de ellas, siendo **<div>** (es para **sección de documento**) y (para **párrafo**) algunos de sus "hijos" más comunes.

En el fragmento anterior, se puede ver los "atributos" asociados a cada "element" HTML: **lang, class y style** están preconfigurados; los atributos que empiezan con data- son personalizados.

- **class** es de interés particular para el raspado web, junto con el atributo **id** ya que nos permite dirigirnos a un grupo de elementos o a elementos específicos, respectivamente, y establecer estilos mediante CSS.
- **CSS** establece el estilo de la página web. Se puede seleccionar cualquier elemento HTML y asignar nuevos valores a sus propiedades de estilo. También se puede aplicar estilos CSS en línea dentro del elemento HTML con el atributo style, como se mostró en la sección anterior:

```
<body .. style="padding-bottom: 0px;">
```

En un CSS puro, esto se escribiría como:

```
body {padding-bottom: 0px;}
```

Aquí, `body` es el "selector", `padding-bottom` es la "property" (propiedad), y `0px` es el "value" (valor).

Cualquier `tag, class, o id` puede usarse como un selector CSS.

Los usuarios pueden interactuar dinámicamente con el contenido mostrado en la página web mediante las funcionalidades que proporciona el lenguaje de programación JavaScript a través de la etiqueta script. Tras una interacción del usuario, el contenido mostrado puede cambiar y puede aparecer contenido nuevo; los raspadores web avanzados pueden imitar las interacciones del usuario.

8.3 HERRAMIENTAS DE DESARROLLO

Los principales navegadores web ofrecen herramientas integradas para desarrolladores que permiten recopilar y actualizar en tiempo real la información técnica de una página web con fines de registro, depuración, pruebas y análisis del rendimiento. En este tutorial, utilizaremos las `DevTools` de Chrome.

Se puede acceder a las herramientas para desarrolladores desde la esquina superior derecha del navegador, en "Más herramientas":

En DevTools, es posible desplazarse por el HTML no procesado en la pestaña Elementos. Al desplazarse por cualquier línea HTML, el elemento correspondiente renderizado en la página web se resaltará en azul:

A la inversa, se puede hacer click en el icono de la esquina superior izquierda y seleccionar cualquier elemento renderizado de la página web para redirigirse a su homólogo HTML sin procesar, de nuevo resaltado en azul.

Estos dos procesos son todo lo necesario para extraer los descriptores CSS para nuestro tutorial práctico.

ILUSTRACIÓN: Scraping o raspado web de la URL de Amazon para extraer reseñas de productos

Requisitos previos. Asegurarse de tener instalado lo siguiente en el entorno Rstudio:

```
R la versión actualizada
Rvest actualizada
tidyverse actualizada
```

- **Exploración interactiva de la página web**

  Se puede utilizar las `DevTools` de Chrome para explorar el HTML de la UR de Amazon y crear una lista de todas las clases e IDs de los elementos HTML que contienen la información que nos interesa extraer, es decir, las reseñas de los productos.

  Por ejemplo, comenzamos con una reseña realizada por un cliente de Amazon.

div#customer-review-R2U9LWU
SIPYOGS.a-section.celwidget 585.9 x 449

USER NAME
****** Very good controller if a little overpriced**

Reviewed in the United Kingdom on 28 October 2022

Colour Name: Black Pattern Name: Controller Verified Purchase

In all honesty I'm not sure why the price is quite as high as it is for this, but having used this and the Power A Fusion Pro versions 1 and 2 I can confidently say this is definitely wworth the extra over the other two. It feels great to hold and well made and every button, trigger, and stick feels smooth and pleasant. The system employed for changing sticks and back paddles is significantly better and more robust as well as easier than the Power A controllers.

Reseña de cliente de la página de producto de Amazon seleccionada con DevTools en Chrome

Cada reseña de un cliente pertenece a un **div** con un **id** en el formato:

`Customer-review-$INTERNAL_ID.`

El contenido **HTML** del **div** corresponde a la reseña del cliente en la captura de la pantalla anterior y es la siguiente:

```
<div id="customer_review-R2U9LWUSIPY0GS" class="a-section celwidget" data-
csa-c-id="kj23dv-axnw47-69iej3-apdvzi" data-cel-widget="customer_review-
R2U9LWUSIPY0GS">
<div data-hook="genome-widget" class="a-row a-spacing-mini">..</div>
<div class="a-row">
<a class="a-link-normal" title="4.0 out of 5 stars" href="https://www.amazon.co.uk/
gp/customer-reviews/R2U9LWUSIPY0GS/ref=cm_cr_dp_d_rvw_ttl?ie=UTF8&amp;A
SIN=B07SR4R8K1">
<i data-hook="review-star-rating" class="a-icon a-icon-star a-star-4 review-rating">
<span class="a-icon-alt">4.0 out of 5 stars</span>
</i>
</a>
<span class="a-letter-space"></span>
<a data-hook="review-title" class="a-size-base a-link-normal review-title a-color-
base review-title-content a-text-bold" href="https://www.amazon.co.uk/gp/cust
omer-reviews/R2U9LWUSIPY0GS/ref=cm_cr_dp_d_rvw_ttl?ie=UTF8&amp;ASIN=
B07SR4R8K1">

  <span>Very good controller if a little overpriced</span>

 </a>
</div>
<span data-hook="review-date" class="a-size-base a-color-secondary review-
date">..</span>
<div class="a-row a-spacing-mini review-data review-format-strip">..</div>
<div class="a-row a-spacing-small review-data">
<span data-hook="review-body" class="a-size-base review-text">
<div data-a-expander-name="review_text_read_more" data-a-expander-collapsed-
height="300" class="a-expander-collapsed-height a-row a-expander-container
a-expander-partial-collapse-container" style="max-height:300px">
<div data-hook="review-collapsed" aria-expanded="false" class="a-expander-
content reviewText review-text-content a-expander-partial-collapse-content">
<span>In all honesty I'm not sure why the price is quite as high ....</span>
</div>

 ...</div>

 ...</span>

 ...</div>
 ...</div>
```

HTML de la reseña de un cliente de Amazon

Cada parte del contenido de interés de las reseñas de clientes tiene su clase única:

- **review-title-content** para el título.
- review-text-content para el cuerpo.
- **review-rating** para la valoración.

Es posible verificar si la clase es única en el documento y utilizar directamente el "selector simple". Aunque, es más eficiente utilizar el **Descriptor CSS**, que seguirá siendo único incluso si la clase es asignada a nuevos elementos en el futuro.

Para recuperar el Descriptor CSS hacemos click con el botón derecho del ratón sobre el elemento en "Herramientas para desarrolladores" y seleccionar "Copiar selector".

Cuadro x: proceso de copia del selector CSS de un elemento desde Herramientas de desarrollo en Chrome.

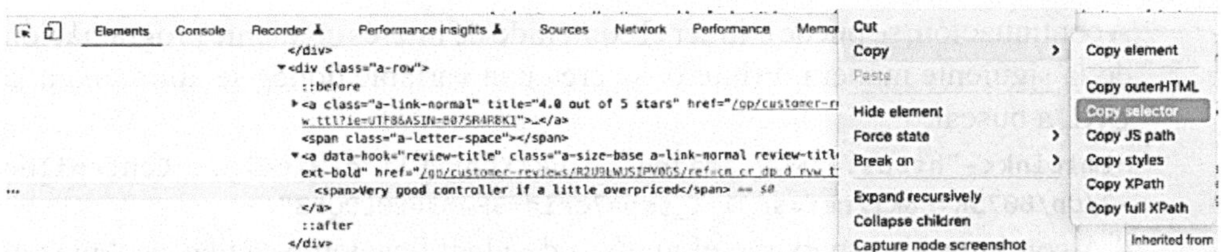

Se pueden definir los tres selectores como:

- customer_review-R2U9LWUSIPY0GS > div:nth-child(2) > a.a-size-base.a-link-normal.review-title.a-color-base.review-title-content.a-text-bold > span for the title.
- customer_review-R2U9LWUSIPY0GS > div.a-row.a-spacing-small.review-data > span > div > div.a-expander-content.reviewText.review-text-content.a-expander-partial-collapse-content > span for the body.
- customer_review-R2U9LWUSIPY0GS > div:nth-child(2) > a:nth-child(1) > i.review-rating > span for the rating.
- review-rating se ha añadido manualmente para mejorar la coherencia.

Selector CSS vs. XPath para raspado web

Para este tutorial, hemos decidido utilizar un selector CSS para identificar elementos para el raspado web. El otro enfoque común es utilizar XPath, es decir, la ruta XML, que identifica un elemento a través de su ruta completa en el DOM.

Puede extraer el XPath completo siguiendo el mismo procedimiento del selector CSS. Por ejemplo, el título de la revisión es:

```
/html/body/div[2]/div[3]/div[6]/div[32]/div/div/div[2]/div/div[2]/s
pan[2]/div/div/div[3]/div[3]/div/div[1]/div/div/div[2]/a[2]/span
```

Un selector CSS es ligeramente más rápido, mientras que XPath tiene una compatibilidad con versiones anteriores ligeramente mejor. Aparte de estas pequeñas diferencias, la selección de uno en vez del otro depende más de las preferencias personales que de las implicaciones técnicas.

- **Extracción programada de información de la página web**

Aunque podríamos utilizar la Consola directamente para empezar a explorar cómo hacer raspado web de la URL, en su lugar crearemos un script para trazabilidad y reproducibilidad, y lo ejecutaremos a través de la Consola utilizando el comando.

```
> source ().
```

Después de crear el script, el primer paso es cargar las librerías instaladas:

```
> library("rvest")
> library("tidyverse")
```

A continuación, se puede extraer el contenido de interés mediante programación de la siguiente manera. Primero, se crea una variable donde se almacenará la URL a buscar:

```
HtmlLink<-"https://www.amazon.co.uk/Xbox-Elite-Wireless-Controller
-2/dp/B07SR4R8K1/ref=sr_1_1_sspa?crid=3F4M36E0LDQF3"
```

A continuación, se extrae el número de identificación estándar de Amazon (ASIN) de la URL para utilizarlo como ID de producto único:

```
ASIN <- str_match(HtmlLink, "/dp/([A-Za-z0-9]+)/")[,2]
```

El uso de RegEx para limpiar el texto extraído mediante raspado web es habitual y recomendable para garantizar la calidad de los datos.

Ahora, se descarga el contenido HTML de la página web:

```
HTMLContent <- read_html(HtmlLink)
```

La función `read_html()` forma parte del paquete xml2.
Si se `imprime()` el contenido, veremos que coincide con la estructura HTML sin procesar analizada anteriormente:

```
{html_document}
<html lang="en-gb" class="a-no-js" data-19ax5a9jf="dingo">
[1] <head>\n<meta http-equiv="Content-Type" content="text/ht ...
[2] <body class="a-aui_72554-c a-aui_accordion_a11y_role_354 ...
```

Ahora se puede extraer los tres nodos de interés para todas las reseñas de productos de la página. Utilice los descriptores CSS proporcionados por DevTools de Chrome, modificados para eliminar el identificador específico de la revisión del cliente #customer_review-R2U9LWUSIPY0GS y el conector " > " de la cadena; también puede aprovechar las funcionalidades html_nodes() y html_text() de rvest para guardar el contenido HTML en objetos separados.

Los siguientes comandos extraerán los títulos de las reseñas:

```
> review_title <- HTMLContent %>%
html_nodes("div:nth-child(2)a.a-size-base.a-link-ormal.review-tit
le.a-color-base.review-title-content.a-text-bold span") %>%
html_text()
```

Un ejemplo de entrada en review_title es "Muy buen controlador aunque un poco caro".

El código siguiente extraerá el cuerpo de la reseña:

```
> review_body <- HTMLContent %>%
html_nodes("div.a-row.a-spacing-small.review-data span div div.a-exp
ander-content.reviewText.review-text-content.a-expander-partial-coll
apse-content span") %>%
html_text()
```

Un ejemplo de entrada en `review_body` comienza con "Sinceramente, no estoy seguro de por qué el precio...".

Y puede utilizar los siguientes comandos para extraer la valoración de la reseña:

```
review_rating <- HTMLContent %>%
html_nodes("div:nth-child(2)  a:nth-child(1)  i.review-rating  span")
%>%
html_text()
```

Un ejemplo de entrada en `review_rating` es "4,0 de 5 estrellas".

Para mejorar la calidad de esta variable, extraiga sólo la calificación "4.0" y conviértala a int:

```
review_rating <- substr(review_rating, 1, 3) %>% as.integer()
```

La funcionalidad de conducto %>% es proporcionada por el conjunto de herramientas magrittr. Ahora es el momento de exportar el contenido raspado dentro de un tibble para el análisis de datos. tibble es un paquete de R que también pertenece a la colección tidyverse y se utiliza para manipular e imprimir marcos de datos.

```
df <- tibble(review_title, review_body, review_rating)
```

El marco de datos de salida es el siguiente:

```
# A tibble: 6 × 3
  review_title                  review_body                          review_rating
  <chr>                         <chr>                                        <int>
1 Great price and very quick ... "With my old Xbox One contro..."                5
2 Good upgrade on the series 1   "The pictures don't do this ..."                5
3 Beautiful controller with l... "Great controller however th..."                4
4 Amazing bit of kit             ""                                              5
5 Good but…                      "\n                      The me..."             4
6 A brilliant controller         " I bought this controller f..."                5
```

Finalmente, es una buena idea refactorizar el código en la función scrape_amazon <- function(HtmlLink) para cumplir con las mejores prácticas y preparar mejor el código para escalar a múltiples URLs.

Escalado a múltiples URLs

Una vez creada la plantilla de raspado web, puede crear una lista de URL para todos los productos de los principales competidores en Amazon mediante el rastreo y el raspado web.

A la hora de escalar a múltiples URLs para producir la solución, es necesario definir los requisitos técnicos de la aplicación.

Contar con unos requisitos técnicos bien definidos garantizará el correcto cumplimiento de los requisitos empresariales y la perfecta integración con los sistemas existentes.

Es necesario actualizar la función de raspado web para que admita una combinación de lo siguiente en función de los requisitos técnicos específicos:

1. Proceso en tiempo real o por lotes.
2. Formatos de salida, como JSON, NDJSON, CSV o XLSX.
3. Destinos de salida como correo electrónico, API, webhook o almacenamiento en nube.

Ya hemos mencionado que se puede expandir rvest usando polite para raspar datos en múltiples páginas web. polite crea y gestiona una sesión de recolección web mediante el uso de tres funcionalidades principales, en total conformidad con el archivo robots.txt del proveedor de alojamiento web y con limitación de velocidad y caché de respuesta incorporadas:

- bow() crea la sesión de raspado para una URL específica, es decir, le presenta al anfitrión web y le pide permiso para raspar.
- scrape() accede al HTML de la URL; puede canalizar la función a html_nodes() y html_text() desde rvest para recuperar contenido específico.
- nod() actualiza la URL de la sesión a la página siguiente, sin necesidad de volver a crear una sesión.

Citando directamente de su página web, "Los tres pilares de una sesión polite son pedir permiso, tomárselo con calma y nunca preguntar dos veces".

Siguiente paso: ¿Preconstruido vs. Autoconstruido?

Para desarrollar un raspador web de última generación que pueda extraer buenos datos para una empresa, es necesario disponer de algunas capacidades:

- Un equipo de especialistas en datos con experiencia en extracción de datos web.
- Un equipo de ingenieros de DevOps con experiencia en gestión de proxy y elusión anti-bot para permitir superar CAPTCHAs y desbloquear sitios web menos accesibles al público.
- Un equipo de ingenieros de datos con experiencia en la creación de infraestructuras para la extracción de datos en tiempo real y por lotes.
- Un equipo de expertos en derecho para entender los requisitos legales de protección de datos para la privacidad (como GDPR y CCPA).

Los contenidos para la web se presentan en formatos variados, y es difícil encontrar dos sitios web con exactamente la misma estructura. Cuanto más complejo sea un sitio web y más funciones y datos haya que raspar, más avanzados serán los conocimientos de programación necesarios, por no mencionar el tiempo y los recursos adicionales que requerirá la solución.

Lo normal es que se desee implementar al menos las siguientes funcionalidades avanzadas:

1. **Minimizar las posibilidades de CAPTCHAs y detección de bots**: un enfoque sencillo en este caso es añadir un sleep() aleatorio para evitar la sobrecarga de los servidores web y los patrones de solicitud habituales. Un enfoque más eficaz es utilizar un user_agent o un servidor proxy para repartir las peticiones entre diferentes IPs.

2. **Raspado de sitios web con JavaScript**: en nuestro ejemplo de Amazon, la URL no cambia al seleccionar una variante específica del producto. Esto es aceptable para el raspado de reseñas, ya que son compartidas, pero no para el raspado de especificaciones de producto. Para imitar las interacciones del usuario en páginas web dinámicas, podría utilizar una herramienta como RSelenium para automatizar la navegación del navegador web.

Un raspador web preconstruido puede ser la elección correcta cuando se desea acceder a datos web con recursos limitados, garantizar la calidad de los datos o desbloquear casos de uso más avanzados.

Web Scraper de Bright Data proporciona plantillas para muchos sitios web impulsados por funcionalidades de vanguardia, incluida una implementación mucho más avanzada del Amazon Scraper que se demostró.

- **APIS Y CROSSREF**

  # El paquete rcrossref permite acceder a varias de las APIs de CrossRef. ¿Que qué es CrossRef? Pues es un servicio que permite, entre otras cosas, facilitar el proceso de referenciar artículos en tus papers. Aquí lo explican. Hay otro package para acceder a CrossRef: `crminer` este paquete permite bajarse el texto del documento siempre que esté disponible!!

```
> install.packages("rcrossref")
> library(rcrossref)
```

  # Con la función `cr_cn()` podemos ver cómo se cita un determinado artículo en un determinado formato, por ejemplo "apa".

```
> my_doi <- "10.1111/j.1467-6486.2012.01072.x"
> cr_cn(dois = my_doi, format = "text", style = "apa")
> cr_cn(dois = my_doi, format = "bibtex", style = "apa", locale = "en-US", raw = FALSE, progress = "none")
```

  # Con la función `cr_citation_count()` podemos ver el número de citas de un artículo/DOI.

```
> aa <- cr_citation_count(doi = my_doi)
```

  # Con la función `cr_abstract()` podemos ver el abstract de los artículos, siempre que estén disponibles.

```
> aa <- cr_abstract(doi = "10.1109/TASC.2010.2088091")
```

  # Con la función `cr_journals()` vemos journals.

```
> aa <- cr_journals(query = "economics", limit = 100) %>% .$data %>% as.tibble()
```

  # Podemos obtener más información de un artículo.

```
> aa <- cr_works(dois = my_doi) %>% .$data %>% as.tibble()
```

OTROS PKG FOR APIS

Nunca ha sido tan fácil acceder a los datos desde R. No sólo parece haber un flujo constante de nuevos paquetes que acceden a las API de los proveedores de datos, sino que también se está volviendo popular para los autores de paquetes envolver conjuntos de datos bastante grandes en paquetes de R. A continuación, se muestran algunos paquetes nuevos de R relacionados con los datos de una forma u otra que han llegado a CRAN.

- `alphavantager v0.1.0`: implementa una interfaz a la API de Alpha Vantage para obtener datos históricos sobre acciones, monedas físicas y monedas digitales/criptos. Ver el README para obtener la clave.

- `AmesHousing v0.0.2`: contiene versiones crudas y procesadas de los datos de vivienda de Ames Iowa. Véase De Cock (2011).
- `billboard v0.1.0`: contiene conjuntos de datos relativos a las canciones de la lista Billboard Hot 100 desde 1960 hasta 2016, incluyendo los rangos del año en cuestión, las características musicales y las letras.
- `BIS v0.1.0`: ofrece una interfaz para los datos proporcionados por el Banco de Pagos Internacionales. Hay una viñeta.

Una de las ultimas es pkg `spooc`. En su vignette nos dicen que se pueden acceder a un conjunto de paquetes que contienen: "alguna forma de biodiversidad o datos taxonómicos. Dado que varios de estos conjuntos de datos han sido georreferenciados, ofrece numerosas oportunidades para visualizar la distribución de las especies".

También hay muchos otros paquetes de R hechos para acceder a APIs (Twitter, ECB, Spotify, pdfetch, naturalearth, ...). Hay un listado enorme: Pinterest, Instagram, GoogleTrends, Google Analytics, Flickr, ..., .., ...,

9

FUNCIONES MATEMÁTICAS Y ECONÓMICAS EN R

9.1 FUNCIONES NUMÉRICAS

- `abs(x)`: valor absoluto de x, abs(-7) devuelve 4.
- `ceiling(x)`: devuelve el primer entero mayor a x, ceiling(5.3) devuelve 6.
- `floor(x)`: devuelve el primer entero más pequeño de x, floor(5.99) devuelve 5.
- `trunc(x)`: devuelve la parte entera de x eliminando los decimales de un número, trunc(5.99) devuelve 5.
- `%%`: este operador módulo devuelve el resto de una división entera, 10%%3 devuelve 1.

9.2 FUNCIONES MATEMÁTICAS

Definimos un dominio x para nuestras funciones.

> x<-(-5:5)

1. **Función constante f(x)=3**

```
> x<-(-5:5)
> fx<-rep(3, 11)
> plot(x,fx)
```

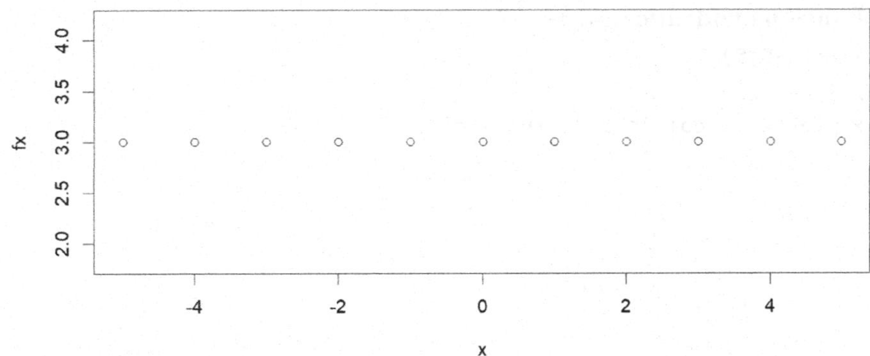

2. **Función identidad: g(x)=x**

```
> x<-(-5:5)
> gx<-x
> plot(x,gx,type="o")
```

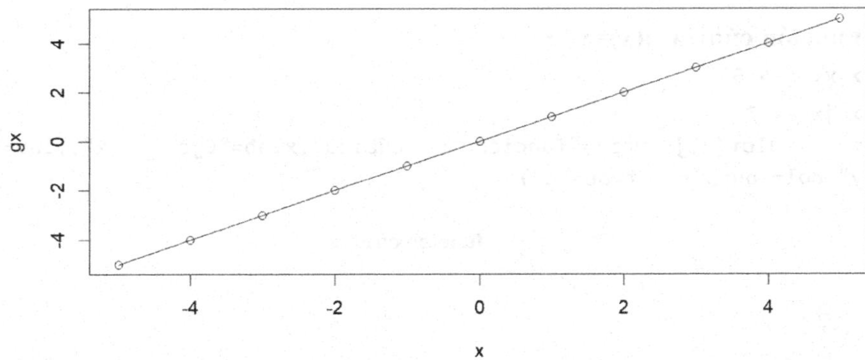

3. **Función lineal: h(x)=3x+4**

```
> x<-(-5:5)
> hx<-3*x+4
> plot(x,hx,type="l")
```

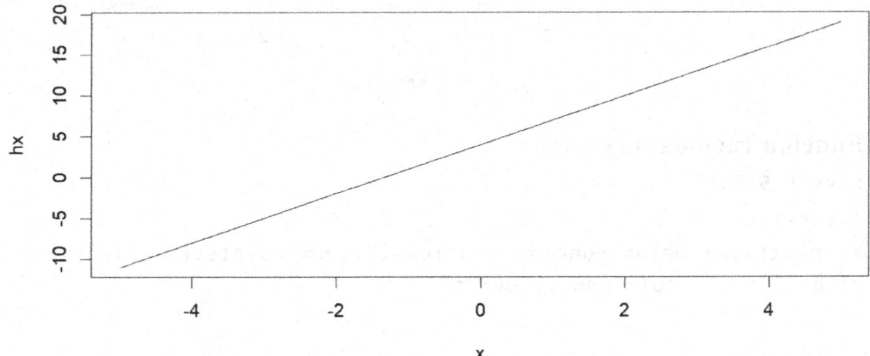

4. **Función cuadrática: i(x)=x^2**

```
> x<-(-5:5)
> ix<-x^2
> plot(x,ix,col="blue", type="o")
```

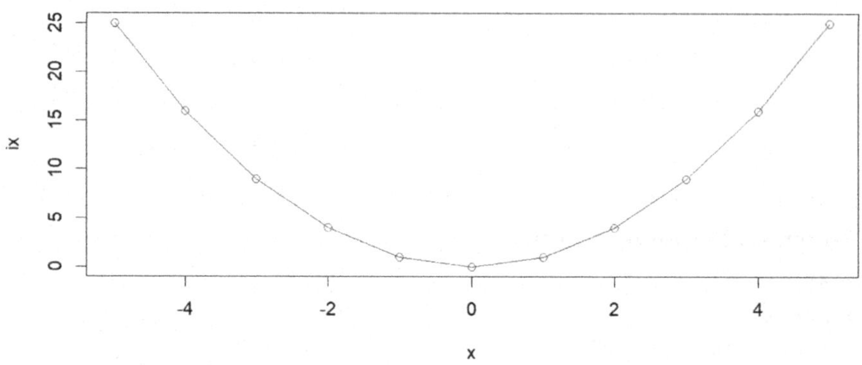

5. **Función cúbica: j(x)=x^3**

```
> x<-(-5:5)
> jx<-x^3
>      plot(x,jx,main="función      cúbica",xlab="Eje      x",ylab="Eje
y",col="purple", type="o")
```

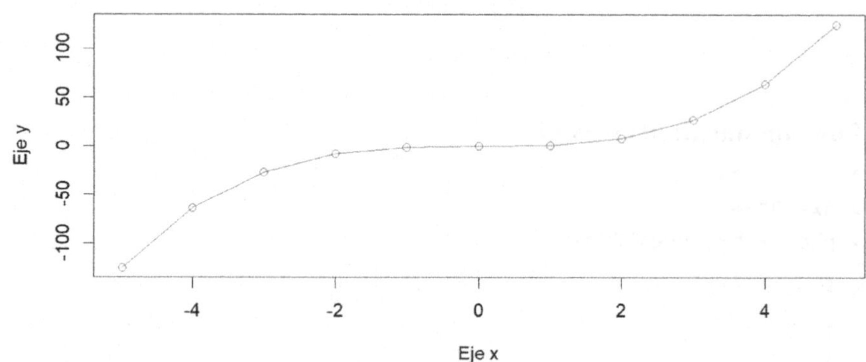

6. **Función racional k(x)=1/x**

```
> x<-(-5:5)
> kx<-1/x
>  plot(x,kx,main="Función  racional",sub="Fuente:EP",xlab="Eje  x",
ylab="Eje y", col="red",type="o")
```

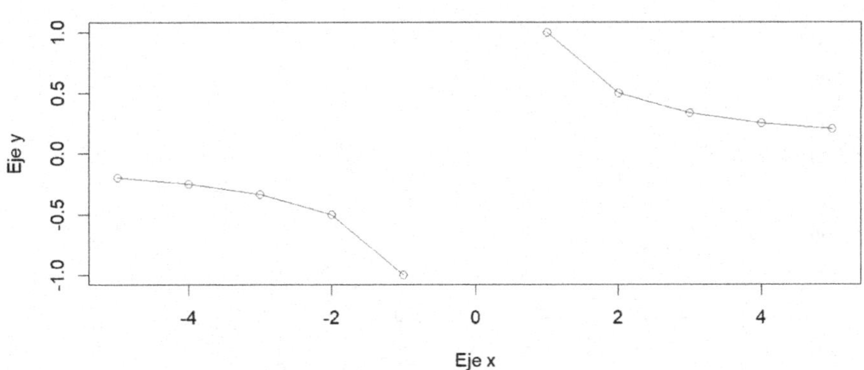

7. **Función logarítmica: l(x)=log(x)**

```
> x<-(-5:5)
> lx<-log(x)
Warning message:
In log(x) : NaNs produced
> plot(x,lx,main="Función logarítmica",xlab="Eje x", ylab="Eje y",
col="50",type="o")
```

Función logarítmica

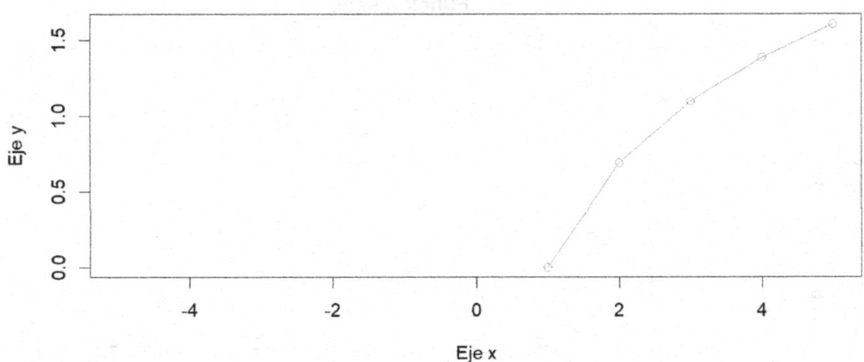

8. **Función exponencial: m(x)=2^x**

```
> x<-(-5:5)
> mx<-2^x
> plot(x,mx,main="Función exponencial",xlab="Eje x", ylab="Eje y",
col="52",type="o")
```

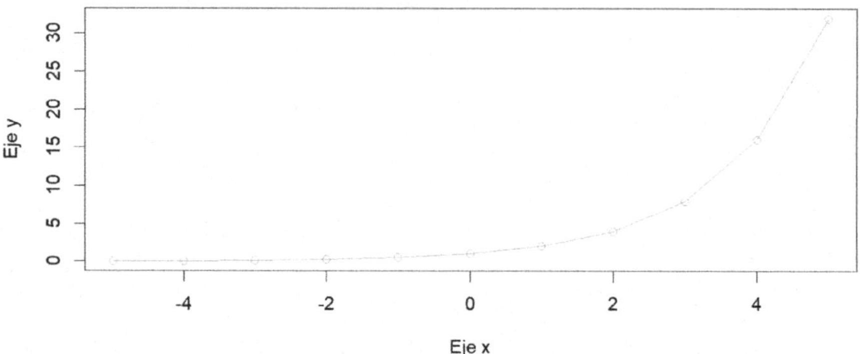

9.3 FUNCIONES TRIGONOMÉTRICAS

9. **Función seno: n(x)=sin(x)**

```
> x<-(-5:5)
> sx<-sin(x)
> plot(x,sx,main="Función seno",xlab="Eje x", ylab="Eje y",
col="blue",type="o")
```

Función seno

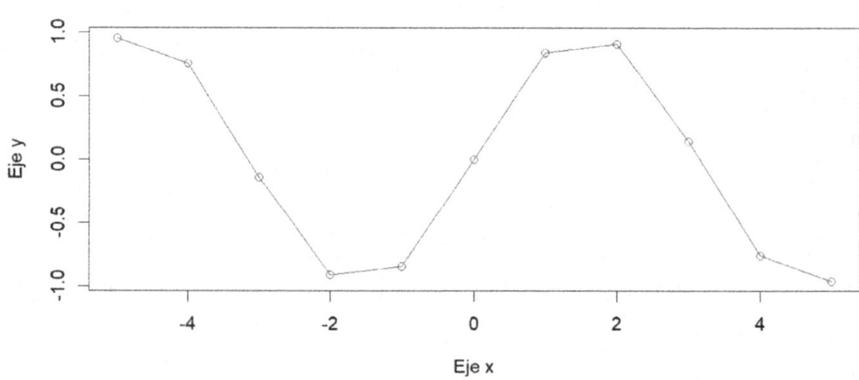

10. **Función coseno: o(x)=cos(x)**

```
> x<-(-5:5)
> cx<-cos(x)
> plot(x,cx,main="Función coseno",xlab="Eje x", ylab="Eje y",
col="red",type="o")
```

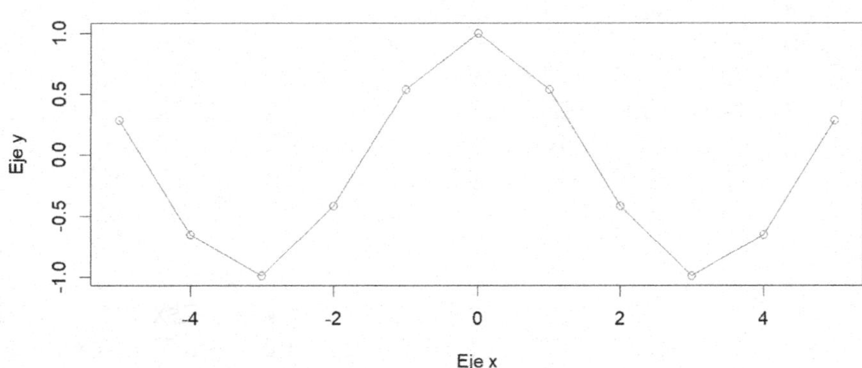

11. **Función tangente: p(x)=tan(x)**

```
> x<-(-5:5)
> tx<-tan(x)
> plot(x,tx,main="Función tangente",xlab="Eje x", ylab="Eje y",
col="darkblue",type="o")
```

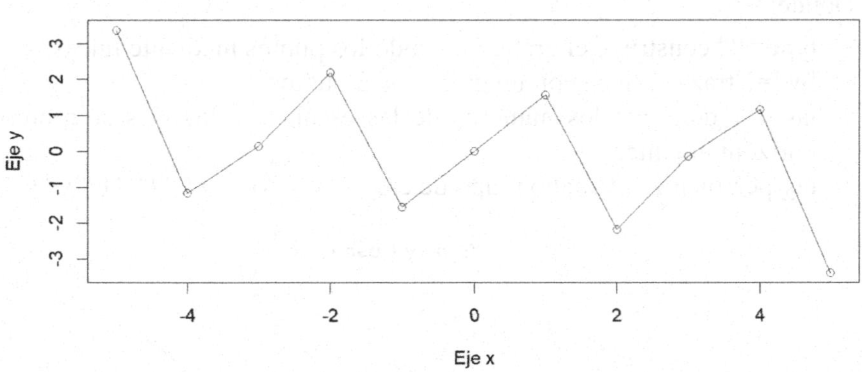

A continuación podemos crear un data-frame.

```
> tododfx<-data.frame(x,fx,gx,hx,ix,jx,kx,lx,mx,sx,cx,tx)
> head(tododfx,3)
   x fx gx  hx ix   jx         kx  lx      mx        sx         cx
tx
1 -5  3 -5 -11 25 -125 -0.2000000 NaN 0.03125  0.9589243  0.2836622
3.3805150
2 -4  3 -4  -8 16  -64 -0.2500000 NaN 0.06250  0.7568025 -0.6536436
-1.1578213
3 -3  3 -3  -5  9  -27 -0.3333333 NaN 0.12500 -0.1411200 -0.9899925
0.1425465

> plot(tododfx)
```

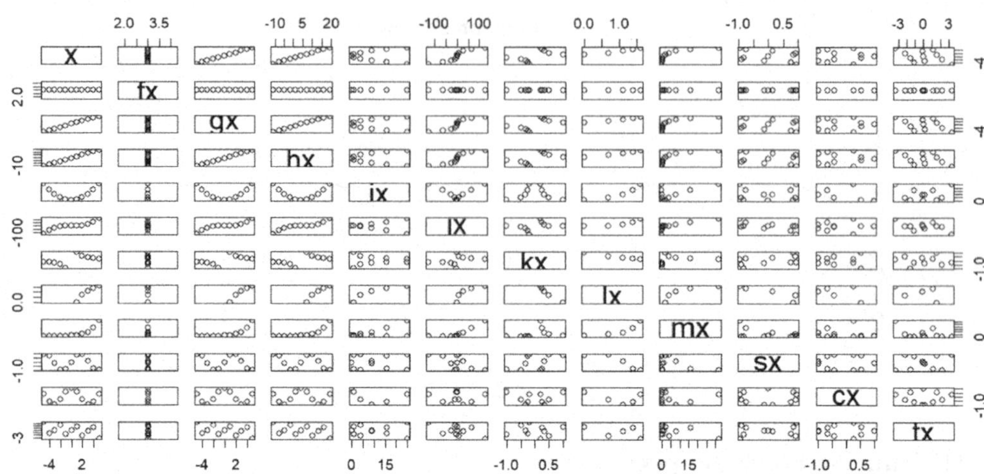

12. **Función coseno en el intervalo [0, 2π]**

```
> y<-seq(0,2*pi,length=100)
> plot(y,cos(y),type="l",col="blue",lwd=3, main="Seno y Coseno", xlab="y", ylab="cos(y)", las=1, col.axis="red")
```

Donde:

- type="l" construye el gráfico uniendo los puntos mediante líneas.
- lwd=3 traza la línea con un grosor de 3 puntos.
- las=1 indica que los números de las escalas de los ejes se representen horizontalmente.
- bty personaliza el ancho y tipo de caja: bty = "o", "7", "]", "L" y "U".

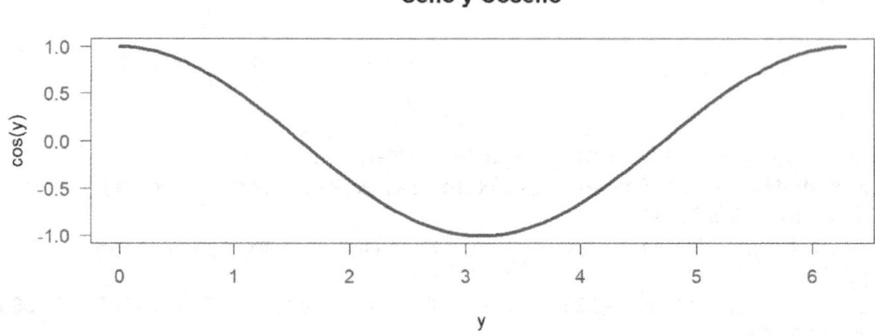

13. **Representación simultánea de varias funciones**

Supongamos ahora que nuestro objetivo es construir un gráfico, en el que se representan simultáneamente las funciones sen(x) y cos(x) en el intervalo [0,2π].

Añadimos ahora, mediante la función `lines()`la gráfica de la función seno.

```
> y<-seq(0,2*pi,length=100)
> plot(y,cos(y),type="l",col="blue",lwd=3, main="Seno y Coseno", xlab="",
ylab="", las=1, col.axis="red")
> plot(y,cos(y),type="l",col="blue",lwd=3, main="Seno y Coseno", xlab="y",
ylab="", las=1, col.axis="red")
> lines(y, sin(y),col="green",lwd=3)
> legend("bottomleft",col=c("blue","green"),legend =c("Coseno","Seno"),
lwd=1, bty = "n")
```

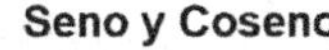

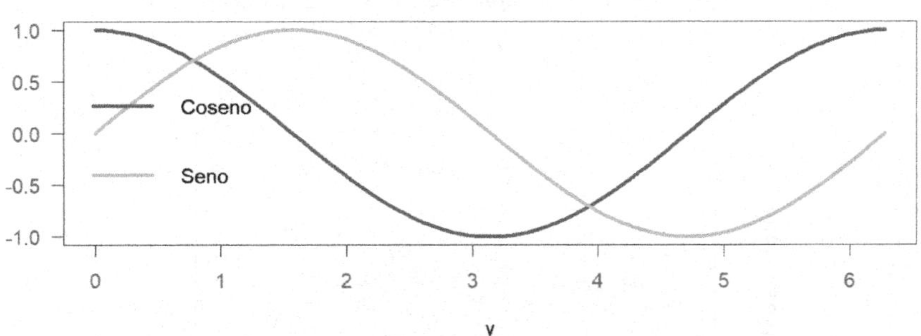

9.4 FUNCIONES ECONÓMICAS

1. Función de Producción Cobb-Douglas en R

Representación gráfica con "R" de las funciones de demanda marshallianas.

- Dada la función Cobb-Douglas:

$$U(x_1, x_2) = x_1^{(1/2)} * x_2^{(1/4)}$$

- Dada la restricción presupuestaria:

$$s.a: 3 * x_1 + 2 * x_2 = 20$$

En el entorno R, la sintaxis directa es la siguiente.

 # Datos

```
K <- 10
L <- 20
A <- 1
alpha <- 0.5
beta <- 0.5
```

Cálculo de la producción
```
produccion <- A * (K^alpha) * (L^beta)
cat("Producción:", produccion)
```

Alternativa: utilizando logaritmos
```
log_produccion <- log(A) + alpha * log(K) + beta * log(L)
produccion_log <- exp(log_produccion)
cat("Producción (logaritmo):", produccion_log)
```

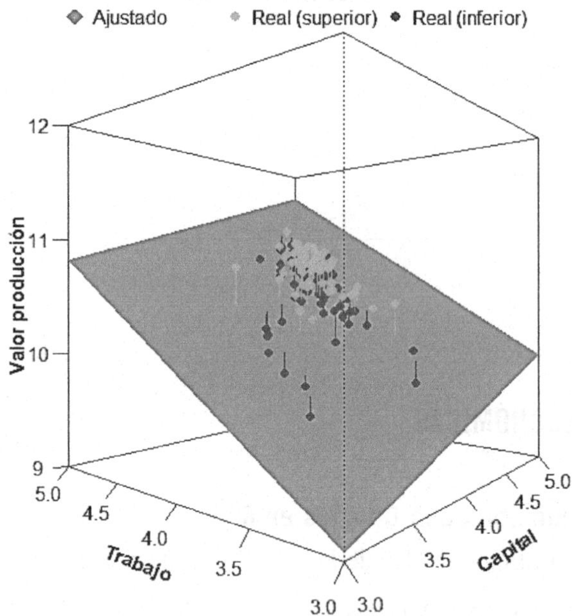

Alternativamente, para estimar los parámetros alpha y beta, se puede usar la función lm() en R, tomando logaritmos a las variables Y, K y L. La sintaxis es la siguiente:

Datos de ejemplo.
```
Y <- c(10, 15, 20, 25, 30) # Producción
K <- c(2, 3, 4, 5, 6) # Capital
L <- c(5, 7, 9, 11, 13) # Trabajo
```

Tomar logaritmos.
```
logY <- log(Y)
logK <- log(K)
logL <- log(L)
```

```
# Modelo de regresión lineal.
modelo <- lm(logY ~ logK + logL, data = data.frame(logY, logK, logL))

# Resumen del modelo.
summary(modelo)

# Obtener los coeficientes (alpha y beta).
alpha <- modelo$coefficients[2]
beta <- modelo$coefficients[3]

# Obtener el logaritmo del término constante (A).
logA <- modelo$coefficients[1]

# Calcular A.
A <- exp(logA)

# Imprimir los resultados.
cat("A:", A, "\n")
cat("alpha:", alpha, "\n")
cat("beta:", beta, "\n")

# Ejemplo de predicción con los parámetros estimados.
K_nuevo <- 3
L_nuevo <- 8
produccion_predicha <- A * (K_nuevo^alpha) * (L_nuevo^beta)
cat("Producción predicha:", produccion_predicha, "\n")
```

Donde:

- `lm()`: es la función en R que permite realizar regresiones lineales.
- `logY ~ logK + logL`: la fórmula especifica que la variable dependiente (producción) se define como una función de los logaritmos de K y L.
- `summary(modelo)`: muestra los resultados de la regresión, incluyendo los coeficientes, sus errores estándar, p-valores, etc.
- `modelo$coefficients`: extrae los coeficientes del modelo.
- `exp()`: calcula el antilogaritmo de los coeficientes logarítmicos (en este caso, para obtener A).

Las consideraciones a tener en cuenta son las siguientes:

- El término constante (A) en la función Cobb-Douglas es un parámetro que representa la eficiencia tecnológica o la productividad total de los factores.
- Los parámetros alpha y beta representan las elasticidades de la producción con respecto al capital y al trabajo, respectivamente.

- La regresión lineal requiere que las variables estén en logaritmos para que los coeficientes representen las elasticidades.
- Es importante verificar la significancia estadística de los coeficientes y la adecuación del modelo (por ejemplo, mediante gráficos de residuos).

Función de producción CES

La función de producción CES es un tipo de función de producción que muestra elasticidad de sustitución constante. En otras palabras, la tecnología de producción tiene un porcentaje constante de cambio en el factor (por ejemplo, mano de obra y de capital) proporciones debido a un cambio porcentual en la tasa marginal de sustitución técnica. Los dos factores de producción (capital y trabajo) en la función de producción CES fué introducida por Robert Solow,[1] y más tarde hecha popular por Kenneth Arrow, Hollis B. Chenery, Minhas y el propio Solow.

2. Función de Producción CES (Elasticidad de sustitución constante) en R

La función de producción CES es un tipo de función de producción que registra la elasticidad de sustitución constante. En otras palabras, la tecnología de producción tiene un porcentaje constante de cambio en el factor (por ejemplo, mano de obra y de capital) en proporciones, debido a un cambio porcentual en la tasa marginal de sustitución técnica. Los dos factores de producción (capital y trabajo) en la función de producción CES fué introducida por Robert Solow y más tarde hecha popular por Kenneth Arrow, Hollis B. Chenery, Minhas y el propio Solow

$$Q = F \cdot (a \cdot K^r + (1 - a) \cdot L^r)^{\frac{1}{r}}$$

Donde:

Q = Producción.
F = Factor de la productividad.
a = Parámetro de proporción.
K, L = Factores de producción primarios.
r = (s –1) / s.
s = 1 / (s – r) = elasticidad de sustitución.

La función de producción CES presenta elasticidad de sustitución constante entre capital y trabajo. La función de producción de Leontief, la lineal y la Cobb-Douglas son casos especiales de la función de producción CES. Es decir, si r = 1 tenemos una función lineal de 1, si r se aproxima a cero, en el límite se tiene la función de Cobb-Douglas, y conforme r tiende a infinito negativo se obtiene la función Leontief.

Para implementar una función de producción CES en R, definimos la función CES general para dos inputs (K, L) con elasticidad de sustitución 'r' y parámetros F, α, β de la siguiente forma:

$$Q = F_*(\alpha_* K^r + (1 - \alpha)_* L^r)^{1/r}$$

Tal que:

- **Elasticidad de sustitución (r):** el valor de r determina la facilidad con la que los inputs se sustituyen entre sí. Un valor de r cercano a 0 indica que los inputs son poco sustituibles, mientras que un valor de r cercano a 1 indica que los inputs son más sustituibles.
- **Parámetro de participación (α):** indica la proporción en que cada input contribuye a la producción.
- **Parámetro tecnológico (F):** representa la eficiencia productiva de la empresa.

Es posible utilizar librerías adicionales como ggplot2 para visualizar los resultados, o librerías de optimización para encontrar los valores óptimos de los inputs.

Los modelos de producción CES pueden ser más complejos para incluir más inputs o para tener en cuenta otras características de la producción.

Traducimos esta función al lenguaje de R de la siguiente manera:

```
> ces_production <- function(K, L, F, alpha, rho) {
      Y <- F * ((alpha * K^r + (1 - alpha) * L^r)^(1/r))
      return(Y)
  }
```

Para ilustrar la aplicación de esta función podemos introducir valores para los inputs (K, L), y los parámetros (F, α, r) para obtener el resultado de la producción (Y).

```
# Datos
K = 10
L = 5
A = 2
alpha = 0.5
r = 0.5  # Ejemplo de 'r' entre 0 y 1 (elasticidad de sustitución baja)

# Llamar la función
produccion <- ces_production(K, L, A, alpha, rho)

# Imprimir el resultado
print(paste("La producción es:", produccion))
```

Funciones de demanda en R

En R, las funciones de demanda, que modelan la relación entre el precio y la cantidad demandada, Se pueden representar mediante funciones lineales, no lineales, o a través de modelos estadísticos más complejos.

3. Funciones de demanda lineales

La forma más simple es una función lineal donde la cantidad demandada (Q) es una función lineal del precio (P): Q = a - b * P, donde 'a' es la intersección y 'b' es la pendiente. En R, esto se puede expresar como:

Definimos una función lineal.

```
> demanda_lineal <- function(precio, a = 100, b = 5) {
          return(a - b * precio)
  }
```

4. Funciones de demanda no lineales

Los modelos más complejos pueden incluir funciones cuadráticas, exponenciales, logarítmicas, etc., para capturar la curvatura de la demanda. Por ejemplo, la función cuadrática: Q = a - b * P^2 + c * P. La sintaxis en R es la siguiente:

Definir una función cuadrática.

```
> demanda_cuadratica <- function(precio, a = 200, b = 2, c = 5) {return(a
- b * precio^2 + c * precio)
  }
```

5. Modelos estadísticos de demanda

Para ajustar modelos a datos de demanda reales, se pueden utilizar modelos de regresión. Por ejemplo, una regresión lineal. La sintaxis en R sería la siguiente:

Ajustar un modelo de regresión lineal.

```
> data <- data.frame(precio = c(1, 2, 3, 4, 5), cantidad = c(90, 80, 70,
60, 50))
> modelo_lineal <- lm(cantidad ~ precio, data = data)
> summary(modelo_lineal) # Mostrar los resultados
```

6. Función de demanda marshalliana

A continuación representaremos gráficamente las ***funciones de demanda marshallianas*** en función del precio para una renta constante.

```
> eq<-function(p1){20/p1*(1/2)/((1/2)+(1/4))}
> curve(eq, from=1, to=50, xlab="X",ylab="p2")
```

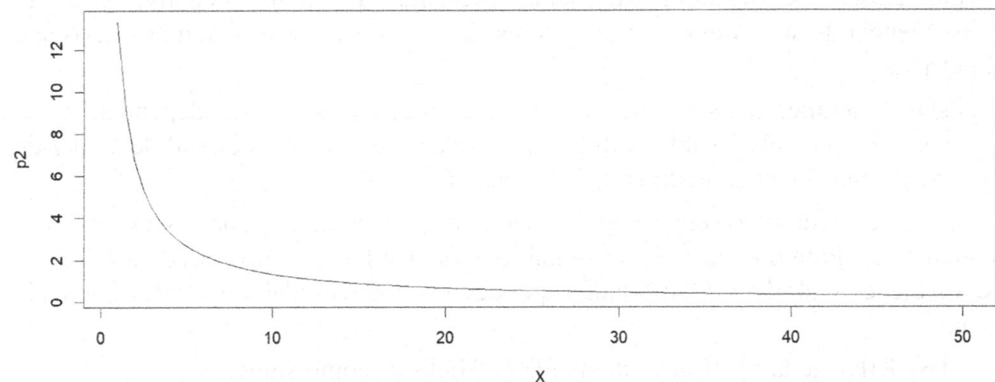

A continuación se representan las funciones de demanda marshallianas en función de la renta del individuo, obteniéndose así las denominadas curvas de Engel.

Para representarlas, fijamos los precios (p1=3 y p2=2).
Para x1 y p1 = 3.

```
> eq = function(R){R/p1 * (1/2)/((1/2)+(1/4))}
> eq = function(R){R/3 * (1/2)/((1/2)+(1/4))}
> curve(eq, from=1, to=50, xlab="R", ylab="x1")
```

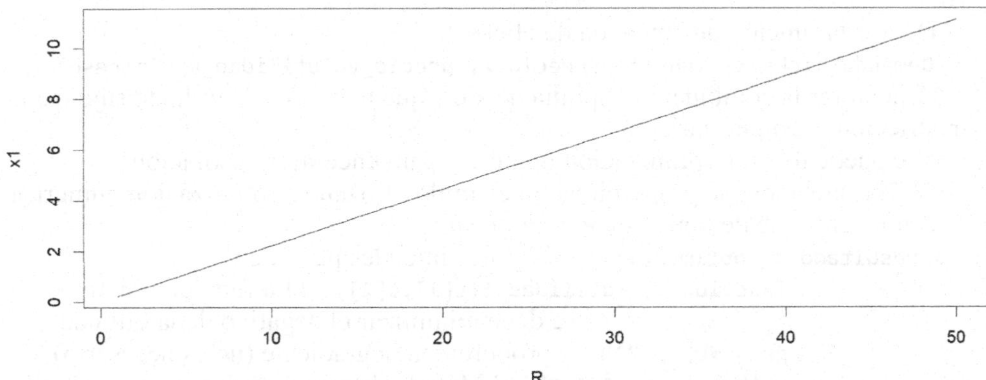

7. Función de demanda de Hicks

La demanda de Hicks representa la cantidad de un bien que un consumidor demandaría si el precio de ese bien cambia, pero al mismo tiempo su ingreso se ajusta (se compensa) de manera que su nivel de utilidad se mantiene constante.

Las funciones hicksianas son continuas en precios y utilidad. También son homogéneas de grado 0 en precios, ya que ante un aumento proporcional de todos los precios no habrá variación en las cantidades demandadas de bienes.

Las curvas de demanda hicksianas presentan pendiente negativa y como consecuencia de su continuidad en precios, los efectos de sustitución cruzados son simétricos.

Estas funciones no son directamente observables, dado que dependen de la utilidad que no es observable, a diferencia de las marshallianas que al depender de precios y renta son más fácilmente observables.

En R, se puede representar matemáticamente utilizando funciones y expresiones matemáticas. Para ilustrar definimos una función que tome como entrada los precios de los bienes y el nivel de utilidad, y que devuelva la cantidad demandada de cada bien.

El SCRIPT de la función de demanda de Hicks es como sigue:

 # Definir una función de utilidad simple

```
# Función de Cobb-Douglas.
> Utilidad_f <- function(x,y) {
  return(x^0.5 * y^0.5)
}

# Alternativamente se puede utilizar la función.
eq = function(x){FUNCIÓN}
curve(eq, from=1, to=50, xlab="x", ylab="y")

# Definir la función de demanda de Hicks.
> Demanda_hicks <- function(precio_x, precio_y, utilidad_u, ingreso) {
 # Encontrar la combinación óptima de x e y que maximiza la utilidad sujeto a la
restricción presupuestaria.
 # Se puede utilizar optimización numérica para encontrar la solución.
 # A continuación, se proporciona un ejemplo utilizando optimización numérica
  con un enfoque de optimización no lineal.
 > resultado <- optim(c(1,1), #Valores iniciales para x e y
             function(c) -utilidad_f(c[1],c[2]), #La función objetivo
                                   #se debe minimizar el negativo de la utilidad
             gr = NULL, #No se proporciona el gradiente (no es necesario)
             method = "L-BFGS-B", # Método de optimización
             lower = c(0, 0), #Límites inferiores para x e y (no negativos)
             upper = c(Inf, Inf), #Límites superiores para x e y (infinitos)
            control = list(fnscale = 1) #Ajustes de control para optimización
                 )
# Extraer los valores óptimos de x e y.
>  x_optimo <- resultado$par[1]
>  y_optimo <- resultado$par[2]
```

```
# Devolver la cantidad demandada de x e y.
> return(list(x = x_optimo, y = y_optimo))
}

# Ejemplo de uso.
> precio_x <- 2
> precio_y <- 1
> utilidad_u <- 50 #Nivel de utilidad deseado
> ingreso <- 100

# Calcular la demanda de Hicks.
>demanda<-demanda_hicks(precio_x,precio_y, utilidad_u, ingreso)

# Imprimir los resultados
> cat("Demanda de x (Hicks):", demanda$x, "\n")
> cat("Demanda de y (Hicks):", demanda$y, "\n")
```

Gráfica de la función de demanda compensada o Hicksiana

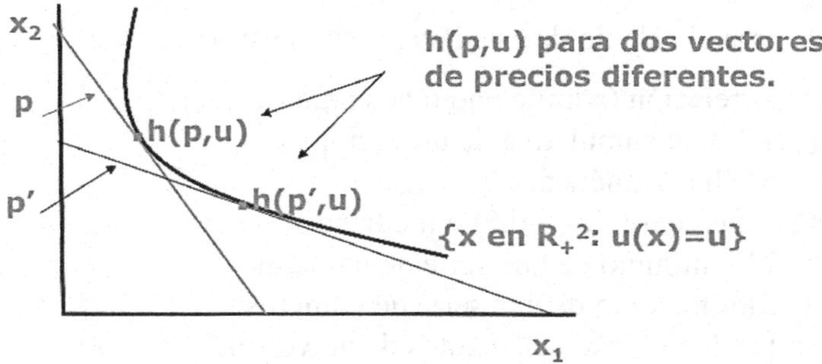

REFERENCIAS

- Solow, R.M (1956). «A contribution to the theory of economic growth». The Quarterly Journal of Economics 70: 65-94.
- Arrow, K. J.; Chenery, H. B.; Minhas, B. S.; Solow, R. M. (1961). «Capital-labor substitution and economic efficiency». Review of Economics and Statistics (The MIT Press) 43 (3): 225-250. JSTOR 1927286. doi:10.2307/1927286.
- Jorgensen, Dale W. (2000). Econometrics, vol. 1: Econometric Modelling of Producer Behavior. Cambridge, MA: MIT Press. p. 2. ISBN 0-262-10082-7.

10

ESTADÍSTICA DESCRIPTIVA BÁSICA

10.1 OPERACIONES ESTADÍSTICAS EN R

Funciones para el cálculo de estadísticas simples:

- `cor()`. # Correlación (admite uno o dos argumentos).
- `cumsum()`. # Suma cumulativa de un vector.
- `mean()`. # Media aritmética.
- `median()`. # Percentil 50 (= 0.5) o mediana.
- `min()`. # Valor mínimo de una serie de números.
- `max()`. # Valor máximo de una serie de números.
- `prod()`. # Producto de los elementos de un vector.
- `quantile()`. # Percentiles de una distribución.
- `range()`. # Diferencia entre el valor máximo y mínimo de un vector.
- `sample()`. # Muestreo aleatorio (y permutaciones).
- `sum()`. # Suma aritmética.
- `var()y cov()`. # Varianza y covarianza.
- `summary()`. # Resumen de las estadísticas de un conjunto de datos.

 # Estadísticas simples:

```
> x<-seq(1:10)
> x
 [1]  1  2  3  4  5  6  7  8  9 10
> cumsum(x)
 [1]  1  3  6 10 15 21 28 36 45 55
> median(x)
[1] 5.5
```

 # Generación de 100 datos de una normal estandar, y un resumen del mismo:

```
> x<-rnorm(100)
> summary(x)
    Min.  1st Qu.   Median     Mean  3rd Qu.     Max.
-2.18000 -0.71000 -0.01041  0.05584  0.73730  2.76500
```

 # Generación de dos muestras correladas y cálculo de la correlación:

```
> x<-seq(1:10)
> y<-2*x+rnorm(10)
> cor(x,y)
[1] 0.9817436
```

 # Creación de permutaciones:

```
> sample(10)
 [1] 5  6  1  4  9  2  8 10  7  3

> sample(10)
 [1] 9  1  3 10  7  2  5  4  8  6
```

 # Muestreo sin reposición:

```
> sample(1:10,5)  # también > simple(1:10, 5, rep = F)
[1] 7 8 2 4 6
```

 # Muestreo con reposición:

```
> sample(1:10,5,rep=T)
[1] 6 10 6 1 6
```

 # Simulación de 10 tiradas de un dado equilibrado:

```
> sample(1:6,10,rep=T)
[1] 4 4 5 2 2 3 1 2 1 6
```

 # Cálculo de algunos percentiles de un conjunto de datos:

```
> x<-rnorm(200)
> quantile(x,probs=c(0.1,0.4,0.9))
       10%        40%        90%
-1.3194786 -0.3663511  1.0824184
```

```
# Redondeo a k decimales.
> round(y,2)           # Redondeo de la variable 'y' a dos decimales.
> round(y%*%x,2)       # Redondeo en el producto de matrices.
> x<-matrix(c(1,2,3,4),nrow=2)  # Creamos una matriz.
> x
     [,1] [,2]
[1,]    1    3
[2,]    2    4
```

Cálculo de la inversa.
```
> y<-solve(x)
> y%*%x                # Multiplicamos la matriz por su inversa.
     [,1]         [,2]
[1,]    1 4.440892e-16
[2,]    0 1.000000e-01
```

Redondeamos a dos decimales significativos.
```
> round(y%*%x,2)
     [,1] [,2]
[1,]    1    0
[2,]    0    1
```

10.2 MEDIDAS DE TENDENCIA CENTRAL EN R

10.2.1 Medidas de tendencia central.

Cálculo de la media

 # Media aritmética
```
> mean(dforbes2$sales, na.rm=T)
[1] 9.69701
```

 # Media recortada al 5% (+2,5 y -2,5) recogida por el argumento trim = 0,025.
```
> mean(dforbes2$sales, na.rm=T, trim=0.025)
[1] 7.695621
```

Cálculo de la mediana

 # Mediana de la variable sales incluyendo el argumento na.rm=T)
```
> median(dforbes2$sales, na.rm = TRUE)
[1] 4.365
```

El valor observado de la mediana es 4,365, lo que indica que la mitad de las ventas son menores a 4,365 y la otra mitad está por encima de ella.

Cálculo de la moda

Para el cálculo de la moda, debe haberse instalado previamente el paquete `modeest` (herramienta que no existe en los paquetes básicos de R) y haberlo cargado en la sesión de trabajo. Este estadístico permitirá calcular de forma automática el o los valores más frecuentes de la distribución. La función para obtener la moda es mfv34. El resultado indica el valor, o los valores, con más frecuencia dentro de la distribución de casos de la variable de interés.

La función "`mfv()`" del paquete `modeest` es la que se ha de utilizar para encontrar la moda de un conjunto de datos.

```
> install.packages("modeest")
> library(modeest)
```

 # Indica el o los valores que aparecen con más frecuencia

```
> mfv(sexo)
[1] Hombre
Levels: Hombre Mujer

> mfv(dforbes2$category)
[1] "Banking"

> mfv(dforbes2$country)
[1] "United States"
```

 # Datos sobre los niveles de educación

```
Estudio 1  2  0  1  3  2  3  1  2  3  1  2
```

Nivel de estudios (0: SE ="Sin estudios"; 1: EPri ="Estudios Primarios"; 2: ESec="Estudios Secundarios"; 3: ESup="Estudios Superiores").

```
> mfv(estudios)
[1] Estudios Primarios   Estudios Secundarios
4 Levels: Sin estudios ...
```

La función "`mfv()`" del paquete `modeest` es la que se ha de utilizar para encontrar la moda de un conjunto de datos.

```
> Temp<-c(20,20,10,8,9,20,9,8,3,2,1,4,5,7,20)
> mfv(Temp)
[1] 20
```

10.3 MEDIDAS DE DISPERSIÓN Y/O VARIABILIDAD

Para describir la dispersión de una variable hacemos uso de los estadísticos varianza y desviación típica. El cálculo de ambas medidas sigue la misma lógica en lo que refiere a la estructura de la función utilizada. Respectivamente, las funciones utilizadas son `var` para la varianza y `sd`, para la desviación típica. También debe incluirse el argumento `na.rm=TRUE` en el caso de que hubieran sido codificados como NA los valores perdidos.

Varianza

En R hacemos uso de la función var para calcular la varianza de un vector o conjunto de datos.

```
> var(dforbes2$sales, na.rm = TRUE)
[1] 324.0933
```

 # Desviación típica

```
> sd(dforbes2$sales, na.rm = TRUE)
[1] 18.00259
> sqrt(var(dforbes2$sales,na.rm=T))
[1] 18.00259
```

Covarianza

En R utilizamos la función **cov** para calcular la covarianza entre dos vectores o columnas de un conjunto de datos. Si contamos con muestras tal como $(x_1,y_1),(x_2,y_2),...,(x_n,y_n)$ es posible calcular la covarianza como.

$$S_{XY} = \frac{\sum_{i=1}^{n}(x_i - \bar{X})(y_i - \bar{Y})}{n-1}$$

Hacemos uso de n–1 como denominador por ser consistente con la literatura especializada (insesgada) y con el cálculo en R.

Con este estadístico medimos el signo de la relación lineal entre X e Y.

- Si $S_{XY} = 0$ entonces no existe relación lineal entre X e Y.
- Si $S_{XY} > 0$ entonces existe una relación lineal directa o positiva entre X e Y. Esto es, a mayores valores de X, en promedio tenemos mayores valores de Y y viceversa.
- Si $S_{XY} < 0$ entonces existe una relación lineal inversa o negativa entre X e Y. Esto es, a mayores valores de X, en promedio tenemos menores valores de Y y viceversa.

Calcular la covarianza entre dos vectores o columnas de un *data.frame*.

```
> duration=faithful$eruptions
> waiting=faithful$waiting
> cov(duration,waiting)
[1] 13.97781
```

Interpretación: la covarianza entre la duración de la erupción y el tiempo de espera es de aproximadamente 14 (13.97) e indica una relación lineal positiva entre las dos variables.

```
# Crear una data-frame denominada "datos".
datos <-data.frame(math=c(84,82,81,89,73,94,92,70,88,95),
       ciencia=c(85, 82, 72, 77, 75, 89, 95, 84, 77, 94),
      historia=c(97, 94, 93, 95, 88, 82, 78, 84, 69, 78))
> head(datos)
  math ciencia historia
1   84      85       97
2   82      82       94
3   81      72       93
4   89      77       95
5   73      75       88
6   94      89       82

# Calculamos la covarianza de la data-frame "datos".
> cov(datos)
              math   ciencia  historia
math      72.17778  36.88889 -27.15556
ciencia   36.88889  62.66667 -26.77778
historia -27.15556 -26.77778  83.95556
```

Interpretación de la matriz de covarianzas

Supongamos que se desea estimar la medida de variabilidad ya no de una variable frente a ella misma, sino frente a otra, es decir el grado de variación lineal conjunta de dos variables. Esto es, los valores a lo largo de la diagonal principal de la matriz son simplemente las variaciones de cada sujeto. Por ejemplo:

- La varianza de las puntuaciones en matemáticas es 72.18
- La varianza de las puntuaciones en ciencias es 62.67
- La varianza de las puntuaciones históricas es 83,96

Los valores fuera de la diagonal principal de la matriz representan las covarianzas entre los distintos sujetos. Por ejemplo:

- La covarianza entre las puntuaciones de matemáticas y ciencias es 36,89
- La covarianza entre las puntuaciones de matemáticas e historia es -27,16
- La covarianza entre las puntuaciones de ciencia e historia es -26,78

Un ***número positivo de covarianza*** indica que dos variables tienden a aumentar o disminuir conjuntamente. Por ejemplo, las matemáticas y las ciencias tienen una covarianza positiva (36,89), lo que indica que los estudiantes que obtienen una puntuación alta en matemáticas también tienden a obtener una puntuación alta en ciencias. Por el contrario, los estudiantes que obtienen una puntuación baja en matemáticas también tienden a obtener una puntuación baja en ciencias.

Un ***número negativo de covarianza*** indica que a medida que aumenta una variable, una segunda variable tiende a disminuir. Por ejemplo, las matemáticas y la historia tienen una covarianza negativa (-27,16), lo que indica que los estudiantes que obtienen una puntuación alta en matemáticas tienden a obtener una puntuación baja en la historia. Por el contrario, los estudiantes que obtienen una puntuación baja en matemáticas tienden a obtener una puntuación alta en historia.

Cálculo de la covarianza usando diferentes métodos.

```
> cov(datos, method="pearson")
              math   ciencia  historia
math      72.17778  36.88889 -27.15556
ciencia   36.88889  62.66667 -26.77778
historia -27.15556 -26.77778  83.95556

> cov(datos, method="kendall")
         math ciencia historia
math       90      40      -12
ciencia    40      88      -26
historia  -12     -26       88

> cov(datos, method="spearman")
              math   ciencia  historia
math      9.166667  5.888889 -3.611111
ciencia   5.888889  9.111111 -3.222222
historia -3.611111 -3.222222  9.111111
```

Coeficiente de variación

Otra medida para nuestros análisis es el *coeficiente de variación*. El coeficiente de variación puede calcularse de manera sencilla, ejecutando una división simple entre la desviación estándar y la media de la variable de interés. Sin embargo, también existe la función `coefficient.variation` (del paquete `FinCal`) que permite calcular este estadístico indicando como argumento la media y desviación típica de la variable de interés.

```
>cv<-sd(dforbes2$sales,na.rm=T)/mean(dforbes2$sales, na.rm=T)
> cv
[1] 1.85651
```

Análogamente, podemos hacer uso de la librería `FinCal` para calcular el coeficiente de variación.

```
install.packages("FinCal")
library(FinCal)
>coefficient.variation(sd=sd(dforbes2$sales),avg=mean (dforbes2$sales))
[1] 1.85651
```

De modo que la variable 'sales' presenta una dispersión del 185,65% según el valor obtenido en el coeficiente de variación. Por lo que la media calculada no es representativa.

Correlación

En la programación R la función `cor()` mide el valor del coeficiente de correlación. La correlación muestra la relación estadística entre dos variables continuas y hace uso del método de covarianza para medir qué tan fuertes están relacionados los vectores de interés.

$$\operatorname{Corr}(x,y) = \frac{\sum(x_i-\bar{x})(y_i-\bar{y})}{\sqrt{\sum(x_i-\bar{x})^2\sum(y_i-\bar{y})^2}} \qquad \rho_{X,Y} = \frac{\operatorname{cov}(X,Y)}{S_X S_Y}$$

La sintaxis en R es:

```
> cor(x, y, method)
```

Donde:

- x, y → vector de datos.
- method → define el método utilizado: Pearson, Kendall o Spearman.

Creamos dos vectores de datos x e y.

```
x <- c(1, 3, 5, 10)
y <- c(2, 4, 6, 20)
> cor(x,y,method="pearson")
[1] 0.9724702
> cor(x,y,method="kendall")
[1] 1
> cor(x,y,method="spearman")
[1] 1
```

Correlación del dataset "datos".

```
> head(datos)
  math ciencia historia
1   84      85       97
2   82      82       94
3   81      72       93
4   89      77       95
5   73      75       88
6   94      89       82
```

Por defecto calcula la correlación bajo el método de Pearson.

```
> cor(datos).
               math    ciencia   historia
math      1.0000000  0.5484986 -0.3488448
ciencia   0.5484986  1.0000000 -0.3691743
historia -0.3488448 -0.3691743  1.0000000

> cor(datos, method="pearson")
               math    ciencia   historia
math      1.0000000  0.5484986 -0.3488448
ciencia   0.5484986  1.0000000 -0.3691743
historia -0.3488448 -0.3691743  1.0000000

> cor(datos, method="kendall")
               math    ciencia   historia
math      1.0000000  0.4494666 -0.1348400
ciencia   0.4494666  1.0000000 -0.2954545
historia -0.1348400 -0.2954545  1.0000000

> cor(datos, method="spearman")
               math    ciencia   historia
math      1.0000000  0.6443799 -0.3951386
ciencia   0.6443799  1.0000000 -0.3536585
historia -0.3951386 -0.3536585  1.0000000
```

10.4 MEDIDAS DE TENDENCIA NO CENTRAL

Percentiles o cuantiles de las variables: 'sales' y 'profits'

```
> library(readr)
> dforbes<-read_csv("E:\\Actividad Docente\\Curso 2022-2023\\Asignaturas de masters\\Introducción a R\\Dataset-Libro\\Forbes2000.csv")
> dforbes1<-data.frame(dforbes)
> head(dforbes1,2)
> quantile(dforbes1$sales, c(0.25,0.50,0.75,0.90,0.95))
    25%     50%     75%     90%     95%
 2.0175  4.3650  9.5475 21.8230 35.9765

> quantile(dforbes1$profits,c(0.25,0.50,0.75,0.90,0.95), na.rm=T)
  25%   50%   75%   90%   95%
0.080 0.200 0.440 1.116 2.240
```

 # Duración de las erupciones expresadas en minutos

```
> data(faithful)
> head(faithful,2)
> quantile(faithful$eruptions,c(0.32,0.57,0.75,0.98), na.rm=T)
    32%     57%     75%     98%
2.39524 4.13300 4.45425 4.93300
```

 # Rango de las variables: 'sales' y 'profits'

```
> sales<-dforbes1$sales # En unidades monetarias.
> rango<-max(sales)-min(sales # Aplicamos las funciones max y min.
> rango
[1] 256.32
```

10.5 TABLAS DE FRECUENCIAS O CONTINGENCIA

Supongamos que disponemos de una muestra de 12 personas para las que se han medido las variables:

- EDAD (en años).
- SEXO (codificada como 0: "Hombre"; 1: "Mujer").
- NIVEL DE ESTUDIOS (0: "Sin estudios"; 1: "Estudios Primarios"; 2: "Estudios Secundarios"; 3: "Estudios Superiores").

En base a los datos que se muestran en la tabla que sigue:

Edad	18	19	NA	18	24	17	22	15	22	25	27	20
Sexo	0	1	0	0	1	0	0	1	1	0	0	1
Estudio	1	2	0	1	3	2	3	1	2	3	1	2

Se pide:

1. Construir tablas de frecuencias unidimensionales para las variables sexo y estudio.
2. Construir una tabla de frecuencias cruzadas con las variables 'sexo' y 'nivel de estudios'.
3. Construir una tabla de frecuencias de la variable edad agrupada en intervalos.
4. Calcular media y desviación típica de la variable 'edad'.
5. Calcular media y desviación típica de la variable 'edad' según sexo.
6. Representar gráficamente: el nivel de estudios en un diagrama de sectores, el sexo en un diagrama de barras y la edad en un histograma. Construir también un boxplot de la edad en función del sexo.

```
SCRIPT - Solución

edad=c(18,19,NA,18,24,17,22,15,22,25, 27, 20)
sexo=c(0,1,0,0,1,0,0,1,1,0,0,1)
estudios=c(1,2,0,1,3,2,3,1,2,3,1,2)
```

Definición de factores y sus etiquetas, para ello recodificamos como factores las variables sexo y el nivel de estudios, asignando las etiquetas adecuadas:

```
sexo=factor(sexo, levels=c(0,1),
                  labels=c("Hombre","Mujer"))
estudios=factor(estudios, levels=c(0,1,2,3),
                labels=c("Sin estudios","Estudios Primarios",
               "Estudios Secundarios","Estudios Superiores"))
```

El script debe haber quedado aproximadamente como se muestra en la figura siguiente:

1. Construir tablas de frecuencias absolutas y relativas unidimensionales para las variables 'sexo' y 'nivel de estudios'.

 # Variable sexo

 # Tabla de frecuencias absolutas

```
> table(sexo)
> sexo
  Hombre  Mujer
     7      5
```

 # Tabla de frecuencias relativas

```
> prop.table(table(sexo))
> sexo
   Hombre     Mujer
0.5833333 0.4166667
```

 # Variable edad
 # Tabla de frecuencias absolutas

```
> table(edad)
> edad
15 17 18 19 20 22 24 25 27
 1  1  2  1  1  2  1  1  1
```

 # Tabla de frecuencias relativas

```
> prop.table(table(edad))
> edad
15         17         18         19         20
0.09090909 0.09090909 0.18181818 0.09090909 0.09090909
22         24         25         27
0.18181818 0.09090909 0.09090909 0.09090909
```

 # Variable estudios
 # Tabla de frecuencias absolutas

```
> table(estudios)
> estudios
  Sin estudios   Estudios Primarios Estudios Secundarios
      1                   4                  4
 Estudios Superiores
          3
```

 # Tabla de frecuencias relativas

```
> prop.table(table(estudios))
> estudios
  Sin estudios   Estudios Primarios Estudios Secundarios
   0.08333333          0.33333333          0.33333333
 Estudios Superiores
    0.25000000
```

Observamos que por defecto R no muestra cuantos valores perdidos hay en los datos. Para ello debemos utilizar la opción useNA="ifany":

```
> table(edad,useNA="ifany")
> edad
  15   17   18   19   20   22   24   25   27 <NA>
  1    2    1    1    2    1    1    1    1
```

2. Construir una tabla de frecuencias cruzadas con las variables 'sexo' y 'nivel de estudios'.

Las tablas de frecuencias cruzadas se construyen también con las funciones `table()` y `prop.table(table())`, especificando ahora las dos variables a cruzar. Para las frecuencias relativas, en `prop.table()` incluimos un **1** si las queremos **por filas**, un **2** si **por columnas**, o **nada** si queremos las frecuencias relativas **globales**:

 # Tabla de frecuencias absolutas (contingencia): estudios vs. sexo

```
> table(estudios,sexo)
                     sexo
estudios              Hombre Mujer
  Sin estudios             1     0
  Estudios Primarios       3     1
  Estudios Secundarios     1     3
  Estudios Superiores      2     1
```

 # Tabla de frecuencias relativas: estudios vs. sexo

```
> prop.table(table(estudios,sexo))
                      sexo
estudios                   Hombre      Mujer
  Sin estudios         0.08333333 0.00000000
  Estudios Primarios   0.25000000 0.08333333
  Estudios Secundarios 0.08333333 0.25000000
  Estudios Superiores  0.16666667 0.08333333
```

> # Frecuencias relativas por filas (1)

```
> prop.table(table(estudios,sexo),1)
                      sexo
estudios                  Hombre     Mujer
  Sin estudios         1.0000000 0.0000000
  Estudios Primarios   0.7500000 0.2500000
  Estudios Secundarios 0.2500000 0.7500000
  Estudios Superiores  0.6666667 0.3333333
```

> # Frecuencias relativas por columnas (2)

```
> prop.table(table(estudios,sexo),2)
                      sexo
estudios                  Hombre     Mujer
  Sin estudios         0.1428571 0.0000000
  Estudios Primarios   0.4285714 0.2000000
  Estudios Secundarios 0.1428571 0.6000000
  Estudios Superiores  0.2857143 0.2000000
```

Alternativamente, para evitar escribir mucho, podríamos haber escrito el scrip de la siguiente manera:

```
t=table(estudios,sexo)
prop.table(t)
prop.table(t,1)
prop.table(t,2)
```

3. Construir una tabla de frecuencias de la variable edad agrupada en intervalos.

Para construir una tabla de frecuencias agrupada por intervalos hacemos uso de la función.

`range(variable,na.rm=TRUE`. Incluimos el argumento `na.rm=TRUE` para ignorar la presencia de valores perdidos (NAs). En nuestro ejemplo:

```
> range(edad, na.rm=T)
[1] 15 27
```

Este output puede interpretarse como que los valores de la variable edad se sitúan en el rango de 15 a 25 años.

Para construir los intervalos de la variable edad podemos utilizar la regla de Sturges, que nos proporciona un número adecuado de intervalos en función del rango de los datos (ver `help(nclass.Sturges)`; alternativamente, podríamos usar la regla de Scott o la de Freedman-Diaconis). Una vez que hemos decidido el número de intervalos, generamos una secuencia de valores con los límites de cada intervalo y utilizamos la función **cut()** para que nos construya una nueva variable que recodifica la edad en dichos intervalos:

SCRIPT:

```
nclass.Sturges(edad)  # Define el número de intervalos
seq(15,27,length=nclass.Sturges(edad))  # Establece los límites de los intervalos
intervalEdad=cut(edad,breaks=seq(15,27,length=nclass.Sturges(edad)), include.lowest=TRUE)
intervalEdad # Muestra los intervalos para cada una de las edades consideradas en el estudio
table(intervalEdad)
```

---ooo—

 # Tablas de frecuencias agrupadas por intervalos de edad
 # Definimos el número de intervalos

```
> nclass.Sturges(edad)  # Define el número de intervalos.
[1] 5
```

 # Establecemos los límites de los intervalos

```
> seq(15,27,length=nclass.Sturges(edad))
[1] 15 18 21 24 27
```

 # Construcción de los intervalos mediante la función cut()

```
>intervalEdad=cut(edad,breaks=seq(15,27,length=  nclass.Sturges(edad)),
include.lowest=TRUE)
```

 # Muestra los intervalos de edad. Uno por cada edad observada

```
> intervalEdad
 [1] [15,18] (18,21] <NA>    [15,18] (21,24]
 [6] [15,18] (21,24] [15,18] (21,24] (24,27]
[11] (24,27] (18,21]
Levels: [15,18] (18,21] (21,24] (24,27]
```

 # Edades observadas

```
edad=c(18,19,NA,18,24,17,22,15,22,25, 27, 20)
```

 # Por último, construimos la tabla de frecuencias de la variable edad

```
> table(intervalEdad)
intervalEdad
[15,18] (18,21] (21,24] (24,27]
      4       2       3       2
```

 # Ilustración 2

Análogamente, podemos hacer uso del paquete `agricolae` que incluye la función `table.freq()` que es de mucha utilidad para construir tablas de frecuencias de variables agrupadas en intervalos a partir de la información generada por la función `hist()` del paquete base de R. Esta función dibuja un histograma; dado que de momento no estamos interesados en esta gráfica añadimos la opción `plot=FALSE`:

```
> install.packages("agricolae")
> library(agricolae)
> tfreqedad=table.freq(hist(edad,plot=FALSE))
> tfreqedad
  Lower Upper Main Frequency Percentage CF   CPF
1    14    16   15         1        9.1  1   9.1
2    16    18   17         3       27.3  4  36.4
3    18    20   19         2       18.2  6  54.5
4    20    22   21         2       18.2  8  72.7
5    22    24   23         1        9.1  9  81.8
6    24    26   25         1        9.1 10  90.9
7    26    28   27         1        9.1 11 100.0
```

ⓘ **Nota**

CF = frecuencia absoluta acumulada, CPF = frecuencia porcentual acumulada.

4. Calcular la media y la desviación típica de la variable 'edad'.

Si el vector de datos tiene valores perdidos, entonces las funciones `mean()` y `sd()` no pueden calcular los valores pedidos y devolverá un NA (dato perdido).

Dado que nuestra variable edad tiene un valor perdido no podemos calcular su media y desviación típica.

```
> mean(edad)
[1] NA
> sd(edad)
[1] NA
```

Para resolver este problema R dispone de una función genérica `summary()`, que cuando se aplica a una variable presenta un pequeño resumen descriptivo. Si la variable es numérica, dicho resumen incluye el mínimo, máximo, mediana, primer y tercer cuartiles, media y número de valores perdidos. Si la variable es de tipo factor, `summary()` muestra el número de observaciones en cada nivel del factor.

```
# Aplicamos la función summary() a nuestras variables: edad, estudios y sexo.
> summary(edad)  # Variable cuantitativa o métrica.
   Min. 1st Qu.  Median    Mean 3rd Qu.    Max.    NA's
  15.00   18.00   20.00   20.64   23.00   27.00       1

> summary(estudios)  # Variable de escala ordinal
  Sin-estudios Estudios-Primarios Estudios-Secundarios
       1                4                  4
  Estudios-Superiores
          3

> summary(sexo)  # Variable de escala binaria
Hombre  Mujer
    7      5

# En el caso de que las variables estén definidas como un data.frame la aplicación de summary() lleva a cabo un resumen descriptivo de todas las variables que contiene:
> mdat=data.frame(edad, estudios, sexo)
> summary(mdat)
      edad                        estudios     sexo
 Min.   :15.00   Sin estudios        :1   Hombre:7
 1st Qu.:18.00   Estudios Primarios  :4   Mujer :5
 Median :20.00   Estudios Secundarios:4
 Mean   :20.64   Estudios Superiores :3
 3rd Qu.:23.00
 Max.   :27.00
 NA's   :1
```

5. Calcular media y desviación típica de la variable 'edad' según sexo.

Esta pregunta se refiere a la presentación de resúmenes de datos por grupos. En concreto la media y la desviación típica de la variable 'edad' por sexo (grupo). Para ello utilizamos la función `aggregate()`.

```
> aggregate(edad,by=list(sexo),mean)
  Group.1  x
1  Hombre NA
2   Mujer 20
```

Observamos que en el caso de los varones nos encontramos nuevamente con el problema de los valores perdidos. Para obtener un resultado prescindiendo de dichos valores, es preciso utilizar la opción o argumento **na.rm=TRUE** (na.rm es un acrónimo de **na remove**) para excluir del cálculo los casos dados como perdidos.

```
> aggregate(edad,by=list(sexo),mean,na.rm=TRUE)
  Group.1        x
1  Hombre 21.16667
2   Mujer 20.00000
```

En este punto es importante remarcar que existen algunas librerías o paquetes que contienen funciones más elaboradas para la obtención de estadísticos descriptivos de manera sencilla. Por ejemplo, la **librería psych** contiene las **funciones describe()** y **describe.by()** que no sólo calculan la media sino que añaden otros estadísticos de interés.

 # Aplicación de la librería psych a nuestro conjunto de datos

```
> install.packages("psych")
> library(psych)
```

 # Descriptivos de la variable edad

```
> describe(edad)
   vars  n  mean  sd median trimmed  mad min max
X1    1 11 20.64 3.7     20   20.56 2.97  15  27
   range skew kurtosis   se
X1    12 0.21    -1.33 1.11
```

 # Descriptivos de la edad por grupos (sexo)

```
> describe.by(edad,sexo)
 Descriptive statistics by group
group: Hombre
   vars n  mean   sd median trimmed  mad min max
X1    1 6 21.17 4.17     20   21.17 3.71  17  27
   range skew kurtosis  se
X1    10 0.28    -1.96 1.7
---------------------------------------
group: Mujer
   vars n mean   sd median trimmed  mad min max
X1    1 5   20 3.39     20      20 2.97  15  24
   range  skew kurtosis   se
X1     9 -0.28    -1.64 1.52
```

6. Representación gráfica de los resultados.

Representar gráficamente el nivel de estudios en un diagrama de sectores, el sexo en un diagrama de barras y la edad en un histograma. Construir también un boxplot de la edad en función del sexo.

Para responder a esta pregunta hacemos uso del diagrama de sectores `pie()` como del diagrama de barras `barplot()`. Su uso requiere del argumento de la tabla de frecuencias obtenida mediante `table()`.

```
# Representación del nivel de estudios en un diagrama de sectores o tarta
> pie(table(estudios))
```

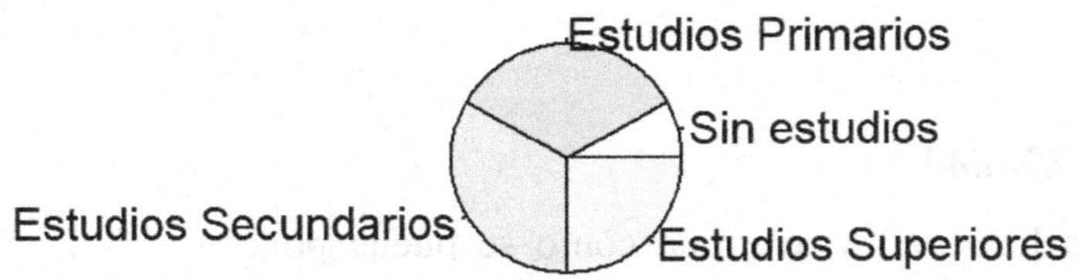


```
# Representación de la variable sexo mediante un diagrama de barras
> barplot(table(sexo))
```

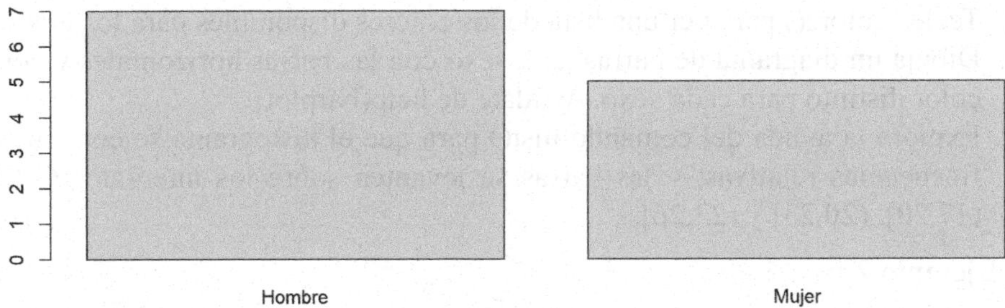


```
# Representación de la variable edad mediante un histograma
> hist(edad)
```

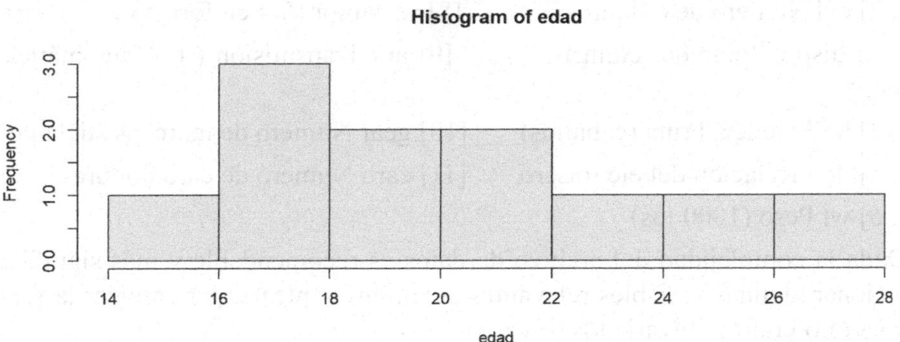

 # Representación de la variable edad en función del sexo mediante un boxplot

```
> boxplot(edad~sexo)
```

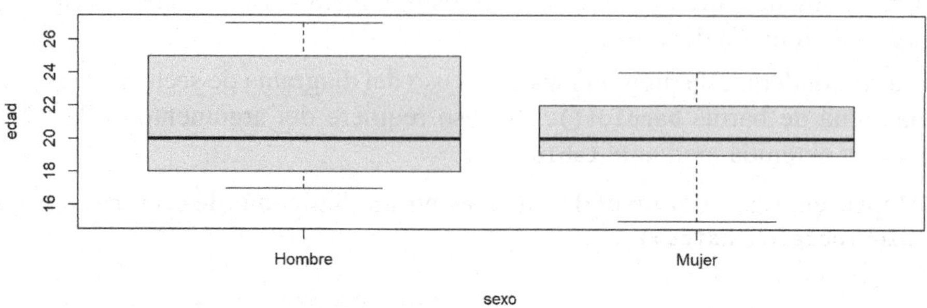

TRABAJO AUTÓNOMO

1. Ejecuta help(pie) y averigua cómo se puede poner un título al gráfico de sectores. Repite este gráfico, esta vez con el título "Distribución del nivel de estudios".
2. Colorea los sectores de modo diferente: utiliza la opción col=c("red","blue"," green","yellow").
3. Teclea colors() para ver una lista de los colores disponibles para los gráficos.
4. Dibuja un diagrama de barras para sexo con las barras horizontales y con un color distinto para cada sexo. Ayúdate de help(barplot).
5. Explora la ayuda del comando hist() para que el histograma se construya en frecuencias relativas, y las barras se levanten sobre los intervalos (14,17], (17,20], (20,23] y (23,26].

 # Ejemplo 2.

Supongamos que contamos con el datset mtcars integrado en R. cuyas variables son:

[, 1] mpg Millas/(US) galón

[, 2] cyl Número de cilindros

[, 3] disp Cilindrada (cu.in.)

[, 4] hp Potencia bruta (caballos)

[, 5] drat Relación del eje trasero

[, 6] wt Peso (1000 lbs)

[7] qsec Tiempo de 1/4 milla

[8] vs Motor (0 = en forma de V, 1 = recto)

[9] am Transmisión (0 = automática, 1= manual)

[10] gear Numero de marchas adelante

[11] carb Numero de carburadores

Dada la complejidad del archivo de datos es recomendable y más significativo seleccionar algunas variables relevantes del archivo mtcars, para aplicar la función `summary()` o gráficos bivariados (bivariate plot).

 # Para ello, construimos una submuestra denominada mtcars2

```
> mtcars2 <- within(mtcars, {
+     vs <- factor(vs, labels = c("V", "S"))
+     am <- factor(am, labels = c("automatic", "manual"))
+     cyl  <- ordered(cyl)
+     gear <- ordered(gear)
+     carb <- ordered(carb)
+ })
```

 # Obtenemos el siguiente output

```
> summary(mtcars2)
       mpg          cyl        disp              hp              drat      
 Min.   :10.40   4:11   Min.   : 71.1   Min.   : 52.0   Min.   :2.760  
 1st Qu.:15.43   6: 7   1st Qu.:120.8   1st Qu.: 96.5   1st Qu.:3.080  
 Median :19.20   8:14   Median :196.3   Median :123.0   Median :3.695  
 Mean   :20.09          Mean   :230.7   Mean   :146.7   Mean   :3.597  
 3rd Qu.:22.80          3rd Qu.:326.0   3rd Qu.:180.0   3rd Qu.:3.920  
 Max.   :33.90          Max.   :472.0   Max.   :335.0   Max.   :4.930  
       wt              qsec         vs              am     gear   carb  
 Min.   :1.513   Min.   :14.50   V:18   automatic:19   3:15   1: 7  
 1st Qu.:2.581   1st Qu.:16.89   S:14   manual   :13   4:12   2:10  
 Median :3.325   Median :17.71                         5: 5   3: 3  
 Mean   :3.217   Mean   :17.85                                4:10  
 3rd Qu.:3.610   3rd Qu.:18.90                                6: 1  
 Max.   :5.424   Max.   :22.90                                8: 1  
```

10.6 DISTRIBUCIÓN DE LOS DATOS: SIMETRÍA, CURTOSIS Y NORMALIDAD

Un último grupo de estadísticos que resulta de importancia para el análisis estadístico de variables refiere a aquellos que dan cuenta de la forma general que asume la distribución de una variable, tales como: la simetría, la curtosis y la normalidad. Funciones que forman parte del paquete `psych`.

Funciones relativas a la simetría de las distribuciones

Cálculo de la asimetría de un conjunto de datos (función skew).

```
> install.packages("psych")
> library(psych)
> skew(dforbes1$sales)
[1] 6.15966
> skew(dforbes1$profits)
[1] -1.833375
```

Estos resultados al estar expresados en las unidades de medida de la variable en cuestión no son útiles para la comparación. Para resolver este problema calculamos los coeficientes de asimetría, para ello, dividimos la simetría calculada, por la raíz cuadrada del valor 6 (este número es una constante en la fórmula) dividido por la cantidad de casos de la variable en cuestión (en este caso: 2000 observaciones).

 # Asimetría estandarizada

```
> skew(dforbes2$sales)/sqrt(6/2000)
[1] 112.4595
> skew(dforbes2$profits)/sqrt(6/2000)
[1] -33.47269
```

Funciones relativas a la kurtosis de las distribuciones

Cálculo de la kurtosis de un conjunto de datos (función kurtosi).

```
> install.packages("psych")
> library(psych)
> kurtosi(dforbes1$sales)
[1] 55.85951
> kurtosi(dforbes1$profits)
[1] 73.42632
```

Observación: los resultados de este ejemplo muestran que los coeficientes de asimetría y curtosis para la variable 'sales' y 'profits" son: [6.159 y 55.89] y [-1.83 y 73.43], respectivamente, y están expresadas en las unidades de la variable correspondiente.

Estos resultados, dado que están expresados en las unidades de medida de la variable en cuestión, no son útiles para la comparación. Para resolver este problema calculamos los coeficientes de curtosis estandarizados, para ello, dividimos la kurtosis calculada, por la raíz cuadrada del valor 6 (este número es una constante en la fórmula) dividido por la cantidad de casos de la variable en cuestión (en este caso: 2000 observaciones).

 # Kurtosis estandarizada

```
> kurtosi(dforbes2$profits)/sqrt(6/2000)
[1] 1340.575
> kurtosi(dforbes2$sales)/sqrt(6/2000)
[1] 1019.85
```

Un criterio general para determinar si los coeficientes de simetría y curtosis reflejan la distribución de una variable semejante a una distribución normal es que ambos valores se encuentren entre [-2 y 2]. Observamos en los resultados obtenidos, que ambos coeficientes están fuera del rango recomendado por lo que su distribución (sales y profits) no es similar a una normal.

Tests de normalidad en conjuntos de datos

Para evaluar si la distribución de los datos de la variable de interés se comporta según los parámetros de una distribución normal, aplicamos test estadísticos que evalúen la normalidad. Para ello, diferenciamos un conjunto de test

La hipótesis que contrastan estos tests son los siguientes:

- H0: los datos se distribuyen como una normal (distribución normal teórica = distribución empírica).
- H1: los datos no se distribuyen como una normal.

A. Funciones incluidas en los paquetes básicos de R

Para llevar a cabo el contraste de hipótesis recurrimos a las funciones `shapiro.test` y `ks.test` del paquete básico de R (`stats`). Los test estadísticos de Shapiro Wilk y el de Kolmogorov Smirnov son adecuados para muestras pequeñas (menores a 50 casos), y muestras grandes entre 50 y 1.000 casos, respectivamente.

 # Test de normalidad de Shapiro-Wilk

```
> shapiro.test(dforbes2$sales)

    Shapiro-Wilk normality
    test

data:  dforbes2$sales
W = 0.45968, p-value < 2.2e-16
```

 # Test de normalidad de Kolmogorov-Smirnov

```
>ks.test(dforbes2$sales,"pnorm",mean=mean(dforbes2$sales, na.rm=T), sd=sd
(dforbes2$sales, na.rm=T))

    One-sample
    Kolmogorov-Smirnov test

data:  dforbes2$sales
D = 0.29733, p-value < 2.2e-16
alternative hypothesis: two-sided
```

B. Pruebas de Normalidad del Paquete "normtest"

 # Prueba de Anderson-Darling

```
> ad.test(dforbes2$profit)

  Anderson-Darling normality test

data:  dforbes2$profit
A = 0.34646, p-value = 0.4704
```

 # Prueba de Cramer-von Mises

Es útil para pequeñas muestras y usa los momentos como criterio.

```
> cvm.test(dforbes2$profit)

  Cramer-von Mises normality test

data:  dforbes2$profit
W = 0.055168, p-value = 0.432
```

 # Prueba de Lilliefors (Kolmogorov-Smirnov)

```
> lillie.test(dforbes2$profit)

   Lilliefors (Kolmogorov-Smirnov) normality test

data:  dforbes2$profit
D = 0.080468, p-value = 0.4339
```

 # Prueba de Pearson chi-square

```
#basada en una distribución Ji cuadrado y que corresponde a una prueba
de bondad de ajuste.
> pearson.test(dforbes2$profit)

  Pearson chi-square normality test

data:  dforbes2$profit
P = 15.167, p-value = 0.05598
```

C. Pruebas de Normalidad del Paquete "nortest"

 # Prueba de Jarque Bera

```
> jb.norm.test(MIT[,5])

  Jarque-Bera test for normality

data:  MIT[, 5]
JB = 0.81129, p-value = 0.5935
```

 # Prueba de Frosini

```
> frosini.norm.test(MIT[,5])

  Frosini test for normality

data:  MIT[, 5]
B = 0.18698, p-value = 0.4375
```

Prueba de Geary

```
#Usa los valores acumulados muestrales, sus medias y desviaciones estándar.
> geary.norm.test(MIT[,5])

  Geary test for normality

data:  MIT[, 5]
d = 0.82418, p-value = 0.199
```

Prueba de Hegazy-Green

```
> hegazy1.norm.test(MIT[,5], nrepl=20000) #nrepl: considera el número de
replicas en simulación de Monte Carlo.

  Hegazy-Green test for normality

data:  MIT[, 5]
T = 0.096032, p-value = 0.5694
```

Prueba de Jarque-Bera

```
#Utiliza un estadístico en la prueba que involucra la curtosis y la
asimetría.Es utilizada por los economistas.
> jb.norm.test(MIT[,5], nrepl=2000)

  Jarque-Bera test for normality

data:  MIT[, 5]
JB = 0.81129, p-value = 0.606
```

Prueba de Kurtosis

```
> kurtosis.norm.test(MIT[,5], nrepl=2000)

  Kurtosis test for normality

data:  MIT[, 5]
T = 2.4309, p-value = 0.2815
```

Prueba de Skewness

```
> skewness.norm.test(MIT[,5], nrepl=2000)

  Skewness test for normality

data:  MIT[, 5]
T = -0.01251, p-value = 0.9655
```

 # Prueba de Spiegelhalter

```
> spiegelhalter.norm.test(MIT[,5], nrepl=2000)

  Spiegelhalter test for normality

data:  MIT[, 5]
T = 1.2155, p-value = 0.8445
```

 # Puerba de Weisberg-Bingham

```
> wb.norm.test(MIT[,5], nrepl=2000)

  Weisberg-Bingham test for normality

data:  MIT[, 5]
WB = 0.98631, p-value = 0.661
```

D. Pruebas de Normalidad del Paquete "moments"

 # Prueba de Agostino

```
> agostino.test(MIT[,5])

  D'Agostino skewness test

data:  MIT[, 5]
skew = -0.012510, z = -0.043484, p-value = 0.9653
alternative hypothesis: data have a skewness
```

Si la muestra es pequeña es recomendable comparar con otras pruebas de normalidad.

11

PROBABILIDADES EN R

11.1 TABLAS DE FRECUENCIAS

Cargamos los datos.

 # Ccargamos una variable cuantitativa discreta

```
> edad<-c(11,12,12,15,12,41)
> edad
[1] 11 12 12 15 12 41
```

 # Cargamos una variable cuantitativa continua

```
> altura=c(50,65,120,156,60,182)
> altura
[1]  50  65 120 156  60 182
```

 # Cargamos una variable cualitativa nominal

```
> sexo=as.factor(c("Hombre","Mujer","Mujer","Hombre","Mujer", "Mujer"))
> sexo
[1] Hombre Mujer  Mujer  Hombre Mujer  Mujer
Levels: Hombre Mujer
```

 # Cargamos una variable cualitativa ordinal

```
>  niveleducativo=as.factor(c("Sin  instrucción","Educ.  Básica","Educ.
Básica", "Universitaria", "Unviversitaria","Educ. Básica"))
> niveleducativo
[1] Sin instrucción Educ.Básica Educ.Básica Unviversitaria Unviversitaria
Educ.Básica
Levels: Educ.Básica Sin instrucción Unviversitaria
```

 # Ahora indicamos a R que los datos cargados están relacionados

```
> datos=data.frame(edad,altura,sexo,niveleducativo)
> datos
  edad altura  sexo          niveleducativo
1   11     50  Hombre       Sin instrucción
2   12     65  Mujer         Educ. Básica
3   12    120  Mujer         Educ.Básica
4   15    156  Hombre        Unviversitaria
5   12     60  Mujer         Unviversitaria
6   41    182  Mujer         Educ. Básica
```

Tablas de frecuencias simple

Construcción de las tablas usando la función `table()`.

 # Tablas de frecuencias para sexo

```
> tab_sexo <- table(sexo)
> tab_sexo
sexo
  Hombre  Mujer
     2      4
```

 # Tablas de frecuencias para edad

```
> tab_edad <- table(edad)
> tab_edad
edad
 11 12 15 41
  1  3  1  1
```

 # Tablas de frecuencias de doble entrada

```
> tab_sexo_edad <- table(sexo,edad)
> tab_sexo_edad
          edad
sexo      11 12 15 41
   Hombre  1  0  1  0
   Mujer   0  3  0  1
```

 # Proporción por sexo y edades

```
> tab_sexo_edad <- table(sexo,edad)
> prop.table(tab_sexo_edad, margin = 1)
         edad
 sexo       11   12   15   41
   Hombre 0.50 0.00 0.50 0.00
   Mujer  0.00 0.75 0.00 0.25

# Usando la función table.freq()
> tab_Edad <- hist(edad, plot=FALSE)
```

```
> tab_Edad2=table.freq(tab_Edad); tab_Edad2
  Lower Upper Main Frequency Percentage CF   CPF
1    10    20   15         5       83.3  5  83.3
2    20    30   25         0        0.0  5  83.3
3    30    40   35         0        0.0  5  83.3
     40    50   45         1       16.7  6 100.0
```

11.2 VARIABLES ALEATORIAS

Simulación de Montecarlo para variables discretas.

La simulación o método de Montecarlo es un método estadístico utilizado para resolver problemas matemáticos complejos a través de la generación de variables aleatorias.

Usaremos simulación Montecarlo para estimar la proporción que obtendríamos si repitiésemos este experimento de forma aleatoria un número determinado de veces.

Creamos un vector de estudiantes y luego usemos la función **sample()**, para escoger uno al azar.

```
> estudiantes <- c("mujer", "mujer", "mujer", "mujer", "hombre", "hombre",
"hombre", "hombre", "hombre", "hombre")
> sample(estudiantes, 1)
[1] "hombre"
```

También podríamos usar la función rep() para crear más rápido el vector estudiantes.

```
> estudiantes <- rep(c("mujer", "hombre"), times = c(4, 6))
> estudiantes
 [1] "mujer"  "mujer"  "mujer"  "mujer"
 [5] "hombre" "hombre" "hombre" "hombre"
 [9] "hombre" "hombre"
```

Ahora tenemos que simular un determinado número de veces el experimento de sacar un elemento aleatorio. Para ello usaremos la función **replicate()**. Repliquemos este experimento 100 veces.

```
> estudiantes <- rep(c("mujer", "hombre"), times = c(4, 6))
> num_veces <- 100
> resultados <- replicate(num_veces, {
+     sample(estudiantes, 1)
+ })
> head(resultados)
[1] "hombre" "hombre" "hombre" "hombre"
[5] "hombre" "mujer"
```

Usaremos la función `table()` para transformar nuestro vector resultados en una tabla resumida que nos muestre cuantas veces apareció cada valor (frecuencias).

```
> frec<- table(resultados)
resultados
hombre  mujer
    64     36
```

Luego usamos la función prop.table() para saber la proporción de cada valor.

```
> frec<-table(resultados)
> prop.table(frec)
resultados
hombre  mujer
  0.64   0.36
```

Repetimos el experimento para aproximarnos lo más posible al valor "poblacional". Por ejemplo, repliquemos este experimento ahora 10,000 veces.

```
> estudiantes <- rep(c("mujer", "hombre"), times = c(4, 6))
> num_veces<-10000
> resultados1<-replicate(num_veces,{
+ sample(estudiantes,1)
+ })
> frec1<-table(resultados1)
> prop.table(frec1)
resultados1
hombre  mujer
0.6045 0.3955
```

Observamos cómo el valor va convergiendo al 60%. No debemos preocuparnos si el valor varía en algunos dígitos al presentado en este libro dado que estamos simulando un evento al azar.

También podríamos haber utilizado la función mean(). Si bien esto nos calcula el promedio de un conjunto de números, podríamos convertir nuestro vector estudiantes a valores numéricos, donde cada valor lo convirtamos en 1 o 0 dependiendo de alguna condicion. Para ello, R nos hace muy sencilla la conversión de vectores a 1 y 0 utilizando el operador comparador ==:

```
> estudiantes == "hombre"
 [1] FALSE FALSE FALSE FALSE  TRUE  TRUE
 [7]  TRUE  TRUE  TRUE  TRUE
```

Si aplicamos la función mean() a este resultado, ésta coerciona a los valores TRUE hacia 1 y los valores FALSE por 0. Así, si aplicamos el promedio sobre esta lista, tendríamos el porcentaje de hombres y con ello la probabilidad de que al escoger una persona ésta sea hombre.

```
> mean(estudiantes=="hombre")
[1] 0.6
```

11.3 COMBINATORIAS Y PERMUTACIONES

Cuando uno de los eventos afecta a otros, se llaman eventos dependientes. Por ejemplo, cuando los objetos son escogidos de una lista o grupo y no son devueltos, la primera elección reduce las opciones para futuras elecciones.

Existen dos maneras de ordenar o combinar resultados de eventos dependientes:

- ***Permutaciones***. Son agrupaciones en las que importa el orden de los objetos.
- ***Combinaciones***. Son agrupaciones en las que el contenido importa pero el orden no.

Para ello hacemos uso del paquete gtools, el cual nos incluye librerías como gtools que nos provee de funcionalidades para trabajar con permutaciones y combinaciones.

Primero instalamos el paquete gtools.

```
> install.packages("gtools")
```

Para empezar a usarlo cargamos la librería gtools.

```
> library(gtools)
```

a) **Permutaciones**

En este caso importa el orden cuando realizamos los cálculos. Supongamos que tenemos 10 estudiantes que están compitiendo en igualdad de condiciones por quién construye el modelo de machine learning más preciso.

```
> destud<- c("Jenny","Freddy","Yasan","Iker","Pamela", "Alexandra","B
ladimir","Enrique","Karen","Christian")
```

Solo los 3 tops recibirán el premio. En este caso el orden importa, entonces usaremos la función `permutations(total,seleccion,data)` donde el total nos indica el tamaño del vector, seleccion indica el tamaño del resultado que queremos, y finalmente data es mi vector fuente.

Calculamos todos los resultados posibles.

```
> result1<-permutations(10,3,v=destud)
> head(result1)
     [,1]        [,2]       [,3]
[1,] "Alexandra" "Bladimir" "Christian"
[2,] "Alexandra" "Bladimir" "Enrique"
[3,] "Alexandra" "Bladimir" "Freddy"
[4,] "Alexandra" "Bladimir" "IKer"
[5,] "Alexandra" "Bladimir" "Jenny"
[6,] "Alexandra" "Bladimir" "Karen"
```

Podemos sobre este resultado calcular la probabilidad de que Fredy gane la competencia y que Pamela quede en segundo lugar.

```
> result1<-permutations(10,3,v=destud)
```

Total de resultados: nrow(result1).

```
> totres<-nrow(result1)
```

Probabilidad de que Fredy gane.

```
> mean(result1[,1]=="Freddy"& result1[,2]=="Pamela")
[1] 0.01111111
```

b) **Combinaciones**

En este caso no importa el orden cuando, por ejemplo, formamos grupos de a 2 para que participen en la competencia.

```
>        destud<-       c("Jenny","Freddy","Yasan","Iker","Pamela",
"Alexandra","Bladimir", "Enrique","Karen","Christian")
```

Aplicando combinatorias.

```
> combinations(10, 2, v = destud)
```

Si ahora es un solo equipo el que va a ganar el premio, podríamos calcular la probabilidad de que el equipo conformado por Pamela y Enrique sean quienes ganen.

```
> result2 <- combinations(10, 2, v = destud)
> head(result2)
     [,1]        [,2]
[1,] "Alexandra" "Bladimir"
[2,] "Alexandra" "Christian"
[3,] "Alexandra" "Enrique"
[4,] "Alexandra" "Freddy"
[5,] "Alexandra" "IKer"
[6,] "Alexandra" "Jenny"
```

Total de resultados.

```
> nrow(resultados)
 [1] 45
```

Probabilidad.

```
> mean((result2[, 1]=="Pamela" & result2[, 2]=="Enrique") |
     (result2[, 1]=="Enrique" & result2[, 2]=="Pamela"))
  [1] 0.02222222
```

Si bien podemos obtener la probabilidad calculando todas las combinaciones, en R será muy frecuente utilizar Montecarlo para estimar la probabilidad por simulación.

En el caso bajo estudio no tenemos que generar todas las combinaciones, sino simplemente sacar una muestra de dos personas que serían los miembros del equipo ganador. Recordemos que hemos asumido que todos tienen la mismas posibilidades de ganar.

```
> muestra <-sample(destud,2)
> head(muestra)
[1] "IKer"      "Christian"
```

Luego, replicamos el experimento una y otra vez y almacenamos los resultados del muestreo para calcular la proporción de cuántas veces el equipo ganador fué compuesto por Pamela y Enrique.

Similación de Monte-Carlo.

```
> n<-10000
> result3<-replicate(n,{
+     equipo<-sample(destud,2)
+   cumple_condicion<-(equipo[1]=="Pamela"  &  equipo[2]=="Enrique"
|equipo[2]=="Pamela" & equipo[1]=="Enrique")
+     cumple_condicion
+     })
```

Probabilidad pedida.

```
> mean(result3)
[1] 0.0227
```

Observamos que el valor converge conforme aumentamos la cantidad de veces que repetimos el experimento n.

¿Cuántas veces se necesitaría replicar el experimento para confiar en los resultados de la simulación?

Intuitivamente podemos indicar que a mayor cantidad de experimentos es más precisa la probabilidad estimada. Podemos, así, hacer varias simulaciones con diferente número de experimentos para cada simulación. De esta forma podríamos encontrar un número razonable de experimentos para nuestra simulación.

Para ello, primero creamos un vector numérico donde se indique la cantidad de veces que vamos a simular el experimento. Nuestro vector contendrá los siguientes valores: 10, 20, 40, 80, 160,..., etc. Esto quiere decir que la primera vez simularemos 10 veces el experimento, la segunda 20 veces y así sucesivamente.

```
> n-veces <-10*2^(1:17)
> n_veces
 [1]      20      40      80     160
 [5]     320     640    1280    2560
 [9]    5120   10240   20480   40960
[13]   81920  163840  327680  655360
[17] 1310720
```

Utilizamos el código que creamos para replicar el experimento para crear una función llamada prob_por_muestra:

```
>destud<-c("Jenny","Francisco","Yana","Iker","Pamela","Carla","Manuel",
"Enrique","Ainoa","Cristobal")

# Contruimos una función relacionada con n
> Prob_por_muestra1<-function(n){
+ resultado<-replicate(n,{
+ equipo<-sample(destud,2)
+ cumple_condicion<-(equipo[1]=="Pamela" & equipo[2]=="Enrique"|equipo[2
]=="Pamela" &equipo[1]=="Enrique")
+ cumple_condicion
+ })
+ mean(resultado)
+ }
```

Tenemos una función que nos permite replicar el experimento cuantas veces queramos. Por ejemplo, en la sección anterior simulamos 10 mil experimentos.

11.4 PROBABILIDAD UTILIZANDO FUNCIONES

Aplicamos la función "prob_por_muestra".

```
> prob_por_muestra(10000)
 [1] 0.021

> Prob_por_muestra1(10000)
 [1] 0.023

> Prob_por_muestra1(20000)
 [1] 0.02135

> Prob_por_muestra1(40000)
 [1] 0.021525

> Prob_por_muestra1(100000)
 [1] 0.02249
```

Para aplicar la función "prob_por_muestra" sobre cada uno de los valores de un vector utilizamos la función sapply(vector, funcion) donde vector es el vector donde están los datos sobre los cuales queremos aplicar la función.

```
> prob1<-sapply(n_veces,prob_por_muestra)
> prob1
 [1] 0.10000000 0.00000000 0.00000000
 [4] 0.02500000 0.02500000 0.01718750
 [7] 0.01875000 0.02148438 0.02500000
[10] 0.02021484 0.02119141 0.02221680
[13] 0.02199707 0.02186279 0.02232666
[16] 0.02239380 0.02231522
```

Observamos las probabilidades dependiendo del número de veces que repetimos el experimento.

```
# Ahora coloquemos estos resultados en un diagrama de dispersión para ver cómo converge.
> install.packages("ggplot2")
> library(ggplot2)
> install.packages("dplyr")
> library(dplyr)
> prob2 <- data.frame(n = num_veces, probabilidad = prob)
> prob2 %>%
  ggplot() +
  aes(n, probabilidad) +
  geom_line() +
  geom_point() +
  xlab("# de veces del experimento")
```

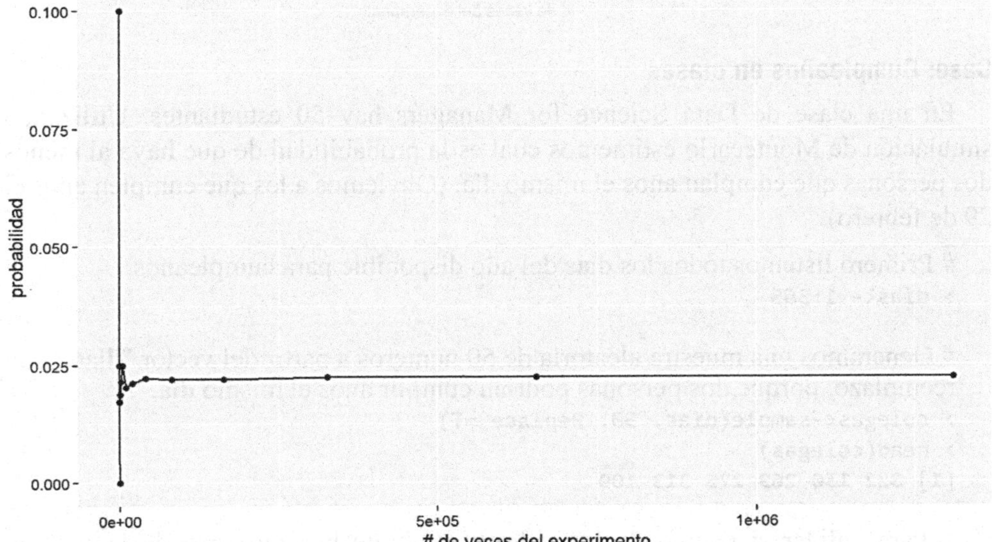


```
# También podemos cambiar la escala para hacer un zoom a las probabilidades para los valores de número de experimentos más pequeños y agregar una línea de referencia con el valor de la probabilidad teórica calculada anteriormente.
> prob3 %>%
+     ggplot() +
+     aes(n, probabilidad) +
+     geom_line() +
+     geom_point() +
+     xlab("# de veces del experimento") +
+     scale_x_continuous(trans = "log2") +
+     geom_hline(yintercept = 0.022222, color = "blue", lty = 2)
```

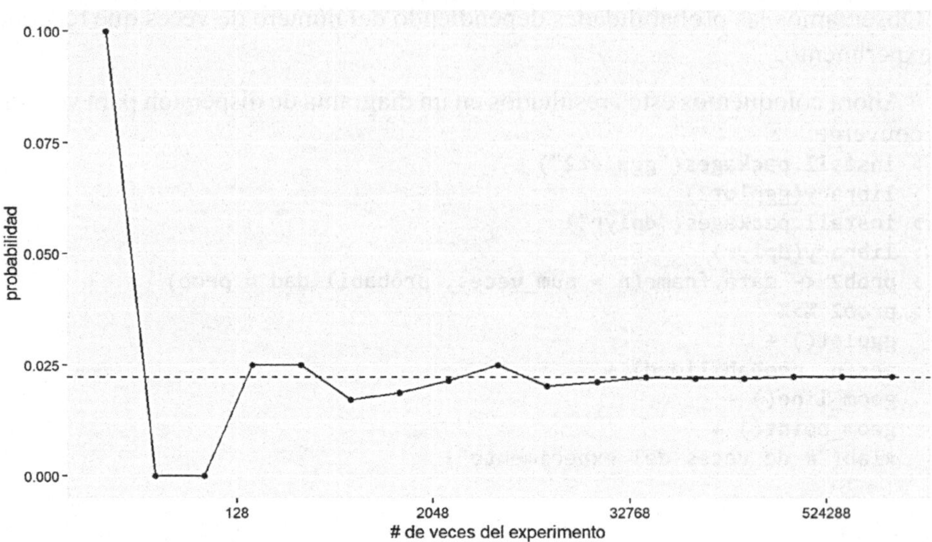

Caso: Cumpleaños en clases

En una clase de Data Science for Managers hay 50 estudiantes. Utilizando simulación de Montecarlo estimemos cuál es la probabilidad de que haya al menos dos personas que cumplan años el mismo día. (Obviemos a los que cumplen años el 29 de febrero).

Primero listemos todos los días del año disponible para cumpleaños.

```
> días<- 1:365
```

Generamos una muestra aleatoria de 50 números a partir del vector "días", con reemplazo, porque dos personas podrían cumplir años el mismo día.

```
> colegas<-sample(días, 50. Replace =T)
> head(colegas)
[1] 322 130 269 275 313 109
```

Para validar si alguno de los valores se repite hacemos uso de la función `duplicated()` que valida si dentro del vector hay valores duplicados.

```
> duplicated(colegas)
 [1] FALSE FALSE FALSE FALSE FALSE FALSE
 [7] FALSE  TRUE FALSE FALSE  TRUE FALSE
[13] FALSE FALSE FALSE FALSE FALSE FALSE
[19] FALSE FALSE FALSE FALSE FALSE FALSE
[25] FALSE FALSE FALSE FALSE FALSE FALSE
[31] FALSE FALSE FALSE FALSE FALSE FALSE
[37] FALSE FALSE FALSE FALSE FALSE FALSE
[43] FALSE FALSE FALSE FALSE FALSE FALSE
[49]  TRUE FALSE
```

Finalmente, para determinar si hubo algún valor TRUE utilizamos la función any().

```
> any(duplicated(colegas))
[1] TRUE
```

El resultado nos indica si es verdad o no que haya al menos dos personas que cumplan el mismo día años.

Para estimar por simulación de Montecarlo cuál es la probabilidad tenemos que repetir el experimento muchas veces y sacar la proporción de cuántas veces nos sale como resultado TRUE.

Simulación de Montecarlo con 10 mil repeticiones.

```
> nveces<-10000
> resultado<-replicate(nveces, {
+ colegas<-sample(dias, 50, replace=T)
+ #retorna un valor lógico si hay duplicados
+ any(duplicated(colegas))
+ })
```

Probabilidad.

```
> mean(resultado)
[1] 0.9702
```

Observamos que la probabilidad estimada es muy alta, por encima del 95%.

 # ¿Qué pasaría si tenemos una clase de 25 alumnos?

Para responder esta pregunta, modificamos el código anterior y creamos la variable clase que nos indicará el número de estudiantes en esa clase.

Simulación de Montecarlo con 10000 repeticiones.

```
> nveces<- 10000
> clase<-25
> resultado1<-replicate(nveces, {
+ colegas<-sample(dias, clase, replace=T)
+     any(duplicated(colegas))
+     })
```

Probabilidad 2.

```
> mean(resultado1)
[1] 0.5704
```

A continuación creamos la función "calcula_prob", luego estimamos, usando esta función, la probabilidad de que al menos dos personas cumplan el mismo día su cumpleaños en una clase formada por 25 alumnos (especificar que el muestreo es con reemplazo porque por defecto la función simple() es "sin reemplazo".

```
# Creamos la función.
> calcula_prob<-function(clase, nveces=10000){
+ result<-replicate(nveces,{
+ colegas<-sample(dias, clase, replace=T)
+ any(duplicated(colegas))
+ })
+ #probabilidad
+ mean(result)
+ }

# Probabilidad.
> calcula_prob(25)
[1] 0.5677
```

Dado que ya tenemos una función que nos calcula en base al número de personas en una clase, podemos crear un vector numérico con el total de personas de diferentes salones y luego aplicarle la función que hemos creado. El resultado lo podemos almacenar en la variable prob.

```
# Creamos 80 distintos salones de clase.
# El primer salón con 1 persona, el último salón con 80 personas.
> clases <- 1:80

# Estimamos la probabilidad dependiendo del número de estudiantes por clase.
> clases1<-1:80
> prob<-sapply(clases1,calcula_prob)
> prob
 [1] 0.0000 0.0032 0.0100 0.0176 0.0279
 [6] 0.0413 0.0549 0.0708 0.0969 0.1191
[11] 0.1394 0.1695 0.1945 0.2200 0.2536
[16] 0.2767 0.3168 0.3423 0.3780 0.4057
[21] 0.4445 0.4845 0.5023 0.5399 0.5771
[26] 0.5937 0.6324 0.6525 0.6836 0.7070
[31] 0.7318 0.7539 0.7764 0.8031 0.8166
[36] 0.8316 0.8528 0.8649 0.8784 0.8907
[41] 0.9044 0.9043 0.9258 0.9339 0.9429
[46] 0.9477 0.9507 0.9596 0.9663 0.9704
[51] 0.9751 0.9778 0.9806 0.9832 0.9861
[56] 0.9898 0.9899 0.9911 0.9915 0.9948
[61] 0.9949 0.9954 0.9960 0.9970 0.9975
[66] 0.9981 0.9987 0.9982 0.9991 0.9991
[71] 0.9991 0.9996 0.9993 0.9998 0.9999
[76] 0.9999 0.9997 0.9998 0.9999 0.9999
```

Si colocamos en un gráfico de dispersión estos resultados podemos ver cómo incrementa la probabilidad conforme hay más estudiantes:

```
> Probabilidad0<-data.frame(n=clases1,probabilidad=prob)
> head(Probabilidad0)
  n probabilidad
1 1       0.0000
2 2       0.0032
3 3       0.0100
4 4       0.0176
5 5       0.0279
6 6       0.0413

> Probabilidad0 %>%
+ ggplot()+aes(n,probabilidad)+geom_point()+xlab("Número de alumnos por clase")
```

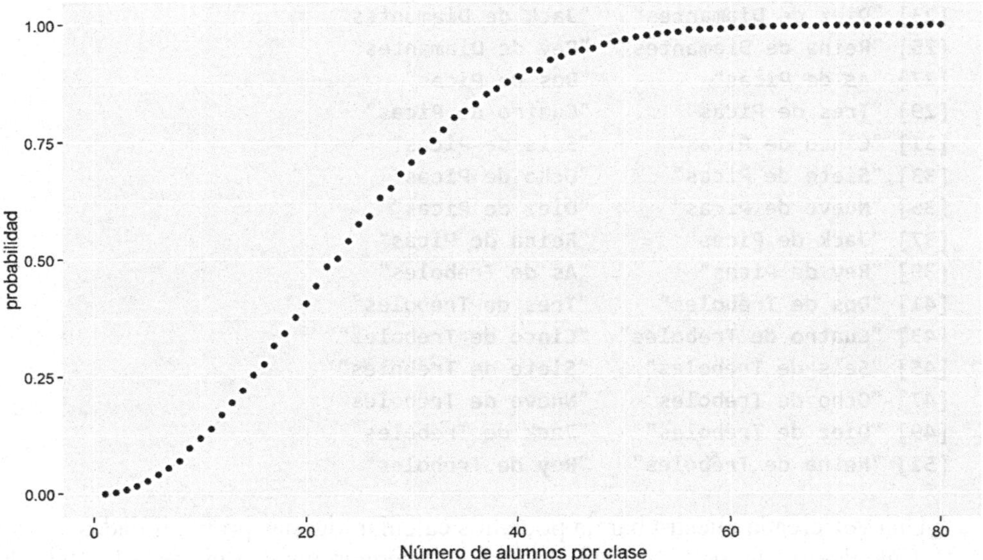

Cálculo de probabilidades de conjuntos de datos

Ilustración 1. Otra función en R es la función `expand.grid(x, y)` la cual nos crea un data frame de todas las combinaciones entre los vectores x e y.

Por ejemplo, cogemos una baraja de cartas distribuidas en 4 palos: corazones, diamantes, picas y tréboles. Las cartas de cada palo están numeradas del 1 al 10, donde el 1 es el As, y seguidas por Jack, la Reina y el Rey.

Para llevar a cabo este experimento creamos un vector de palos y un vector de números para luego crear la combinatoria y tener la baraja completa.

```
> numeros <- c("As", "Dos", "Tres", "Cuatro", "Cinco", "Seis", "Siete","Ocho", "Nueve", "Diez", "Jack", "Reina", "Rey")
> palos <- c("de Corazones", "de Diamantes", "de Picas", "de Tréboles")
> combinatoria <- expand.grid(numero = numeros, palo = palos)
> paste(combinatoria$numero, combinatoria$palo)
[1] "As de Corazones"      "Dos de Corazones"
 [3] "Tres de Corazones"    "Cuatro de Corazones"
 [5] "Cinco de Corazones"   "Seis de Corazones"
 [7] "Siete de Corazones"   "Ocho de Corazones"
 [9] "Nueve de Corazones"   "Diez de Corazones"
[11] "Jack de Corazones"    "Reina de Corazones"
[13] "Rey de Corazones"     "As de Diamantes"
[15] "Dos de Diamantes"     "Tres de Diamantes"
[17] "Cuatro de Diamantes" "Cinco de Diamantes"
[19] "Seis de Diamantes"    "Siete de Diamantes"
[21] "Ocho de Diamantes"    "Nueve de Diamantes"
[23] "Diez de Diamantes"    "Jack de Diamantes"
[25] "Reina de Diamantes"   "Rey de Diamantes"
[27] "As de Picas"          "Dos de Picas"
[29] "Tres de Picas"        "Cuatro de Picas"
[31] "Cinco de Picas"       "Seis de Picas"
[33] "Siete de Picas"       "Ocho de Picas"
[35] "Nueve de Picas"       "Diez de Picas"
[37] "Jack de Picas"        "Reina de Picas"
[39] "Rey de Picas"         "As de Tréboles"
[41] "Dos de Tréboles"      "Tres de Tréboles"
[43] "Cuatro de Tréboles"   "Cinco de Tréboles"
[45] "Seis de Tréboles"     "Siete de Tréboles"
[47] "Ocho de Tréboles"     "Nueve de Tréboles"
[49] "Diez de Tréboles"     "Jack de Tréboles"
[51] "Reina de Tréboles"    "Rey de Tréboles"
```

Una vez creada nuestra baraja podemos calcular algunas probabilidades.
Calculemos la probabilidad de que al escoger una carta sea el "Rey de Diamantes".
Almacenamos la combinatoria en la variable baraja.

```
> baraja<-paste(combinatoria$numero, combinatoria$palo)
> mean(baraja=="Rey de Diamantes")
[1] 0.01923077
```

También podemos calcular la probabilidad de que al escoger una carta, ésta sea alguna Reina.
Creamos primero el vector de "Reina de...".

```
> reinas <- paste("Reina", palos)
> head(reinas)
```

```
[1] "Reina de Corazones"
[2] "Reina de Diamantes"
[3] "Reina de Picas"
[4] "Reina de Tréboles"
```

Cálculo de la probabilidad.

```
> mean(baraja %in% reinas)
[1] 0.07692308
```

Ilustración 2. Dado un recipiente que contiene 5 canicas azules, 3 amarillas y 4 grises.

¿Cuál es la probabilidad de que si escoges una canica al azar ésta sea azul?

```
> canicas <- rep(c("azul", "amarillo", "gris"), times = c(5, 3, 4))
```

Solución utilizando simulación de montecarlo, repitiendo el evento 10,000 veces:

```
> rescanicas <- replicate(10000, {
  sample(canicas, 1)
  })

> prop.table(table(rescanicas))
rescanicas
amarillo     azul     gris
  0.2510   0.4097   0.3393
```

Solución utilizando la función `mean()`:

```
> mean(canicas == "azul")
> mean(canicas=="azul")
[1] 0.4166667
```

ⓘ **Observación**

Matemáticamente. Dado el evento: X = canica elegida sea de color azul.

$$P(X) = \frac{5}{5+3+4} = \frac{5}{12} = 41.67\%$$

La probabilidad de que la canica sea azul es de 41.67%.

Ilustración 3. ¿Cuál es la probabilidad de que al escoger una canica al azar del recipiente anterior ésta no sea de color azul?

```
> canicas <- rep(c("azul", "amarillo", "gris"), times = c(5, 3, 4))
> mean(canicas!="azul")
[1] 0.5833333
```

Ilustración 4. El experimento consiste en sacar primero una canica, luego colocarla fuera de la caja y sacar otra canica adicional de la caja. Esto es, un muestreo sin reemplazamiento.

¿Cuál es la probabilidad de que la primera sea azul y la segunda no sea azul?

Tenemos dos eventos que consiste en extraer dos canicas secuencialmente. El segundo evento depende del primero. Estos dos eventos no son independientes uno del otro.

Para responder esta pregunta creamos el vector canicas con sus respectivas variables numéricas: azul, amarillo y gris asignándole como valor el número de canicas correspondiente.

Creamos las variables.

```
> azul<-5
> amarillo<-3
> gris<-4
```

Calculamos la probabilidad de que la primera canica extraída sea azul.

```
> p_az1<-azul/(azul + amarillo + gris)
> p_az1
[1] 0.4166667
```

Calculamos la probabilidad de que la segunda canica extraída sea azul (p_aux).

```
> p_aux<-(azul-1)/(azul-1+amarillo+gris)
> p_aux
[1] 0.3636364
```

Calculamos el complemento porque nos piden que la segunda canica extraída no sea azul.

```
> p_az2<-1-p_aux
> p_az2
[1] 0.6363636
```

Entonces la probabilidad pedida es:

```
> p_az1*p_az2
[1] 0.2651515
```

Ilustación 5. El experimento consiste en un muestreo con reemplazamiento donde los eventos son independientes.

El experimento consiste en sacar la primera canica y volverla a colocarla en la caja y luego sacar una segunda canica al azar.

¿Cuál es la probabilidad de que la primera canica sea azul y la segunda no sea azul?

```
# Creamos las variables.
> azul <- 5
> amarillo <- 3
> gris <- 4

# Calculamos la probabilidad de que la primera canica sea azul:
> p_1 <- azul / (azul + amarillo + gris)
> p_1
[1] 0.4166667

# Calculamos la probabilidad de que la segunda sea azul:
> p_aux<-azul/(azul+amarillo+gris)
> p_aux
[1] 0.4166667

# Calculamos el complemento porque nos piden que las segunda canica extraída
no sea azul.
> p_2<-1-p_aux
> p_2
[1] 0.5833333

# Probabilidad pedida.
> p_1+ p_2
[1] 0.2430556
```

Ilustración 6. Instalar y cargar los paquetes necesarios y la base de datos "datos".

```
> install.packages("readr")
> library(readr)
> datos <- read.csv("https://raw.githubusercontent.com/rpizarrog/probab
ilidad-y-estad-stica/master/practicas%20R/unidad%202/participantes%2
0en%20equipos%20deportivos.csv")
> head(datos)
  nombres sexo futbol basquetbol voleybol atletismo ajedrez
1     Ana    F  FALSE      FALSE    FALSE     FALSE   FALSE
2 Antonio    M  FALSE      FALSE    FALSE     FALSE   FALSE
3 Aracely    F  FALSE      FALSE    FALSE     FALSE   FALSE
4  Carmen    F  FALSE       TRUE    FALSE     FALSE   FALSE
5 Eduardo    M   TRUE      FALSE    FALSE     FALSE   FALSE
6 Ernesto    M  FALSE       TRUE    FALSE     FALSE   FALSE
There were 18 warnings (use warnings() to see them)

# Construyendo una tabla de datos sobre el fútbol.
> tablafutbol <- table(datos$futbol, datos$sexo)
> tablafutbol
         F  M
  FALSE 10  9
  TRUE   5 10
```

11.5 TABLA DE CONTINGENCIA

Generamos las tablas de frecuencias o de contingencias para cada disciplina deportiva.
Determinamos los márgenes o totales de cada población.
Determinamos las frecuencias relativas y con ello las probabilidades.
Funciones para el análisis de las tablas de contingencia.

- Aprendemos la función cbind y apply.
- cbind significa agregar una columna a una tabla existente.
- apply significa aplicar una función por columna o por fila a una tabla existente. De tal forma que agregamos la columna de "totales" (al margen derecho de la tabla) con la función cbind para identificar el total de cada renglón.
- Sumamos con apply los valores de cada fila.
- Total = apply(tablafutbol, 1, sum)) significa aplicar la función por cada fila, eso lo determina el valor 1 en la función apply. La columna se llama "Total".

 # APLICACIONES DE TABLAS DE CONTINGENCIA

 # Tabla de contingencia del fútbol

```
> tabfutbol<-cbind(tabfutbol, Total = apply(tabfutbol, 1, sum))
> tabfutbol
       F  M Total
FALSE 10  9    19
TRUE   5 10    15
```

Ahora agregamos una nueva fila, haciendo uso de la función `rbind()`, sumando con apply los valores de cada columna.
Así, Total = apply(tablafutbol, 2, sum)) significa aplicar la función apply a cada columna, eso lo determina el valor 2 en la función apply. La fila se denomina "Total".

```
> tabfutbol<-rbind(tabfutbol, Total = apply(tabfutbol, 2, sum))
> tabfutbol
       F  M Total
FALSE 10  9    19
TRUE   5 10    15
Total 15 19    34
```

 # Tabla de contingencia del baloncesto

```
> x1 <-c(8,16)
> x2 <-c(7,3)
> tabbaloncesto<-rbind(x1,x2)
> tabbaloncesto
     [,1] [,2]
  x1    8   16
  x2    7    3
```

```
> colnames(tabbaloncesto)<-c("F","M")
> rownames(tabbaloncesto)<-c("FALSE","TRUE")
> tabbaloncesto
      F  M
FALSE 8 16
TRUE  7  3
```

```
> tabbaloncesto<-table(datos$basquetbol,datos$sexo)
> tabbaloncesto
          F  M
  FALSE   8 16
  TRUE    7  3
```

```
> tabbaloncesto<-cbind(tabbaloncesto,Total=apply(tabbaloncesto, 1,sum))
> tabbaloncesto<-rbind(tabbaloncesto,Total=apply(tabbaloncesto, 2,sum))
> tabbaloncesto
       F  M Total
FALSE  8 16    24
TRUE   7  3    10
Total 15 19    34
```

Tabla de contingencia del Voleybol

```
> tabvoleybol<-table(datos$voleybol, datos$sexo)
> tabvoleybol
          F  M
  FALSE  14 14
  TRUE    1  5
```

```
> tabvoleybol<-cbind(tabvoleybol,Total=apply(tabvoleybol,1,sum))
> tabvoleybol<-rbind(tabvoleybol,Total=apply(tabvoleybol,2,sum))
> tabvoleybol
       F  M Total
FALSE 14 14    28
TRUE   1  5     6
Total 15 19    34
```

Tabla de contingencia del atletismo

```
> tabatletismo<-table(datos$atletismo, datos$sexo)
> tabatletismo
          F  M
  FALSE  12 17
  TRUE    3  2
```

```
> tabatletismo<-cbind(tabatletismo,Total=apply(tabatletismo,1, sum))
> tabatletismo<-rbind(tabatletismo,Total=apply(tabatletismo,2, sum))
> tabatletismo
       F  M Total
FALSE 12 17    29
TRUE   3  2     5
Total 15 19    34
```

Tabla contigencia del Ajedrez

```
> tabajedrez<-table(datos$ajedrez, datos$sexo)
> tabajedrez
        F  M
  FALSE 15 17
  TRUE   0  2

> tabajedrez<-cbind(tabajedrez,Total=apply(tabajedrez,1,sum))
> tabajedrez<-rbind(tabajedrez,Total=apply(tabajedrez,2,sum))
> tabajedrez
       F  M Total
FALSE 15 17    32
TRUE   0  2     2
Total 15 19    34
```

11.6 PROBABILIDADES Y FRECUENCIA RELATIVA

1. ¿Cuál es la probabilidad de elegir ALEATORIAMENTE un nombre y que juegue fútbol?
2. ¿Cuál es la probabilidad de elegir ALEATORIAMENTE un nombre que sea Mujer ("F" Femenino) y que juegue fútbol?
3. ¿Cuál es la probabilidad de elegir ALEATORIAMENTE un nombre que sea varón ("M" Masculino) y que juegue fútbol?

Existen muchas maneras de encontrar la solución a estas preguntas mediante programamción en R.

Proporciones en tablas de contingencia

- Asignamos a la tabla de futbol la etiqueta 'f1'.

```
> f1<-tabfutbol
> f1
       F  M Total
FALSE 10  9    19
TRUE   5 10    15
Total 15 19    34
```

- Determinamos 'n', que es el total de la población o de la muestra.

```
> n<-max(f1)
> n
[1] 34
```

Análogamente, determinamos la longitud de la cantidad de nombres.

```
> n<-length(datos$nombres)
> n
[1] 34
```

Determinamos las proporciones de cada celda de la tabla.
Redondeamos a 4 dígitos.
m/n; siendo m la matriz y n la muestra/población total.

```
> tabfutbolprop <- round(f1/n, 4)
> tabfutbolprop
           F      M  Total
FALSE 0.2941 0.2647 0.5588
TRUE  0.1471 0.2941 0.4412
Total 0.4412 0.5588 1.0000
```

- Asignamos a la tabla de baloncesto la etiqueta 'f2'.

```
> f2<-tabbaloncesto
> f2
       F  M Total
FALSE  8 16    24
TRUE   7  3    10
Total 15 19    34

> f2<-tabbaloncesto
> tabbaloncestoprop<-round(f2/n,4)
> tabbaloncestoprop
           F      M  Total
FALSE 0.2353 0.4706 0.7059
TRUE  0.2059 0.0882 0.2941
Total 0.4412 0.5588 1.0000
```

- Asignamos a la tabla de voleybol la etiqueta 'f3'.

```
> f3 <- tabvoleybol
> f3
       F  M Total
FALSE 14 14    28
TRUE   1  5     6
Total 15 19    34
```

```
> tabvoleybolprop<-round(f3/n,4)
> tabvoleybolprop
           F      M  Total
FALSE 0.4118 0.4118 0.8235
TRUE  0.0294 0.1471 0.1765
Total 0.4412 0.5588 1.0000
```

- Asignamos a la tabla de ajedrez la etiqueta 'f4'.

```
> f4 <- tabatletismo
> f4
       F  M Total
FALSE 12 17    29
TRUE   3  2     5
Total 15 19    34

> tabatletismoprop<-round(f4/n,4)
> tabatletismoprop
           F      M  Total
FALSE 0.3529 0.5000 0.8529
TRUE  0.0882 0.0588 0.1471
Total 0.4412 0.5588 1.0000
```

- Asignamos a la tabla de ajedrez la etiqueta 'f5'.

```
> f5 <- tabajedrez
> f5
       F  M Total
FALSE 15 17    32
TRUE   0  2     2
Total 15 19    34

> tabajedrezprop<-round(f5/n,4)
> tabajedrezprop
           F      M  Total
FALSE 0.4412 0.5000 0.9412
TRUE  0.0000 0.0588 0.0588
Total 0.4412 0.5588 1.0000
```

Probabilidades

- ¿Cuál es la probabilidad de elegir ALEATORIAMENTE a una persona que participa en un equipo de fútbol?

```
> tabfutbol
       F  M Total
FALSE 10  9    19
TRUE   5 10    15
Total 15 19    34
```

Personas que practican el fútbol.
```
> tabfutbol[2,3]              # TRUE: fila 2 y columna 3 = 15
[1] 15
```

Probabilidad de que una persona practique fútbol.
```
> n <- 34
> (tabfutbol[2,3]/n)
[1] 0.4411765
```

Tabla de frecuencias relativas.
```
> tabfutbolprop
          F      M  Total
FALSE 0.2941 0.2647 0.5588
TRUE  0.1471 0.2941 0.4412
Total 0.4412 0.5588 1.0000
> Tabfutbolprop[2,3]
[1] 0.4412
```

Probabilidad de que un varón practique el fútbol.
```
> (tabfutbol[2,2]/n)
[1] 0.2941176
```

Probabilidad de que una mujer practique futbol.
(fila 2, columna 1)
```
> (tablafutbol[2,1]/n)
[1] 0.1470588
```

Consideremos una variable aleatoria X con distribución normal, media igual a 50 y varianza igual a 25.

1. **Calcular la probabilidad de que X sea menor o igual a 48: P(X ≤ 48).**
   `> pnorm(48, mean = 50, sd = sqrt(25))` # Necesitamos la desviación típica y no la varianza.
   `[1] 0.3445783`

2. **Calcular la probabilidad de que X sea mayor a 48: P(X > 48).**
   `> pnorm(48, mean = 50, sd = sqrt(25), lower.tail = FALSE)`
   `[1] 0.6554217`

3. **¿Cuál es el valor de X que deja un 90% de los datos por bajo él? $P(X \leq x_0) = 0,90$**
   `> qnorm(0.90, mean = 50, sd = sqrt(25))`
   `[1] 56.40776`

4. **Generar un conjunto de 12 datos que sigan una distribución normal de media 50 y varianza 25:**

```
> rnorm(12,mean=50,sd=sqrt(25))
 [1] 41.83845 49.68502 46.47277
 [4] 48.42911 48.66527 50.76580
 [7] 54.06943 52.48818 50.84624
[10] 46.27194 49.87990 40.20407
```

5. **La función d, en este caso `dnorm()` es útil para construir el gráfico de la distribución de probabilidad de 'x' con la ayuda del comando curve.**

```
> curve(dnorm(x, mean = 50, sd = sqrt(25)), xlim = c(35,65), xlab =
"Valores de X", ylab = "Densidad de X")
```

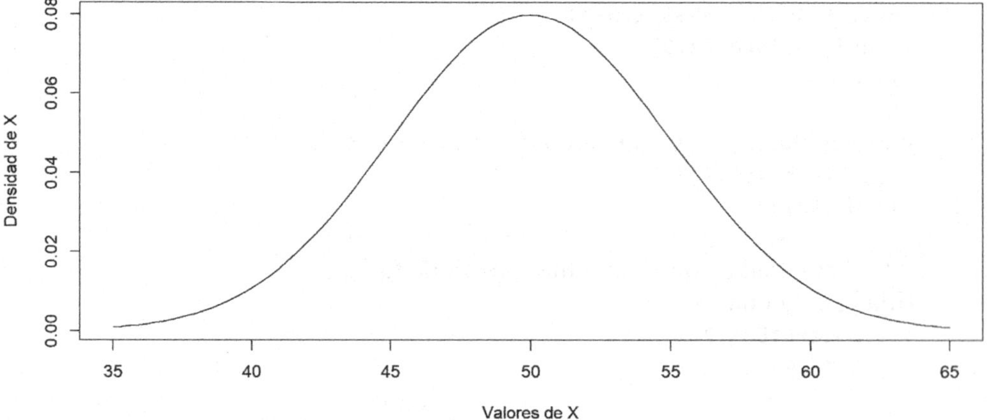


```
> y = 3 + 2x  #Modelo determinista
> y = 3 + 2x + e   #Modelo probabilístico
> x<-c(1:50)
> y1<-3+2*x
> y1
 [1]   5   7   9  11  13  15  17  19  21  23  25  27
[13]  29  31  33  35  37  39  41  43  45  47  49  51
[25]  53  55  57  59  61  63  65  67  69  71  73  75
[37]  77  79  81  83  85  87  89  91  93  95  97  99
[49] 101 103

> y2<-3+2*x+rnorm(50, mean=3, sd=3) #e=rnorm(50,3,3)
> y2
 [1]  8.693843  2.980962  8.721072 18.594480
 [5] 12.033572 19.291356 19.935433 21.466401
 [9] 30.364390 25.422939 33.284598 29.098288
```

```
[13]  34.243512  36.043294  36.530735  41.531503
[17]  44.360509  43.422822  44.927848  49.169267
[21]  50.544142  55.407742  54.275878  52.758231
[25]  58.048434  56.157380  57.878950  58.459230
[29]  65.252521  64.046540  71.707401  68.969718
[33]  69.600740  78.177813  77.720765  78.448263
[37]  71.862755  84.565098  87.512595  82.997566
[41]  86.037941  91.256898  95.687428  97.081281
[45]  91.507206  96.792672 110.926703 102.234062
[49] 102.131925  99.695445

> par(mfrow=c(1,2))
> plot(x,y2)
> plot(x,y1)
```

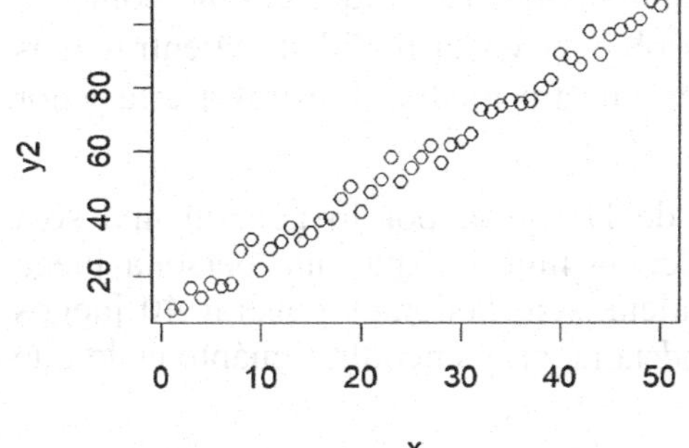

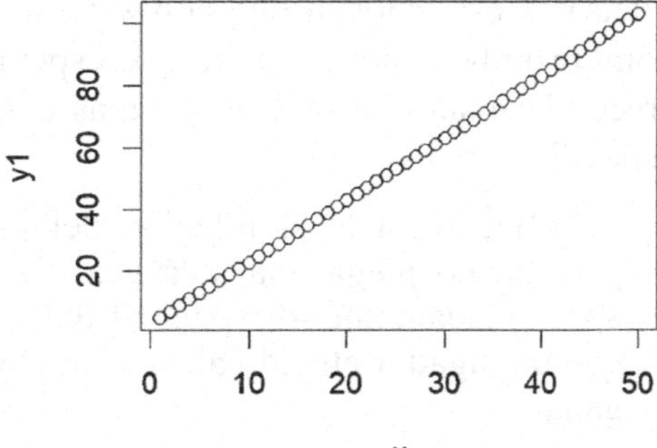

11.7 VALOR ESPERADO

Para comprender intuitivamente el concepto de valor esperado utilizamos el siguiente caso: un casino está interesado en determinar si es razonable instalar una ruleta con 37 valores que van del 0 al 36. La casa quiere abrir el juego con una oferta especial para incentivar a sus clientes a jugar y consiste en si la bola cae en el 0 o el 21 pagará 10 a 1. Esto quiere decir que si un jugador juega y gana el casino le paga 10 euros y si pierde el cliente pagará al casino 1 euro.

Si simulamos el juego con los datos del caso, tenemos 37 valores, de los cuales en 2 de ellos le dan a un jugador aleatorio una ganancia de +10 o una pérdida -1. Definamos también la función de ganancia "probG" como la probabilidad de que gane un jugador.

Probabilidad de que un jugador gane cada vez.

```
> jugadas<- 1
> probG <- 2/37
```

```
> probP <- 1 - probG
> muestra1<-sample(c(10,-1),jugadas, replace=T,prob=c(probG,probP))
> muestra1
[1] -1
```

Cálculo del valor esperado: **E(X) = a*p + b*(1-p).**

```
> a<-10
> b<- -1
> probG<-2/37
> probP<-1 - probG
> VE<-a*probG + b*ProbP
 [1] -0.4054054
```

Suceso observado: si crece el tamaño de la muestra la media, en la simulación Montecarlo, converge a un valor concreto (p.e. a la probabilidad de ganar en la ruleta). A ese valor al que converge le llamamos valor esperado, el cual como su nombre indica será el valor que esperamos obtener en la realidad. Mientras más crece el tamaño de la muestra más converge nuestra media muestral a este valor esperado.

Volviendo a la simulación del juego de la ruleta, por lo general una sola persona no juega una sola vez. La evidencia muestra que una persona juega aproximadamente 40 veces al día a la ruleta. Así, podemos generar 40 juegos que un jugador elegido aleatoriamente podría jugar, y encontrar cuánto es lo que ganaría.

```
> jugadas<-40
>  muestra2<-sample(c(10,-1),  jugadas,replace=T,  prob=c(probG,probP))
# ganar = 10 y perder = -1
> muestra2
 [1] -1 -1 -1 -1 -1 -1 -1 -1 -1
[10] -1 -1 -1 -1 -1 -1 -1 -1 -1
[19] -1 -1 -1 -1 -1 -1 -1 -1 -1
[28] -1 -1 10 -1 -1 -1 -1 -1 -1
[37] -1 -1 -1 -1
> sum(muestra2)
[1] -29
```

Pero la ruleta lo juegan varias personas. Para determinar la cantidad de jugadores de un trimestre replicaremos la muestra unas 100000 veces.

```
> simul_gana <- replicate(jugadores, {
+        muestra <- sample(c(10, -1), jugadas, replace = TRUE, prob =
c(probG, probP))
+     sum(muestra)
+     })
```

```
> hist(simul_gana)
```

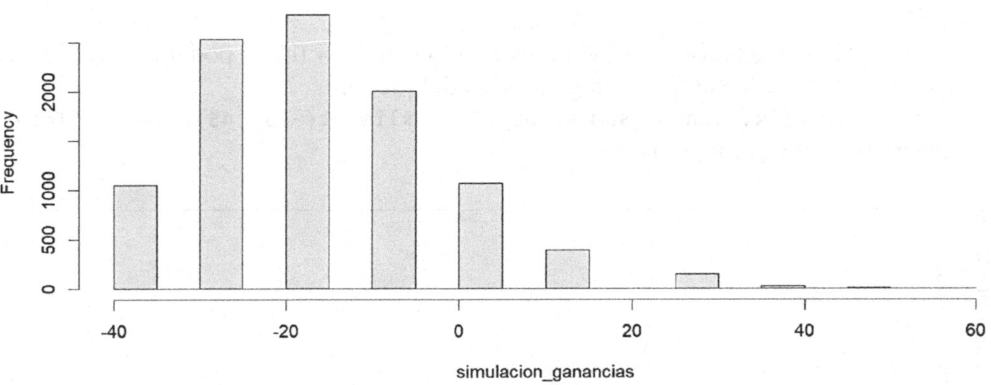

Observamos que el histograma con todas las ganancias de todos los jugadores da como resultado una distribución normal.

El Teorema Central del Límite nos indica que si tomamos varias muestras del mismo tamaño **n** y en cada muestra sumamos los valores dentro de cada muestra obtendremos un valor S (la suma) entonces encontraremos que su distribución se aproxima a una curva normal.

En términos de nuestro ejemplo del casino el teorema central del límite nos indica que si tomamos muestras de 40 jugadas para cada jugador y luego calculamos para cada jugador el total que ganó, entonces encontraremos que la distribución de la cantidad ganada por muchos jugadores se aproxima a una distribución normal.

Como se trata de una nueva distribución, podemos calcular su media y su desviación estándar. La fórmula para calcular el valor esperado de la suma:

$$\mathbf{E[Sn] = n*[a*probG + b*(1 - probG)]}$$

```
> jugadas<-40
> probG<- 2/37
> probP<- 1 - probG
> a<-10
> b<- -1
```

Valor esperado de la suma.

```
> ESuma<-jugadas*(a*probG + b*probP)
> ESuma
[1] -16.21622
```

Error estándar de la suma → **SE[S_n]** = √‾n*|a − b|*√‾p(1 − p)

```
> SE_sum<-sqrt(jugadas)*abs(10- -1)*sqrt(probG*probP)
> SE_sum
[1] 15.73149
```

Con estos datos teóricos del valor esperado y el error típico podemos gráficar la curva normal de la suma de las ganancias del juego.

```
> curve(dnorm(x, mean=E_sum,sd=SE_sum), xlim =c(-75, 45),xlab = "Total
ganancias por jugador").
```

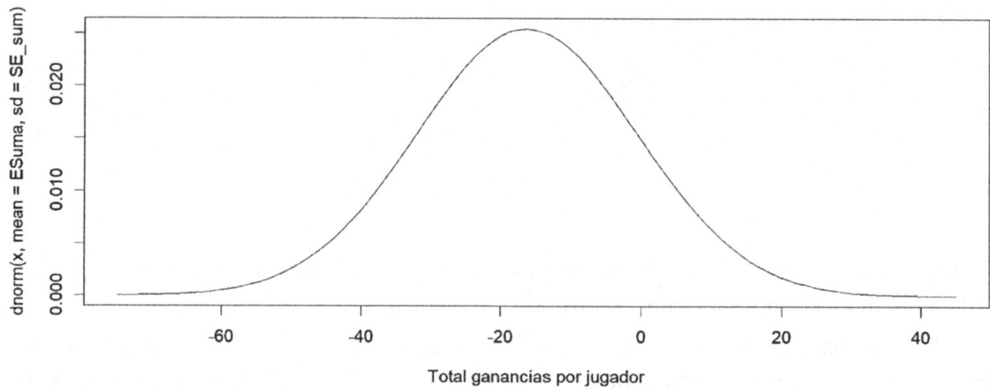

Probabilidad de obtener más de 0 euros al haber jugado 40 veces:

```
> pmay0<-1 - pnorm(0,ESuma,SE_sum)
> pmay0
[1] 0.1513144
```

11.8 PROBABILIDAD CONDICIONADA

```
> install.packages("knitr")
> library(knitr)
```

Ilustración 1: calcular P(A/B) = ??

```
# Inicializamos las probabilidades de las variables
> prob.A<-0.6
> prob.B<-0.4
> prob.A.Inter.B<-0.18
> prob.B.Inter.A<-0.18
> Prob.A.dado.B<-prob.A.Inter.B/prob.B
> Prob.A.dado.B
[1] 0.45
```

```
> paste("La prob de que se de A dado B es:", Prob.A.dado.B*100, "%")
[1] "La prob de que se de A dado B es: 45 %"
```

Nos piden calcular P(B/A) = ??

```
> Prob.B.dado.A<-prob.B.Inter.A/prob.A
> Prob.B.dado.A
[1] 0.3

> paste("La prob de que se de B dado A es:",Prob.B.dado.A*100, "%")
[1] "La prob de que se de B dado A es: 30 %"
```

Ilustración 2. La probabilidad de que un vuelo programado normalmente salga a tiempo es P(S)=0.83, la probabilidad de que llegue a tiempo es P(L)=0.82 y la probabilidad de que salga y llegue a tiempo es P(S∩L) = 0.78.

Nos piden la probabilidad de que un avión llegue a tiempo, dado que salió a tiempo: P(L/S) = ??

Inicializamos las probabilidades correspondientes.

```
S: El vuelo programado sale a tiempo
L: El vuelo llega a tiempo
> prob.S<-0.83
> prob.L<-0.82
> prob.S.Inter.L<-0.78

# Probabilidad que el avión llegue a tiempo dado que ha salido a tiempo
# P(L/S) = ??
> prob.L.dado.S<-prob.S.Inter.L/prob.S
> prob.L.dado.S
[1] 0.939759

# Conclusión
> paste("Probabilidad de que un avión llegue a tiempo, dado que salió a
tiempo es:",round(prob.L.dado.S*100,2),"%")
[1] "Probabilidad de que un avión llegue a tiempo, dado que salió a tiempo
es: 93.98 %"

# Probabilidad que el avión haya salido a tiempo dado que ha llegado a
tiempo
# P(S/L) = ??
> prob.S.dado.L<-prob.S.Inter.L/prob.L
> prob.S.dado.L
[1] 0.9512195
```

```
# Conclusión
> paste("Probabilidad de que el avión haya salido a tiempo, dado que llegó
a tiempo es:",round(prob.S.dado.L*100,2),"%")
[1] "Probabilidad de que el avión haya salido a tiempo, dado que llegó a
tiempo es: 95.12 %"
```

Ilustración 3. Exámenes: una profesora de estadística hizo en su clase dos exámenes.

- El 30% de la clase paso ambos exámenes.
- El 45% de la clase paso el primer examen.

¿Qué porcentaje de aquellos que pasaron el primer examen también pasaron el segundo?

Inicializamos las probabilidades correspondientes.

```
> p.Ex1<-0.45
> p.Ex1.Inter.Ex2<-0.30
> p.Ex2.dado.Ex1<-p.Ex1.Inter.Ex2/p.Ex1
> p.Ex2.dado.Ex1
[1] 0.6666667

# Conclusión
> paste("Porcentaje de aquellos que pasaron el primer examen también
pasaron el segundo examen es:",round(p.Ex2.dado.Ex1* 100,2),"%")
[1] "Porcentaje de aquellos que pasaron el primer examen también pasaron
el segundo examen es: 66.67 %"

> paste("Dos tercios (66,7%) de la clase aprobó el segundo examen")
[1] "Dos tercios (66,7%) de la clase aprobó el segundo examen"
```

Ilustración 4. Clasificación, según el género y el nivel de escolaridad, de una muestra aleatoria de 200 adultos. Escolaridad:

Hombre Mujer:

- N = 200
- Hombre y Primaria p.U.dado.M<-p.M.Inter.U/P.M
- Mujer y Primaria 45
- Total Primaria 83
- Hombre y Secundaria p.U.dado.M<-p.M.Inter.U/P.M
- Mujer y Secundaria 40
- Total secundaria 68
- Hombre y Universidad p.U.dado.M<-p.M.Inter.U/P.M
- Mujer y Universidad 22.
- Total Universidad 49

- Total varones =
- Total mujeres = 45 + 40 + 22 = 107

```
# Organizando los datos.
> genero<-rep(c("hombre", "Mujer"))
> num<-c(38,45,28,40,27,22)
> dat<-cbind(genero,Escola, num)
> dat
     genero   Escola        num
[1,] "hombre" "Primaria"    "38"
[2,] "Mujer"  "Primaria"    "45"
[3,] "hombre" "Secundaria"  "28"
[4,] "Mujer"  "Secundaria"  "40"
[5,] "hombre" "Universidad" "27"
[6,] "Mujer"  "Universidad" "22"
> dat1<-data.frame(dat)

> dat1
  genero      Escola num
1 hombre    Primaria  38
2  Mujer    Primaria  45
3 hombre  Secundaria  28
4  Mujer  Secundaria  40
5 hombre Universidad  27
6  Mujer Universidad  22
```

Si se elige una persona al azar de este grupo, ¿cuál es la probabilidad de que la persona sea hombre, dado que su escolaridad es de secundaria?

```
# P(H/S) = ??
> p.H.Inter.Pr<-38/200
> p.M.Inter.Pr<-45/200
> p.H.Inter.S<-28/200
> p.M.Inter.S<-40/200
> p.H.Inter.U<-27/200
> p.M.Inter.U<-22/200
> P.S <-68/200
> p.H.dado.S<-p.H.Inter.S/P.S
> p.H.dado.S
[1] 0.4117647

> paste("La probabilidad de ser un hombre dado que tiene estudios secundarios es:",round(p.H.dado.S*100,2),"%")
[1] "La probabilidad de ser un hombre dado que tiene estudios secundarios es: 41.18 %"
```

```
# P(U/M) =??
> P.M<-107/200
> p.U.dado.M<-p.M.Inter.U/P.M
> p.U.dado.M
[1] 0.2056075

> paste("La probabilidad de ser universitario dado que es mujer es:",round(p.U.dado.M*100,2),"%")
[1] "La probabilidad de ser universitario dado que es mujer es: 20.56 %"
```

Diagrama de un árbol de decisión

```
# Datos del problema.
> PA1<-0.6
> PA2<-0.4
> PG.PA1<-0.97
> PB.PA1<-0.03
> PG.PA2<-0.96
> PB.PA2<-0.04
```

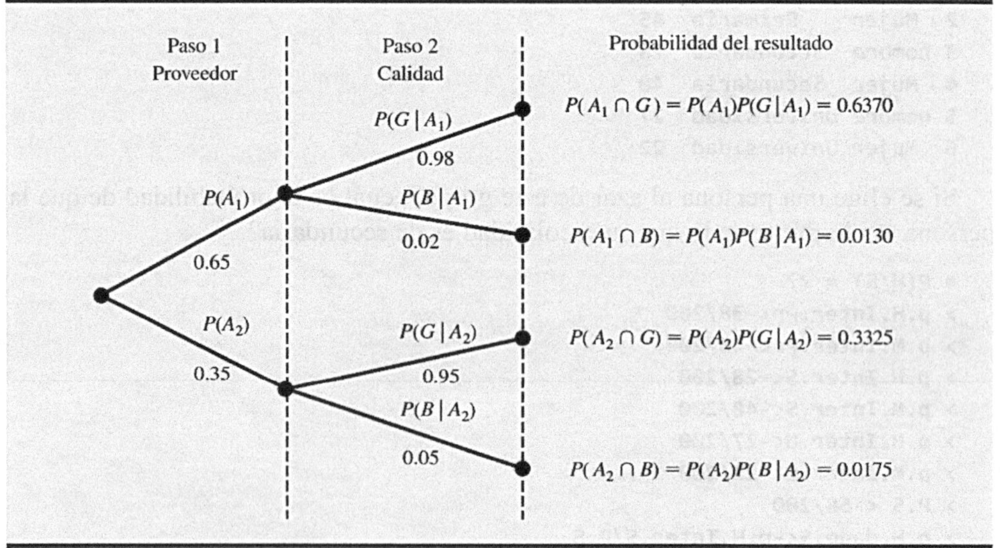


```
# Cálculo de probabilides condicionales conforme al árbol de decisión para el problema de los proveedores de piezas
# Árbol de decisión del proveedor 1.
> PA1.I.G<-PA1*PG.PA1
> cat("P(G/A1) de que una pieza sea buena y sea suministrada sea el proveedor 1:",PA1.I.G)
```

```
P(G/A1) de que una sea pieza buena y sea suministrada por el proveedor
1: 0.582

> PA1.I.B<-PA1*PB.PA1
> cat("P(B/A1) de que una pieza sea defectuosa y sea suministrada sea el
proveedor 1:",PA1.I.B)

P(B/A1) de que la pieza sea defectuosa y sea suministrada sea el proveedor
1: 0.018
```

Árbol de decisión del proveedor 2.

```
> PA2.I.G<-PA2*PG.PA2
> cat("P(G/A2) de que una pieza sea buena y sea suministrada por el
proveedor 2:",PA2.I.G)

P(G/A2) de que una sea pieza buena y sea suministrada por el proveedor
2: 0.384

> PA2.I.B<-PA2*PB.PA2
> cat("P(B/A2) de que una pieza sea defectuosa y sea suministrada por el
proveedor 2:",PA2.I.B)

P(B/A2) de que una pieza sea defectuosa y sea suministrada por el proveedor
2: 0.016
```

Diagrama Tabular

(1) Eventos A_i	(2) Probabilidades previas $P(A_i)$	(3) Probabilidades condicionales $P(B \mid A_i)$	(4) Probabilidades conjuntas $P(A_i \cap B)$	(5) Probabilidades posteriores $P(A_i \mid B)$
A_1	0.65	0.02	0.0130	0.0130/0.0305 = 0.4262
A_2	0.35	0.05	0.0175	0.0175/0.0305 = 0.5738
	1.00		$P(B)$ = 0.0305	1.0000

Solución tabular para el problema de los proveedores de piezas

```
# Probabilidades de suministro por proveedor: A1 y A2
```

Prob de que una pieza sea suministrada por el proveedor 1

```
> PA1<-0.6
```

Prob de que una pieza sea suministrada por el proveedor 2

```
> PA2<-0.4
```

```
# Prob condicionada del proveedor 1
## Prob de que sea una pieza buena dado el proveedor 1: P(G/A1)
> PG.PA1<-0.97

## Prob de que una pieza sea defectuosa dado el proveedor 1: P(B/A1)
> PB.PA1<-0.03

# Prob condicionadas del proveedor 2
## Prob de que una pieza sea buena dado el proveedor 2: P(G/A2)
> PG.PA2<-0.96

## Prob de que una pieza sea defectuosa dado el proveedor 2: P(B/A2)
> PB.PA2<-0.04

# Cálculo tabular.
> tabular<-data.frame('Eventos'=c('A1','A2'),'Prob.Previas'= c(PA1,PA2
),'Prob.Condicionales'=c(PB.PA1,PB.PA2),'Prob.Conjuntas'=c(PA1.I.B,P
A2.I.B),'Prob.Posteriores'=c(TB.PA1.B,TB.PA2.B))
> tabular
  Eventos Prob.Previas Prob.Condicionales Prob.Conjuntas Prob.Posteriores
1      A1          0.6               0.03          0.018        0.5294118
2      A2          0.4               0.04          0.016        0.4705882

# Cálculo de los totales.
> totales<-apply(tabular[-1],2,sum)
> totales<-as.array(c(NA,as.vector(totales)))
> tabular<-rbind(tabular,totales)
> tabular
  Eventos Prob.Previas Prob.Condicionales Prob.Conjuntas Prob.Posteriores
1      A1          0.6               0.03          0.018        0.5294118
2      A2          0.4               0.04          0.016        0.4705882
     <NA>          1.0               0.07          0.034        1.0000000
```

11.9 TEOREMA DE BAYES

```
# Probabilidades de suministro por proveedor: A1 y A2
## Prob de que una pieza sea suministrada por el proveedor 1
> PA1<-0.6

## Prob de que una pieza sea suministrada por el proveedor 2
> PA2<-0.4

# Prob condicionada del proveedor 1
## Prob de que sea una pieza buena dado el proveedor 1: P(G/A1)
> PG.PA1<-0.97
```

Prob de que una pieza sea defectuosa dado el proveedor 1: P(B/A1)

```
> PB.PA1<-0.03
```

Prob condicionadas del proveedor 2

Prob de que una pieza sea buena dado el proveedor 2: P(G/A2)

```
> PG.PA2<-0.96
```

Prob de que una pieza sea defectuosa dado el proveedor 2: P(B/A2)

```
> PB.PA2<-0.04
```

 # Preguntas:

1. Dada la información de que la pieza es defectuosa. ¿Cuál es la probabilidad de encontrar una pieza defectuosa (Bad) que sea suministrada por el proveedor A1?
   P(A1/B) = ??
2. ¿Cuál es la probabilidad de que una pieza defectuosa (Bad) sea del proveedor A2?
   P(A2/B) = ??

Solución

1. P(A1/B) = ??. Aplicando el teorema de Bayes (TB):

$$P(A_1 \mid B) = \frac{P(A_1)P(B \mid A_1)}{P(A_1)P(B \mid A_1) + P(A_2)P(B \mid A_2)}$$

- TB.PA1.B: probabilidad de que una pieza defectuosa (Bad) sea suministrada por el proveedor1.

```
> TB.PA1.B<-(PA1*PB.PA1)/(PA1*PB.PA1+PA2*PB.PA2)
> TB.PA1.B
[1] 0.5294118
> cat("TBayes: La prob de que una pieza defectuosa sea suministrada
por el proveedor1 es",TB.PA1.B)

TBayes: la prob de que una pieza defectuosa sea suministrada por el
proveedor1 es 0.5294118
```

2. ¿Cuál es la probabilidad de que una pieza defectuosa (Bad) sea del proveedor A2?
   P(A2/B) = ??

```
> TB.PA2.B<-(PA2*PB.PA2)/(PA1*PB.PA1 + PA2*PB.PA2)
> TB.PA2.B
[1] 0.4705882
```

```
> cat("TBayes: La prob de que una pieza defectuosa sea suministrada
por el proveedor2 es",TB.PA2.B)
```

TBayes: la prob de que una pieza defectuosa sea suministrada por el proveedor2 es 0.4705882

11.10 COEFICIENTE DE VARIACIÓN (CV)

El coeficiente de variación se define como el cociente entre la desviación típica (sd(x)) y la media aritmética (x(barra). Su cálculo en R es mediante la función `coef_var()`.

```
> coef_var <- function(x, na.rm = FALSE) {
  sd(x, na.rm=na.rm) / mean(x, na.rm=na.rm)
}
```

Calcular el CV para el vector w definido a continuación.

```
> w<-c(5,-3,NA,8,8,7)

# Creamos una función del coeficiente de variación
> coef_var<-function(x,na.rm=F){
+ sd(x,na.rm=na.rm)/mean(x,na.rm=na.rm)
+ }

# Calculo del coeficiente de variación del vector 'w'
> coef_var(x=w,na.rm=T)
[1] 0.9273618

# Calculo del coeficiente de variación del vector 'datos'
> datos <- c(2110,2120, 2130, 2140, 2150, 2160, 2170, 2180, 2190, 2200,
2210, 2220)
> coef_var(x=datos)
[1] 0.01665382
```

11.11 TIPIFICACIÓN DE UNA VARIABLE

Cuando pretendemos comparar magnitudes expresadas en distintas unidades o en distintas situaciones, para poder compararlas tendremos que hacerlas homogéneas, y a este proceso de homogenización de las diferentes magnitudes se denomina tipificación o normalización.

Diremos que una variable X está tipificada cuando construimos una nueva variable Z de media cero y desviación típica igual a uno, tal que:

Z= (Xi - mu)/desviación típica

donde la desviación típica es mayor que cero.

```
# La sintaxis en R es la siguiente.
> z <- scale(vector, center= T, scale= T)

# Transformar la variable ingresos en una variable tipificada.
>        ingresos<-        c(2000,2500,3100,2700,2800,3000,2650,2200,
1800,2600,4100,2700,2900, 3900,5000)
> ingresos
[1] 2000 2500 3100 2700 2800 3000 2650 2200 1800 2600 4100 2700 [2] 2900
3900 5000
> CV<-scale(ingresos,center=T, scale=T)
> ingresos_z<-scale(ingresos, center=T,scale=T)
> head(ingresos_z)
            [,1]
[1,] -1.11161932
[2,] -0.51397453
[3,]  0.20319923
[4,] -0.27491661
[5,] -0.15538765
[6,]  0.08367027
```

11.12 TEOREMA DE MARKOV Y LAS CADENAS DE MARKOV

TEOREMA DE MARKOV

Sea X una variable aleatoria, no negativa (es decir, $P(X \geq 0) = 1$), y cuya media, E[X], existe. Entonces para cualquier $k > 0$, se verifica:

$$\mathbf{P(X \geq k) \leq E[X]/k}$$

La consecuencia inmediata del teorema de Markov viene dada por la desigualdad de Chebychev:

Sea X una v.a. como media μ y varianza σ^2 finita. Entonces para cualquier $k > 0$, se verifica:

$$\mathbf{P[|X - \mu|] \geq k] \leq \sigma^2 / k^2}$$

Las expresiones de la desigualdad de Chebychev nos indican que podemos expresar en términos de probabilidad la dispersión de los valores de la variable alrededor de su media, utilizando para ello la varianza como medida de dispersión y no siendo necesario el conocimiento de la distribución de la variable aleatoria X. Esto nos indica que la varianza, σ^2, tiene un efecto muy significativo sobre las probabilidades asociadas a estos intervalos.

CADENA DE MARKOV

Las aplicaciones de las cadenas de Markov abarcan un amplio grupo de las series temporales:

- Señales de telecomunicación.
- Señales biomédicas (electrocardiograma, encefalograma, etc.).
- Señales sísmicas.
- El número de manchas solares año tras año.
- El índice de la bolsa segundo a segundo.
- La evolución de la población de un municipio año tras año.
- El tiempo de espera en la cola de cada uno de los usuarios que van llegando a una ventanilla.
- El clima.
- Un gigantesco conjunto de procesos estocásticos interrelacionados (velocidad del viento, humedad del aire, etcétera) que evolucionan en el espacio y en el tiempo.
- Los procesos estocásticos de orden mayor a uno, como el caso de una serie de tiempo de orden 2 y una correlación de cero con las demás observaciones.

Las cadenas de Markov también se pueden aplicar tanto a casos de marketing, como para ver el ciclo de vida que un cliente puede tener en la empresa, aunque su principal limitación es que la matriz de transición tendría que ser constante a lo largo de un periodo de tiempo.

Una cadena de Markov es una serie de eventos, en la cual la probabilidad de que ocurra un evento depende del evento inmediato anterior. En efecto, las cadenas de este tipo tienen memoria, "Recuerdan" el último evento y esto condiciona las posibilidades de los eventos futuros.

Esta dependencia del evento anterior distingue a las cadenas de Markov de las series de eventos independientes, como tirar una moneda al aire o un dado. En los negocios, las cadenas de Markov se han utilizado para analizar los patrones de compra, los deudores morosos, para planear las necesidades de personal y para analizar el reemplazo de equipo.

Supongamos que la posibilidad que llueva mañana depende de las condiciones del estado del clima de hoy. No importa las condiciones de los días anteriores, solo del estado del clima de hoy.

Suponga también que si llueve hoy, entonces lloverá mañana con una probabilidad α, y si no llueve hoy, entonces lloverá mañana con una probabilidad β.

La librería "markovchain" pretende proveer objetos para realizar análisis estadísticos de cadenas de Markov a tiempos discretos. Asumamos que tenemos una cadena de Markov X={X1,X2,…} definida en el espacio de estados S={a,b,c} y cuya matriz de transición es:

$$P = \begin{pmatrix} 0 & 0.5 & 0.5 \\ 0.5 & 0 & 0.5 \\ 0.5 & 0.5 & 0 \end{pmatrix}$$

Dicha cadena podemos crearla en R, de la siguiente forma:

Crear la matriz de transición P:

```
> P = matrix(c(0,0.5,0.5,.5,0,.5,.5,.5,0),nrow = 3,byrow = TRUE)
> P
     [,1] [,2] [,3]
[1,]  0.0  0.5  0.5
[2,]  0.5  0.0  0.5
[3,]  0.5  0.5  0.0
```

A continuación una vez creada la matriz de transición creamos el objeto "markovchain" de la siguiente forma:

```
> mc = new("markovchain",transitionMatrix=P,states=c("a","b", "c"),name=
"Cadena 1")
> head(mc)
    a   b   c
a 0.0 0.5 0.5
b 0.5 0.0 0.5
c 0.5 0.5 0.0
```

La estructura del objeto mc (cadena de Markov) esta dad por str.

```
> str(mc)
Formal class 'markovchain' [package "markovchain"] with 4 slots
  ..@ states          : chr [1:3] "a" "b" "c"
  ..@ byrow           : logi TRUE
  ..@ transitionMatrix: num [1:3, 1:3] 0 0.5 0.5 0.5 0 0.5 0.5 0.5 0
  .. ..- attr(*, "dimnames")=List of 2
  .. .. ..$ : chr [1:3] "a" "b" "c"
  .. .. ..$ : chr [1:3] "a" "b" "c"
  ..@ name            : chr "Cadena 1"
```

Resumen de la cadena de Markov 1.

```
> summary(mc)
Cadena 1  Markov chain that is composed by:
Closed classes:
a b c
Recurrent classes:
{a,b,c}
Transient classes:
NONE
```

```
The Markov chain is irreducible
The absorbing states are: NONE
```

Para visualizar la transición de la cadena, utilizamos el comando plot:

```
> plot(mc)
```

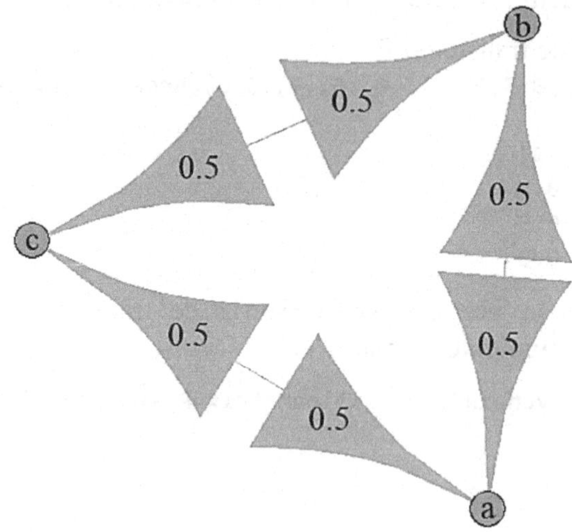

Otras funciones importantes son:

- absorbingStates(): identifica los estados absorbentes.
- transientStates(): identifica los estados transitorios.
- recurrentClasses(): identifica las clases recurrentes.

Para la cadena de Markov definida se obtiene que:

```
> recurrentClasses(mc)
[[1]]
[1] "a" "b" "c"

> transientStates(mc)
character(0)

> absorbingStates(mc)
character(0)
```

Para conocer la probabilidad de transición en 1 paso entre un estado y otro basta con utilizar la función transitionProbability(), con los argumentos:

- object: la cadena de Markov.
- t0: el estado en el tiempo 0.
- t1: el estado en el tiempo 1.

La probabilidad de transición en un paso del estado "a" al estado "c" es:

```
> transitionProbability(object = mc , t0="a", t1="c")
[1] 0.5
```

Recuerde que dicha probabilidad es un elemento de la matriz de transición P, por lo tanto, la probabilidad de transición del estado "a" al estado "b" es simplemente P23.

```
> mc[2,3]
[1] 0.5
```

Es posible computar la matriz de transición en n pasos, simplemente computando la n-ésima potencia de la matriz de transición P, como ejemplo calcularemos la matriz de transición en n = 5 pasos.

```
> n<-5    # número de pasos al futuro
> mc^5
Cadena 1^5
 A  3 - dimensional discrete Markov Chain defined by the following states:
 a, b, c

The transition matrix  (by rows)  is defined as follows:
        a       b       c
a 0.31250 0.34375 0.34375
b 0.34375 0.31250 0.34375
c 0.34375 0.34375 0.31250
```

También se puede conocer la distribución de la cadena en n pasos adelante (P(Xn)) multiplicando la distribución inicial de X0 por la matriz de transición en n pasos (Pn), calcule la distribución de la cadena en el tiempo n = 6, si la distribución inicial de la cadena es "(0.5, 0.2, 0.3)".

```
> x0<-c(0.5,0.2,0.3)
> n=6
> xn<-x0*(mc^n)
> xn
             a       b         c
[1,] 0.3359375 0.33125 0.3328125
```

Puesto que Xn es una función de densidad, la suma de las probabilidades en todos los estados debe ser 1.

```
> sum(xn)
[1] 1
```

Finalmente encontrar la distribución estacionaria de la cadena se obtiene mediante la función "steadyStates" de la siguiente forma:

```
> DistEst<-steadyStates(mc)
> DistEst
             a         b         c
[1,] 0.3333333 0.3333333 0.3333333
```

#Recordemos que los tiempos medio de recurrencia son los inversos multiplicativos de la distribución estacionaria y pueden ser computados fácilmente.

```
> M<-1/DistEst
> M
     a b c
[1,] 3 3 3
```

Ilustración: supongamos que estamos analizando las clases sociales de una determinada nación y obtenemos que tenemos una matriz que nos dice si los padres de una persona a la edad de 40 años eran de una determinada clase, cuál es la probabilidad de que su hijo pertenezca a una determinada clase a la edad de 40 años.

Imaginemos que esas probabilidades son las que nos aparecen en la tabla que sigue:

Tabla de transición de probabilidades

	Hijos en Clase Alta	Hijos Clase Media	Hijos Clase Baja
Padres en Clase Alta	70%	21%	9%
Padres Clase Media	12%	70%	18%
Padres Clase Baja	1%	50%	49%

Lo que tenemos que hacer es analizar estos datos para ver todos los conocimientos que podemos sacar desde el punto de vista sociológico.

Cargamos los datos en R.

```
> tprob<-matrix(c(0.7,0.21,0.09,0.12,0.7,0.18,0.01,0.5,0.49), nrow=3, byrow=T)
> tprob
     [,1] [,2] [,3]
[1,] 0.70 0.21 0.09
[2,] 0.12 0.70 0.18
[3,] 0.01 0.50 0.49

> cadena<-new("markovchain", states=c("Alta", "Media","Baja"), transitionMatrix=tprob, name="cadena")
> cadena
cadena
 A 3 - dimensional discrete Markov Chain defined by the following states:
 Alta, Media, Baja
 The transition matrix  (by rows)  is defined as follows:
      Alta Media Baja
Alta  0.70  0.21 0.09
Media 0.12  0.70 0.18
Baja  0.01  0.50 0.49
```

Con estos resultados podemos empezar a trabajar.

Imaginemos que actualmente tenemos una distribución de (5%, 60%, 35%) para las 3 clases y nos preguntamos cuál será la distribución dentro de 3 generaciones. Lo podemos resolver de esta manera:

```
> Inicial<-c(0.05,0.6,0.35)
> round(Inicial*cadena^3,3)
      Alta Media  Baja
[1,] 0.18 0.573 0.246
```

Observamos que trataría de un modelo creador de riqueza hacia las clases altas (pasamos de 0,05 a 0.18), y que permite ir abandonando la clase baja (que pasa de 0.35 a 0.246) pero a un ritmo muy lento.

Por ejemplo, podemos preguntarnos: una persona de clase baja donde podría estar dentro de 3 generaciones, con R podemos saberlo y obtener un vector de probabilidades.

```
> Inicial<-c(0,0,1)
> round(Inicial*cadena^3,3)
      Alta Media  Baja
[1,] 0.125 0.599 0.276
```

Este resultado significa que de cada 100 personas de clase baja, en 3 generaciones, sólo 28 de sus descendientes seguirán siendo de clase baja, y 13 estarán en clase alta y 6 en clase media.

Lo mismo podemos hacer para la clase media.

```
> Inicial<-c(0,1,0)
> round(Inicial*cadena^3,3)
      Alta Media  Baja
[1,] 0.194 0.572 0.234
```

Resultado que nos dice que de cada 100 personas de clase media, en 3 generaciones, 57 de sus descendientes seguirán siendo de la clase media, 19 de la clase alta y 23 de la clase baja.

Lo mismo podemos hacer para la clase alta.

```
> Inicial<-c(1,0,0)
> round(Inicial*cadena^3,3)
      Alta Media  Baja
[1,] 0.403 0.418 0.178
```

Constatamos que de cada 100 personas de clase alta, en 3 generaciones, 40 de ellos seguirán siendo ricos, 42 de clase media y 18 de clase baja.

A partir de esos resultados podemos extraer el llamado concepto "steady", que son los valores en torno a los cuales la sociedad se estabiliza dinámicamente,

y que coincide con los autovalores de la matriz. Con R podemos obtener esos valores de la siguiente manera.

```
> steadyStates(cadena)
         Alta     Media      Baja
[1,] 0.2250804 0.5434084 0.2315113
```

Lo que sucede con estos valores concretos y esta matriz de transición, es que ya no tendríamos evolución, llegando a un equilibrio dinámico. Es decir, aunque hubiera personas que cambiaran de una clase a otra, el total del sistema no cambiaría, porque todos los cambios serían compensados. Matemáticamente se puede expresar así:

```
> steadyStates(cadena)*cadena^3
          Alta     Media      Baja
[1,] 0.2250804 0.5434084 0.2315113
```

Con la orden "plot", podemos visualizar el estado de transición de la matriz.

```
> plot(cadena)
```

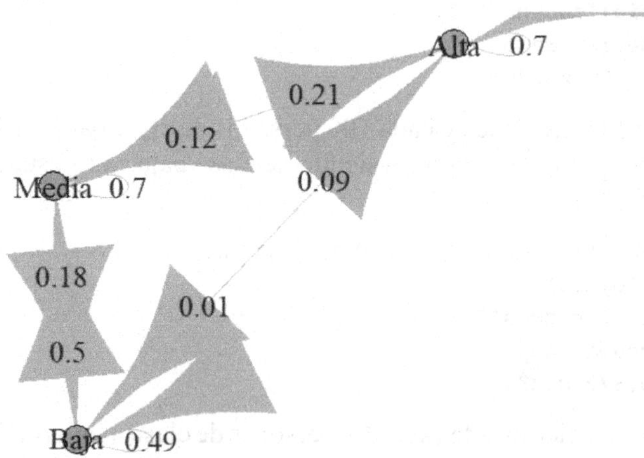

Un resumen de todo lo que contiene la cadena de Markov, nos la puede dar la orden "summary".

```
> summary(cadena)
cadena  Markov chain that is composed by:
Closed classes:
Alta Media Baja
Recurrent classes:
{Alta,Media,Baja}
Transient classes:
NONE
The Markov chain is irreducible
The absorbing states are: NONE
```

11.13 SUCESIÓN DE VARIABLES ALEATORIAS

11.13.1 Convergencia en Probabilidad de Sucesiones

Una sucesión de variables aleatorias es una secuencia de funciones $X_1, X_2, X_3, \ldots, X_n, \ldots$, que denotamos como sigue:

$$\{X_n\} = \{X_n, n \geq 1\} = \{X_1, X_2, X_3, \ldots, X_n, \ldots\}$$

Entonces, la sucesión de variables aleatorias {Xn} converge en probabilidad a la variable aleatoria X si, para todo ε > 0, se verifica que.

$$\mathbf{Lim}_{\infty}\mathbf{P}[|Xn - X| \geq \varepsilon] = \mathbf{0} \text{ o bien } \mathbf{Lim}_{\infty}\mathbf{P}[|Xn - X| < \varepsilon] = \mathbf{1}$$

Planteamiento del problema.

Sea X1,X2, X3,... una sucesión de variables aleatorias independientes distribuidas U(0,1). Se pide probar si el cociente de dos en dicha sucesión converge en probabilidad a cierto valor concreto (2/3).

$$\frac{\sum_{i=1}^{n} X_i^2}{\sum_{i=1}^{n} X_i} \xrightarrow{p} \frac{2}{3}$$

Definimos las sucesiones Xn y Yn como:

$$X_n = \frac{\sum_{i=1}^{n} X_i}{n} \qquad Y_n = \frac{\sum_{i=1}^{n} X_i^2}{n}$$

Para probar si hay convergencia en probabilidad de estas sucesiones generaremos muestras aleatorias de distintos tamaños provenientes de una distribución uniforme (0,1).

```
> runif(10) # Muestra de tamaño n=10, de una distribución uniforme (0, 1)
 [1] 0.1899662 0.5665590 0.5585971
 [4] 0.2071836 0.8281990 0.7242832
 [7] 0.6619832 0.6431521 0.5547951
[10] 0.4223330
```

Simulamos m muestras de tamaño n provenientes de una distribución uniforme. Dispondremos las realizaciones en una matriz X, donde cada fila representa una muestra, y la cantidad de columnas está dada por el tamaño de las muestras (n).

```
> m<-100
> n<-10
```

Creamos una matriz donde 'guardaremos' las muestras.

```
> X<-matrix(runif(n*m), nrow=m,ncol=n)

> head(X,3)
          [,1]      [,2]      [,3]      [,4]      [,5]
[1,] 0.2421321 0.5255721 0.3213633 0.6062355 0.1311655
[2,] 0.9378497 0.3194848 0.8236245 0.8123738 0.4555892
[3,] 0.6430962 0.2479065 0.5352762 0.9194036 0.9076235
           [,6]      [,7]      [,8]      [,9]     [,10]
[1,] 0.17053734 0.9519507 0.6530084 0.8318611 0.5189854
[2,] 0.09572502 0.8278419 0.1095765 0.7045202 0.5120931
[3,] 0.57777047 0.2611114 0.7428172 0.4019596 0.7781829
```

A continuación calculamos la media de una muestra (fila) en particular, o de todas las muestras (todas las filas) simultáneamente con la función apply.

Media de la muestra '1'.

```
> mean(X[1,])
[1] 0.4952811
```

Calculamos la media de cada una de las muestras de tamaño n.

```
> apply(X,1,mean)
  [1] 0.4952811 0.5598679 0.6015148 0.4605982 0.4112078
  [6] 0.5801382 0.4556552 0.4563269 0.4179604 0.3571535
 [11] 0.4162059 0.6062176 0.4480104 0.4723307 0.4728094
 [16] 0.5473769 0.4539036 0.4510540 0.6279493 0.3212841
 [21] 0.3753960 0.6644463 0.3899452 0.5192117 0.5811975
 [26] 0.4618318 0.4493023 0.5800027 0.5755109 0.5583117
 [31] 0.4759307 0.3605184 0.5559137 0.2959709 0.5451026
 [36] 0.5691617 0.6147709 0.6697976 0.5826560 0.5869200
 [41] 0.4255196 0.3565966 0.4079479 0.3908562 0.5029133
 [46] 0.4954865 0.6023309 0.5443947 0.5807490 0.3422010
 [51] 0.3775659 0.3958606 0.5027167 0.6112722 0.3581792
 [56] 0.4408870 0.4819393 0.4890655 0.5834949 0.5113763
 [61] 0.4975011 0.5140213 0.5974383 0.4276995 0.6417581
 [66] 0.5467087 0.5229936 0.5263039 0.5509025 0.4530250
 [71] 0.4854528 0.6244024 0.4747955 0.4794320 0.4406825
 [76] 0.4192630 0.4035782 0.5262606 0.5651387 0.4726926
 [81] 0.5558633 0.3880123 0.5992355 0.3214754 0.5498133
 [86] 0.5953829 0.4105125 0.5449154 0.5316200 0.6825039
 [91] 0.4759845 0.5225427 0.5659100 0.5502941 0.4785174
 [96] 0.3580573 0.4925932 0.5700862 0.5741278 0.5413971
```

Debemos recordar que al aplicar la función apply, estamos obteniendo la siguiente expresión:

$$X_n = \frac{\sum_{i=1}^{n} X_i}{n}$$

Como nuestro objetivo es calcular la media de muestras de distintos tamaños, generaremos la siguiente función para poder hacerlo de manera más eficiente.

Luego, creamos una función que nos permitirá tomar muestras de un determinado tamaño e inmediatamente calcular las medias.

```
> mean_samples <- function(n = 10){
    X = matrix(runif(n*m), nrow = m, ncol = n)
    return(apply(X, 1, mean))
    }
```

Convergencia de X_n

Generamos una matriz (por ahora vacía) donde 'guardaremos' las medias de las distintas muestras de cada uno de los tamaños definidos (en este caso, las 20 columnas implican que trabajaremos con 20 tamaños de muestras distintos).

```
B<-matrix(NA,m, 20)                # m filas por 20 columnas.
```

Seguidamente, aplicamos la funcion "mean_samples" tomando muestras que sean múltiplos de 10 (de 10 a 200), y la incorporamos en cada columna de la matriz B.

```
> for(i in 1:20){
  B[, i] = mean_samples(i*10)
}
```

Cambiamos los nombres de columnas asignando el tamaño de muestra considerado en cada caso.

```
> colnames(B) <- as.character(seq(10, 200, by = 10))
```

Pedimos que "imprima" las primeros 5 filas de la matriz.

```
> B[1:3, ]
            10        20        30        40        50
[1,] 0.5763393 0.5035542 0.4835089 0.5664120 0.5629468
[2,] 0.5472730 0.5733395 0.4806897 0.4550262 0.4167678
[3,] 0.4568479 0.3574978 0.4827671 0.5809044 0.5498272
            60        70        80        90       100
[1,] 0.5220409 0.5428612 0.5197439 0.4706581 0.4527584
[2,] 0.5097639 0.5126240 0.4940774 0.5214157 0.5350330
[3,] 0.5046855 0.4675067 0.4087269 0.4904023 0.4717918
           110       120       130       140       150
[1,] 0.5387006 0.5362568 0.4931743 0.5035808 0.4642925
[2,] 0.4694716 0.4760992 0.4886047 0.5014895 0.4849005
```

```
[3,] 0.5554092 0.5137288 0.5163991 0.5171800 0.4878407
           160       170       180       190       200
[1,] 0.5085205 0.4885476 0.5148915 0.4642230 0.4833271
[2,] 0.5233732 0.5093452 0.4770774 0.4779850 0.5297228
[3,] 0.4932925 0.5154413 0.5111847 0.5198946 0.4626416
```

Ejecutamos la función `boxplots()` para cada tamaño de muestra, podemos ver que la varianza se reduce a medida que n crece, y por lo tanto X_n se encuentra "cerca" de 1/2 con probabilidad muy alta.

Generamos un boxplot para la matriz B.

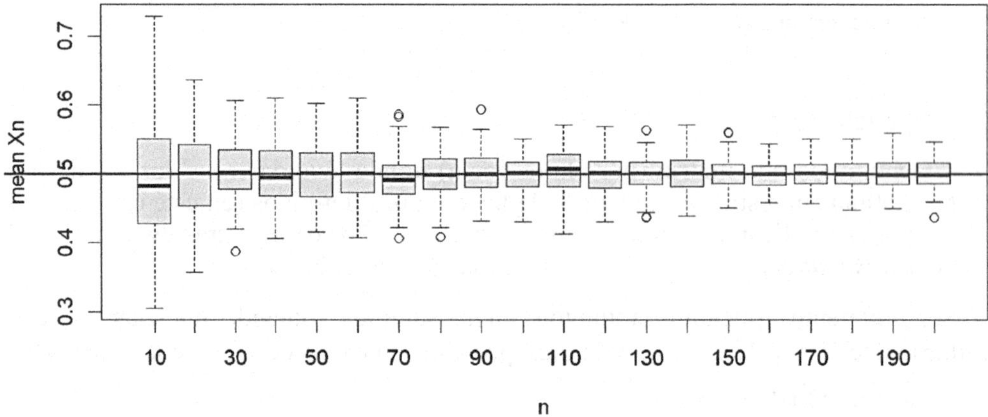

Convergencia de Y_n

A continuación procederemos de forma análoga a analizar la convergencia de Y_n.

La aplicación de la función `apply()` nos permite obtener la expresión:

$$Y_n = \frac{\sum_{i=1}^{n} X_i^2}{n}$$

Procedemos a generar una función que calcule las medias sobre los cuadrados de las realizaciones de las variables aleatorias. Y que nos permitirá tomar muestras de determinado tamaño e inmediatamente calcular las medias.

```
mean_samples <- function(n = 10){
     X = matrix(runif(n*m), nrow = m, ncol = n)
      return(apply(X^2, 1, mean))# X^2 eleva cada valor de las muestras al
cuadrado.
     }
```

Generamos una matriz (por ahora vacía) donde 'guardaremos' las medias de las distintas muestras de cada uno de los tamaños definidos ('m' filas y 20 filas).

```
> m<-100
> n<-10
> B <- matrix(NA, m, 20)  # (m filas por 20 columnas)
```

Aplicamos la función tomando muestra de tamaño multiplos de 10 (10 a 200).

```
for(i in 1:20){
   B[, i] = mean_samples(i*10)
}
```

Cambiamos nombres de columnas asignando el tamaño de muestra considerado en cada caso.

```
> colnames(B)<-as.character(seq(10,200, by=10))
> B[1:3,]     #Imprime las primeras 3 filas
            10        20        30        40
[1,] 0.1583457 0.4883286 0.4232745 0.3816888
[2,] 0.2281696 0.3686581 0.3562687 0.2926306
[3,] 0.1903069 0.4167772 0.4135682 0.3448325
            50        60        70        80
[1,] 0.2577859 0.3491871 0.2804339 0.3224589
[2,] 0.3295483 0.3641763 0.3226482 0.4003294
[3,] 0.3462879 0.2919551 0.3294465 0.3360283
            90       100       110       120
[1,] 0.3409377 0.3055271 0.3777875 0.3477638
[2,] 0.3567013 0.3275584 0.3310702 0.3493423
[3,] 0.3156722 0.4154399 0.2679877 0.3246877
           130       140       150       160
[1,] 0.3585253 0.3310847 0.3727622 0.3263093
[2,] 0.3028522 0.3279563 0.3446962 0.3119510
[3,] 0.3702595 0.2975702 0.3200822 0.3396343
           170       180       190       200
[1,] 0.3725575 0.3461654 0.3385867 0.3529281
[2,] 0.3239959 0.3421870 0.3685045 0.3025736
[3,] 0.3086470 0.3155072 0.3653618 0.3159460
```

Ejecutando la función `boxplot()` para cada tamaño de muestra, podemos ver que la varianza se reduce a medida que n crece, y por lo tanto Y_n se encuentra "cerca" de 1/3 con probabilidad muy alta.

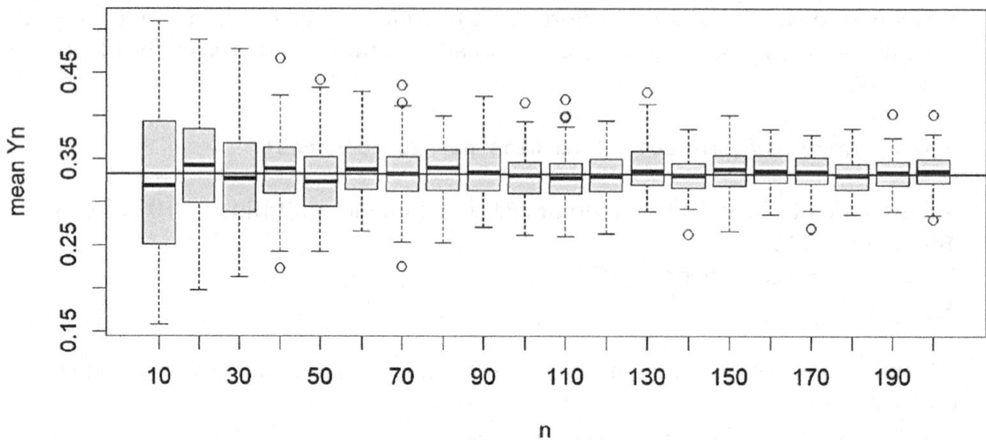

Convergencia de Y_n/X_n

Por último, mediante simulaciones probaremos que Y_n/X_n tiende a 2/3 en probabilidad.

$$\frac{Y_n}{X_n} \xrightarrow{p} \frac{1/3}{1/2} = \frac{2}{3}$$

En este punto adaptaremos la función a efectos de que para cada muestra obtengamos:

$$\frac{\sum_{i=1}^{n} X_i^2}{\sum_{i=1}^{n} X_i}$$

```
# Creamos una función que nos permita tomar muestras de determinado tamaño e inmediatamente después calcular las medias.
> mean_samples <- function(n = n){
  X = matrix(runif(n*m), nrow = m, ncol = n)
  X2 = X^2  # elevamos al cuadrado las realizaciones de las distintas muestras.
  return(apply(X^2, 1, mean) / apply(X, 1, mean))  # aquí se realiza la modificación mencionada para analizar la convergencia buscada.
}

# Generamos una matriz (por ahora vacía) donde 'guardaremos' las medias de las distintas muestras de cada uno de los tamaños definidos (trabajaremos con 20 tamaños de muestras distintos).
for(i in 1:20){
  B[, i] = mean_samples(i*10)
}
```

Cambiamos los nombres de las columnas asignando el tamaño de muestra considerado en cada caso.

```
> colnames(B)<-as.character(seq(10,200, by=10))
> B[1:3,]
            10        20        30        40
[1,] 0.6493164 0.7301783 0.6632968 0.6773005
[2,] 0.6276044 0.6023657 0.6165845 0.5746754
[3,] 0.7694658 0.6544681 0.6095722 0.6477787
            50        60        70        80
[1,] 0.7191038 0.6606368 0.6431092 0.6198216
[2,] 0.7300740 0.6716332 0.6486408 0.5756492
[3,] 0.5921197 0.6631479 0.6758285 0.6587707
            90       100       110       120
[1,] 0.6859558 0.6610922 0.6590212 0.6755396
[2,] 0.6589726 0.6900893 0.6569537 0.7013810
[3,] 0.7136161 0.6648359 0.6934575 0.6977094
           130       140       150       160
[1,] 0.6840601 0.6346985 0.6617080 0.6588603
[2,] 0.6765872 0.6647336 0.6974029 0.6893530
[3,] 0.6420403 0.6626929 0.6599631 0.6786225
           170       180       190       200
[1,] 0.6739264 0.6819463 0.6745917 0.6809204
[2,] 0.6846797 0.6736600 0.6707663 0.6853463
[3,] 0.6551751 0.6820612 0.6480019 0.6601091
```

Ejecutamos un **boxplot()** para cada tamaño de muestra, podemos ver que la varianza se reduce a medida que n crece, y por lo tanto Y_n/X_n se encuentra "cerca" de 2/3 con probabilidad muy alta.

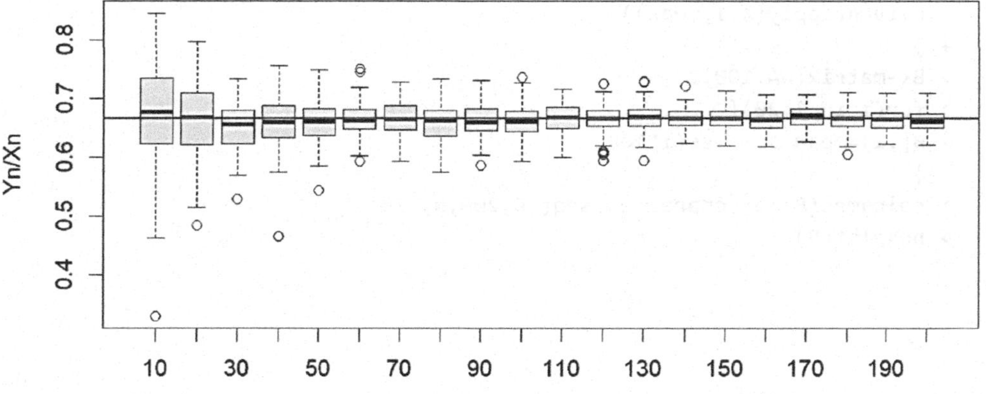

11.13.2 Convergencia en Distribución de Sucesiones

La sucesión de variables aleatorias {Xn} se dice que converge en distribución o en ley a la variable aleatoria X (con función de distribución F(x)), si la función de distribución Fn(x) de Xn converge a la función de distribución F(x) de X en todo punto de continuidad de F(x). Esto es:

$$\lim_{\infty} F_n(x) = F(x)$$

En todos los puntos x donde F(x) es continua. A la función F(x) se llama función de distribución límite de X_n.

Convergencia y Resultados Asintóticos

Ley de los Grandes Números

Nuestra punto partida establece que:

$$\overline{X}_n \xrightarrow{\text{a.s.}} \mathbb{E}(X)$$

Dada una sucesión {X1, X2, X3, ..., Xn} de variables aleatorias independientemente distribuidas (i.i.d) con:

$$\overline{X}_n = \frac{1}{n}(X_1 + \cdots + X_n)$$

Para visualizar esa convergencia, hacemos uso de la siguiente sintaxis en R.

```
> m<-100
> mean_samples<-function(n=10){
+ X=matrix(rnorm(n*m),nrow=m,ncol=n)
+ return(apply(X,1,mean))
+ }
> B<-matrix(NA,100,20)
> for(i in 1:20){
+ B[,i]=mean_samples(i*10)
+ }
> colnames(B)=as.character(seq(10,200,by=10))
> boxplot(B)
```

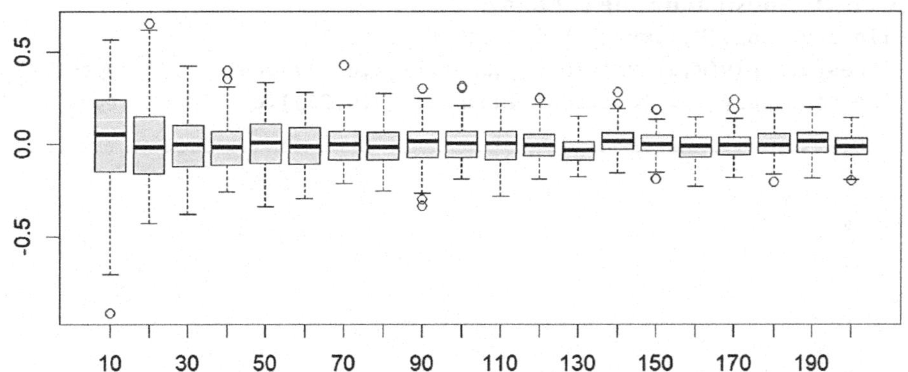

A continuación visualizamos también los límites de √n (usado en el TCL para obtener los límites de una distribución no degenerada.

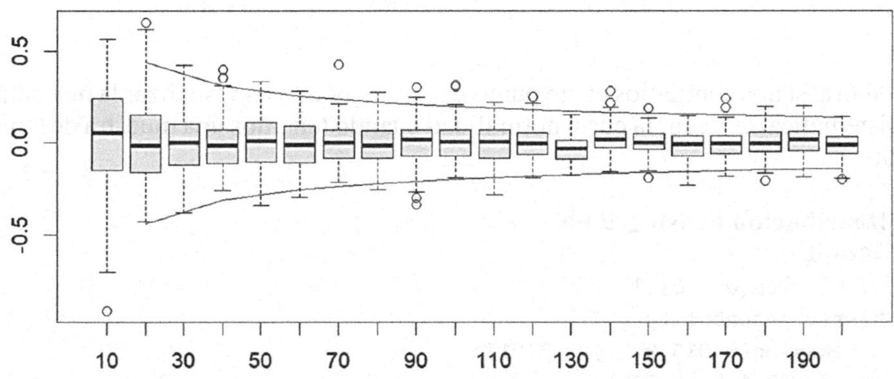

Es posible visualizar la normalidad asintótica puntual de la función de distribución acumulativa empírica. El primer paso es calcular varias trayectorias para la función de distribución acumulativa empírica.

 # Función de distribucion empírica

```
> u<-seq(-3,3,by=0.1)
> plot(u,u,ylim=c(0,1),col="white")
> M=matrix(NA,length(u),1000)
> for(m in 1:1000){
+     n=100
+     x=rnorm(n)
+     Femp=Vectorize(function(t)mean(x<=t))
+     v=Femp(u)
+     M[,m]=v
+     lines(u,v,col='light blue', type="s")
+     }
```

 # Construimos bandas de confianza

```
> lines(u,apply(M,1,mean),col="red",type="l")
> lines(u,apply(M,1,function(x)quantile(x,0.05)),col="red",type= "s")
> lines(u,apply(M,1,function(x)quantile(x,0.95)),col="red", type ="s")
```

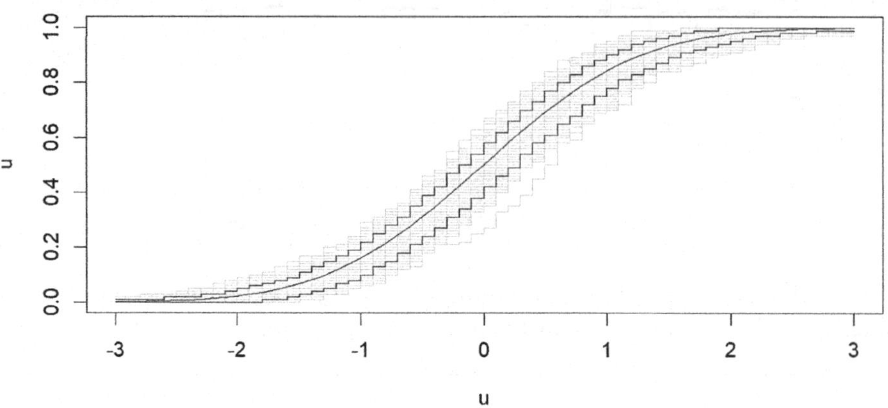

Ahora, si nos centramos en un punto concreto, podemos visualizar la normalidad asistemática, es decir, la cuasi normalidad cuando tenemos una muestra de tamaño 100.

 # Distribucion e histograma

```
> x0<--1
> y<-M[which(u==x0),]
> hist(y,probability = T,
+ breaks=seq(0.015,0.55,by=0.01))
> vu<-seq(0,1,by=0.001)
> lines(vu,dnorm(vu,pnorm(x0),
+ sqrt((pnorm(x0)*(1-pnorm(x0)))/100)),col="red")
```

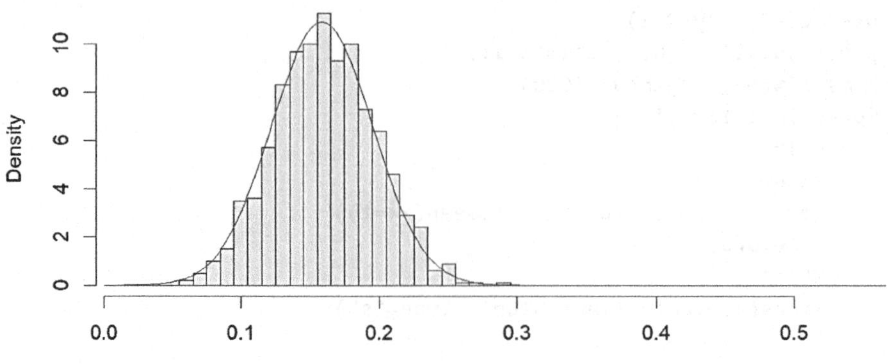

11.14 VARIABLES ALEATORIAS BIDIMENSIONALES

Dada una variable aleatoria bidimensional (X,Y), queremos estudiar cómo se distribuye la probabilidad de sucesos cualesquiera de la forma {(X,Y)∈B}, donde B es una región del plano.

Para ello, definimos la función de distribución conjunta: dada una variable bidimensional (X,Y), definimos su función de distribución conjunta F_{XY} a la función definida sobre R^2 de la manera siguiente:

$$\begin{aligned} F_{XY} : \mathbb{R}^2 &\longrightarrow \mathbb{R} \\ (x,y) &\longrightarrow F_{XY}(x,y) = P(X \leq x,\ Y \leq y) \end{aligned}$$

Entonces la función de distribución conjunta en el valor (x,y) es la probabilidad del suceso formado por aquellos elementos tal que acumula las probabilidades de la variable aleatoria bidimensional (X,Y).

Representamos en un gráfico tridimensional la función de distribución conjunta usando la función `persp()` de R para x e y entre -2 y 2.

Primero definimos la función y luego la dibujamos:

```
> f.dist.con = function(x,y){ifelse(x<0 | y<0,0,
+                ifelse(x>=0 & x<=1 & y>=0 & y<=1,x*y,
+           ifelse(x>=0 & x<=1 & y >1,x,ifelse(y>=0 & y<=1 & x>1,y,1))))}
> x=seq(from=-2,to=2,by=0.1)
> y=seq(from=-2,to=2,by=0.1)
> z=outer(x,y,f.dist.con)
> persp(x,y,z,theta=50,phi=40,col="blue",shade=0.25,ticktype="detailed")
```

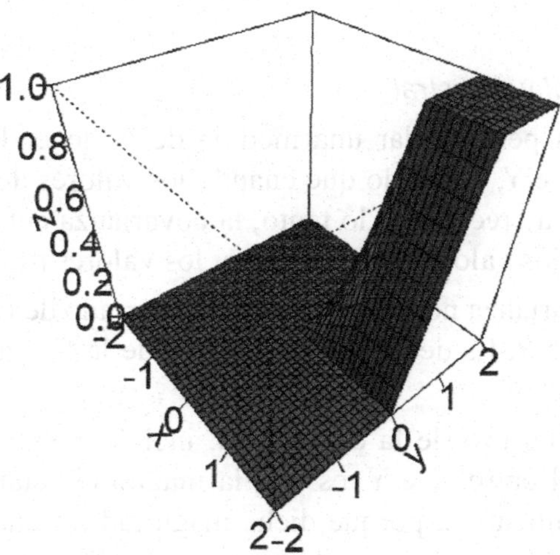

Momentos de variables bidimensionales

Varianza → Cálculo de la Varianza

Utilizando nuestra nueva expected_value, podríamos crear fácilmente la función Var (con la V mayúscula) para calcular la varianza. Recordemos que la varianza de una variable aleatoria es.

$$Var[X] = E[(x - E[X])^2]$$

De este modo, Var[X] sería un caso especial de la esperanza de una función de X, con $g(x) = (x-E[X])^2$.

```
> Var <- function(.density_function, ...) {
+     mu <- expected_value(.density_function, ...)
+     expected_value(.density_function,
+          .g = function(x) (x - mu)^2,
+                   ...)
+ }
```

```
# Varianza de una distribución normal.
> Var(dnorm, sd=4)
[1] 16
```

```
# Varianza de una distribución uniforme.
> Var(dunif, min=10,max=16)
[1] 2.999995
```

```
# Varianza de una distribución exponencial.
> Var(dexp,rate=2)
[1] 0.25
```

Covarianza poblacional y muestral

La covarianza nos permite dar una medida de la dependencia lineal entre las variables aleatorias X e Y, de modo que cuando los valores de X crecen los valores de Y también tienden a crecer. Por lo tanto, la covarianza entre X e Y es positiva y será negativa cuando los valores de X crecen y los valores de Y tienden a decrecer.

En síntesis, la covarianza nos da una medida del grado de relación lineal que hay entre las variables X e Y. Es decir, es una medida de la fuerza de la relación lineal entre X e Y.

El inconveniente del uso de la covarianza, incluso como de medida de fuerza de una relación lineal entre X e Y, es que la magnitud o tamaño numérico de la covarianza no es significativa, porque dicha magnitud depende de las unidades de medida utilizadas.

$$\sigma_{xy} = \frac{1}{N}\sum_{i=1}^{N}(x_i - \mu_x)(y_i - \mu_y) \qquad s_{xy} = \frac{1}{n-1}\sum_{i=1}^{n}(x_i - \bar{x})(y_i - \bar{y})$$

La sintaxis en R está relacionada con la función **cov()** y es:

```
> covarianza <- cov(variable1,variable2, method)
```

Donde method puede ser: "pearson", "kendal" y/o "spearman".

```
> duration = faithful$eruptions      # eruption durations
> waiting = faithful$waiting         # the waiting period
> cov(duration, waiting)             # apply the cov function
[1] 13.978
```

La covarianza de la duración de la erupción y el tiempo de espera es de aproximadamente 14. Indica una relación lineal positiva entre las dos variables.

A continuación construimos una matriz de covarianza haciendo uso de la función **data.frame()**. Para ello, consideramos las puntuaciones (0 a 100) de los exámenes realizados por 10 estudiantes en tres materias: Estadística, Economía y Filosofía.

Creamos los datos.

```
> dexam <- data.frame (stat = c (84, 82, 81, 89, 73, 94, 92, 70, 88, 95),
+ econ = c (85, 82, 72, 77, 75, 89, 95, 84, 77, 94),
+ filos = c (97, 94, 93, 95, 88, 82, 78, 84, 69, 78))

> head(dexam, 3)
  stat econ filos
1   84   85    97
2   82   82    94
3   81   72    93
```

Construímos la matriz de covarianzas.

```
> cov(dexam)
           stat      econ     filos
stat   72.17778  36.88889 -27.15556
econ   36.88889  62.66667 -26.77778
filos -27.15556 -26.77778  83.95556
```

Cálculo de la covarianza por el método de Pearson.

```
> cov(dexam, method="pearson")
```

```
          stat      econ     filos
stat  72.17778  36.88889 -27.15556
econ  36.88889  62.66667 -26.77778
filos -27.15556 -26.77778  83.95556
```

Cáculo de las covarianza por el método de Kendall.

```
> cov(dexam, method="kendall")
      stat econ filos
stat    90   40   -12
econ    40   88   -26
filos  -12  -26    88
```

Cálculo de las covarianzas por el método de Spearman.

```
> cov(dexam, method="spearman")
          stat      econ     filos
stat  9.166667  5.888889 -3.611111
econ  5.888889  9.111111 -3.222222
filos -3.611111 -3.222222  9.111111
```

Interpretación:

- Los valores a lo largo de las diagonales de la matriz de covarianzas son simplemente las variaciones de cada sujeto. Es decir, las varianzas asociadas a cada materia.
- Los valores fuera de la diagonal principal corresponden a las covarianzas entre las distintas materias. Por defecto, R calcula las covarianzas por el método de Pearson.
  - La covarianza entre las puntuaciones de estadística y economía es 36,89.
  - La covarianza entre las puntuaciones de estadística y filosofía es -27,16.
  - La covarianza entre las puntuaciones de economía y filosofía es -26,78.

En los resultados de la covarianza nos interesa el signo de la relación y no tanto la magnitud que toma.

Si el valor de la covarianza es un número positivo indica que dos variables tienden a aumentar o disminuir conjuntamente. Por ejemplo, las estadísticas y las economías tienen una covarianza positiva (36,89), lo que indica que los estudiantes que obtienen una puntuación alta en estadística también tienden a obtener una puntuación alta en ciencias. Por el contrario, los estudiantes que obtienen una puntuación baja en estadística también tienden a obtener una puntuación baja en economía.

Si el valor de la covarianza es un número negativo indica que a medida que aumenta una variable, la segunda variable tiende a disminuir. Por ejemplo, las estadísticas y la filosofía tienen una covarianza negativa (-27,16), lo que indica que los estudiantes que obtienen una puntuación alta en estadística tienden a obtener una puntuación baja en filosofía. Por el contrario, los estudiantes que obtienen un puntuaciones bajas en estadística tienden a obtener un puntuación alta en filosofía.

Correlación

Una forma de cuantificar la relación entre dos variables es utilizar el coeficiente de correlación de Pearson , que es una medida de la asociación lineal entre dos variables. Siempre toma un valor entre -1 y 1 donde:

- -1 indica una correlación lineal negativa perfecta entre dos variables.
- 0 indica que no hay correlación lineal entre dos variables.
- 1 indica una correlación lineal positiva perfecta entre dos variables.

La sintaxis en R está relacionada con la función `cor()` y es:

```
> Coef_correlacion <- cor(variable1,variable2, method)
```

Donde method puede ser: "pearson", "kendal" y/o "spearman".

Calcular la correlación entre múltiples variables en R, usando la función `cor()` sobre un data-frame.
Creamos los vectores de datos.

```
> a <- c (2, 3, 3, 5, 6, 9, 14, 15, 19, 21, 22, 23)
> b <- c (23, 24, 24, 23, 17, 28, 38, 34, 35, 39, 41, 43)
> c <- c (13, 14, 14, 14, 15, 17, 18, 19, 22, 20, 24, 26)
> d <- c (6, 6, 7, 8, 8, 8, 7, 6, 5, 3, 3, 2))
```

Presentamos los datos en formato matricial.

```
> df<-matrix(c(a,b,c,d),ncol=4)
> df
      [,1] [,2] [,3] [,4]
 [1,]    2   23   13    6
 [2,]    3   24   14    6
 [3,]    3   24   14    7
 [4,]    5   23   14    8
 [5,]    6   17   15    8
 [6,]    9   28   17    8
 [7,]   14   38   18    7
 [8,]   15   34   19    6
 [9,]   19   35   22    5
[10,]   21   39   20    3
[11,]   22   41   24    3
[12,]   23   43   26    2
```

Aplicamos la función `data.frame()`

```
> df<-data.frame(df)
> df
   X1 X2 X3 X4
1   2 23 13  6
2   3 24 14  6
3   3 24 14  7
```

```
4   5 23 14  8
5   6 17 15  8
6   9 28 17  8
7  14 38 18  7
8  15 34 19  6
9  19 35 22  5
10 21 39 20  3
11 22 41 24  3
12 23 43 26  2
```

Correlación entre dos variables.

```
> cor(df$X1,df$X2)
[1] 0.9279869
```

Correlación entre múltiples variables.

```
> cor(df[,c('X1','X2','X3')])
          X1        X2        X3
X1 1.0000000 0.9279869 0.9604329
X2 0.9279869 1.0000000 0.8942139
X3 0.9604329 0.8942139 1.0000000
```

Correlación entre todas las variables de la matriz de datos.

```
> cor(df)
           X1         X2         X3         X4
X1  1.0000000  0.9279869  0.9604329 -0.7915488
X2  0.9279869  1.0000000  0.8942139 -0.7917973
X3  0.9604329  0.8942139  1.0000000 -0.8063549
X4 -0.7915488 -0.7917973 -0.8063549  1.0000000
```

Interpretación de los resultados:

- La correlación entre X1 y X2 es 0,9279869 (muy buena).
- La correlación entre X1 y X3 es 0,9604329 (muy buena).
- La correlación entre X2 y X3 es 0,8942139 (buena).

Cálculo de la correlación por el método de Pearson.

```
> cor(df, method="pearson")
           X1         X2         X3         X4
X1  1.0000000  0.9279869  0.9604329 -0.7915488
X2  0.9279869  1.0000000  0.8942139 -0.7917973
X3  0.9604329  0.8942139  1.0000000 -0.8063549
X4 -0.7915488 -0.7917973 -0.8063549  1.0000000
```

Cälculo de la correlación por el método de Kendall.

```
> cor(df, method="kendall")
           X1         X2         X3         X4
X1  1.0000000  0.7442084  0.9532414 -0.5374564
X2  0.7442084  1.0000000  0.7559289 -0.6565322
X3  0.9532414  0.7559289  1.0000000 -0.5459208
X4 -0.5374564 -0.6565322 -0.5459208  1.0000000
```

Cälculo de la correlación por el método de Spearman.

```
> cor(df, method="spearman")
           X1         X2         X3         X4
X1  1.0000000  0.8787360  0.9876681 -0.6542731
X2  0.8787360  1.0000000  0.8833977 -0.7661496
X3  0.9876681  0.8833977  1.0000000 -0.6738741
X4 -0.6542731 -0.7661496 -0.6738741  1.0000000
```

Conversión de covarianza en correlación

La función en la programación R para convertir una matriz de covarianza en la correspondiente matriz de correlación es `cov2cor()`.

La sintaxis en R es la siguiente: cov2cor(x).

Calculamos la matriz de covarianzas de los datos "dexam" y la denominamos 'X'.

```
> X<-cov(dexam)
> X
           stat      econ     filos
stat   72.17778  36.88889 -27.15556
econ   36.88889  62.66667 -26.77778
filos -27.15556 -26.77778  83.95556
```

Convertimos esta matriz de covarianzas en la matriz de correlación correspondiente.

```
> cov2cor(X)
            stat       econ      filos
stat   1.0000000  0.5484986 -0.3488448
econ   0.5484986  1.0000000 -0.3691743
filos -0.3488448 -0.3691743  1.0000000
```

Cálculamos la matriz de correlación.

```
> cor(dexa)
            stat       econ      filos
stat   1.0000000  0.5484986 -0.3488448
econ   0.5484986  1.0000000 -0.3691743
filos -0.3488448 -0.3691743  1.0000000
```

Obsevamos que en efecto la conversión de la matriz de covarianzas da exactamente los mismos resultados que la matriz de correlación calculada directamente.

Correlación parcial

Usamos correlaciones parciales para obtener un valor de r más realista entre las variables x,y, al determinar la porción de la varianza propia o atribuida específicamente a ellas, al considerar y por tanto eliminar los efectos (varianza) de una o más variables de control que ejercen efecto sobre x e y.

```
>install.packages("ppcor")
> install.packages("MASS")
> library(ppcor)
Loading required package: MASS
Warning message:
package 'ppcor' was built under R version 4.1.3
> library(MASS)
```

Cargamos los vectores de datos en R y construimos una matriz de datos df1que sea una data-frame.

```
> df1<-data.frame(gradeScore=c(88,88,75,74,93,97,83,90,90,80),
+ horas=c(4,3,6,5,4,5,8,7,4,6),
+ examScore=c(88,85,76,70,92,94,89,85,90,93))

> df1
   gradeScore horas examScore
1          88     4        88
2          88     3        85
3          75     6        76
4          74     5        70
5          93     4        92
6          97     5        94
7          83     8        89
8          90     7        85
9          90     4        90
10         80     6        93
```

Calculamos la correlación parcial entre las horas estudiadas y la puntuación obtenida en el examen final.

```
> pcor(df1)
$estimate
           gradeScore      horas examScore
gradeScore  1.0000000 -0.4267494 0.7738137
horas      -0.4267494  1.0000000 0.2961393
examScore   0.7738137  0.2961393 1.0000000
```

```
$p.value
           gradeScore     horas  examScore
gradeScore 0.00000000 0.2519968 0.01440778
horas      0.25199684 0.0000000 0.43907801
examScore  0.01440778 0.4390780 0.00000000

$statistic
           gradeScore     horas examScore
gradeScore   0.000000 -1.248463  3.232200
horas       -1.248463  0.000000  0.820306
examScore    3.232200  0.820306  0.000000

$n
[1] 10

$gp
[1] 1

$method
[1] "pearson"
```

La salida nos informa que el método utilizado para calcular la correlación parcial fue «pearson». Dentro de la función **pcor()**, también podríamos especificar los métodos "kendall" o "pearson" como métodos alternativos para calcular las correlaciones.

Interpretación de la salida del ordenador.

- Correlación parcial entre las *horas estudiadas y la puntuación del examen final*, asumiendo que la calificación actual permanece constante.

  La correlación parcial entre las *horas estudiadas y la puntuación del examen final* es 0.2961393, que es una pequeña y positiva. A medida que aumentan las horas estudiadas, la puntuación del examen también tiende a aumentar, suponiendo que la calificación actual se mantenga constante.

  El p-valor para esta correlación parcial es 0.439, por lo que no es estadísticamente significativo para un nivel de significación del 5% ($\alpha = 0.05$).

- Correlación parcial entre la *calificación actual y la calificación del examen final*, asumiendo que las horas estudiadas se mantienen constantes.

  La correlación parcial entre la calificación actual y la puntuación del examen final es 0.7738137, que indica una fuerte correlación positiva. A medida que aumenta la calificación actual, la puntuación del examen también tiende a aumentar, asumiendo que las horas estudiadas se mantienen constantes.

El p-valor para esta correlación parcial es 0.01440778, es estadísticamente significativo a nivel de significación del 5% (α = 0.05).

- Correlación parcial entre la *nota actual y las horas estudiadas*, asumiendo que la calificación del examen final permanece constante:

  La correlación parcial entre la calificación actual y las horas estudiadas es -0.4267494, que se corresponde con una correlación negativa. A medida que aumenta la calificación actual, las horas de estudio tienden a disminuir, asumiendo que la calificación del examen final se mantiene constante.

  El p-valor para esta correlación parcial es 0.2519968, que no es estadísticamente significativo para un α = 0.05.

11.15 INTEGRALES Y DERIVADAS AVANZADAS EN R

11.15.1 Cálculo de integrales en R

En R podemos utilizar la función integrate para calcular una integral definida, incluso si es una integral impropia. Probemos con una integral muy sencilla:

$$\int_0^1 xdx = x^2|_0^1 = 1^2 - 0^2 = 1$$

Podemos calcular con R las integrales utilizando la función `integrate()`.

```
> integrate(function(x)x,lower =(Inf, -Inf),upper =(Inf, -Inf)
```

Los argumentos más importantes de esta función son:

- f: es otra función. Es necesario que el primer argumento de esta función sea numérico.
- x sería el equivalente a f(x)=x.
- lower: límite inferior de la integral. Puede ser Inf o -Inf.
- upper: límite superior de la integral. Puede ser Inf o -Inf.

Para integrar funciones matemáticas cuyo argumento sea x, lo más fácil es escribir function(x) seguido de la expresión de la función.

Ilustración 1. Calcular la integral de la función f(x) = x entre 0 y 1.

```
> integrate(function(x) x, lower=0,upper=1)
0.5 with absolute error < 5.6e-15
```

Ilustración 2. Calcular la integral de la función f(x) = e^{-x} entre 0 e Inf.

```
> integrate(function(x) exp(-x), lower=0,upper=Inf)
1 with absolute error < 5.7e-05
```

Ilustración 3. Calcular la integral de la función f(x) = 2/(3-x)^(1/2) entre 0 y 3.

```
> integrate(function(x)1/sqrt(3-x), lower=0,upper=3)
3.464102 with absolute error < 5e-13
```

Esperanza matemática de una variable continua

Vamos a crear la función expected_value para calcular la esperanza de cualquier variable aleatoria sólo con tener su función de densidad.

Vamos a calcular la esperanza o valor esperado de una variable aleatoria continua con la siguiente integral:

$$E[X] = \int_{-\infty}^{+\infty} x f_X(x) dx$$

La función integrate devuelve una lista con 5 componentes: value, abs.error, subdivisions, message y call. El elemento que más nos interesa es value, que es el valor de la integral.

```
> expected_value <- function(.density_function, ...) {
+ integral <- integrate(function(x) x*.density_function(x, ...),
+                                 lower = -Inf,
+                                 upper = Inf)
+
+     integral$value
+ }
```

El argumento `.density_function` sería la función de densidad.

Ilustración 1. Calcular el valor esperado de una distribución normal tal que la función de densidad es:

$$f_X(x) = \frac{1}{\sigma\sqrt{2\pi}} e^{-\frac{1}{2}\left(\frac{x-\mu}{\sigma}\right)^2} I_{\mathbb{R}}(x)$$

La esperanza matemática y la varianza teóricas son: E[X] = μ y Var[X] = σ^2

En R tenemos por defecto la función dnorm para la función de densidad. Por lo que no es necesario escribir la expresión de la densidad. Si μ = 10 y σ = 5.

```
> expected_value(dnorm, mean=10, sd=5)
[1] 10
```

Este resultado coincide con la esperanza teórica.

Ilustración 2. Si X sigue una distribución continua de parámetros a y b y lo denotamos como X~U[a,b] si su función de densidad es la siguiente:

$$f_X(x) = \frac{1}{b-a} I_{[a,b]}(x)$$

tal que

$$E[X] = \frac{a+b}{2} \qquad Var[X] = \frac{(b-a)^2}{12}$$

La función a utilizar es `dunif()`para esta función de densidad, así que tampoco tenemos que escribirla. Por ejemplo, si a=10 y b=16, calculamos el valor esperado de X como.

```
> expected_value(dunif, min = 10, max = 16)
[1] 12.99998
```

Ilustración 3. Si X sigue una distribución exponencial de parámetro λ y lo denotamos por X~exp(λ) si su función de densidad es la siguiente:

$$f_X(x) = \lambda e^{-\lambda x} I_{[0,+\infty)}(x)$$

tal que

$$E[X] = \frac{1}{\lambda} \quad Var[X] = \frac{1}{\lambda^2}$$

En R tenemos por defecto la función `dexp()` para esta función de densidad, así que no tenemos que escribirla nosotros. Por ejemplo, si λ=10, calculamos el valor esperado de X como.

```
> expected_value(dexp, rate = 10)
[1] 0.1
```

Calcular la esperanza matemática de una función de una variable aleatoria

Podemos mejorar la función `expected_value()` para calcular la esperanza de cualquier función g(X) de X. Esta nueva función sería útil para obtener la varianza.

Dada una variable aleatoria continua X con función de densidad $f_X(x)$, la esperanza de g(X) se define de la siguiente manera:

$$E[g(X)] = \int_{-\infty}^{+\infty} g(x) f_X(x) dx$$

Por defecto, la función de la que queremos obtener la esperanza sería la función identidad, g(X)=x, que en R sería identity.

```
>expected_value1<-function(.density_function, ...,.g= identity) {
+     if(!is_density(.density_function, ..., .tolerance = 1e-5)) {
+     return(NA)
+     }
+integral<-integrate(function(x).g(x)*.density_function(x, ...),
+                   lower = -Inf,
+                   upper = Inf)
+
+     integral$value
+ }
```

Si g(x) es una función asociada a la variable aleatoria uniforme.

```
> expected_value(dunif, min = 10, max = 16)
[1] 12.99998
```

Si g(x) es un función asociada a la variable X^2.

```
> expected_value(dnorm, .g = function(x) x^2)
[1] 1
```

Si g(X) es la desviación de (x – E[X])^2.

```
> expected_value(dnorm, .g = function(x) (x - expected_value(dnorm, sd =
4))^2, sd = 4)
[1] 16
```

Verificar si una función es función de densidad

Podríamos también crear la función is_density para comprobar que .density_function sea efectivamente una función de densidad. Esto lo hacemos verificando que la integral desde $-\infty$ hasta $+\infty$ sea igual a 1. Formalmente, decimos que la función fX(x) es una función de densidad si y sólo si:

$$\int_{-\infty}^{+\infty} f_X(x)dx = 1$$

Para ello creamos nuestra función en R. Como debemos tener en cuenta que la igualdad puede ser aproximada, vamos a usar la función all.equal para verificar la aproximación, ya que esta devolverá TRUE en estos casos, admitiendo por defecto un error cercano a $1.5*10^{-8}$, según la documentación de la función.

Además, como `all.equal` devuelve un texto en caso de que los valores no sean iguales, vamos a verificar que devuelva TRUE utilizando la función isTRUE.

```
> is_density <- function(.func, ..., .tolerance = 1.5e-8) {
  integral <- integrate(function(x) .func(x, ...),
                        lower = -Inf,
                        upper = Inf)

 equals_one = isTRUE(all.equal(integral$value, 1, tolerance = .tolerance))

  if (!equals_one) {
     cat(sprintf("Warning: function is not a density function. Integral
equals %0.9f", integral$value))
  }
    equals_one
}
```

Verificar la función de densidad de una distribución normal:dnorm.

```
> is_density(dnorm, mean = 10)
[1] TRUE
```

Verificar la función de densidad de una distribución uniforme:dunif.

```
> is_density(dunif, min = 10, max = 16, .tolerance = 1e-5)
[1] TRUE
```

Verificar la función de densidad de una distribución t-student:dt.

```
> is_density(dt, df = 2)
[1] TRUE
```

Una función que no es función de densidad:

```
> is_density(function(x) 2 * dnorm(x))
Warning: function is not a density function. Integral equals 2.000000000[1]
FALSE
```

11.15.2 Cálculo de Derivadas en R

```
> install.packages("Deriv")
> library(Deriv)

# Derivar la expresión: 2x2 + 2
> f1<-function(x)2*x^2+2
> f1
function(x)2*x^2+2
> fprima<-Deriv(f1,"x")
> fprima
function (x)
4 * x
```

```
# Derivar la expresión: y3 + 3y2
> g1<-expression(y^3+3*y^2)
> g1
expression(y^3 + 3 * y^2)
> gprima<-D(g1,"y")
> gprima
3 * y^2 + 3 * (2 * y)

# Derivar la expresión: x3
> f2<-function(x)x^3
> f2prima<-Deriv(f2,"x")
> f2prima
function (x)
3 * x^2

# Derivar la expresión: (2 - x3)3
> f3<-function(x)(2-x^3)^3
> f3prima<-Deriv(f3,"x")
> f3prima
function (x)
-(9 * (x^2 * (2 - x^3)^2))

# Derivar la expresión: h(x)= x8 + 5x
> h<-function(x)x^8+5*x
> hprima<-Deriv(h,"x")
> hprima
function (x)
5 + 8 * x^7

# Derivar la expresión: i(x) = x7 - 11x2
> i<-function(x)x^7-11*x^2
> iprima<-Deriv(i,"x")
> iprima
function (x)
x * (7 * x^5 - 22)

# Creación de un dominio para la función x^2
> x<-seq(-5,5,0.1)
> x
  [1] -5.0 -4.9 -4.8 -4.7 -4.6 -4.5 -4.4 -4.3 -4.2
 [10] -4.1 -4.0 -3.9 -3.8 -3.7 -3.6 -3.5 -3.4 -3.3
 [19] -3.2 -3.1 -3.0 -2.9 -2.8 -2.7 -2.6 -2.5 -2.4
 [28] -2.3 -2.2 -2.1 -2.0 -1.9 -1.8 -1.7 -1.6 -1.5
 [37] -1.4 -1.3 -1.2 -1.1 -1.0 -0.9 -0.8 -0.7 -0.6
 [46] -0.5 -0.4 -0.3 -0.2 -0.1  0.0  0.1  0.2  0.3
```

```
 [55] 0.4 0.5 0.6 0.7 0.8 0.9 1.0 1.1 1.2
 [64] 1.3 1.4 1.5 1.6 1.7 1.8 1.9 2.0 2.1
 [73] 2.2 2.3 2.4 2.5 2.6 2.7 2.8 2.9 3.0
 [82] 3.1 3.2 3.3 3.4 3.5 3.6 3.7 3.8 3.9
 [91] 4.0 4.1 4.2 4.3 4.4 4.5 4.6 4.7 4.8
[100] 4.9 5.0

# Gráfica de la función x^2
> gx<-x^2
> plot(x,gx)
```

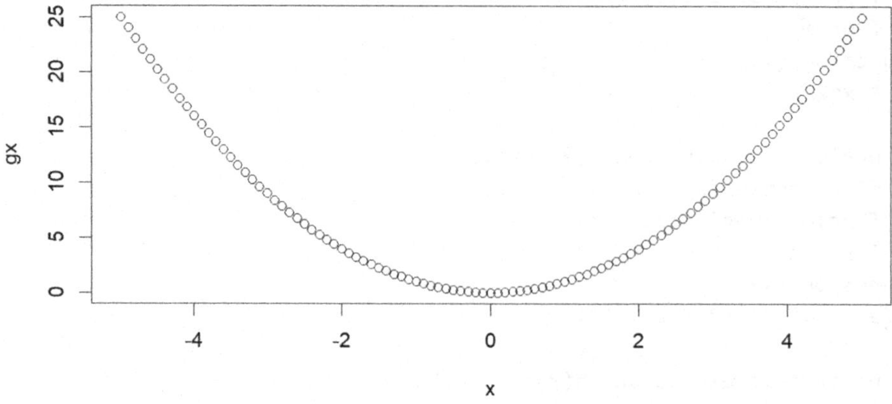


```
# Gráfica de la derivada
> gx<-function(x)x^2
> gprima1<-Deriv(gx,"x")
> gprima1
function (x)
2 * x
> gprimax<-gprima1(x)
> plot(x,gprimax)
```

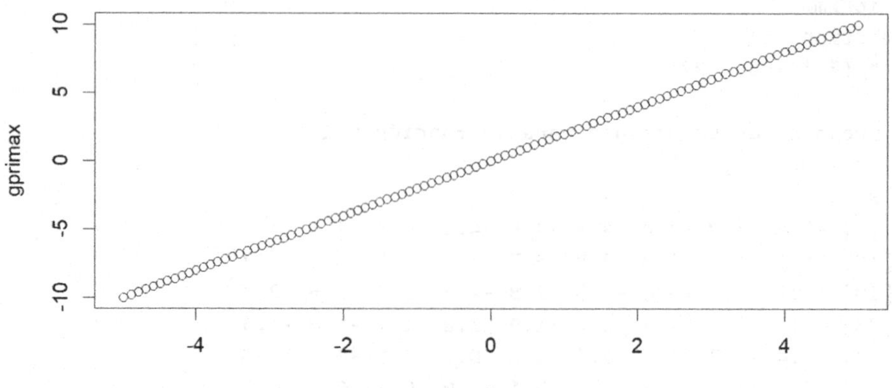

12

DISTRIBUCIONES DE PROBABILIDAD EN R

 # Distribuciones de probabilidad disponibles en R

- binom: Binomial
- cauchy: Cauchy
- chisq: Chi cuadrado
- beta: Beta
- exp: Exponencial
- gamma: Gamma
- geom: Geométrica
- hyper: Hipergeométrica
- lnorm: Log-normal
- logis: Logística
- nbinom: Binomial negativa
- nchisq: Chi cuadrado no central
- norm: Normal
- pois: Poisson
- signrank: Distribución del test de Wilcoxon de rangos con signo
- t: Student
- unif: Uniforme
- weibull: Weibull
- wilcox: Distribución de la suma de rangos de Wilcoxon

Para cada distribución, R dispone de cuatro funciones. Se puede acceder a cada una de ellas simplemente precediendo el nombre de la distribución que figura en la tabla que sigue por la letra que se indica a continuación:

Función	Significado	Uso
p	Probabilidad	Calcula probabilidades acumuladas.
q	Cuantiles	Calcula cuantiles / percentiles.
d	Densidad	Calcula probabilidades puntuales.
r	Aleatorios	Genera datos aleatorios según la distribución especificada.

Así, por ejemplo, para la distribución normal, la función de densidad se obtiene como **dnorm()**, la función de distribución como **pnorm()**, los cuantiles o percentiles se calculan mediante **qnorm()** y se pueden generar valores aleatorios con distribución normal mediante **rnorm()**.

Podemos consultar la ayuda, **help(dnorm)** para conocer la sintaxis específica de estas funciones.

12.1 DISTRIBUCIONES DE PROBABILIDAD DISCRETAS

El paquete stats de R (que se instala por defecto al instalar R, y se carga en memoria siempre que iniciamos sesión) implementa numerosas funciones para la realización de cálculos asociados a distintas distribuciones de probabilidad discretas. Entre las más utilizadas podemos citar:

 # Listado de las funciones y su aplicación con R

- `dxxx(x, ...) # Función de masa de probabilidad, f(x)`
- `pxxx(q, ...) #Función de distribución acumulada hasta q, F(x)`
- `qxxx(p, ...) # Cuantil para el cual P(X <= q) = p`
- `rxxx(n, ...) # Generador de números aleatorios.`

 # Distribuciones discretas básicas con R

Nombre en R ***Distribución***

- binom: # Binomial
- geom: # Geométrica
- nbinom: # Binomial negativa
- hyper: # Hipergeométrica
- pois: # Poisson
- multinom: # Multinomial
- nbinom: # Binomial Negativa

12.1.1 DISTRIBUCIÓN DE PROBABILIDAD BINOMIAL

La distribución de probabilidad binomial es discreta y describe el resultado de ensayos independientes en **n** experimento, donde cada ensayo tiene sólo dos resultados: éxito o fracaso. Si la probabilidad de éxito es igual a p, entonces la probabilidad de tener k éxitos en **n** experimentos independientes viene definida por la probabilidad de la función de masa:

$$f(k,n,p) = \Pr(X = k) = \binom{n}{k} p^k (1-p)^{n-k}, \quad k = 0, 1, 2, \ldots, n$$

cuya función de distribución o de probabilidad acumulada se expresa como sigue:

$$F(k;n,p) = \Pr(X \leq k) = \sum_{i=0}^{k} \binom{n}{i} p^i (1-p)^{n-i}$$

de media **np** y varianza **np(1-p)**.

Si X sigue una distribución binomial B(n,p), entonces:

- P(X = k) = `dbinom(k,n,p)` # x=k, size=n, prob=p.
- P(X ≤ k) = `pbinom(k,n,p)`.
- q_a = min{x: P(X ≤ x) ≥ a} = `qbinom(a,n,p)` # 'a' es el percentil buscado.
- `rbinom(m,n,p)` genera m valores aleatorios con esta distribución.

Cuál es la P(X = 1) si X ~~Bin(25, 0,005).

$$P(X = 1) = \binom{25}{1} 0.005^1 (1 - 0.005)^{(25-1)}$$

```
> p<- 0,005
> P(X = 1) = ?
> choose(25,1)*p^1*(1-p)^(25-1)
 [1] 0,1108317

> dbinom(1, size = 25, prob=0,005)
 [1] 0,1108317
```

Si X ≈ B(8, 0.4) entonces cual es la P(X = 6)

```
> dbinom(6,size=8,prob=0.4)
> dbinom(6,8,0.4)
 [1] 0.04128768
```

P(X ≤ 6)

```
> pbinom(6,size=8,prob=0.4)
> pbinom(6,8,0.4)
 [1] 0.9914803
```

Análogamente, se puede escribir como:

```
> sum(dbinom(0:6,8,0.4))
 [1] 0.9914803
```

$q_{0.95} = \min\{x: P(X \leq x) \geq 0.95\}$

```
> qbinom(0.95,8,0.4)
 [1] 5
```

Obtener simultáneamente varios percentiles.

```
> qbinom(c(0.05,0.75,0.95),8,0.4)
 [1] 1 4 5
```

Simulamos 20 valores de la binomial.

```
> rbinom(20,8,0.4)
 [1] 2 3 3 3 4 3 5 2 3 7 3 5 3
 [14] 1 3 2 4 6 4 4
```

Suponga que un grupo de agentes de tránsito sale a una vía principal para revisar el estado de los buses de transporte interurbano. De datos históricos se sabe que un 10% de los buses generan una mayor cantidad de humo de la permitida. En cada jornada los agentes revisan siempre 18 buses, asuma que el estado de un bus es independiente del estado de los otros buses. Calcular la probabilidad de que se encuentren exactamente 2 buses que generan una mayor cantidad de humo de la permitida.

Aquí se tiene una distribución Binomial(n = 18, p = 0.1) y se desea calcular P(X = 2). Para obtener esta probabilidad se usa la siguiente sintaxis:

```
> dbinom(x=2, size=18, prob=0.10)
 [1] 0.2835121
```

Podemos representar fácilmente la función de probabilidad de la distribución binomial:

```
> plot(dbinom(0:10,8,0.4),type="h",xlab="k",ylab="P(X=k)", main= "Función de Probabilidad B(8,0.4)")
```

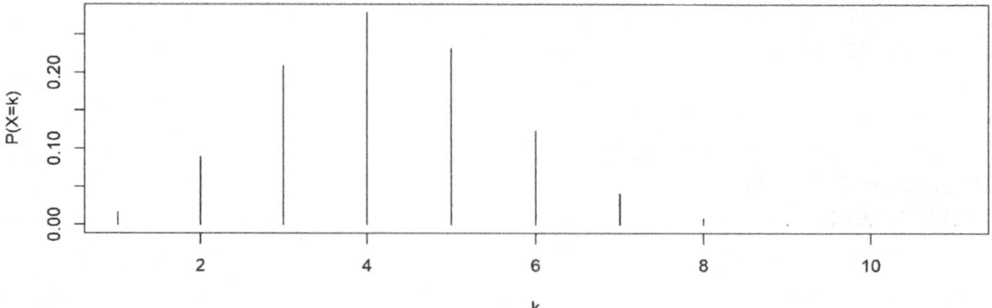

También podemos representar su función de distribución.

```
>plot(stepfun(0:10,pbinom(0:11,8,0.4)),xlab="k",ylab="F(k)",main="Fun
ción de distribución B(8,0.4)")
```

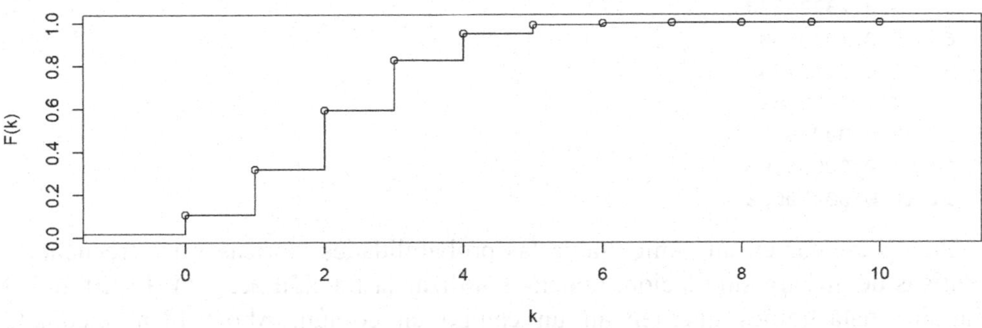

Si simulamos una muestra muy grande de esta distribución (por ejemplo, 10.000 valores), podemos comprobar como las frecuencias relativas son muy similares a las probabilidades teóricas:

```
> X=rbinom(10000,size=8,prob=0.4)
> freqAbs<-table(X)
> freqAbs
X
   0    1    2    3    4    5    6    7    8
 171  892 2115 2712 2373 1253  399   82    3

> freqRel=prop.table(freqAbs)
> freqRel
X
     0      1      2      3      4      5      6      7      8
0.0171 0.0892 0.2115 0.2712 0.2373 0.1253 0.0399 0.0082 0.0003

> round(freqRel,2)
X
   0    1    2    3    4    5    6    7    8
0.02 0.09 0.21 0.27 0.24 0.13 0.04 0.01 0.00
```

Para mostrar juntos las frecuencias relativas y las probabilidades teóricas, generamos primero un data-frame con la tabla de probabilidades teóricas.

```
> probteo<-data.frame(X=0:10, prob=dbinom(0:10,8,0.4))
> probteo
```

```
      X       prob
1     0 0.01679616
2     1 0.08957952
3     2 0.20901888
4     3 0.27869184
5     4 0.23224320
6     5 0.12386304
7     6 0.04128768
8     7 0.00786432
9     8 0.00065536
10    9 0.00000000
11 10 0.00000000
```

Para presentar en una única tabla las probabilidades teóricas y las frecuencias relativas de nuestra simulación, podemos utilizar la función `merge()`. Esta función combina data-frames que tengan un campo en común. Ahora bien, mediante `class(freqRel)` podemos comprobar que `freqRel` es un objeto de clase "table". Para poder combinarlo con `probTeo` hemos de convertirlo primero en **data-frame.**

```
> freqRel=as.data.frame(freqRel)
> probteo=as.data.frame(probteo)
> compara<-merge(freqRel,probteo)
> compara
  X   Freq       prob
1 0 0.0171 0.01679616
2 1 0.0892 0.08957952
3 2 0.2115 0.20901888
4 3 0.2712 0.27869184
5 4 0.2373 0.23224320
6 5 0.1253 0.12386304
7 6 0.0399 0.04128768
8 7 0.0082 0.00786432
9 8 0.0003 0.00065536
```

Podemos hacer un gráfico que nos muestre la similitud entre probabilidad y frecuencia relativa:

```
with(compara,{
  plot(X,Freq, type="b")
  points(X,Prob,col="red",pch=4)
  lines(X,Prob,col="red",lty=2,lwd=2)
   legend("topleft",c("frec.  relativa","probabilidad"),col=c("black","r
ed"),lty=1:2,pch=c(1,4))
})
```

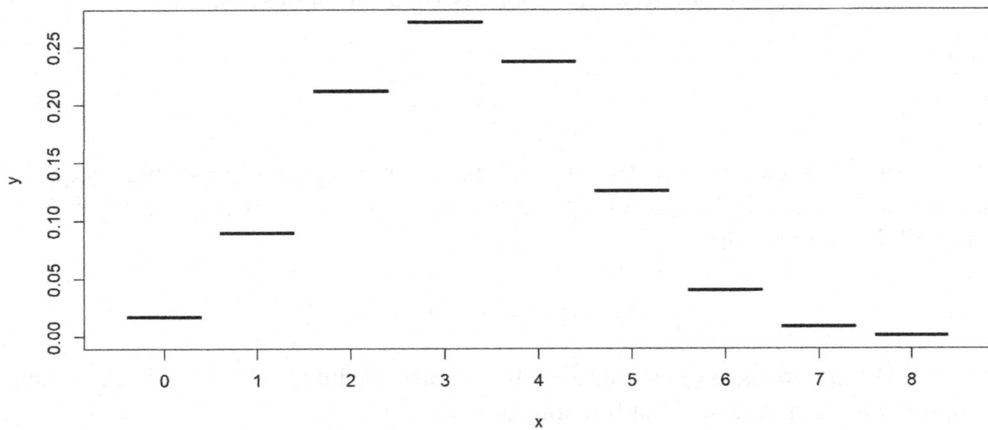

12.1.2 DISTRIBUCIÓN PROBABILIDAD DE POISSON → P(λ)

Un proceso de Poisson es un experimento aleatorio que consiste en observar la ocurrencia de eventos específicos sobre un soporte continuo (generalmente el espacio o el tiempo), tal que el proceso es estable (el número de ocurrencias, λ es constante a largo plazo) y los eventos ocurren de forma aleatoria e independiente.

Llamada así por el matemático francés Siméon Denis Poisson y es de gran utilidad para analizar y predecir sucesos raros, lo que la hace valiosa para los profesionales de los datos en diversos campos, porque expresa la probabilidad de que se produzca un número determinado de sucesos en un intervalo fijo de tiempo o espacio. Supone que estos sucesos ocurren con una frecuencia media conocida e independientemente del tiempo transcurrido desde el último suceso.

La distribución de Poisson estima la probabilidad de que se produzcan 'x' sucesos dentro de un intervalo dado. Se usa para modelar el número de eventos que ocurren en un proceso de Poisson.

La distribución de Poisson modela la probabilidad de que se produzca un determinado número de sucesos en un intervalo fijo, y se aplica en escenarios del mundo real, como la teoría de colas y la modelización del tráfico.

Sea X~P(λ) una variable aleatoria con distribución de Poisson donde el número medio de eventos que ocurren en un determinado intervalo es λ:

La función de masa de probabilidad (o PMF, por sus siglas en inglés) es:

$$p(X=x)=\frac{e^{-\lambda}\lambda^{x}}{x!} \quad ; \quad \forall\, x=0,1,2,\ldots$$

La función de distribución (o CDF, por sus siglas en inglés) es:

$$F(x) = \sum_{i=0}^{x} \frac{e^{-\lambda} \lambda^{i}}{i!}$$

Un cuantil asociado a una probabilidad p, se define como el valor más pequeño posible de la variable 'x' que cumpla que F(x) ≥ p, donde F(x) es la función de probabilidad acumulada.

$$Q(p) = F^{-1}(p)$$

En R la función **qpois()** calcula el cuantil a partir de una probabilidad acumulada. Esta función es la inversa de la función **ppois()**.

La esperanza y varianza de X → P(λ) son:

E[X] = Var[X] = λ

La distribución de Poisson supone que la media es igual a la varianza; aunque, los datos de recuento del mundo real suelen mostrar una mayor variabilidad.

El modelo supone que:

- Los acontecimientos se producen de forma independiente.
- La tasa media de aparición (λ) permanece constante a lo largo del intervalo.
- Dos acontecimientos no pueden ocurrir exactamente en el mismo instante.

En relación a esta distribución, R tiene 4 funciones. Si X sigue una distribución Poisson P(λ), entonces:

- **dpois:** calcula la probabilidad puntual para un valor específico.
- **ppois:** proporciona la probabilidad acumulada para un cuantil específico.
- **qpois**: proporciona el cuantil para una probabilidad específica.
- **rpois**: genera valores aleatorios acorde a los parámetros indicados.

La sintaxis es la siguiente:

- P(X = k) = `dpois(x,λ, log=F)` # Función de masa, mean=λ.
- P(X ≤ k) = `ppois(q,λ,lower.tail=T,log.p=F)` # Función distribución.
- `qpois(p,λ,lower.tail=T,log.p=F)` # p=probabilidades. Lower.tail=T implica P(X ≤ k).
- `rpois(n,λ)` # n=número de observaciones a ser generadas de una distribución de poisson.

Calcular la función de masa de probabilidad de una distribución de Poisson de media 5 para x∈{0,1,…,10}.

```
> dpois(0:10, lambda=5, log=F)
 [1] 0.006737947 0.033689735
 [3] 0.084224337 0.140373896
 [5] 0.175467370 0.175467370
 [7] 0.146222808 0.104444863
 [9] 0.065278039 0.036265577
[11] 0.018132789

> dpois(5, lambda=c(5,10))
[1] 0.17546737 0.03783327
```

Valores del eje x.

```
> x<-0:50
> lambda<-5
> plot(dpois(x,lambda), type="h", lwd=2,main="Función de masa de Poisson",
ylab="P(X=x)", xlab="Número de eventos")
> lambda<-10
> lines(dpois(x,lambda),type="h",lwd=2,col=rgb(1,0,0,0.7))
> lambda<-20
> lines(dpois(x,lambda),type="h", lwd=2, col=rgb(0,1,0,0.7))
```

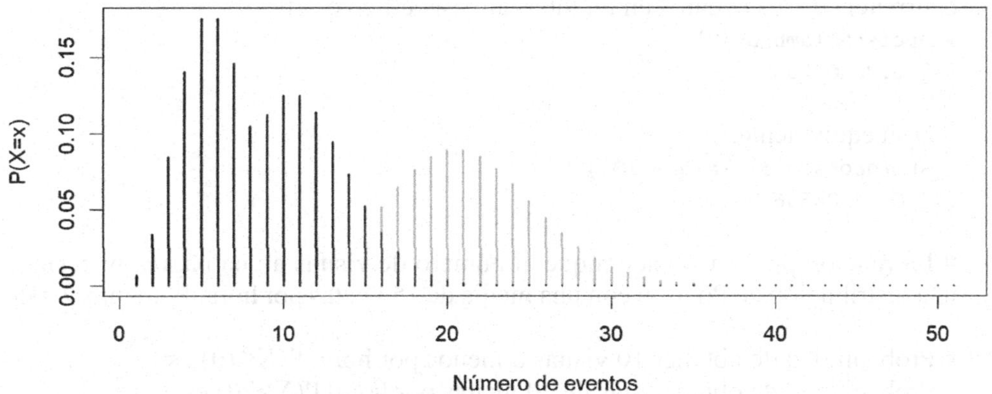

Observamos que la forma de la distribución de Poisson varía en función del valor de λ. Esta ilustración visual muestra cómo λ afecta a la asimetría y simetría de la distribución:

- Para valores pequeños de λ (λ < 10), la distribución es notablemente sesgada a la derecha. Esto significa que hay más procesos con menos sucesos y menos procesos con un mayor número de sucesos.

- A medida que aumenta λ (λ > 10), la distribución se vuelve más simétrica y empieza a parecerse a una distribución normal. Esta simetría indica que los datos están distribuidos más uniformemente en torno a la media.

Esta forma cambiante afecta al modo en que interpretamos las probabilidades y hacemos inferencias a partir de datos distribuidos como una Poisson. Por ejemplo, una distribución simétrica simplifica muchos tipos de análisis, como las pruebas de hipótesis y la estimación de intervalos de confianza, porque la distribución de los datos es más predecible y equilibrada.

Los usos reales de la distribución de Poisson están enfocados a la planificación de las capacidades y la optimización del rendimiento. Por ejemplo:

- En la teoría de colas, las distribuciones de Poisson modelan las llegadas de clientes a los puntos de servicio, como un banco que utiliza esta distribución para predecir cuántos clientes llegarán en una hora determinada, lo que ayudaría a optimizar los niveles de personal y reducir los tiempos de espera.
- En el tráfico, los ingenieros de tráfico utilizan las distribuciones de Poisson para modelar el número de vehículos que pasan por un puesto de control.
- En el análisis de redes, los analistas utilizan las distribuciones de Poisson para modelar las llegadas de paquetes de datos a un servidor o las llamadas que entran a un centro de atención telefónica.

Calcular la probabilidad de observar 5 o menos eventos (P(X≤5)) si la media de ocurrencia de los eventos en un intervalo específico es 10.

```
> ppois(5,lambda=10)
[1] 0.06708596
```

O su equivalente.

```
> sum(dpois(0:5, lambda=10))
[1] 0.06708596
```

La función ppois. Considera que el número de visitas a una página web sigue una distribución de Poisson con una media de 15 visitas por hora. Por tanto, λ=15.

Probabilidad de obtener 10 visitas o menos por hora, P(X≤10) es:
Probabilidad de obtener más de 20 visitas por hora, P(X>20) es:

```
> ppois(20, lambda = 15, lower.tail = FALSE)
[1]0.08297091 o 8.3%

> 1 - ppois(20, lambda = 15)          # Equivalente
> 1 - sum(dpois(0:20, lambda = 15)) # Equivalente
[1]0.08297091 o 8.3%
```

Probabilidad de recibir menos de 15 visitas por hora, P(X<15) es:

```
> ppois(14, lambda = 15, lower.tail = FALSE)
[1] 0.5343463 o 53.43%

> 1 - sum(dpois(0:15, lambda = 15)) # Equivalente
[1] 0.5343463 o 53.43%
```

Probabilidad de obtener entre 10 y 20 visitas por hora es:

```
> ppois(20, lambda = 15) - ppois(10, lambda = 15)
[1] 0.7985647 o 79.86%

> sum(dpois(11:20, lambda = 15)) # Equivalente
[1] 0.7985647 o 79.86%
```

ⓘ Nota

Como la distribución de Poisson es una distribución discreta P(X=x) ≠ 0, por lo que P(X ≥ x) ≠ P(X > x) y P(X ≤ x) ≠ P(X < x).

Gráfico de la función de distribución de Poisson en R

```
# Función cuantil
qpois(p,                  # Probabilidad o vector de probabilidades.
      lambda,             # Media o vector de medias.
      lower.tail = TRUE, # Si TRUE, las probabilidades son P(X <= x), o P(X > x) en otro caso.
      log.p = FALSE)  # Si TRUE, las probabilidades se devuelven como log.

> qpois(0.5, lambda = 10)
[1] 10
```

Generador de datos que se distribuyen en Poisson

```
> rpois(n,      # Número de observaciones a ser generadas
      lambda) # Media o vector de medias
> rpois(10, lambda = 4)
# Salida no reproducible
6 2 2 3 6 3 4 4 7
```

Supongamos que tenemos un fenómeno Poisson con tasa promedio de 55 eventos por minuto (lambda), podemos calcular los cuantiles que corresponden a las probabilidades 0.25, 0.50, 0.75 con la siguiente sintaxis:

```
p <- c(0.25, 0.50, 0.75)
qpois(p, lambda = 55)
[1] 50 55 60
```

12.1.3 DISTRIBUCIÓN DE PROBABILIDAD GEOMÉTRICA

En R para el estudio de la distribución Geométrica implica encontrar x y q es el número de fallos hasta el primer éxito, contenido en el conjunto { 0, 1, 2, 3,...}. La distribución geométrica tiene la propiedad de pérdida de memoria, es decir, para cualesquiera m, $n \geq 0$.

$$P[X > m + n \mid X > m] = P[X > n]$$

A continuación, definimos la distribución geométrica como sigue:

Función de masa: si una variable aleatoria X modeliza el número total de intentos hasta obtener el primer éxito en una sucesión de ensayos independientes de Bernoulli, con probabilidad de éxito igual a 'p'-

$$\mathbf{P(Y = y) = p \times (1 - p)^y}$$

O, si y = x-1

$$\mathbf{P(X = x) = p \cdot (1 - p)^{x-1} \quad ; \quad x = 1, 2, 3, \ldots\ldots}$$

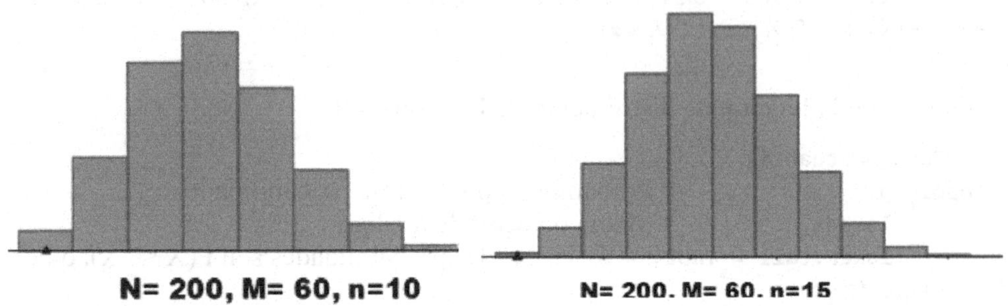

N= 200, M= 60, n=10

N= 200. M= 60. n=15

Función de distribución: si X → Ge(p) entonces la función de distribución es_

$$P[X \leq x] = \sum_{k=1}^{x} p(1-p)^{k-1} \approx \sum_{k=0}^{x-1} p(1-p)^{k} = p\sum_{k=0}^{x-1}(1-p)^{k}$$

$$= p\left(\frac{1-(1-p)^{x-1+1}}{1-(1-p)}\right) = 1-(1-p)^{x} \quad ; \quad x = 1,2,3,\ldots.$$

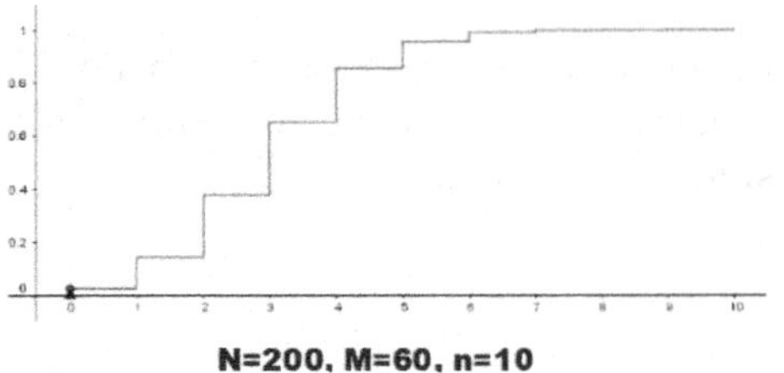

N=200. M=60. n=10

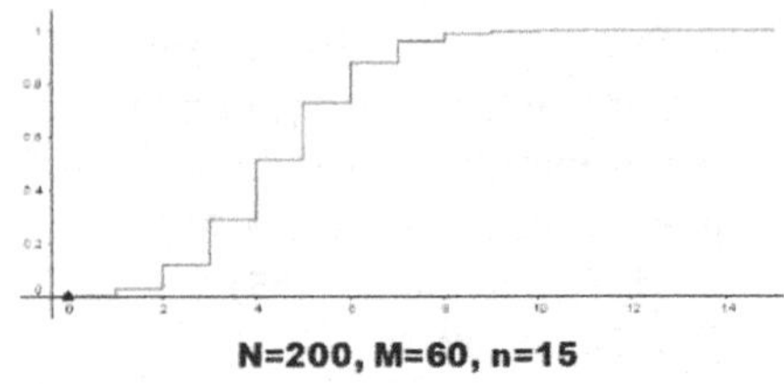

N=200, M=60, n=15

La esperanza matemática y la varianza de X, siempre que modelo el número de ensayos hasta obtener el primer éxito:

$$E[X]=\frac{1}{p} \quad ; \quad Var[X]=\frac{1-p}{p^2}$$

En R para obtener valores que se basen en la distribución Geométrica se dispone de cuatro funciones:

R: Distribución Geométrica	
dgeom(x, prob, log = F**)**	Devuelve resultados de la función de densidad.
pgeom(q, prob, lower.tail = T, log.p = F**)**	Devuelve resultados de la función de distribución acumulada.
qgeom(p, prob, lower.tail = T, log.p = F**)**	Devuelve resultados de los cuantiles de la Geométrica.
rgeom(n, prob**)**	Devuelve un vector de valores de la Geométrica aleatorios.

Los argumentos incluidos en las funciones expuestas en la tabla son:

- x, q: Vector de cuantiles que representa el número de fallos antes del primer éxito.
- p: Vector de probabilidades.
- n: números de valores aleatorios a devolver.
- prob: probabilidad de éxito en cada ensayo.
- log, log.p: parámetro booleano, si es TRUE, las probabilidades p son devueltas como log (p).
- lower.tail: parámetro booleano, si es TRUE (por defecto), las probabilidades son $P[X \leq x]$, de lo contrario, $P[X > x]$.

Ilustración 1. En una línea de producción de bombillas se sabe que sólo el 1% de las bombillas son defectuosas. Una máquina automática toma un bombilla y lo prueba, si la bombilla se enciende, se siguen probando las bombillas hasta que se encuentre una bombilla defectuosa, ahí se para la línea de producción y se toman los correctivos necesarios para mejorar el proceso.

Calcular la probabilidad de que se necesiten probar 125 bombillas para encontrar la primera bombilla defectuosa.

En la distribución geométrica, la variable X representa el número de fracasos antes de encontrar el único éxito, por lo tanto, en este caso el interés es calcular P(X=124). Las instrucciones para obtener esta probabilidad es la siguiente:

```
> dgeom(x=124,prob=0.01)
[1] 0.002875836
```

- Calcular $P(X \leq 51)$

  En este caso interesa $P(X \leq 50)$ lo que equivale a F(50), la instrucción para obtener la probabilidad es la siguiente:

  ```
  > pgeom(q=50,prob=0.01)
  [1] 0.401044
  ```

- Encontrar el cuantil q tal que $P(X \leq q) = 0.40$

  En este caso interesa encontrar el cuantil q que cumpla la condición de que hasta q esté el 40% de las observaciones, por esa razón se usa la función qgeom como se muestra a continuación.

  ```
  > qgeom(p=0.4,prob=0.01)
  [1] 50
  ```

  Note que las funciones pxxx y qxxx están relacionadas, pxxx entrega la probabilidad hasta el cuantil q mientras qxxx entrega el cuantil en el que se acumula p probabilidad.

Ilustración 2. Un contador público halla que en nueve de diez auditorías empresariales se cometieron errores de importancia. Si se revisa una serie de compañías, determinar las correspondientes probabilidades.

a) La primera cuenta que contiene errores serios, sea la tercera contabilidad revisada.
b) La primera cuenta con errores serios se encontrará después de revisar la tercera.

 # Solución

Sea la variable aleatoria discreta:

X ={los errores graves que se cometen en auditorías empresariales}

Dicha variable aleatoria sigue una distribución Geométrica: $X \sim G(0.9)$.

a) Para resolver este apartado, necesitamos resolver: $P(X = 3)$, por lo tanto, sólo necesitamos el valor que toma X en $X - 1 = 3 - 1 = 2$ de la función de densidad:

   ```
   > dgeom(2,0.9)
   [1] 0.009
   ```

   Por lo tanto, la probabilidad de que la primera cuenta que contiene errores serios sea la tercera revisada es: 0.009.

b) Para resolver este apartado, necesitamos resolver: $P(X > 3)$, usamos la función de distribución acumulada indicando que el área de cola es hacia la derecha:

   ```
   > pgeom(3, 0.9)
   [1] 0.9999
   ```

```
> pgeom(3, 0.9, lower.tail=F)
[1] 1e-04
```

Verificación del resultado obtenido.

P[X > 3] = 1 – P[X ≤ 3] = 1 – {(P[X=0] + P[X = 1] + P[X = 2] + P[X = 3]}

```
> 1-(dgeom(0,0.9)+dgeom(1,0.9)+dgeom(2,0.9)+dgeom(3,0.9))
[1] 1e-04
```

12.1.4 DISTRIBUCIÓN DE PROBABILIDAD HIPERGEOMÉTRICA

En la distribución hipergeométrica los ensayos no son independientes y la probabilidad de éxito varía de ensayo a ensayo. La distribución hipergeométrica es especialmente útil en todos aquellos casos en los que se extraigan muestras o se realicen experiencias repetidas sin devolución del elemento extraído o sin retornar a la situación experimental inicial.

La distribución de probabilidad de la variable aleatoria hipergeométrica X es el número de éxitos en una muestra aleatoria de tamaño n que se selecciona de N artículos, en los que k se denomina éxito y N–k se le llama fracaso.

En general, un experimento hipergeométrico con parámetros n, M y N, se fundamenta en las siguientes supuestos:

- La población del que extraemos la muestra es una población finita con N elementos.
- Cada elemento de la población puede ser caracterizado como éxito o fracaso.
- Hay M éxitos en la población.
- Se elige una muestra sin reemplazo de n individuos, de tal forma que sea igualmente probable seleccionar cada subconjunto de tamaño n.

Función de probabilidad: sea X el número de éxitos obtenidos en una muestra escogida al azar al realizar un experimento hipergeométrico con parámetros n, M y N. Entonces, la probabilidad de elegir de manera exacta k éxitos en n intentos está dada por la función de probabilidad f(x).

$$f(k) = P(X = k) = \frac{\binom{M}{k}\binom{N-M}{n-k}}{\binom{N}{n}}$$

$$\text{donde} \quad k = 0, 1, 2, \ldots, n \quad \text{y} \quad n \leq N$$

tal que X → H(n, M, N).

 # Función de distribución acumulada. Si $f(x)$ es la función de probabilidad hipergeométrica, entonces su función de distribución acumulada hipergeométrica F se escribe como sigue:

$$F(t) = P(X \leq t) = \sum_{x;\, x \leq t} f(x), \quad \text{para todo } t \text{ real}$$

 # Esperanza matemática y varianza. Si p = M / N es la proporción de éxitos en la población, entonces:

$$E(X) = np \quad \text{y} \quad V(X) = np(1-p) \cdot \left(\frac{N-n}{N-1}\right)$$

La distribución hipergeométrica se utiliza en el cálculo de probabilidades de juegos de azar y en el control de calidad en procesos experimentales en los que no es posible retornar a la situación de partida o inicial.

Como en el caso de la distribución binomial, la distribución hipergeométrica se aplica en el muestreo de aceptación, donde se toman muestras del material o las partes de los lotes con el fin de determinar si se acepta o no el lote completo.

Los códigos en R tienen en cuenta el tamaño de la población (N), el número de éxitos en la población (M) y el tamaño muestral (n).

R: Distribución Hipergeométrica	
dhyper(k, M, N-M, n, log = F**)**	Devuelve resultados de la función de masa.
phyper(q, M, N-M, n, lower.tail = T, log.p = F**)**	Devuelve resultados de la función de distribución acumulada.
qhyper(p, prob, lower.tail = T, log.p = F**)**	Devuelve resultados de los cuantiles de la hipergeométrica.
rhyper(n, prob**)**	Devuelve un vector de valores aleatorios de la hipergeométrica.

Ilustración. Una cantidad de 75 componentes eléctricos están sujetos a control de calidad. Se encontró que 15 de los componentes estaban defectuosos y los restantes no lo estaban. Se escoge una muestra aleatoria de 5 componentes de este lote y sea X la variable aleatoria:

X = {número de componentes defectuosos escogidos en la muestra}

Resuelva los siguientes incisos, siempre escribiendo los resultados hallados en términos de X:

1. La probabilidad de que el número de componentes defectuosos sea igual a 3 (utilizando la función "dhyper").

2. La probabilidad de que el número de componentes defectuosos sea menor o igual que 3 (utilizando la función "phyper").
3. La probabilidad de que el número de componentes defectuosos sea mayor que 3 (utilizando la función "phyper").

Solución

a) Encontrar la probabilidad de que el número de componentes defectuosos sea igual a 3.

```
> M<-15
> N<-75
> n<-5
> k <- 3
> w <- choose(N,n)
> defectuoso <- choose(M,k)
> bueno <- choose(N-M,n-k)
> prob_a <- defectuoso* bueno/w
> prob_a
[1] 0.04666156
```

 # Con la función "dhyper", la probabilidad se calcula así:

```
> exito<-M
> fracaso<-N-M
> muestra<-n
> k<-3
> prob_a<-dhyper(k,exito,fracaso,muestra)
> prob_a
[1] 0.04666156
```

b) La probabilidad de que el número de componentes defectuosos sea menor o igual que 3 (utilizando la función "phyper").

Utilizando la fórmula hipergeométrica, la probabilidad de que el número de componentes defectuosos sea menor o igual que 3 se calcula así:

$$\begin{aligned} P(X \leq 2) &= P(X=0) + P(X=1) + P(X=2) + P(X=3) \\ &= \frac{\binom{15}{0}\binom{60}{3}}{\binom{75}{3}} + \frac{\binom{15}{1}\binom{60}{2}}{\binom{75}{3}} + \frac{\binom{15}{2}\binom{60}{1}}{\binom{75}{3}} + \frac{\binom{15}{3}\binom{60}{2}}{\binom{75}{5}} \\ &= 0.9951 \end{aligned}$$

Con la función `phyper()`

```
> exito<-M
> fracaso<-N-M
> muestra<-n
> k<-3
> prob_d<-phyper(k,exito,fracaso,muestra)
> prob_d
[1] 0.9950808
```

c) Hallar la probabilidad de seleccionar cuatro hombres. Utilizaremos combinaciones (no importa el orden) y aplicaremos probabilidad clásica. Tenemos:

Definamos las siguientes dos variables aleatorias:

- X = {representa el número de mujeres}
  X→ hipergeométrica(N=100, M=49 y n=4)
- Y ={representa el número de hombres}
  Y → hipergeométrica(N=100, M=51 y n=4)

```
N <- nrow(datos)  #C) Tamaño de la población N
Mm <- 49          #D) Éxitos M (Número de mujeres)
Mh <- 51          #E) Éxitos M (Número de hombres)
n <- 4            #F) Tamaño de la muestra n
M <- Mh
k <- 4
w <- choose(N,n); w                # Tamaño del espacio muestral.
[1] 3921225

exito <- choose(M,k); exito        # Combinaciones de los éxitos.
[1] 249900

fracaso<-choose(N-M,n-k); fracaso # Combinaciones de los fracasos.
[1] 1

> M<-Mh
> exito<-M
> fracaso<-N-M
> muestra<-n
> k<-4
> prob_h<-dhyper(k,exito,fracaso,muestra)
> prob_h
[1] 0.06373008
```

d) Cuál es la probabilidad de seleccionar menos de tres mujeres.

$$P(X < 3) = P(X \leq 2) = P(X = 0) + P(X = 1) + P(X = 2)$$

$$= \frac{(1)(249900) + (49)(20825) + (1176)(1275)}{3921225}$$

$$= \frac{249900 + 1020425 + 1499400}{3921225}$$

$$= \frac{2769725}{3921225} = 0.7063$$

```
# P[X < 3] = P[X ≤ 2] = ??
> M<-Mm
> exito<-M
> fracaso<-N-M
> muestra<-n
> k<-2
> prob_m<-phyper(k,exito,fracaso,muestra)
> prob_m
[1] 0.7063418
```

12.1.5 DISTRIBUCIÓN DE PROBABILIDAD BINOMIAL NEGATIVA

La distribución binomial negativa aparece en un estudio de Pierre Remond de Montmort (1678-1719) sobre los juegos de azar en 1714, pero años antes ya había sido descrita por Blaise Pascal (1623-1662). Mas adelante, esta distribución fue propuesta como una alternativa a la distribución de Poisson para modelar el número de ocurrencias de un suceso cuando los datos presentan lo que se conoce como variación extra-Poisson o sobredispersion.

En otras palabras, la distribución binomial negativa es un modelo adecuado para tratar aquellos procesos en los que se repite un determinado ensayo o prueba hasta conseguir un número determinado del resultado favorable (por primera vez). Esto es, ofrece una visión de los procesos de recuento que muchos modelos no consiguen captar (p.e. poisson).

El experimento consiste en repetir la prueba de Bernoulli hasta que aparezca el éxito r-ésimo, considerando que tales repeticiones de Bernoulli son independientes, con probabilidad de éxito 'p' constante para cada repetición. Es decir, modeliza el número de ensayos hasta que se produzca un determinado número de sucesos, en lugar del número de sucesos en un número fijo de ensayos.

Si definimos X ={número de experimentos realizados hasta obtener el r-ésimo éxito} diremos que X sigue una distribución binomial negativa con paramétros 'r', 'p'. Y toma los valores x = 0, 1, 2, ..., y 'r' será un entero y positivo: r = 1, 2, ... [X → BN(r, p)].

Dicho de otro modo, cuando el número de fracasos que tienen lugar antes de que aparezca el r-éximo éxito. Por lo que, el experimento puede finalizar en la primera realización o continuar sucesivamente.

Una distribución binomial negativa de parámetros "r" (número de éxitos deseados) y "p" (la probabilidad de éxitos en cada ensayo) surge como una secuencia infinitos intentos de Bernoulli en los que:

- Cada secuencia es independiente de las otras.
- En cada intento solamente son posibles dos resultados (éxito o fracaso).
- La probabilidad de éxito es constante en cada secuencia.
- Los intentos continúan hasta que se consigan r éxitos.

Dicho de otro modo, se trata de calcular la probabilidad de que la variable X tome los valores x = 0, 1, 2, …., antes de que aparezca el r-ésimo éxito, siendo r = 1, 2, …. Esto es, uno de los posibles sucesos para el cual ocurre que las x-primeras repeticiones son fracasos, mientras que las r-1 siguientes éxitos y en el último éxito.

Entre las características de esta distribución tenemos:

Función de masa.

$$f(k) = p(X = k) = \binom{k-1}{r-1} p^r \cdot (1-p)^{k-r}$$

Representa el número de fallos que se producen en una secuencia de ensayos de Bernoulli antes de que se alcance un número de éxitos, tal que:

$$\mu = r \cdot \frac{1}{p} \quad ; \quad \sigma^2 = r \cdot \frac{1-p}{p^2} \quad y \quad \sigma = \sqrt{r \cdot \frac{1-p}{p^2}}$$

Relacion con otras distribuciones:

- **Distribucion de Pascal**: modela el número de pruebas independientes de Bernoulli necesarias para obtener exactamente 'r' exitos. La distribución binomial negativa fue contemplada en sus inicios por Blaise Pascal y ambas distribuciones coinciden en que se realizan experimentos independientes con dos posibles resultados: éxito y fracaso.
- **Distribucion Binomial**: modela el número de veces que requiero para obtener el primer éxito, solo se diferencia de la binomial negativa en que esta modela un numero 'r' de éxitos. También coinciden en que el experimento es de tipo Bernoulli en ambas.

Para comprender intuitivamente esta distribución, consideremos un experimento sencillo: entrevistar a candidatos hasta encontrar tres cualificados para un puesto. La distribución modelaría el número de entrevistas fallidas (fracasos) necesarias antes de encontrar a esos tres candidatos cualificados (éxitos). Esto difiere fundamentalmente de la distribución binomial, que en cambio modela el número de aciertos en un número fijo de ensayos, como el número de candidatos cualificados encontrados en exactamente 20 entrevistas.

La distribución binomial en el sector financiero es el más adecuado para modelar escenarios como el número de días de negociación hasta alcanzar un nivel de beneficios objetivo, o el número de solicitudes de crédito revisadas antes de encontrar un determinado número de prestatarios cualificados. También ha demostrado ser valiosa para modelar datos de recuento cuando la varianza supera a la media, fenómeno conocido como sobredispersión.

Los genetistas se basan en esta distribución cuando analizan los datos de secuenciación. En los experimentos de secuenciación del ARN, los genes muestran distintos niveles de expresión con una gran variabilidad. La binomial negativa modela el número de lecturas de secuencias asignadas a cada gen, teniendo en cuenta tanto la variación técnica como la biológica. Esto ayuda a identificar los genes expresados diferencialmente con más precisión que los métodos que suponen una varianza constante.

En los estudios ecológicos, los investigadores lo utilizan para modelizar la abundancia de especies. Considera el estudio de las poblaciones de aves: algunas zonas pueden tener pocas aves mientras que otras tienen grandes grupos, lo que crea una varianza mayor de la esperada. La binomial negativa modela eficazmente estas distribuciones agrupadas, ayudando a los ecólogos a comprender la dinámica de las poblaciones y a planificar los esfuerzos de conservación.

En R contamos con un conjunto de funciones para calcular la función de probabilidad, la función acumulada, la función cuantil y la generación de valores aleatorios de una binomial negativa, con parámetros 'size' y 'prob'.

```
dnbinom(x, size, prob, mu, log = FALSE)
pnbinom(q, size, prob, mu, lower.tail = TRUE, log.p = FALSE)
qnbinom(p, size, prob, mu, lower.tail = TRUE, log.p = FALSE)
rnbinom(n, size, prob, mu)
```

Argumentos:

- x: vector de cuantiles (enteros no negativos).
- q: vector de cuantiles.
- p: vector de probabilidades.
- n: número de observaciones. If length(n) > 1, entonces la longitud es el valor requerido.
- size: objetivo para el número de ensayos exitosos, o parámetro de dispersión (el parámetro de forma de la distribución de mezcla gamma). Debe ser estrictamente positivo, no necesita ser entero.
- prob: probabilidad de éxito en cada prueba. 0 < prob <= 1.
- mu: parametrización alternativa via la media: ver detalles.
- log, log.p: logical; if TRUE, las probabilidades p serán presentadas como log(p).
- lower.tail: logical; if TRUE (default), las probabilidades serán $P[X \leq x]$ y en otros casos $P[X > x]$.

La función **dnbinom(x,size, prob)** es la probabilidad de 'x' fallos antes del éxito 'r' (nótese la diferencia) cuando la probabilidad de éxito es prob. La función **pgeom(q, prob, lower.tail)** es la probabilidad acumulada (lower.tail = TRUE para la cola izquierda, lower.tail = FALSE para la cola derecha) de menos o igual a q fallos antes del éxito. La función `rnbinom(n, size, prob)` devuelve n números aleatorios de la distribución binomial negativa. La función `qnbinom(p, prob, lower.tail)` es el número de fallos en el percentil q (lower.tail = TRUE).

Ilustración 1. Una empresa petrolera tiene una probabilidad p = 0,20 de encontrar petróleo al perforar un pozo. ¿Cuál es la probabilidad de que la compañía perfore x = 7 pozos para encontrar petróleo r = 3 veces?

```
> r<-3
> p<-0.20
> n<-7-r
> dnbinom(x=n, size=r, prob=0.2)
[1] 0.049152
```

 # Calcular la media de una V.A. binomial negativa (r/p)

```
> r<-3
> p<-0.2
> mean(rnbinom(n=10000, size=r,prob=p))+r
[1] 14.9372
```

 # Varianza de una V.A. binomial negativa (r*(1-p)/P^2)

```
> r<-3
> p<-0.2
> var(rnbinom(n=100000, size=r,prob=p))
[1] 59.52464
```

Ilustración 2. Cálculo de las probabilidades de una binomial negativa.

```
> x<- 0:8
> r = 2
> prob = 1/2
> dnbinom(0:8,size=2,prob=1/2)
[1] 0.250000000 0.250000000 0.187500000 0.125000000
[5] 0.078125000 0.046875000 0.027343750 0.015625000
[9] 0.008789062
```

Ilustración 3. Probabilidad acumulada = Suma secuencial acumulada de las probabilidades discretas.

```
x<- 0:8
r<- 2
> cumsum(dnbinom(x,size=2,prob=1/2))
[1] 0.2500000 0.5000000 0.6875000 0.8125000 0.8906250
[6] 0.9375000 0.9648438 0.9804688 0.9892578
```

Análogamente, podemos usar la función pnbinom().

```
> pnbinom(x,size=2, prob=1/2)
[1] 0.2500000 0.5000000 0.6875000 0.8125000 0.8906250
[6] 0.9375000 0.9648438 0.9804688 0.9892578
```

Ilustración 4. Cálculo del error relativo.

```
x<- 0:8
> er<-(1-cumsum(dnbinom(x,size=2,prob=1/2))/pbinom(x,size=2, prob=1/2))
> er
[1] 0.00000000 0.33333333 0.31250000 0.18750000
[5] 0.10937500 0.06250000 0.03515625 0.01953125
[9] 0.01074219
```

Gráfica de la función de probabilidad de una binomial negativa.

```
> x<-0:15
> r<-(1:20)/4
> persp(x,r,dnb<-outer(x,r,function(x,s)dnbinom(x,s,prob=0.4)), xlab='x'
,ylab='s',zlab="distribución",theta=150)
> title(tit<-"Distribución binomial negativa(x,s,pr=0.4) vs x& s")
```

Distribución binomial negativa(x,s,pr=0.4) vs x& s

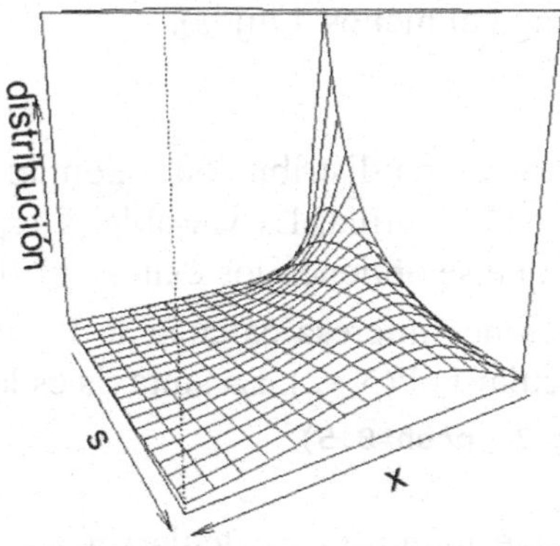


```
> image(x,r,log10(dnb),main=paste("log[",tit,"]"))
> contour(x,r,log10(dnb), add= T)
```

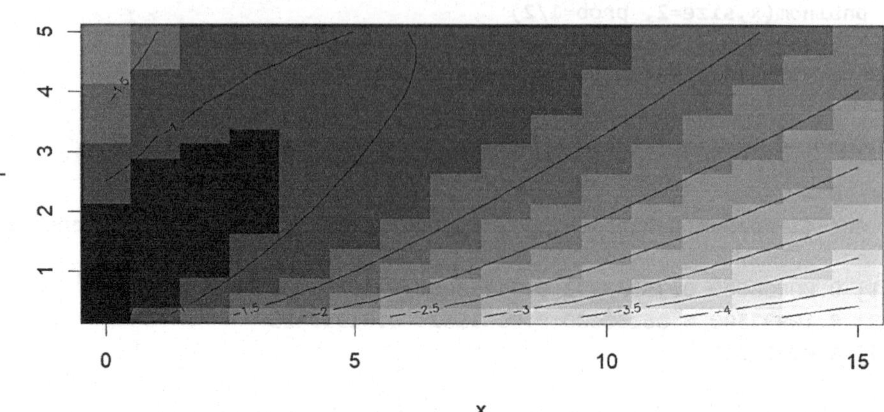

Ilustración 5. Una familia desea tener hijos hasta conseguir 2 niñas, la probabilidad individual de obtener una niña es 0.5 y se supone que todos los nacimientos son individuales, es decir, un sólo bebé.

Se pide:

1. Calcular la probabilidad de que se necesiten 4 hijos, es decir, 4 nacimientos previos para conseguir las dos niñas.
2. Calcular P (familia tenga al menos 4 hijos).

Solución.

1. En este problema se tiene una distribución binomial negativa con r=2 niñas, los éxitos deseados por la familia. La variable X representa los fracasos, es decir los niños, hasta que se obtienen los éxitos r=2 deseados.

   En este tipo de situaciones interesa calcular la P (familia tenga 4), en otras palabras, interesa calcular la P(X=2). La sintaxis es la siguiente:

   ```
   > dnbinom(x=2, size=2, prob=0.5)
   [1] 0.1875
   ```

2. En esta pregunta lo que interesa es calcular $P(X \geq 2) = P(X=2) + P(X=3) + \ldots$, como esta probabilidad va hasta infinito, se debe usar el complemento: $P(X \geq 2) = 1 - [P(X=0) + P(X=1)]$, de modo que para obtener la probabilidad solicitada se pueda usar la función dnbinom de la siguiente manera:

   ```
   > 1 - sum(dnbinom(x=0:1, size=2, prob=0.5))
   [1] 0.5
   # Análogamente se pude calcular esta probablidad con la función pnbinom()
   > 1 - pnbinom(q=1, size=2, prob=0.5)
   [1] 0.5
   ```

Alternativa parametrization para generación de datos de una distribución binomial negativa.

```
> x1 <- rnbinom(500, mu = 4, size = 1)
> head(x1)
[1]  2  8 10 14  0  0
> x2 <- rnbinom(500, mu = 4, size = 10)
> head(x2)
[1] 2 1 4 1 6 3
> x3 <- rnbinom(500, mu = 4, size = 100)
> head(x3)
[1] 4 3 4 5 3 4

# Contruir histogramas y un barplot()
> h1 <- hist(x1, breaks = 20, plot = FALSE)
> h2 <- hist(x2, breaks = h1$breaks, plot = FALSE)
> h3 <- hist(x3, breaks = h1$breaks, plot = FALSE)
> barplot(rbind(h1$counts, h2$counts, h3$counts),
+         beside = TRUE, col = c("red","blue","cyan"),
+         names.arg = round(h1$breaks[-length(h1$breaks)]))
```

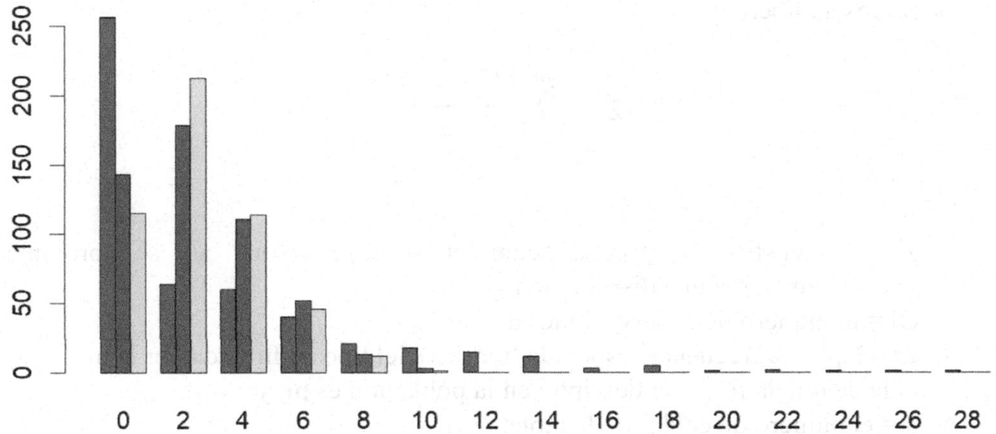

General valores aleatorios de una variables binomial negativa: `rnbinom()`.

Por ejemplo, rnbinom(5, s=3, m=2) proporcionaría 5 recuentos seleccionados aleatoriamente de una distribución binomial negativa cuya media es 2, y cuyo parámetro de forma (k) es 3.

```
> rnbinom(5,r,m=2)
[1] 0 3 1 2 3
```

12.1.6 DISTRIBUCIÓN JI-CUADRADO EN R

La prueba chi-cuadrado es una prueba común que se utiliza en aquellos contextos donde se necesita determinar si existe una asociación significativa entre variables categóricas o datos de frecuencia. Es util cuando trabajamos con variables nominales, categóricas o estamos trabajando con alguna clase de clasificación.

Una prueba Ji-cuadrado compara las frecuencias observadas de ocurrencias en diferentes categorías con las frecuencias esperadas si no hubiera asociaciones entre las variables.

Los supuestos que garantizan la validez de la prueba Ji-cuadrado son:

- Los datos deben presentarse en forma de frecuencias o recuentos de casos.
- Las categorías deben ser mutuamente excluyentes.
- En la prueba Ji-cuadrado de independencia, la frecuencia esperada en cada categoría debe ser al menos igual a 5.
- En la prueba de bondad de ajuste se espera una frecuencia de al menos 1, siempre que más del 20% de las frecuencias esperadas sean inferiores a 5.

La distribución Ji-cuadrada se define como la distribución de la suma del cuadrado de k variables aleatorias independientes con distribución normal estándar, con k grados de libertad.

$$\chi^2 = \sum_{i=1}^{n} \frac{(O_i - E_i)^2}{E_i}$$

donde

- χ^2 = estadístico de prueba acumulativo de Pearson, que se aproxima asintóticamente a una distribución χ^2.
- Oi = el número de observaciones de tipo i.
- Ei = Npi = la frecuencia esperada (teórica) del tipo i, afirmada por la hipótesis nula de que la fracción del tipo i en la población es pi; y
- n = el número de celdas de la tabla.

Función de densidad. Si X → χ^2 entonces su función de densidad se define como:

$$f(x) = \frac{\left(\frac{1}{2}\right)^{k/2}}{\Gamma\left(\frac{k}{2}\right)} x^{\frac{k}{2}-1} e^{-\frac{x}{2}} \quad ; \quad x > 0, \Gamma = \textit{función gamma}$$

Una variable aleatoria con esta función de densidad se dice que tiene distribución χ^2 con k grados de libertad.

Cálculo de la función de densidad de una Ji-cuadrado con 7 grados de libertad.

```
> dchisq(x, df = 7)
 [1] 1.377951e-32 1.081298e-32
 [3] 8.484906e-33 6.657923e-33
 [5] 5.224211e-33 4.099142e-33
 [7] 3.216292e-33 2.523530e-33
 [9] 1.979939e-33 1.553409e-33
[11] 1.218737e-33 9.561481e-34
[13] 7.501202e-34 5.884740e-34
[15] 4.616517e-34 3.621533e-34
[17] 2.840936e-34 2.228544e-34
[19] 1.748123e-34 1.371241e-34
[21] 1.075590e-34
```

La función de densidad de un Ji.cuadrado.

```
> curve(dchisq(x, df = 7), xlim = c(0,20), xlab = "Valores de X",ylab="Densidad de Probabilidad")
```

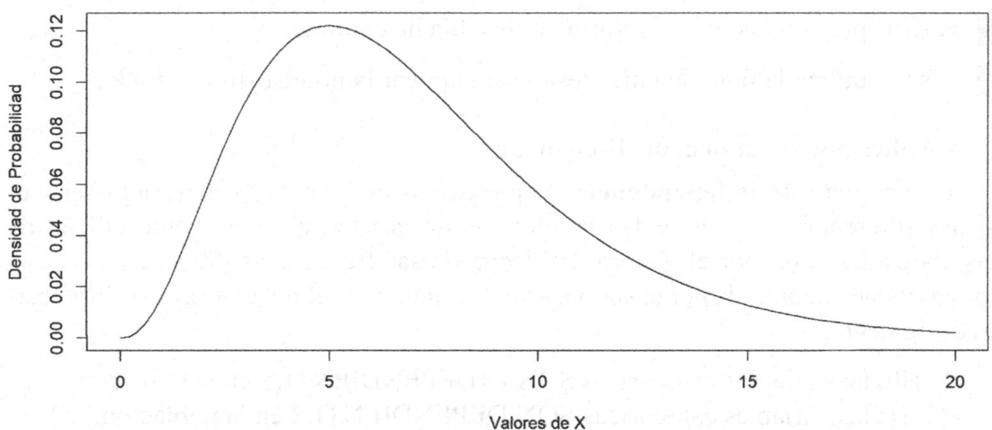

Función de distribución de una Ji-cuadrado. Si X → χ2 entonces su función de distribución se define como:

$$F(x) = \frac{\gamma\left(\frac{k}{2}, \frac{x}{2}\right)}{\Gamma\left(\frac{k}{2}\right)} \quad ; \quad \gamma(k,z) = \textit{función gamma}$$

La esperanza matemática y la varianza de la variable aleatoria X es:

$$E[X] = k : Var[X] = 2k$$

La función `chisq.test()` de R realiza contrastes chi-cuadrado de Pearson para la independencia, la bondad de ajuste y la homogeneidad, analizando relaciones entre datos categóricos. La función también admite la corrección de Yates y la simulación Monte Carlo para los p-valores.

La Prueba Ji-cuadrado de independencia: permite determinar si las variables son independientes o si existe una relación entre ellas. Por ejemplo, estudiar si el sexo afecta a las preferencias en el voto.

Prueba Ji-cuadrado de bondad de ajuste: comprueba si los datos de la muestra se ajustan a una determinada distribución poblacional. Por ejemplo, investigar si un dado es justo comparando la frecuencia observada de cada cara con la frecuencia esperada si el dado fuera justo.

Prueba Ji-cuadrado de homogeneidad: evalúa si la distribución de una variable categórica es homogénea o consistente entre diferentes poblaciones o grupos.

Para realizar una prueba chi-cuadrado en R, sigue estos pasos:

- Paso 1: prepara tus datos en formato de tabla de contingencia.
- Paso 2: utiliza la función chisq.test() para aplicar la prueba chi-cuadrado.

Aplicación de la prueba Ji-cuadrado

Contraste de independencia. Supongamos que estamos interesados en ver si hay diferencia o no entre las frecuencias de la supervivencia y mortalidad de las clases definidas por el género. Es decir, si esas frecuencias difieren o no de la probabilidad encontrada por el simple azar. La sintaxis en R del contraste de hipótesis es el siguiente:

- H0: las variables categóricas SON INDEPENDIENTES en la población.
- H1: las variables categóricas SON DEPENDIENTES en la población.

```
> chisq.test(datatable)

        Pearson's Chi-squared test with Yates' continuity correction

data:  datatable
X-squared = 4.4615, df = 1, p-value = 0.03467
```

Cuya interpretación nos dice que cuanto más alejado de cero sea el valor de la Ji-cuadrado (del estadísitico) mayor serán las diferencias encontradas. Es decir, las frecuencias que encontramos no se deben al azar, sino que la clase sexo influye en la supervivencia. Observamos que el p-valor es significativo (< 0.05) lo que confirma nuestras sospechas de que el sexo es influyente.

En el caso de contar con pocos valores observados en la muestra (p.e. menos de 5) se puede utilizar el test de Fisher cuya sintaxis en R es **fisher.test()**.

```
> fisher.test(datatable)

Fisher's Exact Test for Count Data

data:  datatable
p-value = 0.02723
alternative hypothesis: true odds ratio is not equal to 1
95 percent confidence interval:  1.082012   10.263847
sample estimates: odds ratio  3.238458
```

Como en el caso anterior el test es significativo, por lo tanto, la clase sexo influye en la supervivencia.

Contrate de bondad de ajuste. El test examina si una distribución de frecuencias observada coincide con una distribución teórica esperada (denodata por F), como la distribución uniforme o una normal o cualquier otra distribución. Esta prueba es extensible al caso de la proporción. Las hipótesis a contrastar son las siguientes:

- H0: la distribución de la población se distribuye como una F.
- H1: la distribución de la población NO se distribuye como una F.

Supongamos que contamos con la siguiente información:

```
> fob= fobservadas <- c(11, 32, 24)         # Frecuencias observadas.
> fes = fesperadas <- c(0.2, 0.5, 0.3)# Probabilidades esperadas (suman 1).
```

¿Son las probabilidades poblacionales iguales a 'p'?

```
> chisq.test(x = fob, p = fes)

    Chi-squared test for given probabilities

data:  fob
X-squared = 1.2537, df = 2, p-value = 0.5343
```

El p-valor (0,5343) es superior a los niveles de significación habituales (5%), por lo que no hay pruebas para rechazar la hipótesis nula.

Alternativamente, si es posible introducir explícitamente las frecuencias esperadas en lugar de probabilidades es posible utilizar la función **rescale.p = TRUE**, ya que las frecuencias se reescalarán si es necesario para que sumen 1.

```
> fob = fobservadas <- c(11, 32, 24) # Frecuencias observadas.
```

```
> fes = fesperadas <- c(20, 53, 25)  # Frecuencias esperadas.
```

La prueba Ji-cuadrado de bondad de ajuste con el argumento "rescaled 'p'".

```
> Chisq.test(x = fobservadas, p = fesperadas, rescale.p = TRUE)
```

Por último, si no se especifica p, se contrastará si todas las probabilidades son iguales (distribución uniforme).

Contraste de homogeneidad. Compara las distribuciones de una única variable categórica entre varios grupos o poblaciones independientes. Determina si la distribución de frecuencias de una única variable categórica es similar u homogénea entre diferentes grupos. Esta prueba expande el test para dos proporciones. Las hipótesis son las siguientes:

- H0: las distribuciones de dos o más subgrupos de una población SON iguales (proporciones iguales).
- H1: las distribuciones de dos o más subgrupos de una población SON DIFERENTES (al menos una proporción es diferente).

Supongamos que se quiere comprobar si la distribución de frecuencias de un tratamiento es igual o diferente entre grupos de edad, es decir, si la proporción de uso de varios fármacos es igual o diferente entre grupos de edad. Se cuenta con los siguientes datos de uso de fármacos en dos grupos de edad:

Datos de ejemplo.

```
> datos <- matrix(c(20,28,46,8,16,21), nrow = 2, byrow = TRUE)
> colnames(datos) <- c("Fárm A", "Fárm B", "Fárm C")
> rownames(datos) <- c("Menos de 32 años", "Más de 32 años")
> datos
                 Fárm A Fárm B Fárm C
Menos de 32 años     20     28     46
Más de 32 años        8     16     21
```

Test chi-cuadrado de homogeneidad.

```
> chisq.test(datos)

	Pearson's Chi-squared test

data:  datos
X-squared = 0.53734, df = 2, p-value = 0.7644
```

Observamos que el p-valor es 0.7644, que es superior a los niveles de significación habituales (5%), por lo que no hay pruebas para rechazar la hipótesis nula de que la distribución es igual entre los grupos de edad.

Encontrar el percentil 95 de una distribución Ji-Cuadrado con 7 grados de libertad.

```
> qchisq(0.95, df=7)
[1] 14.06714
```

12.2 DISTRIBUCIONES DISCRETAS EMPÍRICAS

En la práctica muchas veces nos podemos encontrar con variables aleatorias discretas que no se ajustan a una de las distribuciones conocidas, en tales situaciones, es posible manejar ese tipo de variables por medio de unas funciones básicas de R.

Unos investigadores están interesados en determinar cuál es el patrón de variación del número de machos sobre cada hembra de los cangrejos de herradura, para esto, se recolectó una muestra de hembras a las cuales se les observó el color, la condición de la espina, el peso en kilogramos, el ancho del caparazón en centímetros y el número de satélites o machos sobre el caparazón (l cangrejo de herradura hembra se caracteriza porque a su caparazón se adhieren los machos de la misma especie).

Ilustración 1. Encontrar la distribución de probabilidad para la variable Sa que corresponde al número de machos sobre el caparazón de cada hembra.

Primero leemos la base de datos usando la url y luego se construye la tabla de frecuencia relativa y se almacena en el objeto t1.
Cargamos los datos en R.

```
> url<-'https://raw.githubusercontent.com/fhernanb/datos/master/crab'
> crab<-read.table(file=url, header=T)
> head(crab)
  C S    W   Wt Sa
1 2 3 28.3 3.05  8
2 3 3 26.0 2.60  4
3 3 3 25.6 2.15  0
4 4 2 21.0 1.85  0
5 2 3 29.0 3.00  1
6 1 2 25.0 2.30  3

> t1<-prop.table(table(crab$Sa))
> t1
          0           1           2           3 
0.358381503 0.092485549 0.052023121 0.109826590 
          4           5           6           7 
0.109826590 0.086705202 0.075144509 0.023121387 
          8           9          10          11 
0.034682081 0.017341040 0.017341040 0.005780347 
         12          14          15 
0.005780347 0.005780347 0.005780347 
```

Representación gráfica usando el siguiente código.

```
> plot(t1,las=1,lwd=5,xlab="Número de satelites",ylab= "Proporción")
```

Función de masa de probabilidad para el número de satélites por hembra

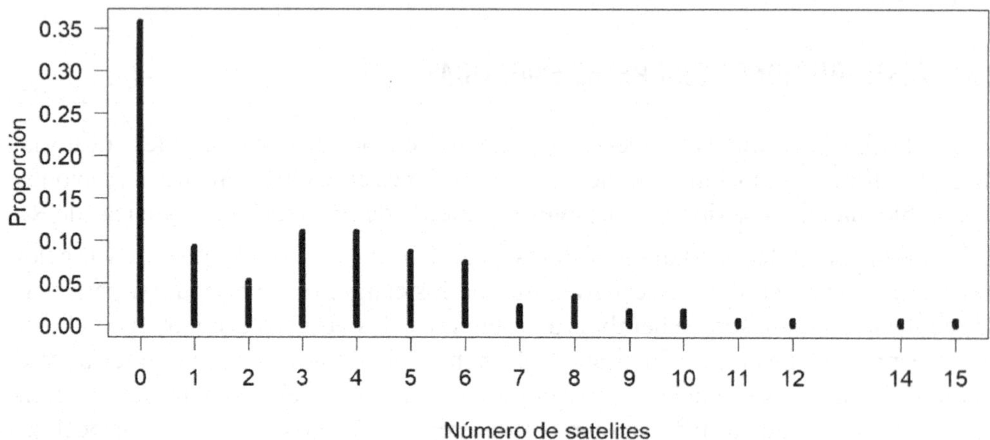

Ilustración 2. Sea X la variable número de satélites por hembra, construir la función F(x).

Para construir F(x) se utiliza la función ecdf o empirical cumulative density function. El código usado es el siguiente:

```
> F<-ecdf(crab$Sa)
> plot(F, las=1, main="")
```

Función de distribución acumulada para el número de satélites por hembra

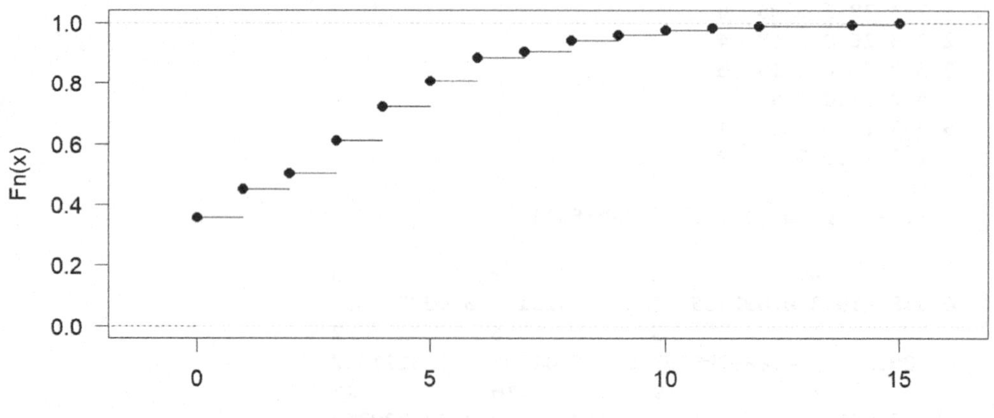

Ilustración 3. Calcular la probabilidad empírica.

```
# Calcular P(X≤9)
```

Para obtener esta probabilidad se usa el objeto F que es en realidad una función, a continuación la instrucción usada.

```
> F(9)
[1] 0.9595376
```

 # Calcular P(X>4)

Para obtener esta probabilidad se usa el hecho de que $P(X >) = 1 - P(X \leq 4)$, así la sintaxis a usar es.

```
>  1 - F(4)
[1] 0.2774566
```

Ilustración 4. Suponga que el grupo 1 está formado por las hembras cuyo ancho de caparazón es menor o igual al ancho mediano, el grupo 2 está formado por las demás hembras. ¿Será F(x) diferente para los dos grupos?

Particionamos el vector 'Sa' en dos grupos de acuerdo a la nueva variable grupo.

```
> grupo <- ifelse(crab$Wt <= median(crab$Wt), 'Grupo 1', 'Grupo 2')
> head(grupo)
[1] "Grupo 2" "Grupo 2" "Grupo 1" "Grupo 1" "Grupo 2"
[6] "Grupo 1"
```

Creamos el objeto x que es una lista y para acceder a los vectores almacenados en él usamos dos corchetes [[]], uno dentro del otro.

```
> x<-split(x=crab$Sa,f=grupo)
> head(x)
$`Grupo 1`
 [1]  0  0  3  0  0  8  4  3  5  6  4  3  0  1  1  4
[17]  2  0  0  6 10  8  0  2  3  0  0  0  0  0 14  0
[33]  1  0  5  5  0  0  0  0  1  0  6  6  0  0  0  9
[49]  0  0  4  0  5  1  0  5  0  2  4  0  0  0  0  4
[65]  0  2  0  0  1  4  3  0  0  0  3  0  0  0  0  1
[81]  2  0  6  2 10  0  4  0


$`Grupo 2`
 [1]  8  4  1  6  5  4  3  8  3  0  0  1  2  5  3  9
[17]  4  3  4  5  6  6  0  3 10  7  0  5  1  1  3  2
[33]  5  3  7  3  4  4  8  0  0  8  5  2  5  0  6  5
[49]  5 15  0  4  0  0  1  1  4  1  6  6  6  4  4  0
[65] 11  0  0  3  9  3  6  3  0  1  0  1 12  3  4  5
[81]  7  0  0  7  3
```

```
# La sintaxis para calcular F(x) es la siguiente.
> F1<-ecdf(x[[1]])
> F2<-ecdf(x[[2]])

# Pintamos las dos funciones acumuladas en la misma gráfica.
> plot(F1,col="blue", main="", las=1)
> plot(F2, col="red",add=T)
```

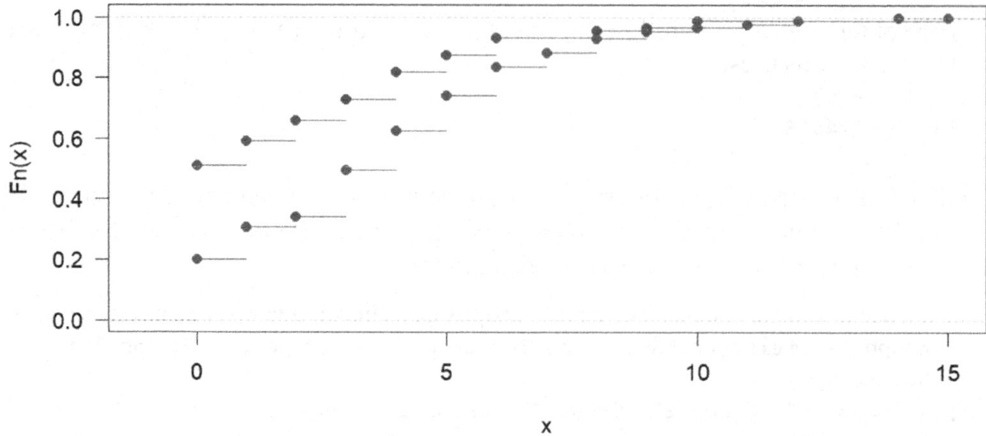

Función de distribución acumulada para el número de satélites por hembra diferenciando por grupo. Grupo 1(azul) y Grupo 2 (rojo)

El hecho de que la curva azul esté por encima de la roja para valores menores de 9, es decir, $F1(x) \geq F2(x)$, indica que las hembras del grupo 1 tienden a tener menos satélites que las del grupo 2, esto es coherente ya que las del grupo 2 tienen un caparazón más grande.

12.3 DISTRIBUCIONES DE PROBABILIDAD CONTINUAS

El paquete stats de R (que se instala por defecto al instalar R, y se carga en memoria siempre que iniciamos sesión) implementa numerosas funciones para la realización de cálculos asociados a distintas distribuciones de probabilidad continuas. Entre las más utilizadas podemos citar:

Distribuciones Continuas con R

Distribución	Nombre en R
Uniforme	unif
Normal	norm
t Student	t
F Fisher	F
Chi-Cuadrado	chisq
Exponencial	exp
Logística	logis
Gamma	gamma
Weibull	weibull
W de Wilcoxon	wilcox

Para cada distribución, R dispone de cuatro funciones. Se puede acceder a cada una de ellas simplemente precediendo el nombre de la distribución que figura en la tabla que sigue por la letra que se indica a continuación:

Función	Significado	Uso
p	Probabilidad	Calcula probabilidades acumuladas.
q	Cuantiles	Calcula cuantiles / percentiles.
d	Densidad	Calcula probabilidades puntuales.
r	Aleatorios	Genera datos aleatorios según la distribución especificada.

12.3.1 DISTRIBUCIÓN DE PROBABILIDAD NORMAL → N(μ, σ)

La función de densidad de probabilidad de la distribución Normal es:

$$f(x|\mu,\sigma^2) = \frac{1}{\sqrt{2\sigma^2\pi}} e^{-\frac{(x-\mu)^2}{2\sigma^2}}$$

Donde

- μ es la media de la distribución (también la mediana y el modo).
- σ es la desviación estándar (σ > 0).
- σ^2 es la variación.

Si X sigue una distribución normal N(μ, σ).

- f(x) = dnorm(x,mu,sigma).
- P(X ≤ k) = pnorm(x,mu,sigma).
- q_a = min{x: P(X ≤ x) ≥ a}= qnorm(a,mu,sigma).
- rnorm(n,mu,sigma) genera **n** valores aleatorios N(μ,σ).

El proceso para estandarizar la distribución Normal consiste en transformar la variable Normal N(μ, σ) en N(0,1), mediante.

$$Z = \frac{X - \mu}{\sigma} \sim N(0,1)$$

X es una variable normalmente distribuida con una media de μ=30 y una desviación estándar de σ=4. Se pide:

a) P(x < 40)
b) P(x > 21)
c) P(30 < x < 35)

Solución

a) **P(X < 40)**

Para x=40, la z estandarizada es (40−30)/4=2.5 y por tanto: P(X < 40)=P(Z < 2.5)=0.9938

```
> pnorm(2.5)
 [1] 0.9937903
```

```
> pnorm(40,mean=30,sd=4,lower.tail=TRUE)
 [1] 0.9937903
```

b) **P(X > 21)**

```
> pnorm(21,mean=30,sd=4,lower.tail = FALSE)
[1] 0.9877755
```

c) **P(30 < X < 35)**

```
>pnorm(35,mean=30,sd=4,lower.tail=TRUE)-pnorm(30,mean=30, sd=4,lower.
tail = TRUE)
[1] 0.3943502
```

Ejemplo de una distribución normal n(500, 100)

El ingreso a una determinada universidad se determina mediante un examen nacional. Los resultados de esta prueba se distribuyen normalmente con una media de 500 y una desviación estándar de 100. Tom quiere ser admitido en esta universidad y sabe que debe obtener mejores resultados que al menos el 70% de los estudiantes que tomaron el examen. Tom toma el examen y saca 585 puntos. ¿Será admitido en esta universidad?

Solución

```
N = 1000
hist(rnorm(N,500,100),20,col="grey")
abline(v=585,col=2)
Es P(X < 585 > 70%?
```

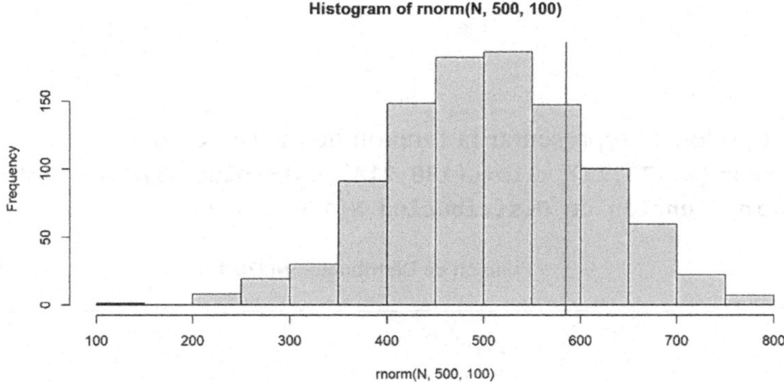


```
> pnorm(585, mean=500, sd=100)
  [1] 0.8023375
```

Interpretación: Tom obtuvo una puntuación mejor que el 80.23% de los estudiantes que tomaron el examen y será admitido en esta universidad.

Podemos calcular fácilmente los valores de la función de densidad sobre una secuencia de valores de x:

```
> x=seq(165,175,by=0.5)
> dnorm(x,170,12)
 [1] 0.03048103 0.03098792 0.03144860 0.03186077 0.03222234
 [6] 0.03253150 0.03278664 0.03298647 0.03312996 0.03321634
[11] 0.03324519 0.03321634 0.03312996 0.03298647 0.03278664
[16] 0.03253150 0.03222234 0.03186077 0.03144860 0.03098792
[21] 0.03048103
```

La representación gráfica de la función de densidad se obtiene fácilmente como

```
>curve(dnorm(x,170,12),xlim=c(130,210),col="blue",lwd=2,
 xlab="x",ylab="f(x)",main="Función de Densidad N(170,12)")
```

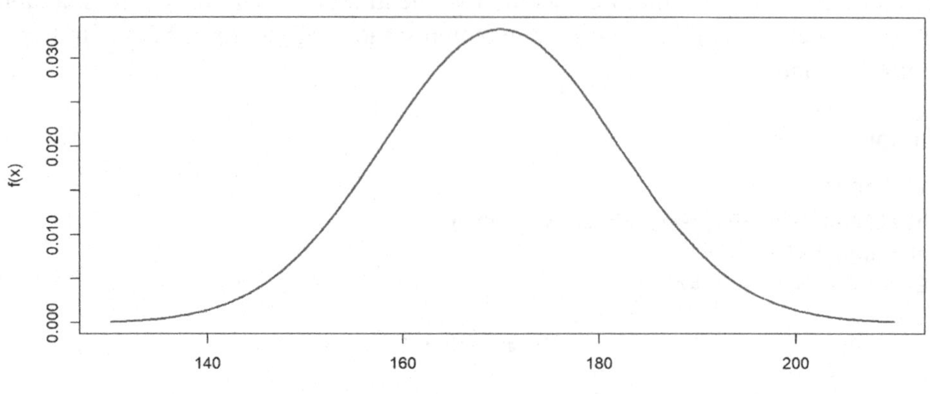

También podemos representar la función de distribución:

```
> curve(pnorm(x,170,12),xlim=c(130,210),col="blue",lwd=2, xlab="x",ylab=
"F(x)",main="Función de Distribución N(170,12)")
```

Función de Distribución N(170,12)

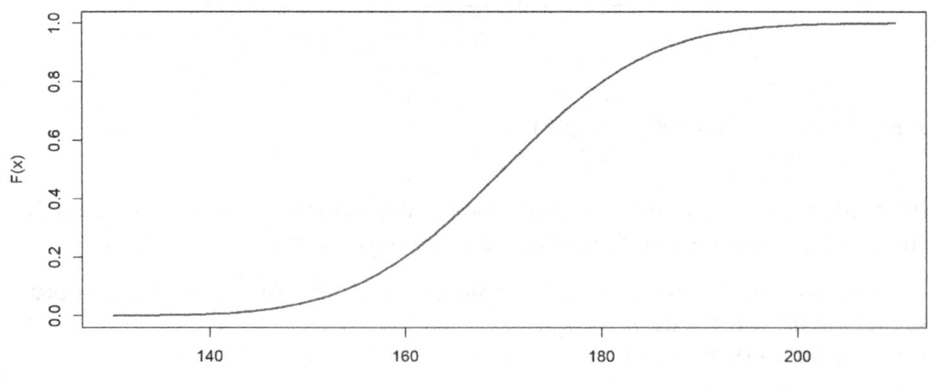

P(150 ≤ X ≤ 168) tal que X → N(170, 12)

```
> pnorm(168,170,12)-pnorm(150,170,12)
[1] 0.3860258
```

> # Análogamente.

```
> midensidad<-function(x)dnorm(x,170,12)
> integrate(midensidad,150,168)
[1]0.3860258 with absolute error < 4.3e-15
```

A continuación, representamos el área correspondiente a la probabilidad que acabamos de calcular:

```
> regionX=seq(150,168,0.01)      # Intervalo a sombrear.
> regionX=seq(150,168,by=0.01)
> xP<-c(150,regionX,168) # Base de los polígonos que crean el efecto "sombra".
> yP<-c(0,dnorm(regionX,170,12),0) # Altura de los polígonos sombreados.
>curve(dnorm(x,170,12),xlim=c(130,210),yaxs="i",ylim= c(0,0.035),ylab="
f(x)",main='Densidad N(170,12)')
> polygon(xP,yP,col="orange1")
> box()
```

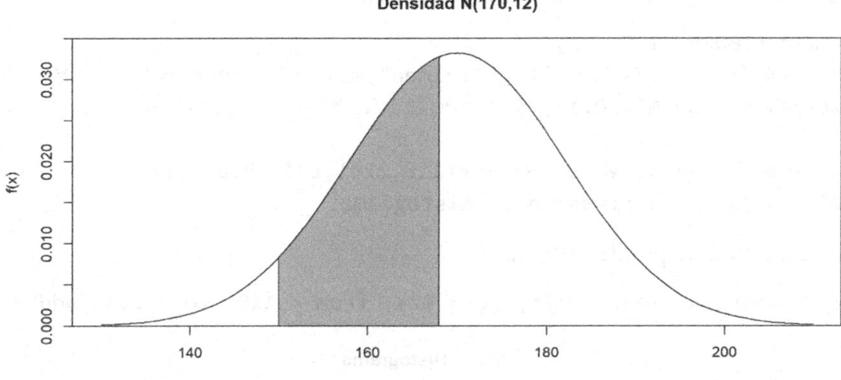

ⓘ Nota

La extensión de los ejes (xaxs e yaxs) y el área de fondo.

Si xaxs="r", la extensión horizontal de la región de trazado es un 4% mayor que el rango obtenido de lo especificado en xlim.

Si xaxs="i", la extensión x de la región de trazado coincide exactamente con range de xlim.

Si xaxs=NULL xaxs se determina a partir del estado gráfico actual par("xaxs"). yaxs se comporta de forma análoga para la extensión vertical de la región de trazado.

Debemos tener en cuenta que xaxs="i" o yaxs="i" normalmente no se especifican cuando los valores de los límites son iguales a uno. Por otro lado, si los rangos de los ejes se han elegido libremente, pueden ser una buena elección especificarlos, porque suelen mejorar el aspecto de la presentación del gráfico.

Z0.95 = min{x: P(X ≤ x) ≥ 0,95}

```
> Qnorm(0.95, 170, 12)
  [1] 189.7382
```

Si no se especifican media y varianza, R entiende que trabajamos con la distribución normal estándar. La siguiente instrucción nos proporciona los cuantiles 0.025 y 0.975 de la N(0,1).

```
> qnorm(c(0.025, 0.975) )
 [1] -1.959964  1.959964
```

Simulamos una muestra grande de la distribución normal y comprobamos que el histograma es muy parecido a la función de densidad.

```
> X=rnorm(10000, 170, 12)
> hist(X,freq=FALSE,col="lightsalmon",main="Histograma", sub= "Datos simulados de una N(170,12)") # freq = FALSE para que el área del histograma sea 1.
> curve(dnorm(x,170,12),xlim=c(110,220),col="blue",lwd=2, add=TRUE) #Añade un curva continua en el histograma.
```

Análogamente, se puede escribir.

```
> curve(dnorm(x, mean = 170, sd = 12), from = 110, to = 220, add = TRUE)
```

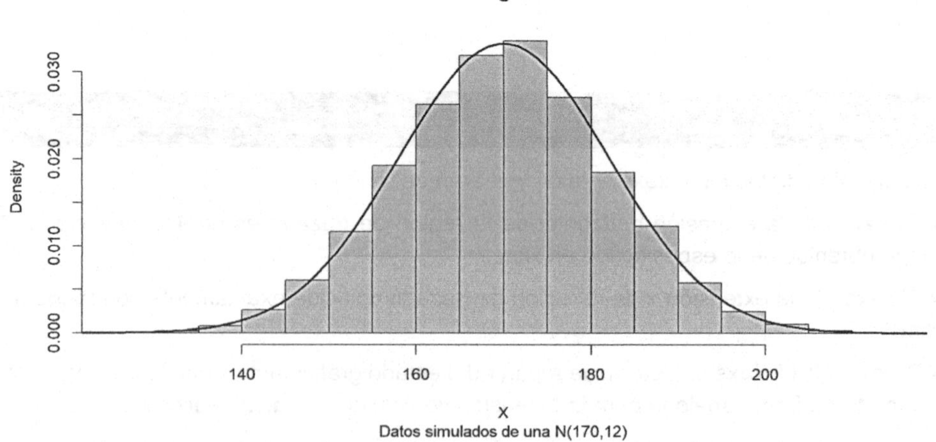

Podemos comprobar también que la distribución acumulativa empírica de esta simulación es muy similar a la función de distribución teórica de la normal.

```
> plot(ecdf(X))
> curve(pnorm(x,170,12),xlim=c(110,220),col="red",lwd=2,lty =2,add=TRUE)
```

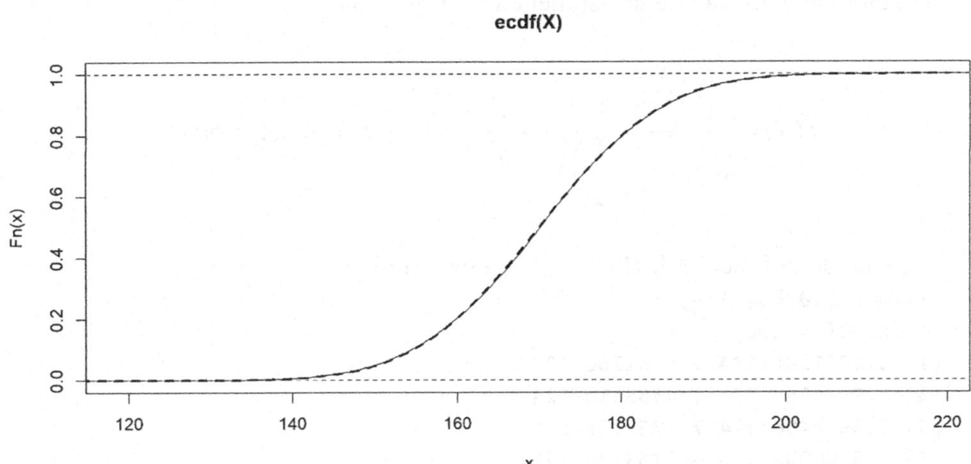

12.3.2 DISTRIBUCIÓN T-STUDENT

La distribución de probabilidad de un t-student aborda el problema de estimar la media de una población normalmente distribuida cuando el tamaño de la muestra es pequeño y la desviación estándar poblacional es desconocida. Fue desarrollada por William Sealy Gosset bajo el pseudónimo «Student».

Esto es, cuando se quiere comparar una variable continua entre dos grupos, la opción es comparar los resultados promedio obtenidos para cada uno de los grupos. El hecho de que los valores promedio de cada grupo no sean iguales no implica que haya evidencias de una diferencia significativa. Dado que cada grupo tiene su propia variabilidad, aunque el tratamiento no sea eficaz, las medias muestrales no tienen por qué ser exactas.

Para estudiar si la diferencia observada entre las medias de dos grupos es significativa, se puede recurrir a métodos paramétricos como el basado en Z-scores o en la distribución T-student.

La **distribución T-student** se asemeja en gran medida a la distribución normal. Tiene como parámetros la **media**, la **varianza** y además incorpora a través de los grados de libertad una modificación que **permite flexibilizar las colas en función del tamaño que tenga la muestra**. A medida que se reduce el tamaño muestral, la probabilidad acumulada en las colas aumenta, siendo así menos estricta de lo cabría esperar en una distribución normal. Una distribución T-student con 30 o más grados de libertad es prácticamente igual a una distribución normal.

Función de densidad de la t-student se define como:

$$f(x) = \frac{\Gamma\left(\frac{v+1}{2}\right)}{\sqrt{v\pi}B\left(\frac{1}{2},\frac{v}{2}\right)}\left(1+\frac{x^2}{v}\right)^{-\frac{v+1}{2}} \quad ; \; B = función\, beta$$

Cálculo de la función de densidad de una t-student.

```
> X=rnorm(10000, 170, 12)
> dt(x, df = 100)
 [1] 3.577138e-124 2.638156e-124
 [3] 1.947428e-124 1.438851e-124
 [5] 1.064049e-124 7.875830e-125
 [7] 5.834690e-125 4.326370e-125
 [9] 3.210789e-125 2.384952e-125
[11] 1.773068e-125 1.319310e-125
[13] 9.825198e-126 7.323305e-126
[15] 5.463136e-126 4.078907e-126
[17] 3.047968e-126 2.279501e-126
[19] 1.706200e-126 1.278140e-126
[21] 9.582610e-127
```

Función de densidad de una t de student.

```
> curve(dt(x, df = 100), xlim = c(-3,3), xlab = "Valores de t", ylab =
"Densidad de Probabilidad")
```

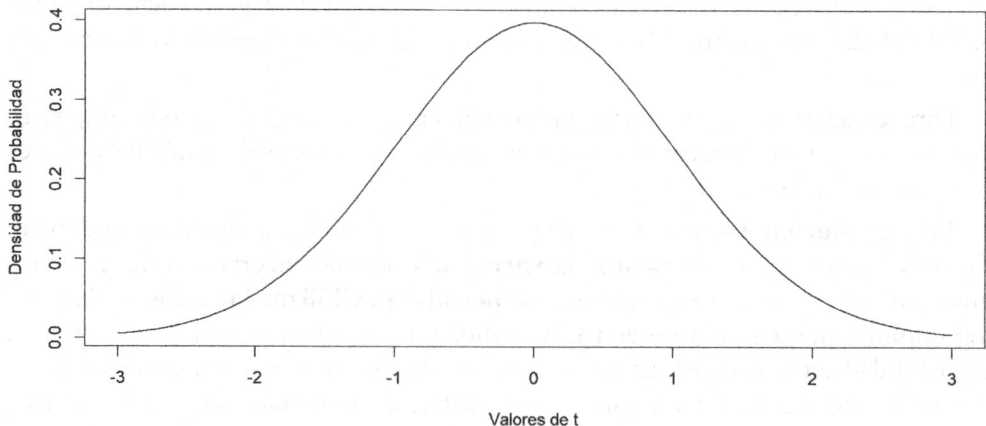

Función de distribución puede ser escrita en términos de I (función beta incompleta).

$$F(x) = \int_{-\infty}^{x} f(u)du = 1 - \frac{1}{2} I_{x(t)}\left(\frac{v}{2}, \frac{1}{2}\right)$$

Donde

$$x(t) = \frac{v}{t^2 + v}$$

Si v = ∞ la función de densidad de la t-student es igual a la distribución normal estándar.

La esperanza matemática y la varianza se define como sigue:

E[X] = 0 ; Var[X] = v / (v – 2)

En relación al número de grados de libertad (df) de la distribución T-student se calcula en función de número de muestras. Así, para estudiar una sola muestra los df = tamaño muestra−1, y si se trata de comparar dos muestras existen varios métodos, uno de los utilizados es emplear los grados de libertad de la muestra de menor tamaño minimo [(n1−1), (n2−1)].

Las condiciones para realizar el contraste de hipótesis y calcular los intervalos de confianza basados en la distribución T-student son las mismas que para el teorema del límite central, tales como:

- **Independencia**: las observaciones tienen que ser independientes unas de las otras. Para ello el muestreo debe ser aleatorio y el tamaño de la muestra inferior al 10% de la población.
- **Normalidad**: las poblaciones que se comparan tienen que distribuirse de forma normal. A pesar de que la condición de normalidad recae sobre las poblaciones, normalmente no se dispone de información sobre ellas por lo que las muestras (dado que son reflejo de la población) tiene que distribuirse de forma aproximadamente normal. En caso de cierta asimetría los t-test son considerablemente robustos cuando el tamaño de las muestras es mayor o igual a 30.
- **Igualdad de varianza (homocedasticidad):** la varianza de ambas poblaciones comparadas debe de ser igual. Tal como ocurre con la condición de normalidad, si no se dispone de información de las poblaciones, esta condición se ha de asumir a partir de las muestras. En caso de no cumplirse esta condición se puede emplear un test de Welch (Welch Two Sample t-test). Esta corrección se incorpora a través de los grados de libertad permitiendo compensar la diferencia de varianzas pero con el inconveniente de que se pierde precisión.

Para obtener valores que se basen en la distribución t-Student, R dispone de cuatro funciones: R:

- `dt(x, df, ncp, log = F)` devuelve resultados de la función de densidad.
- `pt(q, df, ncp, lower.tail = T, log.p = F)` devuelve resultados de la función de distribución acumulada.
- `qt(p, df, ncp, lower.tail = T, log.p = F)` devuelve resultados de los cuantiles de la t-Student.
- **rt(n, df, ncp)** devuelve un vector de valores de la t-Student aleatorios.

Los argumentos son:

- **x, q:** vector de cuantiles.
- **p:** vector de probabilidades.
- **n:** números de observaciones.
- **df:** grados de libertad.
- **ncp**: parámetro que determina la centralidad de la gráfica t-Student. Si se omite, el estudio se realiza con la gráfica centralizada en 0.
- **log, log.p**: parámetro booleano, si es TRUE, las probabilidades p son devueltas como log (p).
- **lower.tail:** parámetro booleano, si es TRUE (por defecto), las probabilidades son P[X < x], de lo contrario, P [X > x].

Ilustración

Se ha obtenido una muestra de 15 vendedores de una Editorial para estimar el valor medio de las ventas por trabajador en la Empresa. La media y la desviación de la muestra (en miles de euros) son 5 y 1.464, respectivamente. Se pide deducir el intervalo de confianza al 90%.

```
> media.m <- 5
> desv.m <- 1.464
> n <- 15
> confianza <- 0.90
```

Construir una tabla de datos.

```
> tabla <- data.frame(variables = c("n", "Grados libertad", "Media muestra", "Desv.Std muestra", "Media Pob.", "Confianza"), datos = c(n, (n-1), media.m, desv.m, NA, confianza))
> tabla

         variables    datos
1                n   15.000
2  Grados libertad   14.000
3    Media muestra    5.000
4 Desv.Std muestra    1.464
5       Media Pob.       NA
6        Confianza    0.900
```

Valor de t-student.
```
t <- qt(p = (1 - confianza) / 2, df = n-1) # dos colas
t <- abs(t)
t
[1] 1.76131
```

Intervalo de confianza.
```
> li <- media.m - t * (desv.m /sqrt(n) )
> ls <- media.m + t * (desv.m /sqrt(n) )
> print("intervalo")
> intervalo <- c(li, ls)
> intervalo
 [1] 4.334219       5.665781
```

El intervalo de confianza con valores entre 4.3342192 y 5.6657808 con un 90% de confianza se interpreta que la media de la población debe estar en ese intervalo.

Encontrar los percentiles 2.5 y 97.5 de una distribución t-student con 10 grados de libertad.
```
> qt(c(0.025,0.975), df = 10)
[1] -2.228139  2.228139
```

Encontrar el valor de la distribución t de Student en x = 2 con 15 grados de libertad.
```
> dt(2,15)
[1] 0.05920773
```

Crear una secuencia de 100 números entre -4 y 4.
```
> z<-seq(-4,4,length=100)
> head(z)
[1] -4.000000 -3.919192 -3.838384 -3.757576 -3.676768 -3.595960
```

Crear un vector de valores que muestre la altura de la distribución de probabilidad para cada valor en x, usando 20 grados de libertad.
```
> z<-seq(-4,4,length=100)
> head(z)
> y<-dt(x=z, df=20)
> head(y)
[1] 0.0008224743 0.0009929137 0.0011980625 0.0014447321
[5] 0.0017409815 0.0020963185
```

Aplicación de la función de densidad acumulada (cdf).
```
> F<-pt(x=z, df=20)
  [1] 0.0003517616 0.0004248975 0.0005131665 0.0006196410
  [5] 0.0007479928 0.0009026019
```

Por defecto devuelve el area a la izquierda de la distribución P[X ≤ x].

Si se quiere medir el lado derecho utilizamos la lógica FALSE.

```
> F1<-pt(z,20,lower.tail=F)
> head(F1)
[1] 0.9996482 0.9995751 0.9994868 0.9993804 0.9992520 0.9990974
```

12.3.3 DISTRIBUCIÓN F DE SNEDECOR

La distribución F, también conocida como distribución de Fisher-Snedecor (nombrada por Ronald Fisher y George Snedecor), es una distribución de probabilidad continua, aparece frecuentemente como la distribución nula de una prueba estadística, especialmente en el análisis de varianza.

Es una técnica que analiza la variabilidad presente en los conjuntos de datos y permite detectar la existencia o inexistencia de diferencias significativas entre muestras diferentes. Esto es, evalúa si las diferencias observadas entre dos grupos se deben al azar o a factores significativos, es decir, cuán dispersos están los valores alrededor de su valor medio.

Esta distribución es utilizada en inferencia estadística y econometría para realizar pruebas de hipótesis en modelos de regresión y Anova, en definitiva para comparar varianzas de diferentes poblaciones. Esta distribución contrasta la igualdad de varianzas de dos poblaciones normales, y también la igualdad de medias en el análisis de la varianza.

La distribución F resulta del cociente de dos distribuciones chi-cuadrado que se dividen por los respectivos grados de libertad. por lo tanto, la distribución F de Snedecor tiene dos parámetros, que son m y n; grados de libertad del numerador, grados de libertad del denominador, respectivamente, y se denota por $F_{m,n}$.

Función de densidad.

$$f(x)=\frac{\Gamma\left(\frac{m+n}{2}\right)}{\Gamma\left(\frac{m}{2}\right)\Gamma\left(\frac{n}{2}\right)}\times\left(\frac{m}{n}\right)^{\frac{m}{2}}\times\frac{x^{\frac{m-2}{2}}}{\left(1+\frac{mx}{n}\right)^{\frac{m++n}{2}}} \quad ; \ x>0$$

Cálculo de la densidad de un F de Snedecor.

```
> df(x, df1 = 6, df2 = 3)
 [1] 6.544873e-06 6.495819e-06
 [3] 6.447278e-06 6.399244e-06
 [5] 6.351709e-06 6.304667e-06
 [7] 6.258112e-06 6.212036e-06
 [9] 6.166434e-06 6.121299e-06
[11] 6.076625e-06 6.032406e-06
[13] 5.988637e-06 5.945311e-06
```

```
[15] 5.902422e-06 5.859965e-06
[17] 5.817935e-06 5.776326e-06
[19] 5.735131e-06 5.694347e-06
[21] 5.653968e-06
```

Grafica de la densidad de una distribución F.

```
> curve(df(x, df1 = 6, df2 = 3), xlim = c(0,10), xlab = "Valores de F",
ylab = "Densidad de Probabilidad")
```

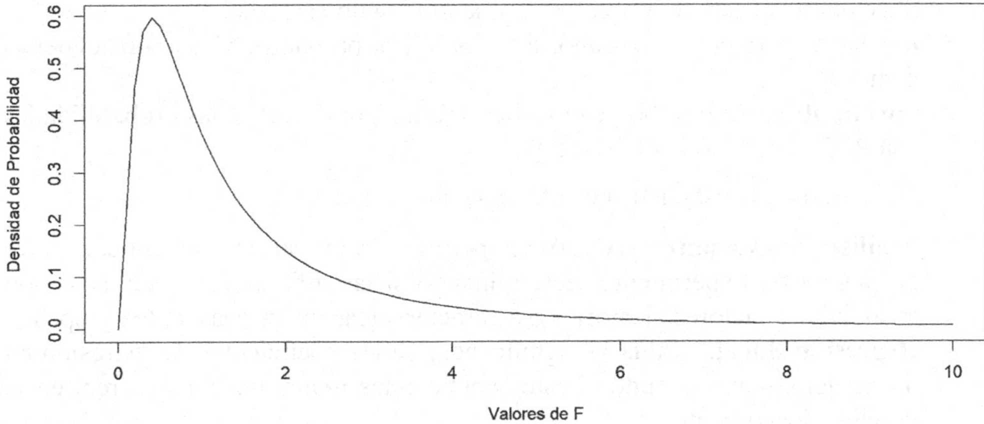

Función de distribución.

$$I_{\frac{mx}{mx+n}}\left(\frac{m}{2},\frac{n}{2}\right)$$

Esperanza matemática y Varianza de X → F.

$$E[X]=\frac{n}{n-2},\quad n>2\quad;\quad Var[X]=\frac{2n^2(m+n-2)}{m(n-2)^2(n-4)},\quad n>4$$

En R para obtener valores que se basen en la distribución F de Snedecor, R, dispone de las siguientes funciones:

R: Distribución F de Snedecor	
`df(x, df1, df2, ncp, log = F)`	Devuelve resultados de la función de densidad.
`pf(q, df1, df2, ncp, lower.tail = T, log.p = F)`	Devuelve resultados de la función de distribución acumulada.
`qf(p, df1, df2, ncp, lower.tail = T, log.p = F)`	Devuelve resultados de los cuantiles de la distribución F.
`rf(n, df1, df2, ncp)`	Devuelve un vector de valores de la distribución F aleatorios.

Los argumentos son:

- **x, q:** vector de cuantiles.
- **p:** vector de probabilidades.
- **n:** números de observaciones.
- **df1, df2**: grados de libertad, df1 corresponde al numerador y df2 al denominador.
- **ncp:** parámetro que determina la centralidad de la gráfica de la distribución F. Si se omite, el estudio se realiza con la gráfica no centrada.
- **log, log.p:** parámetro booleano, si es TRUE, las probabilidades p son devueltas como log (p).
- **lower.tail:** parámetro booleano, si es TRUE (por defecto), las probabilidades son $P[X \leq x]$, de lo contrario, $P[X > x]$.

Esta herramienta estadística es utilizada en diversos campos:

- **Análisis de varianza** (ANOVA): permite comparar la variabilidad entre grupos en un experimento, determinando si las diferencias observadas son atribuibles a factores aleatorios o a características intrínsecas de los grupos.
- **Regresión lineal**: evalúa la significancia de los coeficientes de regresión en un modelo, determinando si estos coeficientes tienen un impacto real en la variable dependiente.
- **Diseño de experimentos**: ayuda a seleccionar el tamaño de muestra adecuado para un experimento, garantizando que se tenga suficiente potencia estadística para detectar diferencias significativas.

Ilustraciones

Dependiendo de si buscamos los valores críticos, la probabilidad acumulada o el p-valor elegimos la función adecuada para ello.
Valor crítico del estadístico F. Imaginemos que estamos interesados en encontrar el valor crítico F para un nivel de significancia de 0.07, con gl del numerador = 3 y denominador = 10. Paa ello, hacemos uso de la función cuantil:
`qf(p, df1, df2. lower.tail=TRUE)`

```
> qf(0.07,df1=3,df2=10,lower.tail=F)        # P [X > x].
[1] 3.216558

> qf(0.93,df1=3,df2=10,lower.tail=T)        # P[X ≤ x]
[1] 3.216558
```

Por tanto el valor critico de F para un nivel de significación del 7%, con gl en el numerador y 10 gl en el denominador es **3.216558 ~ 3.27.** Entonces, si llevamos a cabo una prueba de hipótesis, podríamos comparar el estadístico de la prueba F con este valor crítico (3,27), y si el **estadistico F > 3.27**, diremos que los resultados son significativos.

Supongamos que el nivel de significación es del 4% con grados de libertad de 3 y 10 en el numerador y denominador, respectivamente, obtenemos el siguiente resultado.

```
> qf(0.04,df1=3,df2=10,lower.tail=F)  # P [X > x].
[1] 4.051964

> qf(0.96,df1=3,df2=10,lower.tail=T)  # P[X ≤ x].
[1] 4.051964
```

Lógicamente al ser más restrictivo el valor de la probabilidad (alfa más pequeño) el valor crítico F aumenta, ya que nos desplazamos más a la derecha de la función de distribución.

p-valor del estadístico F. Para encontrar el p-valor asociado con el estadístico F en R, podemos hacer uso de la siguiente sintaxis: `pf(valor_esta_f, df1, df2, lower.tail = FALSE)`, que no es otra que la función de distribución de la F.

Encontrar el pvalue asociado con un estadístico $F_{3,10} = 3.26558$ con 3 gl en el numerador y 10 gl en el denominador.

```
> pf(q=3.26558, df1=3, df2=10, lower.tail=F)        # P [X > x].
[1] 0.06999998

> pf(q=4.051964, df1=3, df2=10, lower.tail=F)       # P [X > x].
[1] 0.04000001
```

Por lo tanto, los p-valores asociados al estadístico F son 6,9999 = 7% y 4%, los cuales se pueden comparar con el nivel de significación para determinar la significatividad de los resultados. Es más, hemos encontrado los alfas del ejemplo anterior.

Supongamos que estamos interesados en encontrar la P(F <. f) = 0.025 con df1 = 24 y df2 = Infinito. Para obtener el valor de f que satisfaga las condiciones establecidas, usamos la función de cuantiles indicando que el área es la cola de la izquierda, con 24 grados de libertad en el numerador e infinitos grados de libertad en el denominador.

```
> qf(0.025,df1=24,df2=Inf,lower.tail=T)
[1] 0.5167146
```

Obtenemos el mismo resultado si operamos la desigualdad contraria P(F ≥ f) = 1 - 0.025 = 0.975, y el argumento lógico FALSE. La sintaxis es la que sigue:

```
> qf(0.975,df1=24,df2=Inf,lower.tail=F)
[1] 0.5167146
```

Encontrar el percentil 90, 95 y 97,5 de una distribución F de Fisher con 6 grados de libertad en el numerador y 3 grados de libertad en el denominador.

```
> qf(c(0.90,0.95,0.975), df1 = 6, df2 = 3)
[1]  5.284732  8.940645 14.734718

> qf(0.90, df1 = 6, df2 = 3)
[1] 5.284732
```

12.3.4 DISTRIBUCIÓN BETA

La distribución beta es posible para una variable aleatoria continua que toma valores en el intervalo [0,1], lo que la hace muy apropiada para modelar proporciones. En la inferencia bayesiana, por ejemplo, es muy utilizada como distribución a priori cuando las observaciones tienen una distribución binomial.

Uno de los principales recursos de esta distribución es el ajuste a una gran variedad de distribuciones empíricas, pues adopta formas muy diversas dependiendo de cuáles sean los valores de los parámetros de forma α y β, mediante los que viene definida la distribución.

Naturalmente, si una variable aleatoria continua X tiene una distribución beta con parámetros α, β > 0, entonces escribiremos X~Be(α, β).

Esta distribución se caracteriza por:

Parámetros.

- α = parámetro de forma, α > 0
- β = parámetro de forma, β > 0

Función de densidad de X.

$$f(x)=\begin{cases} \dfrac{x^{\alpha-1}(1-x)^{\beta-1}}{B(\alpha,\beta)}; & 0<x<1 \\ 0 \quad ; & \textit{en cualquier otro caso} \end{cases}$$

La función beta está definida como:

$$B(\alpha,\beta)=\int_0^1 x^{\alpha-1}(1-x)^{\beta-1}dx=\frac{\Gamma(\alpha)\Gamma(\beta)}{\Gamma(\alpha+\beta)}; \quad \textit{para}\ \alpha,\beta>0$$

Los parámetros de la media y la varianza de la distribución beta se define como:

$$m=\frac{a}{a+b} \quad ; \quad s^2=\frac{ab}{(a+b)^2(a+b+1)}$$

Sintaxis en R

Un distribuidor mayorista de gasolina tiene tanques de almacenamiento de gran capacidad con un abastecimiento fijo, los cuales se llenan cada lunes. Él, desea saber el porcentaje de gasolina vendido durante la semana.

Después de varias semanas de observación, el mayorista descubre que este porcentaje podría describirse mediante una distribución beta con α=4 y β=2.

Calcule la probabilidad de que venda:

a) Al menos, el 90% de sus existencias en una semana.
b) Menos del 50% de sus existencias en una semana.
c) P(X <. x) = 1/5.
d) P(X > x) = 2/5.

Solución.

a)
```
> pbeta(0.9, 4, 2, lower.tail = F)
[1] 0.08146
```
b)
```
> pbeta(0.5, 4, 2, lower.tail = T)
[1] 0.1875
```
c)
```
qbeta(1/5, 4, 2, lower.tail = T)
[1] 0.5098077
```

Por lo tanto, la cantidad de gasolina vendida que sea inferior para obtener una probabilidad de 1/5 son: 0.5098077. para una probabilidad de 1/5, hay que vender menos del 50.98077% de sus existencias de gasolina en una semana.

d) Necesitamos obtener el valor de x (Ventas de gasolina en una semana) para satisfacer: P(X > x) = 2/5, empleamos para tal propósito, la función de cuantiles con el área de cola hacia la derecha:
```
> qbeta(2/5, 4, 2, lower.tail = F)
[1] 0.7344313
```

Por lo tanto, la cantidad de gasolina vendida que se rebase para obtener una probabilidad de 2/5 son: 0.7344313.

Es decir, para una probabilidad de 2/5, hay que vender más de 73.44313% de sus existencias de gasolina en una semana.

Función de densidad para una Beta(2,5).
```
> curve(dbeta(x, shape1=2, shape2=5), lwd=3, las=1, ylab='Densidad')
```

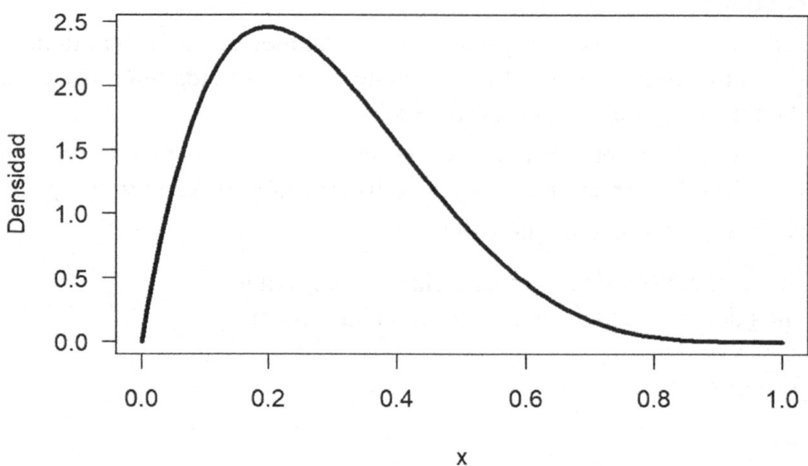

 # Calcular P(0.3≤X≤0.7)

Para obtener la probabilidad o área bajo la densidad se puede usar la función integrate, los límites de la integral se ingresan por medio de los parámetros lower y upper.

```
> integrate(f=dbeta, lower=0.3, upper=0.7,
          shape1=2, shape2=5)
 [1] 0.40924 with absolute error < 4.5e-15

> pbeta(q=0.7, shape1=2, shape2=5) - pbeta(q=0.3, shape1=2, shape2=5)
 [1] 0.40924
```

> ⓘ **Nota**
>
> Un caso particular de la distribución beta es la distribución uniforme en (0,1), que corresponde a una distribución beta de parámetros =1 y =1, denotada Beta(1,1).

12.3.5 DISTRIBUCIÓN WEIBULL

La distribución Weibull se utiliza para analizar la supervivencia de un producto o un suceso. En ingeniería se usa para modelar procesos estocásticos relacionados con el tiempo de fabricación y distribución de bienes.

El parámetro de **forma** describe la manera en que se distribuyen los datos. Una forma de 3 se aproxima a una curva normal. Un valor de forma bajo, por ejemplo 1, da una curva con asimetría hacia la derecha. Un valor de forma alto, por ejemplo 10, da una curva con asimetría hacia la izquierda.

Una variable aleatoria continua X, cuya función de densidad de probabilidad es de la forma:

$$f(x)=\begin{cases}\dfrac{\alpha}{\beta}x^{\alpha-1}e^{-x^{\alpha}/\beta}; & si\ x\geq 0\\ 0 \quad ; & en\ cualquier\ otro\ caso\end{cases}$$

Se dice que tiene una distribución de Weibull de parámetros α y β. Se representa por X ~ W(α, β).

Donde:

- α ≡ parámetro de forma.
- β ≡ parámetro de escala.

Tanto α como β deben ser positivos.

El parámetro alpha, como su nombre indica, determina la forma — o perfil— de la distribución, la cual es función del valor de éste. El parámetro beta indica la escala de la distribución, es decir, muestra que tan aguda o plana es la función.

Función de Fiabilidad:

$$\mathbf{R(t) = 1- F(t) = e^{-t\alpha/\beta}}$$

Tasa de Fallo:

$$\mathbf{Z(t) = (\alpha/\beta)\cdot e^{\alpha-1}}$$

La función densidad de probabilidad de fallos es la probabilidad de que un dispositivo cualquiera tenga un fallo entre los instantes t y t + dt.

Para obtener valores que se basen en la distribución Weibull, R, dispone de cuatro funciones:

- `dweibull(x, shape, scale = 1, log = F)` # Devuelve resultados de la función de densidad.
- `pweibull(q, shape, scale = 1, lower.tail = T, log.p = F)`

Devuelve resultados de la función de distribución acumulada.

- `qweibull(p, shape, scale = 1, lower.tail = T, log.p = F)`

Devuelve resultados de los cuantiles de la distribución Weibull.

- `rweibull(n, shape, scale = 1)` # Devuelve un vector de valores de la distribución Weibull aleatorios.

Los argumentos son:

- x, q: vector de cuantiles.
- p: vector de probabilidades.
- n: números de observaciones.
- shape, scale: parámetros de la Distribución Weibull. Shape = a y Scale = b. Por defecto, scale tiene valor 1.
- log, log.p: parámetro booleano, si es TRUE, las probabilidades p son devueltas como log (p).
- lower.tail: parámetro booleano, si es TRUE (por defecto), las probabilidades son $P[X \leq x]$, de lo contrario, $P[X > x]$.

Por lo general, se define la función de fiabilidad de la distribución de Weibull, de la siguiente manera:

$$R(t) = e^{-t\alpha/\beta}$$

En R la definimos de la siguiente manera:

$$\mathbf{R(t) = e^{-(t/b)a}}$$

Ambas son iguales, simplemente, hay que adaptar los parámetros de la distribución:

- Parámetro de forma $\equiv a = \alpha$.
- Parámetro de escala $\equiv b = {}^{a}\sqrt{\beta}$.

Ejemplo. Una cierta pieza de vida útil, en horas, de un automóvil sigue una distribución de Weibull con parámetros: $\alpha = 4.5$ y $\beta = 4$.

Determinar:

a) La fiabilidad a las 0.75 horas.
b) ¿En qué instante se mantiene una fiabilidad del 95%?

Sea X la variable aleatoria discreta: tiempo, en horas, hasta que se produzca un fallo.
Dicha variable aleatoria, sigue una distribución Weibull, adaptando los parámetros a R: $X \sim W(4.5, {}^{4.5}\sqrt{4})$.

Solución.

a) Formalmente esta pregunta se puede expresar como sigue: $P(X > 0.75)$.

   Empleamos la función de distribución con área de cola hacia la derecha.

```
> pweibull(0.75, 4.5, scale= 4^(1/4.5), lower.tail=F)
[1] 0.9337898
```

Por lo tanto, la fiabilidad a las 0.75 horas es de 93,37898 %, y es bastante alta.

b) Formalmente tenemos que obtener el valor de x (horas) para satisfacer: P(X >. x) = 0.95, empleamos para tal propósito, la función de cuantiles con el área de cola hacia la derecha.

```
> qweibull(0.95, 4.5, scale = 4^(1/4.5), lower.tail = F)
[1] 0.7032956
```

Por lo tanto, las horas que son necesarias para una fiabilidad del 95% es de 0.7032956.

```
# R Program to compute: Weibull Density
# Creating a sequence of x-values
> x <- seq(-10, 10, by = 0.5)

# Calling dweibull() Function
> y <- dweibull(x, shape = 0.5)

# Plot a graph
> plot(y)
```

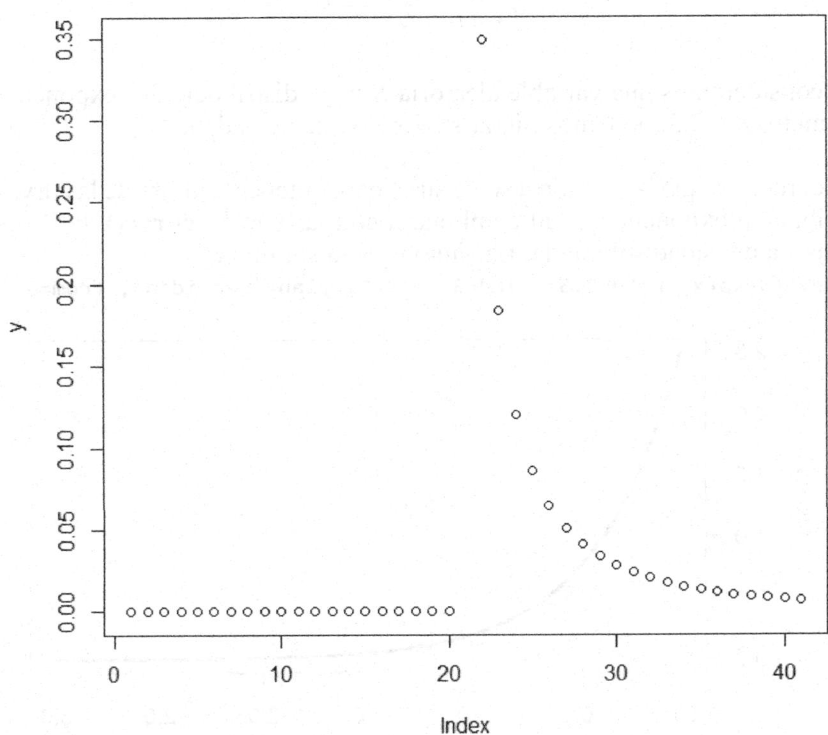

12.3.6 DISTRIBUCIÓN EXPONENCIAL

La distribución exponencial es la distribución de probabilidad del tiempo o espacio entre dos eventos en un proceso de Poisson, donde los eventos ocurren de manera continua e independiente a una tasa constante λ.

En teoría de la probabilidad, la distribución exponencial se define como la distribución de probabilidad de la variable tiempo entre eventos durante el proceso de punto de Poisson. Es decir, que es una distribución de probabilidad continua que a menudo se refiere a la cantidad de tiempo hasta que ocurre algún evento específico.

La distribución exponencial es una distribución de probabilidad continua que se utiliza para modelizar el tiempo o espacio entre eventos en un proceso de Poisson (tiene relación directa con la distribución discreta de Poisson), donde los eventos ocurren de manera continua e independiente a una tasa constante λ, llamado lambda. Λ. Lambda representa una tasa constante (valor constante) sobre la ocurrencia de eventos de manera continua e independiente.

Se dice que una variable aleatoria continua X tiene una distribución exponencial con parámetro $\lambda > 0$, denotado como $X \sim Exp(\lambda)$ si su función de densidad es:

$$f(x) = \lambda \times e^{-\lambda x}$$

Si consideramos una variable aleatoria X cuya distribución es exponencial con parámetro $\lambda = 2.5$, podemos pintar su función de densidad.

Recordemos que la función `dexp()` sirve para obtener la altura de la curva de una distribución exponencial y al combinarla con la función **curve()** de R podemos dibujar la densidad solicitada. La sintaxis es la siguiente:

```
> curve(dexp(x, rate=2.5), lwd=3, las=1, ylab='Densidad', from=0, to=3)
```

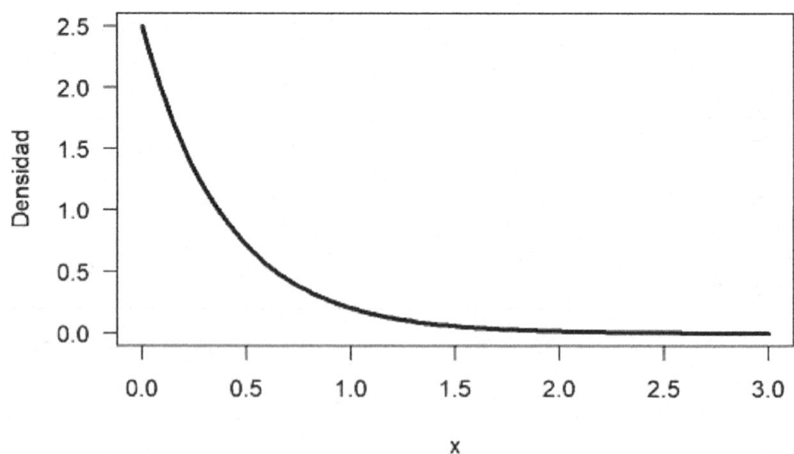

Función de distribución.

$$F(x) = P(X \leq x) = 1 - e^{-\lambda x} \quad ; \; si\ x \geq 0$$

Esperanza matemática y Varianza.

$$E[X] = \mu = \frac{1}{\lambda} \quad ; \quad Var[X] = \sigma^2 = \frac{1}{\lambda^2} \quad ; \quad Desv = \sigma = \sqrt{\sigma^2}$$

En R, para obtener valores que se basen en la distribución Exponencial se dispone de cuatro funciones y son las siguientes:

R: Distribución Exponencial	
`dexp(x, rate = 1, log = F)`	Devuelve resultados de la función de densidad.
`pexp(q, rate = 1, lower.tail = T, log.p = F)`	Devuelve resultados de la función de distribución acumulada.
`qexp(p, rate = 1, lower.tail = T, log.p = F)`	Devuelve resultados de los cuantiles de la distribución Exponencial.
`rexp(n, rate = 1)`	Devuelve un vector de valores de la distribución Exponencial aleatorios.

Los argumentos son:

- **x, q:** vector de cuantiles.
- **p:** vector de probabilidades.
- **n:** números de observaciones.
- **rate:** vector de tasas. Hay que tener en cuenta que: rate = 1/β
- **log, log.p:** parámetro booleano, si es TRUE, las probabilidades p son devueltas como log (p).
- **lower.tail**: parámetro booleano, si es TRUE (por defecto), las probabilidades son $P[X \leq x]$, de lo contrario, $P[X > x]$.

Aplicaciones en la distintas áreas de conocimiento y el mundo real

La distribución exponencial se utiliza en una gama de aplicaciones teóricas y prácticas en muchos campos del conocimiento, modelando diferentes fenomenos físicos, biológicos e incluso económicos. De cuerdo Anderson (2018) la distribución de probabilidad exponencial se aplica a variables como:

- Las llegadas de coches a un centro de lavado de coches.
- Los tiempos requeridos para cargar un camión.
- Las distancias entre dos averías en una carretera.

Las aplicaciones directas en la ciencia pueden ser:

- Encontrar la distancia entre mutaciones en una cadena de ADN.
- Calcular el tiempo hasta que la partícula radiactiva decae en un proceso de desintegración subatómica.

- Encontrar la altura de diferentes moléculas en un gas a una temperatura y presión estables en un campo gravitacional uniforme.
- Calcular los valores mensuales y anuales más altos de los volúmenes regulares de lluvia y de salida de los ríos.

Otros contextos de aplicación de la distribución exponencial tienen que ver con la cantidad de tiempo que transcurre hasta que se produce algún evento específico. Por ejemplo.

- La cantidad de tiempo (que comienza ahora) hasta que se produzca un terremoto tiene una distribución exponencial.
- Otros ejemplos son la duración, en minutos, de las llamadas telefónicas de larga distancia comerciales.
- La cantidad de tiempo, en meses, que dura la batería de un coche.
- También se puede demostrar que el valor del cambio que se tiene en el bolsillo o en el monedero sigue, aproximadamente, una distribución exponencial.

Ilustración

A continuación, podemos calcular $P(0.5 \leq X \leq 1.5)$. Para calcular la probabilidad usamos el siguiente código.

```
> pexp(q=1.5, rate=2.5) - pexp(q=0.5, rate=2.5)
[1] 0.2629871
```

Crear una secuencia de valores de x desde 0 hasta 10 con saltos de 0.2 en .2 para generar 50 valores continuos. La constante lambda vale 1 ($1/\mu=1/1=1$) y representa el parámetro de tasa (inversa de la media) en la distribución exponencial de acuerdo a la fórmula de densidad y de la probabilidad acumulada de la distribución exponencial.

A continuación calculamos la densidad de acuerdo a la fórmula de densidad de la distribución exponencial y la función **dexp()**, respectivamente. Los valores de densidad deben ser iguales en cualquiera de las dos alternativas.
Utilizando la función exponencial de densidad.

```
> media = 1
> lambda = 1/media
> e = exp(1)
> x=0.5
```

Densidad conforme a la fórmula.

```
> densidad = lambda * e ^(-lambda*x)
> densidad
[1] 0.6065307
```

Utilizando la función **dexp()** de R.

```
dexp(x = x, rate = lambda)
[1] 0.6065307
```

Calcular la función de distribución acumulada utilizando la ecuación acumulada.

```
> prob.acum = 1 - e^(-lambda * x)
> prob.acum
 [1] 0.3934693
```

Utilizando la función pexp() de R.

```
> exp(q = x, rate = lambda)
 [1] 0.3934693
```

Por defecto la probabilidad acumulada se corresponde con la cola de la izquierda, si se busca la probabilidad mayor que x, implica la cola a la derecha, por lo que hay que restarle la probabilidad a 1 que representa el 100%. Se utiliza el argumento lower.tail = FALSE en la función pexp() para indicarle que es cola a la derecha o que la probabilidad es mayor o igual al valor de x especificado.

REFERENCIAS

- Verdu, S. (1996). The exponential distribution in information theory. Problemy peredachi informatsii, 32(1), pp. 100-111.

13

INFERENCIA ESTADÍSTICA EN R

13.1 INFERENCIA SOBRE LA MEDIA EN DISTRIBUCIONES NORMALES

TEST T-STUDENT

La función **t.test()** es la encargada de los procedimientos de inferencia sobre la media en poblaciones normales. Mediante esta función:

- Podemos construir intervalos de confianza para una media y para la diferencia de medias entre dos poblaciones.
- Podemos llevar a cabo contrastes de hipótesis, tanto unilaterales como bilaterales, sobre una media o sobre la diferencia de medias entre dos poblaciones.
- En el caso particular de la comparación de dos poblaciones, permite elegir entre considerar las varianzas poblacionales iguales o distintas.

Por ejemplo, podemos estar interesados en realizar inferencias sobre la media de una población normal. Para ello, podemos usar algunas bases de datos incluidas en el paquete `Lock5Data`. El conjunto de datos `SleepStudy` contiene 253 observaciones sobre patrones de sueño en estudiantes universitarios. La recolección de estos datos consistió en el seguimiento de los alumnos seleccionados durante dos semanas. La variable `AverageSleep` contiene el número medio de horas de sueño de cada estudiante durante este periodo.

```
> install.packages("Lock5Data")
> library(Lock5Data)      # Cargamos la librería que contiene los datos.
> data("SleepStudy")      # Cargamos los datos de estudio del sueño.
> head(SleepStudy,4)      # Mostramos las 4 primeras filas.
```

```
  Gender ClassYear LarkOwl NumEarlyClass EarlyClass  GPA
1      0         4 Neither             0          0 3.60
2      0         4 Neither             2          1 3.24
3      0         4     Owl             0          0 2.97
4      0         1    Lark             5          1 3.76
  ClassesMissed CognitionZscore PoorSleepQuality
1             0           -0.26                4
2             0            1.39                6
3            12            0.38               18
4             0            1.39                9
  DepressionScore AnxietyScore StressScore DepressionStatus
1               4            3           8           normal
2               1            0           3           normal
3              18           18           9         moderate
4               1            4           6           normal
  AnxietyStatus Stress DASScore Happiness AlcoholUse Drinks
1        normal normal       15        28   Moderate     10
2        normal normal        4        25   Moderate      6
3        severe normal       45        17      Light      3
4        normal normal       11        32      Light      2
  WeekdayBed WeekdayRise WeekdaySleep WeekendBed
1      25.75        8.70         7.70      25.75
2      25.70        8.20         6.80      26.00
3      27.44        6.55         3.00      28.00
4      23.50        7.17         6.77      27.00
  WeekendRise WeekendSleep AverageSleep AllNighter
1        9.50         5.88         7.18          0
2       10.00         7.25         6.93          0
3       12.59        10.09         5.02          0
4        8.00         7.25         6.90          0

> hist(SleepStudy$AverageSleep, col="lightSalmon",xlab = "Promedio de
horas de sueño diarias", main="Estudio del sueño en \n estudiantes
universitarios")
```

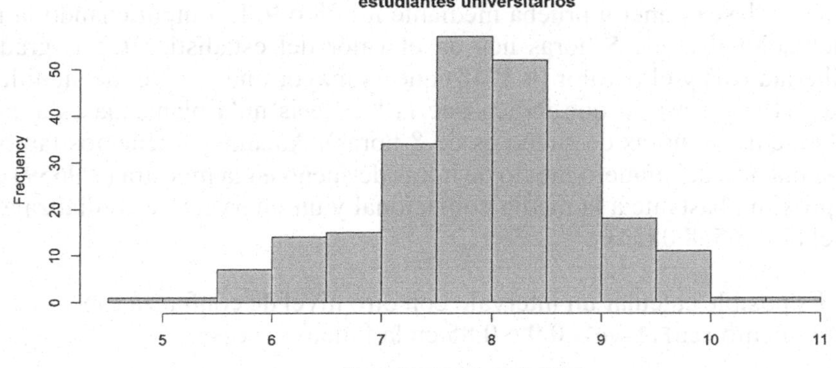

- ***Contraste bilateral ("two.sided")***: supongamos que queremos determinar si es admisible la hipótesis de que estos alumnos duermen por término medio 8 horas diarias. Las hipótesis a contrastar serían:
  - H0: la media de los sueños es igual a 8 horas.
  - H1: la media de los sueños es distinta de 8 horas.

  # Para ello, hacemos uso de la siguiente sintaxis cuando mu=8

```
> t_s<-t.test(SleepStudy$AverageSleep, mu=8)
> t_s
    One Sample t-test

data:  SleepStudy$AverageSleep
t = -0.56168, df = 252,
p-value = 0.5748
alternative hypothesis: true mean is not equal to 8
95 percent confidence interval:
 7.846466 8.085392
sample estimates:
mean of x
 7.965929
```

  # Para ello, hacemos uso de la siguiente sintaxis cuando mu=9

```
> t.test(SleepStudy$AverageSleep,  mu=9)

    One Sample t-test

data:  SleepStudy$AverageSleep
t = -17.047, df = 252, p-value < 2.2e-16
alternative hypothesis: true mean is not equal to 9
95 percent confidence interval: 7.846466 8.085392
sample estimates: mean of x  7.965929
```

  # Observamos que para realizar el contraste basta con especificar la media que se desea poner a prueba mediante mu=8 o 9. El output cuando la media poblacional es de 8 horas nos da el valor del estadístico t, sus grados de libertad (df) y el p-valor (0.5748) que es mayor que el nivel de significación (α = 1% y 5%), lo que indica que la hipótesis nula planteada es admisible (la media de horas de sueño es de 8 horas). Además, obtenemos también la estimación del número medio de horas de sueño en la muestra (7.9659) que se aproxima bastante a la media poblacional y un intervalo de confianza al 95% del [7.8465, 8.0854].

  # Es posible calcular un intervalo con otro nivel de confianza especificando el argumento `conf.level`=0.9 o 0.85 en la función `t.test`:

```
> t.test(SleepStudy$AverageSleep,  mu=9, conf.level=0.9)

    One Sample t-test

data:  SleepStudy$AverageSleep
t = -17.047, df = 252, p-value < 2.2e-16
alternative hypothesis: true mean is not equal to 9
90 percent confidence interval:
 7.865786 8.066072
sample estimates:
mean of x 7.965929
```

El output indica que la hipótesis nula planteada no es admisible dado que es menor que $\alpha = 1\%$ y 5% (nivel de significación).

Podemos verificar que el output de realizar un t-test es un objeto de clase `htest` compuesto por una lista de elementos (statistic, parameter, etc). Ello facilita la extracción de elementos particulares del test. Por ejemplo, si sólo estuviésemos interesados en el intervalo de confianza o el p-valor bastaría ejecutar las siguientes sintaxis:

```
> t_s$conf.int
[1] 7.846466 8.085392
attr(,"conf.level")
[1] 0.95

> t_s$p.value
[1] 0.5748307

> t_s["conf.int"]
$conf.int
[1] 7.846466 8.085392
attr(,"conf.level")
[1] 0.95
```

- ***Contraste unilateral***: si nuestro planteamiento original hubiese sido determinar si existe evidencia suficiente de que estos estudiantes duermen en promedio menos de 9 horas diarias, plantearíamos un test unilateral ("less", "greater"), especificando el sentido de la hipótesis alternativa a contrastar (en este caso $\mu < 9$):
  - H0: la media de horas de sueño es de 8 horas.
  - H1: la media de horas de sueño es menor a 9 horas.

```
> t.test(SleepStudy$AverageSleep,mu=9,alternative="less")

    One Sample t-test
```

```
data:  SleepStudy$AverageSleep
t = -17.047, df = 252, p-value < 2.2e-16
alternative hypothesis: true mean is less than 9
95 percent confidence interval: -Inf 8.066072
sample estimates:
mean of x
 7.965929
```

13.2 VALIDACIÓN DE LAS HIPÓTESIS DE NORMALIDAD

Un gráfico QQ, abreviatura de gráfico «cuantiles-cuantiles», es un tipo de gráfico que podemos usar para determinar si un conjunto de datos proviene o no de alguna distribución teórica.

Muchas pruebas estadísticas suponen que un conjunto de datos sigue una distribución normal y, a menudo, se utiliza una gráfica QQ para evaluar si se cumple o no este supuesto.

Aunque un gráfico QQ no es una prueba estadística formal, proporciona una manera fácil de verificar visualmente si un conjunto de datos sigue una distribución normal y, de no ser así, cómo se viola esta suposición y qué puntos de datos pueden causar esta violación.

Podemos crear una gráfica QQ trazando dos conjuntos de cuantiles entre sí. Si ambos conjuntos de cuantiles provienen de la misma distribución, los puntos del gráfico deben formar aproximadamente una línea diagonal recta.

Los cuantiles representan puntos en un conjunto de datos por debajo de los cuales se ubica una determinada parte de los datos. Por ejemplo, el cuantil 0,9 representa el punto por debajo del cual el 90% de los datos caen por debajo. El cuantil 0.5 representa el punto por debajo del cual el 50% de los datos cae por debajo, y así sucesivamente.

Los gráficos QQ identifican los cuantiles en los datos de la muestra y los grafican contra los cuantiles de una distribución teórica. En la mayoría de los casos se utiliza la distribución normal, pero en realidad se puede crear una gráfica QQ para cualquier distribución teórica.

Así, si los puntos de datos caen a lo largo de una línea diagonal recta en una gráfica QQ, es probable que el conjunto de datos siga una distribución normal.

Cómo crear una gráfica qq en R

Podemos crear una gráfica QQ para comprobar si un conjunto de datos sigue una distribución normal usando la función incorporada `qqnorm ()`.

Para ilustrar recurrimos al siguiente código que genera un vector de 120 valores aleatorios que siguen una distribución normal y crea una gráfica QQ para este conjunto de datos para verificar que sí sigue una distribución normal.

```
> set.seed(12)
> d1<-rnorm(2)
> d1<-rnorm(120)
> #crear QQ-plot
> qqnorm(d1,main="QQplot de normalidad", xlab="Distribución teórica",
ylab="Distribución muestral", col="steelblue")
> qqline(d1)
```

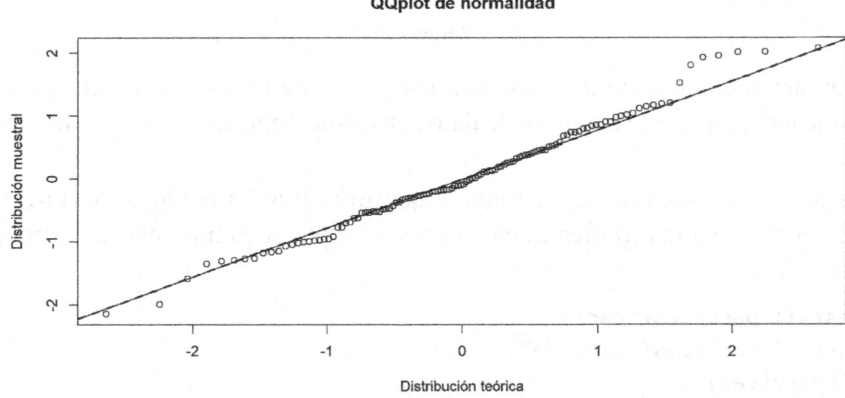

Observamos que los puntos cerca de las colas no caen exactamente a lo largo de la línea recta, pero en su mayor parte estos datos de la muestra parecen estar distribuidos como una normal (como debería ser ya que le dijimos a R que generara los datos a partir de una distribución normal).

ⓘ Nota

Un ancho de línea de 2 (lwd = 2, el valor predeterminado es 1) y una línea discontinua (lty = 2, el valor predeterminado es 1).

Consideremos un código que genera un vector de 200 valores aleatorios que siguen una distribución gamma y crea un gráfico QQ para estos datos para verificar si sigue una distribución normal:

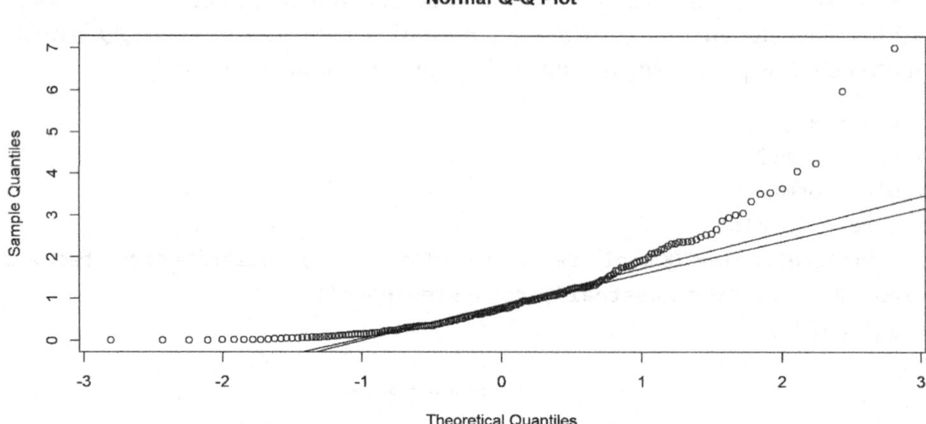

Observamos claramente que hay una desviación de la línea recta en este gráfico QQ, lo que indica que este conjunto de datos probablemente no sigue una distribución normal.

El paquete `car` proporciona la función `qqPlot()` (Quantile-Quantile (Q-Q) Plot) que nos permite evaluar gráficamente si puede aceptarse la hipótesis de normalidad de una variable.

```
> install.packages("car")
> install.packages("carData")
> library(car)
> library(carData)
> x <- SleepStudy$AverageSleep
> y<-rnorm(1000,mean=0, sd=1)
> head(y,3)
[1] -0.3839960 -0.5946253
[3] -0.5864652
> qqplot(SleepStudy$AverageSleep, y,lower.tail=T, log.p=F)
```

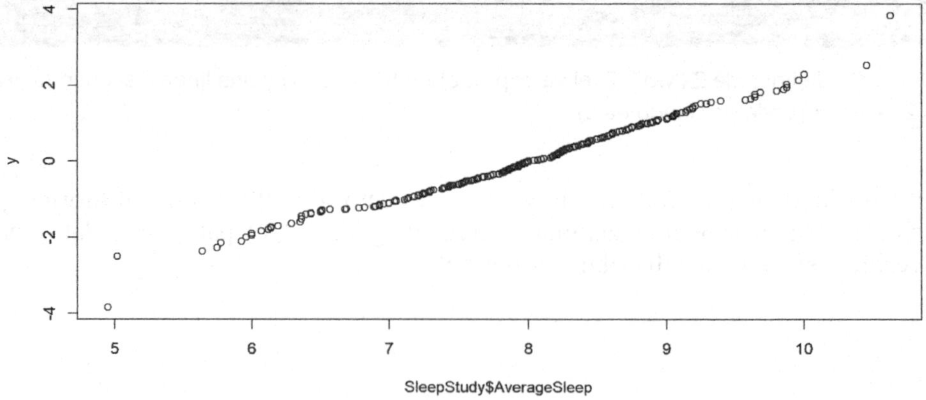

abline(v = mu) # Línea vertical en la media.

Ilustración 6. Encuesta de rendimiento académico y redes sociales

```
> install.packages("readxl")
> library(readxl)
> file.choose()
"D:\\Actividad Docente\\Curso 2022-2023\\Asignaturas de masters\\
Introducción a R\\Dataset-Libro\\Infererencia y prob\\Encuesta-depurada.
xlsx"
> encuesta<-read_excel("D:\\Actividad Docente\\Curso 2022-2023\\
Asignaturas de masters\\Introducción a R\\Dataset-Libro\\Infererencia y
prob\\Encuesta-depurada.xlsx")
> head(encuesta,4)
# A tibble: 4 x 10
  promedio_aca~1 color~2 horas~3 horas~4 redes~5 redso~6 bachi~7 lectura
           <dbl> <chr>     <dbl>   <dbl>   <dbl> <chr>   <chr>   <chr>
1           3.53 Verde        30       7       4 Youtube 1 año   Muy po~
2           3.8  Amaril~      12       6       9 Facebo~ Menos ~ Frecue~
3           4.02 Rojo         45       6       3 Facebo~ 1 Año   Frecue~
4           4.39 Negro        60       6       2 Facebo~ Menos ~ Muy po~
# ... with 2 more variables: horas_internet <dbl>, trabajo <chr>, and
#   abbreviated variable names 1: promedio_academico,
#   2: color_favorito, 3: horas_estudiar, 4: horas_dormir,
#   5: redes_sociales, 6: redsocial_favorita, 7: bachiller_universidad
# i Use `colnames()` to see all variable names
```

 # Estructura interna

```
> library(dplyr)
> glimpse(encuesta)
Rows: 30
Columns: 10
$ promedio_academico    <dbl> 3.53, 3.80, 4~
$ color_favorito        <chr> "Verde", "Ama~
$ horas_estudiar        <dbl> 30, 12, 45, 6~
$ horas_dormir          <dbl> 7, 6, 6, 6, 8~
$ redes_sociales        <dbl> 4, 9, 3, 2, 9~
$ redsocial_favorita    <chr> "Youtube", "F~
$ bachiller_universidad <chr> "1 año", "Men~
$ lectura               <chr> "Muy poco", "~
$ horas_internet        <dbl> 20, 3, 42, 90~
$ trabajo               <chr> "Sí", "Sí", "~
```

Media del promedio académico

```
> mean(encuesta$promedio_academico)
[1] 3.699
```

Descripción General de dataset "encuesta"

```
> library(skimr)
> skim(encuesta)
-- Data Summary ------------------------
                           Values
Name                       encuesta
Number of rows             30
Number of columns          10
_______________________
Column type frequency:
  character                5
  numeric                  5
________________________
Group variables            None

-- Variable type: character ------------------------------------------
  skim_variable           n_missing complete_rate min max empty n_unique whitespace
1 color_favorito                  0             1   4  10     0        9          0
2 redsocial_favorita              0             1   4   9     0        4          0
3 bachiller_universidad           0             1   5  14     0        5          0
4 lectura                         0             1   4  14     0        3          0
5 trabajo                         0             1   2   2     0        2          0

-- Variable type: numeric ---------------------------------
  skim_variable      n_missing complete_rate  mean    sd  p0  p25  p50  p75  p100
hist
1 promedio_academico     0             1       3.70 0.249 3.3  3.5 3.74 3.82 4.39
2 horas_estudiar         0             1      27.5  16.9  2   10   29.5 39.5 60
3 horas_dormir           0             1       6.02  1.98 1    6    6.5  7    8
4 redes_sociales         0             1       4.17  1.76 1    3    4    5    9
5 horas_internet         0             1      32.2  26.5  3   10.5 26   48.8 90

# Resúmen descriptivo agrupado
```

Trabajo

```
> encuesta %>%
+     group_by(trabajo) %>%
+     summarise(
+         promedio = mean(promedio_academico),
+         desv_estandar = sd(promedio_academico),
+         promedio_dormir = mean(horas_dormir),
+         promedio_estudiar = mean(horas_estudiar),
+         total = n()
+     )
# A tibble: 2 x 6
  trabajo promedio desv_estandar promedio_dormir prome~1 total
  <chr>      <dbl>         <dbl>           <dbl>   <dbl> <int>
1 No          3.75         0.238            5.76    29.2    19
2 Sí          3.61         0.250            6.45    24.5    11
# ... with abbreviated variable name 1: promedio_estudiar
```

¿Cuántos trabajan y cuántos no trabajan?

```
> encuesta%>%
+     count(trabajo)
# A tibble: 2 x 2
  trabajo     n
  <chr>   <int>
1 No         19
2 Sí         11
```

Trabajo y Lectura

```
> encuesta %>%
+     group_by(trabajo, lectura) %>%
+     summarise(
+         promedio = mean(promedio_academico),
+         desv = sd(promedio_academico),
+         minimo = min(promedio_academico),
+         maximo = max(promedio_academico),
+         mediana = median(promedio_academico),
+         p75 = quantile(promedio_academico, probs = 0.75),
+         cv = (desv / promedio) * 100,
+         total = n()
+     )
```

`summarise()` Agrupa la salida por la variable 'trabajo'. Se puede anular usando el argumento `.groups`.

```
# A tibble: 5 x 10
# Groups:   trabajo [2]
```

```
  trabajo lectura   prome~1  desv minimo maximo mediana   p75
  <chr>   <chr>       <dbl>  <dbl>  <dbl>  <dbl>   <dbl> <dbl>
1 No      Frecuent~    3.69 0.231    3.37   4.02    3.70  3.8
2 No      Muy poco     3.78 0.267    3.5    4.39    3.8   3.88
3 No      Nada         3.78 0.0354   3.75   3.8     3.78  3.79
4 Sí      Frecuent~    3.6  0.265    3.3    3.8     3.7   3.75
5 Sí      Muy poco     3.61 0.264    3.3    3.96    3.66  3.8
# ... with 2 more variables: cv <dbl>, total <int>, and
#   abbreviated variable name 1: promedio
# i Use `colnames()` to see all variable names
```

 # Contrastes de la media poblacional (α = 5%)

Hipótesis

- H0: $\mu = 3{,}5$ y H1: $\mu \neq 3{,}5$

Calcular el estadístico correspondiente.

$$T = \frac{\bar{X} - \mu}{S/\sqrt{n}}$$

```
> x_barra<-mean(encuesta$promedio_academico)
> mu_refer<-3.5
> Desv_muestral<-sd(encuesta$promedio_academico)
> raiz_n<-sqrt(nrow(encuesta))
> estat_T<-(x_barra-mu_refer)/(Desv_muestral/raiz_n)
> estat_T
[1] 4.379768
```

 # Región de rechazo

Obtenemos los límites críticos con R.

```
> low<-qt(p=0.025, df=29,lower.tail=T)
> low
[1] -2.04523

> top<-qt(p=0.025, df=29,lower.tail=F)
> top
[1] 2.04523
```

Conclusión: dado que el estadístico calculado es 4.379768, valor que está a la derecha de 2.04523 (RC), constatamos que está dentro de la región crítica o de rechazo, por lo tanto, existe evidencia para rechazar la hipótesis nula, es decir, que se rechaza que el promedio del 'promedio_académico' sea igual a 3.5 para un nivel de significación del 5%.

 # Intervalo de confianza para μ

Límite inferior del intervalo de confianza.

$$\bar{X} - t_{\alpha/2,n-1} \times \frac{s}{\sqrt{n}}$$

```
> l_inf <- x_barra - (2.045 * (desviacion_muestral / raiz_n))
  [1] 3.606083
```

Límite superior del intervalo de confianza.

$$\bar{X} + t_{\alpha/2,n-1} \times \frac{s}{\sqrt{n}}$$

```
> l_super <- x_barra + (2.045 * (desviacion_muestral / raiz_n))
  [1] 3.791917
```

Conclusión

Como el valor de referencia (3.5) no está dentro del intervalo de confianza, existe evidencia para rechazar la hipótesis nula, es decir, que se rechaza que el promedio del promedio_académico sea igual a 3.5. Esto se concluye con un nivel de significación del 5%.

 # p-valor
Calcular el área que deja un valor de 4.371917 a la izquierda:

```
> RC1<-pt(q=-4.371917,df=29,lower.tail=T)
> RC1
[1] 7.228808e-05
```

Calcular el área que deja un valor de 4.371917 a la derecha:

```
> RC2<-pt(q= 4.371917,df=29,lower.tail=F)
> RC2
[1] 7.228808e-05
```

El p-valor es la suma de las dos áreas.

```
> P_valor<-RC1 + RC2
> P_valor
[1] 0.0001445762
```

Conclusión

Como el p-valor es igual 0.0001445762 y es menor que el nivel de significación (0.05) existe evidencia suficiente para rechazar la hipótesis nula de que la media poblacional es igual a 3.5.

13.3 SOLUCIÓN AUTOMÁTICA CON R

Utilizamos la función `t.test()` con los siguientes argumentos:

- x: la variable sobre la cual estamos haciendo inferencia. En este caso el promedio_académico.
- alternative: tipo de hipótesis alternativa. En este es una prueba bilateral usamos "two.sided".
- conf.level: nivel de confianza (1 - nivel de significancia = 1 - 0.05 = 0.95).
- mu: valor promedio de referencia. En este caso es 3.5.

```
> t.test(x = datos$promedio_academico,
       alternative = "two.sided",
       conf.level = 0.95,
       mu = 3.5)

    One Sample t-test
data:  datos$promedio_academico
t = 4.3798, df = 29, p-value = 0.0001415
alternative hypothesis: true mean is not equal to 3.5
95 percent confidence interval: 3.606073 3.791927
sample estimates: mean of x
3.699
```

Visualizaciones
Gráfica de frecuencias absolutas por color-favorito.

```
> install.packages("ggplot2")
> library(ggplot2)
Warning message:
package 'ggplot2' was built under R version 4.1.3
> encuesta %>%
+     ggplot(mapping = aes(x = color_favorito)) +
+     geom_bar(fill = "blue", color = "black") +
+     labs(x = "Color", y = "Frecuencia",
+          title = "Frecuencia absoluta por color favorito")
```

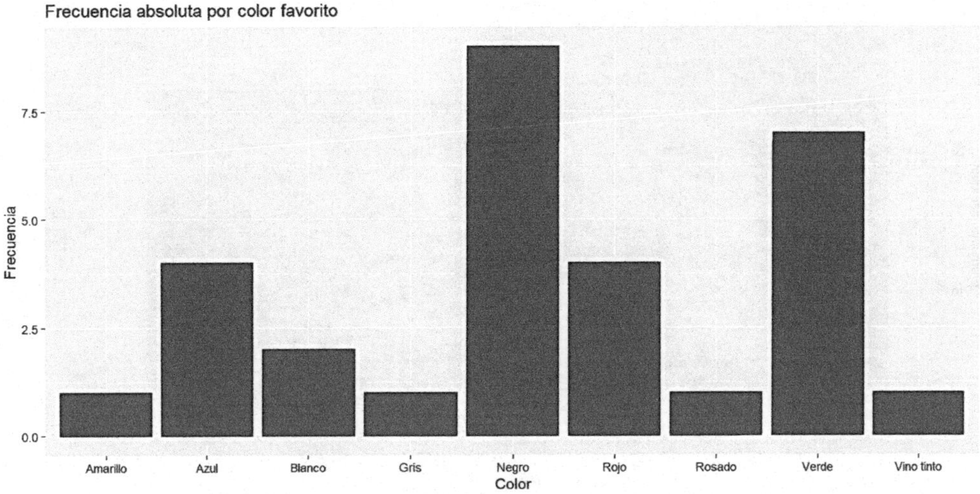

Podemos mejorar la presentación del gráfico anterior a través de la función. `ggplotly()` del paquete `plotly`.

```
library(plotly)
ggplotly(
  encuesta %>%
  ggplot(mapping = aes(x = color_favorito)) +
  geom_bar(fill = "blue", color = "black") +
  labs(x = "Color", y = "Frecuencia",
       title = "Frecuencia absoluta por color favorito")
)
```

(Gráfica similar a la anterior por color-favorito).

 # Representación mediante barras de las cantidades promedio

```
> encuesta %>%
+   group_by(trabajo) %>%
+   summarise(promedio_estudiar = mean(horas_estudiar)) %>%
+  ggplot(mapping = aes(x = trabajo, y = promedio_estudiar), color="green")
+
+     geom_col()
```

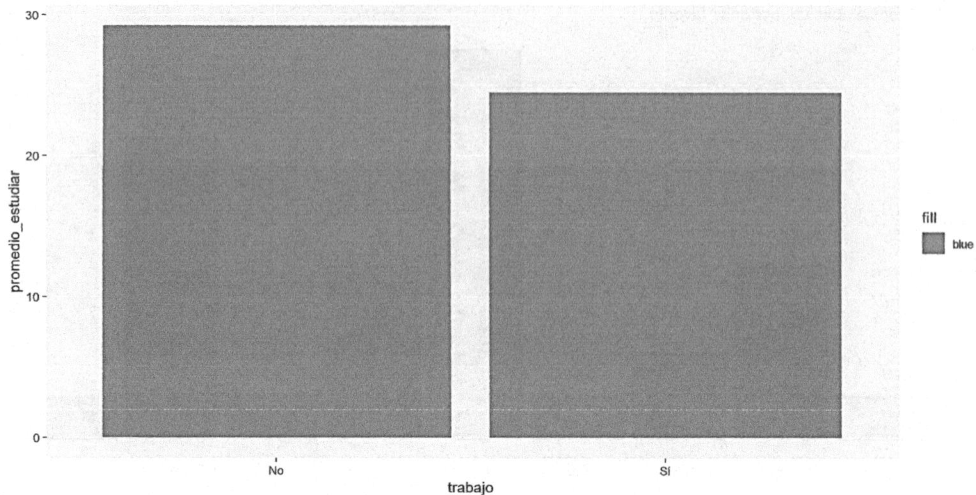

Representación de las cantidades agrupadas.

```
> encuesta %>%
+   group_by(trabajo, lectura) %>%
+   summarise(promedio_estudiar = mean(horas_estudiar)) %>%
+    ggplot(mapping = aes(x = trabajo, y = promedio_estudiar, fill =
lectura)) +
+     geom_col(position = "dodge")
```

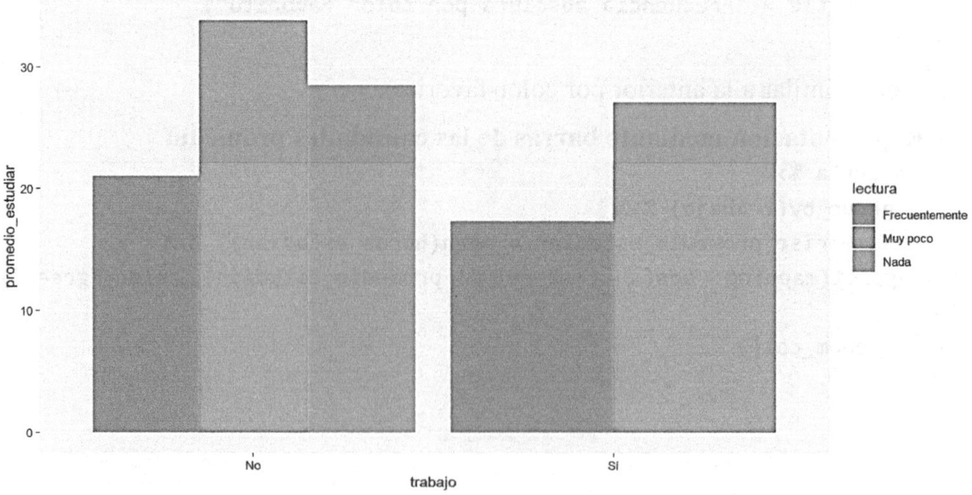

13.4 IMPRIMIR RESULTADOS Y REDONDEO DE CIFRAS

Cómo imprimir nuestros resultados con el número de cifras que deseemos, además aprenderemos a redondear. Para ello usaremos las funciones `print()` y `round()`.

- **`Función print()`.** Si se desea mostrar un número determinado de cifras se tendrá que usar el comando `print()` en donde se tendrá que especificar el número de dígitos que se desea. Ejemplo:

  # El seno de 60 grados sexagesimales y que muestre sólo 4 dígitos.

  ```
  > print(sin(pi/3), 4)
   [1] 0.866
  ```

  # El número máximo de dígitos que reporta R es de 22.

- **`Función round()`**, que al igual que el anterior se tendrá que especificar el número de dígitos, que en este caso será el número de decimales a los que se desea redondear. Ejemplo.

  # La raíz cuadrada de 3 redondeada a cinco decimales.

  ```
  > round(sqrt(3), 5)
   [1] 1.73205
  ```

Sí sólo se considera el comando round() redondeará a la cifra entera.

La raíz cuadrada de 3 redondeada a la cifra entera.

```
> round(sqrt(3))
 [1] 2
```

14

CONTRASTE PARAMÉTRICO DE HIPÓTESIS

En este apartado veremos primero cómo llevar a cabo contrastes paramétricos para una sola media y posteriormente cómo realizar contrastes para la diferencia de dos medias (tanto en el caso de muestras independientes como de datos pareados). Finalmente, se describe cómo realizar contrastes relacionados con una o dos proporciones.

14.1 CONTRASTE PARA LA MEDIA DE UNA POBLACIÓN NORMAL

Se mide el tiempo (en segundos) de duración de un proceso químico realizado 20 veces en condiciones similares, obteniéndose los siguientes resultados:

```
result <- c(93, 90, 97, 90, 93, 91, 96, 94, 91, 91, 88, 93, 95, 91, 89,
92, 87, 88, 90, 86)
```

Y suponemos que los datos proceden de una distribución normal.

- ¿Permiten los datos anteriores afirmar a nivel de significación del 1% (α = 0,01) que la duración media del proceso es inferior a 95 segundos?

  Para responder a esta pregunta, usamos la función:

```
t.test(x, y = NULL,
   alternative = c("two.sided", "less", "greater"),
       mu = 0, paired = FALSE, var.equal = FALSE,
       conf.level = 0.95, ...)
```

  Cuyos argumentos son:

  - x: vector que contiene los datos, en nuestro caso: resultados.
  - μ → valor del tiempo medio en nuestro caso es $\mu_0 = 95$, aunque por defecto es 0.

- La hipótesis alternativa que en nuestro caso elegimos la opción "less" (H1: $\mu < \mu_0$, aunque la opción por defecto es "two.sided" que se corresponde con H1:$\mu \neq \mu_0$, además de la opción "greater" que corresponde a H1: $\mu > \mu_0$.

```
> result <- c(93, 90, 97, 90, 93, 91, 96, 94, 91, 91, 88, 93, 95, 91,
89, 92, 87, 88, 90, 86)
> t.test(result, alternative = "less", mu=95)

        One Sample t-test

data:  result
t = -5.7126, df = 19,
p-value = 8.306e-06
alternative hypothesis: true mean is less than 95
95 percent confidence interval:
     -Inf 92.38508
sample estimates:
mean of x 91.25
```

El estadístico 't' vale -5.713. Hay que comparar este valor con la distribución teórica t-student con n - 1= 20 – 1 =19 grados de libertad. Resulta un p-valor = 8.306e-06, que es prácticamente igual a cero y menor que $\alpha = 0.01$, por lo que hay evidencia suficiente para rechazar claramente la hipótesis nula a este nivel de significación. Por lo que, podemos afirmar que la duración media es inferior a 95 segundos.

- Con los mismos datos podemos hacer el contraste H0: mu = 90 a un nivel de significación del 5% ($\alpha = 0.05$).

```
> t.test(result, mu=90)

        One Sample t-test

data:  result
t = 1.9042, df = 19, p-value
= 0.07214
alternative hypothesis: true mean is not equal to 90
95 percent confidence interval:
 89.87604 92.62396
sample estimates:
mean of x    91.25
```

En este caso el p-valor es 0.07214 > 0.05 por lo que no hay evidencia suficiente para rechazar la hipótesis nula. Por otra parte [89.88 ; 92.62] es un intervalo de confianza al 95% (valor por defecto que se puede modificar con el argumento conf. level) para el tiempo medio (mu).

Con los mismos datos se pide contrastar H0: $\mu = 90$ y H1: $\mu > 90$ para un nivel de significación del 5%.

```
> t.test(result, alternative = "greater", mu = 90)

    One Sample t-test

data:  result
t = 1.9042, df = 19, p-value
= 0.03607
alternative hypothesis: true mean is greater than 90
95 percent confidence interval:
 90.11492      Inf
sample estimates:
mean of x  91.25
```

En este caso el p-valor es 0.03607 < 0.05 por lo que hay evidencia suficiente para rechazar la hipótesis nula. Por otra parte [90.11492 ; Inf] es un intervalo de confianza al 95% (valor por defecto que se puede modificar con el argumento conf.level) para el tiempo medio (mu).

 # Intervalo de confianza

```
> t.test(x=result, conf.level=0.90)$conf.int
[1] 90.11492 92.38508

> attr(,"conf.level")
[1] 0.9
```

A partir del resultado obtenido se puede concluir, con un nivel de confianza del 90%, que la duración de un proceso químico en esta muestra en particular se encuentra entre 90.11492 y 92.38508176.4 segundos.

14.2 COMPARACIÓN DE DOS MEDIAS (MUESTRAS INDEPENDIENTES, POBLACIONES NORMALES)

Caso: el maíz es un alimento que carece de algunos aminoácidos que son esenciales. Un grupo de científicos desarrolló una nueva variedad de maíz que sí contenía niveles apreciables de dichos aminoácidos. Para comprobar la utilidad de esta nueva variedad para la alimentación animal se llevó a cabo el siguiente experimento: a un grupo de 20 pollos de 1 día se les suministró un pienso que contenía harina de maíz de la nueva variedad. A otro grupo de 20 pollos (grupo de control) se le alimentó con un pienso que solo se diferenciaba del anterior en que no contenía harina de la variedad mejorada de maíz. Los resultados que se obtuvieron sobre las ganancias de peso de los pollos (en gramos) al cabo de 21 días de alimentación fueron los siguientes:

# Datos.
maiznotransg <- c(380, 321, 366, 356, 283, 349, 402, 462, 356, 410, 329, 399, 350, 384, 316, 272, 345, 455, 360, 431)
maiztransg <- c(361, 447, 401, 375, 434, 403, 393, 426, 406, 318, 467, 407, 427, 420, 477, 392, 430, 339, 410, 326)

Suponemos que los datos de ambas muestras son independientes, ya que los pollos que reciben los diferentes tipos de maíz son diferentes. También suponemos que los datos proceden de dos distribuciones normales.

Descripción de los datos.

```
# Diagramas de cajas
boxplot(maiznotransg, maiztransg, names = c("No transgenico", "Transgenico"))
```

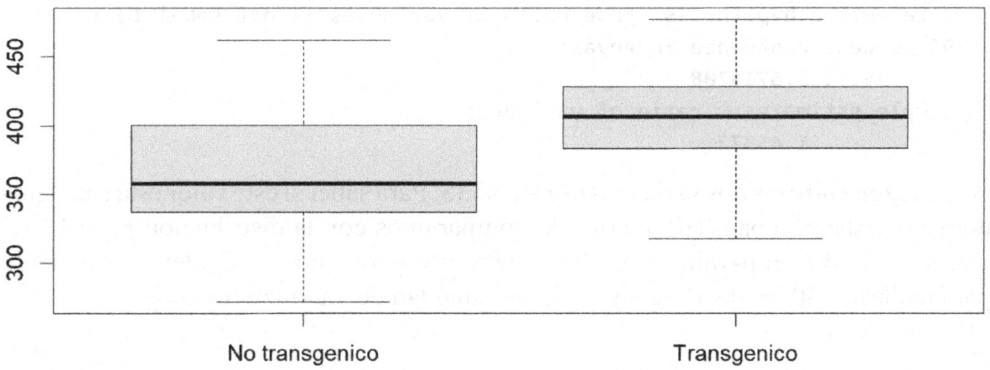


```
> mean(maiznotransg)
[1] 366.3
> mean(maiztransg)
[1] 402.95
> sd(maiznotransg)
[1] 50.8052
> sd(maiztransg)
[1] 42.72861
```

Vemos que en las muestras analizadas, la ganancia media de peso de los pollos alimentados con maíz transgénico es superior a la de los alimentados con maíz no transgénico, pero ¿es la diferencia entre las dos ganancias medias significativa? Las varianzas muestrales no parecen ser muy distintas. ¿Es aceptable suponer que las varianzas poblacionales son iguales?

14.3 COMPARACIÓN DE VARIANZAS

Comenzamos por la segunda pregunta. Para ello contrastamos la hipótesis H0: $\sigma_1^2 / \sigma_2^2 = 1$ y H1: $\sigma_1^2 / \sigma_2^2 \neq 1$, para un nivel de significación del 5% ($\alpha = 0.05$). Hacemos uso del comando `var.test()` que tiene como argumentos los dos vectores que contienen las dos muestras.

```
# En esta sintaxis, por defecto el contraste es de dos colas.
> var.test(maiznotransg,maiztransg)

    F test to compare two variances

data:  maiznotransg and maiztransg
F = 1.4138, num df = 19, denom df = 19, p-value = 0.4575
alternative hypothesis: true ratio of variances is not equal to 1
95 percent confidence interval:
 0.5595874 3.5718208
sample estimates:  ratio of variances
          1.41377
```

La razón entre las dos varianzas es F=1.4138. Para saber si este valor está o no lejos del valor esperado bajo H0 (cierta), lo comparamos con la distribución F_{19,19}. Observamos que el p-valor = 0.4575 > 0.05, por lo que no hay evidencia suficiente para rechazar H0, es decir, la hipótesis de igualdad de varianzas es aceptable.

14.4 COMPARACIÓN DE MEDIAS

Para contrastar H0: $\mu_1 = \mu_2$, usamos de nuevo el comando `t.test()`. Ahora los dos primeros argumentos son los vectores con las dos muestras. Por defecto, no se supone que las varianzas poblacionales son iguales, por lo que añadimos el argumento var.equal=TRUE para suponer que sí lo son.

```
> t.test(maiznotransg, maiztransg, var.equal = TRUE)

    Two Sample t-test

data:  maiznotransg and maiztransg
t = -2.469, df = 38, p-value = 0.01816
alternative hypothesis: true difference in means is not equal to 0
95 percent confidence interval: -66.700161  -6.599839
sample estimates:  mean of x mean of y
   366.30    402.95
```

Conclusión

Constatamos que hay evidencia suficiente para rechazar H0 dado que el p-valor = 0,02 que es menor que el nivel de significación 0,05.

- Si se repite el contraste de igualdad de medias pero sin suponer que las varianzas son iguales. ¿Cambian mucho las conclusiones? (elimina var. equal=TRUE en el comando anterior).

```
> t.test(maiznotransg, maiztransg, var.equal =F)

        Welch Two Sample t-test

data:  maiznotransg and maiztransg
t = -2.469, df = 36.915, p-value = 0.0183
alternative hypothesis: true difference in means is not equal to 0
95 percent confidence interval:
 -66.729186  -6.570814
sample estimates:
mean of x mean of y
   366.30    402.95
```

Las conclusiones no cambian dado que el p-valor es 0.0183 y es menor que el nivel de significación del 5%.

Con los datos anteriores, ¿es posible afirmar a nivel de significación del 1% (α=0.01) que los pollos alimentados con maíz transgénico tienden a engordar por término medio más que los alimentados con maíz no transgénico? (Utiliza el argumento alternative tal y como se ha explicado anteriormente para cambiar la hipótesis alternativa).

```
> t.test(maiznotransg,maiztransg, alternative="greater")

        Welch Two Sample t-test

data:  maiznotransg and maiztransg
t = -2.469, df = 36.915, p-value =
0.9908
alternative hypothesis: true difference in means is greater than 0
95 percent confidence interval:
 -61.69474       Inf
sample estimates:
mean of x mean of y
  402.95
```

Intervalos de confianza para la media de poblaciones independientes

```
> t.test(maiznotransg,maiztransg, conf.level=0.95)$conf.int
[1] -66.729186  -6.570814
attr(,"conf.level")
[1] 0.95

> t.test(maiznotransg,maiztransg, conf.level=0.90)$conf.int
[1] -61.69474 -11.60526
attr(,"conf.level")
[1] 0.9
```

14.5 COMPARACIÓN DE DOS MEDIAS CON DATOS PAREADOS EN POBLACIONES NORMALES

La existencia de trazas de metales en el agua afecta a su sabor y, si las concentraciones son altas, puede afectar a la salud. En un estudio se seleccionaron seis localizaciones en un río y, para cada localización, se determinó la concentración de zinc en el agua de la superficie y en el agua del fondo (en mg/l). Los resultados fueron los siguientes:

```
> fondo <- c(0.43, 0.27, 0.57, 0.53, 0.71, 0.72)
> superficie <- c(0.41, 0.24, 0.39, 0.41, 0.6, 0.61)
```

Asumiendo normalidad, ¿existe evidencia empírica para afirmar, con un nivel de significación del 5% (alpha=0,05), que la concentración media de zinc en el fondo es diferente a la concentración media en la superficie?

Descripción de datos

```
> rect<-lm(fondo~superficie)
> rect
Call:
lm(formula = fondo ~ superficie)
Coefficients:
(Intercept)   superficie
    0.02675      1.15395
> plot(superficie, fondo)
> abline(rect)
```

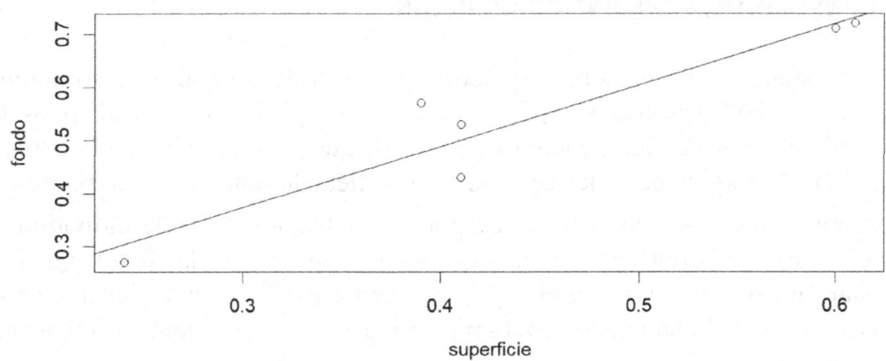


```
> cor(fondo, superficie)
[1] 0.9448048
```

Claramente existe relación entre las medidas del fondo y de la superficie (la correlación es 0.94) por lo que no podemos suponer que las muestras sean independientes para comparar las medias. Son datos emparejados.

Comparación de medias de datos pareados

El comando sigue siendo t.test pero para indicar que los datos son emparejados añadimos el argumento paired = TRUE.

- H0: $\mu_F = \mu_S$
- H1: $\mu_F \neq \mu_S$

```
> t.test(fondo, superficie, paired = TRUE)

    Paired t-test

data:  fondo and superficie
t = 3.8623, df = 5, p-value = 0.01185
alternative hypothesis: true difference in means is not equal to 0
95 percent confidence interval: 0.03177205 0.15822795
sample estimates:
mean of the differences 0.095
```

Dado que se trabaja con las 6 diferencias entre medidas de la superficie y del fondo, el estadístico 't' solo tiene 5 grados de libertad. Su valor es 3.862 y el correspondiente p-valor es 0.01185. Como el p-valor es menor que alpha = 0.05, existe evidencia para rechazar la hipótesis nula, es decir, podemos afirmar que la concentración media en la superficie es distinta a la del fondo.

14.6 CONSTRASTES PARA UNA PROPORCIÓN

En un estudio, 1000 personas siguieron una dieta de adelgazamiento durante 3 meses. De las 1000 personas, 800 perdieron más de 3 kg de peso. ¿Permiten los datos afrmar, con el nivel de significación alpha=0.01, que más del 75% de la población perderá más de 3 kg de peso de seguir la misma dieta durante el mismo tiempo?

Se trata de un contraste sobre la proporción poblacional (p) de individuos que cumple cierta condición (perder más de 3 kg de peso tras la dieta). Queremos contrastar H0: $p = p_0$, frente a H1: $p > p_0$, donde p_0=0.75. Para llevar a cabo el contraste, usamos el comando **prop.test()**. En este caso, este comando tiene cinco argumentos:

- Los dos primeros corresponden, respectivamente, al número de datos muestrales que verifican la condición a la que se refiere el contraste y al tamaño muestral.
- Los argumentos "alternative" y "p" sirven para determinar cuál es la hipótesis alternativa. El argumento 'p' corresponde a p_0. Le damos por tanto el valor 0.75. Para el argumento "alternative" elegimos la opción 'greater'. Las otras dos posibilidades son 'two.sided' (opción por defecto que corresponde a H1: $p \neq p_0$ y 'less', que corresponde a H1: $p < p_0$.
- Por defecto, se aplica una corrección por continuidad (ya que para determinar la región crítica del contraste se aproxima la distribución binomial, que es discreta, por la normal, que es continua). Si no queremos que se aplique esta corrección, de manera que los resultados se correspondan con las fórmulas que aparecen habitualmente en los libros de texto, añadimos la opción correct=FALSE.

```
> prop.test(800, 1000, alternative = "greater", p = 0.75, correct = FALSE)

   1-sample proportions test without continuity correction

data:  800 out of 1000, null probability 0.75
X-squared = 13.333, df = 1, p-value = 0.0001304
alternative hypothesis: true p is greater than 0.75
95 percent confidence interval:
 0.7783969 1.0000000
sample estimates:
  p
0.8
```

El estadístico del contraste X^2 que calcula R es aproximadamente 13.33, que sigue una distribución aproximada (chi-cuadrado) con un grado de libertad, si H0 es cierta. En el ejemplo, el p-valor es menor que alpha=0.01 y, por lo tanto, rechazamos la hipótesis nula. Podemos afirmar al nivel de significación alpha=0.01 que más del 75% de la población perderá más de 3 kg de peso.

PREGUNTAS

1. Se pide repetir el análisis, pero aplicando la corrección por continuidad. ¿Cambian mucho los resultados?

```
> prop.test(800, 1000, alternative = "greater", p = 0.75, correct = T)

        1-sample proportions test with
        continuity correction

data:  800 out of 1000, null probability 0.75
X-squared = 13.068, df = 1, p-value = 0.0001502
alternative hypothesis: true p is greater than 0.75
95 percent confidence interval: 0.7778789 1.0000000
sample estimates:
  p
0.8
```

   Las conclusiones no varían dado que el p-valor es menor que el nivel de significación, por lo que podemos seguir afirmando, al nivel de significación alpha=0.01, que más del 75% de la población perderá más de 3 kg de peso.

2. Repita el análisis pero en el caso en que la dieta la hubieran seguido 100 personas y 80 hubieran perdido más de 3 kg de peso. ¿Cambia la proporción muestral? ¿Cambian las conclusiones?

```
> prop.test(80, 100, alternative = "greater", p = 0.75, correct = F)

       1-sample proportions test without continuity correction

data:  80 out of 100, null probability 0.75
X-squared = 1.3333, df = 1, p-value = 0.1241
alternative hypothesis: true p is greater than 0.75
95 percent confidence interval:
 0.7266962 1.0000000
sample estimates:
  p = 0.8
```

La proporción muestral no cambia sigue siendo 0.8. En cambio las conclusiones si varían, como el p-valor = 0,1241 > 0,05 (nivel de significación) entonces podemos afirmar que no hay evidencia suficiente para rechazar H0. Esto es, aproximadamente el 75% de la población perderá más de 3 kg de peso.

Aplicación con corrección de continuidad

```
> prop.test(80, 100, alternative = "greater", p = 0.75, correct = T)

	1-sample proportions test with continuity correction

data:  80 out of 100, null probability 0.75
X-squared = 1.08, df = 1, p-value = 0.1493
alternative hypothesis: true p is greater than 0.75
95 percent confidence interval:
 0.7212471 1.0000000
sample estimates:
  p = 0.8
```

La proporción muestral no cambia sigue siendo 0.8. En cambio las conclusiones si varían dado que el p-valor = 0,1493 > 0,05 (nivel de significación). El resultado nos permite afirmar que no hay evidencia suficiente para rechazar H0. Esto es, aproximadamente el 75% de la población perderá más de 3 kg de peso.

3. Repitamos el análisis pero en el caso en que la dieta la hubieran seguido 10 personas y 8 hubieran perdido más de 3 kg de peso. Fíjate que aparece un aviso en los resultados. ¿A qué se debe?

```
> prop.test(8, 10, alternative = "greater", p = 0.75, correct = F)

	1-sample proportions test without continuity correction

data:  8 out of 10, null probability 0.75
X-squared = 0.13333, df = 1, p-value = 0.3575
alternative hypothesis: true p is greater than 0.75
95 percent confidence interval:
 0.5407928 1.0000000
sample estimates:
  p
0.8
Warning message:
In prop.test(8, 10, alternative = "greater", p = 0.75, correct = F):
Chi-squared approximation may be incorrect
```

La advertencia aparece porque el tamaño de muestra es muy pequeño.

14.7 COMPARACIÓN DE DOS PROPORCIONES (MUESTRAS INDEPENDIENTES)

En un estudio se informa de los resultados de un experimento diseñado para comparar dos tratamientos de cierto tipo de cáncer, uno de ellos a base de quimioterapia y el otro basado en una combinación de quimioterapia y radioterapia (New Engl. J. Med., 1997, páginas. 956–962). De 154 individuos que recibieron únicamente quimioterapia, 76 sobrevivieron más de 15 años mientras que 98 de los 164 individuos que recibieron la combinación de quimioterapia y radioterapia sobrevivieron más de 15 años. ¿Se puede afirmar con un nivel de significación del 5 % que la probabilidades de sobrevivir más de 15 años es superior para el tratamiento combinado?

Sea p_1 la probabilidad de sobrevivir más de 15 años tras el tratamiento con quimioterapia, y sea p_2 la correspondiente probabilidad tras el tratamiento con quimioterapia y radioterapia queremos contrastar .

H0: $p_1=p_2$ frente a **H1: $p_1 < p_2$.**

Para hacer el contraste utilizamos también el comando `prop.test()`. La única diferencia respecto al contraste para una única proporción radica en la forma de introducir los datos. El primer argumento es ahora un vector de dos coordenadas correspondientes al número de individuos con la característica de interés (sobrevivir más de 15 años) en cada muestra. El segundo argumento es ahora un vector de dos coordenadas correspondientes a los dos tamaños muestrales.

```
> x<-c(76,98)
> n<-c(154,164)
> prop.test(x,n,alternative="less", correct=F)

	2-sample test for equality of proportions without continuity correction

data:  x out of n
X-squared = 3.4706, df = 1, p-value = 0.03123
alternative hypothesis: less
95 percent confidence interval: -1.00000000    -0.01262879
sample estimates:
   prop 1    prop 2
0.4935065 0.5975610
```

El estadístico del contraste X^2 que calcula R es aproximadamente 3.4706, donde (p(barra) = n1^p1 + n2^p2)/n y n = n1+ n2. Puede demostrarse que X^2 sigue una distribución aproximada chi-cuadrado con un grado de libertad, si H0 es cierta. En el ejemplo, el p-valor es menor que alpha=0.05 y, por lo tanto, rechazamos la hipótesis nula a este nivel de significación.

Con los mismos datos contrasta, al nivel de significación del 5%, la hipótesis bilateral H0: p1= p2 y H1: p1 ≠ p2. ¿A qué parámetro corresponde el intervalo de confianza que aparece en el resultado? Calcula un intervalo de confianza similar al 90 % de confianza en lugar de 95 %.

```
> prop.test(x,n,alternative="two.sided", correct=F)

	2-sample test for equality of proportions without continuity correction

data:  x out of n
X-squared = 3.4706, df = 1, p-value = 0.06247
alternative hypothesis: two.sided
```

```
95 percent confidence interval: -0.212994908  0.004885944
sample estimates:
   prop 1    prop 2
0.4935065 0.5975610
```

Si el intervalo de confianza es del 90%.

```
> prop.test(x,n,alternative="two.sided",correct=F,conf.level= 0.90)

        2-sample test for equality of proportions without continuity
correction

data:  x out of n
X-squared = 3.4706, df = 1, p-value = 0.06247
alternative hypothesis: two.sided
90 percent confidence interval:
 -0.19548017 -0.01262879
sample estimates:
   prop 1    prop 2
0.4935065 0.5975610
```

En ambas soluciones el p-valor es mayor que el nivel de significación (5%), por lo que podemos afirmar que las proporciones son iguales en ambas poblaciones.

Intervalo de confianza para la proporción de poblaciones independientes

Para construir un intervalo de confianza para una proporción utilizamos la función BinomCI de la librería DescTools.

```
> install.packages("DescTools")
> library(DescTools)
```

Función → BinomCI()

```
> BinomCI(800,1000,conf.level=0.95)
     est    lwr.ci    upr.ci
[1,] 0.8 0.774081 0.8236229
```

Por tanto, podemos asegurar con un 95% de confianza de que personas que siguen una dieta durante el mismo tiempo perderan más de 3 kilos.

```
> str(BinomCI(800,1000))
 num [1, 1:3] 0.8 0.774 0.824
 - attr(*, "dimnames")=List of 2
  ..$ : NULL
  ..$ : chr [1:3] "est" "lwr.ci" "upr.ci"
```

REFERENCIAS

- Moore, David (1995). Estadística Aplicada. Edit. Antoni Bosch. Barcelona-España

15

CONTRASTES NO PARÁMETRICOS DE HIPÓTESIS

Los métodos no paramétricos son útiles cuando no se cumple el supuesto de normalidad y el tamaño de la muestra es pequeño. Sin embargo, las pruebas no paramétricas no están completamente libres de supuestos acerca de los datos. Por ejemplo, es fundamental presuponer que las observaciones de las muestras son independientes y provienen de la misma distribución. Además, en los diseños de dos muestras, se requiere el supuesto de igualdad de forma y dispersión.

Los métodos no paramétricos pueden ser aplicados a una gran variedad de situaciones que no son tan rígidos con respecto a los supuestos. Puede ser aplicado a datos categóricos y usualmente involucran menor complejidad en los cálculos y por lo tanto son más sencillos de entender y aplicar, por último son menos sensibles a los datos extremos.

Bibliografía

Peñaloza F., J.L y Vargas P., Carmen (2020). Tests Estadísticos No Paramétricos en R. Escenarios de Aplicación e Interpretación. UNO Editorial. España.

15.1 TEST DE BONDAD DE AJUSTE: TEST JI-CUADRADO

El estadístico de Ji-cuadrado, es un test de bondad de ajuste y es útil cuando estamos trabajando con variables nominales, categóricas o estamos trabajando con alguna clase de clasificación. Su fórmula estadística está dada por:

$$x^2 = \sum \frac{(O - E)^2}{E}$$

Donde:

- O = frecuencias observadas.
- E = frecuencias esperadas.

Condiciones para la aplicación de la Ji-cuadrado.

- La muestra debe ser tomada al azar.
- Las variables medidas deben ser independientes.
- Los datos deben ser reportados en frecuencias absolutas (no porcentajes).
- Los valores / categorias de las variables deben ser mutuamente excluyentes.
- Las frecuencias observadas no deben ser pequeñas.

El test Ji-cuadrado puede ser aplicado en tres contextos:

1. Cómo de bueno es el ajuste a una distribución estadísticas conocida al conjunto de datos bajos estudio.

   Hipótesis.

   - H0: $F_{exp} = F_o$, donde Fo es una distribución establecida a priori.
   - H1: $F_{exp} \neq F_o$.
2. Si dos conjuntos de datos poblacionales son independientes o si hay alguna asociación entre ellos.
   - H0: las dos poblaciones son independientes.
3. Si dos poblaciones tienen la misma distribución de probabilidad en base a un conjunto muestral.
   - H0: las distribuciones estadísticas de las poblaciones de interés son similares.

Sintaxis en R.

```
> Chisq.test(x, y=NULL, correct = T, p, rescale.p =F, simulate.p.value=F,
B=2000)
```

- p: vector de probabilidades de la misma longitud que la variable x.
- rescale.p: si TRUE, entonces p es reescalado para que sume 1. Si FALSE, entonces p no suma 1 y nos da error.
- Simulate.p.value:TRUE or FALSE. Si el p-valor es calculado mediante la simulación de Montecarlo.
- B: número de interacciones para alcanzar la convergencia.

Ejemplo.

Analicemos 20 horas de datos asociados al número de quejas que ingresan en la oficina "Atención al Cliente" por hora.

```
> dcliente<-c(50,42,60,39,44,54,48,44,43,50,66,62,43,50,45,43,47,46,52,55)
```

```
> par(mfrow=c(1,2))
> hist(dcliente,xlab ="Clientes",ylab="Frecuencias", las=1, main="",
col="pink")
>plot(density(dcliente), xlab="Clientes", ylab="Densidad", las=1,main="")
```

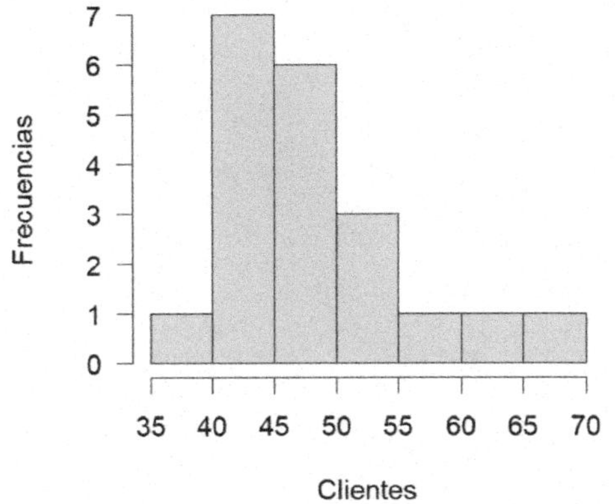

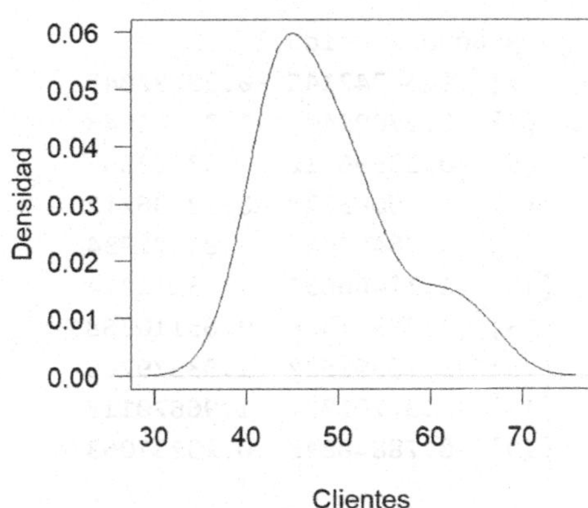

Observamos una asimetría con sesgo positivo. Dado que la variable es discreta la distribución teórica podría ser una Poisson.

H0: número de quejas por hora proviene de una distribución de Poisson.

```
> n <-20
> md<-mean(dcliente)
> md
[1] 49.15
> prueba1<-chisq.test(dcliente,p=rpois(20,49.15),rescale.p=T)
> prueba1

    Chi-squared test for given
    probabilities

data:  dcliente
X-squared = 29.281, df = 19,
p-value = 0.06169

> prueba1$observed
 [1] 50 42 60 39 44 54 48 44 43
[10] 50 66 62 43 50 45 43 47 46
[19] 52 55

> prueba1$expected
 [1] 47.62990 44.58969 55.73711
 [4] 47.62990 47.62990 41.54948
 [7] 36.48247 47.62990 54.72371
```

```
[10] 49.65670 55.73711 53.71031
[13] 60.80412 45.60309 53.71031
[16] 52.69691 49.65670 34.45567
[19] 46.61649 56.75052

> prueba1$residuals
 [1]  0.34342145 -0.38782042
 [3]  0.57099400 -1.25044843
 [5] -0.52596212  1.93154358
 [7]  1.90685228 -0.52596212
 [9] -1.58481052  0.04871734
[11]  1.37466632  1.13112214
[13] -2.28325326  0.65110368
[15] -1.18851522 -1.33579765
[17] -0.37701077  1.96670118
[19]  0.78848843 -0.23237053
```

15.2 TEST EXACTOS Y/O APROXIMADOS

Los test exactos son más precisos cuando el tamaño total de observaciones es pequeño o alguno de los grupos tiene pocas observaciones, una vez alcanzado un número alto de observaciones las diferencias son mínimas entre los test exactos y aproximados.

En el Handbook of Biological Statistics de John H. McDonald se recomienda utilizar test exactos cuando el número total de observaciones es menor a 1000 o cuando, aunque el número total sea mayor a 1000, haya algún grupo cuyo número de eventos esperados sea pequeño (normalmente menor que 5). En el caso de aplicar test aproximados sobre tamaños pequeños se suelen emplear correcciones, las más frecuentes son la corrección de continuidad de Yate o la corrección de William.

15.2.1 Test binomial

El test binomial es un contraste exacto de una hipótesis simple sobre la probabilidad de éxito en un experimento de Bernoulli en un conjunto de datos. Se emplea para estudiar si la proporción de eventos verdaderos de una variable binomial se diferencia significativamente de la frecuencia teórica con la que se esperaría que apareciesen.

Las condiciones de su aplicación requieren.

- La variable aleatoria tiene que ser de tipo binomial.
- Los eventos deben de ser independientes unos de otros.

La sintaxis es la siguiente:

```
> binom.test(x, n = NULL, p=0.5, alternative=c("two.sided", "less", "greater"), conf.level=0.95, ci,method=c("Clopper-Pearson", "binom.test", "Score", "Wilson", "prop.test", "Wald", Agresti-Coull", "Plus4"), data=NULL, success=NULL, …).

> binom.test(x, p, alternative = "less") # Prueba de una cola (inferior).
> binom.test(x, p, alternative = "greater")# Prueba de una cola (superior).
> binom.test(x, p, alternative = "two.sided") # Prueba de dos colas.
```

Argumentos:

x: número de éxitos.

n: población de interés (número de experimentos).

p: probabilidad (proporción promedio de interés).

Ilustración

Un estudio sugiere que en una ciudad están naciendo más hombres que mujeres. Para determinar si es cierto se selecciona una muestra aleatoria de los niños nacidos durante los últimos 2 años y se identifica para cada uno el género. ¿Existen diferencias significativas para un nivel de significancia del 5%?.

```
> genero <- c("masculino", "masculino", "masculino", "masculino", "femenino","masculino", "masculino", "masculino", "femenino", "femenino","femenino", "femenino", "femenino", "femenino", "masculino","masculino", "femenino", "masculino", "femenino", "masculino","femenino", "masculino", "masculino", "masculino", "femenino","masculino", "masculino", "femenino", "masculino", "femenino")
```

Hipótesis a contrastar:

- H0: la proporción de nacimientos es igual (50%) para ambos sexos, por lo tanto p = 0.5
- Ha: la proporción de nacimientos no es igual entre ambos sexos p ≠ 0.5.

```
> genero1 <- table(genero)

> genero1
femenino masculino
      13        17

> binom.test(x = c(13, 17), alternative = "two.sided", conf.level = 0.95)

        Exact binomial test
```

```
data:  c(13, 17)
number of successes = 13, number of
trials = 30, p-value = 0.5847
alternative hypothesis: true probability of success is not equal to
0.5
95 percent confidence interval:
 0.2546075 0.6257265
sample estimates:
probability of success
             0.4333333
```

Dado que el p-valor es mayor que el 5% (nivel de significación) no hay evidencia suficiente para rechazar la hipótesis nula, por lo tanto, la proporción de nacimientos en ambos sexos es la misma.

15.2.2 Test multinomial

El test multinomial exacto es una extensión del test binomial que permite comparar la distribución de eventos observados para una variable con más de dos niveles respecto a una distribución teórica.

$$P(m_1, m_2, \ldots, m_k) = \frac{n!}{m_1!m_2!\ldots m_k!} p_1^{m_1} p_2^{m_2} \ldots p_k^{m_k}$$

Este método también es un test exacto, pero es sustituido con frecuencia por su equivalente aproximado χ^2 de bondad de ajuste, debido a que requiere mucha capacidad de cálculo cuando aumenta el número de observaciones o de grupos o categorías.

La función utilizada en este tipo de situaciones es `xmult()` del paquete `XNomial`. Si el número de observaciones, de grupos o de categorías, provoca un exceso de requisitos de cálculo, la función `xmulti()` devuelve un mensaje de error. Otra alternativa es recurrir a la simulación de Monte Carlo empleando la función `xmonte()` también del paquete `XNomial`.

Si a la función xmulti() se le indica como argumento detail=3, devuelve el p-value obtenido por multinomial junto con el obtenido por las aproximaciones χ^2 y the likelihood ratio (LLR).

Ilustración

Un estudio genético de Mendel se establece que la descendencia de un determinado cruce de plantas da lugar a cuatro tipos de semillas (amarillas-lisas, verdes-lisas, amarillas-rugosas y verdes-rugosas) con una proporción teórica de 9:3:3:1. Para demostrar si es cierto se recoge una muestra de 556 semillas y se observa que las cantidades para cada grupo son de 315, 108, 101, 32 respectivamente. ¿Se corresponden las observaciones con el modelo esperado?

```
> library(XNomial)
> obs1 <- c(315, 108, 101, 32)
> frec_teo <- c(9,3,3,1)
> xmulti(obs=obs1,expr=frec_teo, statName = "Prob")
P value (Prob) = 0.9382
```

La función xmulti() también calcula el p-value a partir de modelos aproximados.

```
> xmulti(obs = obs1, expr = frec_teo, detail = 3, histobins = TRUE)

P value  (LLR)  =  0.9261
P value (Prob)  =  0.9382
P value (Chisq) =  0.9272

Observed:  315 108 101 32
Expected ratio:  9 3 3 1
Total number of tables:  28956759
```

Crea una representación gráfica que permite ver como de bien se ajusta la distribución chi-cuadrado a las probabilidades exactas.

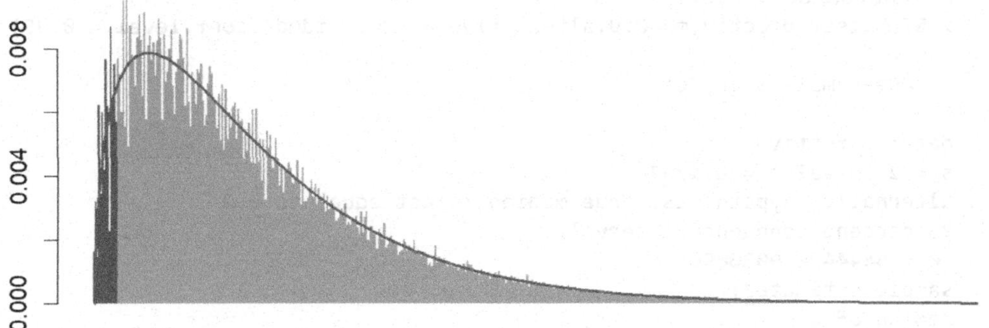

Statistic: -2 ln(LR) = 0.4754   Range: (0 - 16.27)

El p-value obtenido indica que las observaciones se asemejan mucho a las esperadas según la distribución de frecuencias del modelo teórico (Ho). No hay evidencias para rechazar la hipótesis nula.

15.3 TEST DE SIGNOS

Se asume que la variable es continua, aunque la prueba se puede aplicar en variables medidas al menos en una escala ordinal y donde tenga "sentido" la interpretación de la mediana.

Hipótesis.

- Hipótesis nula: la mediana es igual a un cierto valor Me_0: H0: $Me=Me_0$
- Hipótesis alternativas: Ha:$Me \neq Me_0$

$$Ha{:}Me > Me_0$$
$$Ha{:}Me < Me_0$$

La aplicación del test `SIGN.test()` requiere del paquete BSDA (Arnholt 2012) que permite evaluar la prueba del signo para una muestra o para muestras emparejadas.

Ilustración: Datos independientes

Nueve laboratorios evaluaron la efectividad de un cierto medicamento obteniendo los siguientes resultados: 0.41, 0.68, 0.52, 0.82, 0.45, 0.78, 0.96, 0.91 y 0.75. Se quiere evaluar si el medicamento tiene una efectividad de 0.9.

```
efectiv<-c(0.41,0.68,0.52,0.82,0.45,0.78,0.96,0.91,0.75)

> install.packages("BSDA")
> library(BSDA)
```

Contraste de dos colas.

```
> SIGN.test(efectiv,md=0.9,alternative = "two.sided",conf.level = 0.95)

    One-sample Sign-Test

data:  efectiv
s = 2, p-value = 0.1797
alternative hypothesis: true median is not equal to 0.9
95 percent confidence interval:
 0.4554444 0.9030000
sample estimates:
median of x
       0.75

Achieved and Interpolated Confidence Intervals:

                  Conf.Level L.E.pt U.E.pt
Lower Achieved CI     0.8203 0.5200  0.820
Interpolated CI       0.9500 0.4554  0.903
Upper Achieved CI     0.9609 0.4500  0.910
```

```
# Contraste de una cola (derecha).
> SIGN.test(efectiv,md=0.9,alternative = "greater",conf.level = 0.95)

   One-sample Sign-Test

data:  efectiv
s = 2, p-value = 0.9805
alternative hypothesis: true median is greater than 0.9
95 percent confidence interval:
 0.4803333       Inf
sample estimates:
median of x
       0.75

Achieved and Interpolated Confidence Intervals:

                  Conf.Level L.E.pt U.E.pt
Lower Achieved CI     0.9102 0.5200    Inf
Interpolated CI       0.9500 0.4803    Inf
Upper Achieved CI     0.9805 0.4500    Inf

# Contraste de una cola (izquierda).
> SIGN.test(efectiv,md=0.9,alternative = "less",conf.level = 0.95)

     One-sample Sign-Test

data:  efectiv
s = 2, p-value = 0.08984
alternative hypothesis: true median is less than 0.9
95 percent confidence interval:
  -Inf 0.871
sample estimates:
median of x
       0.75

Achieved and Interpolated Confidence Intervals:

                  Conf.Level L.E.pt U.E.pt
Lower Achieved CI     0.9102   -Inf  0.820
Interpolated CI       0.9500   -Inf  0.871
Upper Achieved CI     0.9805   -Inf  0.910
```

Ilustración 2: Datos pareados

Se piensa que la susceptibilidad a la hipnosis disminuye con un cierto entrenamiento. Se aplicó una escala para medir la susceptibilidad antes y después del entrenamiento a seis sujetos encontrando los siguientes resultados:

S	Antes	Después
sujeto 1	18	10
sujeto 2	19	16
sujeto 3	11	7
sujeto 4	3	4
sujeto 5	5	7
sujeto 6	3	2

Creamos dos vectores para los datos observados antes y después del entrenamiento.

```
> antes<-c(18,19,11,3,5,3)
> despues<-c(10,16,7,4,7,2)
```

Contraste de dos colas "t".

```
> SIGN.test(antes,despues,alternative = "t",conf.level = 0.95)

    Dependent-samples Sign-Test

data:  antes and despues
S = 4, p-value = 0.6875
alternative hypothesis: true median difference is not equal to 0
95 percent confidence interval:
 -1.9  7.6
sample estimates:
median of x-y  2

Achieved and Interpolated Confidence Intervals:

                  Conf.Level L.E.pt U.E.pt
Lower Achieved CI     0.7812   -1.0    4.0
Interpolated CI       0.9500   -1.9    7.6
Upper Achieved CI     0.9688   -2.0    8.0
```

Contraste de una cola (derecha).

```
> SIGN.test(antes,despues,alternative = "g",conf.level = 0.95)

   Dependent-samples Sign-Test
```

```
data:  antes and despues
S = 4, p-value = 0.3437
alternative hypothesis: true median difference is greater than 0
95 percent confidence interval:
 -1.633333       Inf
sample estimates:
median of x-y
            2

Achieved and Interpolated Confidence Intervals:

                  Conf.Level  L.E.pt U.E.pt
Lower Achieved CI     0.8906 -1.0000    Inf
Interpolated CI       0.9500 -1.6333    Inf
Upper Achieved CI     0.9844 -2.0000    Inf
```

Contraste de una cola (izquierda).

```
> SIGN.test(antes,despues,alternative = "l",conf.level = 0.95)

     Dependent-samples Sign-Test

data:  antes and despues
S = 4, p-value = 0.8906
alternative hypothesis: true median difference is less than 0
95 percent confidence interval:
     -Inf 6.533333
sample estimates:
median of x-y
            2

Achieved and Interpolated Confidence Intervals:

                  Conf.Level L.E.pt U.E.pt
Lower Achieved CI     0.8906   -Inf 4.0000
Interpolated CI       0.9500   -Inf 6.5333
Upper Achieved CI     0.9844   -Inf 8.0000
```

15.4 TEST DE INDEPENDENCIA EN TABLAS DE CONTINGENCIA

Desde el punto de vista estadísticos la independencia entre variables supone la existencia de proporcionalidad entre las columnas de la tabla de contingencia y, dado que es simétrico, también se dará la proporcionalidad entre las filas de la tabla de contingencia.

La cuestión es si hay dependencia entre las distintas modalidades de las características de A y B de una población descrita a través de una tabla de contingencia.

```
# Datos sobre religión y etnias.
> Cris<-c(558,283,100,109)
> Mus<-c(230, 120,42,48)
> Jud<-c(213,118,40,43)
> Ate<-c(313,161,58,64)

# Construcción de la tabla de contingencia.
> etnia<-cbind(Cris,Mus,Jud, Ate)
> colnames(etnia)<-c("Castellanos","Catalanes", "Vascos", "Gaditanos")
> etnia
     Castellanos Catalanes Vascos Gaditanos
[1,]         558       230    213       313
[2,]         283       120    118       161
[3,]         100        42     40        58
[4,]         109        48     43        64
> addmargins(etnia)
    Castellanos Catalanes Vascos Gaditanos  Sum
            558       230    213       313 1314
            283       120    118       161  682
            100        42     40        58  240
            109        48     43        64  264
Sum        1050       440    414       596 2500

# Evaluar la posible asociación entre la etnia y la religión practicada.
# Contraste de independencia.
> pindep<-chisq.test(etnia)
> pindep

    Pearson's Chi-squared test

data:  etnia
X-squared = 0.58828, df = 9, p-value = 0.9999
```

Dado que el p-valor es mayor que el nivel de significación (5%) no hay evidencia suficiente para rechazar H0. Dicho de otro modo, la elección de tipo de religión no se ve influenciada por el origen étnico de los españoles.

```
# Podemos verificar los resultados de la siguiente manera:
> dobs<-pindep$observed
> dobs
```

```
     Castellanos Catalanes Vascos Gaditanos
[1,]         558       230    213       313
[2,]         283       120    118       161
[3,]         100        42     40        58
[4,]         109        48     43        64

> desp<-pindep$expected
> desp
     Castellanos Catalanes   Vascos Gaditanos
[1,]      551.88   231.264 217.5984  313.2576
[2,]      286.44   120.032 112.9392  162.5888
[3,]      100.80    42.240  39.7440   57.2160
[4,]      110.88    46.464  43.7184   62.9376
> round(desp,2)
     Castellanos Catalanes Vascos Gaditanos
[1,]      551.88    231.26 217.60    313.26
[2,]      286.44    120.03 112.94    162.59
[3,]      100.80     42.24  39.74     57.22
[4,]      110.88     46.46  43.72     62.94

> res<-pindep$residuals
> round(res,2)
     Castellanos Catalanes Vascos Gaditanos
[1,]        0.26     -0.08  -0.31     -0.01
[2,]       -0.20      0.00   0.48     -0.12
[3,]       -0.08     -0.04   0.04      0.10
[4,]       -0.18      0.23  -0.11      0.13
```

15.5 PRUEBA DE ALEATORIEDAD O RACHAS DE WALD - WOLFOWITZ

El estadístico de prueba se conoce como rachas y se denota por 'r'. Se obtiene de ordenar de menor a mayor las observaciones de los datos de los dos grupos combinados. A partir de este ordenamiento, 'r' es el número de veces que se encuentran valores consecutivos del mismo grupo. Aplica para variable de naturaleza continua, medida en una escala al menos ordinal.

Al construir el arreglo de datos de los dos grupos, ordenados de menor a mayor, si las distribuciones de los dos grupos fueran iguales, es decir, si H0 fuera verdadera, se observaría un número alto de rachas ya que se verían los datos "muy mezclados", pero si las dos distribuciones fueran diferentes los valores de un grupo se ubicarían en un cierto lugar del arreglo de datos ordenados obteniendo un número bajo de rachas.

Por lo anterior, la hipótesis nula se rechaza para valores bajos de la estadística r, por lo tanto, el p-valor para la hipótesis alternativa de la diferencia de las dos distribuciones se calcula obteniendo la probabilidad menor o igual al valor de rachas observado.

La prueba de rachas también se utiliza para evaluar aleatoriedad, es decir, se quiere saber si la ocurrencia de un evento sigue un cierto patrón. Por ejemplo, se quiere saber si la llegada de los pacientes a la consulta médica ocurre de forma aleatoria con relación al sexo, o llegan más hombres o mujeres al comienzo del día, o al final del día, de manera intercalada u otro posible patrón de llegada.

La diferencia que se presenta para este escenario es el cálculo del p-valor, es decir, la hipótesis nula de aleatoriedad se rechazaría no solo cuando se presente un número bajo de rachas sino también un número elevado.

- Hipótesis.

Hipótesis nula: la distribución de la población del grupo X es igual a la distribución de la población de grupo Y.

- H0: $F_X = F_Y$
- Ha: $F_X \neq F_Y$

Ilustración del contraste de rachas

En un grupo de 12 hombres y 11 mujeres estudiantes de medicina se midió el tiempo (horas por semana) de estudio extraclase con el fin de determinar si existen diferencias entre los dos grupos. Se encontraron los siguientes resultados:

```
> Hombres {5.6 4.8 5.7 7.0 5.4 3.4 5.4 8.0 3.4 4.7 4.8 5.0}
> Mujeres {6.5 7.8 7.5 8.1 7.9 8.1 6.5 8.0 4.3 5.6 7.1}
```

Al ordenar las observaciones de menor a mayor y marcar a los hombres con 1 y las mujeres con cero, se obtiene un vector de la siguiente forma:

$$\{1\ 1\ 0\ 1\ 1\ 1\ 1\ 1\ 1\ 1\ 0\ 1\ 0\ 0\ 1\ 0\ 0\ 0\ 0\ 1\ 0\ 0\ 0\}$$

En el arreglo anterior se observan 10 rachas.

Para realizar la prueba de rachas cargamos el paquete `randtests()` (Caeiro and Mateus 2014) y la función `runs.test()`, también creamos un vector de unos y ceros que contiene el arreglo de los datos observados, se obtiene la prueba de Wald-Wolfowitz de la siguiente forma:

```
> Install.packages(randtests)
> library(randtests)
> rachas<-c(1,1,0,1,1,1,1,1,1,1,0,1,0,0,1,0,0,0,0,1,0,0,0)
```

Prueba de rachas.

```
> runs.test(rachas,alternative = "left.sided",threshold = 0.5,pvalue =
"exact",plot=F)

    Runs Test
```

```
data:  rachas
statistic = -1.0599, runs = 10, n1 = 12, n2 = 11,
n = 23, p-value = 0.2017
alternative hypothesis: trend

> runs.test(rachas,alternative = "left.sided",threshold = 0.5,pvalue =
"normal",plot=T)

    Runs Test

data:  rachas
statistic = -1.0599, runs = 10, n1 = 12, n2 = 11,
n = 23, p-value = 0.1446
alternative hypothesis: trend

> runs.test(rachas,alternative = "left.sided",threshold = 0.5,pvalue =
"normal",plot=T)

    Runs Test

data:  rachas
statistic = -1.0599, runs = 10, n1 = 12, n2 = 11,
n = 23, p-value = 0.1446
alternative hypothesis: trend
```

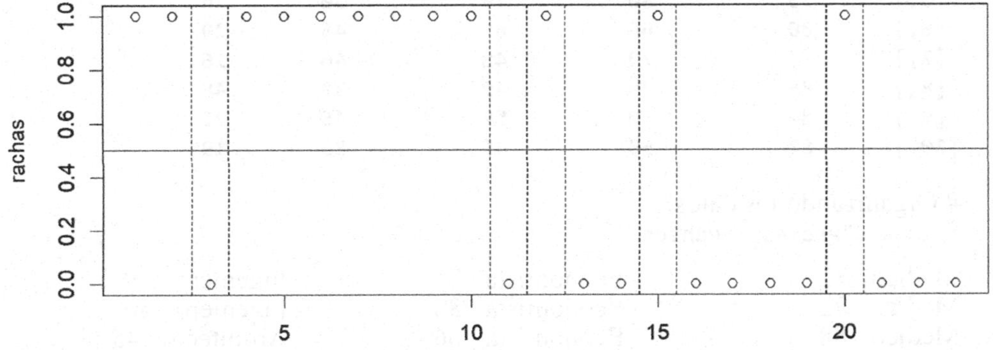

15.6 PRUEBA DE LA MEDIANA

Se aplica a aquellas variables de naturaleza continua medidas al menos en escala ordinal.

Ilustración

Se aplicó una escala para medir el nivel de estrés laboral en cinco ocupaciones distintas (médicos, economistas, arquitectos, abogados e ingenieros). La escala toma valores de 0 a 100 puntos donde valores altos indican altos niveles de estrés laboral. Los resultados de la escala se presentan a continuación:

```
> médicos: {82,72,88,75,95,80,75,86,84}
> economistas: {60,50,66,75,80,66,70,75}
> ingenieros: {45,56,68,64,70,65,48,49,50}
> arquitectos: {45,35,45,26,30,45,46,39}
> abogados: {22,10,25,35,26,29,16,48,22,19}
```

A continuación, cargamos las observaciones organizadas en dos vectores, el primero registra el grupo al cual pertenece la observación, y el segundo incluye los valores observados de la variable de interés.

```
> dat1
      medicos economistas ingenieros arquitectos abogados
 [1,]      82          60         45          45       22
 [2,]      72          50         56          35       10
 [3,]      88          66         68          45       25
 [4,]      75          75         64          26       35
 [5,]      95          80         70          30       26
 [6,]      80          66         65          45       29
 [7,]      75          70         48          46       16
 [8,]      86          75         49          39       48
 [9,]      84          60         50          45       22
[10,]      82          50         45          35       19
```

```
# Organizando los datos.
> Input("Profes   Puntos

Medico 82
Medico 72
Medico 88
Medico 75
Medico 95
Medico 80
Medico 75
Medico 86
Medico 84
Economista 60
Economista 50
Economista 66
Economista 75
Economista 80
Economista 66
Economista 70
Economista 75
Ingeniero 45
Ingeniero 56
Ingeniero 68
Ingeniero 64
Ingeniero 70
Ingeniero 65
Ingeniero 48
Ingeniero 49
Ingeniero 50
Arquitecto 45
Arquitecto 35
Arquitecto 45
Arquitecto 26
Arquitecto 30
Arquitecto 45
Arquitecto 46
Arquitecto 39
Abogado 22
……. ")
```

16

ESTRUCTURAS DE PROGRAMACIÓN Y CREACIÓN DE FUNCIONES EN R

16.1 ESTRUCTURAS DE PROGRAMACIÓN

R permite crear estructuras repetitivas (loops) y la ejecución condicional de sentencias. Para este fin, los comandos pueden agruparse entre llaves, utilizando la siguiente sintaxis:

```
{comando1 ; comando2; comando3 ; ....}
```

Se trata de replicar unas instrucciones una serie de veces. Tenemos 3 tipos de bucles:

- for
- while
- repeat

Y 2 comandos asociados:

- break
- next

EL BUCLE FOR

El bucle `for` permite ejecutar una serie de instrucciones de forma repetitiva varias veces, así considerando la serie de instrucciones del bucle observamos que en cada iteración del bucle la variable i toma el valor de la secuencia prefijada:

```
for (i in listadevalores)  { secuencia de comandos }
```

Ejemplo 1. Si queremos que en cada interacción del bucle la variable i tome el valor de la secuencia que recorre los números del -5 al 5, pasando por el 0. La sintaxis sería la siguiente:

```
> for (i in -5:5) print(i)
[1] -5
[1] -4
[1] -3
[1] -2
[1] -1
[1] 0
[1] 1
[1] 2
[1] 3
[1] 4
[1] 5
```

Ejemplo 2. Queremos que en cada interacción del bucle la variable i tome el valor de la secuencia que recorre los números del 1 al 10. La sintaxis sería la siguiente:

```
> for(i in 1:10) { print(i)}
[1] 1
[1] 2
[1] 3
[1] 4
[1] 5
[1] 7
[1] 8
[1] 9
[1] 10
```

Ejemplo 3 (dibujo).

```
> x<-seq(-10,10)
> plot(x,x,xlim=c(0,10),ylim=c(0,10))
> for(i in 1:10)
+ abline(h=i,col=i)
> for(i in 1:10)
+ abline(v=i,col=i)
```

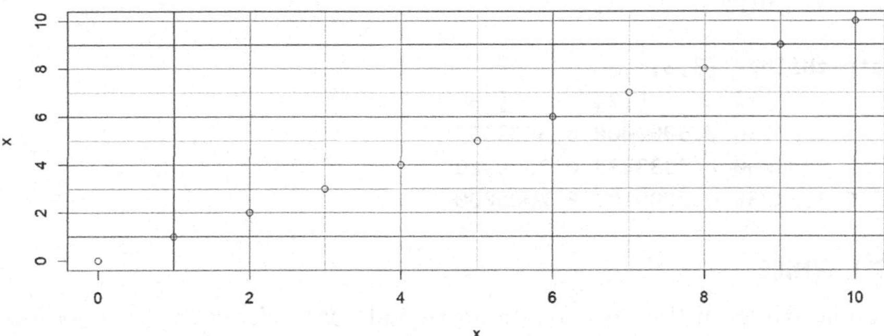

No obstante, los bucles for son lentos en R (y en Splus), y deben ser evitados en la medida de lo posible.

Ejemplo 4. Ahora podemos usar la condicional `if` *dentro de un bucle* `for`, recorremos con la variable i los valores del 1 al 10, imprimimos el valor de i en cada iteración.

```
> a<-5
> for(i in 1:10){
+ cat(i,"\n")
+ if(i==a) cat("i vale5\n")}
1
2
3
4
5
i vale5
6
7
8
9
10
```

La función cat() convierte valores en caracteres, luego combina esos valores y los imprime.

Ejemplo 5. Podemos anidar bucles for. La siguiente función usa dos bucles uno dentro de otro para calcular la matriz de Hilbert (es una matriz cuadrada cuyos campos constituyen una fracción de la unidad).

```
> MatrizHilbert <- function(m,n) {
+     y <- matrix(1,nrow = m,ncol = n)
+     for (i in 1:m) {
+         for (j in 1:n) {
+             y[i,j] = 1/(i+j-1)
+         }
+     }
```

```
+     return(y)
+ }
> MatrizHilbert(3,3)
          [,1]      [,2]      [,3]
[1,] 1.0000000 0.5000000 0.3333333
[2,] 0.5000000 0.3333333 0.2500000
[3,] 0.3333333 0.2500000 0.2000000
```

EL BUCLE WHILE

Un bucle while en R es una función diseñada para *ejecutar algún código hasta que se cumpla una condición*. Mientras la condición lógica sea TRUE, el código no dejará de ejecutarse. Este tipo de bucle es muy útil para estudios de simulación. El bucle `while` es muy similar al bucle `for`, salvo que en éste no define el número total de iteraciones a ejecutar. La sintaxis para un bucle con la función while es la siguiente:

```
> while (condicion logica) { expresiones a ejecutar }
```

En otras palabras, ejecuta una serie de comandos dentro del bucle mientras se cumpla una condición lógica.

Ejemplo 1. Inicializamos una variable i en 1 antes de entrar en el bucle, seguido comienza el bucle while evaluando la condición, dentro imprimimos el valor de i y le sumamos una unidad.

```
> i <- 1   # inicializamos la variable 'i' en 1, antes de entrar en el bucle
> while(i <=5) {          # while evalua la condición
+ print(i)                # imprimimos el valor de 'i'
+ i<-i +1                 # sumanos una unidad a 'i'
}
```

Ejemplo 2. Realizar el Factorial de un número entero no negativo en R usando bucles while. Recordemos que en matemáticas un factorial es denotado por !. Así, si queremos determinar el factorial de 4, entonces 4! = 4*3*2*1 = 24. Es más, 0! =1

```
> factorialR <- function(x) {
+     if (x == 0) {
+         res <- 1
+     } else {
+
+         res <- x
+
+         while(x > 1){
+             res <- (x - 1) * res
```

```
+             x <- x - 1
+         }
+     }
+     return(res)
+ }

> factorial(4)
[1] 24
> factorial(7)
[1] 5040
```

Ejemplo 3. Estamos interesados en determinar el primer número al cuadrado que excede cierto número preestablecido. Esto es, calcular qué número es el mayor cuyo cuadrado no excede de 1000, la sintaxis sería la siguiente:

Inicializamos las variables

```
> umbral <- 2000          # umbral
> n <- 0
> cuadrado<-0             # valor
# Bucle while(valor <= umbral)
> while(cuadrado<=2000){
+ n<-n+1                  # sumamos 1 a n con cada iteración del bucle
+ cuadrado<-n^2
+ }
> n
[1] 45
> cuadrado
[1] 2025
```

¿Qué ha sucedido? El cuadrado de 45 excede 2000. En realidad, cuando **n** valía 44, su cuadrado (1936) no excedía 2000, y la función `while()` permitió que entrara en el bucle, lo que hizo que n=45 formará parte del output. El número correcto sería en este caso n-1 = 44.

Ejemplo 4. Podemos crear un bucle while en R que sume dos vectores. En este caso, vamos a sumar los vectores llamados x e y.

```
> x<-c(1,2,3,4)
> y<-c(0,0,5,1)
> n<-length(x)
> i<-0
> k<-numeric(n)

# Bucle while
> while(i <=n){
+ k[i] <-x[i] + y[i]
```

```
+ i<-i+1}
> k
[1] 1 2 8 5
```

EJECUCIÓN CONDICIONAL: IF

La sintaxis general es:

```
if (condicion) comando1 else comando2
```

Por ejemplo, vamos a crear dos listas; una para guardar los números pares de 1 a 10, y otra para los impares:

```
> n<-10          # Se inicializa n
> pares<-c()     # Se crea un vector vacío
> impares<-c()   # Idem
> for(i in 1:n){  # Se van a procesar los números de 1 a n
+ if(i%%2==0) pares<-c(pares,i)    # Si al dividir por 2 sale 0
+ else impares<-c(impares,i)}     # el numero es par, impar en otro caso
> pares
[1]  2  4  6  8 10
> impares
[1] 1 3 5 7 9
```

BUCLE REPEAT

Este se usa menos a menudo, ejecuta la secuencia de instrucciones hasta que salimos con break, por ejemplo:

```
i = 1
repeat {
  print(i)
  i <- i+1
  if (i==5) break
}
[1] 1
[1] 2
[1] 3
[1] 4
```

BREAK EN UN FOR

Vamos a usar el comando `break` en un bucle que no sea un `repeat`. Creamos una matriz de 5x5 con valores 0 usando dos bucles `for` anidados, recorremos sus filas y columnas cuando el valor de i y j son iguales (diagonal de la matriz) el bucle anidado se interrumpe y pasa a la siguiente iteración del for superior (salta a la siguiente fila).

```
> matriz <- matrix(0,nrow = 5 ,ncol = 5)
```

```
> for(i in 1:dim(matriz)[1]) {
+   for(j in 1:dim(matriz)[2]) {
+     if (i == j) break
+     else matriz[i,j] <- i*j
+   }
+ }
> matriz
     [,1] [,2] [,3] [,4] [,5]
[1,]    0    0    0    0    0
[2,]    2    0    0    0    0
[3,]    3    6    0    0    0
[4,]    4    8   12    0    0
[5,]    5   10   15   20    0
```

COMANDO NEXT

El comando next interrumpe ejecución de la iteración actual y salta al siguiente ciclo.

```
> x <- 1:5
> for (val in x) {
+   if (val == 3){
+     next
+   }
+   print(val)
+ }
[1] 1
[1] 2
[1] 4
[1] 5
```

16.2 CREACIÓN DE FUNCIONES EN R

La estructura general de una función en R es la siguiente:

```
> nombre <- function(argumento1 , argumento2, .....)   comandos
```

Por ejemplo, podemos definir una función que calcule la desviación típica:

```
> desv<- function(x){sqrt(var(x))} # Definimos la función
> x<-1:10                          # Generamos datos
> desv(x)                          # Utilizamos la función
[1] 3.027650
> sd(x)          # La definida en R coincide con la nuestra
[1] 3.027650
```

Una vez definida una función, se la puede llamar y utilizar como a cualquiera otra función predefinida en el sistema.

Por ejemplo, vamos a utilizar la función apply combinada con desv para calcular las desviaciones típicas de las columnas de una matriz:

```
> x<-matrix(rnorm(15),nrow=3)
> x
          [,1]       [,2]       [,3]       [,4]       [,5]
[1,] 0.1578703  1.6712974 -0.5419452 0.03345786 -0.6675674
[2,] 0.3215741 -0.6352143 -1.0222260 0.39006069  0.3609624
[3,] 0.4770036 -0.3508383 -0.5147970 1.36219826 -1.6669992

> apply(x,2,desv)
[1] 0.1595845 1.2576365 0.2854502 0.6877219 1.0140156
```

ALCANCE DE LAS VARIABLES

Las variables definidas dentro del cuerpo de una función son locales, y desaparecen al terminar la ejecución de la función. Por ejemplo:

```
> y <- 10         # Definimos la variable y
> cuadrado <- function(x){ y <- x^2 ;  return(y)} # Definimos otra y local
> x<-2            # Asignamos valor a x
> cuadrado(x)    # Calculamos el cuadrado de x : Se hace y=4 (localmente)
[1] 4
> y       # Sin embargo, y no ha cambiado. La y local desaparece
[1] 10
```

PARÁMETROS POR DEFECTO

Una función puede tener varios argumentos, pero es posible omitir o especificar algunos de ellos, asumiendo que la función tomará por defecto algunos valores preespecificados.

Por ejemplo, podemos redefinir la función desviación típica, de modo que tengamos la posibilidad de calcular la desviación típica corregida y sin corregir:

```
> desv <- function(x,n=length(x)-1){ sum((x-mean(x))^2)/n}  # Definición
de la función
> x<-1:10                # Generación de un conjunto de datos
> desv(x)                # Desviación típica corregida (al
no especificar el segundo parámetro, se divide por n-1
[1] 9.166667
> desv(x,10)             # Desviación típica sin corregir
[1] 8.25
```

FUNCIONES CON UN NÚMERO VARIABLE DE ARGUMENTOS

En R es posible definir funciones con un número variable de argumentos. Para ello, la sintaxis es:

```
f <- function(x, ...) { cuerpo de la función }
f <- function(...,x) { cuerpo de la función }
```

En el primer caso, la función podría llamarse sin hacer referencia explícita a x (por ejemplo f(2)).

En el segundo caso deberíamos especificar f(x=2), dado que el sistema, al encontrar primero los argumentos variables, no podría saber si nos estamos refiriendo a x o a uno de los argumentos variables.

Vamos a poner un ejemplo en dos fases. En primer lugar, para entender cómo funciona al tema, definiremos una función que simplemente devuelve sus argumentos:

```
> f<-function(...){ L <- list(...) ; return(L)}
> f(1,2,3)
[[1]]
[1] 1
[[2]]
[1] 2
[[3]]
[1] 3

> f(c(1,2),c(3,4,5))
[[1]]
[1] 1 2
[[2]]
[1] 3 4 5
```

Así pues, es variable el número de argumentos, tanto como el número de elementos de cada uno. Vamos a aprovechar esta facilidad para definir una función que devuelva algunas medidas resumen de las distribuciones que se le pasen como argumento. La entrada a la función será una serie de conjuntos de datos, y la salida la media, varianza, mínimo y máximo de cada uno de los conjuntos.

```
f <- function(...)
{
datos <- list(...)
medias <- lapply(datos,mean)     # lapply aplica una función sobre una
lista
varianzas <- lapply(datos,var)
maximos <- lapply(datos,max)
minimos <- lapply(datos,min)
for(i in 1:length(datos))
{
cat("Distribución ",i,": \n")  # La función cat es para visualizar cosas
```

```
cat("media:      ",medias[[i]],"varianza:      ",varianzas[[i]],"maximo:
",maximos[[i]],"minimo: ",minimos[[i]],"\n")
cat("-----------------------------------------------\n")
}
}
```

Veamos un ejemplo sencillo:

```
> f(c(1,2),c(1,3,5,7),c(-1,2,-5,6,9))

Distribución  1 :
media:  1.5 varianza:  0.5 maximo:  2 minimo:  1
------------------------------------------------
Distribución  2 :
media:  4 varianza:  6.666667 maximo:  7 minimo:  1
------------------------------------------------
Distribución  3 :
media:  2.2 varianza:  30.7 maximo:  9 minimo:  -5
```

O también:

```
> x<-rnorm(100)
> y<-runif(50)
> f(x,y)

Distribución  1 :
media:  0.1616148 varianza:  0.87319 maximo:  2.201592
minimo:  -2.143932
------------------------------------------------
Distribución  2 :
media:  0.4985783 varianza:  0.08253697 maximo:  0.9881924
minimo:  0.01329678
```

Es evidente que la función puede hacerse bastante más completa, pero la idea queda clara.

16.3 CREACIÓN DE FUNCIONES MATEMÁTICAS

Las funciones también son objetos y, por tanto, se les puede asignar un nombre, por ejemplo "mifuncion". Debemos evitar utilizar nombres que ya estén en uso en R, como "mean" y otros. Una función está formada por 3 tipos de elementos:

1. ***Argumentos*** (o valores de entrada).
2. ***Cuerpo***: operaciones que han de realizarse. Se deben localizar entre corchetes "{}".

3. ***Resultado*** (o valores de salida): la última expresión que se ejecuta.

```
> mifuncion <- function(argumento1, argumento2, …) { cuerpo resultado
}
```

Los argumentos se separan por una coma dentro de la "función()". Puede ser cualquier tipo y cantidad de argumentos. Los argumentos son los ingredientes que se necesitan para que se ejecute la función. Los argumentos pueden tener un valor predeterminado.

- El ***cuerpo*** de la función contiene las operaciones que deseamos que se ejecuten sobre cada uno de los argumentos detallados anteriormente. Vienen dados entre llaves "{}" y se ejecutan cada vez que llamamos la función.
- El ***resultado*** es el valor devuelto por la función que se genera en las operaciones que se han ejecutado en el cuerpo de la función.

```
> nombre_de_funcion <- function(par1, par2, ...) {
  cuerpo
  cuerpo
  cuerpo
  cuerpo
  return(resultado)
}
```

En síntesis, una función objeto está formado por un cuerpo que incluye una lista de argumentos, valores por defecto y una forma de operacionalizar la función. El cuerpo comienza y finalizar con llaves y asume que los códigos de R son válidos. También incluye la sentencia "return".

Para poder definir una función se tendrá que hacer uso del comando `function()` en donde se tendrá que especificar la variable y la función que afecta a esa variable. Ejemplo:

FUNCIÓN SUMA

```
> suma<-function(x,y){ +      # suma de los elementos "x" e "y"}.
> suma <- function(x, y) {
  resultado <- x + y
  return(resultado)
}
```

La última operación evaluada es el valor que ha de retornar la función (también llamada salida). Por ejemplo, si evaluamos la función para los valores x=2 e y=3 obtenemos:

```
> suma(x=2, y=3)
[1] 5
```

```
> suma <- function(x, y) {
  return(x + y)
}
```

Aplicación

```
> suma(x=4, y=6)
 [1] 10
```

FUNCIÓN CUADRÁTICA

Definamos la función "f" de la variable x que tiene una forma cuadrática: x^2 +2.

```
> f <-function(x){
  x^2+2
}
```

Para poner a prueba la función 'f' la evaluamos cuando x = 0.

```
> f(0)
  [1] 2
```

Como se puede constatar si la función se evalúa en cero (x = 0), la función tomará un valor igual a 2.

FUNCIONES EN 3 DIMENSIONES

Si se tiene en consideración una función en R^3. Se tendrá que tomar en cuenta dos variables dentro del comando function(). como se muestra a continuación:

Definimos la función Z que depende de la variable x e y.

```
> Z<-function(x,y){
  x + 4 + 4*y
}
```

Para evaluar la función hacemos que x = 0 e y = 2.

```
> Z(0,2)
  [1] 12
```

Función potencia con las funciones paste y cat

Cuando queremos que el resultado de una función contenga texto podemos utilizar las función `paste()`.

```
> potencia <- function(x, y) { +      # función que calcula x elevado a y
+       result <- x^y +      paste(x,"elevado a la potencia de", y, "es",
result) + }

> potencia<-function(x,y){ result<-x^y
```

```
+ paste(x,y,result)}
> potencia(2,3)
[1] "2 3 8"
> potencia(2,3)
[1] "2 elevado a la potencia de 3 es 8"
```

Función de valor absoluto con condicionales (if)

Esta función nos dice que si el valor de "x" es negativo nos devuelva su opuesto, en caso contrario que nos devuelva el valor original de "x".

```
> absoluto <- function(x) { +       # valor absoluto de x +       if(x<0){
-x } +      x + }
> absoluto(-3) [1] 3
> absoluto(3) [1] 3
```

ⓘ **Nota**

Aquí estamos diciendo que si el valor de "x" es negativo nos devuelva su opuesto, en caso contrario que nos devuelva el valor original de "x".

Función a trozos con condicionales (if)

La función a trozos nos permite resolver situaciones tales como: si x es menor a 5 toma el valor 0 y en caso contrario el valor 10.

```
> ftrozos <- function(x) { + if (x < 5) { + 0 + } else { + 10 + } + }
```

Podemos utilizar funciones condicionales (if, while, etc.) dentro de la función.

```
> ftrozos<-function(x){ if(x<5){ 0 } else{10}}
> ftrozos
function(x){ if(x<5){ 0 } else{10}}
> ftrozos(3)
[1] 0
> ftrozos(5)

[1] 10
```

Función varianza

Definimos la función varianza de modo que podamos calcular la varianza poblaciónal y cuasivarianza.

```
> cuasivar <- function(x,n=length(x)-1){ sum((x-mean(x))^2)/n}
```

Ilustración.

```
> x<-1:10       # Generamos un conjunto de datos.
```

> `cuasivar(x)` # Desviación típica corregida (al no especificar el segundo parámetro, la función la divide por n-1.

```
 [1] 9.166667
```

```
> n1<-length(x)
> varpob<-function(x, n=length(x)){sum((x-mean(x))^2/n)}
> varpob(x)              # Varianza sin corregir.
[1] 8.25
```

Función desviación típica

Definimos la ***función desviación típica***, de modo que tengamos la posibilidad de calcular la desviación típica corregida y sin corregir:

```
> desv2 <-function(x){n<-(length(x)-1)
+ dv<-sqrt(sum((x-mean(x))^2)/n)
+ return(dv)
+ }
```

Ejemplo.

```
> y<-c(12,25,32,15,26)
> desv2(y)
[1] 8.276473
```

Análogamente podemos reescribir la función de la desviación típica de la media.

```
> sdm<-function(x) {       # Calcula el error típico de la media.
tmp.sd<-sd(x)                      # Desviación típica.
tmp.N <- length(x)                  # Tamaño de la muestra.
tmp.sdm <- tmp.sd / sqrt(tmp.N)    # Error típico de la media.
return(tmp.sdm)}
```

Función Coeficiente de variación (CV)

El coeficiente de variación se define como CV=s/x*, donde x* es la media del conjunto de datos y 's' la desviación típica.

```
> coef_var <- function(x, na.rm = FALSE) {
  sd(x, na.rm=na.rm) / mean(x, na.rm=na.rm)
}
```

Ilustración.

```
> y<-c(12,25,32,15,26)
> coef_var<-function(x,na.rm=F){
+ sd(x,na.rm=na.rm)/mean(x,na.rm=na.rm)
+ }
> coef_var(y)
[1] 0.3762033
```

Función de densidad N(μ, σ)

Creamos una función para construirnos la función de densidad de la función de distribución normal.

Definimos la función "N" que es la densidad de la función normal con media igual a 0.5 y desviación estándar de 0.1.

```
> N<- function(x){
  dnorm(x, mean =0.5, sd=0.1)
}
```

Evaluamos la función 'N' cuando la variable aleatoria 'x' toma el valor 0.2.

```
> N(0.2)
  [1] 0.04431848
```

Es preciso aclarar que para poder obtener la densidad de la distribución normal debemos usar el comando dnorm(). Para un mayor detalle se recomienda revisar la documentación con la sintaxis: "?dnorm".

A continuación presentamos el gráfico de la función de densidad de la distribución normal estimada (FDN).

```
> plot(N)
```

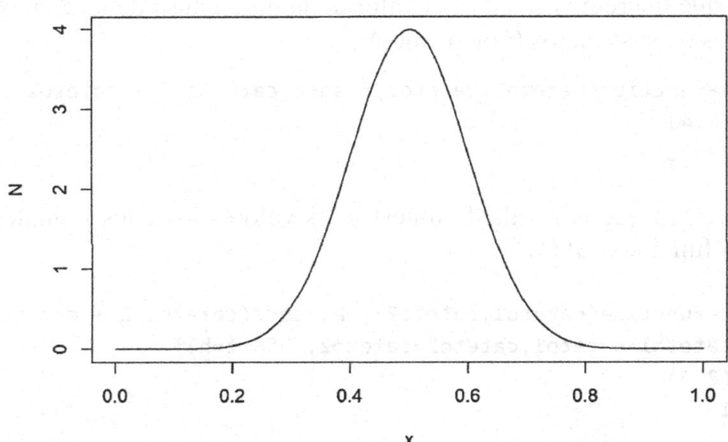

Función de percentiles o cuantiles

Esta función representa los cuantiles de un conjunto de datos. Para ello, construimos la ***función 'quantile'*** que opera sobre un vector numérico 'x' y el vector de cuantiles a calcular.

Sintaxis en R para el cálculo del rango intercuartílico (diferencia entre el 3er y 1er cuartil).

```
> iqr <- function(x) {q <- quantile(x, prob = c(0.25,0.75), names = FALSE)
+ return(diff(q)) }
```

Ilustración.

```
> dat1<-rnorm(100)
> iqr(dat1)
  [1] 1.49598
```

Sintaxis en R.

```
> IQR(dat1)
[1] 1.49598
```

> **ⓘ Nota**
>
> Si el vector numérico contiene valores perdidos, la función 'iqr' falla.

Función hipotenusa de un triángulo

Imagina que queremos calcular el valor de la hipotenusa de un triángulo a partir de los valores de sus catetos (único valor).

```
> hipot<-function(cateto1,cateto2){ sqrt(cateto1^2 + cateto2^2)}
> hipot(2,4)
[1] 4.472136
```

Si queremos que el resultado muestre los valores iniciales y finales, hacemos uso de la función `list()`.

```
> hipot<-function(cateto1,cateto2){ h<-sqrt(cateto1^2 + cateto2^2)
+ list(cateto1=cateto1,cateto2=cateto2, hipot=h)}
> hipot(2,4)
$cateto1
[1] 2

$cateto2
[1] 4

$hipot
[1] 4.472136
```

Si queremos que el resultado incluya distintos tipos de información (numérica o categórica) podemos utilizar la función `list()`, esto es, con más de un valor por cada cateto.

```
> hipot(2:4,4:6)
$cateto1
[1] 2 3 4

$cateto2
[1] 4 5 6

$hipot
[1] 4.472136 5.830952 7.211103
```

Si queremos que el resultado sea de un mismo tipo pero con múltiples variables podemos utilizar el data.frame.

```
> hipot1<-function(cateto1,cateto2){ h<-sqrt(cateto1^2 + cateto2^2)
+              data.frame(variable=c("cateto1","cateto2","hipotenusa"),
valor=c(cateto1,cateto2,h))}
> hipot1(2,4)
    variable    valor
1    cateto1 2.000000
2    cateto2 4.000000
3 hipotenusa 4.472136
```

Función coseno

Si ejecutamos la función `coseno()`, la gráfica de `cos(x)` se trazará por defecto en el intervalo [-2 π , 2 π]. Sin embargo, si queremos graficar la función `cos(2x)` en el mismo intervalo, necesitamos ejecutar `coseno(w = 2)`.

```
> coseno <- function(w = 1, min = -2 * pi, max = 2 * pi,…) {
    x <- seq(-2 * pi, 2 * pi, length = 200)
    plot(x, cos(w * x), type = "l",…)
}
```

Ilustración.

```
> par(mfcol=c(1,3))
> fcoseno()
> fcoseno(w=2,col="red",type="l",lwd=2)
> fcoseno(w=3,col="blue",min=-3*pi)
```

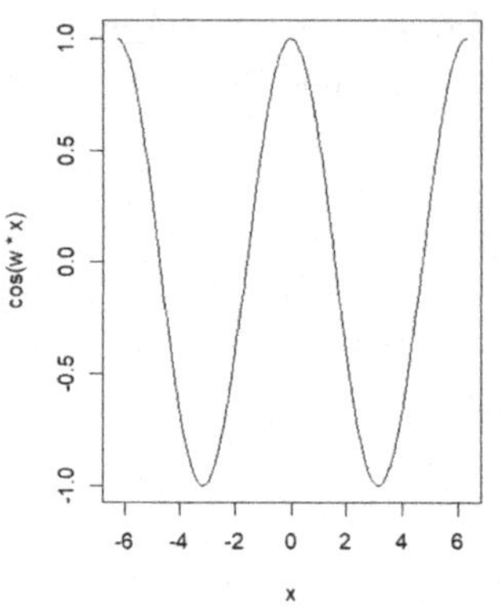

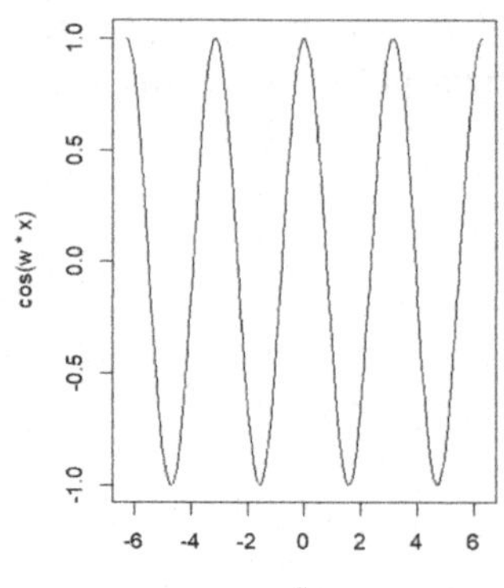

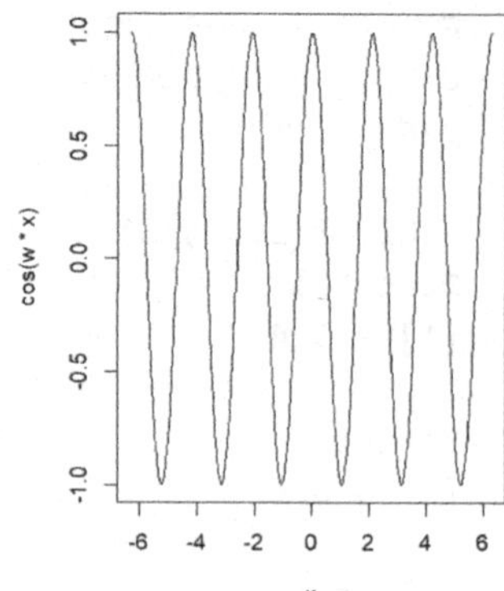

Función de la tasa de metabolismo basal

La Tasa de Metabolismo Basal (TMB), es la cantidad mínima de energía que necesita tu cuerpo para funcionar. Nunca debemos ingerir menos cantidad de calorías de las que marca la tasa metabólica. La TMB se calcula siguiendo las siguientes ecuaciones.

- TMB Mujer = 655 + (9,6 * P) + (1,8 * A) – (4,7 * E).
- TMB Hombre = 66 + (13,7 * P) + (5 * A) – (6,8 * E).

Donde necesitamos información de las variables: Sexo, A=Altura, P=Peso y E=Edad de cada persona, que son los argumentos de la función TMB. Esto es, decimos a la función que calcule el TMB con la fórmula si el sujeto es mujer y otra si es hombre.

```
> TMB<-function(Sexo,Altura,Peso,Edad){ + if(Sexo=="mujer") (655 + (9.6
* Peso) + (1.8 * Altura) - (4.7 * Edad) )else(66 + (13.7 * Peso) + (5 *
Altura) - (6.8 * Edad))}
> TMB("hombre",170,57,32)
[1] 1479.3
```

Nota

if con else es la manera de decirle a R: SI esta condición es cierta, ENTONCES haz estas operaciones, DE OTRO MODO haz estas otras operaciones.

Función de un número entero positivo (cota)

Construir una función que, dado un número entero positivo (cota) ingresado por el usuario, genere números aleatorios entre cero y uno hasta que la suma de los números generados exceda por primera vez la cota. La función debe entregar un vector con los números aleatorios, la suma y la cantidad de números aleatorios. Si el usuario no ingresa el valor de la cota, por defecto asume que la cota =1.

Solución

La función a construir tiene un sólo parámetro con el valor por defecto, si el usuario no ingresa valor del parámetro, se asume que el valor es uno. La función debe entregar un vector y dos números. La lista de resultados almacena tres objetos. La sintaxis es la siguiente:

```
> funcep <- function(cota) {
  num <- runif(1)
  while (sum(num) < cota) {
    num <- c(num, runif(1))
  }
  resultado <- list(vector=num,
                    suma=sum(num),
                    cantidad=length(num))
  return(resultado)
}
> funcep(cota=1)
$vector
[1] 0.2118730 0.8799911

$suma
[1] 1.091864

$cantidad
[1] 2

> funcep(cota=3)
$vector
[1] 0.9472694 0.8205473 0.4061188 0.9258974

$suma
[1] 3.099833

$cantidad
[1] 4
```

Función de reescalamiento

La función de reescalado lo que hace es reescalar cada columna para que tenga un rango de 0 a 1.

```
> rescale1<-function(x){
+ rng<-range(x,na.rm=T)
+ (x-rng[1])/(rng[2]-rng[1])
+ }
> rescale1(c(0,5,10))
[1] 0.0 0.5 1.0
> rescale1(c(1,2,3,NA,5))
[1] 0.00 0.25 0.50   NA 1.00
```

Función lanzar un dado

La siguiente función simula n (por defecto n = 100) lanzamientos de un dado equilibrado. La función devuelve la tabla de frecuencias relativas y el gráfico correspondiente.

```
> dado <- function(n = 100){
    lanzamientos <- sample(1:6, n, rep = T)
    frecuencias <- table(lanzamientos)/n
    barplot(frecuencias, main = "")
    abline(h = 1/6, col = "red", lwd = 2)
    return(frecuencias)
}
```

Simulación ejecutando la función dado.

```
> par(mfcol = c(1, 3))
> dado(100)
> dado(500)
> dado(100000)
```

```
Output
# 100
 1    2    3    4    5    6
0.17 0.11 0.20 0.16 0.25 0.11

# 500
  1     2     3     4     5     6
0.144 0.158 0.148 0.178 0.164 0.208

# 100000
    1       2       3       4       5       6
0.16612 0.16630 0.16569 0.16791 0.16697 0.16701
```

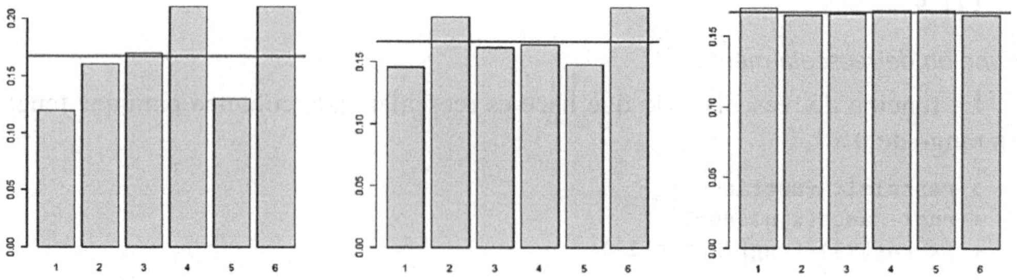

Observamos que a medida que aumentamos 'n' estamos más cerca del valor teórico de lanzar un dado equilibrado: 1/6 = 0.1667.

16.4 FUNCIONES CON UN NÚMERO VARIABLE DE ARGUMENTOS

Podemos flexibilizar nuestra función 'quantile' para añadir argumentos en la lista, y lo hacemos añadiendo puntos, que recoge cualquier argumento.

- En R es posible definir funciones con un número variable de argumentos. Para ello, la sintaxis es:

  ```
  > f <- function(x, ...) { cuerpo de la función }
  > f <- function(...,x) { cuerpo de la función }
  ```

En el primer caso, la función requiere una referencia explícita de x (por ejemplo *f*(2)). En el segundo caso, se debe especificar 'x' y su valor, *f*(x=2), porque el sistema al encontrar primero los argumentos variables no podría saber si nos estamos refiriendo a x o a uno de los argumentos variables.

Vamos a poner un ejemplo en dos fases. En la primera, para entender cómo funciona definiremos una función que simplemente devuelve sus argumentos:

```
> f <- function(...){ L <- list(...) ; return(L)}
> f(1,2,3)
  [1] 1
  [1] 2
  [1] 3

> f(c(1,2),c(3,4,5))
   [1] 1 2
  [1] 3 4 5
```

Así pues, es variable el número de argumentos, tanto como el número de elementos de cada uno.

Definir una función que devuelva algunas medidas resumen de las distribuciones que se especifican como argumento. La entrada a la función será una serie de conjuntos de datos, y la salida la media, varianza, mínimo y máximo de cada uno de los conjuntos.

```
> f <- function(...) { datos <- list(...) +
medias <- lapply(datos,mean)+
# lapply aplica una función sobre una lista
varianzas <- lapply(datos,var) +
maximos <- lapply(datos,max) +
minimos <- lapply(datos,min)+
for(i in 1:length(datos)) +
{cat("Distribución ",i,": \n") +
```

```
# La función cat es para visualizar cosas
cat("media:      ",medias[[i]],"varianza:      ",varianzas[[i]],"maximo:
",maximos[[i]],"minimo: ",minimos[[i]],"\n")
cat("--------------------------------------------------\n")
}}
```

Ilustración 1: veamos un ejemplo sencillo:

```
> f(c(1,2),c(1,3,5,7),c(-1,2,-5,6,9))

Distribución 1:
media:  1.5 varianza:  0.5 maximo:  2 minimo:  1
--------------------------------------------------
Distribución 2:
media:  4 varianza:  6.666667 maximo:  7 minimo:  1
--------------------------------------------------
Distribución 3:
media:  2.2 varianza:  30.7 maximo:  9 minimo:  -5
--------------------------------------------------
```

Ilustración 2

```
> x<-rnorm(100)
> y<-runif(50)
> f(x,y)

Distribución 1:
media:  0.1616148 varianza:  0.87319 maximo:  2.201592 minimo:  -2.143932
--------------------------------------------------
Distribución 2:
media:   0.4985783  varianza:   0.08253697  maximo:   0.9881924  minimo:
0.01329678
--------------------------------------------------
```

Es evidente que la función puede hacerse bastante más completa, pero la idea queda clara.

Sintaxis flexible.

```
> iqr <- function(x, …) {q <- quantile(x, prob = c(0.25, 0.75), names =
FALSE, …) + return(diff(q)) }
```

17

VISUALIZACIÓN DE IMÁGENES

17.1 GRÁFICAS Y VISUALIZACIÓN DE GRÁFICAS EN R

GRÁFICAS EN R-BASE

- XVI.1.1. PERSONALIZAR GRÁFICOS EN R BASE – PARTE 1.- Se muestra como personalizar los gráficos de R base con los argumentos: type, main, sub, xlab y ylab.
- XVI.1.2. GRÁFICOS UNIDIMENSIONALES Y BIDIMENSIONALES. Se muestra el uso de las funciones básicas para graficar como: plot(), boxplot() y hist().
- XVI.1.3. GRÁFICOS EN GGPLOT2.

17.1.1 Personalizar gráficss en R-base – parte 1

Ahora mostramos la manera de personalizar los gráficos en R base, con los argumentos disponibles en las funciones plot(), boxplot() e hist(). Todo se hará usando bucles para poder ver todas las opciones.

Argumento Type

¡Uno de los primeros argumentos de la función `plot()` es el argumento `type`, el cual permite modificar la trama de los gráficos, es decir, especificamos el tipo de gráfica que deseamos. Hay 6 tramas posibles que se puede usar con el argumento `type`.

Las tramas del argumento **type** son las siguientes:

- **«p» - Puntos (gráfico de dispersión).**
- **«l» - Líneas.**
- **«b» - Puntos unidos con líneas.**
- **«o» - Puntos unidos con líneas (cubren los puntos).**
- **«h» - Líneas verticales (tipo histograma).**
- **«s» - Escaleras.**

Para ilustrar el uso de este argumento vamos a cargar la tabla de datos.

Cargar la tabla de datos en R.

```
> df<-read.csv("http://r.datametria.com/wp-content/uploads/ 2020/08/ex3-2003.csv")
```

Borramos el identificador, porque no se usará en la producción de gráficos.

```
> df$X<- NULL
```

Cambiamos los nombres de las variables.

```
>names(df)[1:4]<-c("score","negro","ingresos",patrimonio")
```

Veamos un ejemplo para ver cómo funciona el argumento **type.**

Aplicamos la función **attach()** para omitir llamar a nuestro data-frame, df, en cada momento.

```
> attach(df)
```

Creamos un vector con las 6 tramas posibles.
> tipo<-c("p", "l", "b", "o", "h", "s")

Hacemos uso de la función **for** para mostrar los 6 resultados posibles.

```
> par(mfcol=c(2,3), mar=rep(2,4))
  for (i in 1:length(tipo)) {
  plot(ingresos, score, type = tipo[i])
}
```

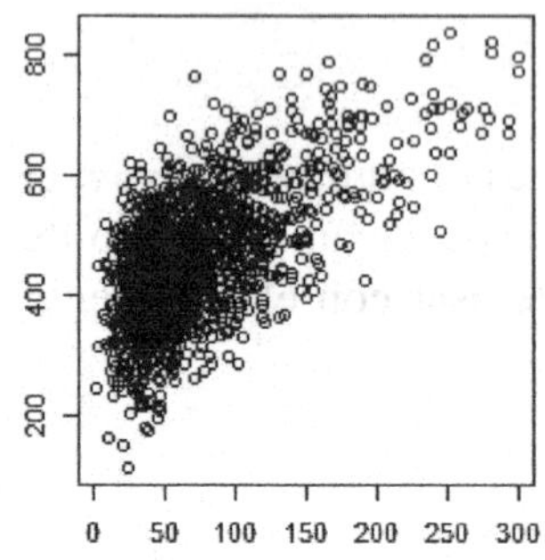

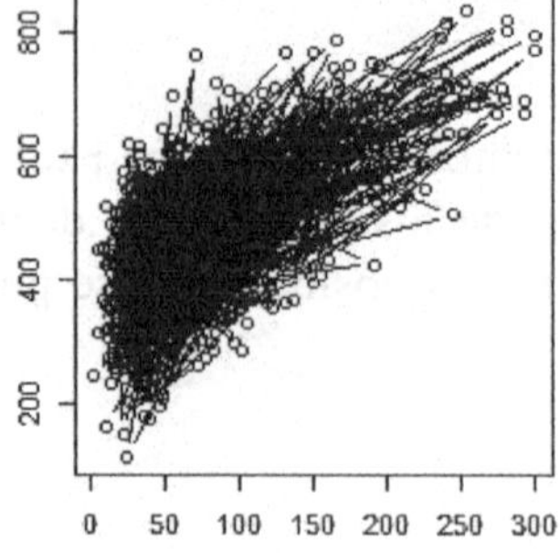

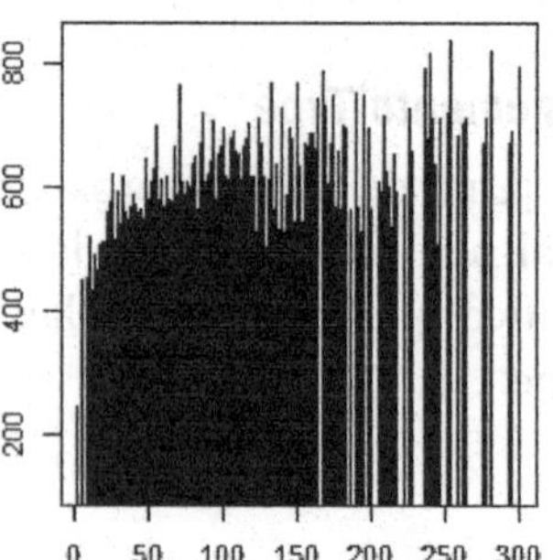

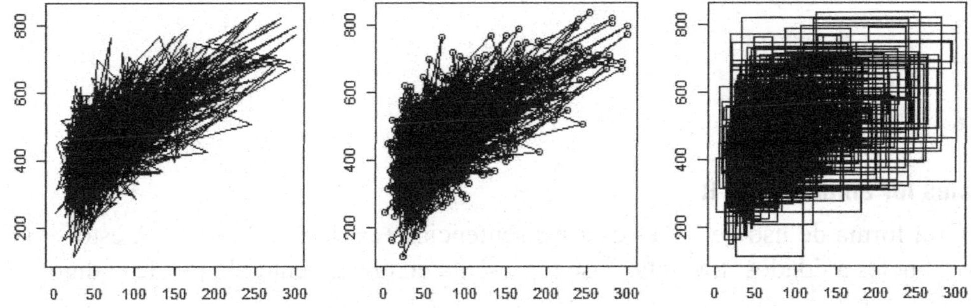

En efecto, podemos ver las 6 tramas que se pueden conseguir gracias al argumento type. Si queremos colocarle un título a nuestra gráfica y así poder identificar más claramente qué gráfico corresponde con cada trama, tendremos que usar el argumento main.

OBSERVACIONES

La función `mar` define el margen inferior, izquierda, superior y derecho del tamaño de la gráfica.
El `bucle for` en R, también conocido como `ciclo for`, es una iteración repetitiva (en bucle) de cualquier código, donde en cada iteración se evalúa un mismo código a través de los elementos de un vector o lista.

El comando `for`, generalmente, se usa para actualizar o incrementar la variable contador. Una sentencia que se ejecuta mientras la condición se evalúa como verdadera.

Sintaxis del bucle for en R

```
for (i in lista) {
  # Código
}
```

O bien.

`for (i in lista)` # Código.

Como primer ejemplo, podemos pensar en imprimir i + 1, siendo i = 1, ..., 5 en cada iteración del bucle. En este caso, el `bucle for` comenzará con i = 1 y finalizará con i = 5. La sintaxis y salida serán las que se muestran a continuación:

```
for (i in 1:5) {
  print(i + 1)
}
Output
```

```
2
3
4
5
6
```

Bucles for anidados en R

Otra forma de uso de for es escribir sentencias `for` dentro de otras. A esto se le llama bucles anidados. La sintaxis se representa en el siguiente bloque de código:

Sintaxis.

```
for (i in lista) {
        # Código
    for(j in lista) {
        # Código
    }
}
```

Argumento **main.**

El argumento main sirve para colocar títulos a los gráficos. Veamos un ejemplo para ver cómo funciona.

Primero creamos el vector de títulos que se agregarán a los distintos gráficos.

```
> titu<-c("Puntos", "Líneas", "Puntos unidos con líneas",
        "Puntos cubiertos", "Líneas Verticales",
        "Escalera")
```

Corremos el for para poder ver los títulos.

```
> par(mfcol=c(2,3), mar=rep(2,4))
for (i in 1:length(tipo)) {
  plot(ingresos, score, type = tipo[i],
       main = paste("Gráfico tipo:", titu[i]))
}
```

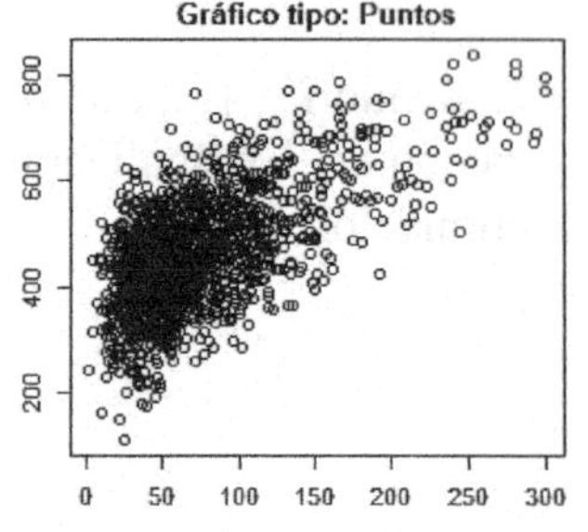

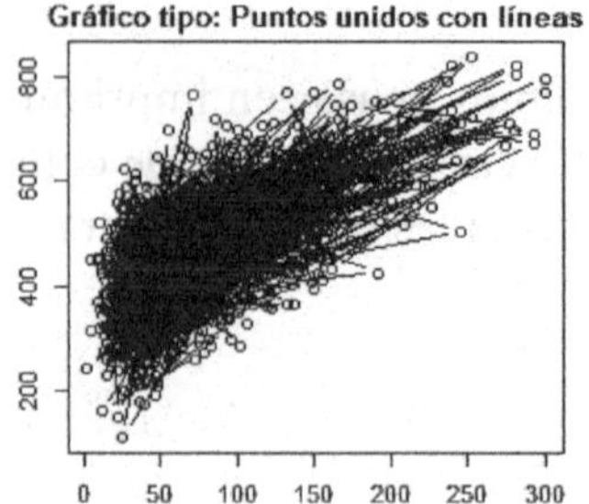

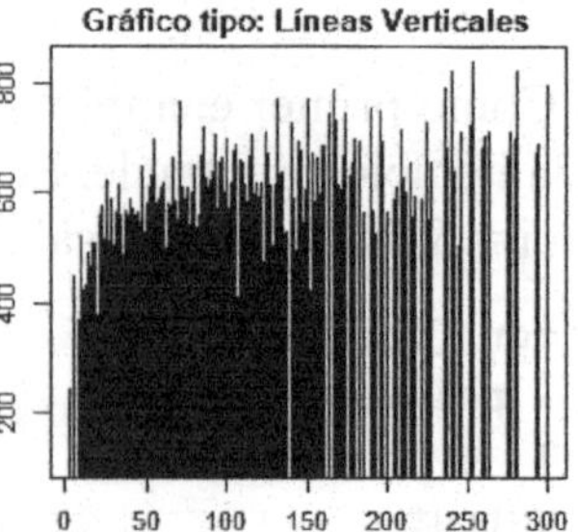

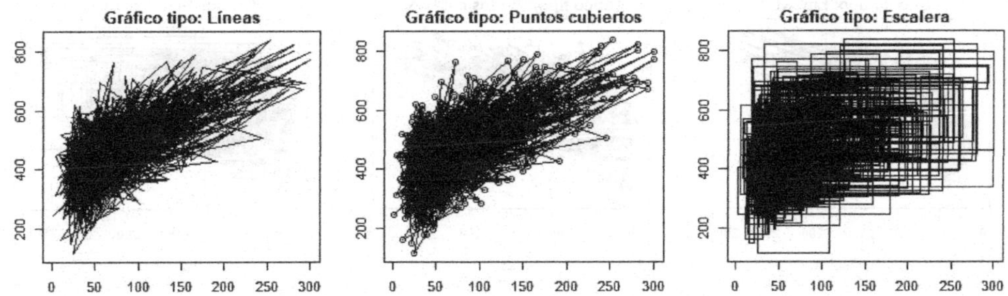

En efecto, ahora podemos observar los 6 títulos de las 6 tramas del argumento type, gracias al uso del argumento main. No sólo podemos colocar títulos, sino que también podemos especificar subtítulos. Para esto vamos a usar el argumento sub.

Argumento **sub.**

Con el argumento sub podremos colocar subtítulos a nuestras gráficas. Los subtítulos se imprimen en la parte inferior de los gráficos, posteriormente veremos cómo podemos alinear a la izquierda, derecha o centro.

Para poder ver cómo funciona este argumento coloquemos a todas nuestras gráficas el subtítulo «Elaboración propia».

Agregando los subtítulos a nuestras gráficas.

```
> par(mfcol=c(2,3), mar=c(5,3,2,1))
for (i in 1:length(tipo)) {
  plot(ingresos, score, type = tipo[i],
       main = paste("Gráfico tipo:", titu[i]),
       sub = "Elaboración Propia")
}
```

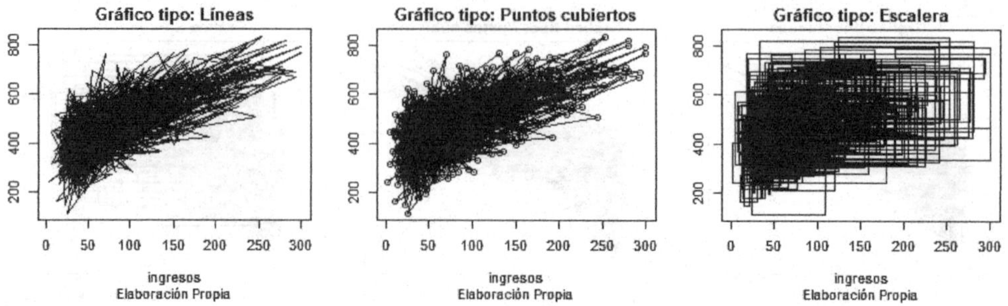

Como se puede ver, en la parte inferior se logró colocar el subtítulo «Elaboración Propia». Ahora, si deseamos cambiar las etiquetas de los ejes, vamos a usar los argumentos xlab y ylab.

Argumento **xlab y ylab:**

Por último, usamos el argumento xlab y ylab para cambiar las etiquetas de nuestros gráficos. Por ejemplo, colocar en el eje x la etiqueta «INGRESOS DE LOS DE SELECTIVIDAD» y al eje y «PUNTUACIÓN POR CRÉDITO».

```
# Colocando las etiquetas a los ejes con los argumentos xlab e ylab.
> par(mfcol=c(2,3), mar=c(5,4,2,1))
for (i in 1:length(tipo)) {
  plot(ingresos, score, type = tipo[i],
       main = paste("Gráfico tipo:", titu[i]),
       sub = "Elaboración Propia",
       xlab = "INGRESOS DE LOS DE SELECTIVIDAD",
       ylab = "PUNTUACIÓN POR CRÉDITO")
}
```

Gráfico tipo: Puntos
Gráfico tipo: Puntos unidos con líneas
Gráfico tipo: Líneas Verticales
PUNTAJE DE CRÉDITO
INGRESOS DE LOS POSTULANTES
Elaboración Propia
Gráfico tipo: Líneas
Gráfico tipo: Puntos cubiertos
Gráfico tipo: Escalera
PUNTAJE DE CRÉDITO
INGRESOS DE LOS POSTULANTES
Elaboración Propia

En efecto se ha colocado las etiquetas en el eje x y en el eje y.

Con esto concluimos la primera parte para personalizar los gráficos en R base. En la siguiente guía se mostrará los argumentos, axes, xlim, ylim, add y col.

17.2 GRÁFICAS UNIDIMENSIONALES Y BIDIMENSIONALES EN R

Los gráficos unidimensionales y bidimensionales en R base presentados serán: gráfica de puntos, histograma, gráfica de caja y gráfica de dispersión. Mostramos los aspectos elementales de los procedimientos gráficos.

17.2.1 GRÁFICOS UNIDIMENSIONALES

La función principal para realizar gráficos en R es la función plot(). Con esta función podemos desarrollar gráficos unidimensionales o bidimensionales como el gráfico de puntos, dispersión, líneas, entre otros. La función tiene varios argumentos, pero sólo tiene un argumento indispensable que es un vector. Veamos los argumentos de la función plot().

```
> plot(x, …)
```

donde:

- x tiene que ser un vector numérico.
- ... Significa más argumentos.

Por ejemplo, cómo graficar un diagrama de puntos. Para esto vamos a usar la tabla **ex3-2003** que es una tabla en donde se muestra el score crediticio de 1605 personas, para ello cargamos la tabla desde nuestro servidor con la función read.csv().

Cargando la tabla ex3-2003 y guardándolo en el data-frame (df).

```
> df<-read.csv("http://r.datametria.com/wp-content/uploads/ 2020/08/ex3-2003.csv")
```

Se recomienda ver el data frame con la función View(df).
Borrando la primera columna, que contiene el identificador de individuos.

```
> df$X<- NULL
```

Cambiando nombres a las variables. Para poder trabajarlo más fácilmente.

```
> names(df)[1:4]<-c("score", "negro", "ingresos", "patrimonio")
```

Luego de cargar la tabla, veamos cómo nos queda el gráfico de puntos de la variable score.

Graficando el gráfico de puntos de la variable score.

```
> plot(df$score)
```

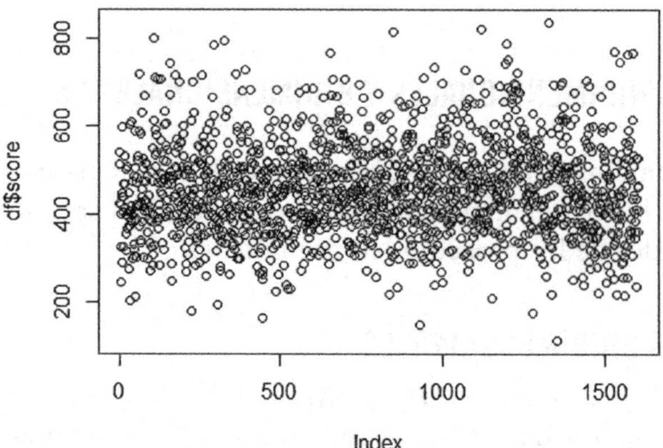

Para realizar un histograma se usa la función hist(), esta función tiene los siguientes argumentos:

```
> hist(x, …)
```

donde:

- x tiene que ser un vector numérico.
- ... Significa más argumentos. Estos argumentos se verán a mayor detalle, en guías posteriores.

Veamos la sintaxis para desarrollar un **histograma** de los ingresos en R.

Para graficar el histograma de los ingresos.

```
> hist(df$ingresos)
```

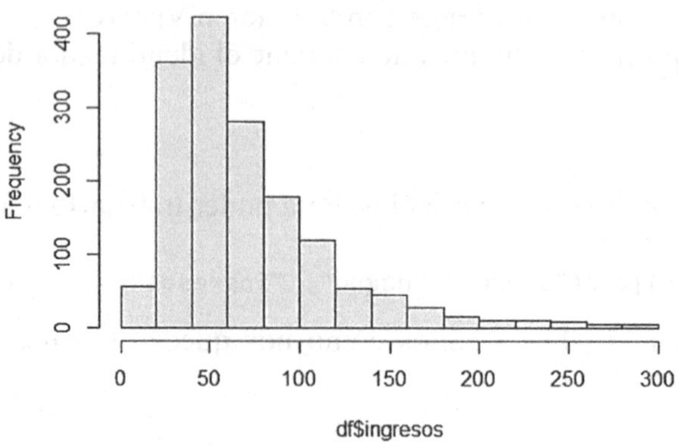

Para el gráfico de caja se usa la función boxplot(). A continuación mostramos sus argumentos.

Función boxplot

```
> boxplot(x, …)
```

donde:

- x tiene que ser un vector numérico.
- ... Significa más argumentos. Estos argumentos se verán a mayor detalle, en guías posteriores.

Ahora, veamos cómo es la sintaxis para desarrollar un gráfico de caja de la variable patrimonio.

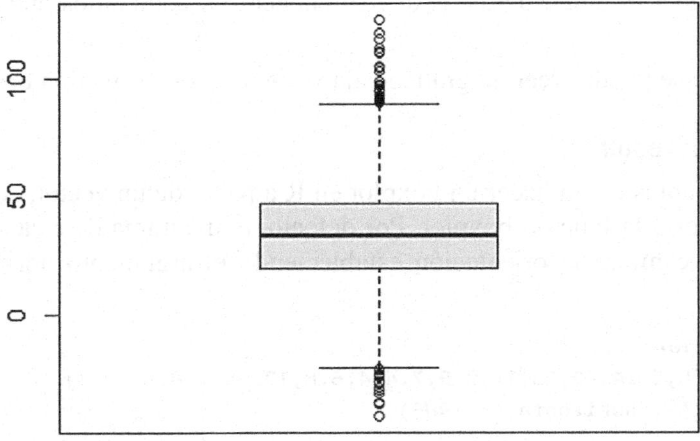

Los **boxplots**, también conocidos como diagramas de cajas y bigotes, son una representación gráfica que permite resumir las características principales de los datos (posición, dispersión, asimetría, …) e identificar la presencia de valores atípicos. En este tutorial revisaremos cómo hacer **boxplots** en R base y en **ggplot2**.

¿Cómo interpretar un diagrama de caja y bigotes en R?

La caja de un boxplot comienza en el primer cuartil (25%) y termina en el tercero (75%). Por lo tanto, la caja representa el 50% de los datos centrales, con una línea dentro que representa la mediana. A cada lado de la caja se dibuja un segmento con los datos más lejanos sin contar los valores atípicos (outliers) del **box plot**, que en caso de existir, se representarán con círculos.

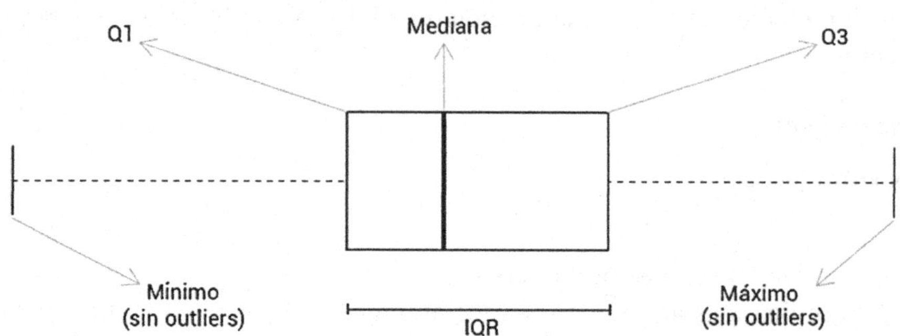

Se dice que un valor es un valor atípico si es mayor que Q_3 + 1.5 ·IQR (valor atípico a la derecha), o es menor que Q1 – 1.5 ·IQR (valor atípico a la izquierda), siendo Q_1 el primer cuartil, Q_3 el tercer cuartil y IQR el rango intercuartil ($Q_3 - Q_1$) que representa el rango de datos que se encuentran contenidos entre el tercer y primer cuartil.

En R base se puede crear un gráfico caja y bigotes con la función `boxplot`.

Boxplot de un vector

Si te preguntas cómo hacer un boxplot en R a partir de un vector, solo necesitas pasar el vector a la función boxplot. Por defecto, el diagrama de caja será vertical, pero puedes cambiar la orientación estableciendo el argumento horizontal como TRUE.

 # Ilustración

```
> x <- c(8,5,14,-9,19,12,3,9,7,4,4,6,8,12,-8,2,0,-1,5,3)
> boxplot(x, horizontal = TRUE)
```

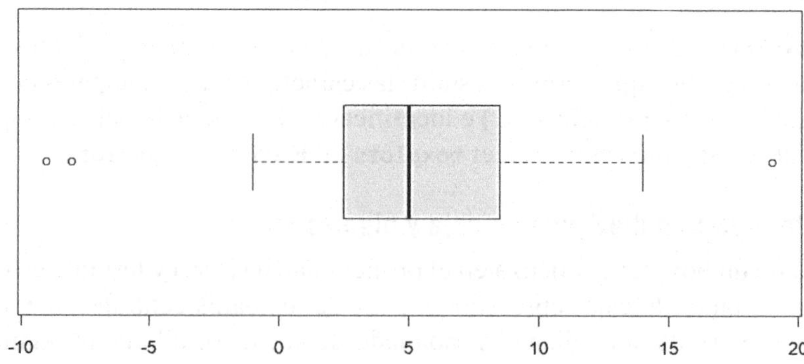

Debemos tener en cuenta que los diagramas de caja ocultan la distribución subyacente de los datos. Para resolver este problema, puedes agregar puntos al diagrama de cajas con la función `stripchart` (el método `jitter` evitará dibujar sobre los datos atípicos) de la siguiente manera:

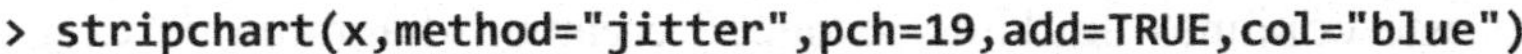

```
> stripchart(x,method="jitter",pch=19,add=TRUE,col="blue")
```

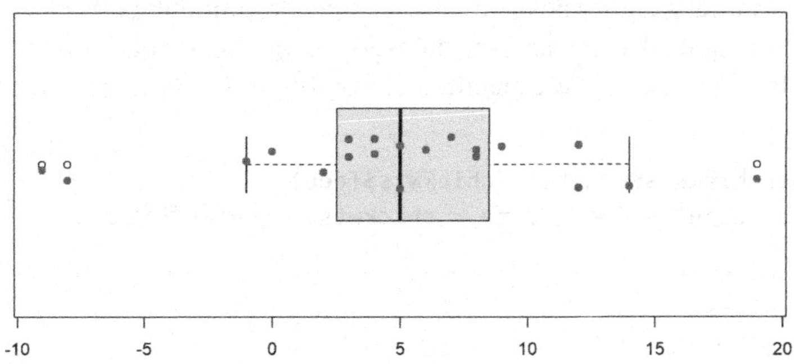

Intervalo de confianza para la mediana del boxplot

Puedes representar los intervalos de confianza al 95% para la mediana en un diagrama de caja de R estableciendo el argumento notch como TRUE.

```
> boxplot(x, notch = TRUE)
```

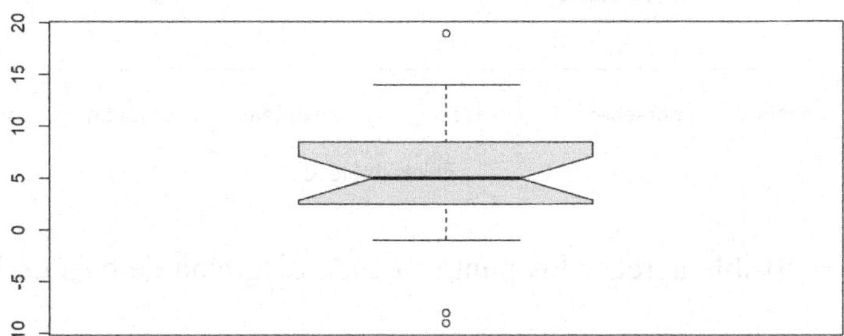

Observación. Si los intervalos de confianza de dos o más diagramas de caja no se superponen significa que hay una fuerte evidencia estadística de que las medianas son diferentes.

Gráfico de cajas por grupo

Si tu conjunto de datos tiene una variable categórica que contiene grupos, puedes crear un diagrama de caja especificando una fórmula (variable_continua ~ variable_categorica). Para este ejemplo, vamos a utilizar el conjunto de datos **chickwts** de R base.

```
> head(chickwts)
  weight feed
1  179 horsebean
2  160 horsebean
3  136 horsebean
4  227 horsebean
5  217 horsebean
6  168 horsebean
```

Considerando este conjunto de datos se puede crear un diagrama de caja que muestre la variable weight (peso) contra el tipo de alimentación (feed). Debemos tener en cuenta que al trabajar con datasets se puede llamar directamente a los nombres de las variables si se especifica el nombre del data-frame en el argumento data.

```
> boxplot(chickwts$weight ~ chickwts$feed)
> boxplot(weight ~ feed, data = chickwts) # Equivalente.
```

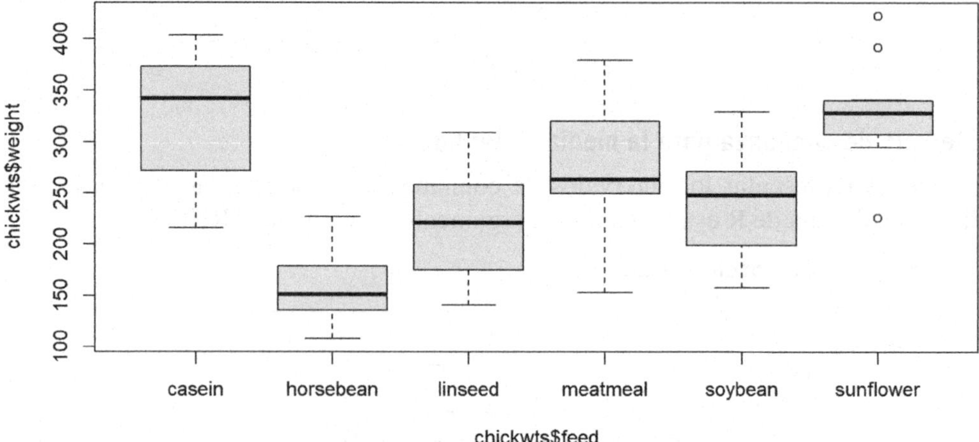

Además, es posible agregar los puntos a cada diagrama de caja de la siguiente manera:

```
> stripchart(chickwts$weight ~ chickwts$feed, vertical = TRUE, method =
"jitter",pch = 19, add = TRUE, col = 1:length(levels(chickwts$feed)))
```

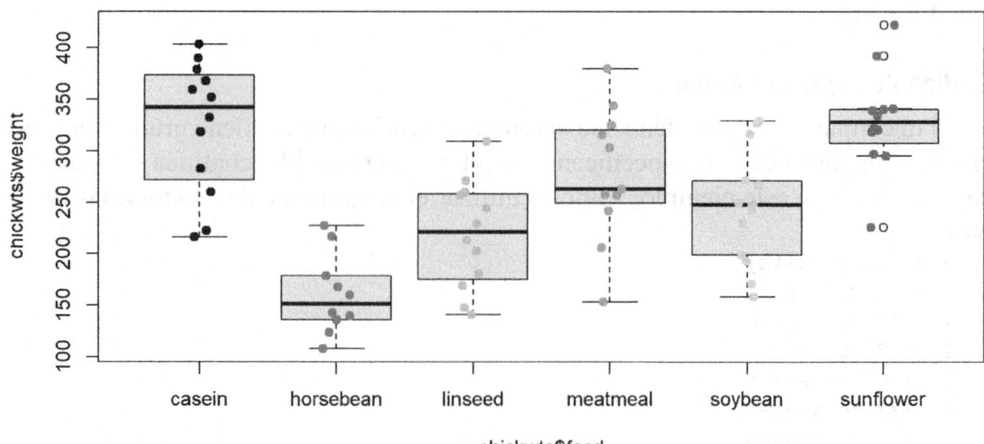

Multiples boxplots

En caso de que todas las variables sean variables numéricas, podemos crear directamente un diagrama de caja desde el data-frame. Para ilustrarlo vamos a utilizar el conjunto de datos `trees`.

```
> head(trees)
  Girth Height Volume
1   8.3     70   10.3
2   8.6     65   10.3
3   8.8     63   10.2
4  10.5     72   16.4
5  10.7     81   18.8
6  10.8     83   19.7
```

Observamos que hay diferencia con respecto al conjunto de datos chickwts. Sin embargo, puedes convertir este conjunto de datos como uno del mismo formato que el conjunto de datos chickwts con la función stack.

```
> stacked_df <-stack(trees)
> head(stacked_df)
  values   ind
1    8.3 Girth
2    8.6 Girth
3    8.8 Girth
4   10.5 Girth
5   10.7 Girth
6   10.8 Girth
```

Una vez transformado los datos podemos dibujar el diagrama de caja con el data-frame original o lo podemos apilar. Además, es posible asignar un color a c/u de los diagramas de caja (por grupo) con un vector de colores mediante los argumentos de la función `col`. Así, cada diagrama de caja tendrá un color diferente.

Boxplot del conjunto de datos 'trees'.

```
> boxplot(trees, col=rainbow(ncol(trees)))
```

Equivalente a:

```
>boxplot(stacked_df$values~stacked_df$ind,col=rainbow(ncol(trees)))
```

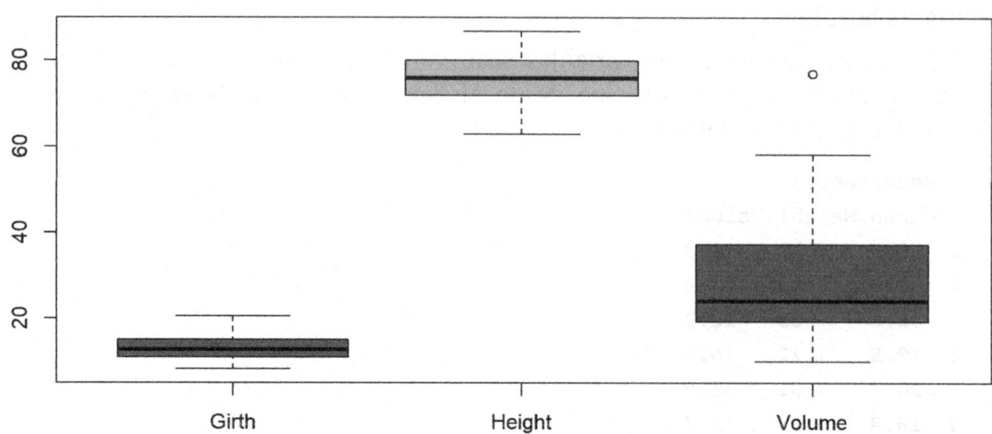

En caso de que necesites dibujar un diagrama de caja diferente para cada columna de un data-frame, puedes usar la función **lapply** e iterar sobre cada columna. En este caso, dividiremos el panel gráfico en una fila y tantas columnas como tenga el conjunto de datos. Otra alternativa sería dibujar **boxplots** de forma individual. La función **invisible** evita mostrar el texto de salida de la función **lapply**.

```
> par(mfrow = c(1, ncol(trees)))
> invisible(lapply(1:ncol(trees),function(i)boxplot(trees[, i])))
```

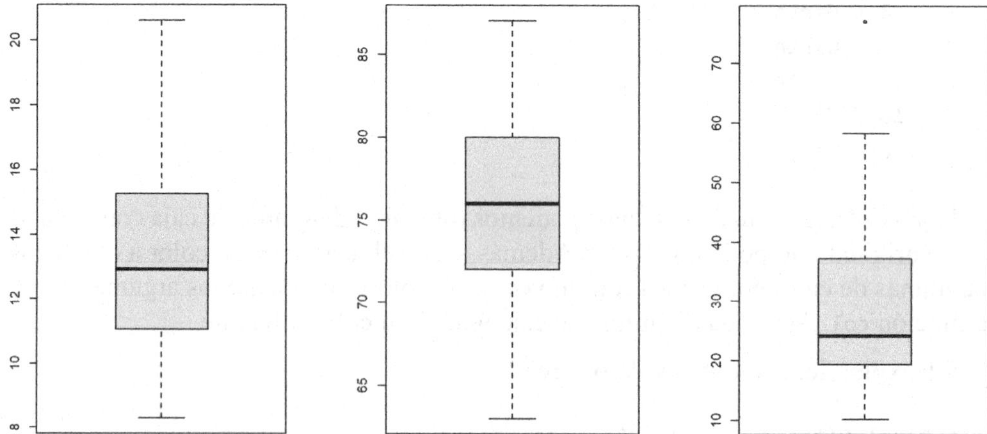

Personalizar un boxplot en R

Para personalizar un diagrama de caja necesitamos una sintaxis. El bloque de código que mostramos a continuación es un ejemplo extenso de cómo personalizar un diagrama de caja en R.

El scrip del diagrama de caja personalizada incluye más argumentos que el caso del uso de funciones, tales como `boxlty, boxlwd, medlty o staplelwd`. Revisa la lista completa de parámetros gráficos de diagrama de caja en el argumento `pars` de la ayuda: `?bxp` o `help(bxp)`.

```
plot.new()
set.seed(1)

# Fondo gris claro.
> rect(par("usr")[1],par("usr")[3],par("usr")[2],par("usr") [4], col =
"#ebebeb")

# Añadimos un gris blanco.

> grid(nx = NULL, ny = NULL, col = "white", lty = 1,
     lwd = par("lwd"), equilogs = TRUE)
```

Scrip Boxplot Personalizado

```
> par(new = TRUE)
> boxplot(rnorm(500), # Datos
        horizontal = FALSE, # Horizontal o vertical
        lwd = 2, # Lines width.
        col = rgb(1, 0, 0, alpha = 0.4), # Color.
        xlab = "Etiqueta eje X",   # Etiqueta eje X.
        ylab = "Etiqueta eje Y",   # Etiqueta eje Y.
        main = "Boxplot personalizado en R base", # Título
        notch = TRUE, # Añade intervalos de confianza para la mediana.
        border = "black",    # Color del borde del boxplot.
        outpch = 25,         # Símbolo para los outliers.
        outbg = "green",     # Color de los datos atípicos.
        whiskcol = "blue",   # Color de los bigotes.
        whisklty = 2,        # Tipo de línea para los bigotes.
        lty = 1) # Tipo de línea (caja y mediana).

# Agregamos una leyenda.

> legend("topright", legend = "Boxplot", # Posición y título
    fill = rgb(1, 0, 0, alpha = 0.4),  # Color
    inset = c(0.03, 0.05), # Cambiamos los márgenes
    bg = "white") # Color de fondo de la leyenda
```

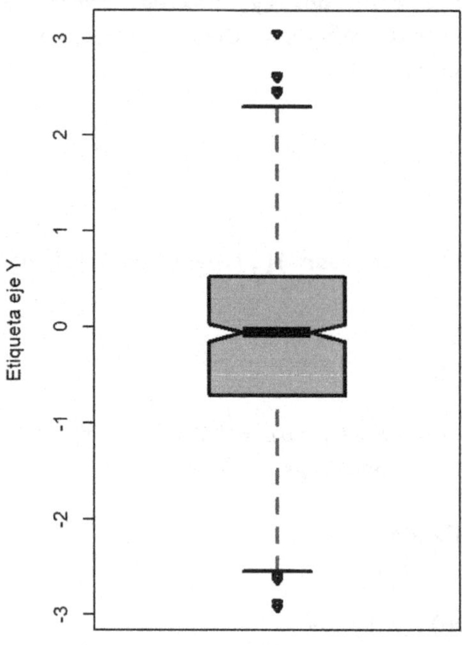

Añadir la media a un boxplot en R

Por defecto, cuando creas un diagrama de caja, se muestra la mediana. Sin embargo, es posible que también quieras mostrar la media u otra característica de los datos. Para ese propósito, puedes usar la función **segments** si quieres mostrar una línea como la mediana, o la función **points** para agregar puntos. Recordar que el código es ligeramente diferente si creas un diagrama de caja vertical o un diagrama de caja horizontal.

Por ejemplo, cómo agregar puntos y segmentos como la media tanto en diagramas verticales u horizontales.

- **Boxplot vertical**

```
> par(mfrow = c(1, 2))
> boxplot(x)
```

Añadir línea con la media.

```
> segments(x0 = 0.8, y0 = mean(x),
           x1 = 1.2, y1 = mean(x),
           col = "red", lwd = 2)
```

```
# Análogamente.

> abline(h = mean(x),col=2,lwd = 2)       # Línea completa.

# Añadir la media como puntos.

> points(mean(x), col = 3, pch = 19)
```

Boxplot horizontal

```
boxplot(x, horizontal = TRUE)

# Añadir línea con la media
segments(x0 = mean(x), y0 = 0.8,
         x1 = mean(x), y1 = 1.2,
         col = "red", lwd = 2)
# Análogamente.

> abline(v = mean(x), col = 2, lwd = 2) # Línea completa

# Añadir punto con la media
points(mean(x), 1, col = 3, pch = 19)
par(mfrow = c(1, 1))
```

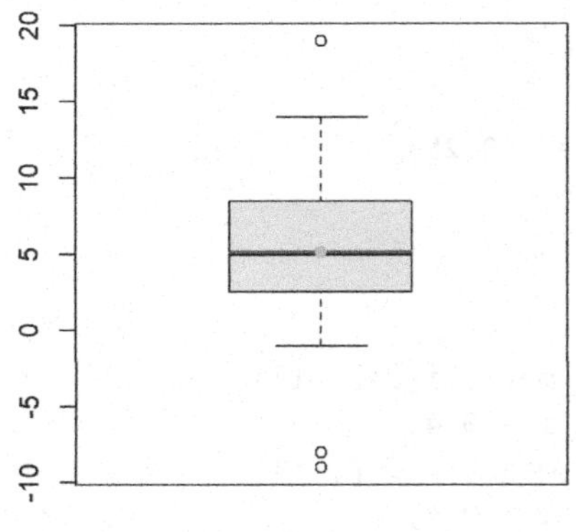

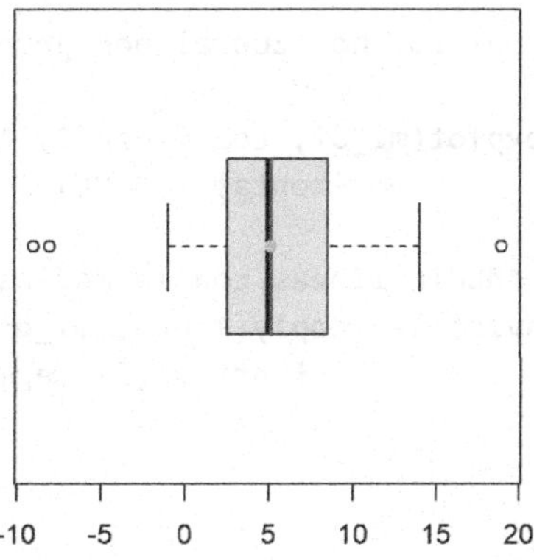

En este caso la media y la mediana son casi iguales, ya que la distribución es simétrica.

Agregar la media en boxplots por grupo

También puedes agregar la media en **boxplots** por grupo. En este caso, puedes hacer uso de la función **lapply** y así evitar bucles. Para calcular la media de cada grupo se puede usar la función **apply** por columnas o la función **colMeans**, ya que es más eficiente. Puedes seguir el siguiente código para añadir los puntos y las líneas en **boxplots horizontales y verticales**.

Script para agregar la media en diagramas de caja por grupos

```
par(mfrow = c(1, 2))
mi_df <- trees

# Boxplot vertical por grupo

boxplot(mi_df, col = rgb(0, 1, 1, alpha = 0.25))

# Añadir líneas con las medias
invisible(lapply(1:ncol(mi_df),
             function(i) segments(x0 = i - 0.4,
                                  y0 = mean(mi_df[, i]),
                                  x1 = i + 0.4,
                                  y1 = mean(mi_df[, i]),
                                  col = "red", lwd = 2)))

# Añadir puntos con la medias
medias <- apply(mi_df, 2, mean)
medias <- colMeans(mi_df) # Equivalente (más eficiente)

points(medias, col = "red", pch = 19)

# Boxplot horizontal por grupo

boxplot(mi_df, col = rgb(0, 1, 1, alpha = 0.25),
        horizontal = TRUE)

# Añadir líneas con la medias
invisible(lapply(1:ncol(mi_df),
             function(i) segments(x0 = mean(mi_df[, i]),
                                  y0 = i - 0.4,
                                  x1 = mean(mi_df[, i]),
                                  y1 = i + 0.4,
                                  col = "red", lwd = 2)))

# Añadir puntos con la medias
medias <- apply(mi_df, 2, mean)
medias <- colMeans(mi_df) # Equivalente (más eficiente)

points(medias, 1:ncol(mi_df), col = "red", pch = 19)

par(mfrow = c(1, 1))
```

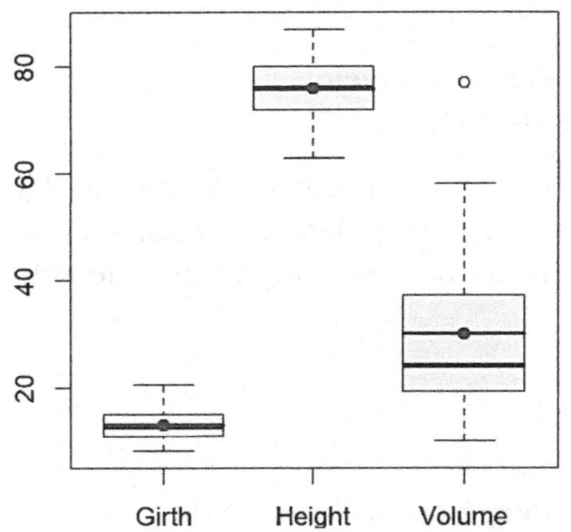

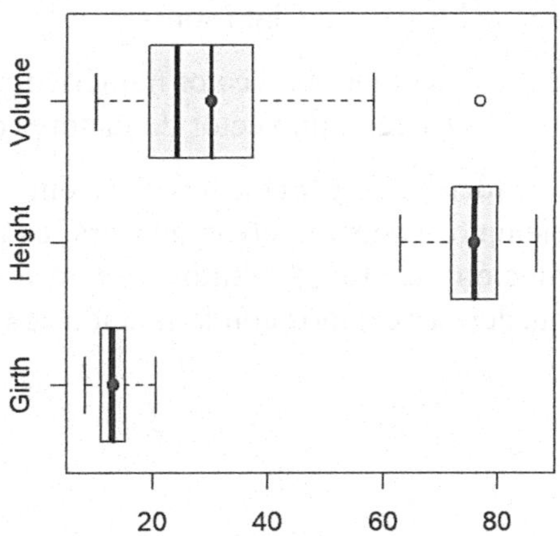

17.2.2 GRÁFICAS BIDIMENSIONAL EN R

Un gráfico bidimensional toma como argumento a dos vectores. Esto es, se necesita asignar dos vectores numéricos.

La función plot()

En R, la función plot() es usada de manera general para crear gráficos. Esta función tiene un comportamiento especial, pues dependiendo del tipo de dato que le demos como argumento, generará diferentes tipos de gráfica.

La función `plot()` siempre pide el argumento x, que corresponde al eje X de una gráfica. x requiere un vector. Y el argumento y, que corresponde al eje Y de una gráfica. 'y' requiere un vector. En el caso de no especificar estos argumentos, obtendríamos un error y no se creará una gráfica.

Dependiendo del tipo de dato que demos a x y y será el gráfico que obtendremos, de acuerdo con las siguientes reglas:

x	y	Gráfico
Continuo	Continuo	Diagrama de dispersión (*Scatterplot*)
Continuo	Discreto	Diagrama de dispersión, `y` coercionada a numérica
Continuo	Ninguno	Diagrama de dispersión, por número de renglón
Discreto	Continuo	Diagrama de caja (*Box plot*)
Discreto	Discreto	Gráfico de mosaico (Diagrama de Kinneman)
Discreto	Ninguno	Gráfica de barras
Ninguno	Cualquiera	Error

donde los tipos de dato son:

- Continuo: un vector numérico, entero, lógico o complejo.
- Discreto: un vector de factores o cadenas de texto.

Además de `plot()`, hay funciones que generan tipos específicos de gráfica. Por ejemplo, podemos crear una gráfica de barras con `plot()` pero existe también la función `barplot()`. También existen casos como el de los histogramas, que sólo pueden ser creados con la función `hist()`.

Función y argumentos	Gráfico de salida
plot(x, y)	Diagrama de dispersión de los vectores numéricos x e y
plot(factor)	Gráfico de barras del factor
plot(factor, y)	Diagrama de caja del vector numérico y los niveles del factor
plot(serie_temporal)	Gráfico de una serie de tiempo (clase ts)
plot(data_frame)	Gráfico de correlación de todas las columnas del data frame (más de dos columnas)
plot(fecha, y)	Traza un vector basado en fechas
plot(función, inferior, superior)	Traza la función entre el valor inferior y máximo especificado

Diagramas de dispersión

Este tipo de gráfico es usado para mostrar la relación entre dos variables numéricas continuas, usando puntos. Cada punto representa la intersección entre los valores de ambas variables.

Para generar un diagrama de dispersión, damos vectores numéricos como argumentos **x** e **y** a la función `plot()`.

```
> plot(x, y, …)
```

donde:

- x tiene que ser un vector numérico.
- y tiene que ser un vector numérico.
- ... Significa más argumentos.

Veamos algunos ejemplos de aplicación del gráfico de dispersión:

Ilustración 1

```
> x<-rnorm(500)
> y<-x+rnorm(500)
> #plot(x,y)
> #M<-cbind(x,y)
> plot(x,y)                # O bien plot(M).
```

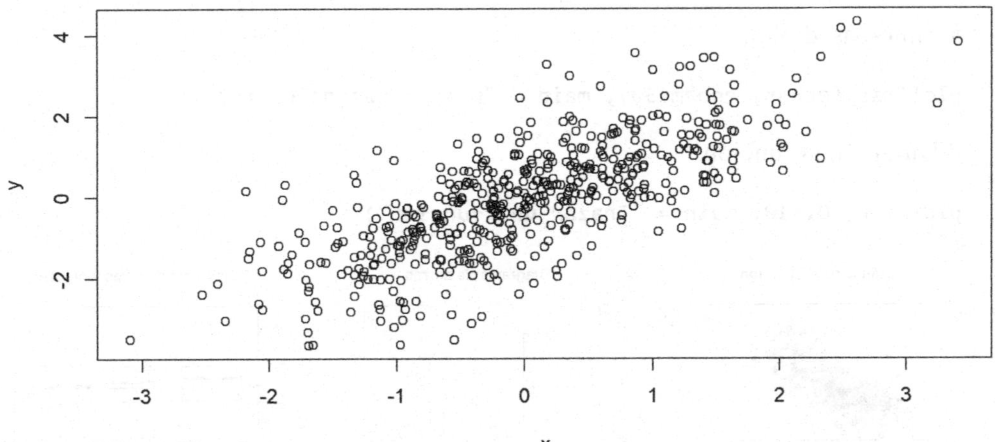

La siguiente sintaxis (códigos) permite obtener ejemplos de los diferentes tipos de gráfico con la función `plot()`.

```
> par(mfrow = c(2, 3))
```

Datos.

```
> mi_ts <- ts(matrix(rnorm(500), nrow = 500, ncol = 1),
             start = c(1950, 1), frequency = 12)

> mis_fechas <- seq(as.Date("2005/1/1"), by = "month", length = 50)

> mi_factor <- factor(mtcars$cyl)

> fun <- function(x) x^2
```

```
# Diagrama de dispersión.
plot(x, y, main = "Gráfico de dispersión")
# Gráfico de barras.
plot(mi_factor, main = "Diagrama de barras")
# Diagrama de cajas
plot(mi_factor, rnorm(32), main = "Diagrama de cajas y bigotes")
# Gráfico de una serie temporal.
plot(mi_ts, main = "Serie temporal")
# Time-based plot.
plot(mis_fechas, rnorm(50), main = "Gráfico basado en fechas")
# Dibujar una función.
plot(fun, 0, 10, main = "Trazar una función")
```

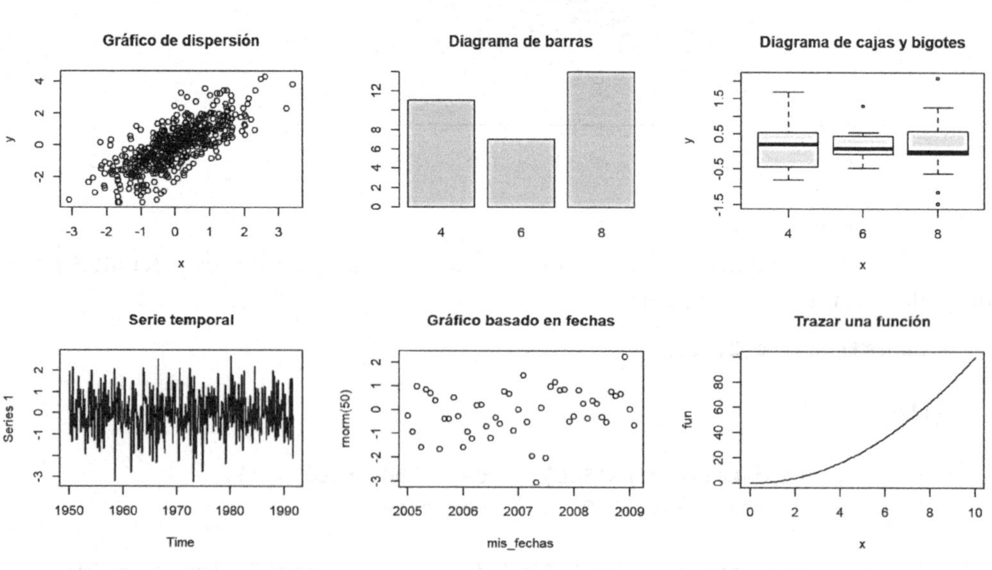


```
# Gráfico de correlación.
> plot(trees[, 1:3], main = "Matriz de correlación")
> par(mfrow = c(1, 1))
```

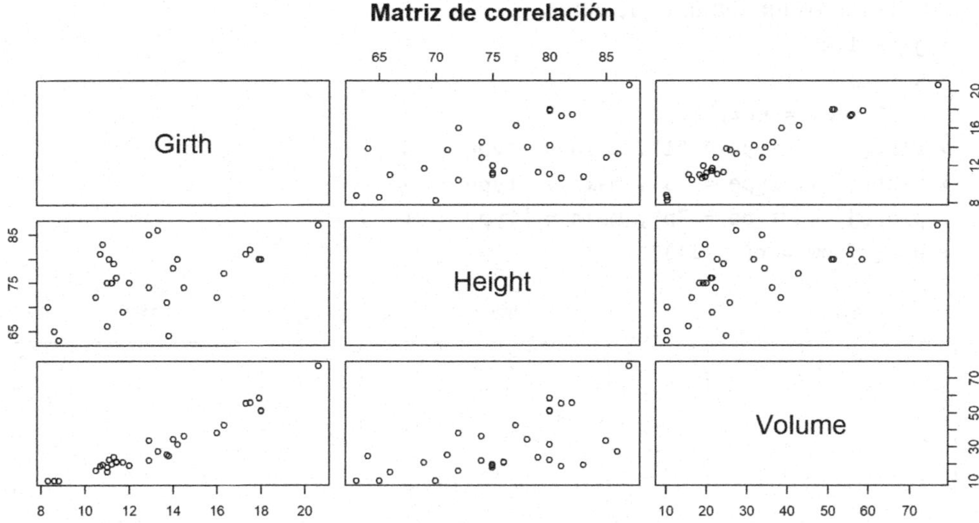

Tipos de plot en R

Es posible personalizar la representación del gráfico con el argumento `type`. La selección de tipo de representación dependerá de los datos que se esté representando. El siguiente bloque de códigos muestra la representación más común de los gráficos con la función `plot()` de R.

Tipo de plot	Descripción
p	Gráfico de puntos (por defecto)
l	Gráfico de líneas
b	Ambos (puntos y líneas, separados)
o	Ambos (líneas y por encima puntos)
s	Gráfico de escaleras
h	Gráfico estilo histograma
n	Gráfico vacío

```
# Generamos un conjunto de datos.
> j <- 1:20
> k <- j
> par(mfrow = c(1, 3))
> plot(j, k, type = "l", main = "type = 'l'")
> plot(j, k, type = "s", main = "type = 's'")
> plot(j, k, type = "p", main = "type = 'p'")
> par(mfrow = c(1, 1))
```

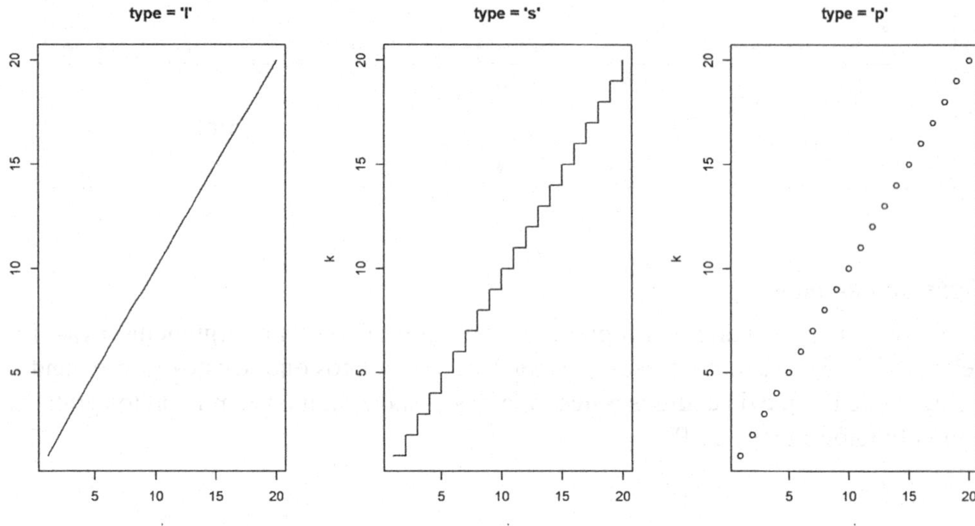


```
# Generamos un nuevo conjunto de datos.
> j <- 1:20
> k <- j
> par(mfrow = c(1, 3))
> plot(j, k, type = "o", main = "type = 'o'")
> plot(j, k, type = "b", main = "type = 'b'")
> plot(j, k, type = "h", main = "type = 'h'")
> par(mfrow = c(1, 1))
```

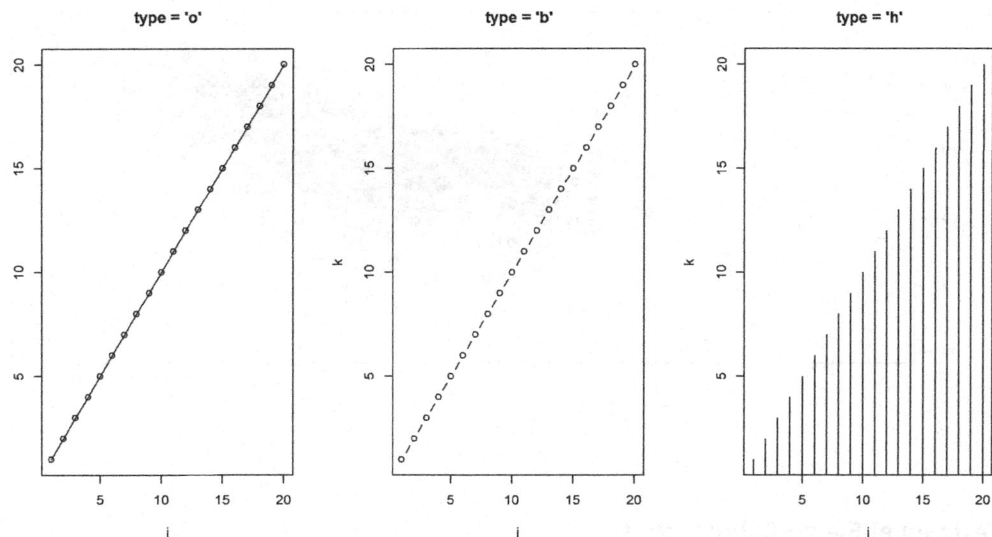

Observamos que el primer vector 'j' que se especifica en la función `plot()` irá en el eje de las abscisas (x), mientras que el segundo vector 'k' que asignamos será representado en el eje de las ordenadas (y).

Ilustración 2

Función `plot` sobre los datos de Forbes2000

```
> file.choose()
[1] "D:\\Actividad Docente\\Curso 2022-2023\\Asignaturas de masters\\
Introducción a R\\Dataset-Libro\\Forbes2000.csv"

> Forbes2000<-read.csv("D:\\Actividad Docente\\Curso 2022-2023\\
Asignaturas de masters\\Introducción a R\\Dataset-Libro\\Forbes2000.
csv")
> head(Forbes2000)
X rank name      country     category sales profits assets marketvalue
1 11 Citigroup United States Banking 194.71 17.85  1264.03  255.30
2 22 General-Electric United-States Conglomerates 2134.19 15.59 626.93
328.54
> Plot(log(marketvalue) ~log(sales), data = Forbes2000, pch = ",")
```

Análogamente.

```
> x<-log(sales)
> y<-log(marketvalue)
> plot(x,y)
```

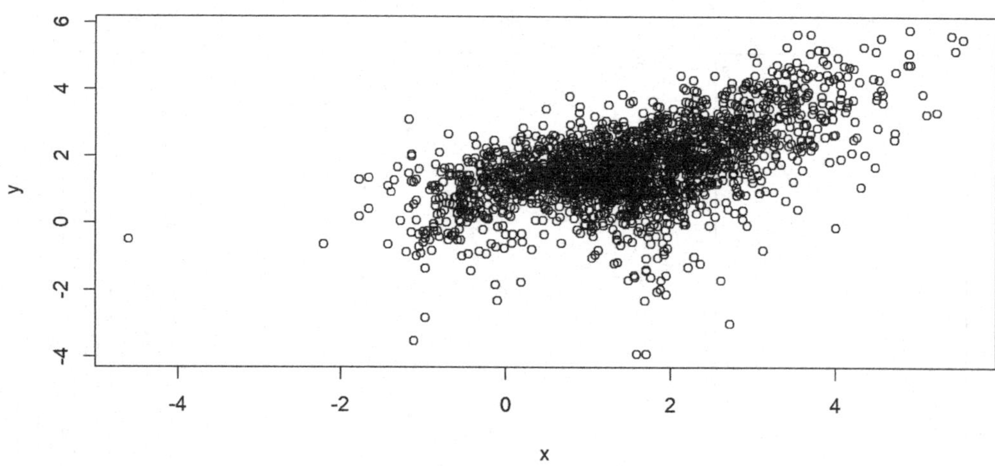

Texto en el Eje de Coordenadas

Mediante el argumento **ylab** especificamos el texto (también entre comillas) que deseamos como etiqueta del eje Y:

```
> ….. ylab ="Frecuencias Relativas", xlab="índice"
> plot(x,y, xlab="log(sales)", ylab="log(marketvalue)")
```

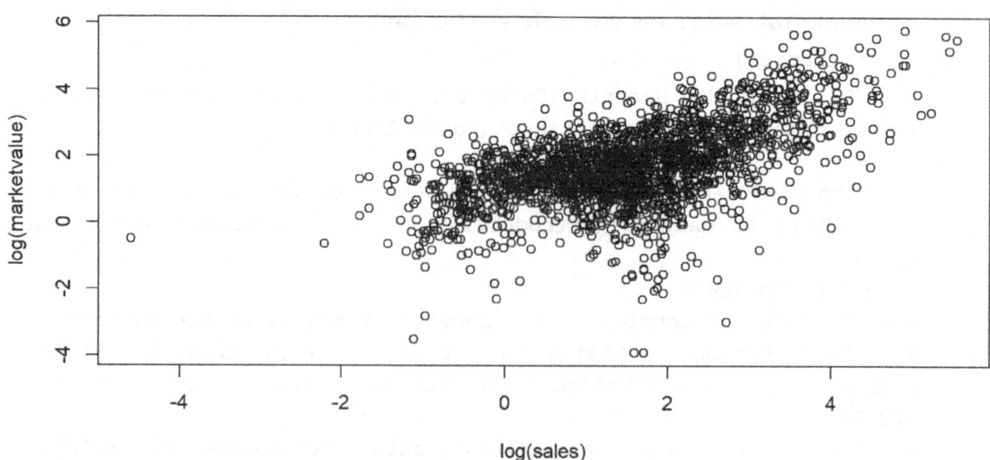

Rotar las Etiquetas de los Ejes

El argumento **las** de la función **plot** en R te permite rotar las etiquetas de los ejes de tus gráficos. En el siguiente bloque de código encontrarás ejemplos y la explicación de las diferentes alternativas.

```
> par(mfrow = c(2, 2))
> plot(x, y,las=0,main="Paralelo") # Paralelo a los ejes (por defecto).
> plot(x, y, las = 1, main = "Horizontal")   # Horizontal.
> plot(x, y, las = 2, main = "Perpendicular")# Perpendicular a los ejes.
> plot(x, y, las = 3, main = "Vertical")     # Vertical.
> par(mfrow = c(1, 1))
```

Orientación de las Etiquetas en los Ejes

El argumento `las` cambia la orientación de las etiquetas del eje de ordenadas (consultar help(par) para ver las distintas opciones).

Por ejemplo:

```
..... ylab ="Frecuencias Relativas", las=1) # Coloca la etiqueta en vertical.
```

Eliminar las Etiquetas de los Ejes

```
> plot(x, y, xlab = "", ylab = "")
```

Equivalente se puede utilizar el argumento `ann = F`

```
> plot(x, y, xlab = "Etiqueta del eje X", ylab = "Etiqueta del eje Y",
ann = FALSE)
```

Límites de los Ejes

Puedes acercar o alejar el gráfico cambiando los límites de los ejes. Estos argumentos son muy útiles cuando agregas curvas a tu gráfico.

```
plot(x, y,
     ylim = c(-8, 8), # Eje Y desde -8 hasta 8
     xlim = c(-5, 5)) # Eje X desde -5 hasta 5
```

Método de solución del "`Error in plot.new():figure margins too large`" utilizando la función `par()`.

Por defecto, la función `par()`en R determina los márgenes del `plot()` como sigue:

- Bottom margin: **5.1**
- Left margin: **4.1**
- Top margin: **4.1**
- Right margin: **2.1**

Sin embargo, nosotros podemos usar la siguiente sintaxis para hacer el margen más pequeño (argumento `mar=c(..)`):

Ajuste del margen del plot.

```
> par(mar = c(1,1,1,1))
> par(mar = c(2,2,2,2))
```

En este ejemplo la función `mar` define el tamaño del grafico:

- Margen inferior: 1 o 2
- Margen izquierdo: 1 o 2
- Margen superior: 1 o 2
- Margen derecho: 1 o 2

Cambiar la Escala de los Ejes

El argumento `log` permite cambiar la escala de los ejes de un gráfico. Puedes transformar el eje de abscisas (X), el eje de ordenadas (Y) o ambos, de la siguiente manera:

Nuevos datos para evitar números negativos.

```
s <- 1:25
u <- 1:25
par(mfrow = c(2, 2))
par(mar = c(2, 2, 2, 2)) # La función mar define el margen inferior, izquierda, superior y derecho del tamaño de la gráfica.
```

Por defecto.

```
plot(s, u, pch = 19,
     main = "Sin transformar") # Sin transformación de los datos s y u.
```

Log x

```
plot(s, u, pch = 19, log = "x",
     cex = 2, main = "Eje X transformado") # Transformado el eje x = s en logaritmos.
```

Log y

```
plot(s, u, pch = 19, log = "y",
     cex = 2, main = "Eje Y transformado") # Transformado el eje y = u en logaritmos.
```

Log xy

```
plot(s, u, pch = 19, log = "xy",
     cex = 2, main = "Ambos ejes transformados") # Transformados ambos ejes en logaritmos.
```

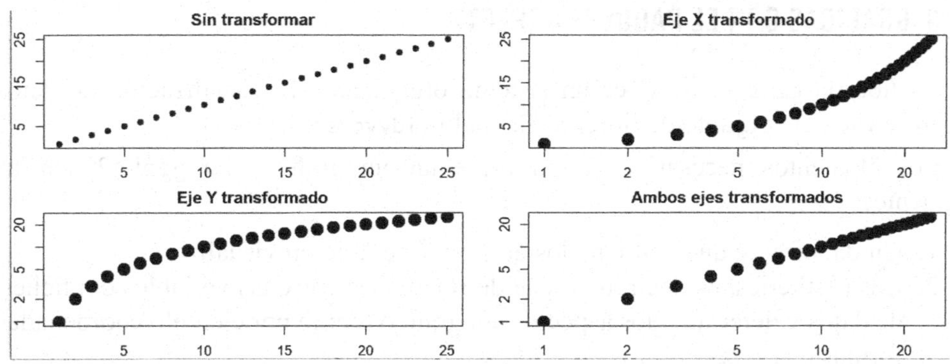

Función LOG

Sin embargo, es posible estar pensando que usar la **función log** es equivalente a usar el **argumento log**, pero no lo es. Como puedes ver en el gráfico anterior, al usar el **argumento log** solo se modifica la escala, no lo datos, pero la **función log** sí transforma los datos. La diferencia se ve en los ejes de los gráficos.

```
> s <- 1:25
> u <- 1:25
par(mfrow = c(1, 3))

# Log-log
plot(log(s), log(u), pch = 19,
+      main = "log-log")

# log(x)
plot(log(s), u, pch = 19,
+      main = "log(x)")

# log(y)
plot(s, log(u), pch = 19,
+      main ="log(y)")
par(mfrow = c(1, 1))
```

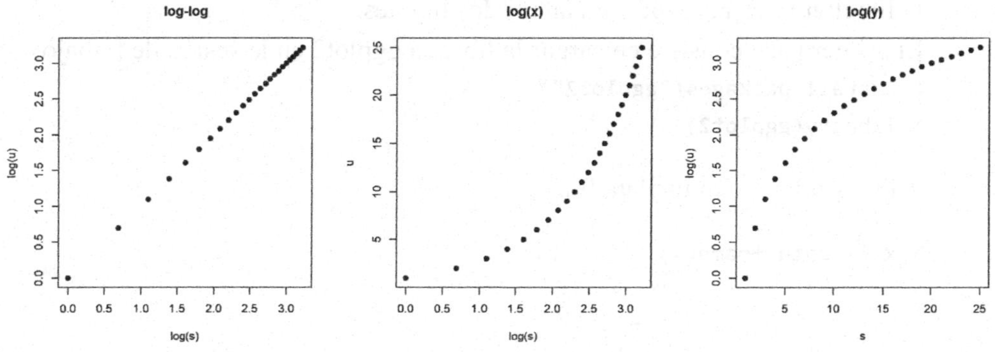

17.3 GRÁFICAS CON EL PAQUETE GGPLOT2

La librería **ggplot2** de R es un sistema organizado de visualización de datos. Forma parte del conjunto de librerías llamado **tidyverse**.

Los elementos necesarios para representar un gráfico con ggplot2 son los siguientes:

1. Un data frame que contiene los datos que se quieren visualizar.
2. Los aesthetics, es decir, una lista de relaciones entre las variables del fichero de datos y determinados aspectos del gráfico (como por ejemplo coordenadas, formas o colores).
3. Los geoms, que especifican los elementos geométricos (puntos, líneas, círculos, etc) que se van a representar.

La estructura general del código para obtener un gráfico es esta:

```
> ggplot(data = 'nombre del fichero de datos') +
  geom_nombre1(aes(aesthetics1=var1, aesthetics2=var2, ...)) +
  geom_nombre2(...)
```

El comando **ggplot** se usa para generar el sistema de coordenadas (por defecto, rectangulares) y posteriormente vamos añadiendo los **geoms** con sus correspondientes **aesthetics** (nombres). En principio los **aesthetics** se pueden asignar individualmente para cada **geom** (cada tipo de gráfico tiene su geom). Por ejemplo: **geom_point()(geom correspondiente a un diagrama de dispersión), geom_smooth**, **geom_boxplot**, etc.

Ilustración1: Boxplot con ggplot2

Los diagramas de caja que creamos en las secciones anteriores también se pueden realizar con el paquete ggplot2.

- Boxplot en ggplot2 a partir de un vector.

  El tipo de dato de entrada para usar la función ggplot tiene que ser un data-frame, por lo que tendrás que convertir el vector en un data-frame. Una vez hecho podrás usar la función **geom_boxplot** para crear y personalizar la caja y la función **stat_boxplot** para añadir los bigotes.

  El primer paso consiste en cargar la librería ggplot2 en la sesión de trabajo.

```
> install.packages("ggplot2")
> library(ggplot2)
```

  # Transformar x en un data frame.

```
> x <- data.frame(x)
```

Boxplot a partir de un vector.

```
> ggplot(data = x, aes(x = "", y = x)) +
     stat_boxplot(geom = "errorbar",          # Bigotes.
                  width = 0.2) +
     geom_boxplot(fill = "#4271AE",       # Color de la caja.
     outlier.colour = "red", # Color de los valores atípicos.
                 alpha = 0.9) + # Transparencia del color de la caja.
   ggtitle("Boxplot a partir de un vector") + # Título del plot.
     xlab("") +   # Etiqueta del eje x
     coord_flip() # Boxplot horizontal
```

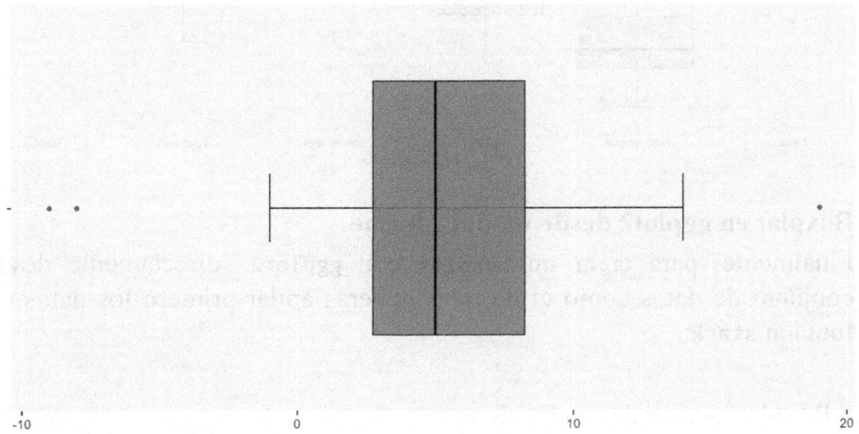

Boxplot en ggplot2 por grupo

Si se quiere crear un diagrama de caja con **ggplot2** por grupos, debemos especificar las variables en el argumento **aes** de la siguiente manera:

Boxplot por grupo.

```
> ggplot(data = chickwts, aes(x = feed, y = weight)) +
     stat_boxplot(geom = "errorbar", # Bigotes.
                  width = 0.2) +
   geom_boxplot(fill = "#4271AE", colour = "#1F3552", # Colores.
                  alpha = 0.9, outlier.colour = "red") +
 scale_y_continuous(name = "Peso") +  # Etiqueta de la variable continua.
 scale_x_discrete(name = "Alimentación") +  # Etiqueta de los grupos.
  ggtitle("Boxplot por grupos en ggplot2") + # Título del plot.
  theme(axis.line = element_line(colour = "black", # Personalización
del tema.
  size = 0.25))
```

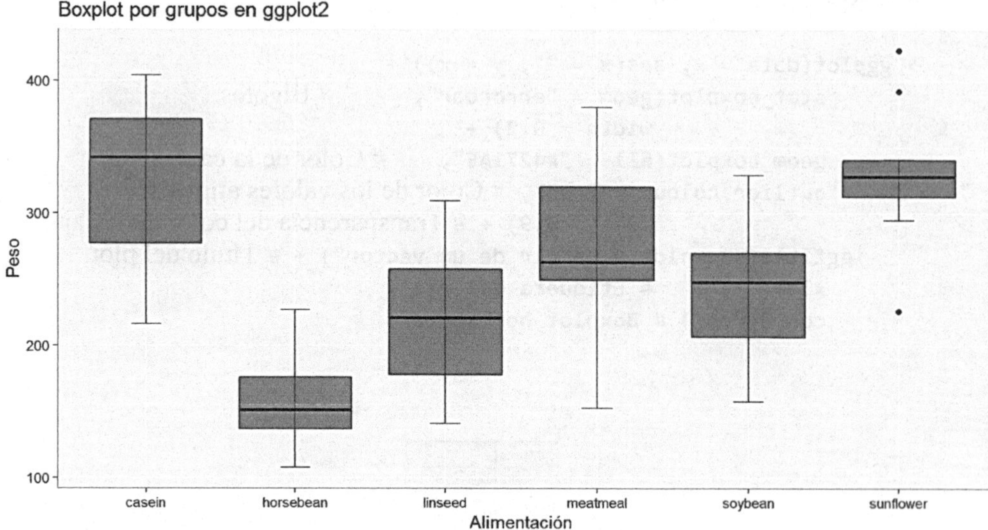

Boxplot en ggplot2 desde un data-frame

Finalmente, para crear un **boxplot** con **ggplot2** directamente desde un conjunto de datos como el de trees deberás apilar primero los datos con la función **stack**:

```
# Boxplot a partir de un data frame.

> ggplot(data = stack(trees), aes(x = ind, y = values)) +
       stat_boxplot(geom = "errorbar", # Bigotes.
                    width = 0.2) +
      geom_boxplot(fill = "#4271AE", colour = "#1F3552", # Colores.
                   alpha = 0.9, outlier.colour = "red") +
   scale_y_continuous(name = "Peso") + # Etiqueta de la variable continua.
    scale_x_discrete(name = "Alimentación") + # Etiqueta de los grupos.
   ggtitle("Boxplot a partir de un data frame") + # Título del plot.
   theme(axis.line = element_line(colour = "black", # Personalización
del tema.
   size = 0.25))
```

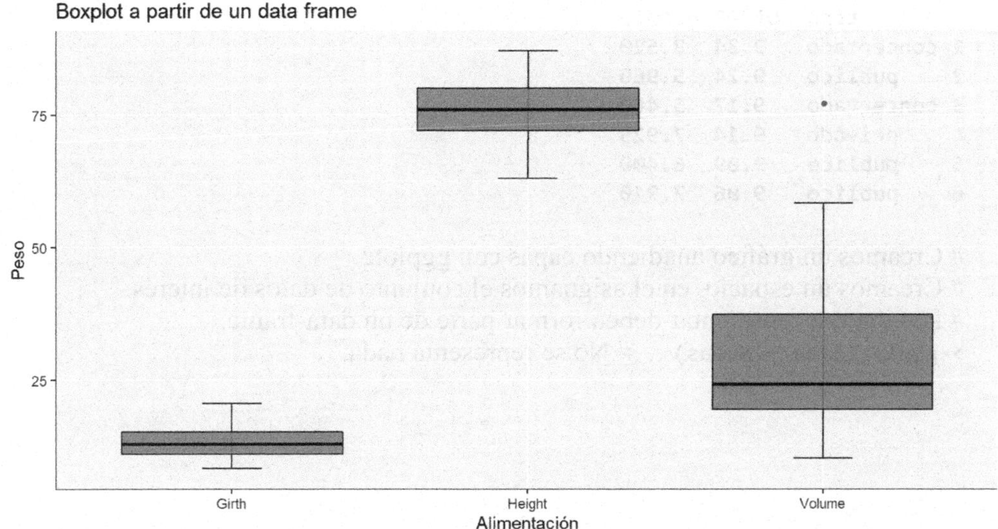

Ilustración2: Notas medias de 1000 colegios de una prueba de nivel de la CC Madrid

Hacemos uso del fichero notas que contiene las notas medias en 1000 colegios de una prueba de nivel realizada por la Comunidad de Madrid en 2009 y 2010, además del tipo de colegio (concertado, privado o público).

```
> install.packages("ggplot2")
> library(ggplot2)
```

Cargamos los datos en la sesión de trabajo.

```
> install.packages("tidyverse")
> library(tidyverse)
> file.choose()
[1] "D:\\Actividad Docente\\Curso 2022-2023\\Asignaturas de masters\\
Introducción a R\\Dataset-Libro\\Graficos en R\\notas.txt"

> Notas<-read.table("D:\\Actividad Docente\\Curso 2022-2023\\Asignaturas
de masters\\Introducción a R\\Dataset-Libro\\Graficos en R\\notas.txt",
sep='',dec=',',header=T)
> Notas<-read.table('http://verso.mat.uam.es/ ~joser.berrendero/datos/
notas.txt',sep='', dec=',',header=T)
```

```
> head(Notas)
        tipo nota09 nota10
1 concertado   9.34  8.520
2    publico   9.24  5.960
3 concertado   9.17  5.460
4    privado   9.14  7.925
5    publico   9.09  6.400
6    publico   9.06  7.940
```

Creamos un gráfico añadiendo capas con ggplot2.
Creamos un espacio, en el asignamos el conjunto de datos de interés.
Los datos a representar deben formar parte de un data-frame.
> ggplot(data = Notas) # No se representa nada.

Añadimos capas. Las capas proporcionan información sobre cómo queremos visualizar los datos. Esto se lleva a cabo a través de la función **geom()**.
Mediante el argumento **aes** asignamos las coordenadas x e y a los valores de las notas de los dos periodos incluidos en la base de datos.

```
> ggplot(data = Notas) +

+      geom_point(aes(x = nota09, y = nota10))
```

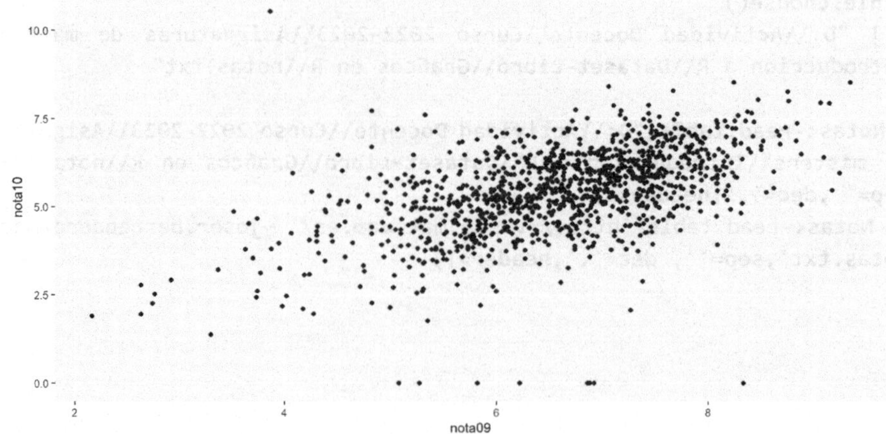

Si queremos añadir información sobre el tipo de colegio, lo podemos hacer especificando que el color con el que se representa el punto dependa de la variable tipo:

```
> ggplot(data = Notas) +
+     geom_point(aes(x = nota09, y = nota10, col = tipo))
```

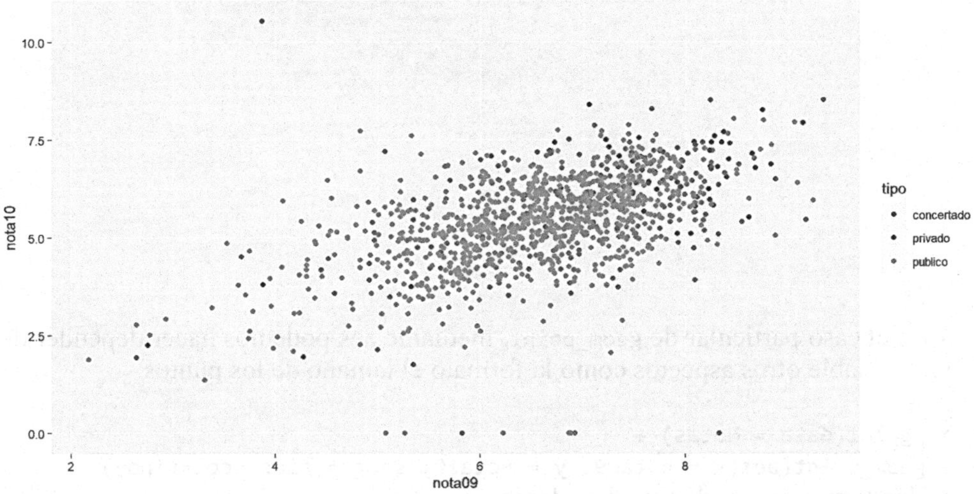

Vemos como el argumento **aes** asigna variables a ciertos aspectos del gráfico.
Estos aspectos se pueden fijar en lugar de hacerlos depender de una variable. En este caso el valor del argumento se asigna fuera de la lista de aesthetics.
En nuestro ejemplo fijamos el color de los puntos, su tamaño y el grado de transparencia.

```
> ggplot(data = Notas) +
+     geom_point(aes(x = nota09, y = nota10),
+                col = 'blue',     # Color de los puntos.
+                size = 3,         # Tamaño de los puntos.
+                alpha = 1/5)  # Nivel de transparencia de los puntos.
```

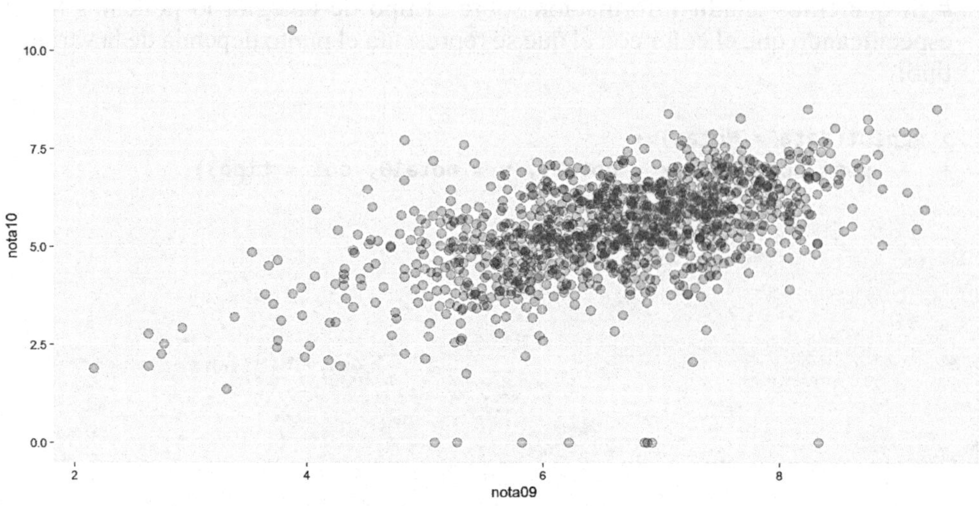

En el caso particular de `geom_point`, mediante aes podemos hacer depender de una variable otros aspectos como la forma o el tamaño de los puntos.

```
> ggplot(data = Notas) +
+ geom_point(aes(x = nota09, y = nota10, shape= tipo, col=tipo))
```
Una forma para cada tipo de colegio.

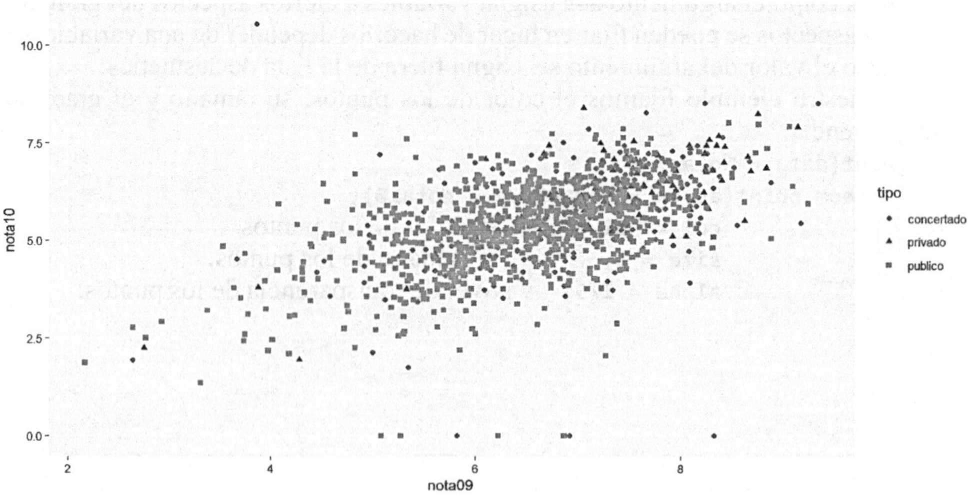

17.4 FUNCIONES AVANZADAS (DATAMETRIA)

Para usar las librerías que siguen se debe instalar el paquete devtools (si aún no está instalado).

```
> install.packages("devtools")
```

Una vez instalado devtools, se procede a descargar el paquete datametria, para lo cual digitamos el siguiente código:

```
> devtools::install_github("CesarAHN/datametria")
```

Una vez descargado, se tiene que cargar el paquete datametria. Para esto corremos el siguiente código:

```
> devtools::install_github("CesarAHN/datametria")
> library(datametria)
```

FUNCIÓN estadísticos()

Esta función se usa para calcular los principales estadísticos como: la media, mediana, desviación estándar, mínimo, máximo, coeficiente de variación y el total de observaciones. Solo recibe 2 argumentos: `x` que tiene que ser un vector numérico y `miss` que toma un valor lógico, si es `TRUE` entonces para el cálculo de los estadísticos no se toma en cuenta los **missings values**, por el contrario, si es `FALSE` sí se toma en consideración los **missings values**.

Veamos un ejemplo de cómo usarlo. Pero primero carguemos una tabla de datos `gender`, para cargarlo usamos la siguiente sintaxis.

```
df<-read.csv("http://r.datametria.com/wp-content/uploads/2020/08/gend
er.csv", sep = ";")
```

Visualizando las 5 primeras filas del data frame.

```
head(df)
  income educ jobexp female
1    5.0    2      3      0
2    9.7    4     18      1
3   28.4    8     11      1
4    8.8    8     12      1
5   21.0    8     14      0
6   26.6   10     13      0
```

Tenemos los ingresos (**income**), los años de educación (**educ**), los años de experiencia (**jobexp**) y el género (**female**).

Entonces si nosotros queremos sacar los principales estadísticos de los ingresos vamos a usar la función `estadisticos()`.

```
> estadisticos(df$income)
                   [,1]
MEDIA            24.415
MEDIANA          24.800
DESV.STAND.       9.550
MÍNIMO            5.000
MÁXIMO           48.300
COEF.VARIACIÓN    0.391
N               500.000
```

En efecto, hemos logrado obtener los principales estadísticos de los ingresos. Pero si deseo no solo de los ingresos sino también de los años de educación y los años de experiencia, entonces usaría la siguiente sintaxis.

```
> do.call(cbind,lapply(df[,1:3], estadisticos))
                   [,1]    [,2]    [,3]
MEDIA            24.415  10.900  13.150
MEDIANA          24.800  12.000  12.500
DESV.STAND.       9.550   3.690   4.612
MÍNIMO            5.000   2.000   3.000
MÁXIMO           48.300  17.000  23.000
COEF.VARIACIÓN    0.391   0.339   0.351
N               500.000 500.000 500.000
```

FUNCIÓN n_percentil()

Esta función permite calcular el número de elementos de un vector que pertenecen a un determinado percentil. Arroja los resultados mostrando los puntos de corte o por bloques determinados por el percentil. Esta función tiene 3 argumentos:

- x tiene que ser un vector numérico.
- len que es el número de cortes que se desea realizar, el valor por defecto es 4, es así como arrojará el número de elementos por cuartiles. Por último, el argumento.
- p_corte que es un valor lógico que toma el valor por defecto de TRUE, lo que indica que en los resultados se muestre el número de puntos de corte, en el caso de que len sea 4, entonces mostrará los elementos en 4 bloques; y si toma el valor de FALSE entonces mostrará los resultados con los puntos de corte.

Veamos algunos ejemplos, pero primero cargamos la tabla de datos gender.

Cargamos la tabla de datos gender.

```
>   df<-read.csv("http://r.datametria.com/wpcontent/uploads/2020/   08/
gender.csv", sep = ";")
```

```
# Viendo las 5 primeras filas del data-frame.
> head(df)
  income educ jobexp female
1    5.0    2      3      0
2    9.7    4     18      1
3   28.4    8     11      1
4    8.8    8     12      1
5   21.0    8     14      0
6   26.6   10     13      0
```

Vamos a calcular el número de personas por cuartil de los ingresos. Recordar que el cuartil divide en 4 a nuestros datos y el valor por defecto del argumento '**len**' es 4.

```
> n_percentil(df$income)
              [,1]
[5,21.5]       125
(21.5,24.8]  150
(24.8,28.4]  100
(28.4,48.3]  125
```

En efecto, calcula el número de elementos por cuartil. Así tenemos que en el primer cuartil hay 125 elementos que van desde 5 a 21.5, luego 150 elementos desde mayores a 21.5 y menores iguales a 24.8 y así sucesivamente.

Pero si no deseamos verlo con los puntos de corte y sólo queremos ver los bloques por percentil, entonces, tendremos que usar el argumento p_corte y asignarle el valor de FALSE. Veamos un ejemplo, pero ahora para los terciles.

```
> n_percentil(df$income, len = 3, p_corte = FALSE)
  [,1]
1  175
2  175
3  150
```

Podemos ver que en el primer tercil se encuentran 175 elementos, igual en el segundo tercil, por último, el tercer tercil cuenta con 150 elementos.

FUNCIÓN test_grubbs()

Esta función nos permite determinar si un elemento de un vector es outliers, mediante el test de grubss. Esta función tiene la opción de arrojar como resultado un valor lógico o todos los estadísticos de grubbs que se usaron para determinar si es o no outliers.

Esta función tiene 5 argumentos:

- x1 es el elemento del cual se desea saber si es un outliers.
- x es el vector numérico que contiene a x1.

- alpha indica el nivel de significación con el que se desea realizar el test de grubbs, que nos permite calcular el valor o valores críticos del test, su valor por defecto es de 0.05 (5%),
- num_colas es un valor numérico que toma por defecto 2 indicando que el análisis será de dos colas y, si toma el valor de 1, el análisis será de una cola.
- vista es un elemento lógico que si toma el valor TRUE entonces muestra el valor del estadístico del test de grubbs, el valor crítico del test, la comparación que hace y el resultado del valor lógico: TRUE o FALSE, donde TRUE indica que el elemento es un outliers.

Para ilustrar la aplicación del test de grubbs carguemos la tabla de datos llamada "outlier".

Cargamos la base de datos.

```
> df<-read.table("https://r.datametria.com/wp-content/uploads/2020/09/o
utlier.txt")
```

Veamos las 5 primeras filas.

```
> head(df)
          dv         iv
1 99.0000000   6.599043
2 -1.8106215 -19.526001
3 -2.2611923 -17.248777
4 -2.3658385 -13.970714
5  0.2142442   7.496106
6  0.7658228   3.025579
```

Podemos darnos cuenta de que el primer elemento del vector dv es 99 y quizá pueda ser un outlier. Entonces, veamos si el primer elemento de la variable dv es un outlier.

```
> test_grubbs(df$dv[1], df$dv, vista = FALSE)
 [1] TRUE
```

Con `df$dv[1]` le decimos al test que seleccione al primer elemento del vector df. Y nos ha arrojado el valor de TRUE, lo cual indica que el primer elemento de la variable dv es un outlier.

Recordar que el test es de dos colas y con un nivel de significación del 0.05. Pero como ya mencionamos anteriormente, podemos ver el estadístico de grubbs, su valor crítico y la elección.

```
> test_grubbs(df$dv[1], df$dv)
 $Grubbs_test
 [1] 5.148213

 $Grubbs_critico
 [1] 3.036097
```

```
$Elección
[1] "5.14821340734902 > 3.03609738451121"

$Resultado
[1] TRUE
```

En efecto, el estadístico de grubbs es de 5.1482 y el valor crítico es de 3.036 y si comparamos podemos ver que el estadístico de grubbs es mayor al valor crítico, por tanto, es un outlier.

Pero si nosotros deseamos calcular si más de un elemento es un valor outlier entonces, tendríamos que recurrir a un for, pero no será necesario ya que contamos con la función grubbs_total que puede hacer todo el procedimiento sin necesidad de hacer el for.

FUNCIÓN test_grubbs(x[i], x) # Saber si i-ésimo elemento es un outlier

```
> test_grubbs(x[i], x) ; para todo i = 1, 2, …., n
```

Definimos un vector datos.

```
set.seed(2020)
x<-c(25, 30, sample(1:10, 30, T), 21)
```

Aplicando el test para poder ver si el primer elemento es un outliers.

```
test_grubbs(x[1], x)
 [1] TRUE
```

Si se desea saber si el segundo elemento es un outliers.

```
test_grubbs(x[2], x, vista=TRUE)
 $grubbs_test
 [1] 3.526906
 $grubbs_crit
 [1] 2.951949
 $decision
 [1] "3.52690609285061>2.95194890641393"
 $resultado
 [1] TRUE
```

FUNCIÓN grubbs_total()

Esta función realiza el test de grubbs para más de un elemento. Esta función sólo cuenta con tres argumentos:

- **x** que es el vector sobre el que se desea saber el número de elementos que podrían ser outliers, x es el vector numérico que contiene a x1.

- alpha indica el nivel de significación con el que se desea realizar el test de grubbs. Permite calcular el valor o valores críticos del test, su valor por defecto es de 0.05 (5%).
- num_colas es un valor numérico que toma por defecto 2, lo que indica que el análisis es bilateral, pero si toma el valor 1 el análisis será de una cola.

Para ilustrar su aplicación carguemos la tabla de datos **binlfp4** que contiene información sobre la participación de las mujeres en la fuerza laboral.

Cargando la base de datos.

```
>  df<-read.table("http://r.datametria.com/wp-content/uploads/2020/09/b
inlfp4.txt")
```

Viendo las 5 primeras filas.

```
> head(df)
  caseid lfp k5 k618 age wc hc       lwg    inc age3039 age4049 age50plus
1      1   0  0    3  39  0  0 0.8532125 28.363       1       0         0
2      2   0  0    0  60  0  0 1.2249736 24.984       0       0         1
3      3   0  0    0  43  0  0 0.8881401  9.952       0       1         0
4      4   0  2    3  31  0  0 1.1580402 10.000       1       0         0
5      5   0  0    2  40  1  1 1.0828638 28.200       0       1         0
6      6   0  0    2  36  0  0 0.8895015  5.330       1       0         0

   agecat  k5_0  k5_1  k5_2  k5_2plus  k5_3  k5cat  k618_0  k618_1  k618_23
k618_4plus
1      1     1     0     0       0     0     0       0       0       1      0
2      3     1     0     0       0     0     0       1       0       0      0
3      2     1     0     0       0     0     0       1       0       0      0
4      1     0     0     1       1     0     2       0       0       1      0
5      2     1     0     0       0     0     0       0       0       1      0
6      1     1     0     0       0     0     0       0       0       1      0

    k618cat    wages
1      2        2.347175
2      0        3.404076
3      0        2.430605
4      2        3.183688
5      2        2.953125
6      2        2.433916
```

Podemos ver la columna **inc** el cual representa el ingreso de las familias exceptuando el de las esposas.

Entonces, si nosotros queremos saber cuáles de esos ingresos son outliers por el método de grubbs, tendremos que usar la función grubbs_total.

```
> grubbs_total(df$inc)
#  [1] FALSE FALSE FALSE FALSE FALSE FALSE FALSE FALSE FALSE FALSE FALSE FALSE
#  [13] FALSE FALSE FALSE FALSE FALSE FALSE FALSE FALSE FALSE FALSE FALSE FALSE
#  [25]  TRUE  TRUE FALSE FALSE FALSE FALSE FALSE FALSE FALSE FALSE FALSE FALSE
#  [37] FALSE FALSE FALSE FALSE FALSE FALSE FALSE FALSE FALSE FALSE FALSE FALSE
#  [49] FALSE FALSE FALSE FALSE FALSE FALSE FALSE FALSE FALSE FALSE FALSE FALSE
#  [61] FALSE FALSE FALSE FALSE FALSE FALSE FALSE FALSE FALSE FALSE FALSE FALSE
#  [73] FALSE FALSE FALSE FALSE FALSE FALSE FALSE FALSE FALSE FALSE FALSE FALSE
#  [85] FALSE FALSE FALSE FALSE FALSE FALSE FALSE FALSE FALSE FALSE FALSE FALSE
#  [97] FALSE FALSE FALSE FALSE FALSE FALSE FALSE FALSE FALSE FALSE  TRUE FALSE
# [109] FALSE FALSE FALSE FALSE FALSE FALSE FALSE FALSE FALSE FALSE FALSE FALSE
# [121] FALSE FALSE FALSE FALSE FALSE FALSE FALSE FALSE FALSE FALSE FALSE FALSE
# [133] FALSE FALSE FALSE FALSE FALSE FALSE FALSE FALSE FALSE FALSE FALSE FALSE
# [145] FALSE FALSE FALSE FALSE FALSE FALSE FALSE FALSE FALSE FALSE FALSE FALSE
# [157] FALSE  TRUE FALSE FALSE FALSE FALSE FALSE FALSE FALSE FALSE FALSE FALSE
# [169] FALSE FALSE FALSE FALSE FALSE FALSE FALSE FALSE FALSE FALSE FALSE FALSE
# [181] FALSE FALSE FALSE FALSE FALSE FALSE FALSE FALSE FALSE FALSE FALSE FALSE
# [193] FALSE FALSE FALSE FALSE FALSE FALSE FALSE FALSE FALSE FALSE FALSE FALSE
# [205] FALSE FALSE FALSE FALSE FALSE FALSE FALSE FALSE FALSE FALSE FALSE FALSE
# [217] FALSE FALSE FALSE FALSE FALSE FALSE FALSE FALSE FALSE FALSE FALSE FALSE
# [229] FALSE FALSE FALSE FALSE FALSE FALSE FALSE FALSE FALSE FALSE FALSE FALSE
# [241] FALSE FALSE FALSE FALSE FALSE FALSE FALSE FALSE FALSE FALSE FALSE FALSE
# [253] FALSE FALSE FALSE FALSE FALSE FALSE FALSE FALSE FALSE FALSE FALSE FALSE
# [265] FALSE FALSE FALSE FALSE FALSE  TRUE FALSE FALSE FALSE FALSE FALSE FALSE
# [277] FALSE FALSE FALSE FALSE FALSE FALSE FALSE FALSE FALSE FALSE FALSE FALSE
# [289] FALSE FALSE FALSE FALSE FALSE FALSE FALSE FALSE FALSE FALSE FALSE FALSE
# [301] FALSE FALSE FALSE FALSE FALSE FALSE FALSE FALSE FALSE FALSE FALSE FALSE
# [313] FALSE FALSE FALSE FALSE FALSE FALSE FALSE FALSE FALSE FALSE FALSE FALSE
# [325] FALSE FALSE FALSE FALSE FALSE FALSE FALSE FALSE FALSE FALSE FALSE FALSE
# [337] FALSE FALSE FALSE FALSE FALSE FALSE FALSE FALSE FALSE FALSE FALSE FALSE
# [349] FALSE FALSE FALSE FALSE FALSE FALSE FALSE FALSE FALSE FALSE FALSE FALSE
# [361] FALSE FALSE FALSE FALSE FALSE FALSE FALSE FALSE  TRUE FALSE FALSE FALSE FALSE
# [373] FALSE FALSE FALSE FALSE FALSE FALSE FALSE FALSE FALSE FALSE FALSE FALSE
# [385] FALSE FALSE FALSE FALSE FALSE FALSE FALSE FALSE FALSE FALSE FALSE FALSE
# [397] FALSE FALSE FALSE FALSE FALSE FALSE FALSE FALSE FALSE FALSE FALSE FALSE
# [409] FALSE FALSE FALSE FALSE FALSE FALSE FALSE FALSE FALSE FALSE FALSE FALSE
...................................
```

Se muestra el valor de TRUE o FALSE para las 753 observaciones que se tiene. Podemos ver que la observación 25 y 26 son outliers, pero hay más en las siguientes observaciones. Para saber cuántos son outliers, podemos aplicarle la función `sum()`.

```
> sum(grubbs_total(df$inc))
 [1] 8
```

El resultado nos indica que hay un total de 8 outliers.

FUNCIÓN area_quantile()

Esta función nos permite graficar las funciones de densidad de una variable y divide el gráfico por percentiles, por tanto, nos devuelve sub-áreas del gráfico de densidad.

La función tiene 6 argumentos:

- **x** es el vector numérico del cual se desea graficar el gráfico de densidad.
- **len** es un elemento numérico que nos indica el número de cortes que se le desea hacer al gráfico de densidad, su valor por defecto es 4 lo que indica que la gráfica se cortará por cuartiles.
- **color_area** es un elemento numérico o vector carácter que indica el número de colores con los que se desea pintar las sub áreas del gráfico de densidad, su valor por defecto es NA, lo que indica que tomará el número de colores que se especificó en len y tomará los colores de la función terrain.colors, por otro lado si desea que sólo se pinte de dos colores entonces, usted tendrá que colocar el número 2, e igualmente usará los colores de la función terrain. colors, pero si desea asignarle los colores que usted desea entonces tendrá que colocar los nombres o códigos de los colores.
- **col_border** es un elemento carácter que se usa para especificar el color de los bordes que dividen las subáreas, el color por defecto es "black".
- **título** es un elemento carácter y especifica el título que se le desea colocar a la gráfica, el valor por defecto es vacío.
- **dureza** es un elemento numérico que indica el grosor de la línea que divide las subáreas, es el mismo argumento que lwd de la función plot. Su valor por defecto es 2.
- por último ... indican otros argumentos que se pueden usar en la función plot, estos argumentos afectarán al plot, pero no a las sub-áreas. Por ejemplo, puede usar **xlab, font, sub, bty**, etc. Pero no puede usar el argumento **main**, ya que ya está especificado con el argumento **título**.

Para poder verlo mejor veamos un ejemplo. Para esto se usa la tabla de datos partyid4 que es de un estudio de las elecciones de Estados Unidos.

Cargamos la tabla de datos.

```
> df<-read.table("https://r.datametria.com/wpcontent/uploads/2020/09/pa
rtyid4.txt")
```

Viendo las primeras 5 filas.

```
> head(df)
  caseid age age10 black educ female income income10 party party3 party7
1   5156  61   6.1     0    3      0  67.50    6.750     5      3      7
2   3345  41   4.1     0    2      0  37.50    3.750     5      3      7
3   3376  40   4.0     0    3      1 131.25   13.125     2      1      2
4   3608  27   2.7     0    3      0  32.50    3.250     5      3      7
5   3810  42   4.2     0    3      0 131.25   13.125     4      3      5
6   5538  56   5.6     1    2      0  32.50    3.250     1      1      1

  partystrong dem_ind dem_rep rep_ind
1           3      NA       0       1
2           3      NA       0       1
3           2       1       1      NA
4           3      NA       0       1
5           2      NA       0       1
6           1       1       1      NA
```

Vamos a graficar la densidad de la variable age y dividirlo por cuartiles.

> **area_quantile(df$age, titulo =** "Grafico de densidad de la edad dividido por cuartiles").

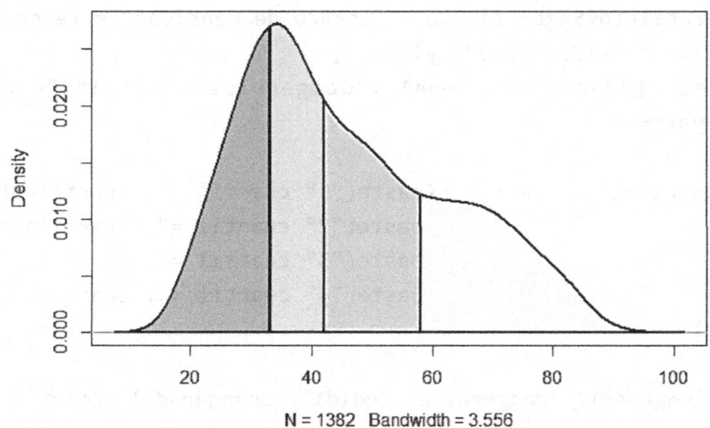

En efecto, obtenemos el gráfico de densidad de la edad por cuartiles. Como se mencionó anteriormente, podemos usar otros argumentos para mejorar este gráfico. Para el caso se puede usar los argumentos xlab y ylab y cambiar de colores.

```
> area_quantile(df$age, titulo = "Grafico de densidad de la edad dividido
por cuartiles", xlab="Edad", ylab="Densidad", color_area=c("darkolivegr
een1","dodgerblue","gold1","orangered"))
```

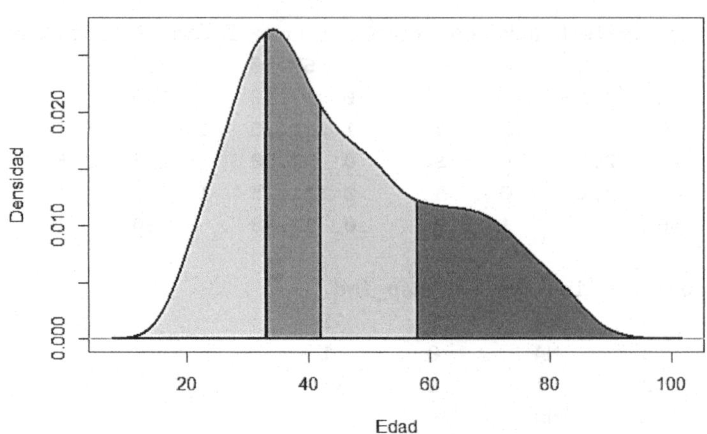

Incluso podemos juntar esta salida con la función n_percentil(), para poder saber el número de elementos por subáreas. Veamos como las unimos.

Definiendo el número de elementos por cuartil.

```
> cuartiles<-n_percentil(df$age)
> area_quantile(df$age, titulo = "Grafico de densidad de la edad dividido
por cuartiles", xlab="Edad", ylab="",
color_area=c("darkolivegreen1","dodgerblue","gold1","orangered"),
bty="n", yaxt="n")

legend("topright", legend = c(paste("1° cuartil =", cuartiles[1]),
                              paste("2° cuartil =", cuartiles[2]),
                              paste("3° cuartil =", cuartiles[3]),
                              paste("4° cuartil =", cuartiles[4])),
       col =

c("darkolivegreen1","dodgerblue","gold1","orangered"), cex=0.7, pch = 19)
```

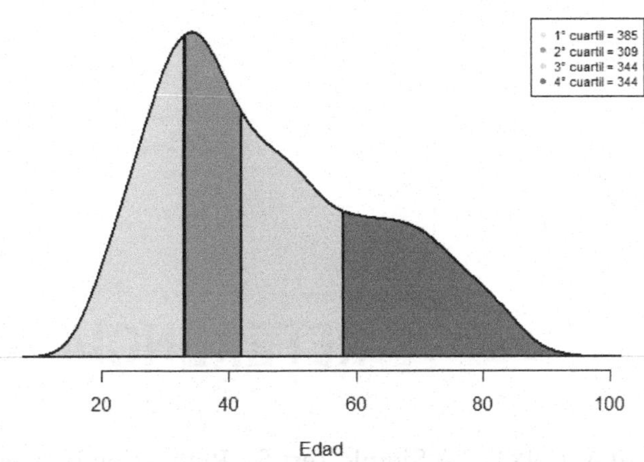

ⓘ Notas aclaratorias

- bty="n",
- yaxt="n")

REFERENCIA GENERAL

- Ashley, Richard A. (1984), "A Simple Test for Regression Parameter Instability," Economic Inquiry 22, No. 2, 253-267.
- Aznar, A. y Trívez, F. J. (1993), Métodos de Predicción en Economía II: Análisis de Series Temporales, Ed. Ariel.
- Box y G. M. Jenkins (1976). Time Series Analysis: Forecasting and Control por G. E. P.
- Breiman, L. (1996). "Bagging predictors". Machine Learning 24 (2): 123–140. doi:10.1007/BF00058655. CiteSeerX: 10.1.1.32.9399. *http://link.springer.com/article/10.1007%2FBF00058655*
- Breiman, L., Friedman, J. H., Olshen, R. A., and Stone, C. J. (1984). Classification and Regression Trees. Chapman & Hall/CRC.
- Chapman, Chris and McDonnell Feit, Elea (2015). R for Mareting Research and Analytics. Springer International Publishing. Switserland.
- Crawshaw, J. and Chambers, J. (2002). Advanced level Statistics with Woked examples. Fourth Edition. Nelson Thornes Ltd.
- Durbin, J. y Koopman, S. J. (2001), Time Series Analysis by State Space Models (Oxford Statistical Science Series, nº 24), Oxford University Press.
- Gujarati, D. (2003), Econometría, Ed. McGraw-Hill.
- Hastings W- K. (1970), Monte Carlo Sampling Methods Using Markov Chains and Their Applications.Biometrika, Vol. 57, No. 1. (Apr., 1970), pp. 97-109.
- Hothorn, Torsten and Everitt, Brain S.(2014). A Handbook of Statistical Analtsis Using R. Third Edition. CRC Press. London.

- Moore, David (1995). Estadística Aplicada Básica. Antoni Bosch Editores.
- Peñaloza F. J.L y Vargas, P. C. G. (2020). Test Estadísticos No Paramétricos en R: Escenarios de Aplicación e Interpretación. Volumen I. Primera Edición. UNO Editorial. España.
- Rios Insa, Sixto (1988). Investigación Operativa: Optimización. Editorial Centro de Estudios Ramón Areces. S.A. España.
- Varian, Hal R. (1992). Análisis Microeconómico. Tercera Edición. Antoni Bosch Editor. España.

MATERIAL ADICIONAL

El material adicional de este libro puede descargarlo en nuestro portal web: *https://www.ra-ma.es*.

Debe dirigirse a la ficha correspondiente a esta obra, dentro de la ficha encontrará el enlace para poder realizar la descarga.

Cuando descomprima el fichero obtendrá los archivos que complementan al libro para que pueda continuar con su aprendizaje.

INFORMACIÓN ADICIONAL Y GARANTÍA

- RA-MA EDITORIAL garantiza que estos contenidos han sido sometidos a un riguroso control de calidad.
- Los archivos están libres de virus, para comprobarlo se han utilizado las últimas versiones de los antivirus líderes en el mercado.
- RA-MA EDITORIAL no se hace responsable de cualquier pérdida, daño o costes provocados por el uso incorrecto del contenido descargable.
- Este material es gratuito y se distribuye como contenido complementario al libro que ha adquirido, por lo que queda terminantemente prohibida su venta o distribución.